Stephan Schmidt/Jörg Knies/Christiane Dürr

Einkommensteuer
Steuern und Finanzen in Ausbildung und Praxis
Band 1
4. Auflage

D1724721

2016
HDS-Verlag
Weil im Schönbuch

HDS
Verlag

Bibliografische Information der Deutschen Nationalbibliothek
Die Deutsche Nationalbibliothek verzeichnet diese Publikation
in der Deutschen Nationalbibliografie; detaillierte bibliografische Daten
sind im Internet über http://dnb.de abrufbar

Gedruckt auf säure- und chlorfreiem, alterungsbeständigem Papier

ISBN: 978-3-95554-193-4

© 2016 HDS-Verlag
www.hds-verlag.de
info@hds-verlag.de

Einbandgestaltung: Constantin Burkhardt-Ene
Layout: Peter Marwitz – etherial.de
Druck und Bindung: elanders GmbH

Printed in Germany
2016

HDS-Verlag Weil im Schönbuch

Die Autoren

Prof. Dr. Stephan Schmidt, Professor an der Hochschule für öffentliche Verwaltung und Finanzen, Ludwigsburg – University of Applied Sciences.

Prof. Dr. Jörg-Thomas Knies, Professor an der Hochschule für öffentliche Verwaltung Bremen. Autor verschiedener Fach- und Lehrbücher zum Steuerrecht und seit Jahren in der Ausbildung zum Steuerberater tätig.

Christiane Dürr, Auslandsfachprüferin und Lehrbeauftragte an der Hochschule für öffentliche Verwaltung und Finanzen, Ludwigsburg – University of Applied Sciences. Sie ist Autorin verschiedener Fach- und Lehrbücher zum Steuerrecht und in der Steuerberaterfortbildung tätig.

Vorwort zur 4. Auflage

Das vorliegende Lehrbuch ist die Quintessenz aus vielen Jahren Lehrtätigkeit im Steuerrecht. Viele unserer Schüler(innen) und Studenten(innen) sind heute Betriebsprüfer(innen), Sachbearbeiter(innen) oder Sachgebietsleiter(innen) in der Finanzverwaltung, Steuerfachangestellte, Steuerberater(innen) oder in leitender Stellung in den Steuerabteilungen großer Unternehmen. Immer wieder wurden wir gebeten, ein Lehrbuch zu konzipieren, das nicht mit theoretischem Ballast überladen, gut lesbar ist und Hilfestellung bei der Erarbeitung der mitunter komplizierten steuerlichen Materie gibt. Wir haben daher in dem vorliegenden Band besonderen Wert darauf gelegt, die Systematik der einzelnen Themen aufzuzeigen und die Probleme durch Beispiele und zusammenfassende Übersichten darzustellen. Jedes Kapitel enthält Übungsfälle, die – je nach Thema – im Schwierigkeitsgrad unterschiedlich sind. Die über 100 Übungsfälle stammen zum Teil aus originalen Zwischenprüfungs- und Examensklausuren. Dieses Buch soll Begleiter vom Beginn der Ausbildung bis zur letzten entscheidenden Berufsprüfung sein. Für die 4. Auflage haben wir zahlreiche neue Urteile, BMF-Schreiben sowie u.a. das Steueränderungsgesetz 2015 und das Gesetz zur Anhebung des Grundfreibetrags, des Kinderfreibetrags, des Kindergeldes und des Kinderzuschlags eingearbeitet.

Wir bedanken uns für die zahlreichen positiven oder kritischen Anregungen unserer Leser der 3. Auflage, die wir gerne berücksichtigt haben, soweit dies möglich war. Wir freuen uns auch über jedes „Feedback" der Leser der 4. Auflage.

Käufer des Buchs erhalten auf Anforderung zwei Übungsklausuren mit Lösungen (s. Seite 452).

Ludwigsburg im April 2016   Stephan Schmidt/Jörg Knies/ Christiane Dürr

Bearbeiterübersicht

Schmidt	Kapitel 1, 3–6, 20, 22, 24, 27
Knies	Kapitel 2, 7, 13–14, 19, 21, 23, 27
Dürr	Vorwort, Kapitel 8–12, 15–18, 25–27

Inhaltsverzeichnis

Abkürzungsverzeichnis

Abs.	Absatz
Abschn.	Abschnitt
a.F.	alte(r) Fassung
AfA	Absetzung für Abnutzung
AG	Aktiengesellschaft
AO	Abgabenordnung
Art.	Artikel
BewG	Bewertungsgesetz
BFH	Bundesfinanzhof
BFH/NV	Sammlung der Entscheidungen des Bundesfinanzhofs (Zeitschrift)
BGB	Bürgerliches Gesetzbuch
BMF	Bundesfinanzministerium
BStBl	Bundessteuerblatt
BT	Bundestag
BVerfG	Bundesverfassungsgericht
bzw.	beziehungsweise
DBA	Doppelbesteuerungsabkommen
DStR	Deutsches Steuerrecht (Zeitschrift)
EFG	Entscheidungen der Finanzgerichte (Zeitschrift)
ErbStG	Erbschaftsteuergesetz
EStDV	Einkommensteuerdurchführungsverordnung
EStG	Einkommensteuergesetz
EStR	Einkommensteuerrichtlinien
EuGH	Europäischer Gerichtshof
ff.	fortfolgende
FG	Finanzgericht
gem.	gemäß
GG	Grundgesetz
GmbH	Gesellschaft mit beschränkter Haftung
GrEStG	Grunderwerbsteuergesetz
GrS	Großer Senat
H	Hinweis
i.H.v.	in Höhe von
i.S.d.	im Sinne des
i.V.m.	in Verbindung mit
i.Z.m.	im Zusammenhang mit
KGaA	Kommanditgesellschaft auf Aktien
KStG	Körperschaftsteuergesetz
LPartG	Lebenspartnerschaftsgesetz
LStDV	Lohnsteuerdurchführungsverordnung

Mio.	Millionen
m.w.N.	mit weiterem Nachweis/mit weiteren Nachweisen
n.F.	neue(r) Fassung
Nr.	Nummer
OHG	Offene Handelsgesellschaft
R	Richtlinie
Rz.	Randziffer
sog.	sogenannt(e)
u.ä.	und ähnlich(e)
u.a.	unter anderem
vgl.	vergleiche
z.B.	zum Beispiel

1. Einführung

Das heutige Einkommensteuergesetz (EStG) geht auf das Reichseinkommensteuergesetz vom 29.03.1920 zurück. Vorläufer waren diverse Ländergesetze (z.B. Sachsen von 1871) sowie das preußische EStG von 1891.

Bei der Einkommensteuer handelt es sich um eine **Geldleistung**, die keine Gegenleistung für eine besondere Leistung darstellt und die von einem öffentlich-rechtlichen Gemeinwesen zur Erzielung von Einnahmen allen auferlegt wird, bei denen der Tatbestand zutrifft, an den die Leistungspflicht anknüpft, vgl. § 3 Abs. 1 AO. Hiervon abzugrenzen sind z.B. Gebühren (Gegenleistung für eine besondere Leistung der Verwaltung), Sozialversicherungsbeiträge (Gegenleistung für angebotene Leistungen der Verwaltung) sowie Zwangsgelder oder Geldstrafen (Druckmittel bzw. Sanktion).

Die Einkommensteuer wird auf das Einkommen natürlicher Personen erhoben und daher auch als **Personensteuer** bezeichnet (im Gegensatz z.B. zur Gewerbesteuer, die an das Objekt Gewerbebetrieb anknüpft). Systematisch handelt es sich um eine **Ertragsteuer** (z.B. im Gegensatz zur Umsatzsteuer). Da bei der Einkommensteuer der Steuerzahler und der Steuerträger identisch sind (z.B. im Gegensatz zur Umsatzsteuer) spricht man auch von einer **direkten Steuer**.

Das Aufkommen der Einkommensteuer steht nach Art. 106 Abs. 3 GG dem Bund und den Ländern gemeinsam zu (**Gemeinschaftsteuer**), soweit es nicht nach Art. 106 Abs. 5 GG den Gemeinden zugewiesen wird. Die Gemeinden erhalten einen Anteil am Aufkommen, der von den Ländern an ihre Gemeinden auf der Grundlage der Einkommensteuerleistungen ihrer Einwohner nach Art. 106 Abs. 5 GG weiterzuleiten ist. Der Anteil wird so ermittelt, dass die Gemeinden an den Einkommensteuerzahlungen ihrer Bürger nach der Steuerstärke beteiligt werden, aber auch eine Nivellierung zwischen einkommensteuerstarken und einkommensteuerschwachen Gemeinden erfolgt. Der Verteilungsschlüssel für eine Gemeinde ist von ihrer Einwohnerzahl abhängig (Details siehe z.B. für Baden-Württemberg unter www.statistik.baden-wuerttemberg.de). Den Gemeinden stehen 15 % der Lohn- und Einkommensteuer sowie 12 % der Kapitalertragsteuer zu, die im Gebiet des Landes vereinnahmt worden sind (§ 1 Gemeindefinanzreformgesetz).

Die Einkommensteuer trägt etwa zu einem Drittel zum Gesamtsteueraufkommen bei.

Die Einkommensteuer wird grundsätzlich auf der Basis einer Steuererklärung des Steuerpflichtigen **veranlagt**. Das Finanzamt kann Einkommensteuer-Vorauszahlungen festsetzen. Besondere Erhebungsformen (und keine eigene Steuer) sind die Lohnsteuer (für Arbeitnehmer), die Kapitalertragsteuer (für Kapitaleinkünfte) und die Bauabzugsteuer (für Bauhandwerker).

Rechtsquellen der Einkommensteuer sind das **EStG** (Bundesgesetz mit Zustimmung des Bundesrats), die **EStDV** (Einkommensteuerdurchführungsverordnung) und die **LStDV** (Lohnsteuerdurchführungsverordnung). Bei Verordnungen handelt es sich um sog. materielle Gesetze, die von der Verwaltung aufgrund einer Ermächtigung in Art. 80 GG verabschiedet werden. Weitere wichtige Grundlagen sind bindende Verwaltungsanweisungen, z.B. die **EStR** (Einkommensteuerrichtlinien), die **LStR** (Lohnsteuerrichtlinien), **BMF-Schreiben**, Ländererlasse etc. Sie stellen keine Gesetze dar, begründen aber nach dem Grundsatz der Selbstbindung der Verwaltung, der sich aus Art. 3 GG ergibt, Rechte für den Steuerpflichtigen und haben daher in der Praxis eine erhebliche Bedeutung. Die Richtlinien sind entsprechend dem Gesetz aufgebaut (Beispiel: R 3 EStR sind die Richtlinien zu § 3 EStG). Sie werden durch Hinweise (z.B. EStH) ergänzt, die die Funktion eines Kommentars haben und häufig wichtige Rechtsprechung zitieren. Des Weiteren wird das Steuerrecht durch Gerichtsentscheidungen geprägt, z.B. Entscheidungen der Finanzgerichte, des Bundesfinanzhofs und des Europäischen Gerichtshofs.

Eingriffe in die Rechte der Bürger dürfen nur durch Gesetz oder aufgrund eines Gesetzes vorgenommen werden (sog. **Vorbehalt des Gesetzes** – basierend auf dem Rechtsstaatsgebot in Art. 20 GG). Allein auf der Grundlage eines Verwaltungserlasses darf die Verwaltung keine belastende Regelung treffen.

Beispiel:
Eine Oberfinanzdirektion (Behörde zwischen den Finanzämtern und dem Landesfinanzministerium) ordnet durch eine Verfügung an, dass analog zu § 2 GewStG auch Freiberufler Gewerbesteuer zahlen müssen. Aufgrund dieser Verfügung setzt ein Finanzamt Gewerbesteuer gegen einen Arzt fest.

Lösung:
Nach der gesetzlichen Regelung in § 2 GewStG unterliegen nur Gewerbebetriebe der Gewerbesteuer. Ein Arzt unterhält aber keinen Gewerbebetrieb. Daher fehlt es an einer gesetzlichen Grundlage für die Gewerbesteuer-Festsetzung. Der Steuerbescheid ist also rechtswidrig.

1.1 Einkunftsarten

Das EStG kennt **sieben Einkunftsarten** (§ 2 EStG). Jede Einkunftsart hat ihre Besonderheiten. Man hat im Rahmen zahlreicher Reformvorhaben versucht, die Anzahl der Einkunftsarten zu reduzieren. Dies hatte aber keinen Erfolg, zumal die Kompliziertheit des Steuerrechts nicht durch die Anzahl der Einkunftsarten verursacht wird.

Übersicht über die Einkunftsarten (§ 2 EStG)						
Einkünfte aus Land- und Forstwirtschaft	Einkünfte aus Gewerbebetrieb	Einkünfte aus selbständiger Arbeit	Einkünfte aus nichtselbständiger Arbeit	Einkünfte aus Kapitalvermögen	Einkünfte aus Vermietung und Verpachtung	Sonstige Einkünfte (z.B. Renten)
§ 13 EStG	§ 15 EStG	§ 18 EStG	§ 19 EStG	§ 20 EStG	§ 21 EStG	§ 22 EStG

Übung 1:	
Bitte ermitteln Sie jeweils die Einkunftsart	§
Ein Steuerpflichtiger arbeitet in einem Unternehmen als Angestellter	
Ein Rentner vermietet eine Eigentumswohnung an eine Familie	
Ein Steuerpflichtiger hat bei einer Bank 50.000 € als Festgeld angelegt; er bekommt 1.000 € Zinsen	
Ein Arzt hat sich selbständig gemacht und betreibt eine Praxis für Allgemeinmedizin	
Ein Architekt ist in einem Planungsbüro angestellt	
Ein Handwerker ist Inhaber eines Maurerbetriebs	
Ein Landwirt betreibt einen landwirtschaftlichen Betrieb	
Ein Steuerpflichtiger ist im Rahmen eines sog. Minijobs in einem Großhandel angestellt	
Ein Steuerpflichtiger erwirbt im Jahr 2011 ein Mehrfamilienhaus für 300.000 €; er veräußert es im Jahr 2016 für 330.000 €	
Die Inhaberin eines Nagelstudios veräußert ein Notebook, das sie vor zwei Jahren für die Verwendung im Nagelstudio erwarb	
Ein Beamter erhält mit Eintritt in den Ruhestand eine Pension	

Bitte ermitteln Sie jeweils die Einkunftsart:	§
Eine Angestellte in einem Konzern unterrichtet mit Zustimmung ihres Arbeitgebers an einer Hochschule (kein Arbeitsvertrag)	
Ein Steuerpflichtiger besitzt 500 Aktien eines börsennotierten Unternehmens; er bekommt 1.000 € Dividende	
Ein Ehepaar ist Eigentümer eines Wohnmobils und vermietet dieses gelegentlich an fremde Personen	
Ein Steuerpflichtiger betreibt eine Pension und vermietet Zimmer inklusive Bereitstellung von Bettwäsche und Handtüchern sowie Gewährung von Frühstück	
Ein Arbeitnehmer bekommt von seinem Arbeitgeber ein Firmenfahrzeug zur privaten Nutzung überlassen	
Ein Rentner bekommt eine Leibrente von der Deutschen Rentenversicherung	
Ein Mieter pflegt in einer Wohnanlage den Garten und bekommt dafür 50 € im Monat; es besteht kein Arbeitsvertrag	
Ein Vater beschäftigt in seinem Betrieb die volljährige Tochter als Auszubildende	
Ein Ingenieur erstellt freiberuflich die Planung einer Fabrikanlage	
Drei Freunde haben sich zusammengeschlossen und betreiben einen Internethandel für Tauchzubehör	

Nicht jede Geldzahlung unterliegt automatisch der Einkommensteuer. Bekommt z.B. ein Steuerpflichtiger Geld geschenkt, so fällt dies nicht unter eine Einkunftsart i.S.v. § 2 EStG. Insoweit liegt eine **nicht steuerbare private Vermögensmehrung** vor. In diesem Fall kann Erbschaft-/Schenkungsteuer anfallen; dies berührt aber die Einkommensteuer grundsätzlich nicht.

> **Hinweis!** Einnahmen sind **nicht steuerbar**, wenn sie unter keine der in § 2 EStG aufgeführten Einkunftsarten fallen (z.B. Schenkung von Geld); sie unterliegen damit nicht der Einkommensteuer. Einnahmen sind **steuerfrei**, wenn sie zwar unter eine der in § 2 EStG aufgeführten Einkunftsarten fallen, aber durch besondere Regelungen von der Besteuerung freigestellt sind (z.B. Erstattung von Reisekosten an einen Arbeitnehmer, § 3 Nr. 16 EStG); sie unterliegen dann ebenfalls nicht der Einkommensteuer.

Übung 2:	
	Steuerbar oder nicht?
Ein Vater schenkt seiner Tochter 200.000 € mit der Auflage, von diesem Geld eine Wohnung zu kaufen.	
Eine Angestellte erwirbt mit ihrem Arbeitslohn ein Los einer Lotterie und gewinnt 25.000 €.	
Ein Arbeitnehmer hat vor fünf Jahren einen PC erworben und die Kosten dafür als Werbungskosten geltend gemacht. Er veräußert den PC an einen Freund für 100 €.	
Ein freiberuflich tätiger Arzt betreibt seine Praxis in einem ihm gehörenden Gebäude, das er zurecht als Betriebsvermögen behandelt. Er veräußert das Gebäude für 500.000 €.	

	Steuerbar oder nicht?
Ein Unternehmer hat einem Freund aus privaten Gründen 5.000 € unverzinst geliehen und erhält den Betrag vollständig zurück.	
Ein Rentner veräußert seinen privaten Pkw.	
Ein Mieter bekommt bei der Abrechnung der Nebenkosten (Heizung etc.) 179 € zurückerstattet.	

1.2 Einnahmen und Einkünfte

Einkünfte ergeben sich, wenn von den (steuerbaren und steuerpflichtigen) **Betriebseinnahmen** bzw. **Einnahmen** die **Betriebsausgaben** bzw. **Werbungskosten** abgezogen werden.

Betriebsausgaben sind Aufwendungen, die durch einen Betrieb veranlasst sind (vgl. § 4 Abs. 4 EStG; z.B. Einkauf von Waren, Löhne, Miete für das Geschäftslokal).

Werbungskosten sind Aufwendungen zur Erwerbung, Sicherung und Erhaltung von Einnahmen (vgl. § 9 Abs. 1 EStG; z.B. Fahrten zur Arbeit, Berufskleidung, Fortbildungskosten).

Bei den Einkunftsarten Land- und Forstwirtschaft, Gewerbebetrieb und selbständige Arbeit spricht man von Betriebsausgaben; bei den übrigen Einkunftsarten von Werbungskosten (vgl. § 2 Abs. 2 EStG). Dies verdeutlicht die folgende Übersicht:

Ermittlung von Einkünften	
Betriebseinnahmen aus Land- und Forstwirtschaft, Gewerbebetrieb und selbständiger Arbeit	**Einnahmen** aus den übrigen Einkunftsarten
abzüglich **Betriebsausgaben**	abzüglich **Werbungskosten**
= **Gewinn**	= **Überschuss der Einnahmen über die Werbungskosten**

Man spricht daher auch von **Gewinneinkünften** bzw. **Überschusseinkünften**.

Übung 3:
Bitte ermitteln Sie die Einkünfte: 1. Ein Arbeitnehmer erzielt im Jahr 2016 Einnahmen in Höhe von 40.000 €; seine Werbungskosten betragen 3.000 €.   2. Die Inhaberin einer Modeboutique erzielt im Jahr 2016 Betriebseinnahmen in Höhe von 400.000 €; ihre Betriebsausgaben belaufen sich auf 330.000 €.

1.3 Die Bemessungsgrundlage

Nehmen wir folgenden Fall an: Arbeitnehmer A verdient im Jahr 30.000 €. Er ist alleinstehend und gesund. Arbeitnehmer B verdient ebenfalls 30.000 €. Er muss aber an seine geschiedene Ehefrau Unterhalt in Höhe von 500 € monatlich bezahlen; außerdem leidet er an einer chronischen Erkrankung und benötigt Medikamente, die seine Krankenkasse nicht bezahlt. Hier gebietet das Sozialstaatsprinzip (Art. 20 GG) zu differenzieren. Bestimmte Belastungen des Steuerpflichtigen mindern seine Leistungsfähigkeit und müssen daher bei der Bemessung der Einkommensteuer berücksichtigt werden.

Aus diesem Grund knüpft die Einkommensteuer nicht unmittelbar an die Einkünfte an, sondern berücksichtigt bestimme **Abzugsbeträge** (z.B. Sonderausgaben, außergewöhnliche Belastungen, Kinderfreibeträge). Vorläufig müssen Sie nur die in § 2 Abs. 3 bis 5 EStG aufgeführten Abzugsbeträge kennen.

Damit ergibt sich für die **Ermittlung der Bemessungsgrundlage** für die Einkommensteuer folgendes – vereinfachtes – Schema (vgl. R 2 Abs. 1 EStR):

Addition der einzelnen Einkünfte

= **Summe der Einkünfte**

./. Altersentlastungsbetrag, Entlastungsbetrag für Alleinerziehende, Freibetrag für Land- und Forstwirte

= **Gesamtbetrag der Einkünfte**

./. Sonderausgaben, außergewöhnliche Belastungen

= **Einkommen**

./. Kinderfreibetrag/Freibetrag für Betreuung, Erziehung und Ausbildung

= **zu versteuerndes Einkommen**

Grundlage für die Berechnung der Einkommensteuer (sog. Bemessungsgrundlage) ist das **zu versteuernde Einkommen**.

Übung 4:

Der Steuerpflichtige A erzielt im Jahr 2016 als Einnahmen aus nichtselbständiger Arbeit i.H.v. 25.000 €. Er macht Werbungskosten i.H.v. 2.000 € geltend. Des Weiteren betreibt er einen kleinen Internethandel (Gewerbebetrieb). Hieraus erzielt er in 2016 Betriebseinnahmen i.H.v. 7.000 €. Für den Einkauf von Waren, die Werbung und Ähnliches muss er 3.000 € aufwenden. A macht Sonderausgaben i.H.v. 4.500 € und außergewöhnliche Belastungen i.H.v. 1.500 € (nach Abzug der zumutbaren Eigenbelastung) geltend. **Wie hoch ist das zu versteuernde Einkommen?**

1.4 Die Einkommensteuer als Jahressteuer

Die Einkommensteuer bezieht sich immer auf die Einkünfte, die in einem Jahr (sog. **Veranlagungszeitraum**) erzielt werden. Es spielt daher keine Rolle, wann der Steuerpflichtige in einem Jahr Einkünfte erzielt.

Beispiel:

Der Steuerpflichtige A beendet im September 2016 sein Studium und beginnt am 01.10.2016 ein Arbeitsverhältnis. Er verdient im Monat 3.000 € („Bruttolohn").

Lösung:

A erzielt im Veranlagungszeitraum 2016 Einnahmen aus nichtselbständiger Arbeit nach § 19 EStG i.H.v. 9.000 €. Er bekommt einen Werbungskostenpauschbetrag (§ 9a S. 1 Nr. 1a) EStG) i.H.v. 1.000 €, der nicht gezwölftelt wird. Somit belaufen sich die Einkünfte des A auf 8.000 €. Es spielt keine Rolle, dass er nur in einem Teil des Jahres Einkünfte erzielt.

2.   Die persönliche Steuerpflicht

Nicht selten verlangt die erste Frage der Aufgabenstellung einer einkommensteuerlichen Klausur Ausführungen zur persönlichen Steuerpflicht. In diesem Kapitel werden die Probleme im Zusammenhang mit Fragen zur persönlichen Steuerpflicht erörtert. Soweit die persönliche Steuerpflicht gegeben ist, kann sich die Verpflichtung ergeben, das Welteinkommen der deutschen Besteuerung zu unterwerfen. Die **persönliche Steuerpflicht** bezeichnet bei den Personensteuern – also vor allen Dingen bei der Einkommensteuer – die Personen, die von der Steuer erfasst werden (Steuersubjekt) und den Umfang, in dem diese Erfassung eintritt (unbeschränkte Steuerpflicht, beschränkte Steuerpflicht). Es geht also im weitesten Sinne darum, welche Personen in Deutschland Einkommensteuer bezahlen müssen.

2.1 Unbeschränkte Steuerpflicht

Nach § 1 Abs. 1 EStG gelten natürliche Personen, die im Inland einen **Wohnsitz** oder ihren **gewöhnlichen Aufenthalt** haben, als unbeschränkt einkommensteuerpflichtig. Dies hat zur Folge, dass sämtliche Einkünfte, die diese Person weltweit erzielt, der deutschen Einkommensteuer unterliegen, sog. Welteinkommensprinzip.

Natürliche Personen sind Menschen in ihrer Rolle als Rechtssubjekte (im Gegensatz zu juristischen Personen; z.B. GmbH, Aktiengesellschaft (kurz AG) oder Societas Europaea (kurz SE)). Somit spielt das Alter des Menschen im Rahmen der persönlichen Steuerpflicht keine Rolle, da die Rechtsfähigkeit nach § 1 BGB mit der Vollendung der Geburt beginnt. Auch die Staatsangehörigkeit ist im Rahmen des § 1 Abs. 1 EStG irrelevant (vgl. aber im Gegensatz zu § 1 Abs. 1 EStG auch die Regelung des § 1 Abs. 2 EStG). Der Begriff des Inlands wird in § 1 Abs. 1 S. 2 EStG näher definiert.

Der Begriff des **Wohnsitzes** wird in **§ 8 der Abgabenordnung (AO)** definiert. Einen Wohnsitz hat jemand dort, wo er eine **Wohnung** unter solchen Umständen innehat, die darauf schließen lassen, dass er die Wohnung beibehalten und benutzen wird. Der Begriff der Wohnung ist dabei weit zu fassen. Hierunter fallen sowohl ein möbliertes Zimmer, auch ein Zimmer in einem Werks- oder Studentenwohnheim, ein Zimmer in einer Wohngemeinschaft und Ähnliches. Es ist also nicht erforderlich, dass die Wohnung eine bestimmte Größe hat oder über eine Küche oder ein Bad verfügt. Es muss für einen gewissen Zeitraum eine Nutzung möglich sein. Objektiv muss die Wohnung ihrem Inhaber – wann immer er/sie es wünscht – als Bleibe zur Verfügung steht und von ihm/ihr subjektiv zur entsprechenden Nutzung bestimmt sein (vgl. dazu AEAO zu § 8 AO). Das Erfordernis eines Mindestaufenthaltes in einer Wohnung für die Annahme eines Wohnsitzes lehnt der BFH ab (BFH vom 19.03.1997, I R 69/96). Auch eine regelmäßige tägliche Arbeit sei kein Kriterium, das für die Begründung eines Wohnsitzes zwingend sei. Hält sich ein Steuerpflichtiger lediglich in einem Hotelzimmer oder Wohnwagen auf, so liegt in der Regel keine Wohnung vor.

Sofern eine natürliche Person keinen Wohnsitz im Inland hat, liegt die unbeschränkte Steuerpflicht auch dann vor, wenn jemand einen **gewöhnlichen Aufenthalt** in Deutschland hat. Der Begriff des gewöhnlichen Aufenthalts ist in § 9 AO geregelt. Unter einem gewöhnlichen Aufenthalt wird ein zeitlich zusammenhängender Aufenthalt von mehr als sechs Monaten im Inland verstanden. Ein zeitlich zusammenhängender Aufenthalt von mehr als sechs Monaten i.S.d. § 9 Satz 2 AO ist gegeben, wenn der Aufenthalt über diese Zeitspanne erfolgt; dabei werden kurzfristige Unterbrechungen bei der Berechnung der Frist mitgerechnet. Bei einer beruflich bedingten und auf die Vertragslaufzeit von vier Jahren bezogenen langfristigen Anwesenheitsplanung kann auch eine vertraglich vereinbarte Sommerpause von ca. sechs Wochen eine „kurzfristige Unterbrechung" im Rahmen des § 9 Satz 2 AO darstellen. Vgl. dazu BFH-Urteil vom 22.06.2011, I R 26/10 zu weiteren Einzelheiten auch AEAO zu § 9 AO.

Hinweis! Auch bei einem Aufenthalt, der weniger als 6 Monate dauert, kann ein gewöhnlicher Aufenthalt vorliegen, wenn die Absicht besteht, auf längere Dauer in Deutschland zu verweilen. Nach 6 Monaten besteht die unwiderlegliche Vermutung, dass diese Absicht gegeben ist.

Übung 1:

1. Ein Arbeitnehmer mit italienischer Staatsbürgerschaft wohnt mit seiner Lebenspartnerin in München. Er arbeitet in München für ein amerikanisches Unternehmen.
2. Ein deutscher Staatsbürger hat seinen Wohnsitz Spanien und hält sich ausschließlich in Spanien auf. Er ist Eigentümer einer Immobilie in Deutschland. Die Immobilie ist dauerhaft vermietet und es werden Mieteinkünfte i.H.v. 9.000 € erzielt.
3. Ein Arbeitnehmer wohnt mit seiner Familie in Polen in einem Einfamilienhaus. Er fährt jede Woche nach Deutschland, um dort in einem Betrieb zu arbeiten. In Deutschland wohnt er mit 2 Kollegen in einer Wohngemeinschaft.
4. Ein vietnamesischer Arbeitnehmer schließt mit einem deutschen Software-Unternehmen einen Arbeitsvertrag ab. Es ist geplant, dass er mindestens die nächsten 2 Jahre für das deutsche Unternehmen in Deutschland tätig sein soll. Er zieht nach Deutschland und wohnt zuerst einmal in einem Hotel. Nach 3 Monaten wird der Arbeitsvertrag wegen Streitigkeiten bezüglich der „Arbeitsmoral" durch den Arbeitgeber beendet und der Arbeitnehmer verlässt Deutschland wieder.
5. Ein Arbeitnehmer hat in Holland eine Wohnung. Er fährt täglich über die Grenze nach Deutschland, um dort zu arbeiten. Am Abend fährt er jeweils nach Holland zurück.

Bitte ermitteln Sie, ob die Personen in Deutschland unbeschränkt steuerpflichtig sind.

2.2 Beschränkte Steuerpflicht

Personen, die in Deutschland nicht unbeschränkt steuerpflichtig sind, können mit ihren inländischen Einkünften nach § 1 Abs. 4 i.V.m. § 49 EStG beschränkt einkommensteuerpflichtig sein. Sie müssen dann – sehr vereinfacht gesagt – nur die Einkünfte versteuern, die sie in Deutschland erzielen.

Beispiel:

Ein Rentner lebt ausschließlich in den USA. Er ist an einem deutschen Gewerbebetrieb beteiligt und vermietet aus seinem Privatvermögen eine Wohnung in Deutschland. (Die Voraussetzungen des § 1 Abs. 3 EStG sollen nicht erfüllt sein.)

Lösung:

Eine unbeschränkte Steuerpflicht liegt nicht vor, da der Rentner in Deutschland weder einen Wohnsitz noch einen gewöhnlichen Aufenthalt hat. Der Gewinn aus dem deutschen Gewerbebetrieb kann dennoch in Deutschland im Rahmen der beschränkten Steuerpflicht erfasst werden, vgl. § 1 Abs. 4 i.V.m. § 49 Abs. 1 Nr. 2a EStG. Bezüglich der vermieteten Wohnung liegen inländische Einkünfte nach § 49 Abs. 1 Nr. 6 EStG vor.

Allerdings muss der beschränkt Steuerpflichtige nur die Einkünfte in Deutschland versteuern, die in § 49 EStG ausdrücklich aufgeführt sind.

Beispiel:

Die Einkünfte des amerikanischen Rentners sind in § 49 Abs. 1 Nr. 2a EStG und § 49 Abs. 1 Nr. 6 EStG ausdrücklich aufgeführt. Damit muss er diese Einkünfte in Deutschland im Rahmen der beschränkten Steuerpflicht versteuern. Zu prüfen wäre dann noch, ob ggf. Regelungen des DBA-USA dieses Besteuerungsrecht Deutschlands einschränken bzw. ausschließen.

Die beschränkte Steuerpflicht kann für den Steuerpflichtigen von erheblichem Nachteil sein. § 50 Abs. 1 S. 3 EStG sieht beispielsweise vor, dass der beschränkt Steuerpflichtige weder Sonderausgaben (außer die in § 10b EStG genannten), noch außergewöhnliche Belastungen noch sonstige steuerliche Vergünstigungen in Anspruch nehmen kann (für Arbeitnehmer beachte die Ausnahmeregelung in § 50 Abs. 1 Satz 4 EStG).

Beschränkt Steuerpflichtige können nach § 50 Abs. 1 Satz 2 EStG nur nach der Grundtabelle (= § 32a Abs. 1 EStG) besteuert werden. Der Splittingtarif ist auch dann nicht anwendbar, wenn der beschränkt Steuerpflichtige verheiratet ist oder in einer eingetragenen Lebenspartnerschaft lebt. Darüber hinaus steht einem beschränkt Steuerpflichtigen kein Grundfreibetrag zu. Die Steuerfreistellung des sozialen Existenzminimums muss aber nur in dem Staat erfolgen, in dem der Steuerpflichtige seinen Wohnsitz hat.

Arbeitnehmer werden nach **§ 39d Abs. 1 EStG** in die **Steuerklasse I** eingereiht. Damit gilt die Einkommensteuer nach § 50 Abs. 2 EStG als abgegolten.

Bei bestimmten Tätigkeiten (z.B. Künstler, Sportler u.ä.) sieht **§ 50a EStG** eine andere Besteuerung vor. In diesem Fall beträgt der Steuersatz nach § 50a Abs. 2 EStG 15 % der Einnahmen. Betriebsausgaben oder Werbungskosten wirken sich damit nicht steuermindernd aus.

Beispiel:

Ein ausländischer Künstler, der nicht EU-/EWR-Staatsbürger ist, tritt in Deutschland auf und erhält eine Gage i.H.v. 20.000 €. An Fahrtkosten, Übernachtungskosten, Versicherungen etc. entstehen ihm Aufwendungen i.H.v. 8.000 €.

Lösung:

Die Einkommensteuer beträgt nach § 50a Abs. 2 EStG (20.000 € × 15 % =) 3.000 €. Bezogen auf den tatsächlichen Gewinn ergibt sich ein Steuersatz von (3.000 €/12.000 € =) 25 %.

Alternativ kann die Steuer unter den Voraussetzungen des § 50a Abs. 3 EStG (EU-/EWR-Fälle) nach Abzug der Betriebsausgaben bzw. Werbungskosten ermittelt werden. In diesem Fall beträgt der Steuersatz nach § 50a Abs. 3 Satz 4 EStG 30 %.

Fortführung des Beispiels:

Der Künstler könnte – soweit die Voraussetzungen des § 50a Abs. 3 EStG vorliegen – alternativ die Einkommensteuer auf der Basis seines Gewinns (= 12.000 €) ermitteln. Diese Lösung wäre für ihn aber ungünstiger (12.000 € × 30 % = 3.600 €).

2.3 Unbeschränkte Steuerpflicht auf Antrag

Bestimmte Personengruppen erzielen in Deutschland einen Großteil ihrer Einkünfte, ohne aber in Deutschland über einen Wohnsitz oder ihren gewöhnlichen Aufenthalt zu verfügen. Dies sind zum Beispiel Pendler, die im Ausland wohnen und täglich nach Deutschland zur Arbeit kommen. Da sie jeden Tag nach Hause zurückkehren, halten sie sich in Deutschland nicht zeitlich zusammenhängend auf und können so keinen gewöhnlichen Aufenthalt begründen. Wie oben bereits gezeigt (s. Kap. 2.2), können beschränkt Steuerpflichtige zahlreiche Steuervergünstigungen nicht in Anspruch nehmen. Dies war für einen niederländischen Bürger, der täglich nach Deutschland pendelte der Anlass, gegen diese Regelung zu klagen. Vor dem Europäischen Gerichtshof bekam er Recht (sog. Schumacker-Urteil vom 14.02.1995, C-279/93). Daraufhin war § 1 EStG entsprechend zu ergänzen. Der Gesetzgeber führte insbesondere für die oben aufgeführten Personengruppen eine unbeschränkte Steuerpflicht auf Antrag ein.

§ 1 Abs. 3 EStG sieht vor, dass Personen, die in Deutschland mindestens 90 % ihrer Welteinkünfte erzielen, auf Antrag als unbeschränkt steuerpflichtig behandelt werden können. Alternativ kann der Antrag auch dann gestellt werden, wenn die ausländischen Einkünfte nicht höher sind als der Grundfreibetrag (vgl. § 32a Abs. 1 EStG). Zu beachten ist in diesem Zusammenhang jedoch, dass die Regelung des § 1 Abs. 3 EStG **nicht nur** von EU-/EWR-Staatsbürgern in Anspruch genommen werden kann.

Übung 2:

1. Ein Arbeitnehmer hat seinen Wohnsitz in Frankreich. Er arbeitet in Deutschland. Während der Woche wohnt er in einem möblierten Zimmer in Saarbrücken.

2. Ein Arbeitnehmer mit Wohnsitz in Österreich fährt täglich zur Arbeit nach Deutschland. Abends kehrt er jeweils nach Österreich zurück. In Deutschland erzielt er Einkünfte nach § 19 EStG i.H.v. 70.000 €. In Österreich verfügt er über eine Kapitalanlage, aus der er Zinsen i.H.v. 3.000 € erzielt. Weitere Einkünfte hat er nicht.

3. Ein ungarischer Staatsbürger hat in Deutschland 30 Jahre gearbeitet. Als Rentner kehrt er 2016 wieder nach Ungarn zurück. In Deutschland bekommt er eine Rente von der deutschen Rentenversicherung i.H.v. 1.500 € monatlich, die er nach internationalen Abkommen in Deutschland versteuern muss. In Ungarn verfügt er über Mieteinkünfte i.H.v. 400 € monatlich.

Sind die oben genannten Personen in Deutschland unbeschränkt steuerpflichtig? Wenn ja, nach welcher Vorschrift?

2.4 Fiktive unbeschränkte Steuerpflicht

Für bestimmte Bereiche sieht **§ 1a EStG** vor, dass Personen die im Inland weder einen Wohnsitz noch ihren gewöhnlichen Aufenthalt haben, fiktiv als unbeschränkt steuerpflichtig gelten. Dies gilt beispielsweise für Unterhaltsleistungen an den geschiedenen oder getrennt lebenden Ehegatten, Versorgungsleistungen sowie Leistungen im Rahmen eines schuldrechtlichen Versorgungsausgleichs.

Die Regelung soll am Beispiel des **Realsplittings** näher erläutert werden: Nach § 10 Abs. 1a Nr. 1 EStG können Unterhaltsleistungen an den geschiedenen oder dauernd getrennt lebenden Ehegatten als Sonderausgaben vom Gesamtbetrag der Einkünfte abgezogen werden. Der Empfänger der Unterhaltsleistungen hat diese nach § 22 Nr. 1a EStG zu versteuern. Nicht zuletzt deshalb sieht § 10 Abs. 1a Nr. 1 EStG vor, dass der Empfänger der Unterhaltsleistungen unbeschränkt einkommensteuerpflichtig sein muss. Da nach dem europäischen Recht jeder Bürger grundsätzlich das Recht hat, in jedem europäischen Staat seinen Wohnsitz zu nehmen (sog. Freizügigkeit), musste der Gesetzgeber eine Regelung für die Fälle treffen, in denen der Unterhaltsempfänger im europäischen Ausland wohnt.

Voraussetzung für die fiktive unbeschränkte Steuerpflicht nach § 1a EStG ist, dass der den Unterhalt Leistende Staatsangehöriger eines Mitgliedstaats der Europäischen Union (bzw. EWR) ist.

Weitere Voraussetzung ist, dass der Empfänger der Unterhaltsleistung seinen Wohnsitz oder gewöhnlichen Aufenthalt im Hoheitsgebiet eines anderen Mitgliedstaates der Europäischen Union (EWR oder der Schweiz) hat, die Unterhaltsleistung in diesem Staat versteuert und dies durch eine Bescheinigung der zuständigen ausländischen Steuerbehörden nachgewiesen wird.

Der EuGH hat mit Urteil vom 28.02.2013 (C-425/11 – Ettwein, IStR 2013, 353) entschieden, dass Eheleuten, die Staatsangehörige eines Mitgliedstaats sind und mit ihren gesamten steuerpflichtigen Einkünften der Besteuerung in diesem Staat unterliegen, eine Zusammenveranlagung unter Berücksichtigung des Splitting-Verfahrens nicht alleine deshalb verweigert werden kann, weil sich ihr Wohnsitz im Hoheitsgebiet der Schweizerischen Eidgenossenschaft befindet. Eine solche Regelung stelle u.a. einen Verstoß gegen die mit der Schweiz abgeschlossenen Freizügigkeitsabkommen dar.

Die Finanzverwaltung hat auf diese Entscheidung mit dem BMF-Schreiben vom 16.09.2013 reagiert. In allen noch offenen Fällen ist danach die Regelung des § 1a Abs. 1 EStG bei Staatsangehörigen eines Mitgliedstaates der EU- oder eines EWR-Staates, auch anwendbar ist, wenn

- der Empfänger der Leistungen im Sinne der Nummern 1 und 1a,
- die ausgleichsberechtigte Person im Sinne der Nummer 1b oder
- der Ehegatte/Lebenspartner im Sinne der Nummer 2 seinen/ihren Wohnsitz oder gewöhnlichen Aufenthalt in der Schweiz haben.

Übung 3:

Die Eheleute M und F haben zusammen in Deutschland gelebt. Im Rahmen der Ehescheidung wird die F verurteilt, an M einen monatlichen Unterhalt i.H.v. 1.000 € zu leisten.

a) Die F lebt in Deutschland und hat die italienische Staatsbürgerschaft; M hat die ägyptische Staatsbürgerschaft und lebt in Spanien;

b) Wie a); M lebt in Ägypten;

c) Wie a); F ist amerikanische Staatsbürgerin.

In allen Fällen liegen entsprechende Steuernachweise der ausländischen Finanzbehörden vor. M verfügt über keine weiteren Einkünfte in Deutschland.

Kann die F die Unterhaltszahlungen als Sonderausgaben abziehen?

3. Steuertarif, Veranlagung

3.1 Tarifaufbau

Der heutige Steuertarif ist das Ergebnis politischer Diskussionen und soll insbesondere folgende Faktoren berücksichtigen (vgl. § 32a EStG).

Das Sozialstaatsprinzip (Art. 20 GG) gebietet, dass ein Betrag in Höhe des sozialen Existenzminimums unversteuert bleibt. Dies ist der **Grundfreibetrag**, der sich im Veranlagungszeitraum 2015 auf 8.472 € und ab dem Veranlagungszeitraum 2016 auf 8.652 € beläuft (vgl. § 32a Abs. 1 EStG).

Der **Steuersatz** nach § 32a Abs. 1 EStG beginnt bei einem zu versteuernden Einkommen von 8.473 € im Veranlagungszeitraum 2015 bzw. 8.653 € im Veranlagungszeitraum 2016 mit 14 % (Eingangssteuersatz) und steigt dann nach und nach bis auf maximal 45 % (Spitzensteuersatz) ab einem zu versteuernden Einkommen von 250.731 € im Veranlagungszeitraum 2015 bzw. 254.447 € im Veranlagungszeitraum 2016, sog. Progression. Dies entspricht dem verfassungsrechtlichen Prinzip der Besteuerung nach der Leistungsfähigkeit. Wer über ein hohes zu versteuerndes Einkommen verfügt, soll auch steuerlich stärker belastet werden.

Der Grundfreibetrag und der progressive Steuertarif gelten für jeden Steuerpflichtigen. Auch ein Einkommensmillionär muss für den Teil seines zu versteuernden Einkommens, der dem Grundfreibetrag entspricht, keine Steuer bezahlen und beginnt mit einem Steuersatz von 14 %.

3.2 Grundtarif

Der Grundtarif nach § 32a Abs. 1 EStG kommt in der Regel bei der Veranlagung nicht verheirateter Steuerpflichtiger zur Anwendung. Er hat den oben dargestellten Aufbau. Für die Berechnung der Einkommensteuer ist das zu versteuernde Einkommen auf den nächsten vollen €-Betrag abzurunden. Für diesen Betrag erfolgt die Berechnung der Einkommensteuer nach der Formel in der Nr. des § 32a Abs. 1 S. 2 EStG, unter die das zu versteuernde Einkommen fällt. Die sich ergebende Einkommensteuer ist ebenfalls auf den nächsten vollen €-Betrag abzurunden.

Alternativ lässt sich die Einkommensteuer unter www.abgabenrechner.de (Internetseite des BMF) oder in Betragsstufen z.B. aus den Tabellen in der Beck'schen Textausgabe ermitteln.

Übung 1:

Wie hoch ist die Einkommensteuer und der durchschnittliche Steuersatz (ohne bzw. mit Solidaritätszuschlag i.H.v. 5,5 % der Einkommensteuer) bei den folgenden Varianten? Zu versteuerndes Einkommen eines Alleinstehenden im Veranlagungszeitraum 2016:

- 5.000 €,
- 15.000 €,
- 50.000 €,
- 300.000 €.

3.3 Splittingtarif

Neben dem Grundtarif existiert ein Splittingtarif nach § 32a Abs. 5 EStG. Dieser kommt in der Regel bei der **Zusammenveranlagung von Ehegatten** (s. Kap. 3.6) zur Anwendung. Der Splittingtarif wird mit Art. 6 GG begründet, wonach der Staat die Pflicht hat, die Ehe und die Familie zu fördern. Der Splittingtarif ist nach § 2 Abs. 8 EStG auch auf gleichgeschlechtliche **Lebenspartnerschaften** nach dem **Lebenspartnerschaftsgesetz** (LPartG) anzuwenden.

Der Splittingtarif funktioniert wie folgt: Für die zusammen veranlagten Steuerpflichtigen wird ein gemeinsames zu versteuerndes Einkommen ermittelt. Dieses wird dann halbiert. Für diese Hälfte wird die Einkommensteuer nach dem Grundtarif ermittelt. Die so ermittelte Einkommensteuer wird dann verdoppelt. Durch dieses Verfahren wird die Progression des Steuertarifs abgemildert. Hiervon profitieren insbesondere Steuerpflichtige, deren einzelne Einkommen sich der Höhe nach stark unterscheiden.

Übung 2:

Wie hoch ist die Einkommensteuer und der durchschnittliche Steuersatz (ohne bzw. mit Solidaritätszuschlag i.H.v. 5,5 % der Einkommensteuer) bei den folgenden Varianten? Zu versteuerndes Einkommen eines zusammen veranlagten Ehepaars im Veranlagungszeitraum 2016:

- 5.000 €,
- 15.000 €,
- 50.000 €,
- 300.000 €.

3.4 Veranlagung

Die Einkommensteuer wird grundsätzlich im Wege einer sog. **Veranlagung** festgesetzt (vgl. § 25 Abs. 1 EStG); dabei handelt es sich um ein förmliches Verwaltungsverfahren, das in der AO geregelt ist.

Der Steuerpflichtige muss daher prinzipiell jährlich eine **Einkommensteuererklärung** abgeben, die er eigenhändig zu unterschreiben hat, § 25 Abs. 3 EStG. Auf dieser Grundlage erstellt das Finanzamt den sog. Einkommensteuerbescheid.

Wird in dem Einkommensteuerbescheid eine Abschlusszahlung festgesetzt, muss der Steuerpflichtige diese in der Regel sofort oder innerhalb eines Monats nach Bekanntgabe des Bescheids entrichten; ergibt sich eine Erstattung, wird diese dem Steuerpflichtigen nach Bekanntgabe des Bescheids ausgezahlt, § 36 Abs. 4 EStG.

3.5 Einzelveranlagung

Alleinstehende Steuerpflichtige werden immer **einzeln veranlagt**, d.h. für sie wird jeweils ein eigener Einkommensteuerbescheid erteilt. Dies gilt auch dann, wenn die Person in einer Lebensgemeinschaft lebt, die keine Ehe oder Lebenspartnerschaft nach dem LPartG darstellt. Ferner gibt es Fälle, in denen Ehegatten oder Lebenspartner nach dem LPartG einzeln veranlagt werden (s. näher Kap. 3.6). Soweit sich die folgenden Ausführungen auf Ehegatten und Ehen beziehen, gelten sie entsprechend auch für Lebenspartnerschaften und Lebenspartner nach dem LPartG (vgl. § 2 Abs. 8 EStG).

Bei der Einzelveranlagung wird für den Steuerpflichtigen aus dessen Einkünften, Sonderausgaben, außergewöhnlichen Belastungen etc. das zu versteuernde Einkommen ermittelt. Bei der Einzelveranlagung von Ehegatten sind jedem Ehegatten die von ihm bezogenen Einkünfte zuzurechnen, § 26a Abs. 1 S. 1 EStG. Sonderausgaben, außergewöhnliche Belastungen und die Steuerermäßigung nach § 35a EStG werden dem Ehegatten zugerechnet, der sie getragen hat; auf Antrag werden sie jeweils zur Hälfte abgezogen, siehe im Einzelnen § 26a Abs. 2 EStG.

Die Einzelveranlagung ist in der Regel mit dem **Grundtarif** verbunden. Ausnahmsweise können in bestimmten Fällen (aus sozialen Gründen) alleinstehende Steuerpflichtige den **Splittingtarif** in Anspruch nehmen, § 32a Abs. 6 EStG:

Ein verwitweter Steuerpflichtiger kann im Jahr nach dem Tod seines Ehegatten noch einmal den Splittingtarif bekommen, sog. **Gnadensplitting**. Voraussetzung ist, dass im Todesjahr die Voraussetzungen einer Zusammenveranlagung vorgelegen haben.

Beispiel:

M und F sind seit 20 Jahren verheiratet. Die Voraussetzungen für eine Zusammenveranlagung liegen vor. Im Oktober 2015 stirbt M.

Lösung:

Aufgrund des Jahresprinzips der Einkommensteuer findet im Jahr 2015 eine Zusammenveranlagung statt. Im Jahr 2016 sind die Voraussetzungen für eine Zusammenveranlagung nicht mehr gegeben, sodass F einzeln veranlagt werden muss. Sie kann aber das Gnadensplitting bekommen, § 32a Abs. 6 S. 1 Nr. 1 EStG. Ab dem Jahr 2017 kommt nur noch der Grundtarif zur Anwendung.

Im Fall einer Ehescheidung und einer Wiederverheiratung des einen Partners im selben Jahr kann der andere Partner das sog. **Betrogenensplitting** nach § 32a Abs. 6 S. 1 Nr. 2 EStG bekommen.

Beispiel:

M und F1 sind seit Jahren verheiratet. Nachdem M mehrfach gegenüber F1 gewalttätig geworden ist, zieht er im Februar 2016 aus der gemeinsamen Ehewohnung aus. Die Ehe wird auf Antrag der F1 nach der Härteklausel des § 1565 Abs. 2 BGB bereits vor Ablauf eines vollen Trennungsjahrs im November 2016 geschieden. Im Dezember 2016 heiratet M die F2, mit der er sogleich zusammenzieht. M und F2 beantragen für den Veranlagungszeitraum 2016 die Zusammenveranlagung.

Lösung:

F1 wird für das Jahr 2016 einzeln veranlagt. Da M und F1 in 2016 die Voraussetzungen des § 26 Abs. 1 S. 1 EStG erfüllt haben (vgl. Kap. 3.6), kann F1 für dieses Jahr noch einmal den Splittingtarif bekommen, sog. Betrogenensplitting nach § 32a Abs. 6 S. 1 Nr. 2 EStG.
(Außerhalb des Anwendungsbereichs des § 1565 Abs. 2 BGB kommt ein Betrogenensplitting praktisch nicht in Betracht, denn Ehegatten müssen nach dem Scheidungsrecht grundsätzlich vor der Scheidung mindestens ein Jahr getrennt leben und können daher im Scheidungsjahr nicht die Voraussetzungen des § 26 EStG erfüllen, deren Vorliegen § 32a Abs. 6 S. 1 Nr. 2 EStG verlangt.)

3.6 Zusammenveranlagung von Ehegatten

Ehegatten können nach § 26 Abs. 1 S. 1 EStG zwischen der **Einzelveranlagung** und der **Zusammenveranlagung** wählen, wenn beide unbeschränkt steuerpflichtig sind, sie nicht dauernd getrennt leben und die genannten Voraussetzungen zu Beginn des Veranlagungszeitraums vorgelegen haben oder in dessen Lauf eingetreten sind. (Diese Rechtslage gilt seit 2013. Davor bestand ein Wahlrecht zwischen getrennter Veranlagung, Zusammenveranlagung und besonderer Veranlagung nach §§ 26a bis 26c EStG a.F.)

Zu den Voraussetzungen des Wahlrechts im Einzelnen:

Ob eine **Ehe** vorliegt, bestimmt sich grundsätzlich nach dem deutschen Eherecht. Bei Ausländern ist für jeden Beteiligten das Recht des Staates maßgeblich, dem er angehört, es sei denn, dass dieses gegen die guten Sitten oder den Zweck eines deutschen Gesetzes verstößt; im Zweifel muss der Steuerpflichtige ein Rechtsgutachten vorlegen. Bei Scheidung, Aufhebung oder Nichtigkeit einer Ehe kommt es auf das Vorliegen einer rechtskräftigen Gerichtsentscheidung an (vgl. H 26 EStH „Allgemeines").

In Bezug auf die **unbeschränkte Steuerpflicht** sieht § 1a Abs. 1 Nr. 2 EStG eine Sonderregelung vor: Ist ein Staatsangehöriger eines EU-Mitgliedsstaats in Deutschland unbeschränkt steuerpflichtig nach § 1 Abs. 1 oder Abs. 3 EStG und hat sein Ehegatte in Deutschland weder einen Wohnsitz noch einen gewöhnlichen Aufenthalt, wird dieser Ehegatte auf Antrag als unbeschränkt steuerpflichtig behandelt, wenn er seinen Wohnsitz oder gewöhnlichen Aufenthalt innerhalb der EU hat.

Beispiel:

Ein italienischer Staatsbürger wohnt und arbeitet in Stuttgart. Seine Ehefrau und die gemeinsamen Kinder, die er regelmäßig besucht, wohnen in Mailand.

> **Lösung:**
>
> Obwohl die Ehefrau in Deutschland nicht unbeschränkt steuerpflichtig ist, kann sie auf Antrag für Zwecke der Zusammenveranlagung als unbeschränkt steuerpflichtig behandelt werden, § 1a Abs. 1 Nr. 2 EStG.

Ehegatten leben **dauernd getrennt**, wenn die eheliche Lebens- und Wirtschaftsgemeinschaft – das „Teilen von Tisch und Bett" – dauerhaft aufgehoben ist. Hieran fehlt es bei nur vorübergehender räumlicher Trennung (z.B. wegen eines beruflich bedingten Auslandsaufenthalts). Wenn Ehegatten infolge äußerer Umstände wie z.B. Krankheit oder Inhaftierung räumlich getrennt leben müssen, kommt es darauf an, ob die erkennbare Absicht besteht, die eheliche Verbindung im noch möglichen Rahmen aufrechtzuerhalten und nach Wegfall des Hindernisses wieder voll herzustellen, R 26 Abs. 1 EStR. Angaben der Ehegatten, sie lebten nicht dauernd getrennt, sind i.d.R. anzuerkennen, es sei denn, dass die äußeren Umstände ein eheliches Zusammenleben fraglich erscheinen lassen, H 26 EStH „Getrenntleben".

Da die Einkommensteuer eine Jahressteuer ist, genügt es, wenn die o.g. Voraussetzungen mindestens an **einem Tag** im Jahr gemeinsam vorgelegen haben. Aus diesem Grund können Ehegatten, die in einem Jahr zusammenleben, sich dann aber trennen (z.B. mit dem Ziel der Ehescheidung), im Trennungsjahr die Zusammenveranlagung wählen. Eine Ausnahme gilt für Fälle, in denen ein Steuerpflichtiger in einem Veranlagungszeitraum mehrmals verheiratet war und die o.g. Voraussetzungen bei jeder Ehe vorlagen; dann besteht das Wahlrecht nur für die letzte Ehe, § 26 Abs. 1 S. 2 EStG.

Ehegatten werden **einzeln veranlagt**, wenn die Voraussetzungen des Wahlrechts nicht vorliegen oder wenn die Voraussetzungen des Wahlrechts vorliegen und einer der Ehegatten die Einzelveranlagung wählt, § 26 Abs. 2 S. 2 EStG. Dies ist häufig der Fall, wenn die Ehegatten getrennt leben, aber die Ehe noch nicht geschieden ist. Bei Einzelveranlagung hat jeder Ehegatte eine eigenhändig unterschriebene Steuererklärung abzugeben, § 25 Abs. 3 S. 1 EStG. Siehe im Übrigen Kap. 3.5.

Ehegatten werden **zusammen veranlagt**, wenn die Voraussetzungen des Wahlrechts vorliegen und entweder beide Ehegatten die Zusammenveranlagung wählen oder von dem Wahlrecht nicht oder nicht wirksam Gebrauch gemacht wird, § 26 Abs. 2 S. 2, Abs. 3 EStG. Bei Zusammenveranlagung haben die Ehegatten eine gemeinsame Steuererklärung abzugeben, die von beiden eigenhändig zu unterschreiben ist, § 25 Abs. 3 S. 2 EStG. Die Zusammenveranlagung wird folgendermaßen durchgeführt (vgl. § 26b EStG): Zunächst werden die Einkünfte jedes Ehegatten gesondert ermittelt. Diese Einkünfte werden dann zusammengerechnet und den Ehegatten gemeinsam zugerechnet; es ergibt sich ein gemeinsamer Gesamtbetrag der Einkünfte. Für die weitere Ermittlung des zu versteuernden Einkommens werden die Ehegatten grundsätzlich als ein gemeinsamer Steuerpflichtiger behandelt, d.h. es werden z.B. Sonderausgaben, außergewöhnliche Belastungen und die Steuerermäßigung nach § 35a EStG gemeinsam ermittelt und – soweit im EStG vorgesehen – Abzugsvolumina oder Freibeträge in doppelter Höhe angesetzt (Beispiele: § 10 Abs. 3 EStG, § 13 Abs. 3 S. 3 EStG, § 20 Abs. 9 S. 2 EStG). Das gemeinsame zu versteuernde Einkommen wird dem Splittingtarif unterworfen.

Die **Wahl** der Veranlagungsart ist seit 2013 (entgegen früherem Recht) für einen Veranlagungszeitraum ab Eingang der Steuererklärung beim zuständigen Finanzamt grundsätzlich bindend, § 26 Abs. 2 S. 4 EStG.

Zusammenfassender Überblick:

Veranlagung von Ehegatten		
Voraussetzungen für das Wahlrecht nach § 26 EStG sind erfüllt ...		... sind nicht erfüllt
Zusammenveranlagung	Einzelveranlagung	Einzelveranlagung
Splittingtarif	**Grundtarif**	

Übung 3:

Bitte entscheiden Sie, ob in den folgenden Fällen im Veranlagungszeitraum 2016 eine Zusammen-veranlagung möglich ist. Unterstellen Sie dabei, dass ggf. erforderliche Anträge gestellt werden.

1. M und F heiraten am 30.12.2016.
2. M und F sind seit 1998 verheiratet. Im Februar 2016 zieht die F nach einem heftigen Streit aus der gemeinsamen Wohnung aus. Das Paar lebt bis zum Ende des Jahres getrennt.
3. M und F leben seit 2014 getrennt. Im Rahmen des Ehescheidungsverfahrens wird ein probeweises Zusammenleben vorgeschlagen. Die Ehegatten leben in 2016 für 20 Tage zusammen in einer Wohnung. Dann kommt es wieder zu Streit. Die Ehe wird im November 2016 geschieden.
4. M1 und M2 leben seit drei Jahren als gleichgeschlechtliche Lebenspartner i.S.d. LPartG zusammen in einer Wohnung.
5. M und F leben seit zehn Jahren in einer eheähnlichen Lebensgemeinschaft zusammen in einer Wohnung.

4. Zufluss- und Abflussprinzip

Die Einkommensteuer wird stets für ein **Jahr** (= Veranlagungszeitraum) veranlagt. Es ist daher erforderlich, Betriebseinnahmen bzw. Einnahmen und Werbungskosten bzw. Betriebsausgaben bestimmten Jahren **zuzuordnen**.

Diese Frage regelt die Vorschrift des § 11 EStG.

4.1 Zuflussprinzip

Nach § 11 Abs. 1 S. 1 EStG sind Einnahmen innerhalb des Kalenderjahres bezogen, in dem sie dem Steuerpflichtigen zugeflossen sind. Ein Zufluss liegt nach der Rechtsprechung vor, wenn der Steuerpflichtige über die Einnahmen **wirtschaftlich verfügen** kann.

Beispiel:

Ein Rechtsanwalt (Gewinnermittlung nach § 4 Abs. 3 EStG) führt in 2015 für einen Mandanten einen Prozess. Er schreibt ihm im November 2015 eine Rechnung über 3.000 €. Der Mandant zahlt erst im Februar 2016.

Lösung:

Es kommt nicht darauf an, in welchem Jahr die wirtschaftliche Grundlage für die Einnahmen gelegt wurde oder die Honorarforderung entstanden ist. Entscheidend ist, dass der Rechtsanwalt erst in 2016 über das Honorar wirtschaftlich verfügen kann. Dabei spielt es keine Rolle, ob die Bezahlung in bar, per Scheck oder durch Überweisung erfolgt. Ebenfalls ist es ohne Bedeutung, ob der Rechtsanwalt seinem Mandanten ein Zahlungsziel bis Februar 2016 eingeräumt hat oder der Mandant zu spät zahlt.

In H 11 EStH finden sich mehrere **Spezialfälle** zur Zuflussproblematik. Im Folgenden bekommen Sie einen Überblick über die wichtigsten Fälle:

Art der Zahlung ...	Erläuterung	Zufluss mit ...
Barzahlung		Übergabe des Geldes
Überweisung		Gutschrift auf dem Konto des Empfängers; maßgeblich ist der Tag der Wertstellung
Scheck		Übergabe des Schecks, wenn dieser gedeckt ist
Aufrechnung	Eine Aufrechnung (§§ 387 ff. BGB) kommt in Betracht, wenn sich zwei Forderungen gegenüberstehen (Beispiel: Ein Mieter hat gegen den Vermieter eine Schadensersatzforderung i.H.v. 1.000 €; er rechnet diese Forderung gegen die fällige Mietzahlung auf).	Erklärung der Aufrechnung

Art der Zahlung ...	Erläuterung	Zufluss mit ...
Novation	Eine Novation ist gegeben, wenn eine Forderung einen neuen Rechtsgrund erhält (Beispiel: Ein Arbeitgeber vereinbart mit dem Arbeitnehmer, dass der Lohn in ein Darlehen umgewandelt wird). Dieser Fall darf nicht mit der Stundung verwechselt werden.	Vereinbarung des neuen Rechtsgrunds
Stundung	Bei einer Stundung wird vereinbart, dass eine Zahlung erst zu einem späteren Zeitpunkt fällig wird (Beispiel: Ein Architekt schickt dem Bauherrn eine Rechnung über 20.000 €; da der Bauherr zurzeit nicht über genug Geld verfügt, erklärt sich der Architekt damit einverstanden, dass das Honorar erst in sechs Monaten gezahlt wird).	tatsächlicher Zahlung (die bloße Stundung führt noch nicht zu einem Zufluss)

4.1.1 Die „Zehntageregel"

Zum Jahreswechsel hängt der Zeitpunkt des Zuflusses von Einnahmen oft von Zufälligkeiten ab (Beispiel: Verzögerte Bearbeitung bei der Bank über die Feiertage). Diese Verschiebungen sollen durch die sog. **Zehntageregel** ausgeglichen werden:

Regelmäßig wiederkehrende Einnahmen, die kurze Zeit vor Beginn oder kurze Zeit nach Beendigung eines Kalenderjahres geleistet werden, rechnen zu dem Kalenderjahr, zu dem sie wirtschaftlich gehören, § 11 Abs. 1 S. 2 EStG. Kurze Zeit ist i.d.R. ein Zeitraum von bis zu zehn Tagen (sodass sich insgesamt ein 20-Tages-Zeitraum vom 22.12. eines Jahres bis zum 10.01. des Folgejahrs ergibt; der Zeitraum verlängert sich nicht, wenn sein Anfang oder Ende auf einen Sonnabend, Sonntag oder Feiertag fällt, vgl. BFH vom 11.11.2014, BStBl II 2015, 285). Innerhalb dieses Zeitraums muss die Zahlung fällig und geleistet worden sein; auf die Fälligkeit im Jahr der wirtschaftlichen Zugehörigkeit kommt es nicht an, H 11 EStH „Allgemeines".

Beispiel:

Die Miete für eine Wohnung ist jeweils spätestens am dritten Werktag eines Monats zu bezahlen. Da der Mieter über die Weihnachtsfeiertage im Urlaub ist, überweist er die Januarmiete 2016 bereits am 27.12.2015. Die Überweisung wird dem Konto des Vermieters am 29.12.2015 gutgeschrieben.

Lösung:

Grundsätzlich fließt die Miete mit Erlangung der wirtschaftlichen Verfügungsmacht zu; dies wäre hier noch im Dezember 2015. Damit müsste der Vermieter in 2015 u.U. 13 Monatsmieten versteuern. Hier greift nun die Sonderregelung des § 11 Abs. 1 S. 2 EStG. Da die Zahlung innerhalb von zehn Tagen vor Beendigung des Jahres erfolgte, ist sie dem Jahr zuzurechnen, zu dem sie wirtschaftlich gehört (= 2016).

> **Beispiel:**
>
> Der Sachverhalt entspricht dem Beispiel oben. Der Mieter überweist die Miete für den Monat Dezember 2015 erst am 02.01.2016.

> **Lösung:**
>
> Die Miete war am dritten Werktag des Monats Dezember 2015 fällig. Die Verschiebung der Zahlung hängt nicht mit dem Jahreswechsel zusammen; der Mieter hat lediglich zu spät gezahlt. Die Zehntageregel gilt nicht. Daher muss der Vermieter die Miete für den Monat Dezember 2015 mit deren Zufluss in 2016 versteuern.

> **Beispiel:**
>
> A vermietet einen Pkw an B. Es wird vereinbart, dass die monatlichen Mietzahlungen jeweils am ersten Werktag des nachfolgenden Monats fällig sind. Die Miete für den Monat Dezember 2015 ist daher am 02.01.2016 fällig. B überweist diese Miete erst am 08.01.2016.

> **Lösung:**
>
> Die Mietzahlung gehört wirtschaftlich zum Jahr 2015. Sie war innerhalb des Zehn-Tages-Zeitraums fällig und wurde auch in diesem Zeitraum geleistet. Auf die (hier fehlende) Fälligkeit im Jahr der wirtschaftlichen Zugehörigkeit kommt es nicht an. Die Zahlung ist also in 2015 zu versteuern.

Die Zehntageregel gilt nur für „regelmäßig wiederkehrende" Einnahmen; hierzu rechnen z.B. Mieten, Pachten, Zinsen und Umsatzsteuer. Die Höhe muss nicht immer gleich sein.

> **Beispiel:**
>
> Ein Steuerpflichtiger unterhält bei einer Bank ein Tagesgeldkonto. Die Zinsen sind jeweils am 31.12. fällig. Am 03.01.2016 schreibt die Bank Zinsen gut (Anmerkung: Dieses Beispiel „geistert" zwar regelmäßig durch Klausuren, ist aber nicht sehr praxisnah, weil Banken die Wertstellung jeweils zum 31.12. vornehmen).

> **Lösung:**
>
> Auch wenn die Zinsen aufgrund eines schwankenden Anlagebetrags jedes Jahr eine andere Höhe haben, gilt die Zehntageregel. Die Zinsen sind dem Jahr 2015 zuzurechnen.

4.1.2 Verteilung von Einnahmen

Eine weitere Sonderregelung enthält § 11 Abs. 1 S. 3 EStG. Danach kann (= Wahlrecht) ein Steuerpflichtiger Einnahmen, die auf einer Nutzungsüberlassung beruhen, insgesamt auf den Zeitraum gleichmäßig verteilen, für den die Vorauszahlung geleistet wird. Die Regelung soll eine Zusammenballung von Einnahmen mit erheblichem Progressionsnachteil vermeiden. Der Anwendungsbereich dürfte aber in der Praxis nicht sehr groß sein.

> **Beispiel:**
>
> Ein Vermieter bekommt von seinem Mieter die Miete i.H.v. 50.000 € für fünf Jahre in einem Betrag bezahlt. Er hat nun die Wahl, die 50.000 € mit Zufluss zu versteuern oder wahlweise jedes Jahr 10.000 € (eine andere Verteilung ist nicht zulässig, da das Gesetz ausdrücklich eine „gleichmäßige" Verteilung verlangt).

4.1.3 Sonderregelung für Arbeitslöhne

Für Arbeitslöhne verweist § 11 Abs. 1 S. 4 EStG auf die Vorschrift des § 38a Abs. 1 S. 2 und 3 EStG. Danach gilt laufender Arbeitslohn in dem Kalenderjahr als bezogen, in dem der Lohnzahlungszeitraum endet. Nicht um „laufenden" Arbeitslohn handelt es sich allerdings bei Arbeitslohn, der später als drei Wochen nach Ablauf des Lohnzahlungszeitraums gezahlt wird, sowie bei Sonderprämien, Weihnachtsgeldern u.ä. (s. R 39b.2 LStR).

Greift die Regelung des § 38a Abs. 1 S. 2 und 3 EStG nicht, gilt wieder § 11 EStG.

Beispiel:

Der Lohn eines Arbeitnehmers ist jeweils am Ende eines Monats (= Lohnzahlungszeitraum) fällig. Aufgrund von Zahlungsschwierigkeiten überweist der Arbeitgeber den Lohn für den Monat Dezember 2015 erst am:

a) 05.01.2016,

b) 18.01.2016,

c) 05.03.2016.

Lösung:

In der Variante a) und b) liegt jeweils laufender Arbeitslohn vor, da der Lohn nicht später als drei Wochen nach Ende des Lohnzahlungszeitraums gezahlt wurde. Nach § 38a Abs. 1 S. 2 EStG muss der Arbeitnehmer damit den Lohn in 2015 versteuern.

In der Variante c) liegt kein laufender Arbeitslohn vor. Damit greift wieder die Zuflussregel des § 11 Abs. 1 S. 1 EStG. Der Arbeitnehmer muss den Lohn in 2016 versteuern. Dies kann für ihn nachteilig sein, da er mit 13 Monatslöhnen in der Regel in eine höhere Progression gerät.

4.2 Abflussprinzip

Parallel zur Behandlung des Zuflusses von Einnahmen gelten Ausgaben nach § 11 Abs. 2 S. 1 EStG in dem Jahr als abgeflossen, in dem sie geleistet worden sind. Ausgaben gelten als in dem Zeitpunkt geleistet, in dem sie die wirtschaftliche **Verfügungsmacht** des Leistenden **verlassen**. Es kommt also nicht darauf an, wann die Zahlung beim Empfänger eintrifft.

Beispiel:

Ein Vermieter bezahlt den Beitrag zur Gebäudeversicherung, der am 31.12.2015 fällig ist, per Online-Banking. Er gibt nachweislich am 30.12.2015 die Transaktionsnummer (TAN) ein. Bei der Versicherung erfolgt die Gutschrift erst am 12.01.2016.

Lösung:

Entscheidend ist, zu welchem Zeitpunkt der Vermieter die wirtschaftliche Verfügungsmacht über den Zahlungsbetrag verliert. Dies ist der Zeitpunkt, in dem er die TAN eingibt (30.12.2015). Die theoretische Möglichkeit, bei der Bank die Überweisung zu widerrufen, spielt im Rahmen des Steuerrechts keine Rolle.

Bei der konservativen Überweisung verliert der Steuerpflichtige die Verfügungsmacht in dem Zeitpunkt, in dem er der Bank das Überweisungsformular übergibt. Im Fall einer Einzugsermächtigung gilt die Zahlung in dem Augenblick als geleistet, in dem die Abbuchung vom Konto erfolgt. Die Möglichkeit, Abbuchungen sechs Wochen lang zu widerrufen, spielt keine Rolle.

4.2.1 Zehntageregel

Auch bei Ausgaben gilt die Zehntageregel, § 11 Abs. 2 S. 2 EStG (siehe Kap. 4.1.1).

Beispiel:

Der Wasserverbrauch eines Mietshauses wird jeweils zum 31.12. ermittelt. Zu diesem Zeitpunkt sind auch ggf. zu entrichtende Zahlungen fällig. Am 03.01.2016 überweist der Vermieter 800 € an den Wasserlieferanten.

Lösung:

Auch wenn die Höhe des Wasserverbrauchs jedes Jahr anders ist, gilt die Zahlung noch als „regelmäßig wiederkehrende" Ausgabe. Die Zahlung ist dem Kalenderjahr 2015 zuzuordnen, § 11 Abs. 2 S. 2 EStG.

4.2.2 Zwingende Verteilung

Werden Ausgaben für eine Nutzungsüberlassung von **mehr als fünf Jahren** im Voraus geleistet, sind sie insgesamt auf den Zeitraum gleichmäßig zu verteilen, für den die Vorauszahlung geleistet wird, § 11 Abs. 2 S. 3 EStG. Diese Vorschrift hat in der Praxis kaum Bedeutung. (Man beachte: Während im Voraus bezogene Einnahmen nach § 11 Abs. 1 S. 3 EStG verteilt werden können, sind im Voraus geleistete Ausgaben zwingend zu verteilen – der Gesetzgeber will verhindern, dass Ausgaben vorgezogen werden.)

Beispiel:

Ein Investor will auf einem Grundstück, das der Kirche gehört, ein Mehrfamilienhaus errichten. Er vereinbart mit der Kirchenverwaltung die Bestellung eines sog. Erbbaurechts, aufgrund dessen er das Grundstück 30 Jahre lang nutzen darf. Der Bauherr bezahlt die gesamten Erbbauzinsen i.H.v. 150.000 € in einem Betrag für die ganze Laufzeit des Erbbaurechts.

Lösung:

Nach § 11 Abs. 2 S. 1 EStG könnte der Investor Werbungskosten i.H.v. 150.000 € geltend machen. Dies war einmal ein Steuersparmodell. Dieses hat der Gesetzgeber mit der Einführung des § 11 Abs. 2 S. 3 EStG weitgehend vereitelt. Der Investor muss die 150.000 € auf die Laufzeit des Erbbaurechts verteilen; damit kann er pro Jahr lediglich 5.000 € als Werbungskosten geltend machen.

Die o.g. Verteilungsregelung gilt nach § 11 Abs. 2 S. 4 EStG ausdrücklich nicht für ein **Damnum** oder **Disagio**, soweit dieses marktüblich ist. Bei einem Damnum oder Disagio (beide Ausdrücke bezeichnen dasselbe) handelt es sich um eine Vorauszahlung von Zinsen, um damit die laufende Zinslast zu vermindern.

Beispiel:

Ein Bauherr benötigt für die Errichtung eines Mietshauses ein Darlehen. Er kann z.B. mit der Bank vereinbaren, dass die Darlehenssumme 500.000 € beträgt, er aber nur 480.000 € ausbezahlt bekommt. Die 20.000 € stellen eine Vorauszahlung von Zinsen dar. Damit reduziert sich die spätere jährliche Zinslast (in Abhängigkeit von der Laufzeit des Darlehens).

Das Damnum (oder Disagio) gilt als in dem Zeitpunkt geleistet, in dem die Darlehenssumme ausbezahlt wird. Damit können in erheblichem Umfang Ausgaben erzeugt werden. „Marktüblich" und damit nicht zwingend zu verteilen ist bei einem Darlehen mit einem Zinsfestschreibungszeitraum von mindestens fünf Jahren ein Damnum von höchstens 5 % der Darlehenssumme (vgl. BMF vom 20.10.2003, BStBl I 2003, 546).

Hinweis! Im Beispiel oben liegt ein Damnum i.H.v. 4 % der Darlehenssumme vor. Dieses ist marktüblich. Nach § 11 Abs. 2 S. 4 EStG gilt daher die Verteilungsregelung des § 11 Abs. 2 S. 3 EStG nicht. Somit kann der Bauherr mit der Auszahlung des Darlehens Werbungskosten i.H.v. 20.000 € geltend machen.

Beispiel:

Ein anderer Bauherr nimmt ein Darlehen i.H.v. 500.000 € mit achtjähriger Laufzeit und einem Zinsfestschreibungszeitraum von mindestens fünf Jahren auf. Er erhält nur 470.000 € ausbezahlt, wodurch sich die jährliche Zinslast verringert.

Lösung:

Das Damnum beträgt 30.000 €, d.h. 6 % der Darlehenssumme. Das Damnum ist i.H.v. 5 %, also 25.000 €, marktüblich. In dieser Höhe kann es der Bauherr mit der Auszahlung des Darlehens als Werbungskosten geltend machen, § 11 Abs. 2 S. 4 EStG. Die übrigen 5.000 € sind auf die Laufzeit des Darlehens (8 Jahre) zu verteilen, § 11 Abs. 2 S. 3 EStG; insoweit können also pro Jahr lediglich 625 € als Werbungskosten angesetzt werden.

4.3 Keine Anwendung bei Bilanzierung

Steuerpflichtige, die Gewinneinkünfte erzielen (s. § 2 Abs. 1 Nr. 1 bis 3 EStG) haben grundsätzlich zwei Möglichkeiten der Gewinnermittlung. Sie können zum einen den Gewinn nach § 4 Abs. 1 EStG durch Bilanzierung (d.h. durch Betriebsvermögensvergleich) ermitteln. Zum anderen können sie – wenn die Voraussetzungen des § 4 Abs. 3 EStG erfüllt sind – den Gewinn durch sog. Einnahme-Überschuss-Rechnung ermitteln (dazu s. Kap. 14.2).

Hinweis! Bitte prägen Sie sich unbedingt Folgendes ein: § 11 EStG gilt bei den Gewinneinkünften nur, wenn der Gewinn durch Einnahme-Überschuss-Rechnung ermittelt wird. Wird der Gewinn durch Bilanzierung ermittelt, darf § 11 EStG nicht angewendet werden (vgl. auch § 11 Abs. 2 S. 6 EStG). Dies nicht zu beachten, wäre in einer Klausur ein schwerer Fehler.

Übung: In welchem Veranlagungszeitraum sind die jeweiligen Einnahmen zu versteuern?

1. A hat bei seiner Bank Sparbriefe im Nennwert von 20.000 € erworben. Die Zinsen i.H.v. 2 % sind immer zum 31.12. eines jeden Jahres fällig. Die Zinsen für 2015 werden nach Abzug der Kapitalertragsteuer dem Anleger am 02.01.2016 mit Wertstellung zum 31.12.2015 auf seinem Girokonto gutgeschrieben.

2. Wie oben; der Anleger erwirbt die Sparbriefe im Januar 2011. Die Zinsen für die gesamte Laufzeit werden erst an deren Ende am 31.12.2015 fällig. Am 02.01.2016 werden dem Anleger Zinsen i.H.v. (5 Jahre × 20.000 € × 2 % =) 2.000 € abzüglich Kapitalertragsteuer und Solidaritätszuschlag mit Wertstellung 31.12.2015 gutgeschrieben.

3. E ist Eigentümer einer Wohnung, die er an M vermietet hat. Die Miete ist laut Mietvertrag spätestens bis zum dritten Werktag eines jeden Monats zu bezahlen. Die Miete für den Dezember 2015 wird von M erst am:
   a) 08.01.2016,
   b) 14.01.2016
   bezahlt.

4. E ist Eigentümer eines Mehrfamilienhauses. Der monatliche Abschlag für Gas und Wasser ist jeweils am letzten Werktag eines jeden Monats fällig. E bezahlt den Abschlag für den Monat Dezember 2015 erst am:

   a) 08.01.2016,

   b) 14.01.2016.

5. Der Eigentümer eines Bürogebäudes (Privatvermögen) vermietet das Gebäude ab dem 01.07.2016 für die Dauer von acht Jahren an einen Rechtsanwalt. Am 01.07.2016 zahlt der Rechtsanwalt vereinbarungsgemäß 100.000 € für die gesamte Mietdauer. Muss der Vermieter die 100.000 € in 2016 versteuern?

6. Der Mieter im Fall 5 ist ein Rechtsanwalt, der seinen Gewinn nach § 4 Abs. 3 EStG ermittelt. Kann der Rechtsanwalt die 100.000 € in 2016 als Betriebsausgabe geltend machen?

7. Ein Handwerker, der seinen Gewinn nach § 4 Abs. 1 EStG ermittelt, nimmt im Januar 2016 bei seiner Bank ein Darlehen über 50.000 € auf, um eine Maschine zu finanzieren. Er vereinbart mit der Bank ein Damnum i.H.v. 3 % (Auszahlung somit 48.500 €). Das Darlehen läuft zehn Jahre (Zinsfestschreibungszeitraum: mindestens fünf Jahre). Kann der Handwerker das Damnum in 2016 in voller Höhe als Betriebsausgabe geltend machen?

8. Ein Arbeitnehmer bekommt das Gehalt für den Monat Dezember 2015 (Fälligkeit jeweils zum letzten Werktag eines Monats) erst am:

   a) 15.01.2016,

   b) 31.01.2016

   ausbezahlt.

5. Steuerfreie Einnahmen

Nicht jede Vermögensmehrung führt zu steuerpflichtigen Einnahmen.

Beispiel:
Ein Steuerpflichtiger erbt 100.000 €. Dieser Betrag unterliegt zwar möglicherweise der Erbschaftsteuer. Im Rahmen der Einkommensteuer liegen aber sog. nicht steuerbare und damit auch nicht steuerpflichtige Einnahmen vor.

Hinweis! Einnahmen sind **nicht steuerbar**, wenn sie nicht unter § 2 EStG fallen. Einnahmen, die unter § 2 EStG fallen, sind **steuerbar**, können aber aus verschiedenen Gründen **steuerfrei** sein. (Vgl. Kap. 1.1.)

§§ 3, 3b EStG enthalten eine Aufzählung von Einnahmen, die **steuerfrei** sind. Einige dieser Regelungen haben keine besondere Bedeutung, andere sind dagegen von großer praktischer Relevanz. Einige wichtige Fälle sind im Folgenden aufgeführt:

§ 3 Nr.	Art der Einnahmen
1	Leistungen aus einer Kranken-, Pflege- oder Unfallversicherung
2	Arbeitslosengeld, Arbeitslosenhilfe, Kurzarbeitergeld
13	aus öffentlichen Kassen (z.B. an Beamte und Angestellte im öffentlichen Dienst) gezahlte Reisekostenvergütungen, Umzugskostenvergütungen und Trennungsgelder
16	außerhalb des öffentlichen Dienstes gezahlte Reisekostenvergütungen, Umzugskostenvergütungen und sonstige Erstattungen beruflich veranlasster Mehraufwendungen
26	Einnahmen aus nebenberuflichen Tätigkeiten als Übungsleiter, Ausbilder u.ä. (z.B. nebenberuflicher Fußballtrainer) bis zur Höhe von insgesamt 2.400 € im Jahr
26a	Einnahmen aus nebenberuflichen Tätigkeiten in einem gemeinnützigen Verein (z.B. als Vorstand, Kassenwart) bis zur Höhe von insgesamt 720 € im Jahr
31	unentgeltliche oder verbilligte Überlassung typischer Berufskleidung
32	unentgeltliche oder verbilligte Sammelbeförderung von Arbeitnehmern (Beispiel: Reinigungskräfte werden von ihrem Arbeitgeber an der Wohnung abgeholt und zum jeweiligen Einsatzort gebracht)
33	Zuschüsse des Arbeitgebers zu den Kosten eines Kindergartens
40	40 % bestimmter Einnahmen aus Kapitalvermögen
45	Überlassung von PCs und Telefonen an Arbeitnehmer zur privaten Nutzung
51	Trinkgelder (da diese kaum kontrollierbar sind, werden sie als steuerfrei behandelt)
62, 63	Ausgaben und Beiträge des Arbeitgebers für die Zukunftssicherung bzw. Altersversorgung des Arbeitnehmers
67	Erziehungsgeld nach dem Bundeserziehungsgeldgesetz
§ 3b	Zuschläge für Sonntags-, Feiertags- oder Nachtarbeit, soweit sie bestimmte Grenzen nicht übersteigen

Ausgaben dürfen, soweit sie mit steuerfreien Einnahmen in unmittelbarem wirtschaftlichen Zusammenhang stehen, nicht als Betriebsausgaben bzw. Werbungskosten abgezogen werden, § 3c Abs. 1 EStG.

Beispiel:

Eine Sportstudentin trainiert in ihrer Freizeit eine Handballmannschaft. Der Verein bezahlt ihr dafür 4.000 € im Jahr. In 2016 entstehen der Studentin Fahrtkosten zu Auswärtsspielen und Turnieren i.H.v. 2.700 € im Jahr, die vom Verein nicht erstattet werden.

Lösung:

Die Einnahmen sind i.H.v. 2.400 € steuerfrei, § 3 Nr. 26 S. 1 EStG. In derselben Höhe kann die Studentin keine Werbungskosten geltend machen, obwohl die Voraussetzungen des § 9 EStG erfüllt wären; nur die restlichen 300 € kann sie als Werbungskosten ansetzen (§ 3 Nr. 26 S. 2, § 3c Abs. 1 EStG).

Fortführung des Beispiels:

Die Studentin bekommt zusätzlich für Fahrtkosten zu den Auswärtsspielen und Turnieren (1.000 km × 0,30 € =) 300 € ersetzt.

Lösung:

Die 300 € können zusätzlich zu § 3 Nr. 26 EStG steuerfrei nach § 3 Nr. 16 EStG als Reisekosten erstattet werden.

Fortführung des Beispiels:

Die Studentin ist auch im Vorstand des Sportvereins. Als Anerkennung bekommt sie für ihre Vorstandstätigkeit weitere 600 € im Jahr.

Lösung

§ 3 Nr. 26 und § 3 Nr. 26a EStG schließen sich nicht gegenseitig aus. Da die 600 € nicht die Tätigkeit als Trainerin abgelten, sondern für die ehrenamtliche Tätigkeit im Vorstand gezahlt werden, sind sie nach § 3 Nr. 26a EStG steuerfrei.

6. Sonderausgaben

Sonderausgaben sind in §§ 10 bis 10c EStG geregelt. Es handelt sich um eine unsystematische Sammlung von Aufwendungen, die aus **verfassungsrechtlichen Gründen** (z.B. Beiträge zur Krankenversicherung) oder aus **steuer-** oder **sozialpolitischen Erwägungen** abziehbar sind.

Die Sonderausgaben werden gemäß § 2 Abs. 4 EStG nach der Ermittlung des Gesamtbetrags der Einkünfte abgezogen. Im Folgenden werden die Sonderausgaben entsprechend der gesetzlichen Reihenfolge behandelt.

6.1 Grundprinzip der Sonderausgaben

Sonderausgaben dürfen nicht in wirtschaftlichem Zusammenhang mit einer der sieben Einkunftsarten stehen, vgl. § 10 Abs. 1 S. 1 EStG. Wenn es sich bei Aufwendungen um Betriebsausgaben oder Werbungskosten handelt, sind sie als solche bei der jeweiligen Einkunftsart zu berücksichtigen.

Beispiel:

Ein Vermieter bezahlt die Gebäude-Haftpflichtversicherung für eine Eigentumswohnung. Obwohl Beiträge zu einer Haftpflichtversicherung in § 10 Abs. 1 Nr. 3a EStG aufgeführt sind, dürfen die Zahlungen des Vermieters nicht als Sonderausgaben abgezogen werden, da sie wirtschaftlich mit den Einkünften aus Vermietung und Verpachtung zusammenhängen und damit als Werbungskosten (§ 9 EStG) abzuziehen sind.

Sonderausgaben kann grundsätzlich nur derjenige geltend machen, der sie **selbst schuldet** und **leistet**. Eine Ausnahme gilt bei der Zusammenveranlagung von Ehegatten; es kommt nicht darauf an, welcher Ehegatte die Aufwendungen schuldet und trägt.

Beispiel:

M und F sind Partner einer eheähnlichen Gemeinschaft. F überweist von ihrem eigenen Girokonto 300 € Prämie für die Kfz-Haftpflichtversicherung des Fahrzeugs, das auf M zugelassen ist (M ist Versicherungsnehmer).

Lösung:

Die Kfz-Haftpflichtversicherung fällt unter § 10 Abs. 1 Nr. 3a EStG. M schuldet die Prämie. F leistet sie. Dieser Fall ist nicht gleichbedeutend damit, dass die 300 € zunächst geschenkt und erst dann vom Beschenkten an den endgültigen Zahlungsempfänger geleistet werden (das Geld erreichte das Vermögen des M nicht), vgl. BFH vom 19.04.1989, X R 2/84, BStBl II 1989, 683. Da die Zahlung nicht vom selben Steuerpflichtigen geschuldet und geleistet wird und da keine Zusammenveranlagung von Ehegatten vorliegt, scheidet ein Sonderausgabenabzug aus.

Für Sonderausgaben gilt das **Abflussprinzip** nach § 11 Abs. 2 EStG. Sonderausgaben können also nur in dem Jahr abgezogen werden, in dem die Zahlung erfolgt. Es kommt nicht darauf an, welchem Jahr die Sonderausgaben wirtschaftlich zuzurechnen sind.

Beispiel:

Ein Versicherungsnehmer bezahlt die Kfz-Haftpflichtversicherung für das Jahr 2015 erst im Februar 2016.

> **Lösung:**
>
> Er kann die Zahlung nur im Jahr 2016 geltend machen.

Werden gezahlte Sonderausgaben in einem späteren Veranlagungszeitraum **erstattet**, gilt Folgendes (vgl. H 10.1 EStH „Abzugshöhe/Abzugszeitpunkt"):

Erstattete Sonderausgaben werden in dem Veranlagungszeitraum, in dem die Erstattung erfolgt, mit gezahlten **gleichartigen** Sonderausgaben **verrechnet**.

Übersteigt der Erstattungsbetrag die gezahlten gleichartigen Sonderausgaben, sodass ein **Erstattungs-überhang** entsteht, ist der Erstattungsüberhang bei Sonderausgaben i.S.v. § 10 Abs. 1 Nr. 2 bis 3a EStG (Beiträge zur Altersvorsorge, zur Basis-Kranken-/Pflegeversicherung sowie zu bestimmten anderen Versicherungen) im Erstattungsjahr mit **andersartigen** Sonderausgaben, die unter die jeweilige **Nummer** fallen, zu **verrechnen**, § 10 Abs. 4b S. 2 EStG.

Verbleibt hiernach ein Erstattungsüberhang bei Sonderausgaben i.S.v. § 10 Abs. 1 Nr. 3 EStG (Beiträge zur Basis-Kranken-/Pflegeversicherung) oder § 10 Abs. 1 Nr. 4 EStG (Kirchensteuer), ist dieser dem **Gesamtbetrag der Einkünfte** des Erstattungsjahrs hinzuzurechnen, § 10 Abs. 4b S. 3 EStG.

In **anderen Fällen** ist ein Erstattungsüberhang in einem **Vorjahr** mit mit dort gezahlten gleichartigen Sonderausgaben zu verrechnen und dementsprechend der ESt-Bescheid des Vorjahrs (verfahrensrechtlich nach § 175 Abs. 1 S. 1 Nr. 2 AO) zu ändern.

> **Beispiel:**
>
> Der Steuerpflichtige S entrichtet im Frühjahr 2016 Beiträge i.H.v. 300 € zu einer Erwerbsunfähigkeits-versicherung und Beiträge i.H.v. 100 € zu einer Unfallversicherung. Nach Aufdeckung eines Berechnungsfehlers, der mehrere Vorjahre betrifft, erhält S im Herbst 2016 für die Unfallversicherung eine Beitragserstattung i.H.v. 180 €.

> **Lösung:**
>
> Der Beitrag zur Unfallversicherung fällt unter § 10 Abs. 1 Nr. 3a EStG. Die Erstattung ist in 2016 mit dem gezahlten Beitrag zu verrechnen. Es ergibt sich ein Erstattungsüberhang i.H.v. 80 €. Dieser darf nach § 10 Abs. 4b S. 2 EStG mit dem andersartigen, aber ebenfalls unter § 10 Abs. 1 Nr. 3a EStG fallenden Beitrag zur Erwerbsunfähigkeitsversicherung verrechnet werden. Der Sonderausgabenabzug in 2016 beträgt also 220 €.
>
> (Anmerkung: Wenn S in 2016 außer dem Beitrag zur Unfallversicherung keine weiteren Sonderausgaben i.S.d. § 10 Abs. 1 Nr. 3a EStG entrichtet hätte, wären die 80 € in einem Vorjahr, z.B. 2015, mit dort gezahlten Unfallversicherungsbeiträgen zu verrechnen gewesen.)

> **Beispiel:**
>
> Für die Arbeitnehmerin A wird im Jahr 2015 Kirchensteuer i.H.v. 1.200 € abgeführt. Im Jahr 2016 werden nur 100 € Kirchensteuer abgeführt, weil A überwiegend arbeitslos ist. Aufgrund ihrer Einkommensteuererklärung für 2015 erhält A im Juli 2016 Kirchensteuer i.H.v. 180 € erstattet.

> **Lösung:**
>
> In 2015 ist die gezahlte Kirchensteuer i.H.v. 1.200 € als Sonderausgabe abziehbar, § 10 Abs. 1 Nr. 4 EStG (vgl. Kap. 6.6). In 2016 ist die erstattete Kirchensteuer mit der gezahlten Kirchensteuer zu verrechnen; es verbleibt kein Sonderausgabenabzug. Der Erstattungsüberhang i.H.v. 80 € ist dem Gesamtbetrag der Einkünfte des Jahres 2016 hinzuzurechnen, § 10 Abs. 4b S. 3 EStG.

6.2 Vorsorgeaufwendungen (§ 10 Abs. 1 Nr. 2, 3, 3a EStG)

6.2.1 Beiträge zur gesetzlichen Rentenversicherung etc.

Bis zum Jahr 2004 mussten Altersrenten aus der gesetzlichen Rentenversicherung nur zu einem relativ geringen Prozentsatz (sog. Ertragsanteil) versteuert werden (sog. Versteuerung nach dem Ertragsanteil). Beamte mussten demgegenüber ihre Pension schon immer voll versteuern. In dieser unterschiedlichen Behandlung von Renten und Pensionen sah das Bundesverfassungsgericht einen Verstoß gegen den Gleichheitsgrundsatz (Art. 3 GG). Daraufhin wurde mit Wirkung ab dem Veranlagungszeitraum 2005 das System der Rentenbesteuerung neu geregelt.

Seither vollzieht sich ein Übergang zu einer vollständigen Besteuerung von Altersrenten. Der **Besteuerungsanteil** steigt schrittweise in Abhängigkeit vom jeweiligen Jahr des Renteneintritts und (erst) Steuerpflichtige, die ab dem Jahr 2040 in Rente gehen, müssen ihre volle Rente versteuern, § 22 Nr. 1 S. 3 a) aa) EStG.

Beispiel:

Ein Steuerpflichtiger geht im Jahr 2016 in Rente. Nach § 22 Nr. 1 S. 3 a) aa) EStG muss er seine Rente lebenslang zu 72 % versteuern.

Im Gegenzug wurde die **Abzugsfähigkeit** der **Beiträge** zur gesetzlichen Rentenversicherung erheblich verbessert, § 10 Abs. 1 Nr. 2 a) EStG.

Unter **§ 10 Abs. 1 Nr. 2 a) EStG** fallen Beiträge zu den gesetzlichen Rentenversicherungen, zur landwirtschaftlichen Alterskasse sowie zu berufsständischen Versorgungseinrichtungen (für Freiberufler).

Nach **§ 10 Abs. 3 EStG** können die Beiträge grundsätzlich bis zum Höchstbeitrag zur knappschaftlichen Rentenversicherung – dies sind aktuell **22.767 €** (Stand: 2016) – berücksichtigt werden; bei zusammen veranlagten Ehegatten sowie Lebenspartnern nach dem LPartG verdoppelt sich dieser Betrag auf **45.534 €**. Um aber die Erwerbstätigen, die ihre Rente später nicht voll versteuern müssen (das sind diejenigen, die vor dem Jahr 2040 in Rente gehen), nicht zu bevorzugen, wird die volle Abzugsfähigkeit erst **allmählich** erreicht. Im Jahr 2005 waren die Beiträge zu 60 % abzugsfähig. Dieser Prozentsatz erhöht sich in den folgenden Kalenderjahren bis zum Kalenderjahr 2025 um je 2 Prozentpunkte je Kalenderjahr. Im Kalenderjahr 2016 beträgt er 82 %. Die Beiträge können (erst) im Kalenderjahr 2025 voll abgezogen werden.

Damit stellt sich die **Abzugsfähigkeit** von **Altersvorsorgeaufwendungen** nach § 10 Abs. 1 Nr. 2a) i.V.m. Abs. 3 EStG wie folgt dar:

Abzugsfähig nach § 10 Abs. 1 Nr. 2 a) EStG sind …		
Beiträge zur gesetzlichen Rentenversicherung (Behörde: Deutsche Rentenversicherung)	**Beiträge zu berufsständischen Versorgungseinrichtungen**	**Beiträge zur landwirtschaftlichen Alterskasse**
Arbeitnehmer sind verpflichtet, Beiträge zur gesetzlichen Sozialversicherung (Renten-, Kranken-, Pflege- und Arbeitslosenversicherung) zu zahlen. Arbeitgeber sind ebenfalls grundsätzlich verpflichtet, für jeden Arbeitnehmer Beiträge zur gesetzlichen Sozialversicherung zu leisten. Die Beiträge liegen zurzeit	Freiberufler (z.B. Ärzte, Architekten, Rechtsanwälte, Steuerberater, s. Kap. 19) sind verpflichtet, Beiträge zu ihren berufsständischen Versorgungseinrichtungen zu leisten, um im Alter eine der gesetzlichen Rentenversicherung vergleichbare Altersversorgung zu erlangen.	Landwirte müssen Beiträge an ihr Rentenversicherungsinstitut – die sog. landwirtschaftliche Alterskasse – leisten.

Beiträge zur gesetzlichen Rentenversicherung (Behörde: Deutsche Rentenversicherung)	Beiträge zu berufsständischen Versorgungseinrichtungen	Beiträge zur landwirtschaftlichen Alterskasse
jeweils bei ca. 20 % des Arbeitslohns (Arbeitnehmerbeitrag und Arbeitgeberbeitrag zusammen also ca. 40 % des Arbeitslohns). Ab einer bestimmten Grenze (sog. Beitragsbemessungsgrenze) wird der Beitrag gedeckelt.	Die berufsständischen Versorgungseinrichtungen sind bei den jeweiligen Kammern (Ärztekammer, Architektenkammer etc.) eingerichtet.	
Höchstabzug für selbst geleistete Beiträge: bis zu 22.767 €/Jahr (prozentual in 2016: 82 %)		

Bei Beiträgen zur gesetzlichen Rentenversicherung ist zu beachten, dass der (nach § 3 Nr. 62 EStG steuerfreie) **Arbeitgeberanteil** zwar nach § 10 Abs. 1 Nr. 2 S. 6 EStG dem Arbeitnehmeranteil hinzugerechnet und somit auf den o.g. **Höchstabzugsbetrag angerechnet** wird, aber im Ergebnis **nicht** als **Sonderausgabe** abgezogen werden kann, § 10 Abs. 3 S. 5 EStG.

Beispiel:

Ein Arbeitnehmer erhält im Jahr 2016 einen monatlichen Lohn i.H.v. 3.000 € (brutto). Die Beiträge zur gesetzlichen Rentenversicherung sollen mit 10 % Arbeitgeberanteil und 10 % Arbeitnehmeranteil angenommen werden.

Lösung:

Der Arbeitgeber führt im Jahr 2016 (3.000 € × 12 Monate × 10 % =) 3.600 € Arbeitgeberbeitrag sowie (3.000 € × 12 Monate × 10 % =) 3.600 € Arbeitnehmerbeitrag an die Deutsche Rentenversicherung Bund ab. Der Sonderausgabenabzug des Arbeitnehmers im Jahr 2016 berechnet sich wie folgt:

Arbeitnehmerbeitrag	3.600 €
Arbeitgeberbeitrag	3.600 €
Summe	**7.200 €**

Der Höchstbetrag i.H.v. 22.767 € ist nicht überschritten.

7.200 € × 82 %	5.904 €
abzüglich Arbeitgeberbeitrag (voll)	./. 3.600 €
abzugsfähig	**2.304 €**

Der Arbeitnehmer kann bezogen auf den Arbeitnehmeranteil lediglich (2.304 €/3.600 € =) 64 % als Sonderausgaben abziehen.

6.2.2 Beiträge zu bestimmten kapitalgedeckten Altersvorsorgeprodukten, Erwerbsminderungs- und Berufsunfähigkeitsversicherungen

§ 10 Abs. 1 Nr. 2 b) aa) EStG erlaubt den Abzug von Beiträgen des Steuerpflichtigen zu **kapitalgedeckten Altersvorsorgeprodukten** (sog. „Rürup-Versicherung"), die der Ergänzung der in § 10 Abs. 1 Nr. 2 a) EStG aufgeführten Instrumente dienen. Die strengen gesetzlichen Voraussetzungen sollen verhindern, dass die Beiträge anders als zur Altersvorsorge verwendet werden können. Im Vertrag muss geregelt sein, dass die Ansprüche nicht vererblich, nicht übertragbar, nicht beleihbar, nicht veräußerbar und nicht kapitalisierbar sind. Verträge, die nach dem 31.12.2011 abgeschlossen werden, dürfen keine Rentenzahlung vor Vollendung des 62. Lebensjahres vorsehen; bei Verträgen, die vor dem 01.01.2012 abgeschlossen wurden, darf die Rentenzahlung nicht vor Vollendung des 60. Lebensjahres vorgesehen sein. Da die eigene Altersversorgung ergänzend abgesichert werden soll, muss – außer bei der Hinterbliebenenabsicherung – zwischen der versicherten Person, dem Beitragszahler und dem Leistungsempfänger Personenidentität bestehen (nicht begünstigt sind daher z.B. Beiträge der Eltern zur Altersversorgung der Kinder). Der Vertrag über das kapitalgedeckte Altersvorsorgeprodukt muss zertifiziert sein.

Beispiel:
Eine Rechtsanwältin hat sich vor einigen Jahren selbständig gemacht. Sie zahlt im Jahr 2016 12.000 € zur Versorgungseinrichtung für Rechtsanwälte. Daneben hat sie ein Altersvorsorgeprodukt nach § 10 Abs. 1 Nr. 2 b) aa) EStG („Rürup-Versicherung") abgeschlossen, für das sie im selben Jahr 8.000 € bezahlt.

Lösung:	
Die Rechtsanwältin kann folgende Vorsorgeaufwendungen geltend machen:	
§ 10 Abs. 1 Nr. 2 a) EStG	12.000 €
§ 10 Abs. 1 Nr. 2 b) aa) EStG	8.000 €
Summe	**20.000 €**
Der Höchstbetrag von 22.767 € ist nicht überschritten.	
20.000 € × 82 %	16.400 €
abzugsfähig	**16.400 €**

§ 10 Abs. 1 Nr. 2 b) bb) EStG lässt ab dem Veranlagungszeitraum 2014 den Abzug von Beiträgen zu **Erwerbsminderungs-** und **Berufsunfähigkeitsversicherungen** zu, bei denen eine lebenslange Rente vereinbart ist. Voraussetzung ist, dass der Versicherungsfall vor Vollendung des 67. Lebensjahres eintritt und der Vertrag die Zahlung einer lebenslangen monatlichen Leibrente vorsieht.

6.2.3 Sonderregelung für Beamte u.ä.

Beamte unterliegen nicht der gesetzlichen Sozialversicherung. Sie erwerben ihre Altersversorgungsansprüche ohne Aufwendungen, die bei einem gesetzlich Sozialversicherten den Höchstabzugsbetrag für Beiträge zu einer ergänzenden privaten kapitalgedeckten Altersversorgung mindern würden. Aus Gründen der Gleichbehandlung wird daher bei Beamten der Höchstabzugsbetrag um einen **fiktiven Beitrag**, der dem Arbeitgeber- und Arbeitnehmeranteil zur gesetzlichen Rentenversicherung entspricht, **gekürzt**, § 10 Abs. 3 S. 3 Nr. 1 a) EStG.

Entsprechendes gilt nach § 10 Abs. 3 S. 3 Nr. 1 b) EStG für andere Arbeitnehmer, die nicht in der gesetzlichen Sozialversicherung pflichtversichert sind, aber ohne eigene Beiträge eine Altersversorgung erhalten (z.B. Gesellschafter-Geschäftsführer einer Kapitalgesellschaft).

6.2.4 Ehegattenregelung

Bei zusammen veranlagten **Ehegatten** verdoppelt sich der Höchstabzugsbetrag für Altersvorsorgeaufwendungen (s. Kap. 6.2.1). Dies kommt auch Ehepaaren zugute, bei denen der eine Partner nur wenig oder gar nichts verdient. Die Rechtfertigung für die Verdopplung des Höchstabzugs liegt darin, dass Ehegatten einander unterhaltsverpflichtet sind und daher hinsichtlich der Altersvorsorge grundsätzlich auf zwei Personen abgestellt werden muss. Entsprechendes gilt für Lebenspartner nach dem LPartG.

Beispiel:

M ist Arbeitnehmer. In 2016 beträgt sein Jahresgehalt 60.000 €. Der Beitrag zur gesetzlichen Rentenversicherung ist mit 10 % anzunehmen. Die mit M zusammen veranlagte Ehegattin F ist als Ärztin freiberuflich tätig. Sie zahlt in 2016 an die Ärzteversorgung 22.000 € sowie in eine „Rürup-Versicherung" 8.000 €.

Lösung:

Die Ehegatten haben folgende gemeinsame Sonderausgaben:

Arbeitnehmerbeitrag M (60.000 € × 10 % =)	6.000 €
Arbeitgeberbeitrag M (60.000 € × 10 % =)	6.000 €
Beitrag F zur Ärzteversorgung	22.000 €
Beitrag F zur „Rürup-Versicherung"	8.000 €
Summe	**42.000 €**

Der Höchstbetrag von 45.534 € ist nicht überschritten.

42.000 € × 82 %	34.440 €
abzüglich Arbeitgeberbeitrag M	./. 6.000 €
abzugsfähig	**28.440 €**

6.2.5 Beiträge zur Kranken- und Pflegeversicherung (Basisschutz)

Soweit die Krankenversicherung zum sozialen Existenzminimum gehört, müssen Beiträge zur Krankenversicherung steuerfrei gestellt werden. Deshalb sind (seit dem VZ 2010) Beiträge für einen Krankenversicherungsschutz im Umfang eines sozialhilfegleichen Versorgungsniveaus – sog. **„Basisschutz"** – nach § 10 Abs. 1 Nr. 3 a) EStG **unbegrenzt** als **Sonderausgaben** abziehbar. Es spielt keine Rolle, ob es sich um eine Krankenversicherung im Rahmen der Sozialversicherungspflicht (i.d.R. für Arbeitnehmer) oder um eine freiwillige bzw. private Krankenversicherung (i.d.R. für Gewerbetreibende, Freiberufler und Beamte) handelt.

Abziehbar ist bei der **gesetzlichen Krankenversicherung** grundsätzlich der volle Arbeitnehmerbeitrag mit Ausnahme eines Beitrags z.B. für Chefarztbehandlung, Einbettzimmerunterbringung und Krankengeldzahlung. Für den in der gesetzlichen Krankenversicherung regelmäßig bestehenden Krankengeldanspruch („Lohnfortzahlung im Krankheitsfall") ist der Beitrag um 4 % zu vermindern, § 10 Abs. 1 Nr. 3 a) S. 4 EStG. Bei der privaten Krankenversicherung sind die vom Versicherten gezahlten Beiträge für einen entsprechenden Basisschutz abziehbar; soweit ein Anspruch auf Krankengeld besteht, ist hierfür ebenfalls der Beitrag um 4 % zu vermindern.

Beiträge zur **gesetzlichen Pflegeversicherung** sind gem. § 10 Abs. 1 Nr. 3 b) EStG voll abzugsfähig.

Der Abzug der o.g. Beiträge setzt voraus, dass der Stpfl. gegenüber dem Versicherungsträger einer Übermittlung der abzugsrelevanten Daten über die Deutsche Rentenversicherung Bund an das Bundeszentralamt für Steuern zugestimmt hat, vgl. § 10 Abs. 2, Abs. 2a EStG.

Soweit die Beiträge über den o.g. Umfang hinausgehen, können sie als **sonstige Vorsorgeaufwendungen** gem. § 10 Abs. 1 Nr. 3a EStG im Rahmen der hierfür geltenden Höchstgrenzen abgezogen werden (vgl. Kap. 6.5.6).

Trägt ein Steuerpflichtiger im Rahmen seiner Unterhaltspflicht die für den Basisschutz eines **Kindes** erforderlichen eigenen Beiträge des Kindes und liegen die Voraussetzungen für einen Kinderfreibetrag oder Kindergeld vor, kann der Steuerpflichtige die Zahlungen als eigene Beiträge geltend machen, § 10 Abs. 1 Nr. 3 S. 2 EStG. Dies stellt eine Ausnahme vom grundsätzlichen Verbot des Abzugs von Drittaufwand dar (vgl. dazu Kap. 6.1).

Beispiel:

Die 20-jährige Tochter T studiert Germanistik. Sie bekommt von ihren Eltern einen monatlichen Unterhalt i.H.v. 700 €. In diesem Betrag sind 90 € für eine studentische Krankenversicherung (Basisschutz) enthalten.

Lösung:

Die Eltern können die 90 € wie eigene Krankenversicherungsbeiträge nach § 10 Abs. 1 Nr. 3 a) EStG geltend machen. Es kommt nicht darauf an, ob die Eltern den Versicherungsbeitrag direkt an die Krankenversicherung überweisen oder ob dies die Tochter vornimmt. Wenn die Eltern den Sonderausgabenabzug in Anspruch nehmen, kann die Tochter die 90 € nicht noch einmal als eigene Sonderausgaben steuerlich geltend machen.

Leistet ein Steuerpflichtiger beim **Realsplitting** (s. Kap. 6.7) eigene Beiträge für den Basisschutz seines geschiedenen oder dauernd getrennt lebenden Ehegatten (Begünstigter), werden diese als eigene Beiträge des Begünstigten behandelt, § 10 Abs. 1 Nr. 3 S. 3 EStG, d.h. der Sonderausgabenabzug geht auf den Begünstigten über. Zugleich erhöht sich der Unterhaltsabzugshöchstbetrag für den Unterhaltsleistenden, vgl. Kap. 6.7.

6.2.6 Sonstige Vorsorgeaufwendungen

Zu den sonstigen Vorsorgeaufwendungen, die nach § 10 Abs. 1 Nr. 3a EStG i.V.m. § 10 Abs. 4 EStG begrenzt abzugsfähig sind, zählen folgende Aufwendungen:

Art der Aufwendung	Erläuterung
Beiträge zu Kranken- und Pflegeversicherungen	Hier dürfen nur Beiträge abgezogen werden, die nicht bereits unter § 10 Abs. 1 Nr. 3 a) oder b) EStG fallen. Beispiele: Krankenversicherungsbeiträge, die den Basisschutz übersteigen (Chefarztbehandlung u.ä.); Pflegeversicherungsbeiträge, die den Rahmen der gesetzlichen Pflegeversicherung übersteigen.
Beiträge zu Versicherungen gegen Arbeitslosigkeit	Arbeitnehmer müssen im Rahmen der gesetzlichen Sozialversicherungspflicht Beiträge zur Arbeitslosenversicherung leisten. Diese Beiträge können sie als sonstige Vorsorgeaufwendungen abziehen. Abzugsfähig sind aber nur die Beiträge, die der Arbeitnehmer selbst leistet (Arbeitnehmeranteil, nicht: Arbeitgeberanteil).
Beiträge zu Unfallversicherungen	Steuerpflichtige können eine private Unfallversicherung abschließen, die diverse Risiken absichert (z.B. Sportunfälle, Autounfälle, Unfälle im Haushalt u.ä.). Soweit die Unfallversicherung berufliche Risiken abdeckt (z.B. Unfälle auf der Fahrt zur Arbeit), sind die Beiträge Werbungskosten i.R.d. § 19 EStG. Bei kombinierten Versicherungen (sowohl berufliche als auch private Risiken) erlaubt die Finanzverwaltung die Aufteilung der Beiträge im Wege der Schätzung (50:50).

Art der Aufwendung	Erläuterung
Beiträge zu Haftpflicht-versicherungen	Haftpflichtversicherungen dienen dazu, Schadensersatzansprüche, die Dritte gegenüber dem Versicherungsnehmer haben, abzudecken. Typischerweise sind dies die Kfz-Haftpflichtversicherung, die private Gebäudehaftpflichtversicherung für selbst genutzte Gebäude oder die Familienhaftpflichtversicherung. Decken die Versicherungen berufliche Risiken ab (z.B. Diensthaftpflicht), sind die Beiträge als Werbungskosten i.R.d. § 19 EStG abzugsfähig. Keine Haftpflichtversicherung sind Versicherungen, die den Versicherungsnehmer selbst gegen Vermögensschäden absichern (z.B. Kfz-Vollkasko oder -Teilkasko). Rechtsschutzversicherungen sind ebenfalls keine Haftpflichtversicherung.
Beiträge zu Risiko-versicherungen	Steuerpflichtige können eine Lebensversicherung abschließen, die nur für den Todesfall des Versicherungsnehmers eine Leistung vorsieht (sog. Risikolebensversicherung). Derartige Versicherungen werden z.B. abgeschlossen, wenn eine junge Familie ein Eigenheim erwirbt und hohe Hypothekenschulden eingeht. Da eine solche private Vorsorge auch im Interesse des Staates liegt, ist der Abzug der Beiträge als Vorsorgeaufwendungen zugelassen.
Beiträge zu Kapital-Lebens-versicherungen	Kapital-Lebensversicherungen sind Versicherungen, bei denen zum einen das Todesfall-Risiko abgedeckt wird (vergleichbar der Risikolebensversicherung), zum anderen aber Kapital angespart wird, das zu einem bestimmten Zeitpunkt fällig wird (z.B. zum 65. Lebensjahr) und häufig der Altersvorsorge dient. Der Gesetzgeber hat die Abzugsfähigkeit von Beiträgen zu Kapital-Lebensversicherungen, die nach dem 31.12.2004 abgeschlossen wurden, abgeschafft. Für Altverträge, die vor dem 01.01.2005 geschlossen wurden, bleibt es weiterhin bei der Abzugsfähigkeit.

Die sonstigen Vorsorgeaufwendungen können grundsätzlich bis zur Höhe von **2.800 €** im Jahr steuerlich geltend gemacht werden, § 10 Abs. 4 S. 1 EStG. Für Steuerpflichtige, die Krankheitskosten ganz oder teilweise von ihrem Arbeitgeber ersetzt bekommen (z.B. Beamte, die Beihilfe erhalten) oder bei denen der Arbeitgeber Beiträge zur Krankenversicherung übernimmt (z.B. Arbeitgeberbeitrag im Rahmen der gesetzlichen Sozialversicherung), ermäßigt sich der Höchstbetrag auf **1.900 €**, § 10 Abs. 4 S. 2 EStG.

Bei zusammen veranlagten **Ehegatten** oder Lebenspartnern nach dem LPartG erfolgt keine automatische Verdoppelung. Es ist für jeden Steuerpflichtigen getrennt zu prüfen, welcher Höchstbetrag für ihn gilt.

Beispiel:

Die Eheleute M und F sind verheiratet und werden zusammen veranlagt. M ist selbständiger Steuerberater. F ist Angestellte in einem Unternehmen.

Lösung:

Da M für seine Krankenversicherung vollständig selbst aufkommen muss, steht ihm ein Höchstbetrag von 2.800 € zu. Für F gilt ein Höchstbetrag von 1.900 €, da ihr Arbeitgeber im Rahmen der gesetzlichen Sozialversicherung die Hälfte der Krankenversicherungsbeiträge trägt (Arbeitgeberanteil). Die Eheleute haben somit einen gemeinsamen Höchstbetrag von 4.700 €.

Allerdings werden die nach § 10 Abs. 1 Nr. 3 a) und b) EStG unbegrenzt abzugsfähigen Beiträge zum Basisschutz (s. Kap. 6.5.5) **vorrangig** mit dem Höchstbetrag von 2.800 € bzw. 1.900 € verrechnet, **§ 10 Abs. 4 S. 4 EStG**. Dies führt in der Regel dazu, dass für sonstige Vorsorgeaufwendungen i.S.d. § 10 Abs. 1 Nr. 3a EStG der Höchstbetrag bereits ausgeschöpft ist.

Beispiel:

Der Steuerpflichtige ist Arbeitnehmer und unterliegt der Sozialversicherung. Seine Beiträge zur Krankenversicherung belaufen sich auf insgesamt 700 € im Monat. Von den 700 € entfallen 500 € auf den Basisschutz und 200 € auf darüber hinausgehende Versicherungsleistungen (z.B. Zahnbehandlung). Die Krankenversicherung enthält die Leistung eines Krankengeldes. Im Übrigen zahlt der Arbeitnehmer 3.000 € in die gesetzliche Arbeitslosenversicherung, 1.200 € für eine Kfz-Haftpflichtversicherung, 900 € für eine Kfz-Vollkaskoversicherung sowie 300 € für eine Kfz-Rechtsschutzversicherung. Wie hoch sind die abzugsfähigen Vorsorgeaufwendungen?

Lösung:

Die Beiträge zum Basis-Krankenversicherungsschutz sind nach § 10 Abs. 1 Nr. 3 a) EStG voll abzugsfähig. Da die Versicherung ein Krankengeld enthält, sind die Beiträge um 4 % zu vermindern; es verbleiben Beiträge i.H.v. (12 Monate × 500 € × 96 % =) 5.760 €.

Abzugsfähig sind also	**5.760 €**

Die übrigen unter § 10 Abs. 1 Nr. 3a EStG fallenden Sonderausgaben betragen:

Rest Krankenversicherung ((12 Monate × 500 € × 4 %) + (12 Monate × 200 €) =)	2.640 €
Arbeitslosenversicherung	3.000 €
Kfz-Haftpflichtversicherung	1.200 €
Summe	**6.840 €**

Die Beiträge für die Kfz-Vollkaskoversicherung und die Kfz-Rechtsschutzversicherung können nicht als Sonderausgaben abgezogen werden.

Die Beiträge zur Basis-Krankenversicherung sind vorrangig auf den Höchstbetrag nach § 10 Abs. 4 EStG anzurechnen. Da der Arbeitnehmer von seinem Arbeitgeber die Hälfte seiner Krankenversicherungsbeiträge im Rahmen der gesetzlichen Sozialversicherung erhält, beträgt der Höchstbetrag für die sonstigen Vorsorgeaufwendungen 1.900 € (§ 10 Abs. 4 S. 2 EStG). Dieser Betrag ist durch den vorrangigen Abzug der 5.760 € bereits voll ausgeschöpft, sodass sich die restlichen 6.840 € steuerlich nicht auswirken. Abziehbar sind also 5.760 €.

Die Beiträge zur Kfz-Vollkaskoversicherung und Kfz-Rechtsschutzversicherung sind dem Grunde nach keine Sonderausgaben und bereits deshalb nicht abziehbar.

6.3 Kirchensteuer

Kirchensteuern, die nach § 10 Abs. 1 Nr. 4 EStG als Sonderausgaben abgezogen werden können, sind Geldleistungen, die eine gemäß Art. 140 GG i.V.m. Art. 137 Abs. 6 Weimarer Verfassung als Körperschaft des öffentlichen Rechts anerkannte inländische Religionsgemeinschaft (z.B. Katholische Kirche, Evangelische Kirche) von ihren Mitgliedern aufgrund gesetzlicher Bestimmungen erhebt.

Ebenfalls nach § 10 Abs. 1 Nr. 4 EStG abziehbar ist gezahltes **Kirchgeld**, das einige Kirchen von ihren Mitgliedern erheben, die mit einem Ehegatten zusammen zur ESt veranlagt werden, der keiner steuererhebenden Kirche angehört und über ein höheres Einkommen als das Kirchenmitglied verfügt.

Beiträge der Mitglieder von Religionsgemeinschaften (Kirchenbeiträge), die mindestens in einem Land als Körperschaft des öffentlichen Rechts anerkannt sind, aber während des ganzen Kalenderjahres **keine**

Kirchensteuer erheben, sind aus Billigkeitsgründen wie Kirchensteuern abziehbar (R 10.7 Abs. 1 EStR). Voraussetzung ist, dass der Steuerpflichtige für die geleisteten Beiträge eine Empfangsbestätigung der Religionsgemeinschaft vorlegt. Der Abzug ist bis zur Höhe der Kirchensteuer zulässig, die in dem betreffenden Land von den als Körperschaften des öffentlichen Rechts anerkannten Religionsgemeinschaften erhoben wird.

Sonstige Zahlungen an Religionsgemeinschaften, die nicht nach den o.g. Grundsätzen abziehbar sind, können nur im Rahmen des § 10b EStG geltend gemacht werden.

Soweit auf **Kapitalerträge** im Rahmen der Abgeltungsbesteuerung Kirchensteuer als Zuschlag zur Kapitalertragsteuer erhoben wird, ermäßigt sich nach § 32d Abs. 1 EStG die Kapitalertragsteuer um ¼ der Kirchensteuer. Die Kirchensteuer ist dann nicht noch einmal als Sonderausgabe abzugsfähig, § 10 Abs. 1 Nr. 4 Hs. 2 EStG.

6.4 Kinderbetreuungskosten

§ 10 Abs. 1 Nr. 5 EStG regelt den Sonderausgabenabzug für Kinderbetreuungskosten. Siehe hierzu Kap. 11.

6.5 Ausbildungskosten

Nach § 10 Abs. 1 Nr. 7 EStG können Aufwendungen für die eigene Berufsausbildung **bis zu 6.000 €** als Sonderausgaben abgezogen werden. Dies gilt aber nur für Aufwendungen, die **nicht** nach § 4 Abs. 9, § 9 Abs. 6 EStG (voll) als **Betriebsausgaben** bzw. **Werbungskosten** abziehbar sind.

> **Hinweis!** Wegen des Regelungszusammenhangs zwischen § 10 Abs. 1 Nr. 7 EStG und § 4 Abs. 9, § 9 Abs. 6 EStG ist zuerst zu prüfen, ob Kosten für die eigene Berufsausbildung des Steuerpflichtigen den Betriebsausgaben bzw. Werbungskosten zuzuordnen sind. Nur wenn dies nicht der Fall ist, können sie Sonderausgaben nach § 10 Abs. 1 Nr. 7 EStG darstellen. Vgl. auch BMF vom 22.09.2010, BStBl I 2010, 721.

Sofern § 10 Abs. 1 Nr. 7 EStG einschlägig ist, gehören zu den hiernach abziehbaren **Aufwendungen** z.B. Studien- und Kursgebühren, Aufwendungen für Lernmaterial, Druckkosten für Hausarbeiten, Zulassungs- und Prüfungsgebühren, Aufwendungen für auswärtige Unterbringung sowie Fahrtkosten, vgl. § 10 Abs. 1 Nr. 7 S. 3 und 4 EStG.

Nach den o.g. Vorschriften in der seit dem VZ 2015 geltenden Fassung sind Aufwendungen für die Berufsausbildung oder das Studium nur dann **Betriebsausgaben** bzw. **Werbungskosten**, wenn der Steuerpflichtige **zuvor** bereits eine **Erstausbildung** (Berufsausbildung oder Studium) **abgeschlossen** hat oder wenn die Berufsausbildung oder das Studium im Rahmen eines **Dienstverhältnisses** stattfindet. Eine Berufsausbildung liegt vor, wenn eine geordnete Ausbildung (= Ausbildung auf der Grundlage von Rechts- oder Verwaltungsvorschriften oder internen Vorschriften eines Bildungsträgers) mit einer Mindestdauer von 12 Monaten bei vollzeitiger Ausbildung mit einer Abschlussprüfung abgeschlossen oder tatsächlich planmäßig beendet wird oder die Abschlussprüfung einer geordneten Ausbildung mit einer Mindestdauer von 12 Monaten ohne Durchlaufen der entsprechenden Berufsausbildung bestanden wird, § 9 Abs. 6 S. 2 ff. EStG.

Als Betriebsausgaben bzw. Werbungskosten abziehbar sind also z.B. Aufwendungen für eine eigene Berufsausbildung im Rahmen eines Dienstverhältnisses (z.B. Abitur, danach Ausbildung zum gehobenen Verwaltungsdienst) oder für eine zweite, dritte etc. eigene Berufsausbildung nach einer abgeschlossenen Erstausbildung (z.B. Ausbildung zum Buchhändler, danach Studium zum Lehrer).

Aufwendungen für berufliche **Fortbildung** sind als Betriebsausgaben bzw. Werbungskosten abziehbar, soweit es sich nicht um eine erstmalige Berufsausbildung oder ein Erststudium handelt. Fortbildungskosten liegen insbesondere vor, wenn die Wissensbasis in einem ausgeübten Beruf erweitert werden soll.

Kosten für **allgemeine Weiterbildung** (z.B. Kurse in Rhetorik, Zeitmanagement, Yoga, Fremdsprachen) ohne konkreten Bezug zu beruflichen Erfordernissen sind **keine** Betriebsausgaben/Werbungskosten oder Sonderausgaben, sondern nicht abziehbare Kosten der privaten Lebensführung, vgl. § 12 Nr. 1 EStG. (Hingegen können Werbungskosten vorliegen, wenn ein konkreter Zusammenhang mit der Berufstätigkeit besteht, vgl. BFH vom 24.02.2011, VI R 12/10, BFH/NV 2011, 1217.)

Aufwendungen für den **Besuch allgemein bildender Schulen** können nur im Rahmen des § 10 Abs. 1 Nr. 9 EStG als Sonderausgaben abgezogen werden.

Beispiel:

a) A hat vor Jahren ein Philosophiestudium abgeschlossen und lässt sich nun zur Kindergärtnerin ausbilden.

b) B studiert nach dem Abitur Betriebswirtschaftslehre, um später als Angestellter für eine Bank arbeiten zu können.

c) C ist Steueramtfrau und besucht an der Volkshochschule Chinesisch-Kurse.

d) D absolviert nach Erlangung der Mittleren Reife eine Ausbildung zum mittleren Steuerverwaltungsdienst.

Wie sind die Aufwendungen für die Bildungsmaßnahmen zu behandeln?

Lösung:

a) Bei A liegen Aufwendungen für eine zweite Berufsausbildung (Lehre nach abgeschlossenem Studium) vor, die als Werbungskosten abziehbar sind, § 9 Abs. 6, § 19 EStG.

b) B absolviert eine Erstausbildung (Studium) außerhalb eines Dienstverhältnisses. Die Aufwendungen hierfür sind nicht als Werbungskosten abziehbar. Sie sind jedoch in Höhe von bis zu 6.000 € im Kalenderjahr als Sonderausgabe abziehbar, § 10 Abs. 1 Nr. 7 EStG.

c) C nimmt an einer allgemeinen Weiterbildung teil, die keinen Bezug zu den konkreten beruflichen Erfordernissen erkennen lässt. Die Aufwendungen sind daher nicht abziehbare Kosten der privaten Lebensführung i.S.d. § 12 Nr. 1 EStG. (Wäre dagegen beispielsweise C z.B. als Angestellte eines Unternehmens mit Handelsbeziehungen nach China betraut, lägen als Werbungskosten abziehbare Fortbildungskosten vor.)

d) Bei D liegen Aufwendungen für eine Berufsausbildung im Rahmen eines Dienstverhältnisses vor, die als Werbungskosten abziehbar sind, § 9 Abs. 6, § 19 EStG.

Bezahlen die Eltern für ein **Kind** die Kosten der Ausbildung (z.B. Studiengebühren) können sie diese nicht als Sonderausgaben nach § 10 Abs. 1 Nr. 7 EStG abziehen, denn Sonderausgaben können grundsätzlich nur von demjenigen geltend gemacht werden können, der die Voraussetzungen (z.B. Ausbildung) in seiner Person erfüllt.

6.6 Schulgeld

Als Sonderausgabe nach § 10 Abs. 1 Nr. 9 EStG abziehbar sind **30 %** des Entgelts, **höchstens 5.000 €**, das Eltern für ein zu berücksichtigendes Kind für den Besuch einer **Privatschule** entrichten. Abzugsfähig sind allerdings nur die Kosten der eigentlichen Schulausbildung mit Ausnahme des Entgelts für Beherbergung (z.B. Internat), Betreuung, Verpflegung (z.B. Mensa) und Freizeitgestaltung (z.B. Skiausflug).

Die Schule muss in einem Mitgliedstaat der **EU** oder des EWR belegen sein und zu einem in Deutschland anerkannten oder einem Abschluss an einer deutschen öffentlichen Schule als gleichwertig anerkannten Abschluss führen. Der Besuch einer Deutschen Schule im Ausland steht dem Besuch einer solchen Schule gleich, unabhängig von ihrer Belegenheit, § 10 Abs. 1 Nr. 9 S. 4 EStG.

Der Höchstbetrag von 5.000 € wird je Kind und Elternpaar nur einmal gewährt, auch wenn die Eltern nicht zusammen veranlagt werden, § 10 Abs. 1 Nr. 9 S. 5 EStG. Die Aufwendungen sind grundsätzlich bei dem Elternteil zu berücksichtigen, der sie getragen hat.

6.7 Unterhaltsleistungen an geschiedene oder dauernd getrennt lebende Ehegatten, sog. Realsplitting (§ 10 Abs. 1a Nr. 1 EStG)

Ehegatten, die geschieden sind oder getrennt leben, sind nach dem Zivilrecht einander unterhaltsverpflichtet (§§ 1569 ff. BGB). § 10 Abs. 1a Nr. 1 EStG ermöglicht den Abzug von Unterhaltsleistungen an den geschiedenen oder dauernd getrennt lebenden Ehegatten bis zur Höhe von **13.805 €** im Kalenderjahr. Es spielt dabei keine Rolle, ob die Unterhaltsleistung freiwillig (Unterhaltsvereinbarung) geleistet wird oder auf einem Gerichtsurteil bzw. gerichtlichen Vergleich basiert.

Voraussetzung für den Abzug als Sonderausgaben ist die **Zustimmung des Unterhaltsempfängers**. Diese muss ausdrücklich erklärt werden. Der Grund für das Zustimmungserfordernis liegt darin, dass der Unterhaltsempfänger die Zahlungen nach **§ 22 Nr. 1a EStG** versteuern muss. Diese Kombination von Abzugsfähigkeit und Versteuerung bezeichnet man als sog. **Realsplitting**. Dabei muss der Empfänger aber betragsmäßig nicht mehr versteuern, als der Unterhaltsleistende als Sonderausgabe abziehen kann.

Beispiel:

M und F sind seit einigen Jahren geschieden. Im Scheidungsurteil wurde festgelegt, dass F an den arbeitslosen M Unterhalt i.H.v. 4.000 € monatlich zu leisten hat (Anmerkung: Die Höhe des Unterhalts orientiert sich am früheren ehelichen Lebensstandard). M hat die Zustimmung zum Realsplitting erklärt.

Lösung:

F kann nach § 10 Abs. 1a Nr. 1 EStG bis zu 13.805 € im Kalenderjahr als Sonderausgabe abziehen. Die restlichen (48.000 € ./. 13.805 € =) 34.195 € wirken sich steuerlich nicht aus. Im Gegenzug muss M nach § 22 Nr. 1a EStG auch nur 13.805 € versteuern. Er kann nach § 9a S. 1 Nr. 3 EStG einen Werbungskosten-Pauschbetrag von 102 € abziehen.

Das Realsplitting führt insgesamt zu einem Steuervorteil, wenn der Unterhaltsleistende einen höheren Steuersatz hat als der Unterhaltsempfänger.

Ein Abzug von Unterhaltsleistungen nach § 10 Abs. 1a Nr. 1 EStG ist grundsätzlich nur möglich, wenn der Unterhaltsempfänger **unbeschränkt einkommensteuerpflichtig** ist (s. Kap. 2.1). Die unbeschränkte Steuerpflicht kann sich aus § 1 Abs. 1 oder Abs. 3 EStG ergeben oder nach § 1a Abs. 1 Nr. 1 EStG (fiktive unbeschränkte Steuerpflicht, vgl. Kap. 3.6) vorliegen. Ferner kann der Sonderausgabenabzug aufgrund eines Doppelbesteuerungsabkommens in Betracht kommen.

Beispiel:

M und F wurden vor einigen Jahren geschieden. M ist deutscher Staatsbürger und lebt in Deutschland. F ist französische Staatsbürgerin und lebt seit der Scheidung wieder in Frankreich. M zahlt an F aufgrund einer Unterhaltsvereinbarung monatlich 800 €. F versteuert die Unterhaltsleistungen in Frankreich und kann dies auch durch entsprechende Steuerbescheinigungen nachweisen.

Lösung:

Die Voraussetzungen von § 10 Abs. 1a Nr. 1 EStG i.V.m. § 1a Nr. 1 EStG sind erfüllt. M kann in Deutschland bei seiner Veranlagung Sonderausgaben i.H.v. 9.600 € geltend machen.

Die **Zustimmung** zum Realsplitting muss ausdrücklich (formularmäßig) erteilt werden und ist bis zu ihrem Widerruf wirksam, § 10 Abs. 1a Nr. 1 S. 4 EStG. Der Widerruf ist vor Beginn des Kalenderjahrs, für das die Zustimmung erstmals nicht gelten soll, gegenüber dem Finanzamt zu erklären, § 10 Abs. 1a Nr. 1 S. 5 EStG; für ein laufendes Jahr ist er also nicht möglich. Es spielt keine Rolle, aus welchen Gründen eine Zustimmung zum Realsplitting verweigert bzw. eine erteilte Zustimmung widerrufen wird. Ob dies ggf. nur aus „Schikane" erfolgt, muss vor dem Familiengericht geklärt werden. Das Finanzamt darf bei fehlender Zustimmung das Realsplitting nicht durchführen.

Beispiel:

M und F wurden vor einigen Jahren geschieden. F hat sich in einem gerichtlichen Vergleich bereit erklärt, bis auf Weiteres einen monatlichen Unterhalt i.H.v. 1.000 € zu leisten. M hat im ersten Jahr nach der Ehescheidung die Zustimmung zum Realsplitting erklärt. Im Juli 2016 kommt es zwischen den geschiedenen Eheleuten zu einem Zerwürfnis. M erklärt durch seinen Rechtsanwalt gegenüber dem Finanzamt, dass er die Zustimmung zum Realsplitting mit sofortiger Wirkung widerrufe.

Lösung:

Der Widerruf gilt frühestens für die Veranlagung 2017. Das Finanzamt wird die Erklärung entsprechend auslegen.

Ab dem Veranlagungszeitraum 2016 setzt der Abzug der Aufwendungen grundsätzlich auch die Angabe der **steuerlichen ID-Nummer** der unterhaltenen Person voraus, § 10 Abs. 1a Nr. 1 S. 7 EStG. Bei Nichtherausgabe der ID-Nummer durch den Unterhaltsempfänger kann der Unterhaltsleistende diese bei der Finanzverwaltung abfragen, § 10 Abs. 1a Nr. 1 S. 8 und 9 EStG.

Im Rahmen des Realsplittings kann zusätzlich zum o.g. Höchstbetrag der Beitrag für einen **Basis-Kranken- und -Pflegeversicherungsschutz** unbegrenzt geltend gemacht werden. Dabei spielt es keine Rolle, ob die Unterhaltszahlungen ausdrücklich für diesen Basisschutz bestimmt sind. Entscheidend ist nur, dass der Unterhaltsempfänger sie dafür verwendet.

Beispiel:

M wurde vor Jahren dazu verurteilt, an F monatlich 3.000 € Unterhalt zu bezahlen. Im Veranlagungszeitraum 2016 zahlt F aus dem Unterhalt 800 €/Monat für einen Basis-Kranken- und -Pflegeversicherungsschutz. F hat dem Realsplitting vollumfänglich zugestimmt.

Lösung:

M kann nach § 10 Abs. 1a Nr. 1 EStG maximal 13.805 € sowie zusätzlich (12 × 800 € =) 9.600 €, also insgesamt 23.405 € als Sonderausgaben abziehen. Im Gegenzug muss F nach § 22 Nr. 1a EStG 23.405 € versteuern (zum Werbungskosten-Pauschbetrag nach § 9a S. 1 Nr. 3 EStG siehe oben). Sie kann allerdings die Beiträge zum Basis-Kranken- und -Pflegeversicherungsschutz nach § 10 Abs. 1 Nr. 3 a) und b) EStG als Sonderausgaben abziehen.

Übung 1:

Die Ehe von M und F ist geschieden worden. M hat sich verpflichtet, monatlich 2.000 € Unterhalt zu leisten (im Veranlagungszeitraum 2016: 24.000 €). F zahlt für ihren Basis-Kranken- und -Pflegeversicherungsschutz 400 € im Monat (in dem Betrag ist ein Krankengeld nicht enthalten).

a) F hat die Zustimmung zum Realsplitting (Anlage Unterhalt) auch für den Basis-Kranken-/Pflegeversicherungsschutz unbeschränkt erteilt;

b) F hat die Zustimmung erteilt; sie wohnt in der Türkei;

c) F verweigert die Zustimmung.

Bitte beurteilen Sie den Sachverhalt für M und F.

6.8 Versorgungsrenten, Übergabeverträge (§ 10 Abs. 1a Nr. 2 EStG)

Nach § 10 Abs. 1a Nr. 2 EStG können auf besonderen Verpflichtungsgründen beruhende, lebenslange und wiederkehrende **Versorgungsleistungen** als Sonderausgaben in unbegrenzter Höhe abgezogen werden, wenn der Empfänger unbeschränkt steuerpflichtig ist. Im Gegenzug muss der Empfänger die Versorgungsleistungen nach § 22 Nr. 1a EStG versteuern, soweit sie als Sonderausgaben abgezogen wurden (ausführlich sog. Rentenerlass, BMF vom 11.03.2010, BStBl I 2010, 227).

Das Rechtsinstitut der Versorgungsrenten stammt ursprünglich aus der Landwirtschaft. Die Eltern übergaben (**unentgeltlich**) zu Lebzeiten den Hof an die Kinder (daher auch der Begriff Übergabeverträge). Da die Eltern über keine Altersversorgung verfügten, verpflichteten sich die Kinder, aus den Erträgen des übergebenen Hofs eine Altersversorgung (= Versorgungsleistungen) an die Eltern zu leisten. Aus diesen Vertragsgestaltungen entwickelte sich im Lauf der Zeit das heutige System der Versorgungsleistungen i.S.d. § 10 Abs. 1a Nr. 2 EStG.

Da **Übergabeverträge** dazu dienen, das Vermögen im Familienverbund zu übertragen, können Versorgungsleistungen i.S.d. § 10 Abs. 1a Nr. 2 EStG unter völlig Fremden nicht vorkommen. Eine Ausnahme gilt für eheähnliche Gemeinschaften (siehe unten). Vereinbaren Fremde die Übertragung von Vermögensgegenständen gegen eine Rente, kann nur eine Veräußerungsrente vorliegen. Werden Vermögensgegenstände innerhalb der Familie (an Kinder, Enkel, Nichten, Neffen etc.) übertragen, spricht eine widerlegbare Vermutung dafür, dass die Übertragung unentgeltlich und damit im Rahmen eines Übergabevertrags erfolgt (vgl. BMF, a.a.O., Rz. 5). Es ist jedoch nicht ausgeschlossen, dass auch im Kreis der Familie entgeltliche Übertragungen stattfinden. Man wird hier aber eine ausdrückliche Vereinbarung verlangen.

6.8.1 Begünstigte Wirtschaftsgüter

Nach § 10 Abs. 1a Nr. 2 EStG können im Rahmen eines Übergabevertrags die im Gesetz ausdrücklich aufgeführten Wirtschaftsgüter übertragen werden; nämlich:

- Betriebe,
- Teilbetriebe,
- Mitunternehmeranteile sowie
- mindestens 50 %ige Beteiligungen an einer GmbH.

Die Übertragung eines **Betriebs** erfordert nach einer funktional-quantitativen Betrachtungsweise die Übertragung **aller wesentlichen Betriebsgrundlagen** als Organisationseinheit (s. H 16 Abs. 8 EStH und H 15.7 Abs. 5 EStH).

Beispiel:

Ein Vater ist Inhaber einer Schreinerei. Im Betriebsvermögen der Schreinerei befindet sich ein Betriebsgebäude, in dessen Räumen die Schreinerei ausgeübt wird. Der Vater überträgt die Schreinerei auf seine Tochter gegen eine monatliche Versorgungsleistung i.H.v. 1.500 €. Das Betriebsgebäude hält er zurück und vermietet es an die Tochter.

Lösung:

Es ist zu prüfen, ob die Voraussetzungen des § 10 Abs. 1a Nr. 2 EStG vorliegen. Grundsätzlich gehören Betriebe zu den im Rahmen von Übergabeverträgen begünstigten Wirtschaftsgütern. Der Vater hätte aber den ganzen Betrieb mit allen wesentlichen Betriebsgrundlagen übertragen müssen. Das Geschäftsgebäude, das zurückbehalten wird, stellt eine wesentliche Betriebsgrundlage dar. Somit sind die Voraussetzungen eines Übergabevertrags nicht gegeben. In diesem Fall geht die Verwaltung davon aus, dass eine Veräußerungsrente vereinbart wurde (vgl. BMF, a.a.O., Rz. 57).

Ein **Teilbetrieb** ist ein mit einer gewissen Selbständigkeit ausgestatteter, organisch geschlossener Teil des Gesamtbetriebs, der für sich betrachtet alle Merkmale eines Betriebs i.S.d. EStG aufweist und für sich lebensfähig ist, R 16 Abs. 3 EStR (Details s. Kap. 17.11).

Beispiel:

Eine Mutter betreibt eine Werbeagentur mit angeschlossener Druckerei. Die Druckerei arbeitet auch für Dritte. Sie hat eigenes Personal und rechnet die Aufträge separat ab. Sie ist in einem separaten Gebäude untergebracht. Die Mutter überträgt die Druckerei auf einen Neffen gegen eine Versorgungsleistung von monatlich 1.000 €.

Lösung:

Die Druckerei stellt einen Teilbetrieb dar, da sie aufgrund ihrer Organisationsstruktur selbständig lebensfähig ist. Die Übertragung kann im Wege eines Übergabevertrags erfolgen.

Die Übertragung eines **Mitunternehmeranteils** erfordert die Übertragung des anteiligen Gesamthandsvermögens sowie des Sonderbetriebsvermögens, das eine wesentliche Betriebsgrundlage darstellt (s. BMF vom 03.03.2005, BStBl I 2005, 458 Rz. 3 ff.).

Begünstigt ist auch die Übertragung eines **Teils** eines Mitunternehmeranteils. In diesem Fall müssen grundsätzlich die wesentlichen Betriebsgrundlagen des Sonderbetriebsvermögens **quotal** mit übertragen werden (BMF vom 11.03.2010, a.a.O., Rz. 8 – str., vgl. Heinicke in Schmidt, EStG, 34. Auflage 2015, § 10 Rz. 143).

Beispiel:

Ein Vater ist zu 70 % an einer KG beteiligt. Er vermietet ein Fabrikationsgebäude an die KG. Er überträgt die Hälfte seines Mitunternehmeranteils (= 35 % der KG) sowie die Hälfte des Betriebsgebäudes auf seinen Sohn gegen eine monatliche Versorgungsleistung.

Lösung:

Da der Vater einen Teil seines Mitunternehmeranteils sowie quotal einen Teil der wesentlichen Betriebsgrundlagen des Sonderbetriebsvermögens (Fabrikationsgebäude) überträgt, kann die Übertragung im Wege eines Übergabevertrags erfolgen.

Bei der Übertragung von **GmbH-Anteilen** müssen mindestens 50 % des Stammkapitals auf den Übernehmer übergehen (BMF vom 11.03.2010, a.a.O., Rz. 15 ff.). Es ist nicht schädlich, wenn der Übergeber weiterhin Gesellschafter der GmbH bleibt.

Weitere Voraussetzung ist nach § 10 Abs. 1a Nr. 2 c) EStG, dass der Übergeber **Geschäftsführer** der Gesellschaft war. Er muss somit nach dem eindeutigen Wortlaut der Vorschrift mit der Übertragung seine Geschäftsführertätigkeit aufgeben. Des Weiteren muss der Übernehmer nach der Übertragung Geschäftsführer der GmbH sein. Es ist unschädlich, wenn der Übernehmer diese Funktion auch schon vor der Übertragung innehatte (BMF, a.a.O., Rz. 18). Nicht erforderlich ist, dass der Übernehmer Allein-Geschäftsführer wird.

Begünstigt ist auch die Übertragung von Anteilen an einer der GmbH vergleichbaren Gesellschaftsform eines anderen Mitgliedstaats der **EU** oder eines Staates, auf den das Abkommen über den EWR anwendbar ist (BMF, a.a.O., Rz. 15).

6.8.2 Ausreichend Ertrag bringendes Vermögen

Der übertragene Betrieb, Teilbetrieb, Mitunternehmeranteil bzw. Anteil an einer GmbH muss nach überschlägiger Berechnung ausreichend Gewinn abwerfen, um die Versorgungsleistung zu finanzieren (BMF, a.a.O., Rz. 26 ff.).

Wird ein Betrieb, Teilbetrieb oder Mitunternehmeranteil im Zusammenhang mit wiederkehrenden Leistungen übertragen, besteht eine widerlegbare **Vermutung** dafür, dass die Erträge ausreichen, um die wiederkehrenden Leistungen in der vereinbarten Höhe zu erbringen (BMF, a.a.O., Rz. 29).

Beispiel:

Ein Vater betreibt ein Einzelhandelsgeschäft. Aufgrund seines Alters hat er sich in den letzten Jahren nicht mehr intensiv um das Geschäft gekümmert. Die Betriebsergebnisse lagen in den letzten Jahren zwischen ./. 10.000 € und + 10.000 €. Der Vater überträgt den Betrieb unentgeltlich auf seinen Sohn gegen eine monatliche Versorgungsleistung i.H.v. 800 €. Der Sohn führt das Geschäft weiter.

Lösung:

Es ist zu vermuten, dass der Sohn in der Zukunft genügend Gewinne erwirtschaften wird, um die Versorgungsleistungen erbringen zu können.

6.8.3 Umfang der Versorgungsleistungen

Als Versorgungsleistungen kommen sowohl reine **Geldleistungen** (monatliche Rente, Übernahme von Krankenversicherungsbeiträgen etc.) als auch **Sachleistungen** in Betracht. Sachleistungen sind grundsätzlich nach § 8 EStG zu bewerten (vgl. BMF, a.a.O., Rz. 44). Bei der Gewährung von Mahlzeiten sind die Werte der Sozialversicherungsentgeltverordnung (SvEV) anzusetzen. Die Überlassung von Wohnraum kann im Rahmen der Übergabeverträge nicht als Versorgungsleistung angesetzt werden. Dies gilt auch für die Verpflichtung zur Übernahme persönlicher Dienstleistungen (z.B. Pflege).

6.8.4 Empfänger des Vermögens

Da Übergabeverträge den Vermögensübergang im Rahmen der Generationenfolge ermöglichen sollen, muss das Vermögen grundsätzlich an **Familienangehörige** (im weitesten Sinne) übertragen werden. Ausnahmsweise kann das Vermögen auch an fremde Dritte gehen, wenn mit diesen ein familienähnliches Band besteht, wenn also der Übergeber diese Personen auch als Erbe eingesetzt hätte (vgl. BMF, a.a.O., Rz. 4).

Beispiel:

Ein Steuerberater betreut über Jahrzehnte umfassend eine Mandantin in allen Vermögensfragen. Zwischen Mandantin und Steuerberater hat sich im Laufe der Zeit ein freundschaftliches und vertrauensvolles Verhältnis entwickelt. Als die Mandantin, die keine weiteren Angehörigen hat, im Alter in ein Pflegeheim muss, überträgt sie dem Steuerberater unentgeltlich ein Mehrfamilienhaus mit der Auflage, bis zu ihrem Tod Zahlungen an das Pflegeheim zu leisten.

Lösung:

Obwohl die Parteien nicht miteinander verwandt sind, liegt ein (im weitesten Sinne) familienähnliches Band vor. Die Mandantin wollte ihr Vermögen zu Lebzeiten auf den Steuerberater übertragen und war auf die aus dem Mehrfamilienhaus fließende Versorgung angewiesen. Somit war ein Übergabevertrag zu bejahen (vgl. BFH vom 16.12.1997, BStBl II 1998, 718).

6.8.5 Empfänger der Versorgungsleistungen

Als Empfänger der Versorgungsleistungen kommen in erster Linie der **Übergeber** des Vermögens, dessen **Ehegatte** oder Lebenspartner nach dem LPartG (vgl. BMF, a.a.O., Rz. 50) sowie die gesetzlich erb- und pflichtteilsberechtigten **Abkömmlinge** des Übergebers in Betracht. Sollen die Eltern des Übergebers Nutznießer der Versorgung sein, ist dies im Rahmen eines Übergabevertrags nur möglich, wenn das übergebene Vermögen seinerseits von den Eltern stammt. Sind Empfänger der wiederkehrenden Leistungen die Geschwister des Übernehmers, besteht die widerlegbare Vermutung, dass die Übertragung nicht im Wege des Übergabevertrags, sondern entgeltlich erfolgt (BMF, a.a.O.).

6.8.6 Umschichtung des übertragenen Vermögens

Veräußert der Übernehmer das übertragene Vermögen, ist dies nur dann unschädlich, wenn er den Erlös – zumindest teilweise – dazu verwendet, ein Wirtschaftsgut i.S.d. § 10 Abs. 1a Nr. 2 EStG zu erwerben (BMF, a.a.O., Rz. 37 ff.).

6.8.7 Unentgeltlichkeit der Übertragung

Ein Übergabevertrag i.S.d. § 10 Abs. 1a Nr. 2 EStG liegt grundsätzlich nur dann vor, wenn die Parteien das Vermögen unentgeltlich übertragen wollen, wenn sie also keine Veräußerungsrente vereinbaren (BMF, a.a.O., Rz. 5).

Es ist aber unschädlich, wenn neben der Versorgungsrente **Ausgleichszahlungen** zur Durchführung der vorweggenommenen Erbfolge geleistet werden (vgl. BMF vom 13.01.1993, BStBl I 1993, 80). Soweit derartige Ausgleichszahlungen erfolgen, liegt ein entgeltliches Geschäft vor (BMF, a.a.O., Rz. 7). Wird ein Betrieb, Teilbetrieb oder Mitunternehmeranteil teilentgeltlich übertragen, gilt die sog. Einheitstheorie (vgl. BMF, a.a.O., Rz. 35). Wird ein Anteil an einer GmbH teilentgeltlich übertragen, ist das Geschäft in einen entgeltlichen und einen unentgeltlichen Teil aufzuspalten (vgl. BMF, a.a.O., Rz. 14).

Beispiel 1:

Ein Vater ist Inhaber eines Einzelunternehmens (Buchwert 100.000 €/Teilwert 350.000 €). Er überträgt den Betrieb im Rahmen der vorweggenommenen Erbfolge auf seine Tochter. Diese verpflichtet sich, an ihren Bruder ein Ausgleichsgeld i.H.v. 50.000 € zu leisten. Außerdem vereinbart sie mit dem Vater, dass dieser lebenslang einen Anspruch auf eine Versorgung i.H.v. 1.000 € im Monat haben soll.

Lösung:

Bei der Übertragung eines Betriebs gilt die sog. Einheitstheorie. Danach erfolgt die Übertragung insgesamt unentgeltlich, wenn die Ausgleichszahlung nicht höher ist als das Kapitalkonto. Damit geht der Betrieb nach § 6 Abs. 3 EStG zu 100 % unentgeltlich über. Im Übrigen liegt eine Versorgungsrente i.S.d. § 10 Abs. 1a Nr. 2 EStG vor.

Beispiel 2:

Der Sachverhalt entspricht Beispiel 1. Das Ausgleichsgeld soll 120.000 € betragen.

Lösung:

Da die Ausgleichszahlung das Kapitalkonto übersteigt, ist der Vorgang insgesamt als entgeltlich anzusehen. Der Vater realisiert nach § 16 EStG einen Veräußerungsgewinn i.H.v. (120.000 € ./. 100.000 € =) 20.000 €.

Die Tochter hat die stillen Reserven zu aktivieren, soweit sie aufgedeckt worden sind (hier: 20.000 €). Da die gesamten stillen Reserven 250.000 € betragen (Teilwert 350.000 € ./. Buchwert 100.000 €), müssen 20.000 €/250.000 € = 8 % der stillen Reserven – gleichmäßig auf alle Wirtschaftsgüter verteilt – aufgedeckt werden.

Da es ausreicht, wenn die Übertragung – wenigstens teilweise – unentgeltlich erfolgt (vgl. BMF vom 11.03.2010, a.a.O., Rz. 5), kann dennoch im Übrigen ein Übergabevertrag vorliegen, da die Ausgleichszahlung den Wert des Betriebs nicht erreicht.

Beispiel 3:

Der Sachverhalt entspricht Beispiel 1. Bei dem übertragenen Betrieb handelt es sich um eine GmbH (Buchwert 100.000 €/gemeiner Wert 350.000 €).

Lösung:

Die Übertragung ist in einen entgeltlichen und einen unentgeltlichen Teil aufzuspalten. I.H.v. 50.000 €/350.000 € = $\frac{1}{7}$ erfolgt die Übertragung entgeltlich. Insoweit hat der Vater einen Gewinn nach § 17, § 3 Nr. 40 c), § 3c Abs. 2 EStG zu versteuern.

Erlös (50.000 € × 60 % =)	30.000 €
Anteiliger Buchwert (100.000 € × $\frac{1}{7}$ × 60 % =)	./. 8.571 €
Gewinn	**21.429 €**

Im Übrigen erfolgt die Übertragung unentgeltlich; insoweit ist auch die Vereinbarung einer Versorgungsleistung möglich.

6.8.8 Versteuerung der Versorgungsleistungen

Der Empfänger der Versorgungsleistung muss spiegelbildlich zum Abzug als Sonderausgabe die Versorgungsleistungen nach § 22 Nr. 1a EStG versteuern.

Aus diesem Grund verlangt § 10 Abs. 1a Nr. 2 EStG, dass der Empfänger der Versorgungsleistung **unbeschränkt einkommensteuerpflichtig** sein muss. Dabei kann sich – wie beim Realsplitting – die unbeschränkte Steuerpflicht auch aus § 1a EStG ergeben.

Im Gegensatz zum Realsplitting verlangt § 10 Abs. 1a Nr. 2 EStG nicht die Zustimmung des Empfängers. Dieser hat somit keinen Einfluss auf die Besteuerung.

6.8.9 Gescheiterte Übergabeverträge

Werden die Tatbestandsmerkmale des § 10 Abs. 1a Nr. 2 EStG nicht erfüllt (z.B. weil die Versorgung nicht lebenslang zugesagt wird, das übertragene Wirtschaftsgut nicht den gesetzlichen Voraussetzungen entspricht oder der Empfänger nicht unbeschränkt steuerpflichtig ist), liegt kein Übergabevertrag vor. Die zugesagte Versorgungsleistung ist als **Veräußerungsrente** zu charakterisieren (vgl. BMF, a.a.O., Rz. 58). Damit erfolgt die Übertragung nicht mehr unentgeltlich (vgl. BMF, a.a.O., Rz. 65 ff.).

Fallen die Voraussetzungen eines Übergabevertrags später weg (z.B. Aufgabe des übertragenen Betriebs), findet keine rückwirkende Korrektur statt. Allerdings können die nach dem Wegfall der Voraussetzungen weiterhin gezahlten Versorgungsleistungen nicht mehr als Sonderausgabe abgezogen werden; es liegen nun **Unterhaltsleistungen** i.S.d. § 12 Nr. 2 EStG vor (vgl. BMF, a.a.O., Rz. 37).

6.8.10 Checkliste für Übergabeverträge

Bei Übergabeverträgen ist folgende Checkliste zu beachten:

1.	Liegt eine Vereinbarung unter Fremden vor, zwischen denen keine Beziehung familiärer oder ähnlicher Art besteht?	**Ja** ⇒ dann Veräußerungsrente prüfen	**Nein** ⇒ dann weiter mit 2.
2.	Wurde eine Veräußerungsrente ausdrücklich vereinbart?	**Ja** ⇒ dann hat diese Vereinbarung stets Vorrang	**Nein** ⇒ dann weiter mit 3.
3.	Wird ein Betrieb, Teilbetrieb, Mitunternehmeranteil oder eine mindestens 50 %ige GmbH-Beteiligung übertragen? (§ 10 Abs. 1a Nr. 2 EStG)	**Ja** ⇒ dann weiter mit 4.	**Nein** ⇒ dann Veräußerungsrente prüfen (BMF, a.a.O., Rz. 57)
4.	Bei Übertragung eines GmbH-Anteils: War der Übergeber als Geschäftsführer tätig und übernimmt der Übernehmer diese Tätigkeit? **(BMF, a.a.O., Rz. 15 ff.)**	**Ja** ⇒ dann weiter mit 5.	**Nein** ⇒ dann Veräußerungsrente prüfen
5.	Reichen die Erträge des übertragenen Vermögens aus, um die Versorgung zu finanzieren? **(BMF, a.a.O., Rz. 26 ff.)**	**Ja** ⇒ dann weiter mit 6.	**Nein** ⇒ dann Veräußerungsrente prüfen
6.	Gehört der Empfänger des Vermögens zum Kreis potenziell Erbberechtigter? **(BMF, a.a.O., Rz. 4)**	**Ja** ⇒ dann weiter mit 7.	**Nein** ⇒ dann Veräußerungsrente prüfen
7.	Ist der Empfänger der Versorgungsleistung der Übertragende, dessen Ehegatte, Lebenspartner nach dem LPartG oder gesetzlich erb- oder pflichtteilsberechtigter Abkömmling? **(BMF, a.a.O., Rz. 50)**	**Ja** ⇒ dann weiter mit 8.	**Nein** ⇒ dann Veräußerungsrente prüfen
8.	Wird die Versorgung lebenslang gewährt?	**Ja** ⇒ dann weiter mit 9.	**Nein** ⇒ dann Veräußerungsrente prüfen
9.	Besteht die Versorgungsleistung in Geld oder Geldeswert? **(BMF, a.a.O., Rz. 44 ff.)**	**Ja** ⇒ dann Versorgungsleistung i.S.v. § 10 Abs. 1a Nr. 2 EStG	**Nein** ⇒ dann Veräußerungsrente prüfen

---

Übungsfall 2:

Theo Schluck betreibt seit Jahren den Goldenen Hirschen in gepachteten Räumen. Das Inventar wurde seit Jahren nicht mehr erneuert und stellt im Jahr 2014 keinen Wert mehr dar. Die Betriebsergebnisse der Jahre 2012 und 2013 belaufen sich auf ./. 12.000 € bzw. 9.000 €.

In 2014 überträgt Schluck die Gaststätte mit allen Aktiva und Passiva auf seinen Sohn Manfred Schluck, einen gelernten Metzger. Manfred ist sich sicher, dass die Gaststätte in kürzester Zeit wieder auf „Vordermann" gebracht werden kann. Realistisch ist bei derartigen Gaststätten ein Jahresgewinn von 40.000 €. Da der Vater über keine ausreichende Altersversorgung verfügt, erklärt sich der Sohn im Zuge der Übertragung bereit, dem Vater eine monatliche Versorgung i.H.v. 500 € zu leisten.

In 2016 bekommt Manfred die Möglichkeit, auf der Insel Rügen eine gut gehende Imbissbude zu übernehmen. Er verkauft die Gaststätte für 60.000 €. Von diesem Erlös verwendet er 45.000 €, um die Ablöse für die Imbissbude zu bezahlen. Die Rente an den Vater zahlt Manfred weiterhin.

Bitte beurteilen Sie die Übertragung der Gaststätte in 2014. Welche Folgen hat die Veräußerung in 2016 (§ 16 EStG ist nicht zu prüfen)?

Übungsfall 3:

Rechtsanwalt Streitig (60. Lebensjahr vollendet) ist zu einem Drittel an einer Sozietät in der Rechtsform einer GbR beteiligt. Er vermietet ein Bürogebäude an die GbR. In 2016 überträgt er seiner Tochter, die ebenfalls Rechtsanwältin ist, die Hälfte seines Anteils an der Sozietät. Das Bürogebäude wird nicht übertragen und vom Vater weiterhin an die Sozietät vermietet. Im Gegenzug verpflichtet sich die Tochter, dem Vater eine lebenslange Versorgung i.H.v. 2.000 € zu zahlen.

Kann die Tochter Versorgungsleistungen als Sonderausgabe abziehen?

Übungsfall 4:

Walter Lemberger, der die deutsche Staatsbürgerschaft besitzt, hat vor vielen Jahren ein Weingut in Bordeaux (Frankreich) erworben. Dieses führt er in der Rechtsform einer SARL (vergleichbar der deutschen GmbH). Er ist an der Gesellschaft zu 100 % beteiligt und deren Geschäftsführer. Die französische Gesellschaft erwirtschaftete in der Vergangenheit Jahresgewinne i.H.v. durchschnittlich 50.000 €. Ausschüttungen erfolgten in den letzten Jahren nicht. Lemberger hat seinen Wohnsitz ausschließlich in Frankreich.

Sein Sohn Thomas Lemberger lebt in Deutschland. Im Januar 2015 überträgt Walter Lemberger aus Altersgründen 50 % der Anteile an der französischen Gesellschaft im Wege der vorweggenommenen Erbfolge auf Thomas Lemberger. Im Gegenzug verpflichtet sich der Sohn, seinem Vater lebenslang eine monatliche Versorgung i.H.v. 1.500 € zu bezahlen. Vater und Sohn vereinbaren, dass die 1.500 € lediglich an die Inflation angepasst werden dürfen; eine weitere Anpassung aufgrund veränderter Lebensbedingungen sei aber ausgeschlossen.

Der Vater gibt mit der Übertragung seine Geschäftsführertätigkeit auf. Zum neuen Geschäftsführer wird der Sohn bestellt (alle formalen Vorschriften sind eingehalten).

Im April 2016 erhalten Vater und Sohn das Angebot, ihre GmbH-Anteile zu veräußern. Der Sohn investiert seinen Erlös in Investmentfonds. Er zahlt weiterhin die 1.500 € an seinen Vater.

Bitte beurteilen Sie, ob der Sohn die monatlichen Zahlungen an den Vater steuermindernd geltend machen kann. Der Vater versteuert die monatlichen Zahlungen in Frankreich und kann dies auch belegen.

6.9 Versorgungsausgleich (§ 10 Abs. 1a Nr. 3 und 4 EStG)
6.9.1 Zivilrecht

Im Zusammenhang mit einer Ehescheidung muss zwischen dem **Unterhalt** und dem **Versorgungsausgleich** unterschieden werden. Der Unterhalt dient der Sicherung des Lebensstandards, den ein Ehegatte während der Partnerschaft erworben hat. Der Versorgungsausgleich soll die unterschiedlichen Altersversorgungsansprüche, die während der Ehe erworben wurden, ausgleichen.

Nach § 1587 BGB i.V.m. dem Versorgungsausgleichsgesetz (VersAusglG) findet bei einer Ehescheidung ein Versorgungsausgleich statt, der alle Versorgungsansprüche einschließt (gesetzliche Rentenversicherung, landwirtschaftliche Alterskasse, berufsständische Versorgungseinrichtung, Betriebsrente, private Rentenversicherung etc.). Nach § 6 VersAusglG können die Ehegatten grundsätzlich Vereinbarungen über den Versorgungsausgleich schließen. Eine **„interne Teilung"** findet statt, wenn der Versorgungsausgleich innerhalb desselben Versorgungsträgers (z.B. Deutsche Rentenversicherung Bund) durchgeführt wird, § 10 VersAusglG. Im Übrigen findet eine **„externe Teilung"** nach §§ 14 ff. VersAusglG statt. Entsprechendes gilt nach § 20 LPartG auch für Partner einer eingetragenen Lebenspartnerschaft.

6.9.2 Steuerrecht

Steuerlich richten sich die Folgen eines Versorgungsausgleichs nach den übertragenen Ansprüchen (ausführlich BMF vom 09.04.2010, BStBl I 2010, 323, vgl. auch Kap. 6.2.1). Die folgenden Ausführungen gelten entsprechend auch für Lebenspartner i.S.d. LPartG, vgl. § 2 Abs. 8 EStG.

Werden Ansprüche aus der **gesetzlichen Rentenversicherung** von einem Ehegatten auf den anderen übertragen, erzielen anschließend beide Ehegatten Einkünfte nach § 22 Nr. 1 S. 3 a) aa) EStG. Gleiches gilt, wenn Ansprüche aus einer **landwirtschaftlichen Alterskasse** oder einer **berufsständischen Versorgungseinrichtung** übertragen werden. Wird eine **Betriebsrente** übertragen, erlangt die ausgleichsberechtigte Person nach § 12 VersAusglG mit der Übertragung des Anrechts die Stellung eines ausgeschiedenen Arbeitnehmers i.S.d. Betriebsrentengesetzes und versteuert die Leistungen nach § 19 EStG.

Leistet ein Ehegatte dem anderen selbst einen **Wertausgleich** durch Zahlung einer Ausgleichsrente oder Abtretung eines eigenen Rentenanspruchs, fallen diese Leistungen unter § 10 Abs. 1a Nr. 4 EStG.

Beispiel:

Im Rahmen einer Ehescheidung verpflichtet sich F, ab Fälligkeit des eigenen Versorgungsanspruchs eine schuldrechtliche Ausgleichsrente an M zu zahlen.

Lösung:

Da die Zahlungen einen Wertausgleich bilden, kann F sie nach § 10 Abs. 1a Nr. 4 EStG als Sonderausgaben abziehen.

Begründet ein Ehegatte für den anderen **neue Ansprüche** in der gesetzlichen Rentenversicherung, kann er die Beiträge, die er hierfür leistet, nicht nach § 10 Abs. 1a Nr. 4 EStG geltend machen, da es sich insoweit um Drittaufwand handelt (vgl. BFH vom 21.10.1983, BStBl II 1984, 106).

Beispiel:

Im Rahmen einer Ehescheidung verpflichtet sich F, Zahlungen an die Deutsche Rentenversicherung Bund zu leisten, um für M Ansprüche in der gesetzlichen Rentenversicherung zu begründen.

Lösung:

Da die Zahlungen nicht der Begründung eigener Ansprüche dienen, kann F keine Sonderausgaben geltend machen.

Zahlt ein Ehegatte Beiträge, um seine durch den Versorgungsausgleich verminderten Rentenansprüche wieder **aufzufüllen**, kann er die Zahlungen nach § 10 Abs. 1 Nr. 2 a), Abs. 3 EStG als Vorsorgeaufwendungen geltend machen, da insoweit eigene Ansprüche erworben werden.

Beispiel:

Im Rahmen einer Ehescheidung werden 30 % der Ansprüche der F in der gesetzlichen Rentenversicherung auf M übertragen. F leistet Zahlungen an die Deutsche Rentenversicherung Bund, um die Minderung auszugleichen.

Lösung:

F kann die Zahlungen nach § 10 Abs. 1 Nr. 2 a), Abs. 3 EStG als Sonderausgaben abziehen.

Werden Pensionsansprüche eines **Beamten** im Rahmen einer Ehescheidung auf den anderen Partner übertragen, so begründet der Arbeitgeber des Beamten für den ausgleichsberechtigten Partner Ansprüche in der gesetzlichen Rentenversicherung. Der ausgleichsberechtigte Partner versteuert die ihm später zufließende Rente nach § 22 Nr. 1 S. 3 a) aa) EStG. Gleicht der Beamte die Minderung seiner Pensionsansprüche durch Zahlungen an seinen Arbeitgeber aus, so kann er diese Zahlungen als Werbungskosten i.R.d. § 19 EStG geltend machen (BFH vom 08.03.2006, BStBl II 2006, 446).

Werden Ansprüche aus einer **privaten Rentenversicherung** zur Durchführung des Versorgungsausgleichs an den ausgleichsberechtigten Partner abgetreten, muss grundsätzlich der Abtretende weiterhin die private Rente in vollem Umfang versteuern (keine Übertragung der Einkunftsquelle). In diesem Fall liegt ein sog. schuldrechtlicher Versorgungsausgleich vor. Der Abtretende kann die Zahlungen an den geschiedenen Partner nach § 10 Abs. 1a Nr. 4 EStG als Sonderausgaben geltend machen, soweit er die Einnahmen versteuern muss (s. § 22 Nr. 1 S. 3 a) bb) EStG). Im Gegenzug muss der Abtretungsempfänger die Leistungen nach § 22 Nr. 1a EStG versteuern.

Beispiel:

Im Zuge einer Ehescheidung hat sich M vor Jahren verpflichtet, die Hälfte seiner privaten Rentenversicherungsansprüche an F abzutreten. In 2016 wird die private Rentenversicherung fällig. Vereinbarungsgemäß zahlt die Versicherungsgesellschaft ab Januar jeweils 1.000 € an M und F. M hat bei Beginn der Rentenzahlungen das 65. Lebensjahr vollendet.

Lösung:

Die Abtretung selbst hat steuerlich keine Auswirkungen (reine Vermögensebene). M muss die Bezüge aus der privaten Rentenversicherung nach § 22 Nr. 1 S. 3 a) bb) EStG mit dem Ertragsanteil versteuern. Dieser beträgt nach der Tabelle in der genannten Vorschrift 18 %. Somit hat M in 2016 steuerpflichtige Renteneinnahmen i.H.v. (2.000 € × 12 × 18 % =) 4.320 €. Da M die Hälfte der Rentenversicherung an F abgetreten hat, kann er nach § 10 Abs. 1a Nr. 4 EStG Sonderausgaben i.H.v. 2.160 € geltend machen. F hat steuerpflichtige Renteneinnahmen nach § 22 Nr. 1a EStG i.H.v. 2.160 €.

Seit dem VZ 2015 sind **Ausgleichsleistungen** zur **Vermeidung eines Versorgungsausgleichs** nach einer Ehescheidung gemäß § 10 Abs. 1a Nr. 3 EStG als Sonderausgaben abzugsfähig. Hierunter fallen alle Abfindungszahlungen als Gegenleistung für den Verzicht auf einen Versorgungsausgleich. Im Gegenzug muss der Empfänger die Ausgleichsleistungen nach § 22 Nr. 1a EStG versteuern.

7. Spenden

7.1 Allgemeines

Ausgaben zur Förderung mildtätiger, kirchlicher, religiöser, wissenschaftlicher und der als besonders förderungswürdig anerkannten gemeinnützigen Zwecke können im Rahmen bestimmter Höchstgrenzen als Sonderausgaben abgezogen werden (**§ 10b Abs. 1 EStG**).

Eine **Definition der steuerbegünstigten Zwecke** findet sich in **§§ 51 ff. AO**. Dabei ist besonders zu beachten, dass Spenden für gemeinnützige Zwecke nur anerkannt werden, wenn ausdrücklich ein Fall des § 52 Abs. 2 AO gegeben ist.

Als Zuwendungen im Rahmen des § 10b EStG gelten sowohl **Mitgliedsbeiträge** als auch **Spenden**. Bei der Frage, ob Zuwendungen als Sonderausgaben berücksichtigt werden können ist aber die Unterscheidung zwischen Mitgliedsbeiträgen und Spenden teilweise bedeutsam. Nach § 10b Abs. 1 Satz 8 EStG sind z.B. Mitgliedsbeiträge an Sportvereine nicht als Sonderausgaben abziehbar, wohingegen Spenden an Sportvereine als Sonderausgaben berücksichtigt werden können.

Nach § 10b Abs. 3 EStG sind auch **Sachspenden** in Höhe ihres gemeinen Wertes abzugsfähig. Da hier stets die Gefahr einer Überbewertung der gespendeten Wirtschaftsgüter besteht, muss die Verwaltung die Fälle von Sachspenden besonders sorgfältig prüfen (s. H 10b.1 EStH „Gebrauchte Kleidung als Sachspenden" und „Sachspenden").

Durch das Gesetz zur Stärkung des Ehrenamtes (Ehrenamtsstärkungsgesetz vom 21.03.2013, BGBl I 2013, 556, BStBl I 2013, 339) wurde in § 10b Abs. 3 Satz 2 EStG die Regelung aufgenommen, dass bei der Zuwendungshöhe eine betragsmäßige Verknüpfung zum Entnahmewert besteht, zu dem allerdings noch die bei der Entnahme anfallende Umsatzsteuer zu berücksichtigen ist. Die Neuregelung trat zum 01.01.2013 in Kraft. Damit wurde die bisherige Verwaltungspraxis bestätigt und gesetzlich geregelt (zur Berücksichtigung der Umsatzsteuer als Spende vgl. R 10b.1 Abs. 1 Satz 4 EStR 2012). Eine materielle Änderung ist mit dieser Regelung also nicht verbunden. Alternativ kann das Wirtschaftsgut nach § 6 Abs. 1 Nr. 4 Satz 5 EStG zum Buchwert entnommen werden. In diesem Fall darf auch nur der Buchwert als Spende angesetzt werden.

Beispiel:

Der Inhaber eines Ingenieurbüros spendet der örtlichen Schule zehn Laptops (Anschaffungskosten je 800 €, Buchwert je 1 €). Die Schule stellt eine Spendenbescheinigung über 3.000 € (= gemeiner Wert der Laptops) aus.

Lösung:

Der Steuerpflichtige darf wählen. Er kann zum einen die Geräte aus seinem Betriebsvermögen entnehmen. In diesem Fall entsteht ein Entnahmegewinn i.H.v. (3.000 € abzüglich 10 € Buchwert =) 2.990 €. Nach Entnahme kann er die Spende nach § 10b EStG mit 3.000 € als Sonderausgabe geltend machen. Alternativ kann er die Geräte steuerneutral ausbuchen. Es entsteht dann kein Entnahmegewinn. Allerdings darf er die Spende dann nur in Höhe des Buchwerts nach § 10b EStG geltend machen (s. R 10b.1 Abs. 1 Satz 4 EStR).

Von den Spenden ist das sog. **Sponsoring** zu unterscheiden. Sponsoring liegt vor, wenn ein Gewerbetreibender oder Selbständiger zwar einer gemeinnützigen Einrichtung etwas zuwendet, hierbei aber einen werbemäßigen Vorteil erzielt (s. H 10b.1 EStH „Sponsoring" und BMF-Schreiben vom 18.2.1998, BStBl I 1998, 212 m.w.N. zur umsatzsteuerlichen Behandlung beim Zuwendungsempfänger vgl. BMF-Schreiben vom 13.11.2012, BStBl I 2012, 1169). Die Leistungen im Rahmen des Sponsorings können als Betriebsausgaben angesetzt werden.

> **Beispiel:**
>
> Eine örtliche Versicherungsagentur zahlt an einen Fußballverein 10.000 €. Im Gegenzug verpflichtet sich der (gemeinnützige) Verein, die Versicherungsagentur vor Beginn der jeweiligen Spiele ausdrücklich als Sponsor zu nennen. Außerdem steht der Name der Versicherungsagentur auf den jeweiligen Eintrittskarten.

> **Lösung:**
>
> Eine Spende nach § 10b Abs. 1 EStG liegt hier schon deshalb nicht vor, weil die Versicherungsagentur für ihre Zahlung eine Gegenleistung in Form eines positiven öffentlichen Auftritts erhält. Die Versicherungsagentur kann damit die 10.000 € als Werbeausgabe steuerlich geltend machen.

7.2 Formale Voraussetzungen

Die **steuerliche Berücksichtigung von Spenden als Sonderausgabe** ist nur möglich, wenn die vom Gesetz geforderten formalen Voraussetzungen erfüllt sind.

Nach **§ 10b Abs. 1 EStG** dürfen Zuwendungen i.S.d. § 10b EStG nur abgezogen werden, wenn der Empfänger der Zuwendung eine inländische juristische Person des öffentlichen Rechts (z.B. Gemeinde) oder eine als **gemeinnützig anerkannte Körperschaft, Personenvereinigung oder Vermögensmasse** ist.

Die **Zuwendungsbestätigung** muss nach amtlich vorgeschriebenem Vordruck erfolgen (§ 50 EStDV). **§ 175 Abs. 2 Satz 2 AO** regelt, dass die nachträgliche Erteilung oder Vorlage einer Spendenbescheinigung **nicht** als **rückwirkendes Ereignis** gilt. Eine nach Ergehen des Einkommensteuerbescheides vorgelegte Zuwendungsbestätigung ermöglicht damit, unabhängig von der Frage, ob sie vor oder nach Ergehen des Einkommensteuerbescheides des Spenders ausgestellt wurde, i.d.R. wegen des groben Verschuldens keine Änderung des Bescheids nach § 173 Abs. 1 Nr. 2 AO.

Von einer **förmlichen Spendenbescheinigung** kann nach § 50 Abs. 2 EStDV abgesehen werden, wenn die Spende zur Linderung der Not in Katastrophenfällen dient (Nr. 1) oder die Spende 200 € nicht übersteigt (Nr. 2).

Die **Spendenbescheinigung** kann nach R 10b.1 Abs. 4 EStR maschinell ohne Unterschrift erstellt werden.

Erhält der Steuerpflichtige für seine Spende eine **Gegenleistung**, so ist ein Abzug nach § 10b EStG ausgeschlossen (s. H 10b.1 EStH „Gegenleistung").

> **Beispiel:**
>
> Bei der Aufnahme in einem Golfklub erwartet man von den Mitgliedern einen „freiwilligen" Beitrag i.H.v. 2.000 €. Alle Mitglieder zahlen diesen Betrag und erhalten dafür eine Spendenbescheinigung.

> **Lösung:**
>
> Es handelt sich hier nicht um eine freiwillige Zahlung ohne Gegenleistung. Es besteht zwar keine Rechtsverpflichtung zur Zahlung der „Eintritts-Spende". Die Spende hat hier aber faktisch die Bedeutung eines Mitgliedsbeitrags. Als Gegenleistung erfolgt die Aufnahme im Verein. Daher ist ein Abzug als Spende ausgeschlossen.

Eine Spende liegt nur vor, wenn die Leistung **freiwillig** erfolgt.

> **Beispiel:**
>
> Ein Strafverfahren wird (wegen Geringfügigkeit) gegen Zahlung von 500 € an das Rote Kreuz eingestellt.

Lösung:

Die Zahlung erfolgt nicht freiwillig, sondern unter dem Druck eines drohenden Strafverfahrens. Damit ist der Abzug als Spende auch dann ausgeschlossen, wenn das Rote Kreuz über die Zahlung eine Spendenbescheinigung ausstellt.

Gleiches gilt auch, wenn ein Erblasser dem Erben beispielsweise im Rahmen eines Vermächtnisses zur Spende an z.B. den örtlichen Kleintierzüchterverein verpflichtet. Diese Spende ist mangels Freiwilligkeit nicht als Sonderausgabe nach § 10 Abs. 2b EStG zu berücksichtigen.

Der Steuerpflichtige darf auf die **Richtigkeit der Zuwendungsbestätigung** vertrauen, es sei denn, dass er die Bestätigung durch unlautere Mittel oder falsche Angaben erwirkt hat oder ihm die Unrichtigkeit der Bestätigung bekannt oder infolge grober Fahrlässigkeit nicht bekannt war (§ 10b Abs. 4 EStG).

Vereinsvorstände oder Kassierer, die vorsätzlich oder grob fahrlässig eine unrichtige Bestätigung ausstellen oder veranlassen, dass Zuwendungen nicht zu den in der Bestätigung angegebenen steuerbegünstigten Zwecken verwendet werden, **haften persönlich für die entgangene Steuer**, die mit 30 % der Spende anzusetzen ist (§ 10b Abs. 4 Sätze 2 und 3 EStG).

7.3 Höchstbeträge

Nach § 10b Abs. 1 EStG können Zuwendungen maximal bis zu **20 %** des Gesamtbetrags der Einkünfte **oder** alternativ bis zu **4 ‰** der Summe der gesamten Umsätze und der im Kalenderjahr aufgewendeten Löhne und Gehälter als Sonderausgaben abgezogen werden.

7.4 Parteispenden

Parteispenden unterliegen wegen ihrer besonderen verfassungsrechtlichen Bedeutung (Art. 21 GG; s. auch BVerfG vom 14.07.1986, BStBl II 1986, 684 und vom 09.04.1992, BStBl II 1992, 766) einer besonderen Regelung.

Nach **§ 34g EStG**, der vor der Regelung des § 10b Abs. 2 EStG zu prüfen ist (vgl. § 10b Abs. 2 S. 2 EStG), vermindern Mitgliedsbeiträge und Spenden an politische Parteien und Vereine ohne Parteicharakter, die zumindest beabsichtigen, an Bundes-, Landes- oder Kommunalwahlen teilzunehmen die tarifliche Einkommensteuer. Damit ist der Steuervorteil aus Gründen der Chancengleichheit der Parteien unabhängig vom individuellen Steuersatz. Das BVerfG hat aber vorgegeben, dass die **Abzugsfähigkeit von Parteispenden** auf ein übliches Maß beschränkt werden muss. Dem trägt das Gesetz Rechnung, indem nach § 34g Satz 2 EStG die 50 %ige Steuerermäßigung höchstens **825 €** bzw. **1.650 €** bei zusammen veranlagten Eheleuten betragen darf. Der maximale Steuererabzugsbetrag ist somit bei Mitgliedsbeiträgen und Spenden von **1.650 €/3.300 €** erreicht.

Soweit die Parteispende die Grenze des § 34g EStG überschreitet, kann sie im Rahmen des § 10b Abs. 2 EStG bis zu maximal **1.650 €/3.300 €** als **Sonderausgabe** geltend gemacht werden.

Übungsfall:

Der Steuerpflichtige (S) wird einzeln veranlagt. Für das Jahr 2015 macht er folgende Zuwendungen geltend:

1. Spende an die Piratenpartei i.H.v. 4.000 €.
2. Mitgliedsbeitrag an einen Tennisklub e.V. i.H.v. 250 €.
3. Mitgliedsbeitrag an die als Naturschutzorganisation anerkannte Jägervereinigung e.V. i.H.v. 160 €.
4. Spende an die Hochschule Ludwigsburg über 1.500 €.

---

5. Spende diverser alter Kleidung an das Rote Kreuz (Wert: 250 €). Vom Deutschen Roten Kreuz liegt eine Spendenbescheinigung über diesen Betrag vor, obwohl die Kleidung maximal 10 € wert ist. Dies war für jeden leicht zu erkennen.

Es ist davon auszugehen, dass im Übrigen für alle Spenden ordnungsgemäße Spendenquittungen vorliegen und alle Organisationen die Voraussetzungen der Gemeinnützigkeit erfüllen. Der Gesamtbetrag der Einkünfte des S im Veranlagungszeitraum 2015 beläuft sich auf 20.000 €.

8. Außergewöhnliche Belastungen (§ 33 EStG)

8.1 Einführung

Die **außergewöhnlichen Belastungen** (§ 33 EStG) sind systematisch mit den Sonderausgaben verwandt. Außergewöhnliche Belastungen werden – ebenso wie die Sonderausgaben – vom Gesamtbetrag der Einkünfte abgezogen (§ 2 Abs. 4 EStG). Im Gegenzug zu den Sonderausgaben ist der Kreis der außergewöhnlichen Belastungen in § 33 EStG nicht ausdrücklich definiert.

8.2 Zwangsläufigkeit

Die Prüfung des § 33 EStG bereitet häufig Schwierigkeiten, da man es mit zahlreichen unbestimmten Rechtsbegriffen zu tun hat. Sie müssen daher einige wichtige Einzelfälle kennen, um mit der Vorschrift sinnvoll arbeiten zu können.

Die Aufwendungen müssen dem Steuerpflichtigen nach § 33 Abs. 1 EStG „zwangsläufig" erwachsen. Der **Begriff der Zwangsläufigkeit** wird in § 33 Abs. 2 EStG näher definiert. Danach erwachsen Aufwendungen dem Steuerpflichtigen zwangsläufig, wenn er sich ihnen aus:

- rechtlichen,
- tatsächlichen oder
- sittlichen Gründen

nicht entziehen kann.

Eine Übersicht über zahlreiche Einzelfragen finden Sie in H 33.1–33.4 EStH (lesenswert).

8.2.1 Rechtliche Gründe

Rechtliche Gründe können sich aus Gesetz, Verwaltungsakt oder Vertrag ergeben. Es ist aber stets zu prüfen, ob die rechtliche Verpflichtung die Folge eines vorhergehenden Verhaltens des Steuerpflichtigen ist. Die rechtlichen Gründe dürfen vom Steuerpflichtigen nicht selbst gesetzt sein (Beispiel: Wer einen Mietvertrag abschließt, ist vertraglich zur Zahlung von Miete verpflichtet, kann dennoch die Zahlungen nicht als außergewöhnliche Belastung geltend machen).

Prozesskosten für einen **Zivilprozess** sind grundsätzlich nicht als außergewöhnliche Belastungen zu berücksichtigen, da es regelmäßig am Merkmal der Zwangsläufigkeit fehlt, § 33 Abs. 2 EStG. Eine Ausnahme gilt nur für den Fall, dass der Steuerpflichtige ohne die Führung des Prozesses Gefahr läuft, seine **Existenzgrundlage** zu verlieren und seine lebensnotwendigen Bedürfnisse in dem üblichen Rahmen nicht mehr befriedigen könnte. Diese Formulierung ist unseres Erachtens derart unklar, dass eine Klärung durch die Rechtsprechung unerlässlich ist. Bis dato hat sich der BFH hierzu jedoch noch nicht geäußert.

Diese Regelung erscheint auch verfassungsrechtlich problematisch. So kann z.B. ein Prozess um das Umgangsrecht mit einem Kind nicht als außergewöhnliche Belastungen geltend gemacht werden. Dies ist im Hinblick auf Art. 6 GG äußerst bedenklich. Sicherlich fällt unter diese Formulierung z.B. ein Prozess um die Gewährung von Leistungen nach dem Sozialgesetzbuch II. Steuerpflichtige, die um Leistungen nach „Hartz IV" streiten, werden aber in aller Regel einen derart niedrigen Steuersatz haben, dass sich außergewöhnliche Belastungen mit an Sicherheit grenzender Wahrscheinlichkeit nicht auswirken werden.

8.2.2 Tatsächliche Gründe

Tatsächliche Gründe sind unabwendbare Ereignisse wie z.B. Katastrophen (Erdbeben, Brände oder Überschwemmungen), Krieg, Vertreibung, nicht selbst verschuldete Unfälle, Krankheit, Tod oder Verbrechen. Unter die tatsächlichen Gründe fallen insbesondere die gesamten **Krankheitskosten** (Zahnersatz, Brillen, Hörgeräte, medizinische Hilfsmittel, Zuzahlungen für Praxisbesuche, Krankenhausaufenthalte, etc.).

Mit Wirkung ab dem Veranlagungszeitraum 2011 wurde die Vorschrift des **§ 33 Abs. 4 EStG** einge-führt, wonach der Nachweis der Zwangsläufigkeit für Krankheitskosten erheblich erschwert wird. Die Ausführungsvorschrift des **§ 64 EStDV** sieht zahlreiche Tatbestände vor, bei denen ein Abzug der Kosten nur möglich ist, wenn ein vorheriges **amtsärztliches Gutachten** erstellt wird. Dies betrifft z.B. die Auf-wendungen für eine Kur, eine psychotherapeutische Behandlung oder wissenschaftlich nicht anerkannte Behandlungsmethoden.

Zahlreiche Urteile liegen zu der Frage vor, ob die **Opfer eines Verbrechens** die durch die Tat verur-sachten Kosten steuerlich geltend machen können. Die Rechtsprechung hat dies grundsätzlich bejaht (z.B. Schaden an einer Wohnung nach einem Einbruch, Krankheitskosten nach einer Körperverletzung, Erpressungsgelder u.ä.). Die Rechtsprechung verweigert aber (zu Recht) den steuerlichen Abzug bei Opfern eines Betrugs (insbesondere Anlagebetrug). Hier habe das Opfer die Ursache für den Schaden selbst gesetzt. Es sei nicht gezwungen gewesen, dem Betrüger Geldbeträge überlassen.

Im Übrigen wird auf die zahlreichen in H 33.1–33.4 EStH aufgeführten Urteile verwiesen.

8.2.3 Sittliche Gründe

Eine **Zwangsläufigkeit aus sittlichen Gründen** setzt voraus, dass der der Steuerpflichtige nach allge-meiner Anschauung moralisch verpflichtet ist, die Aufwendungen zu tätigen. Sittliche Verpflichtungen kommen insbesondere zwischen Familienangehörigen vor (Beispiel: Zahlung eines Hörgerätes für den bedürftigen Onkel). Sie sind aber auch gegenüber Nicht-Angehörigen denkbar (Beispiel: Zahlung eines Krankenhausaufenthalts für den Partner einer eheähnlichen Gemeinschaft). Für reine Unterhaltszah-lungen gilt aber vorrangig die Vorschrift des § 33a Abs. 1 EStG.

8.3 Notwendigkeit und Angemessenheit

Wenn Sie die **Zwangsläufigkeit von Aufwendungen** bejaht haben, müssen Sie im nächsten Schritt prüfen, ob die Aufwendungen der Art und der Höhe nach **notwendig sind** und einen **angemessenen Betrag** nicht übersteigen. Insbesondere bei Krankheitskosten darf man dieses Tatbestandselement nicht zu eng auslegen.

Beispiel:
Ein Steuerpflichtiger erwirbt eine Brille: a) für 1.200 € (Gleitsichtgläser, Entspiegelung etc.), b) für 15.000 € (exklusive Modemarke mit Brillanten).

Lösung:
Im Fall der Variante a) wird man die Kosten (vorbehaltlich des § 64 EStDV) auf jeden Fall anerkennen müssen; niemand wird gezwungen, die billigste Brille (z.B. bei einem Discounter) zu erwerben. Im Fall der Variante b) wird man die Kosten nur im Rahmen des medizinisch notwendigen und Üblichen anerkennen.

8.4 Außergewöhnlichkeit

Aufwendungen des Steuerpflichtigen sind nach § 33 EStG nur abzugsfähig, wenn es sich um größere Aufwendungen handelt, als sie der überwiegenden Mehrzahl der Steuerpflichtigen gleicher Einkom-mensverhältnisse, gleicher Vermögensverhältnisse und gleichen Familienstandes entstehen. Hier bereitet es in der Praxis häufig Probleme, die entsprechende Vergleichsgruppe zu definieren.

> **Beispiel:**
>
> Ein Steuerpflichtiger benötigt eine Brille für 500 €. Der Erwerb der Brille ist zwangsläufig, da er sie für die täglichen Verrichtungen benötigt (tatsächliche Gründe). Fraglich ist aber, ob der Brillenträger gegenüber der überwiegenden Mehrzahl Steuerpflichtiger gleicher Einkommensverhältnisse außergewöhnlich belastet ist. Da in einem gewissen Alter die Mehrzahl der Bevölkerung eine Brille trägt, könnte man dies verneinen. Die Rechtsprechung vergleicht aber den Brillenträger mit der Gruppe, die keine Brille benötigt und bejaht daher die Voraussetzungen des § 33 EStG.

8.5 Aufwendungen zugunsten dritter Personen

Auch im Rahmen des § 33 EStG kann der Steuerpflichtige grundsätzlich nur diejenigen Aufwendungen steuerlich geltend machen, zu denen er selbst verpflichtet ist und die er selbst wirtschaftlich trägt.

Hier macht aber die Rechtsprechung eine wichtige Ausnahme. Wird eine Leistung für eine andere Person erbracht, die nicht selbst in der Lage ist, die Aufwendungen selbst zu tragen, so kann der Tatbestand des § 33 EStG erfüllt sein. Dies ist insbesondere der Fall, wenn der Steuerpflichtige Aufwendungen für eine Person trägt, die ihm gegenüber **unterhaltsberechtigt** ist. Völlig unstreitig fallen hierunter sämtliche Leistungen an Kinder, unabhängig davon, ob diese volljährig sind oder nicht. Allerdings ist bei volljährigen Kindern zu beachten, dass keine Unterhaltspflicht besteht, wenn diese über ausreichende eigene finanzielle Mittel verfügen.

> **Beispiel:**
>
> Die 40 jährige Tochter ist Angestellte mit einem Jahresgehalt von 50.000 €. Sie kauft sich eine Brille für 2.000 €. Die Eltern möchten ihrer Tochter eine Freude bereiten und bezahlen die Brille. Unabhängig davon, ob eine Brille für 2.000 € noch angemessen ist, können die Eltern die Kosten für die Brille nicht als außergewöhnliche Belastung geltend machen, da die Tochter über ausreichende eigene Mittel verfügt und daher auch kein Unterhaltsanspruch besteht.

Immer häufiger kommen Fälle vor, in denen Senioren die **Kosten eines Pflegeheimes** nicht mehr selbst aufbringen können. Auch in diesen Fällen können Angehörige, die diese Kosten – ganz oder teilweise – übernehmen, die Aufwendungen als außergewöhnliche Belastungen geltend machen (vgl. hierzu den ausführlichen Erlass des BMF vom 2.12.2002, BStBl I 2002, 1389).

8.6 Aufwendungen

Nach § 33 EStG müssen dem Steuerpflichtigen „**Aufwendungen**" entstanden sein. Aufwendungen sind Geldausgaben und Zuwendungen von Sachwerten. Entgangene Einnahmen (z.B. Verdienstausfall nach einem Verkehrsunfall) sind unstreitig keine Aufwendungen.

Grundsätzlich stellt auch der **Verlust von Vermögen bzw. Vermögensgegenständen** keine Aufwendung dar. Es fehlt hier am aktiven Zutun des Steuerpflichtigen. So kann der Steuerpflichtige z.B. nach einem Einbruch, bei dem ihm eine wertvolle Uhr gestohlen wurde, den Wert der Uhr nicht als außergewöhnliche Belastung geltend machen. Anders ist dies bei den **Schadensbeseitigungskosten**. Erwirbt der Steuerpflichtige nach einem Einbruch eine neue Uhr, so kann er deren Anschaffungskosten (aber eben nicht den Verlust der alten Uhr) steuerlich im Rahmen der Angemessenheit geltend machen.

Bei den Aufwendungen ist aber grundsätzlich ein Abzug „neu für alt" zu machen, soweit die Aufwendungen nicht eindeutig durch ein besonderes Ereignis (Krankheit, Katastrophen u.ä.) verursacht sind.

Beispiel:

Ein Ehepaar hat vor 40 Jahren ein Einfamilienhaus erworben. Es stellt sich heraus, dass die Holzdecken Formaldehyd ausgasen und dadurch eine erhebliche und nachweisbare Gefahr für die Gesundheit ausgeht (vgl. H 33.1–33.4 EStH „Gesundheitsgefährdung").

Lösung:

Die Sanierung der Holzdecken stellt eine außergewöhnliche Belastung dar. Allerdings wären nach 40 Jahren auch Renovierungsarbeiten erforderlich gewesen. Daher ist dies bei der Höhe der anzuerkennenden Kosten zu berücksichtigen. Im Regelfall wird man nach dieser Zeit nur noch die Kosten für die Beseitigung der Paneele (Sondermüll) anerkennen können.

In diesem Zusammenhang hat die Rechtsprechung auch die „**Gegenwertlehre**" entworfen. Danach liegen keine Aufwendungen vor, wenn der Steuerpflichtige für sein Geld einen Gegenstand erwirbt, der einen **marktgängigen Wert** hat.

Beispiel:

Der Steuerpflichtige verunglückt mit seinem Pkw aufgrund eigenen Verschuldens. Der Pkw hatte einen Wert von 20.000 €. Da er dringend einen Pkw benötigt, erwirbt er ein gebrauchtes Fahrzeug für 3.000 €.

Lösung:

Der Verkehrsunfall ist sicher ein Ereignis, das den Steuerpflichtigen gegenüber einer Vergleichsgruppe übermäßig belastet. Da man heute davon ausgehen kann, dass ein Pkw zur Lebensgrundlage gehört, ist der Erwerb eines derartigen Fahrzeuges sicherlich aus tatsächlichen Gründen zwangsläufig. Den Verlust des alten Fahrzeugs kann der Steuerpflichtige auf keinen Fall steuerlich geltend machen, da er insoweit ein bloßer Vermögensverlust vorliegt und keine Aufwendungen getätigt wurden. Der Erwerb des Ersatzfahrzeugs ist unstreitig eine Aufwendung, die durch das Schadensereignis notwendig wurde. Allerdings greift hier die Gegenwertlehre. Da der Steuerpflichtige für die 3.000 € ein Fahrzeug erhält, das den Gegenwert für die Zahlung bildet, ist er nicht belastet. Er wurde um 3.000 € ärmer und um ein gebrauchtes Fahrzeug reicher.

Die Gegenwertlehre gilt aus ethischen Gründen in einigen Fällen nicht. Es wäre sicher nicht vertretbar, einem Rollstuhlfahrer den Erwerb seines Rollstuhls steuerlich zu verweigern mit dem Hinweis, er habe für sein Geld ja eine Gegenleistung erhalten. Daher wendet die Verwaltung und die Rechtsprechung die Gegenwertlehre im gesamten Bereich von **Krankheitskosten** nicht an. Ebenfalls ist die Gegenwertlehre ausgeschlossen, wenn nach **Katastrophen** z.B. der Hausrat wieder beschafft werden muss.

Mit Entscheidung vom 24.02.2011, VI R 16/10 änderte der BFH seine bisherige Rechtsprechung zu **behinderungsbedingten Umbaukosten**. Während er bisher stets nur die unmittelbar durch die Behinderung verursachten Kosten anerkannte, lehnte er im Übrigen die Geltendmachung von Umbaukosten mit Hinweis auf die Wertsteigerung (Gegenwertlehre) des Gebäudes ab. Nach richtiger neuer Ansicht kommt es nun entscheidend darauf an, ob eine **Zwangslage** vorliegt, die eine behindertengerechte Gestaltung des Wohnumfelds **unausweichlich** macht.

Beispiel:

Der Ehemann ist nach einem Schlaganfall auf den Rollstuhl angewiesen. Die Ehefrau baut das (30 Jahre alte) Badezimmer behindertengerecht um (ebenerdige Dusche, absenkbare Waschbecken, verbreiterte Eingangstüre etc.).

> **Lösung:**
>
> Nach neuer Rechtsprechung können diese Kosten in vollem Umfang nach § 33 EStG angesetzt werden, da die Umbauten aufgrund der Krankheit des Mannes unausweichlich waren.

Nach § 33 Abs. 2 S. 2 EStG ist stets vorrangig zu prüfen, ob die Aufwendungen als **Betriebsausgaben**, **Werbungskosten** oder **Sonderausgaben** abzugsfähig sind. § 33 EStG ist also nachrangig gegenüber den in § 33 Abs. 2 S. 2 zitierten Regelungen.

Im Übrigen verweist auch die Vorschrift des **§ 35a Abs. 5 EStG** auf die Vorrangigkeit der außergewöhnlichen Belastungen.

8.7 Zumutbare Eigenbelastung

Nach § 33 Abs. 3 EStG ist von den Aufwendungen stets die zumutbare Belastung abzuziehen. Die **Höhe der zumutbaren Belastung** ergibt sich in Abhängigkeit vom **Gesamtbetrag der Einkünfte** und dem **Familienstand**.

> **Beispiel:**
>
> M und F sind verheiratet und werden zusammenveranlagt. Sie haben 2 minderjährige Kinder. Im Jahr 01 zahlt die Familie für eine Zahnkorrektur des einen Kindes 1.800 €. Ein Ersatz durch eine Krankenkasse erfolgt nicht. Der Gesamtbetrag der Einkünfte der Eheleute beläuft sich im Jahr 01 auf 70.000 €.

> **Lösung:**
>
> Die Tatsache, dass die Eheleute zusammenveranlagt werden, spielt hier im Rahmen des § 33 Abs. 3 EStG keine Rolle, da M und F 2 Kinder haben und daher unter die Nr. 2a) fallen. Bei 2 Kindern und einem Gesamtbetrag der Einkünfte von 70.000 € beträgt der maßgebliche Prozentsatz 4 %. Somit beträgt die zumutbare Eigenbelastung (70.000 € × 4 % =) 2.800 €. Die Kosten für die Zahnkorrektur sind damit zwar dem Grunde nach außergewöhnliche Belastungen, wirken sich im konkreten Fall aber nicht aus.

> **Übungsfall:**
>
> Der 55-jährige Steuerpflichtige (S) hat in 01 einen Schlaganfall erlitten und ist seitdem gelähmt und vollständig auf fremde Hilfe angewiesen. Er hat einen Grad der Behinderung von 100 %. Im Jahr 03 baut er für 12.000 € inklusive Umsatzsteuer einen sog. Treppenlift ein, um mit dem Rollstuhl auch das Obergeschoss des selbst genutzten Einfamilienhauses erreichen zu können. Die Krankenkasse hat ihm bereits signalisiert, dass sie einen Zuschuss von 2.000 € gewähren wird. Im Jahr 03 wurde der Zuschuss noch nicht ausbezahlt. Außerdem baut S das Badezimmer um. Die Eingangstüre wird verbreitert, das Duschbecken wird entfernt und durch einen ebenerdigen Ablauf ersetzt. Die Waschbecken werden so gestaltet, dass sie auch im Sitzen benutzt werden können. Die Umbaukosten belaufen sich auf 9.000 € inklusive Umsatzsteuer. S bekommt von der Pflegeversicherung eine Pflegekraft gestellt, die ihn morgens, mittags und abends versorgt. Daneben beschäftigt er noch eine Haushaltshilfe (geringfügige Beschäftigung), die die Wohnung reinigt etc. Hierfür entstanden ihm im Jahr 03 Aufwendungen i.H.v. 3.600 €.
>
> **Wie hoch sind die außergewöhnlichen Belastungen des S, wenn er alleinstehend ist und einen Gesamtbetrag der Einkünfte von 18.000 € im Jahr 03 hat?**
>
> **Anmerkung:** In den Umbaukosten des Badezimmers sind Handwerkerleistungen i.H.v. 6.000 € inklusive Umsatzsteuer enthalten und separat ausgewiesen.

9. Unterhaltsaufwendungen (§ 33a Abs. 1 EStG)
9.1 Gesetzliche Unterhaltspflicht

Zu den außergewöhnlichen Belastungen rechnet auch der **Abzug von Unterhaltsleistungen,** für den ausschließlich die Spezialvorschrift des § 33a Abs. 1 EStG maßgeblich ist. Es kann also bei einer Verneinung der Voraussetzungen des § 33a Abs. 1 EStG nicht auf § 33 EStG (z.B. sittliche Gründe) zurückgegriffen werden (§ 33a Abs. 4 EStG).

Danach können die **Unterhaltsleistungen,** die an eine gesetzlich unterhaltsberechtigte Person geleistet werden bis zu 8.652 € im Jahr als außergewöhnliche Belastung in besonderen Fällen abgezogen werden. Die **Berücksichtigung einer zumutbaren Belastung** ist in § 33a Abs. 1 EStG nicht vorgesehen. Eine **gesetzliche Unterhaltspflicht** besteht nur für Verwandte in gerader Linie (also: Großmutter – Mutter – Tochter – Enkelin) sowie für Ehegatten/Lebenspartner im Falle der Trennung oder Ehescheidung/Aufhebung der Lebenspartnerschaft (vgl. R 33a.1 Abs. 1 EStR).

Beispiel:

Ein Steuerpflichtiger zahlt seinem arbeitslosen Neffen monatlich 500 €, damit dieser keine Sozialhilfe beantragen muss.

Lösung:

Der Steuerpflichtige kann die Unterhaltszahlungen nach § 33a Abs. 1 EStG nicht geltend machen, da er gegenüber dem Neffen nicht gesetzlich unterhaltsverpflichtet ist. Er kann die Zahlungen auch nicht nach § 33 EStG in Ansatz bringen (z.B. sittliche Pflicht), da § 33a Abs. 1 EStG für Unterhaltsleistungen vorrangig vor § 33 EStG anzuwenden ist. Etwas anderes wäre es, wenn er z.B. dem Neffen eine Krankenhausbehandlung bezahlen würde. Hier könnte er die Leistungen nach § 33 EStG geltend machen (s.o.), da es sich insoweit nicht um Unterhalt handelt.

Nach § 33a Abs. 1 S. 2 EStG erhöhen sich die 8.652 € um den Betrag, der zusätzlich zum Unterhalt für eine **Basis-Krankenversicherung** geleistet wird.

Für die unterhaltsberechtigte Person darf kein Anspruch auf **Kindergeld** oder **Kinderfreibetrag** bestehen (§ 33a Abs. 1 S. 4 EStG). Es spielt dabei keine Rolle, ob der Anspruch dem Unterhaltsleistenden oder einer dritten Person zusteht.

Soweit die unterhaltsberechtigte Person über **eigene Einkünfte oder Bezüge** verfügt, die den Betrag von **624 €** im Kalenderjahr übersteigen, ist der Höchstbetrag von 8.652 € zu kürzen. Unter **Einkünften** versteht man alle Einnahmen, die unter § 2 EStG fallen. Bezüge sind alle übrigen Mittel, die dem Steuerpflichtigen wirtschaftlich zur Verfügung stehen (vgl. R 33a.1 Abs. 3 EStR; z.B. Einkünfte und Leistungen, soweit sie dem Progressionsvorbehalt unterliegen).

Beispiel:

Die Großmutter verfügt über eine Rente i.H.v. 700 € monatlich, die sie seit 2003 bezieht. Da die Großmutter in ein Pflegeheim muss, entstehen dafür Kosten i.H.v. 3.000 € monatlich, die die Pflegebedürftige selbst nicht aufbringen kann. Aus diesem Grund wird der Enkel verpflichtet, monatlich 900 € Unterhaltszuschuss zu leisten.

Lösung:

Da die Großmutter in gerader Linie mit dem Enkel verwandt ist, besteht eine gesetzliche Unterhaltspflicht. Grundsätzlich kann der Enkel nach § 33a Abs. 1 EStG (12 Monate × 900 € =) 10.800 €, maximal aber 8.652 € steuerlich geltend machen.

Zu prüfen ist, ob die Einkünfte und Bezüge der Großmutter über den Grenzen des § 33a Abs. 1 EStG liegen. Die Rente ist nach § 22 Nr. 1 Satz 3a) aa) EStG zu 50 % steuerpflichtig. Somit verfügt die Großmutter nach Abzug des Rentenpauschbetrags (§ 9a EStG: 102 €) über Einkünfte von (12 Monate × 700 € × 50 % ./. 102 € =) 4.098 €. Der steuerfreie Teil der Rente ist als Bezug zu erfassen. Nach Abzug eines Pauschbetrags von 180 € ergibt sich ein Betrag von (12 Monate × 700 € × 50 % ./. 180 € =) 4.020 €.

Somit verfügt die Großmutter über schädliche Einkünfte und Bezüge i.H.v. (4.098 € + 4.020 € =) 8.118 €. Dieser Betrag übersteigt den Grenzbetrag von 624 € um (8.118 € ./. 624 € =) 7.494 €. Der Enkel kann somit nur noch (8.652 € ./. 7.494 € =) 1.158 € an Unterhaltsleistungen nach § 33a Abs. 1 EStG geltend machen.

Der Unterhaltsberechtigte darf im Übrigen auch kein Vermögen haben, das größer als 15.500 € ist (vgl. R 33a.1 Abs. 2 EStR). Ein **„angemessenes Hausgrundstück"** bleibt bei der Bestimmung des Vermögens unberücksichtigt, § 33a Abs. 1 Satz 4 2. Halbsatz. Dadurch soll vermieden werden, dass der Unterhaltsempfänger z.B. eine selbstgenutzte Eigentumswohnung veräußern muss und dadurch zum Wohngeldempfänger wird.

Bei Unterhaltsleistungen an Angehörige, die im **Ausland** leben, stellt die Verwaltung hohe Anforderungen an die Nachweispflicht (BMF vom 7.6.2010, BStBl I 2010, 588, Beck'sche Erlasse § 33a/2). Im Übrigen ist die Kürzung nach § 33a Abs. 1 Satz 6 EStG (Verhältnisse des Wohnsitzstaats) zu berücksichtigen (vgl. die **Ländergruppeneinteilung** in BMF vom 18.11.2013, BStBl I 2013, 1462, Beck'sche Erlasse § 33a/4).

Streitig war bisher, ob die gesetzliche **Unterhaltsverpflichtung abstrakt** oder **konkret** zu bestimmen sei. Nach R 33a.1 Abs. 1 EStR können nunmehr Unterhaltsleistungen nur noch abgezogen werden, wenn der Unterhaltsempfänger zivilrechtlich konkret einen Anspruch auf Unterhalt hat. Dies hat insbesondere für die Fälle Bedeutung, in denen der Unterhaltsempfänger seine Bedürftigkeit mutwillig selbst herbeiführt.

Beispiel:

Der 30-jährige körperlich gesunde Sohn der alleinstehenden M geht keiner geregelten Arbeit nach, da ihm dies zu anstrengend ist. Er hat schon mehrfach Arbeits- und Umschulungsangebote ausgeschlagen. Aus diesem Grund wurden ihm auch schon die öffentlichen Mittel (SGB II) gekürzt. Der Sohn wird regelmäßig von der Mutter unterstützt, da sich diese moralisch verpflichtet fühlt.

Lösung:

Die Mutter kann die Unterhaltsleistungen steuerlich nicht geltend machen, da der Sohn zivilrechtlich keinen konkreten Anspruch auf Unterhalt hat, R 33a.1 Abs. 1 EStR.

9.2 Gleichgestellte Personen

Nach § 33a Abs. 1 S. 3 EStG sind Personen, bei denen öffentliche Leistungen (Sozialhilfe, Hartz IV) unter Hinweis auf das Zusammenleben mit einer anderen Person gekürzt werden, einer **gesetzlich unterhaltsberechtigte Person gleichgestellt**. Die Verwaltung verlangt nicht, dass die Ansprüche auf öffentliche Leistungen tatsächlich gekürzt werden, also ein Antrag gestellt wurde, der dann abgelehnt wurde. Es genügt, wenn der Unterhaltsempfänger nachweist, dass er keine öffentlichen Leistungen bezieht.

Unter diese Gruppe fallen insbesondere die **Partner einer eheähnlichen Gemeinschaft**. Dabei kann als Unterhaltsleistung für Personen, mit denen ein gemeinsamer Haushalt besteht, grundsätzlich der Höchstbetrag des § 33a Abs. 1 EStG angesetzt werden (Details siehe BMF vom 7.6.2010, BStBl I 2010, 582, Beck'sche Erlasse § 33a/5 und R 33a.1 Abs. 1 S. 5 EStR).

9.3 Opfergrenze

Die Rechtsprechung geht davon aus, dass ein Steuerpflichtiger nicht sein gesamtes Einkommen als Unterhalt bezahlen wird. Insbesondere wenn er selbst nicht genügend Mittel zum Leben hat, wird unterstellt, dass er weniger als die in § 33a Abs. 1 EStG aufgeführten 8.652 € an den Unterhaltsberechtigten zahlen wird. Die Verwaltung hat daher in H 33a.1 EStH „**Opfergrenze**" Maximalbeträge für den Abzug von Unterhaltsaufwendungen festgelegt. Die genaue Berechnung findet sich in BMF vom 07.06.2010, BStBl I 2010, 582, Beck'sche Erlasse § 33a/5 Rz. 11. Danach ist für den Unterhalt Leistenden der Betrag zu ermitteln, der ihm nach Abzug von Werbungskosten, Sozialversicherung und Ähnlichem netto zur Verfügung steht. Pro volle 500 € dieses Nettobetrags sind dann 1 Prozent anzusetzen. Abzugsfähig nach § 33a Abs. 1 EStG ist dann maximal der mit dem ermittelten Prozentsatz vervielfältigte Betrag des Nettoeinkommens.

Beispiel:

Ein Steuerpflichtiger zahlt an seine Mutter im Monat 1.200 €, da diese über keine eigene Rente und kein eigenes Vermögen verfügt. Der Steuerpflichtige erzielt als Arbeitnehmer einen Brutto-Arbeitslohn i.H.v. 30.080 € im Jahr. Der Arbeitnehmer-Anteil zur Sozialversicherung beläuft sich auf 6.000 € im Jahr. Werbungskosten macht der Arbeitnehmer nicht geltend.

Lösung:

Der Steuerpflichtige kann die Unterhaltsleistungen grundsätzlich nach § 33a Abs. 1 EStG als außergewöhnliche Belastungen geltend machen, da er gegenüber seiner Mutter gesetzlich unterhaltsverpflichtet ist (s. § 1601 BGB). Er kann grundsätzlich maximal 8.652 € geltend machen. Dabei ist aber die Opfergrenze zu beachten. Diese berechnet sich wie folgt:

Einnahmen (§ 19 EStG)	30.080 €
abzüglich Werbungskosten-Pauschbetrag (§ 9a EStG)	./. 1.000 €
Einkünfte	**29.080 €**
abzüglich Sozialversicherung	./. 6.000 €
Nettoeinkommen	**23.080 €**

Dies entspricht 46 × volle 500 €; somit beträgt die Opfergrenze (23.080 € × 46 % =) 10.617 €. Dieser Betrag liegt über dem Maximalbetrag des § 33a Abs. 1 EStG. Der Sohn kann somit den Unterhalt an die Mutter i.H.v. 8.652 € steuerlich geltend machen.

Für (getrennt lebende oder geschiedene) **Ehegatten/Lebenspartner und Haushaltsgemeinschaften** (sozialrechtliche Bedarfsgemeinschaften) gelten die Grundsätze der Opfergrenze nicht (BMF vom 07.06.2010, BStBl I 2010, 582, Beck'sche Erlasse § 33a/5 Rz. 11 und 12).

10. Behindertenpauschbetrag

Behinderte können zur pauschalen Abgeltung für die Hilfe bei den gewöhnlichen und regelmäßig wiederkehrenden Verrichtungen des täglichen Lebens, für die Pflege sowie für einen erhöhten Wäschebedarf anstelle einer Steuerermäßigung nach § 33 EStG einen **Behindertenpauschbetrag** geltend machen.

Die **Voraussetzungen eines Behindertenpauschbetrags** müssen gegenüber dem Finanzamt nachgewiesen werden (vgl. § 65 EStDV).

Im Rahmen des § 33b EStG ist zwischen den **laufenden Aufwendungen**, also den Aufwendungen, die für das tägliche Leben entstehen und sonstigen Krankheitsaufwendungen zu unterscheiden.

Bei behinderten Personen sind auch die laufenden Aufwendungen für die Verrichtungen des täglichen Lebens (z.B. spezielle Wäsche, Hygieneartikel, Körperpflegeprodukte u.ä.) grundsätzlich als außergewöhnliche Belastung nach § 33 EStG absetzbar, wenn und soweit ein spezieller Bezug zur Behinderung besteht. So kann z.B. eine normale Seife grundsätzlich nicht steuerlich geltend gemacht werden, da ihr Erwerb zu den Aufwendungen des täglichen Lebens (§ 12 EStG) gehört. Muss der Steuerpflichtige aber eine spezielle medizinische Seife verwenden (z.B. mit einer desinfizierenden Wirkung) so handelt es sich um Aufwendungen, die gegenüber der allgemeinen Bevölkerung außergewöhnlich sind.

Um den behinderten Steuerpflichtigen den lästigen und oft auch schwer zu führenden Nachweis für die Kosten der Verrichtungen des täglichen Lebens zu erleichtern, hat der Gesetzgeber die Möglichkeit der Inanspruchnahme eines Pauschbetrags geschaffen.

Der Pauschbetrag schließt aber die Geltendmachung von sonstigen außergewöhnlichen Belastungen nicht aus. Aus diesem Grund muss er auch in der Steuererklärung ausdrücklich beantragt werden.

Beispiel:

Ein Steuerpflichtiger ist stark zuckerkrank und hat einen Grad der Behinderung von 70 %. Im Veranlagungszeitraum 01 erwarb der Steuerpflichtige eine Brille für 900 €. Für ein Körperpflegeprodukt, das Zuckerkranke zur speziellen Pflege benötigen, gab der Steuerpflichtige 500 € aus.

Lösung:

Der Steuerpflichtige kann nach § 33b Abs. 3 EStG einen Pauschbetrag i.H.v. 890 € geltend machen. Dann kann er die Kosten für das Körperpflegeprodukt nicht geltend machen. Die Geltendmachung der Kosten für die Brille als außergewöhnliche Belastung ist allerdings durch § 33b EStG nicht ausgeschlossen, da es sich bei den Aufwendungen für die Brille nicht um Aufwendungen des täglichen Lebens handelt.

Den Behindertenpauschbetrag erhalten nach § 33b Abs. 2 EStG:
- behinderte Menschen, deren Grad der Behinderung auf mindestens 50 % festgestellt ist; **oder**
- behinderte Menschen, deren Grad der Behinderung auf weniger als 50 % aber mindestens auf 25 % festgestellt ist, wenn:
  - dem behinderten Menschen wegen seiner Behinderung eine Rente zusteht, oder
  - die Behinderung zu einer dauernden Einbuße der körperlichen Beweglichkeit geführt hat (z.B. künstliches Hüftgelenk) oder auf einer typischen Berufskrankheit (z.B. Stauballergie) beruht.

Die **Höhe des Pauschbetrags** richtet sich nach dem dauernden Grad der Behinderung und beträgt bei einem Grad der Behinderung:

von 25 und 30 %	310 €
von 35 und 40 %	430 €
von 45 und 50 %	570 €

von 55 und 60 %	720 €
von 65 und 70 %	890 €
von 75 und 80 %	1.060 €
von 85 und 90 %	1.230 €
von 95 und 100 %	1.420 €

Behinderte Menschen, die hilflos sind und **Blinde** erhalten den maximalen Betrag von 3.700 €. Die **Definition der Hilflosigkeit** findet sich in § 33b Abs. 6 S. 3 EStG. Unter diese Gruppe fallen typischerweise Personen in einem Pflegeheim, Demenzkranke, Schlaganfallpatienten u.ä.

Nach **§ 33b Abs. 5 EStG** kann der Behindertenpauschbetrag auf die Eltern eines behinderten Kindes **übertragen** werden, wenn die Eltern für das Kind Anspruch auf Kindergeld haben oder die Voraussetzungen für die Gewährung eines Kinderfreibetrags erfüllen. Dabei ist der Behindertenpauschbetrag grundsätzlich auf beide Elternteile je zur Hälfte aufzuteilen, es sei denn, der Kinderfreibetrag wurde auf den anderen Elternteil übertragen. Auf gemeinsamen Antrag der Eltern, ist auch eine andere Aufteilung möglich.

> **Beispiel:**
>
> M und V sind die Eltern eines 40-jährigen Kindes, das aufgrund einer vorgeburtlichen Schädigung lebenslang vollständig auf fremde Hilfe angewiesen ist. Nach § 32 Abs. 4 Nr. 3 EStG können die Eltern für ein Kind, dessen Behinderung vor Vollendung des 25. Lebensjahres eingetreten ist, lebenslang – also unabhängig vom Alter des Kindes – einen Kinderfreibetrag bekommen. Da dem behinderten Kind der Pauschbetrag nach § 33b EStG in der Regel – mangels eigener Einkünfte – steuerlich keine Vorteile bringen würde, können die Eltern den Behinderten-Pauschbetrag auf sich übertragen lassen, da sie ja auch in der Regel die Aufwendungen für das behinderte Kind zu tragen haben.

Eine Besonderheit stellt die Regelung des § 33b Abs. 6 EStG dar. Hier können **Personen, die einen hilflosen Patienten pflegen**, einen **Pflegepauschbetrag** von 924 € erhalten. Dieser Pauschbetrag steht nicht nur Angehörigen, sondern auch Dritten (z.B. Partner einer eheähnlichen Gemeinschaft) zu. Voraussetzung ist allerdings, dass die pflegende Person für die Pflege keine Gegenleistung erhält (z.B. von der Pflegeversicherung).

11. Steuerliche Förderung von Kindern

Das Bundesverfassungsgericht hat sich in mehreren Entscheidungen mit der Familienförderung, insbesondere der Förderung von Kindern befasst (grundlegend s. BVerfG vom 25.9.1992, BStBl II 1993, 413). Eine Kernforderung des Bundesverfassungsgerichts lautet, dass das **soziale Existenzminimum** eines Kindes steuerlich freigestellt werden muss. Die Höhe des sozialen Existenzminimums wird laufend überprüft und die steuerliche Förderung der Kinder angepasst.

Der Gesetzgeber hat sich mit der Verabschiedung des **§ 31 EStG** zu einem dualen System entschieden. Grundsätzlich bekommen alle Eltern für ihr Kind Kindergeld (§§ 62 ff. EStG). Alternativ wird von Amts wegen geprüft, ob der Steuervorteil, der sich aus der Gewährung des Kinderfreibetrags (und des Freibetrags für Betreuung, Erziehung und Ausbildung) ergibt, höher ist als das Kindergeld. Ist dies der Fall, wird von Amts wegen bei der Veranlagung ein Kinderfreibetrag angesetzt. Erhalten die Eltern einen Kinderfreibetrag, so wird das bereits ausgezahlte Kindergeld wie eine Steuervergütung behandelt und erhöht somit die Steuerzahlung. Damit wird vermieden, dass Eltern eine Doppelförderung bekommen.

Beispiel:

Die zusammen veranlagten Eltern eines minderjährigen Kindes erzielen im Veranlagungszeitraum 2015 (ohne Berücksichtigung von Kinderfreibeträgen und Freibeträgen für Betreuung, Erziehung und Ausbildung (BEA-Freibeträgen)) ein zu versteuerndes Einkommen i.H.v. 250.000 €. Sie haben im Veranlagungszeitraum 2015 Kindergeld i.H.v. (12 Monate × 188 € =) 2.256 € erhalten (vgl. § 66 EStG).

Lösung:

Nach § 31 EStG ist zu prüfen, ob der Steuervorteil aus der Gewährung der Kinderfreibeträge + BEA-Freibeträge höher ist, als das Kindergeld.

Zu versteuerndes Einkommen (ohne Kinderfreibeträge)	250.000 €
abzüglich Kinderfreibeträge (2.256 € × 2 =)	./. 4.512 €
abzüglich Freibetrag für Betreuung, Erziehung und Ausbildung (1.320 € × 2 =)	./. 2.640 €
Zu versteuerndes Einkommen	**242.848 €**
Einkommensteuer bei 250.000 €	88.476 €
Einkommensteuer bei 242.848 €	85.472 €
Steuervorteil Einkommensteuer	3.004 €
Steuervorteil Solidaritätszuschlag	165 €
Steuervorteil insgesamt	**3.169 €**

Damit ist der Steuervorteil (3.169 €) höher als das gewährte Kindergeld (2.256 €). Die Eltern erhalten somit von Amts wegen zwei Kinderfreibeträge und zwei Freibeträge für Betreuung, Erziehung und Ausbildung. Das gezahlte Kindergeld wird zur Steuerschuld hinzugerechnet. Damit beträgt diese (85.472 € zuzüglich 2.265 € =) 87.728 €.

Die **Vergleichsrechnung** wird für jedes Kind gesondert durchgeführt, und zwar beginnend mit dem ältesten Kind. Damit kann es vorkommen, dass für das älteste Kind die Inanspruchnahme der Kinderfreibeträge, für das nächstältere Kind aber die Bezahlung des Kindergelds günstiger ist.

11.1 Kindergeld

Die **Voraussetzungen für die Gewährung von Kindergeld** sind in den §§ 62 ff. EStG geregelt. Für die Definition des Kindes verweist § 63 EStG auf die Regelungen zum Kinderfreibetrag.

Für jedes Kind wird nur einem Berechtigten Kindergeld gezahlt (§ 64 Abs. 1 EStG); dies ist insoweit anders als beim Kinderfreibetrag. Leben die Eltern nicht in einem gemeinsamen Haushalt, so wird das Kindergeld grundsätzlich demjenigen Elternteil gezahlt, der das Kind in seinen Haushalt aufgenommen hat.

Die **Höhe des Kindergelds** ergibt sich aus § 66 EStG und ist abhängig von der Zahl der Kinder des Elternteils, der das Kindergeld erhält.

Das Kindergeld beträgt seit 01.01.2016:

* für das erste und zweite Kind jeweils 190 €/Monat,
* für das dritte Kind 196 €/Monat und
* für das vierte und jedes weitere Kind 221 €/Monat.

Es ist grundsätzlich möglich, dass im Rahmen des **Familienleistungsausgleichs** nach § 31 EStG ein Elternteil Kindergeld erhält, der andere aber einen Kinderfreibetrag in Anspruch nehmen kann.

Beispiel:

Das minderjährige Kind lebt im Haushalt der Mutter. Diese verfügt nur über ein geringes Einkommen. Der Vater, der mit der Mutter nicht zusammenlebt, verfügt über ein hohes zu versteuerndes Einkommen. Obwohl die Mutter das Kindergeld erhalten hat, schließt dies die Gewährung des Kinderfreibetrags für den Vater nicht aus. Der Vater muss sich aber im Rahmen des § 31 EStG die Hälfte des Kindergeldes als fiktive Zahlung anrechnen lassen.

11.2 Kinderfreibetrag

Ein **Kinderfreibetrag** wird nur gewährt, wenn der steuerliche Vorteil aus dem Ansatz des Kinderfreibetrags größer ist als das Kindergeld (siehe oben). Diese Prüfung erfolgt von Amts wegen im Rahmen der Veranlagung. Ein Antrag auf Ansatz eines Kinderfreibetrags ist daher nicht erforderlich.

Pro Kind gibt es **zwei Kinderfreibeträge**, von denen in der Regel jeweils dem Vater und der Mutter je einer zusteht (Ausnahmen s. Kap. 11.2.7).

11.2.1 Begriff des Kindes

Der **Begriff des Kindes** ist im Steuerrecht nicht deckungsgleich mit dem des Zivilrechts. Nach § 32 Abs. 1 Nr. 1 EStG rechnen als Kinder alle Kinder, die im ersten Grad mit dem Steuerpflichtigen verwandt sind. Dies sind zum einen die leiblichen Kinder, zum anderen die adoptierten Kinder. **Adoptierte Kinder** sind rechtlich den leiblichen Kindern ohne Einschränkung gleichgestellt. Es spielt im Rahmen des § 32 EStG keine Rolle, ob die Eltern verheiratet sind, zusammenleben oder ob sich das Kind im Haushalt des Anspruchsberechtigten aufhält.

Sehr viel schwieriger ist der **Begriff des Pflegekindes** (§ 32 Abs. 1 Nr. 2 EStG) zu fassen. Pflegekinder sind auf jeden Fall Kinder, die nicht bereits unter die Nr. 1 fallen. Das Gesetz definiert Pflegekinder als Personen, mit denen der Steuerpflichtige durch ein familienähnliches, auf längere Dauer berechnetes Band verbunden ist. Das **Pflegekindschaftsverhältnis** darf aber nicht zu Erwerbszwecken begründet worden sein. Eine weitere wichtige Voraussetzung ist, dass das Obhuts- und Pflegeverhältnis zu den Eltern nicht mehr besteht.

Beispiel 1:

Die Mutter eines minderjährigen Kindes lebt mit einem Partner zusammen, der nicht der Vater des Kindes ist. Das Kind hat zu dem Partner eine familienähnliche Beziehung. Zu dem leiblichen Vater hat das Kind keinerlei Verbindungen.

Lösung:

Dass die Mutter einen Kinderfreibetrag nach § 32 Abs. 1 Nr. 1 EStG erhält, steht außer Zweifel. Fraglich ist, ob der Partner Anspruch auf einen Freibetrag nach § 32 Abs. 1 Nr. 2 EStG hat. Dies wäre nur dann der Fall, wenn das Kind gegenüber dem Partner die Voraussetzungen eines Pflegekindes erfüllt. Dies wird man hier grundsätzlich bejahen müssen, da zwischen dem Kind und dem Partner eine mentale Vaterbeziehung besteht. Da allerdings das Obhuts- und Pflegeverhältnis zu den Eltern noch besteht, hat der Partner keinen Anspruch auf einen Kinderfreibetrag. Es spielt dabei keine Rolle, dass das Obhuts- und Pflegeverhältnis nur zur Mutter, also nur zu einem Teil der Eltern noch besteht. Somit steht der zweite Freibetrag dem leiblichen Vater zu, auch wenn keine Verbindungen zwischen ihm und dem Kind bestehen.

Beispiel 2:

Die Mutter eines minderjährigen Kindes ist selbst minderjährig und mit der Pflege des Kindes völlig überfordert. Der Vater ist unbekannt. Die Mutter befindet sich in einer sozialen Einrichtung und absolviert dort eine Ausbildung. Mit Zustimmung des Jugendamts wird das Kind bis auf Weiteres in die Obhut der Großeltern gegeben.

Lösung:

Zwischen den Großeltern und ihrem Enkel besteht ein typisches Pflegekindschaftsverhältnis. Da das Obhuts- und Pflegeverhältnis weder zur Mutter noch zum Vater besteht, steht den Großeltern jeweils ein Kinderfreibetrag zu.

Etwas unverständlich ist auf den ersten Blick die Regelung des § 32 Abs. 2 EStG. Diese Vorschrift regelt das **Konkurrenzverhältnis zwischen Adoption und leiblichem Kindschaftsverhältnis** zugunsten der Adoption. Hierzu muss man wissen, dass bei der Adoption eines volljährigen Kindes das Verwandtschaftsverhältnis mit den leiblichen Eltern nicht erlischt (§ 1770 Abs. 2 BGB).

Beispiel:

Der 20-jährige Student hat seit seiner Geburt keinerlei Kontakt zu seinem leiblichen Vater. Seine Mutter lebt mit einem Partner in einer eheähnlichen Gemeinschaft. Der Student hat den Partner der Mutter mental stets als Vater betrachtet. Im Alter von 20 Jahren entscheidet sich der Student zum völligen Bruch mit seinem leiblichen Vater und lässt sich vom Partner der Mutter adoptieren.

Lösung:

Grundsätzlich hat der leibliche Vater nach § 32 Abs. 1 Nr. 1 EStG auch dann einen Anspruch auf einen Kinderfreibetrag, wenn er keinerlei Kontakt zu dem Kind hält. Eine Ausnahme besteht nur, wenn er seiner Unterhaltspflicht nicht im Wesentlichen nachkommt (hierzu s. Kap. 11.2.7). Damit besteht nun ein Konflikt zwischen dem Anspruch des leiblichen Vaters, der ja aufgrund der Vorschrift des § 1770 Abs. 2 BGB weiterhin mit dem Student im ersten Grad verwandt ist und dem Anspruch des Adoptivvaters. Aufgrund der Konkurrenzregelung in § 32 Abs. 2 EStG steht der zweite Kinderfreibetrag dem Adoptivvater zu.

Ein weiterer Fall des § 32 Abs. 2 EStG sind Adoptionen, die im laufenden Jahr erfolgen.

Beispiel:

Ein minderjähriges Kind wird im November 01 adoptiert.

Lösung:

Ein Kinderfreibetrag kann nicht zwischen zwei Personen aufgeteilt werden. Damit besteht ein Konflikt zwischen den Ansprüchen der leiblichen Eltern und denen der Adoptiveltern. § 32 Abs. 2 EStG entscheidet den Konflikt zugunsten der Adoptiveltern.

11.2.2 Differenzierung nach dem Alter

Der **Anspruch auf einen Kinderfreibetrag** beginnt nach § 32 Abs. 3 EStG mit dem Monat, in dem das Kind lebend geboren wurde. Dabei ist stets zu berücksichtigen, dass nach § 32 Abs. 6 S. 5 EStG der Kinderfreibetrag gezwölftelt wird. Der Anspruch auf einen Kinderfreibetrag endet grundsätzlich mit dem Monat, in dem das Kind das 18. Lebensjahr vollendet.

Achtung! Das jeweilige Lebensjahr wird rechtlich mit Ablauf des Tages vollendet, der dem Geburtstag vorangeht.

Beispiel 1:

Ein Kind kommt am 1.1.01 (= Geburtstag) auf die Welt. Es vollendet damit am 31.12.01 (der 31.12. ist der Tag, der dem 1.1. vorgeht) sein erstes Lebensjahr.

Beispiel 2:

Ein Kind kommt am 30.6.01 auf die Welt. Damit beginnt der Anspruch auf einen Kinderfreibetrag mit dem Juni 01. Für das Jahr 01 erfüllt das Kind an sieben Monaten die Voraussetzungen des § 32 EStG; die Eltern haben damit einen Anspruch auf jeweils $7/_{12}$ eines Kinderfreibetrags.

Beispiel 3:

Ein Kind vollendet am 5.1.01 sein 18. Lebensjahr. Da das Kind zu Beginn des Monats Januar sein 18. Lebensjahr noch nicht vollendet hat (vgl. ausdrücklichen Wortlaut des § 32 Abs. 3 EStG) haben die Eltern für das Jahr 01 Anspruch auf jeweils $1/_{12}$ eines Freibetrags.

Hat das Kind das 18. Lebensjahr noch nicht vollendet, so sind die Kinderfreibeträge nach **§ 32 Abs. 3 EStG** ohne Weiteres zu gewähren. Es kommt weder darauf an, ob das Kind eine Ausbildung oder ähnliches absolviert, noch spielt es eine Rolle, ob das Kind einer Erwerbstätigkeit nachgeht.

Komplizierter wird die Angelegenheit, wenn das Kind das 18. Lebensjahr vollendet hat. In diesem Fall gilt die Regelung des **§ 32 Abs. 4 EStG** (hierzu ausführlich BMF vom 7.12.2011, BStBl I 2011, 1243, Beck'sche Erlasse § 32/1).

Nach **§ 32 Abs. 4 Nr. 1 EStG** wird ein Kind, das das 21. Lebensjahr noch nicht vollendet hat, berücksichtigt, wenn es bei einer Agentur für Arbeit im Inland als Arbeitssuchender gemeldet ist. Es genügt also nicht, wenn das Kind lediglich keiner Erwerbstätigkeit nachgeht oder ohne Registrierung bei einer Agentur für Arbeit und verbindlich nach einem Job sucht (vgl. H 32.4 EStH).

Beispiel:

Ein Kind legt im Juli 01 mit 19 Jahren das Abitur ab. Bevor das Kind mit einem Studium beginnt, geht es für 6 Monate auf eine Reise quer durch die Welt.

> **Lösung:**
>
> Ab August bekommen die Eltern keinen Kinderfreibetrag mehr, da die Voraussetzungen des § 32 Abs. 4 Nr. 1 EStG nicht erfüllt sind. Das Kind kann den Kinderfreibetrag auch nicht dadurch retten, dass es sich formal als arbeitslos in Deutschland meldet. Da sich das Kind nicht in Deutschland aufhält und auch nicht kurzfristig erreichbar ist, ist das Merkmal „arbeitssuchend" nicht erfüllt.

§ 32 Abs. 4 Satz 1 Nr. 2 EStG enthält 4 Tatbestände, bei denen der Anspruch auf einen Kinderfreibetrag bis zur Vollendung des 25. Lebensjahres besteht. Dabei sind die Voraussetzungen monatsgenau zu ermitteln.

> **Beispiel 1:**
>
> Ein Kind studiert an einer Hochschule. Am 15.10.01 beendet das Kind das Studium mit einem Bachelorabschluss.

> **Lösung:**
>
> Für den Monat Oktober erhalten die Eltern noch den anteiligen Kinderfreibetrag; somit beträgt der Förderzeitraum für 01 10 Monate; der Freibetrag wird nach § 32 Abs. 6 S. 5 EStG i.H.v. $^{10}/_{12}$ gewährt.

> **Beispiel 2:**
>
> Ein Kind studiert an einer Hochschule. Am 15.10.01 vollendet das Kind sein 25. Lebensjahr, obwohl es den Studienabschluss noch nicht erreicht hat.

> **Lösung:**
>
> Auch in diesem Fall beträgt der Förderzeitraum für 01 10 Monate; einen Kinderfreibetrag ist i.H.v. $^{10}/_{12}$ zu gewähren.

Im Folgenden werden die einzelnen Tatbestände des **§ 32 Abs. 4 Satz 1 Nr. 2 EStG** erläutert. Nach **§ 32 Abs. 4 Satz 1 Nr. 2 Buchstabe a) EStG** besteht ein Anspruch, wenn das Kind für einen Beruf ausgebildet wird (vgl. R 32.5 EStR). Unter „**Ausbildung**" verstehen Rechtsprechung und Verwaltung jede ernstlich betriebene Vorbereitung auf einen künftigen Beruf. Erfasst werden alle Maßnahmen zum Erwerb von Kenntnissen, Fähigkeiten und Erfahrungen, die als Grundlage für die Ausübung des angestrebten Berufs geeignet sind. Es handelt sich um einen eigenständigen Begriff, der weit auszulegen ist. Die Abgrenzungskriterien Werbungskosten/Sonderausgaben sind nicht maßgeblich. Es kommt weder darauf an, ob die Ausbildung angemessen, noch darauf, ob sie notwendig oder sinnvoll ist. Der Begriff „Ausbildung" in § 32 Abs. 4 Nr. 2 EStG ist weiter als der Begriff der „Berufsausbildung" in § 32 Abs. 4 Satz 2 EStG, der als Gegensatz zum „Erststudium" zu verstehen ist.

Aus der Vielzahl der Regelung der Rechtsprechung eine kleine Auswahl **anerkannter Ausbildungen** (s. Schmidt, EStG § 32 Rz. 27):

- **Schulbesuch** jeder Art, unabhängig davon, welcher Abschluss erzielt wird (Hauptschule, mittlere Reife, Abitur etc.);
- **Studium** (Hochschule jeder Art) unabhängig davon, ob ein Bachelor-, Master-, Diplom- oder ein sonstiger Abschluss angestrebt wird;
- **Fernstudium** (auch wenn dieses neben einem Arbeitsverhältnis durchgeführt wird);
- **firmeninterne Ausbildung** (z.B. Duale Hochschule, Betriebswirt des Handwerks, Lehre, Techniker, Meister etc.);
- **Fremdsprachenassistent/Dolmetscher** u.ä. (auch bei Ausbildung in einem privaten Institut);

- **Promotion;**
- **Sprachenschule im Ausland** (auch neben einem Au-pair-Arbeitsverhältnis);
- **Auslandsaufenthalt mit Collegebesuch;**
- **Ausbildung zum Meditationslehrer.**

Nicht anerkannt sind dagegen allgemeinbildende Kurse (z.B. Geschichtskurs) oder Programme, die lediglich allgemeine soziale Kompetenzen fördern (z.B. Bewerbungstraining, Konflikttraining u.ä.). Ebenfalls nicht anerkannt sind Auslandsaufenthalte, die – ohne Teilnahme an einer bestimmten Ausbildung – lediglich dem allgemeinen Erlernen der Sprache oder der Erweiterung des Horizonts dienen.

Die **Berufsausbildung** beginnt mit der tatsächlichen Aufnahme (z.B. Semesterbeginn) und endet, wenn das Kind sein Berufsziel erreicht hat oder die Ausbildung nicht mehr ernsthaft betreibt.

Nach **§ 32 Abs. 4 Satz 1 Nr. 2 Buchstabe b) EStG** besteht ein Anspruch auf einen Kinderfreibetrag auch dann, wenn sich das Kind in einer **Übergangszeit** von höchstens vier Monaten befindet, die zwischen zwei Ausbildungsabschnitten (z.B. Abitur und Studium) oder zwischen einem Abschnitt und der Ableistung des Bundesfreiwilligendienstes befindet. Die Vorschrift ist klassischerweise auf Schulabgänger ausgerichtet, die z.B. im Juli das Abitur ablegen und im September ein Studium aufnehmen (vgl. H 32.6 „Übergangszeit nach § 32 Abs. 4 Satz 1 Nr. 2 Buchst. b EStG" EStH).

Die vier Monate können auch in zwei Veranlagungszeiträume fallen, müssen aber zusammenhängend sein. Bei einer Übergangszeit von mehr als vier Monaten entfällt die Berücksichtigung vollständig, d.h. auch für die ersten vier Monate.

Beispiel:

Ein Student vollendet im Oktober sein Bachelorstudium. Im März des nächsten Jahres nimmt er ein Masterstudium auf.

Lösung:

Für den Monat Oktober liegen die Voraussetzungen einer Ausbildung noch vor. Im Monat März beginnen ebenfalls die Voraussetzungen einer Ausbildung (es spielt dabei keine Rolle, dass es sich um ein zweites Studium handelt). Damit liegen zwischen den zwei Ausbildungsabschnitten nicht mehr als vier Monate. Die Eltern haben somit auch für die Monate November bis Februar Anspruch auf einen Kinderfreibetrag.

Nach **§ 32 Abs. 4 Satz 1 Nr. 2 Buchstabe c) EStG** erhalten Eltern auch dann einen Kinderfreibetrag, wenn das Kind eine **Berufsausbildung mangels Ausbildungsplatzes nicht beginnen oder fortsetzen kann** (vgl. R 32.7 EStR). Voraussetzung ist aber, dass sich das Kind nachweisbar und ernsthaft um einen Ausbildungsplatz bemüht. In der Regel wird es erforderlich sein, dass sich das Kind als Ausbildungsplatzsuchender bei der Agentur für Arbeit meldet.

Ein Ausbildungsplatz fehlt auch dann, wenn er dem Kind bereits zugesagt worden ist, das Kind ihn aber aus schul-, studien- oder betriebsorganisatorischen Gründen erst später antreten kann. Das ernsthafte Bemühen beginnt in der Regel mit der Bewerbung. Das ernsthafte Bemühen endet, wenn das Kind eine ausbildungsfremde Tätigkeit aufnimmt oder die Ausbildung verschiebt. Der Tatbestand des fehlenden Ausbildungsplatzes ist nicht auf 4 Monate beschränkt.

Nach **§ 32 Abs. 4 Satz 1 Nr. 2 Buchstabe d) EStG** werden Eltern gefördert, deren Kinder ein **freiwilliges soziales Jahr** oder weitere in der Vorschrift aufgeführte Dienste übernehmen. Unter den Voraussetzungen des § 32 Abs. 5 EStG erhöht sich die Altersgrenze für den Anspruch auf einen Kinderfreibetrag.

11.2.3 Behinderte Kinder

Während bei den Tatbeständen der **§ 32 Abs. 4 Satz 1 Nr. 2 EStG** das Kind das 25. Lebensjahr nicht vollendet haben darf, beinhaltet **§ 32 Abs. 4 Satz 1 Nr. 3 EStG** keine Altersgrenze. Allerdings muss die körperliche, geistige oder seelische Behinderung vor Vollendung des 25. Lebensjahres eingetreten sein (vgl. R 32.9 EStR).

Beispiel:

Ein Kind erkrankte im Alter von 14 Jahren an einer Hirnhautentzündung mit der Folge einer schweren geistigen Behinderung. Das Kind hat im Jahr 04 sein 40. Lebensjahr vollendet und wird von den Eltern in deren Wohnung betreut und gepflegt.

Lösung:

Die Voraussetzungen des § 32 Abs. 4 Satz 1 Nr. 3 EStG sind erfüllt. Die Eltern bekommen – unabhängig vom Alter des Kindes – jeweils einen Kinderfreibetrag.

11.2.4 Erstmalige Berufsausbildung/Erststudium

Ein volljähriges Kind wird grundsätzlich bis zum Abschluss einer **erstmaligen Berufsausbildung** oder eines **Erststudiums** berücksichtigt. Darüber hinaus wird es nur noch berücksichtigt, wenn es einen der Grundtatbestände des § 32 Abs. 4 Satz 1 Nr. 2 EStG erfüllt und **keiner** die Ausbildung hindernden **Erwerbstätigkeit** nachgeht (BMF vom 7.12.2011, a.a.O. Rz. 1).

Nach Abschluss einer erstmaligen Berufsausbildung wie auch nach Abschluss eines Erststudiums gilt die gesetzliche Vermutung, dass ein volljähriges Kind in der Lage ist, sich selber zu unterhalten. Dies hat zur Folge, dass das Kind, wenn es nicht als arbeitsuchend gemeldet (bis 21 Jahre) oder behindert ist, nicht mehr zu berücksichtigen ist. Die Vermutung des Gesetzgebers gilt als widerlegt, wenn der Nachweis erbracht wird, dass das Kind weiterhin für einen Beruf ausgebildet wird (§ 32 Abs. 4 Satz 1 Nr. 2 Buchstabe a EStG) und tatsächlich **keiner Erwerbstätigkeit** nachgeht, die die Zeit und Arbeitskraft des Kindes überwiegend beansprucht. Eine unschädliche Erwerbstätigkeit liegt vor, wenn diese **20 Stunden regelmäßiger wöchentlicher Arbeitszeit** nicht übersteigt, ein **Ausbildungsdienstverhältnis** oder ein **geringfügiges Beschäftigungsverhältnis** i.S.d. §§ 8 und 8a SGB IV darstellt (Minijob). Entsprechendes gilt für die Berücksichtigungstatbestände des § 32 Abs. 4 Satz 1 Nr. 2 Buchstabe b, c und d EStG (BMF vom 7.12.2011, a.a.O. Rz. 2).

Beispiel 1:

Das 22-jährige Kind K hat direkt nach dem Abitur ein Jura-Studium aufgenommen. K arbeitet neben dem Studium als Kellner in einer Studentenkneipe (ca. 8 Stunden monatlich).

Lösung:

Die Eltern haben nach § 32 Abs. 4 Satz 1 Nr. 2 Buchstabe a) EStG Anspruch auf Kinderfreibeträge. Da K ein Erststudium absolviert, spielt die Berufstätigkeit keine Rolle.

Beispiel 2:

Wie Beispiel 1; K hat aber nach dem Abitur zuerst eine Banklehre absolviert.

Lösung:

K befindet sich zwar in einem Erststudium und damit wäre die Berufstätigkeit generell unschädlich. Da K aber eine erstmalige Berufsausbildung (Banklehre) abgeschlossen hat, können die Eltern Kinderfreibeträge nur bekommen, wenn K keiner schädlichen Erwerbstätigkeit nachgeht. Da K lediglich 8 Stunden monatlich arbeitet, ist die Berufstätigkeit unschädlich.

Beispiel 3:

Die 22-jährige K hat nach dem Abitur eine Banklehre absolviert und studiert nun an der Dualen Hochschule. Mit ihrem Ausbildungsbetrieb hat K einen Arbeitsvertrag abgeschlossen, der sie verpflichtet, 40 Stunden wöchentlich zu arbeiten (wobei die Zeiten der Vorlesung etc. als Arbeitszeiten gelten).

Lösung:

Da K eine Erstausbildung absolviert hat, ist grundsätzlich nach § 32 Abs. 4 EStG jede Erwerbstätigkeit neben dem Studium schädlich. Ausbildungsdienstverhältnisse sind aber in § 32 Abs. 4 Satz 2 EStG von dieser Regelung ausdrücklich ausgenommen. Daher können die Eltern Kinderfreibeträge (bzw. Kindergeld) beanspruchen.

Beispiel 4:

Die 22-jährige K hat eine Ausbildung als Physiotherapeutin abgeschlossen und arbeitet in diesem Beruf 40 Stunden wöchentlich. K hat sich um einen Medizinstudienplatz beworben und auch diverse Auswahlverfahren von Universitäten absolviert, ohne aber bisher die Zusage für einen Studienplatz zu bekommen.

Lösung:

Nach § 32 Abs. 4 Satz 1 Nr. 2 Buchstabe c) EStG erfüllt K grundsätzlich den Tatbestand für die Gewährung von Kinderfreibeträgen (Kindergeld). Da sie aber eine Berufsausbildung abgeschlossen hat, ist nach § 32 Abs. 4 Satz 2 EStG eine Erwerbstätigkeit grundsätzlich schädlich, da davon ausgegangen wird, dass ein Kind nach Abschluss einer erstmaligen Berufsausbildung für sich selbst sorgen kann und nicht mehr von den Eltern abhängig ist. Ein unschädliches Arbeitsverhältnis i.S.v. § 32 Abs. 4 Satz 3 EStG liegt angesichts einer regelmäßigen Arbeitszeit von 40 Stunden nicht vor.

Beispiel 5:

Der 22-jährige K hatte ein Studium der katholischen Theologie begonnen. Nachdem er bei einer Faschingsveranstaltung die Philosophiestudentin P kennen lernte, entschied er sich, das Studium ohne Abschluss aufzugeben, da ihm das Berufsziel „Priester" nicht mehr erstrebenswert erschien. Stattdessen begann er ein Musikstudium an einer Hochschule. Neben dem Studium arbeitet K als angestellter Musiklehrer bei einer kommunalen Musikschule. K hat 10 Schüler (jeweils wöchentlich eine halbe Stunde).

Lösung:

Ein Studium, das nicht abgeschlossen wird, gilt nicht als Erststudium i.S.v. § 32 Abs. 4 Satz 2 EStG (vgl. BMF vom 7.12.2011, a.a.O. Rz. 14). Da K somit ein Erststudium absolviert, spielt die nebenberufliche Tätigkeit als Musiklehrer keine Rolle. Die Eltern des K können Kinderfreibeträge (Kindergeld) beanspruchen.

11.2.5 Höhe des Freibetrags

Nach § 32 Abs. 6 EStG wird bei der Veranlagung zur Einkommensteuer für jedes zu berücksichtigende Kind des Steuerpflichtigen ein Freibetrag von **2.304 €** gewährt.

Dieser Freibetrag steht jedem Elternteil zu. Bei Ehegatten/Lebenspartnern, die nach den §§ 26, 26b EStG zusammen zur Einkommensteuer veranlagt werden, verdoppeln sich die Beträge, wenn das Kind zu beiden Ehegatten/Lebenspartnern in einem Kindschaftsverhältnis steht.

Beispiel 1:

Die Mutter und der Vater eines minderjährigen Kindes sind verheiratet und werden zusammen veranlagt.

Lösung:

Das gemeinsame Einkommen der Eheleute nach § 2 Abs. 5 EStG wird um 2 Freibeträge, somit um (2.304 € × 2 =) 4.608 € vermindert.

Beispiel 2:

Der Sachverhalt entspricht Beispiel 1. Die Eltern wählen aber die Einzelveranlagung.

Lösung:

In diesem Fall muss jeder der Ehegatten eine eigene Einkommensteuererklärung abgeben. Bei jedem Elternteil wird bei seiner Berechnung des zu versteuernden Einkommens ein Freibetrag von 2.304 € berücksichtigt.

Beispiel 3:

Die Ehegatten M und F werden zusammen veranlagt. Die F ist die Mutter eines 15jährigen Kindes, das derzeit ein Gymnasium besucht.

Lösung:

In diesem Fall wird von dem gemeinsamen Einkommen der Eheleute (§ 2 Abs. 5 EStG) lediglich ein Kinderfreibetrag i.H.v. 2.304 € berücksichtigt. Der andere Freibetrag steht dem Vater des Kindes zu.

Nach § 32 Abs. 6 S. 5 EStG ermäßigen sich die Kinderfreibeträge für jeden Kalendermonat, in dem die Voraussetzungen für die Gewährung nicht vorliegen, um ein Zwölftel.

11.2.6 Kinder im Ausland

Die Kinderfreibeträge sind auch dann zu gewähren, wenn das Kind im Ausland lebt (s. § 32 Abs. 6 Satz 4 EStG). In diesem Fall ist aber die sog. Ländergruppeneinteilung zu beachten. Hierzu hat die Verwaltung (BMF vom 18.11.2013, BStBl I 2013, 1462, Beck'sche Erlasse § 33a/4) **Ländergruppen** gebildet, nach denen die Beträge des § 32 EStG nur mit $\frac{3}{4}$, $\frac{1}{2}$ oder nur mit $\frac{1}{4}$ angesetzt werden dürfen.

11.2.7 Übertragung des Kinderfreibetrags

Nach **§ 32 Abs. 6 S. 3 EStG** erhält ein Elternteil zwei Freibeträge, wenn:
- der andere Elternteil verstorben oder nicht unbeschränkt einkommensteuerpflichtig ist oder
- der Steuerpflichtige allein das Kind angenommen (= adoptiert) hat oder das Kind nur zu ihm in einem Pflegekindschaftsverhältnis steht.

Nach **§ 32 Abs. 6 S. 6 EStG** kann ein Elternteil beantragen, dass der Kinderfreibetrag des anderen Elternteils auf ihn übertragen wird, wenn der andere Elternteil seiner Unterhaltspflicht nicht im Wesentlichen nachkommt oder der andere Elternteil mangels Leistungsfähigkeit nicht unterhaltspflichtig ist. Dabei ist davon auszugehen, dass der Elternteil, bei dem das Kind wohnt, seiner Unterhaltspflicht durch die Erziehung und die Gewährung von Sachleistungen nachkommt. Die **Höhe der Unterhaltspflicht** kann sich aus einem Urteil oder einer Vereinbarung ergeben. Ein Elternteil kommt seiner Unterhaltspflicht im Wesentlichen nach, wenn er seine Unterhaltspflicht zu mindestens **75 %** erfüllt (s. R 32.13 Abs. 2 EStR).

Unter den Voraussetzungen des § 32 Abs. 6 S. 10 EStG kann der Freibetrag auch auf einen Stiefelternteil oder Großelternteil übertragen werden, wenn dieser das Kind in seinen Haushalt aufgenommen hat oder dieser einer Unterhaltspflicht gegenüber dem Kind unterliegt.

Die Übertragung von Kinderfreibeträgen aufgrund einer entsprechenden Vereinbarung der Anspruchsberechtigten ist nicht möglich.

11.3 Freibetrag für Betreuung, Erziehung und Ausbildung

Als Ersatz für den früheren Haushaltsfreibetrag, der für verfassungswidrig erklärt wurde, gewährt § 32 Abs. 6 EStG zusätzlich zu den Kinderfreibeträgen den sog. **Freibetrag für Betreuung, Erziehung und Ausbildung** = BEA-Freibetrag i.H.v. **1.320 €** je Kind und Elternteil.

Sind beide Elternteile unbeschränkt einkommensteuerpflichtig, kann der Elternteil, in dessen Wohnung das Kind gemeldet ist, auf Antrag den BEA-Freibetrag auf sich übertragen lassen (§ 32 Abs. 6 S. 8 EStG). Voraussetzung ist aber, dass das Kind minderjährig ist. Eine Übertragung scheidet aber aus, wenn der Übertragung widersprochen wird, weil der Elternteil, bei dem das Kind nicht gemeldet ist, Kinderbetreuungskosten trägt oder das Kind regelmäßig in einem nicht unwesentlichen Umfang betreut (§ 32 Abs. 6 S. 9 EStG).

Beispiel:

Die Eltern des minderjährigen Kindes K sind nicht verheiratet und leben auch nicht zusammen. K lebt im Haushalt seiner Mutter. Der Vater kommt seiner Unterhaltspflicht (inklusive Kinderbetreuungskosten) in vollem Umfang nach. Die Mutter möchte sowohl den Kinderfreibetrag als auch den BEA-Freibetrag auf sich übertragen lassen.

Lösung:

Der Kinderfreibetrag des Vaters kann von der Mutter nicht beansprucht werden, da der Vater seiner Unterhaltspflicht im Wesentlichen nachkommt (vgl. § 32 Abs. 6 Satz 6 EStG). Der BEA-Freibetrag des Vaters kann auf Antrag der Mutter grundsätzlich auf diese übertragen werden, da das gemeinsame Kind minderjährig ist und im Haushalt der Mutter lebt. Da der Vater aber der Übertragung widersprochen hat und die Voraussetzungen des § 32 Abs. 6 S. 9 EStG erfüllt sind, ist eine Übertragung des BEA-Freibetrags auf die Mutter ausgeschlossen.

11.4 Ausbildungsfreibetrag

Nach § 33a Abs. 2 EStG haben die Eltern Anspruch auf einen **Ausbildungsfreibetrag** i.H.v. **924 €** je Kind. Voraussetzung ist, dass das Kind volljährig und auswärtig untergebracht ist. Weitere Voraussetzung ist, dass für das Kind Anspruch auf einen Freibetrag nach § 32 Abs. 6 EStG oder Kindergeld besteht.

Für die Gewährung des Ausbildungsfreibetrags ist es unerheblich, ob das Kind eigene Einkünfte und Bezüge hat.

Lebt das Kind im Ausland (und ist in Deutschland nicht unbeschränkt steuerpflichtig), so ist der Ausbildungsfreibetrag entsprechend den Lebensverhältnissen in dem jeweiligen Land zu kürzen. Die

Verwaltung hat hierzu eine Ländereinteilung erstellt (vgl. BMF vom 18.11.2013, BStBl I 2013, 1462, Beck'sche Erlasse § 33a/4).

Erfüllen mehrere Steuerpflichtige für dasselbe Kind die Voraussetzungen für die Gewährung eines Ausbildungsfreibetrags, so kann der Freibetrag insgesamt **nur einmal** abgezogen werden. Jedem Elternteil steht grundsätzlich die **Hälfte** des Abzugsbetrags zu (vgl. § 33a Abs. 2 Satz 4 EStG). Auf gemeinsamen Antrag der Eltern ist eine andere Aufteilung möglich.

11.5 Entlastungsbetrag für Alleinerziehende

Alleinstehende Steuerpflichtige können nach **§ 24b EStG** einen Entlastungsbetrag i.H.v. **1.908 €** im Kalenderjahr von der Summe der Einkünfte abziehen, wenn zu Ihrem Haushalt mindestens ein Kind gehört, für das ihnen ein Freibetrag nach § 32 Abs. 6 EStG oder Kindergeld zusteht (ausführlich: BMF vom 29.10.2004, BStBl I 2004, 1042, Beck'sche Erlasse § 24b/1). Für jedes weitere Kind i.S.d. § 32 Abs. 6 EStG erhöht sich der Betrag von 1.908 € um 240 € je weiterem Kind, § 24b Abs. 2 Satz 2 EStG. Die Zugehörigkeit zum Haushalt ist anzunehmen, wenn das Kind in der Wohnung des allein stehenden Steuerpflichtigen gemeldet ist. Ist das Kind bei mehreren Steuerpflichtigen gemeldet, steht der Entlastungsbetrag demjenigen Alleinstehenden zu, der die Voraussetzungen auf Auszahlung des Kindergeldes nach § 64 Abs. 2 Satz 1 EStG erfüllt.

Alleinstehend sind Steuerpflichtige, die nicht die Voraussetzungen für die Anwendung des Splitting-Verfahrens erfüllen oder verwitwet sind und **keine Haushaltsgemeinschaft** mit einer anderen volljährigen Person bilden, es sei denn, für diese steht Ihnen ein Kinderfreibetrag oder Kindergeld zu.

Beispiel:

Die Eltern des minderjährigen Kindes K sind nicht verheiratet und leben nicht zusammen. Das Sorgerecht steht beiden Eltern zu. Das Kind lebt abwechselnd einige Tage beim Vater und einige Tage bei der Mutter. Das Kind ist im Haushalt der Mutter gemeldet.

a) Die Mutter lebt nur mit dem minderjährigen Kind zusammen;
b) Im Haushalt lebt noch ein weiteres Kind, das das 20. Lebensjahr vollendet hat und derzeit eine Ausbildung absolviert;
c) Die Mutter lebt mit den beiden Kindern im Haus der Großeltern und führt mit diesen einen gemeinsamen Haushalt.

Lösung:

Da die Mutter allein stehend ist, steht ihr grundsätzlich ein Entlastungsbetrag für Alleinerziehende nach § 24b EStG zu.

In der Variante a) steht der Mutter das Kindergeld zu, da das minderjährige Kind in ihrem Haushalt gemeldet ist (vgl. § 64 Abs. 2 Satz 1 EStG). Da die Mutter mit keiner anderen volljährigen Person zusammenlebt, ist der Entlastungsbetrag nach § 24b EStG i.H.v. 1.908 € zu gewähren.

Daran ändert sich auch nichts, wenn ein weiteres volljähriges Kind, für das Anspruch auf Kindergeld oder Kinderfreibetrag besteht, im Haushalt des Anspruchsberechtigten lebt.

Da in der Variante b) das volljährige Kind derzeit eine Ausbildung absolviert, sind die Voraussetzungen des § 32 Abs. 4 EStG grundsätzlich erfüllt. Somit ist der Mutter ein Entlastungsbetrag i.H.v. 2.148 € (= 1.908 € + 240 €) zu gewähren.

In der Variante c) bildet die Mutter mit weiteren volljährigen Personen eine Haushaltsgemeinschaft. Wegen dieses schädlichen Zusammenlebens ist der Entlastungsbetrag für Alleinerziehende nach § 24b EStG zu versagen.

11.6 Kinderbetreuungskosten

Der Abzug von Kinderbetreuungskosten wird in **§ 10 Abs. 1 Nr. 5 EStG** (ausführlich: BMF vom 14.3.2012, BStBl I 2012, 307, Beck'sche Erlasse § 10/1) geregelt.

Nach § 10 Abs. 1 Nr. 5 EStG können ⅔ **der Aufwendungen**, höchstens jedoch **4.000 €** je Kind für Dienstleistungen zur Betreuung eines Kindes als Sonderausgaben abgezogen werden. Voraussetzung ist, dass das Kind die Voraussetzungen des § 32 Abs. 1 EStG (Kinderfreibetrag) erfüllt und das 14. Lebensjahr noch nicht vollendet hat. Ist das Kind wegen einer vor Vollendung des 25. Lebensjahrs eingetretenen körperlichen, geistigen oder seelischen Behinderung außerstande, sich selbst zu unterhalten, so können die Betreuungskosten auch über das 14. Lebensjahr hinaus abgezogen werden.

Eine **Berufstätigkeit**, Ausbildung o.ä. der Eltern ist keine Voraussetzung für die Berücksichtigung von Kinderbetreuungskosten i.R.d. § 10 Abs. 1 Nr. 5 EStG.

I.R.d. § 10 Abs. 1 Nr. 5 EStG muss es sich um Dienstleistungen **„zur Betreuung"** eines Kindes handeln (vgl. BMF a.a.O. Rz. 3). Hierzu gehören z.B. Aufwendungen für die Unterbringung von Kindern in Kindergärten oder Kindertagesstätten, die Beschäftigung von Tagesmüttern etc., nicht aber z.B. Aufwendungen für den Musikunterricht, Trainerstunden im Sport oder Nachhilfe.

Grundsätzlich können auch Aufwendungen für die Kinderbetreuung durch Angehörige geltend gemacht werden (vgl. BMF a.a.O. Rz. 4).

Beispiel:

Die alleinerziehende Mutter M hat mit ihrer Schwester einen Arbeitsvertrag geschlossen (Minijob), wonach sich diese für monatlich 300 € um das Kind der M kümmert.

Lösung:

Da hier eine klare und eindeutige Vereinbarung wie unter fremden Dritten vorliegt, kann M die Aufwendungen i.R.d. § 10 Abs. 1 Nr. 5 EStG geltend machen.

Das Kind muss zum „Haushalt" des anspruchsberechtigten Elternteils gehören (BMF a.a.O. Rz. 12). Ein Kind gehört zum Haushalt des jeweiligen Elternteils, in dessen Wohnung es dauerhaft lebt oder mit dessen Einwilligung es vorübergehend auswärts untergebracht ist (z.B. Internat). Ausnahmsweise kann ein Kind auch zu den Haushalten beider getrennt lebender Elternteile gehören (BMF a.a.O. Rz. 13 mit Hinweisen auf die Rechtsprechung).

Beispiel:

Nach der Ehescheidung wird beiden Elternteilen gemeinsam das Sorgerecht übertragen. Das Kind wohnt jeweils von Montag bis Mittwoch beim Vater, in dessen Wohnung das Kind über ein eigenes Zimmer verfügt. Von Donnerstag bis Sonntag wohnt das Kind bei der Mutter.

Lösung:

Das Kind gehört sowohl zum Haushalt der Mutter als auch zum Haushalt des Vaters. Damit sind beide Elternteile grundsätzlich anspruchsberechtigt i.S.v. § 10 Abs. 1 Nr. 5 EStG.

Zum Abzug von Kinderbetreuungskosten ist grundsätzlich nur der Elternteil berechtigt, der die **Aufwendungen getragen hat** und zu dessen Haushalt das Kind gehört (BMF a.a.O. Rz. 14).

Beispiel (nach BFH vom 25.11.2010, BStBl II 2011, 450):

Die Eltern des Kindes K leben nicht zusammen. K lebt ausschließlich im Haushalt der Mutter. Der Vater überweist die Beträge für die Kindertagesstätte direkt an diese.

> **Lösung:**
>
> Die Mutter kann die Betreuungskosten nicht geltend machen, da zwar das Kind zu Ihrem Haushalt gehört, sie aber die Aufwendungen nicht getragen hat. Der Vater kann die Aufwendungen ebenfalls nicht geltend machen, da er sie zwar getragen hat, das Kind aber nicht zu seinem Haushalt gehört.

Erfüllen (ausnahmsweise) beide Elternteile die Voraussetzungen des § 10 Abs. 1 Nr. 5 EStG, kann jeder seine tatsächlichen Aufwendungen grundsätzlich nur bis zur Höhe des hälftigen Abzugshöchstbetrags geltend machen. Etwas anderes gilt nur dann, wenn die Eltern einvernehmlich eine abweichende Aufteilung des Abzugshöchstbetrags wählen und dies gegenüber dem Finanzamt anzeigen (BMF a.a.O. Rz. 28).

> **Beispiel (nach BFH vom 25.11.2010, BStBl II 2011, 450):**
>
> Nach der Ehescheidung wird beiden Elternteilen gemeinsam das Sorgerecht übertragen. Das Kind wohnt jeweils von Montag bis Mittwoch beim Vater, in dessen Wohnung das Kind über ein eigenes Zimmer verfügt. Von Donnerstag bis Sonntag wohnt das Kind bei der Mutter. Die Mutter bezahlt im Jahr 7.000 € für die Tagesmutter und die Betreuung in einer Kindertagesstätte.

> **Lösung:**
>
> Grundsätzlich könnte die Mutter die Aufwendungen nur bis zum hälftigen Höchstbetrag (= 2.000 €) geltend machen. Erklärt sich aber der Vater damit einverstanden, dass die Mutter den gesamten Abzugshöchstbetrag in Anspruch nimmt, kann diese (7.000 € × $^2/_3$ aber maximal) 4.000 € als Sonderausgaben nach § 10 Abs. 1 Nr. 5 EStG abziehen.

Die Aufwendungen werden nur dann anerkannt, wenn eine **Rechnung** von der betreuenden Institution ausgestellt wurde (BMF a.a.O. Rz. 20) und die **Zahlung unbar** erfolgt. Die Zahlung kann demnach sowohl durch Überweisung, Abbuchung, Kreditkarte oder Scheck erfolgen. Entscheidend ist nur, dass die Zahlung über ein Bankkonto läuft und damit die Versteuerung überprüft werden kann.

Übersteigen die Aufwendungen für die Kinderbetreuung die Grenzen des § 10 Abs. 1 Nr. 5 EStG, so kann ein übersteigender Betrag **nicht nach § 35a EStG** geltend gemacht werden (vgl. die ausdrückliche Regelung in § 35a Abs. 5 EStG).

> **Beispiel (nach BFH vom 25.11.2010, BStBl II 2011, 450):**
>
> Die alleinerziehende Mutter beschäftigt in ihrem Haushalt eine Tagesmutter zur Betreuung ihres Kleinkinds; hierfür wendet sie im Jahr 12.000 € auf.

> **Lösung:**
>
> Die Mutter kann nach § 10 Abs. 1 Nr. 5 EStG ($^2/_3$ × 12.000 € maximal) 4.000 € als Sonderausgaben geltend machen. Die Voraussetzungen des § 35a EStG liegen zwar grundsätzlich vor (auch eine Tagesmutter erbringt eine haushaltsnahe Dienstleistung), § 10 Abs. 1 Nr. 5 EStG ist aber lex specialis für den Abzug von Kinderbetreuungskosten. Damit scheidet eine Geltendmachung sowohl der die 4.000 € übersteigenden Aufwendungen als auch für das nicht abziehbare Drittel der Aufwendungen nach § 35a EStG aus.

12. Verlustabzug (§ 10d EStG)

Negative Einkünfte, die bei der Ermittlung des Gesamtbetrags der Einkünfte nicht ausgeglichen werden, sind bis zu einem Betrag von **1 Mio. €** vom Gesamtbetrag der Einkünfte des unmittelbar vorangegangenen Veranlagungszeitraums vorrangig vor Sonderausgaben, außergewöhnlichen Belastungen und sonstigen Abzugsbeträgen abzuziehen.

Beispiel:

Ein Steuerpflichtiger erzielt im Veranlagungszeitraum 2015 Einkünfte aus Vermietung und Verpachtung i.H.v. 100.000 € sowie einen Verlust aus Gewerbebetrieb i.H.v. 2 Mio. €. In 2014 betrug der Gesamtbetrag der Einkünfte 1,3 Mio. €.

Lösung:

Der Gesamtbetrag der Einkünfte beläuft sich in 2015 auf (100.000 € ./. 2 Mio. € =) ./. 1,9 Mio. €. Nach § 10d Abs. 1 Satz 1 EStG können maximal 1 Mio. € in 2014 zurückgetragen werden. Damit beträgt der Gesamtbetrag der Einkünfte in 2014 (1,3 Mio. € ./. 1 Mio. € =) 300.000 €.

Da der **Verlustrücktrag** vorrangig vor den Sonderausgaben, außergewöhnlichen Belastungen und sonstigen Abzugsbeträgen abzuziehen ist, gehen dem Steuerpflichtigen unter Umständen der Grundfreibetrag (vgl. § 32a EStG) sowie die abzugsfähigen Sonderausgaben und außergewöhnlichen Belastungen verloren. Aus diesem Grund sieht § 10d Abs. 1 Satz 5 EStG vor, dass der Steuerpflichtige auf Antrag ganz oder teilweise auf den Verlustrücktrag **verzichten** kann.

Der **Verlustrücktrag** ist auch dann möglich, wenn die Veranlagung des Jahres, in das zurückgetragen werden soll, bereits bestandskräftig ist. § 10d Abs. 1 Satz 3 EStG stellt eine spezielle Korrekturvorschrift dar.

Während der Verlustrücktrag im Belieben des Steuerpflichtigen steht, erfolgt der **Verlustvortrag** zwingend (§ 10d Abs. 2 EStG). Aus fiskalischen Gründen ist der Verlustvortrag auf **1 Mio. €** beschränkt. Ein darüber hinaus gehender Verlustvortrag kann nur bis zu **60 %** des 1 Mio. € übersteigenden Gesamtbetrags der Einkünfte abgezogen werden.

Der am Schluss eines Veranlagungszeitraums **verbleibende Verlustvortrag** ist nach § 10d Abs. 4 EStG gesondert festzustellen.

Beispiel:

Der alleinstehende Steuerpflichtige erzielt im Veranlagungszeitraum 2014 einen Gesamtbetrag der Einkünfte i.H.v. ./. 5 Mio. €. Er hat gegenüber dem Finanzamt auf einen Verlustrücktrag verzichtet. Im Veranlagungszeitraum 2015 hat der Steuerpflichtige einen Gesamtbetrag der Einkünfte von + 3 Mio. €.

Lösung:

Nach § 10d Abs. 2 EStG ergibt sich unter Berücksichtigung des zwingenden Verlustvortrags für das Jahr 2015 folgender Gesamtbetrag der Einkünfte:

Gesamtbetrag der Einkünfte vor Verlustvortrag	3,0 Mio. €
unbeschränkt vortragsfähig maximal	./. 1,0 Mio. €
restlicher Gesamtbetrag der Einkünfte	2,0 Mio. €
davon 60 % = maximaler restlicher Verlustvortrag	./. 1,2 Mio. €
sog. Mindestbesteuerung	**0,8 Mio. €**

Ein Verlustvortrag i.H.v. 2,8 Mio. € ist gesondert festzustellen und auf die Jahre 2016 ff. vorzutragen, bis er endgültig aufgebraucht ist.

Verfügt der Steuerpflichtige über einen entsprechend hohen Gesamtbetrag der Einkünfte, kann er den Verlustvortrag in einem VZ verwerten.

Beispiel:
Der Sachverhalt entspricht obigem Beispiel. Der Gesamtbetrag der Einkünfte des Jahres 2015 beträgt 9 Mio. €.

Lösung:	
Es ergibt sich dann folgende Rechnung:	
Gesamtbetrag der Einkünfte vor Verlustvortrag	9,0 Mio. €
unbeschränkt vortragsfähig maximal	./. 1,0 Mio. €
restlicher Gesamtbetrag der Einkünfte	8,0 Mio. €
davon 60 % = 4,8 Mio. € > Rest Verlustvortrag	./. 4,0 Mio. €
Gesamtbetrag der Einkünfte nach Verlustverrechnung	**4,0 Mio. €**

Für **zusammenveranlagte Ehegatten/Lebenspartner** verdoppeln sich die Beträge des § 10d Abs. 2 EStG.

Besondere Probleme entstehen, wenn Steuerpflichtige im Verlustrücktragsjahr noch nicht verheiratet/verpartnert waren oder als Ehegatten/Lebenspartner einzeln veranlagt wurden.

Beispiel:
M und F sind im Veranlagungszeitraum 2014 Single und werden jeweils einzeln veranlagt. Beide haben einen Gesamtbetrag der Einkünfte von jeweils 80.000 €. M und F haben in 2015 geheiratet und werden zusammenveranlagt. F hat als Arbeitnehmerin Einkünfte nach § 19 EStG i.H.v. 80.000 €. M hat als Unternehmer das Jahr 2015 mit einem Verlust i.H.v. 200.000 € abgeschlossen (§ 15 EStG).

Nach h.M. steht das Wahlrecht, den Verlustrücktrag zu beantragen, demjenigen Ehegatten/Lebenspartner zu, der den Verlust erlitten hat (vgl. R 10d Abs. 6 EStR).

Lösung:
Die Eheleute haben einen gemeinsamen Gesamtbetrag der Einkünfte von (80.000 € ./. 200.000 € =) ./. 120.000 €. Da M den Verlust erlitten hat, kann er den Rücktrag nach § 10d Abs. 1 EStG in seine Einzelveranlagung des Jahres 2014 vornehmen (maximal 80.000 €). M kann – wenn sich F damit einverstanden erklärt – den restlichen Verlustrücktrag für die Einzelveranlagung der F in 2014 verwerten. In diesem Fall könnte die F auf einen Gesamtbetrag i.H.v. 40.000 € kommen. Die aus dem jeweiligen Verlustrücktrag resultierende Steuererstattung steht dem jeweiligen Ehepartner zu.

Haben die Ehegatten/Lebenspartner **vor ihrer Heirat** Verlustvorträge nach § 10d Abs. 2 EStG erworben, so kann der Verlustvortrag auch in einem Jahr der Zusammenveranlagung verwertet werden (§ 62d EStDV).

Beispiel:
M und F waren in 2014 Single. M erzielte in 2014 einen Verlust i.H.v. 300.000 €. Einen Antrag auf Verlustrücktrag hat er nicht gestellt. F hat in 2014 einen positiven Gesamtbetrag der Einkünfte. In 2015 heiraten M und F und werden zusammenveranlagt. Ihr gemeinsamer Gesamtbetrag der Einkünfte beträgt 200.000 €.

Lösung:
Der Verlustvortrag des M ist zwingend in 2015 zu verwerten. Die Eheleute haben damit einen Gesamtbetrag der Einkünfte i.H.v. (200.000 € ./. Verlustvortrag i.H.v. 200.000 € =) 0 €. Der restliche Verlustvortrag i.H.v. 100.000 € ist in den Jahren 2016 ff. zu verwerten.

Für die Gewerbesteuer regelt **§ 10a GewStG** als lex specialis zu § 10d EStG den Verlustvortrag. Ein Verlustrücktrag ist im Gewerbesteuerrecht nicht vorgesehen.

13. Einkünfte aus Gewerbebetrieb

13.1 Die Tatbestandsmerkmale des § 15 EStG

Nach § 15 Abs. 1 Nr. 1 i.V.m. Abs. 2 EStG liegen **Einkünfte aus Gewerbebetrieb** vor, wenn der Steuerpflichtige eine:

- selbständige
- nachhaltige Betätigung mit der
- Absicht, Gewinn zu erzielen ausübt und
- sich am allgemeinen wirtschaftlichen Verkehr beteiligt
- die Tätigkeit nicht unter § 18 EStG fällt.

Des Weiteren ist als ungeschriebenes Tatbestandsmerkmal zu berücksichtigen, dass die so beschriebene Tätigkeit keine reine Vermögensverwaltung darstellt, also anderes ausgedrückt den Rahmen der privaten Vermögensverwaltung überschreitet.

Die Beurteilung einer Tätigkeit als gewerblich i.S.v. § 15 EStG ist zum einen für die Frage der **Gewinnermittlung** von Bedeutung (vgl. § 4 Abs. 1 und 3 EStG, § 238 HGB, §§ 140, 141 AO), zum anderen unterliegen nur gewerbliche Einkünfte der Gewerbesteuer (vgl. § 2 GewStG).

Beispiel 1:

Ein Steuerpflichtiger verkauft über das Internet am 01.03.2016 einen Schrank, den er am 02.01.2016 bei einem schwedischen Möbelhaus gekauft hat. Er macht dabei einen Gewinn von 200 €.

Lösung:

Es handelt sich bei der Veräußerung nicht um Einkünfte aus Gewerbebetrieb, da die Tätigkeit ggf. zwar nachhaltig sein kann, aber der Rahmen der privaten Vermögensverwaltung durch den Verkauf des einen Schranks nicht überschritten wird. Da es sich nicht um gewerbliche Einkünfte handelt und die Regelung des § 23 Abs. 1 Nr. 2 EStG (der Schrank kann als Gegenstand des täglichen Gebrauchs angesehen werden) auch nicht eingreift, muss der Steuerpflichtige den Gewinn nicht versteuern.

Beispiel 2:

Ein Steuerpflichtiger verkauft über eBay laufend alte Schränke. Er erwirbt diese aus Haushaltsauflösungen oder von diversen Großhändlern. Im Veranlagungszeitraum 2015 hat der Steuerpflichtige Schränke für 3.000 € eingekauft und für 8.000 € verkauft.

Lösung:

Da der Steuerpflichtige aufgrund seiner intensiven Verkaufstätigkeit gewerblich tätig ist, muss er seinen Gewinn nach § 15 EStG versteuern. Durch seine Vorgehensweise überschreitet er den Rahmen der privaten Vermögensverwaltung. Er kann den Gewinn entweder nach § 4 Abs. 1 EStG durch Bilanzierung oder nach § 4 Abs. 3 EStG durch Einnahme-Überschuss-Rechnung ermitteln. Aus Vereinfachungsgründen wird er sicherlich die letztere Möglichkeit wählen. Er hat dann im Veranlagungszeitraum 2015 einen Gewinn i.H.v. (8.000 € ./. 3.000 € =) 5.000 € anzusetzen.

13.1.1 Selbständige Tätigkeit

Eine selbständige Tätigkeit liegt vor, wenn die Tätigkeit auf eigene Rechnung (Unternehmerrisiko) und auf eigene Verantwortung (Initiative) ausgeübt wird (vgl. H 15.1 EStH „Allgemeines"). Für die Frage, ob ein Steuerpflichtiger selbständig oder nichtselbständig tätig ist, kommt es nicht allein auf die vertragliche Bezeichnung (z.B. Versicherungsagent, Kundenberater etc.) oder die Form der Entlohnung (z.B.

ausschließlich erfolgsabhängige Vergütung) an. Entscheidend ist das Gesamtbild der Verhältnisse. Es müssen die für und gegen die Selbständigkeit sprechenden Umstände gegeneinander abgewogen werden (vgl. H 15.1 EStH „Gesamtbeurteilung").

Mitunter kann die Abgrenzung problematisch sein, da in der Praxis immer neue Formen der Arbeit entstehen (z.B. Subunternehmer für einen Paketdienst, Kundenberater einer Versicherung auf Provisionsbasis etc.). Ein wichtiges Abgrenzungskriterium gegenüber den Einkünften aus nichtselbständiger Tätigkeit bietet **§ 1 Abs. 2 LStDV**. Danach liegt ein Dienstverhältnis (= § 19 EStG) vor, wenn der Angestellte (Beschäftigte) dem Arbeitgeber seine Arbeitskraft schuldet. Dies ist der Fall, wenn die tätige Person in der Betätigung ihres geschäftlichen Willens:

* unter der Leitung des Arbeitgebers steht oder
* im geschäftlichen Organismus des Arbeitgebers dessen Weisungen zu folgen verpflichtet ist.

Indizien für Einkünfte aus nichtselbständiger Tätigkeit i.S.d. § 19 EStG können z.B. sein (vgl. H 19.0 LStH „Allgemeines"):

* Feste Arbeitszeiten,
* Anspruch auf Urlaub,
* Lohnfortzahlung im Krankheitsfall,
* festes Grundgehalt,
* Verbot, für andere Unternehmen zu arbeiten,
* Kündigungsschutz und Ähnliches.

Beispiel 1:

Der Steuerpflichtige ist Eigentümer eines Lkw. Er fährt ausschließlich als Subunternehmer für eine Spedition. Diese beauftragt ihn von Fall zu Fall. Er muss sich aber an sechs Tagen in der Woche von 8:00 Uhr morgens bis 22:00 Uhr abends zur Verfügung halten. Die Bezahlung erfolgt ausschließlich nach gefahrenen Kilometern.

Lösung:

Der Steuerpflichtige hat zwar wenig Gestaltungsspielraum für seine Tätigkeit. Er ist letztlich abhängig von seinem Auftraggeber. Dennoch arbeitet er auf eigene Rechnung und Gefahr und erzielt damit Einkünfte aus Gewerbebetrieb.

Beispiel 2:

Eine Steuerpflichtige ist nach erfolgreichem Abschluss als bachelor of laws für eine Bank tätig. Ihre Aufgabe ist die Betreuung von vermögenden Kunden. Sie erhält ein geringes Grundgehalt und eine Provision für jeden erfolgreichen Abschluss. Sie ist an keine festen Arbeitszeiten gebunden, muss aber jeden Abend einen Bericht über ihre Tätigkeit schreiben. Sie hat in der Bank ein Arbeitszimmer, in dem sie Besprechungen abhalten kann. An gemeinsamen Mitarbeiter-Besprechungen muss sie regelmäßig teilnehmen. Es ist ihr untersagt, Produkte anderer Anbieter zu verkaufen.

Lösung:

Auch wenn die Steuerpflichtige in der Gestaltung ihrer Arbeit sehr frei ist, liegt doch ein Arbeitsverhältnis vor. Aufgrund des Arbeitszimmers, der Pflichtteilnahme an Besprechungen, des Grundgehalts etc. liegen typische Elemente eines Arbeitsvertrags vor; somit erzielt die Steuerpflichtige Einkünfte nach § 19 EStG.

13.1.2 Nachhaltige Betätigung

Eine Tätigkeit ist nachhaltig, wenn sie auf Wiederholung angelegt ist. Da die Wiederholungsabsicht dem Steuerpflichtigen nur schwer nachgewiesen werden kann, kommt den tatsächlichen Umständen besondere Bedeutung zu. Die Rechtsprechung sieht daher das **Merkmal der Nachhaltigkeit** insbesondere dann erfüllt, wenn der Steuerpflichtige eine Mehrzahl von gleichartigen Handlungen (z.B. mehrere Verkäufe auf einem Flohmarkt) vornimmt (vgl. H 15.2 EStH „Wiederholungsabsicht").

Bei **erkennbarer Wiederholungsabsicht** (z.B. Druck von Prospekten oder Visitenkarten, Internet-Auftritt etc.) kann bereits eine einmalige Handlung den Beginn einer fortgesetzten Tätigkeit begründen (z.B. Einkauf von Ware).

Wie bei den anderen Tatbestandsmerkmalen ist auch hier die Abgrenzung mitunter sehr problematisch.

13.1.3 Gewinnerzielungsabsicht/Liebhaberei

Übt der Steuerpflichtige eine übliche und anerkannte Tätigkeit aus, so kann in der Regel unterstellt werden, dass er die Absicht hat, Gewinne zu erzielen.

Beispiel:

Der Steuerpflichtige hat die Meisterprüfung bestanden und meldet einen Kfz-Betrieb an. In diesem Fall kann man ohne weiteres davon ausgehen, dass er mit diesem Betrieb Gewinne erzielen will. Ob er dann diese Gewinne sofort oder erst in späteren Jahren erzielt, spielt zunächst keine Rolle.

Liegen dagegen untypische Sachverhalte vor, so muss geprüft werden, ob der Steuerpflichtige einen „**Totalgewinn**" in Form eines positiven Ergebnisses von der Gründung bis zur Veräußerung, Aufgabe oder Liquidation anstrebt (vgl. H 15.3 EStH „Totalgewinn"). Hierzu müssen wieder äußere Indizien herangezogen werden, um daraus auf den inneren Willen des Steuerpflichtigen zu schließen. Derartige Indizien können z.B. sein:

- Art und Weise der Betriebsführung (z.B. Werbung, Öffnungszeiten, Preisgestaltung, Personal, Ausbildung etc.),
- Branche (kritisch z.B. Betrieb einer Reitschule, unproblematisch z.B. Tätigkeit als Gipser),
- Kapitaleinsatz (z.B. umfangreicher Wareneinkauf und Ähnliches).

Im Zweifel muss der Steuerpflichtige eine schlüssige Übersicht über mögliche Einnahmen und zu erwartende Betriebsausgaben für einen längeren repräsentativen Zeitraum vorlegen. Unschädlich sind **Anlaufverluste**, wie sie bei Gründung eines Betriebs regelmäßig anfallen. Problematisch werden derartige Verluste erst, wenn sie über eine lange Zeitdauer anfallen und mit einer Besserung der Ertragssituation nicht zu rechnen ist.

Beispiel:

Der Steuerpflichtige ist beamteter Sportlehrer. Nebenher betreibt er eine Tennishalle. Dabei vermietet er die Halle stundenweise an Dritte und gibt auch gelegentlich Trainerstunden. Zehn Jahre nach Übernahme der Halle hat der Steuerpflichtige noch in keinem Jahr einen Gewinn erzielt.

Lösung:

Der Betrieb einer Tennishalle ist schon von der Branche her kritisch, da hier private Motive (z.B. das Tennisspielen mit Freunden, Bekannten und Verwandten als Freizeitgestaltung) sicher keine untergeordnete Bedeutung haben (weitere Beispiele s. H 15.3 EStH „Abgrenzung der Gewinnerzielungsabsicht zur Liebhaberei"). Die Tatsache, dass der Sportlehrer bisher jedes Jahr Verluste erzielte, könnte ein starkes Indiz für eine Liebhaberei sein. Es ist dem Sportlehrer aber unbenommen, seine Gewinnerzielungsabsicht gegenüber dem Finanzamt darzulegen (z.B. durch ein betriebswirtschaftliches Gutachten).

Kommt man zu dem Ergebnis, dass die Gewinnerzielungsabsicht zu verneinen ist, so ist die Tätigkeit als sog. **Liebhaberei** einzustufen und steuerlich dem privaten Bereich zuzurechnen.

Beispiel:

Der Steuerpflichtige hat ein Gewerbe angemeldet und vermietet einen Oldtimer für bestimmte Ereignisse (z.B. Hochzeiten, Werbung etc.). Das Finanzamt hat die Tätigkeit als Liebhaberei eingestuft, da die Ausgaben für die Wartung des Fahrzeugs in keinem Verhältnis zu den erzielbaren Einnahmen stehen.

Lösung:

Es liegen keine Einkünfte nach § 15 EStG vor. Der Steuerpflichtige kann die Verluste grundsätzlich steuerlich nicht geltend machen. Allenfalls ist zu prüfen, ob die Vermietung unter den Tatbestand des § 22 Nr. 3 EStG fällt. Sofern die Verluste im Rahmen dieser Einkunftsart erzielt werden, scheidet eine Verrechnung mit positiven Einkünften aus anderen Einkunftsarten jedoch aus, vgl. § 22 Nr. 3 S. 3 EStG.

Die Beurteilung einer Tätigkeit als Liebhaberei bedeutet jedoch nicht, dass ggf. in späteren Jahren im Rahmen der Tätigkeit erzielte Gewinne steuerlich unbeachtlich sind. Entwickelt sich der Betrieb – entgegen der ursprünglichen Beurteilung – positiv und ist mit künftigen Gewinnen zu rechnen, so muss der Steuerpflichtige von sich aus die Einkünfte wieder erklären, da er sonst das Finanzamt über steuerlich erhebliche Tatsachen in Unkenntnis lässt (vgl. den Tatbestand des § 370 AO).

Beispiel:

Der Sachverhalt entspricht obigem Beispiel. Der Steuerpflichtige erwirbt in der Folgezeit mehrere Oldtimer, geht intensiv in die Werbung und betreibt den Betrieb nun im ersten Jahr mit einem – wenn auch sehr geringen – Gewinn.

Lösung:

Sobald dies erkennbar ist – also nicht erst, wenn Gewinne erzielt werden – muss der Steuerpflichtige von sich aus eine Steuererklärung abgeben.

13.1.4 Beteiligung am allgemeinen wirtschaftlichen Verkehr

Eine **Beteiligung am allgemeinen wirtschaftlichen Verkehr** liegt nach der Rechtsprechung vor, wenn ein Steuerpflichtiger mit Gewinnerzielungsabsicht nachhaltig am Leistungs- oder Güteraustausch teilnimmt. Die Teilnahme am allgemeinen Wirtschaftsverkehr erfordert, dass die Tätigkeit des Steuerpflichtigen nach außen hin in Erscheinung tritt, er sich mit ihr an eine – wenn auch begrenzte – Allgemeinheit wendet und damit seinen Willen zu erkennen gibt, ein Gewerbe zu betreiben (H 15.4 EStH „Allgemeines").

Eine Betätigung am allgemeinen wirtschaftlichen Verkehr kann auch dann vorliegen, wenn der Steuerpflichtige nur für einen bestimmten Vertragspartner tätig wird (z.B. der Steuerpflichtige ist selbständiger Elektriker und arbeitet überwiegend für einen großen Industriebetrieb).

13.1.5 Abgrenzung zu § 18 EStG

Die für einen Gewerbebetrieb geltenden positiven Voraussetzungen (Selbständigkeit, Nachhaltigkeit, Gewinnerzielungsabsicht und Beteiligung am allgemeinen wirtschaftlichen Verkehr) gelten auch für die **selbständige Arbeit** i.S.d. § 18 Abs. 1 Nr. 1 und 2 EStG. Sind die Voraussetzungen des § 18 EStG erfüllt, so geht diese Norm der Regelung des § 15 EStG vor.

Beispiel:

Der Steuerpflichtige ist selbständiger Arzt.

Lösung:

Auch wenn er die Tatbestandsmerkmale des § 15 EStG erfüllt, fällt seine Tätigkeit unter § 18 EStG.

Dieser Vorrang des § 18 EStG gilt aber nicht, wenn der Freiberufler seine freiberufliche Tätigkeit mit typisch gewerblichen Tätigkeiten vermengt und die verschiedenen Tätigkeiten derart miteinander verflochten sind, dass sie nicht getrennt erfasst werden können (vgl. H 15.6 EStH „Gemischte Tätigkeit").

Beispiel 1:

Ein Rechtsanwalt betreibt neben seiner Praxis eine Kunst-Galerie (keine Liebhaberei).

Lösung:

Da die beiden Tätigkeiten leicht und einfach trennbar sind, erzielt er mit der Praxis Einkünfte nach § 18 EStG und mit der Galerie Einkünfte nach § 15 EStG.

Beispiel 2:

Ein Architekt vermittelt seinen Bauherren Grundstücke und verlangt dafür die übliche Makler-Provision.

Lösung:

In diesem Fall lassen sich die Tätigkeiten nicht trennen. Die an und für sich freiberufliche Tätigkeit als Architekt wird durch die gewerbliche Tätigkeit als Immobilienmakler „gefärbt". Damit liegen insgesamt Einkünfte aus Gewerbebetrieb vor. Der Architekt unterliegt damit auch mit seinen Gewinnen aus dem Architekturbüro der Gewerbesteuer.

Die EStR 15.5 und die EStH 15.5 enthalten die Abgrenzungen zwischen gewerblicher Tätigkeit und Land- und Forstwirtschaft. Die EStH 15.6 enthalten eine Auflistung von Urteilen, die zur Abgrenzung zwischen gewerblichen Einkünften und solchen aus selbständiger Tätigkeit nach § 18 EStG ergangen sind. Die Entscheidungen lassen keine Systematik erkennen und sind auf keinen Fall anhand einer teleologischen Auslegung vor dem Hintergrund des Äquivalenzprinzips getroffen worden.

Drei BFH-Entscheidungen vom 22.9.2009, VIII R 31/07, VIII R 63/06 und VIII R 79/06 betreffen den immer strittigen Bereich der „Computerfachleute".

Der BFH hat mit Urteil vom 22.9.2009, VIII R 31/07 entschieden, dass ein Diplom-Ingenieur (Studienrichtung technische Informatik), der als Netz- oder Systemadministrator eine Vielzahl von Servern betreut, den Beruf des Ingenieurs ausübt und mithin freiberufliche, nicht der Gewerbesteuer unterliegende Einkünfte erzielt.

In zwei weiteren Revisionsverfahren hat der BFH mit Urteilen vom selben Tag (VIII R 63/06 und VIII R 79/06) weitere technische Dienstleistungen, die ausgewiesene Computerfachleute erbracht hatten, als ingenieurähnlich eingestuft. In der bisherigen Rechtsprechung des BFH war geklärt, dass die Entwicklung von anspruchsvoller Software durch Diplom-Informatiker oder vergleichbar qualifizierte Autodidakten eine ingenieurähnliche und damit freie Berufstätigkeit darstellt. Für den technischen Bereich der elektronischen Datenverarbeitung hat der BFH nunmehr den Kreis der ingenieurähnlichen Tätigkeiten erweitert. Danach kann neben dem sogenannten software-engineering auch die Administratorentätigkeit, die Betreuung, individuelle Anpassung und Überwachung von Betriebssystemen oder die Tätigkeit als leitender Manager von großen IT-Projekten als freiberuflich zu qualifizieren sein.

Mit Beschluss vom 7.9.2010, VIII B 23/10 hat der BFH klargestellt, dass eine Kurberaterin keine dem Rechtsanwalt ähnliche Tätigkeit ausübt.

Der BFH hat seine Rechtsprechung zur Qualifikation der Einkünfte von berufsmäßigen Betreuern und Verfahrenspflegern geändert und die Einkünfte als nicht gewerblich behandelt (BFH vom 15.6.2010, VIII R 10/09 und VIII R 14/09). Damit unterliegen die Einkünfte nicht mehr der Gewerbesteuer. In den entschiedenen Fällen hatte das Finanzamt die Einkünfte von Rechtsanwälten, die neben ihrer anwaltlichen Tätigkeit als Berufsbetreuer tätig waren, und die Einkünfte einer Volljuristin, die als Berufsbetreuer und Verfahrenspfleger agierte, als Einkünfte aus Gewerbebetrieb eingestuft. Der BFH entschied, dass es sich nicht um Einkünfte aus Gewerbebetrieb handele, sondern um Einkünfte aus sonstiger selbständiger Arbeit (§ 18 Abs. 1 Nr. 3 EStG), für die keine Gewerbesteuer anfällt.

Danach sind die genannten Tätigkeiten den Einkünften aus sonstiger selbständiger Arbeit zuzuordnen, weil sie ebenso wie die in der Vorschrift bezeichneten Regelbeispiele (Testamentsvollstreckung, Vermögensverwaltung, Tätigkeit als Aufsichtsratsmitglied) durch eine selbständige fremdnützige Tätigkeit in einem fremden Geschäftskreis sowie durch Aufgaben der Vermögensverwaltung geprägt sind. An der früheren Beurteilung, nach der Einkünfte berufsmäßiger Betreuer als gewerblich eingestuft wurden (BFH vom 4.11.2004, IV R 26/03), hält der BFH nicht mehr fest.

Insolvenzverwalter werden nicht automatisch gewerbesteuerpflichtig, wenn sie mehrere qualifizierte Mitarbeiter beschäftigen. Das hat der BFH mit Urteil vom 15.12.2010, VIII R 50/09 entschieden und damit seine bisher anders lautende Rechtsprechung geändert.

Zwei zu einer Gesellschaft zusammengeschlossene Rechtsanwälte waren als Insolvenzverwalter tätig. Sie hatten dafür verschiedene qualifizierte Mitarbeiter eingesetzt. Sie rechneten ihre Tätigkeit zur Berufstätigkeit eines Rechtsanwalts und damit zur freiberuflichen Tätigkeit i.S.v. § 18 Abs. 1 Nr. 1 EStG.

Das Finanzamt ordnete die Einkünfte hingegen als Einkünfte aus Gewerbebetrieb ein und setzte Gewerbesteuermessbeträge fest: Die Tätigkeit als Insolvenzverwalter führe grundsätzlich zu Einkünften aus sonstiger selbständiger Arbeit i.S.v. § 18 Abs. 1 Nr. 3 EStG. Würden dabei aber qualifizierte Mitarbeiter eingesetzt, handele es sich um gewerbliche Einkünfte, die die Gewerbesteuerpflicht auslösten.

Der BFH gab der klagenden Gesellschaft im Ergebnis Recht.

Allerdings hielt er an seiner bisherigen Beurteilung fest, dass die Tätigkeit eines Insolvenz-, Zwangs- und Vergleichsverwalters eine vermögensverwaltende Tätigkeit i.S.d. § 18 Abs. 1 Nr. 3 EStG und keine freiberufliche Tätigkeit i.S.d. § 18 Abs. 1 Nr. 1 EStG ist.

Der BFH gab jedoch die vom Reichsfinanzhof entwickelte sog. Vervielfältigungstheorie auf, nach der der Einsatz qualifizierter Mitarbeiter dem „Wesen des freien Berufs" widersprach und deshalb zur Annahme einer gewerblichen Tätigkeit und zur Gewerbesteuerpflicht führte. Der Gesetzgeber hatte sich davon bereits 1960 gelöst und in § 18 Abs. 1 Nr. 1 Satz 3 EStG geregelt, dass eine freiberufliche Tätigkeit auch dann gegeben ist, wenn ein Freiberufler fachlich vorgebildete Arbeitskräfte einsetzt, sofern er aufgrund eigener Fachkenntnisse leitend und eigenverantwortlich tätig bleibt. Für Einkünfte aus sonstiger selbständiger Arbeit i.S.v. § 18 Abs. 1 Nr. 3 EStG hatte die bisherige Rechtsprechung hingegen an der Vervielfältigungstheorie festgehalten, sodass derartige Tätigkeiten – wie die Insolvenzverwaltung – grundsätzlich ohne die Mithilfe fachlich vorgebildeter Hilfskräfte ausgeübt werden mussten, um die Gewerbesteuerpflicht zu vermeiden. In diesem Punkt hat der BFH nunmehr seine Rechtsprechung geändert: Die Regelung für freie Berufe in § 18 Abs. 1 Nr. 1 Satz 3 EStG, nach der der Einsatz qualifizierten Personals grundsätzlich zulässig sei, gelte für die sonstige selbständige Arbeit i.S.v. § 18 Abs. 1 Nr. 3 EStG entsprechend. Es bestünden keine Anhaltspunkte dafür, dass der Gesetzgeber die Zulässigkeit des Einsatzes fachlich vorgebildeter Mitarbeiter für die verschiedenen Arten von selbständiger Arbeit habe unterschiedlich beurteilt sehen wollen. Für eine solche Ungleichbehandlung sei auch kein nach dem Maßstab des Art. 3 Abs. 1 GG sachlich begründetes Unterscheidungsmerkmal ersichtlich.

Danach erzielt ein Insolvenz- oder Zwangsverwalter, der qualifiziertes Personal einsetzt, Einkünfte aus sonstiger selbständiger Arbeit i.S.v. § 18 Abs. 1 Nr. 3 EStG (und ist folglich nicht gewerbesteuerpflichtig), wenn er über das „Ob" der im Insolvenzverfahren erforderlichen Einzelakte (z.B. Entlassung von Arbeitnehmern, Verwertung der Masse) persönlich entschieden hat. Auch zentrale Aufgaben des Insolvenzverfahrens hat er im Wesentlichen selbst wahrzunehmen, wie z.B. die Erstellung der gesetzlich vorgeschriebenen Berichte, des Insolvenzplans und der Schlussrechnung. Die kaufmännisch-technische Umsetzung seiner Entscheidungen kann er indes auf Dritte übertragen.

Bzgl. der sog. gewerblichen Färbung ist insbesondere auch die neue Rechtsprechung des BFH zu beachten. Nach § 15 Abs. 3 Nr. 1 EStG gilt in vollem Umfang als Gewerbebetrieb die mit Einkünfteerzielungsabsicht unternommene Tätigkeit einer OHG, KG oder einer anderen Personengesellschaft (nicht Gemeinschaft wie z.B. Erbengemeinschaft), wenn die Gesellschaft **auch** eine gewerbliche Tätigkeit ausübt (sog. **Abfärbe- bzw. Infektionstheorie**; vgl. R 15.8 Abs. 5 EStR 2013). Mit Urteil vom 11.08.1999, XI R 12/98, BStBl II 2000, 229, hatte der BFH entschieden, dass die umqualifizierende Wirkung des § 15 Abs. 3 Nr. 1 EStG jedenfalls dann **nicht** greift, wenn der **Anteil der originär gewerblichen Tätigkeit** nur **1,25 %** der Gesamtumsätze beträgt (H 15.8 Abs. 5 „Geringfügige gewerbliche Tätigkeit" EStH 2013). Seit dieser Entscheidung war fraglich, wo der BFH die Grenze einer geringfügigen gewerblichen Tätigkeit konkret ansiedeln wird und ob hierzu auch der **GewSt-Freibetrag** nach § 11 Abs. 1 Satz 3 Nr. 1 GewStG für Personenunternehmen von derzeit 24.500 € eine Rolle spielt.

Nach der ursprünglichen BFH-Rechtsprechung trat die Abfärbewirkung nach § 15 Abs. 3 Nr. 1 EStG dann ein, wenn die Umsätze der gewerblichen Tätigkeit über die Jahre zwischen 6 % und 30 % der Gesamtumsätze schwankten (vgl. BFH-Urteil vom 10.08.1994, I R 133/93, BStBl II 1995, 171). In einem Verfahren zur Aussetzung der Vollziehung hielt der BFH eine Umsatzgrenze von 2,81 % als unschädlich für die Abfärbewirkung (vgl. Beschluss vom 08.03.2004, IV B 212/03, BFH/NV 2004, 954). Mit Urteil vom 27.08.2014, VIII R 6/12 hat der BFH nun Rechtsklarheit geschaffen. Der Entscheidung lag folgender Sachverhalt zugrunde: Eine aus sieben **Rechtsanwälten/-innen** bestehende GbR war auch auf dem Gebiet der **Insolvenzverwaltung** tätig. In den Streitjahren 2003 und 2004 beschäftigte die GbR drei angestellte Rechtsanwälte sowie sieben weitere angestellte Mitarbeiter. Der angestellte Rechtsanwalt Y wurde in den Jahren 2003 und 2004 jeweils 25 bzw. 38 Mal selbst zum Treuhänder bzw. (vorläufigen) Insolvenzverwalter bestellt. Die aus dieser Tätigkeit erzielten Einnahmen beliefen sich auf 15.358 € (2003) sowie 21.065 € (2004). Die Nettoumsätze der GbR beliefen sich auf 847.721 € (2003) sowie 787.211 € (2004).

Das **Finanzamt** gelangte zu der Auffassung, dass die GbR nach § 15 Abs. 3 Nr. 1 EStG gewerbliche Einkünfte erzielt habe, da sie nach den Kriterien der Vervielfältigungstheorie im Bereich der Insolvenzverwaltung nicht die Voraussetzungen des § 18 Abs. 1 Nr. 3 EStG erfüllt habe. Die Geringfügigkeitsgrenze von 1,25 % des Gesamtumsatzes sei vorliegend überschritten (2003: **1,81 %** und 2004: **2,68 %**).

Die **Vorinstanz** (Urteil des FG Mecklenburg-Vorpommern vom 15.12.2011, 2 K 412/08) kam dagegen zu dem Ergebnis, dass bei einem Anteil der gewerblichen Umsätze von bis zu 2,68 % der Gesamtumsätze keine Abfärbewirkung eintrete. Nach der **Entscheidung des BFH ist** eine Rechtsanwalts-GbR gewerblich tätig, soweit sie einem angestellten Rechtsanwalt die eigenverantwortliche Durchführung von Insolvenzverfahren überträgt.

Ihre Einkünfte werden dadurch nicht insgesamt nach § 15 Abs. 3 Nr. 1 EStG zu solchen aus Gewerbebetrieb umqualifiziert, wenn die Nettoumsatzerlöse aus dieser auf den Angestellten übertragenen

Tätigkeit **3 %** der Gesamtnettoumsatzerlöse der Gesellschaft **und** den Betrag von **24.500 €** im Veranlagungszeitraum **nicht übersteigen**. In einer weiteren Entscheidung vom 27.08.2014 (VIII R 16/11) hatte eine **Gesangsgruppe** (GbR), die überwiegend im Rahmen des **Karnevals** bei Konzerten und Karnevalsveranstaltungen auftrat, neben Erlösen aus der musikalischen Darbietung (= lt. BFH freiberufliche künstlerische Tätigkeit i.S.d. § 18 Abs. 1 Nr. 1 EStG) auch Umsätze aus **Verkäufen von Merchandising-Artikeln** (T-Shirts, Aufkleber, Kalender und CDs) i.H.v. netto 5.000 € (= **2,26 %** des Gesamtumsatzes von netto 221.374 €) erzielt. Da die Nettoumsatzerlöse sowohl die absolute Grenze von 24.500 € als auch die relative Grenze von 3 % des Gesamtumsatze unterschritten, ging der BFH nicht vom Vorliegen gewerbliche Einkünfte aus.

Im Verfahren VIII R 41/11 war die Tätigkeit einer **Werbeagentur** (GbR), die auf dem Gebiet des Webdesigns tätig war zu beurteilen. In den Streitjahren erzielte die GbR Nettoumsatzerlöse von 253.774 € (2007) und 167.724 € (2008). Darin enthalten waren Einnahmen aus der **Vermittlung von Druckaufträgen** i.H.v. 10.840 € (2007) und 8.237 € (2008). Wegen Überschreitens der 1,25 %-Geringfügigkeitsgrenze (2007: **4,27 %**; 2008: **4,91 %**) sah das Finanzamt die Voraussetzungen des § 15 Abs. 3 Satz 1 EStG als gegeben an.

Die Vorinstanz (Urteil des Niedersächsischen FG vom 14.09.2011, 3 K 447/10, EFG 2012, 625) kam zu dem Ergebnis, dass die Anwendung des § 15 Abs. 3 Nr. 1 EStG deswegen nicht in Betracht komme, weil die gewerblichen Einkünfte unter dem Freibetrag des § 11 Abs. 1 Satz 3 Nr. 1 GewStG von 24.500 € lägen.

Demgegenüber bejahte der BFH die Abfärbewirkung des § 15 Abs. 3 Nr. 1 EStG, da die gewerblichen Nettoumsatzerlöse die Grenze von **3 %** der Gesamtumsatzerlöse der Gesellschaft **überschritten** haben. Entgegen der Auffassung des FG kommt es dann nicht mehr darauf an, ob die gewerblichen Einkünfte unter dem Freibetrag von 24.500 € liegen.

13.1.6 Abgrenzung zur Vermögensverwaltung

Die bloße Verwaltung eigenen Vermögens ist regelmäßig keine gewerbliche Tätigkeit. Dies gilt auch dann, wenn der Steuerpflichtige ein umfangreiches Vermögen verwaltet (vgl. R 15.7 Abs. 1 EStR).

Beispiel:

Der Steuerpflichtige hat 50 Eigentumswohnungen geerbt. Er ist mit der Verwaltung des Wohnungsbestandes voll ausgelastet und beschäftigt eine Verwaltungskraft im Rahmen eines Minijobs.

Lösung:

Obwohl es sich hier um ein umfangreiches Vermögen handelt, steht die Verwaltung des eigenen Vermögens im Vordergrund. Die Wohnungen stellen kein Betriebsvermögen dar. Der Steuerpflichtige erzielt Einkünfte nach § 21 EStG.

Ein **Gewerbebetrieb** liegt dagegen vor, wenn eine selbstständige nachhaltige Betätigung mit Absicht unternommen wird, sich als Beteiligung am allgemeinen wirtschaftlichen Verkehr darstellt und über den Rahmen einer Vermögensverwaltung hinausgeht (vgl. R 15.7 Abs. 1 Satz 3 EStR).

Beispiel:

Der Steuerpflichtige hat ein Einkaufszentrum errichtet und vermietet die einzelnen Ladengeschäfte. Er übernimmt die gesamte Werbung für das Einkaufszentrum, stellt den Sicherheitsdienst und übernimmt mit eigenem Personal die Reinigung und Wartung der Mietobjekte. Die Serviceleistungen werden den Mietern in Rechnung gestellt.

> **Lösung:**
>
> Auch die Vermietung eines Einkaufszentrums mit Ladenpassagen liegt grundsätzlich noch im Rahmen der Vermögensverwaltung und stellt keinen Gewerbebetrieb dar. Da der Steuerpflichtige aber über die reine Vermietungstätigkeit erheblich hinausgeht und andere gewerbliche Leistungen anbietet, wird die Vermietung ausnahmsweise zum Gewerbebetrieb. Dies bedeutet, dass er das Gebäude als Betriebsvermögen aktivieren muss.

Zur Abgrenzung zwischen einer gewerblichen Tätigkeit und der reinen Vermögensverwaltung hat der BFH die sog. Fruchtziehungsformel entwickelt. Es muss eine Ausnutzung substanzieller Vermögenswerte durch Umschichtung stattfinden, dann liegen gewerbliche Einkünfte vor. Tritt nur eine Nutzung i.S.d. Fruchtziehung aus zu erhaltenden Substanzwerten in den Vordergrund, so sind keine gewerblichen Einkünfte anzunehmen. Diese „wenig praktikable" Formel wurde z.B. im Bereich des gewerblichen Grundstückshandels durch die sog. „Drei-Objekt-Grenze" konkretisiert. Im Bereich der Vermietungseinkünfte oder in Bezug auf den Wertpapierhandel ist die „Drei-Objekt-Grenze" jedoch nicht anwendbar.

13.2 Sonderproblem: Gewerblicher Grundstückshandel

Wie in Kap. 13.5 dargestellt, fällt die Verwaltung eigenen Vermögens nicht unter § 15 EStG. Dies bedeutet, dass die Immobilien grundsätzlich Privatvermögen sind. Bei einer Veräußerung liegt grundsätzlich einen nicht steuerbare private Umschichtung vor (soweit der Tatbestand des § 23 Abs. 1 S. 1 EStG nicht erfüllt ist).

Hiervon hat die Rechtsprechung eine Ausnahme gemacht, wenn innerhalb kurzer Zeit erhebliche Vermögenswerte umgeschichtet werden (vgl. H 15.7 Abs. 1 EStH „Gewerblicher Grundstückshandel" mit Hinweis auf BMF vom 26.3.2004, BStBl I 2004, 434).

Danach liegt ein gewerblicher Grundstückshandel vor, wenn der Steuerpflichtige innerhalb von **fünf Jahren** mehr als **drei Objekte** (z.B. Grundstücke, Eigentumswohnungen, Einfamilien- und Reihenhäuser, Mehrfamilienhäuser) veräußert. In diese sog. **Drei-Objekte-Grenze** werden aber nur solche Objekte eingerechnet, bei denen zwischen Fertigstellung bzw. Anschaffung und Veräußerung nicht mehr als fünf Jahre liegen. In Ausnahmefällen kann sich dieser Zeitraum auf bis zu zehn Jahren ausdehnen, wenn der Steuerpflichtige der Baubranche nahe steht (z.B. als Architekt, Immobilienmakler, Bauhandwerker und Ähnliches). Hierzu rechnen auch Immobilien, die zu eigenen Wohnzwecken genutzt werden.

Liegt ein derartiger **gewerblicher Grundstückshandel** vor, werden die Gebäude als Umlaufvermögen behandelt. Dies hat zur Folge, dass auf die Anschaffungskosten keine AfA nach § 7 Abs. 4 EStG möglich ist. Veräußerungsgewinne unterliegen der Besteuerung nach § 15 EStG. Die Mieteinnahmen stellen Betriebseinnahmen, die Aufwendungen Betriebsausgaben dar.

> **Beispiel:**
>
> Der Steuerpflichtige erwarb 1980 zwei Eigentumswohnungen. In der Folgezeit vermietete er diese. In 2012 erwarb der Steuerpflichtige drei weitere Wohnungen. In 2015 veräußerte er sämtliche Wohnungen mit Gewinn.

> **Lösung:**
>
> Die Verwaltung eigenen Vermögens stellt grundsätzlich **keinen** Gewerbebetrieb dar. Damit fällt auch die Veräußerung der im Rahmen der privaten Vermögensverwaltung genutzten Wohnungen nicht unter § 15 EStG. Eine Ausnahme ist zu machen, wenn der Steuerpflichtige wie ein Bauträger im Markt auftritt. Die Rechtsprechung unterstellt unwiderruflich einen gewerblichen Grundstückshandel, wenn der Steuerpflichtige innerhalb von fünf Jahren mehr als drei Objekte veräußert. Da der Steuerpflichtige

D in 2015 vier Wohnungen veräußert, ist dieser Tatbestand grundsätzlich erfüllt. Allerdings verlangt die Rechtsprechung, dass bei jedem einzelnen Objekt zwischen Anschaffung/Fertigstellung und Veräußerung nicht mehr als fünf Jahre liegen (sog. schädliche Objekte). Im vorliegenden Fall erfüllen diese Voraussetzung nur die zwei Wohnungen, die in 2012 erworben wurden. Damit hat der Steuerpflichtige innerhalb von fünf Jahren lediglich zwei schädliche Objekte veräußert. Somit liegt insgesamt eine nicht steuerbare private Vermögensverwaltung vor. Es ist lediglich zu prüfen, ob die zwei schädlichen Objekte zu einem Gewinn nach § 23 Abs. 1 S. 1 EStG führen, da sie innerhalb der Zehnjahresfrist (Spekulationsfrist) veräußert wurden.

Beispiel:

Der Steuerpflichtige errichtet in 2013 sechs Reihenhäuser, die er vermietet und für die er AfA nach § 7 Abs. 4 Nr. 2a EStG geltend macht.
In 2015 veräußert er zwei Reihenhäuser, in 2016 drei Reihenhäuser.

Lösung:

Der Steuerpflichtige hat innerhalb von fünf Jahren mehr als drei Objekte veräußert, bei denen jeweils zwischen Errichtung und Veräußerung weniger als fünf Jahre liegen. Damit liegt rückwirkend ab dem Veranlagungszeitraum 2013 ein gewerblicher Grundstückshandel vor. Alle sechs Häuser (also auch das noch nicht veräußerte) sind ab dem Veranlagungszeitraum 2013 als Umlaufvermögen zu behandeln. Für alle Gebäude ist ab dem Veranlagungszeitraum 2013 keine AfA möglich; eine bereits erfolgte Veranlagung ist zu korrigieren (nach § 173 AO).

13.3   § 35 EStG: Steuerermäßigung bei gewerblichen Einkünften

Sinn und Zweck des § 35 EStG ist eine Abmilderung der Steuerbelastung von natürlichen Personen, die mit ihren gewerblichen Einkünften der Gewerbesteuer unterliegen können, und somit mit zwei Steuerarten konfrontiert werden wohingegen andere natürliche Personen ohne gewerbliche Einkünfte nicht in diese Situation kommen können. § 35 EStG findet bei Körperschaften keine Anwendung.

Die Vorschrift wirkt also bei Einzelunternehmern und bei Mitunternehmern und bei persönlich haftenden Gesellschaftern einer KGaA.

§ 35 EStG ist eine Steuerermäßigungsvorschrift, nach der sich die Einkommensteuer um den 3,8 fachen Gewerbesteuer-Messbetrag des jeweiligen Veranlagungszeitraums ermäßigt. Die Ermäßigung ist nach § 35 Abs. 1 S. 5 EStG auf die tatsächlich zu zahlende Gewerbesteuer gedeckelt. Dies führt dazu, dass bei Personengesellschaften eine gesonderte Feststellung der Verteilung der zu zahlenden Gewerbesteuer auf die Gesellschafter erforderlich macht.

Da 380 % des Gewerbesteuer-Messbetrags im Rahmen der Ermäßigung berücksichtigt werden, spielt der Hebesatz der Gemeinde zunächst keine Rolle.

Die Ermäßigung der Einkommensteuer erfolgt also gleichsam in einer Nebenrechnung. Die Einkommensteuer ist nach § 35 Abs. 1 Nr. 1 EStG um das 3,8 fache des nach § 14 GewStG festgesetzten Gewerbesteuer-Messbetrags zu vermindern. Soweit der Steuerpflichtige noch andere als gewerbliche Einkünfte erzielt, entfällt auch ein Teil der Einkommensteuer auf nicht gewerbliche Einkünfte. In solchen Fällen darf die Einkommensteuer höchstens um die auf die gewerblichen Einkünfte entfallende Einkommensteuer ermäßigt werden. Hierzu enthält § 35 Abs. 1 S. 2 EStG die entsprechende Formel:

$$\frac{\text{Summe der positiven gewerblichen Einkünfte} \times \text{geminderte tarifliche Einkommensteuer}}{\text{Summe aller positiven Einkünfte}}$$

Beispiel:
Bei einem Gewerbeertrag i.H.v. 120.000 € soll nach Hinzurechnungen und Kürzungen und der Berücksichtigung des Freibetrags nach § 11 Abs. 1 GewStG der folgende Steuermessbetrag vorliegen: 120.000 € ./. 24.500 € = 95.500 € × 3,5 % = 3.342 €. Bei einem unterstellten Hebesatz von 400 % ergäbe sich eine tatsächlich geschuldete Gewerbesteuer i.H.v. 13.368 €.
Die Summe aller positiven Einkünfte soll 150.000 € betragen bei einem zu versteuernden Einkommen von 140.000 € ergibt sich nach der Splittingtabelle eine Einkommensteuer von 42.984 €.
Somit 120.000 € × 42.984 geteilt durch 150.000 € = 34.387 €.
Die Ermäßigung von 3,8 × 3.342 € = 12.700 € ist niedriger als die anteilige Einkommensteuer von 34.387 € und sie unterschreitet auch die tatsächlich zu zahlende Gewerbesteuer.

14. Methoden der Gewinnermittlung

Soweit Einkünfte der Nummern 1–3 i.S.d. § 2 Abs. 1 EStG vorliegen, ist der Gewinn zu ermitteln (vgl. § 2 Abs. 2 Nr. 1 EStG – Gewinneinkunftsarten). Der Gewinn beim Vorliegen von Einkünften aus Gewerbebetrieb (§ 15 EStG) und Einkünften aus selbständiger Arbeit (§ 18 EStG) kann grundsätzlich nach mehreren Methoden ermittelt werden. Als bedeutsamste Methoden sind hier zu nennen:

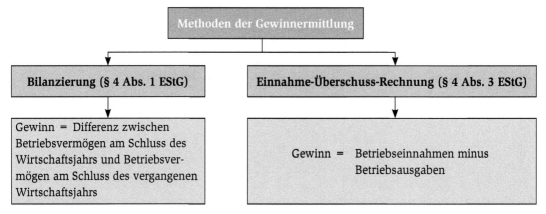

Abb. 1: Methoden der Gewinnermittlung

Als **Grundfall der Gewinnermittlung** kann die **Bilanzierung** angesehen werden. Von pauschalen Methoden wie beispielsweise der Tonnagegewinnermittlung oder der pauschalen Gewinnermittlung für Land- und Forstwirte abgesehen, ist die Einnahmen-Überschuss-Rechnung die einfachste Art der Gewinnermittlung. Sie kann aber nur gewählt werden, wenn der Steuerpflichtige nicht zum Führen von Büchern verpflichtet ist, vgl. §§ 140, 141 AO und § 4 Abs. 3 S. 1 EStG (vgl. unten). Seit 2005 ist der Einkommensteuererklärung allerdings bei Betriebseinnahmen über 17.500 € die Anlage EÜR beizufügen. Unabhängig von der Gewinnermittlungsart gilt der Grundsatz der Gewinngleichheit. Dies bedeutet, dass der Gewinn, gleichgültig, ob er nach § 4 Abs. 3 EStG oder durch Bilanzierung ermittelt wird auf die gesamte Laufzeit des Betriebs der gleiche sein muss. Der Gewinn für ein einzelnes Jahr, also auch für einen einzelnen Veranlagungszeitraum braucht aber nicht der gleiche zu sein. Es liegt dann in diesem Jahr keine Steuergleichheit vor. Als Hauptbesonderheit bei der Gewinnermittlung nach § 4 Abs. 3 EStG ist festzuhalten, dass das Zufluss- und Abflussprinzip des § 11 EStG gilt. Nur die Einnahmen bzw. Ausgaben sind zu berücksichtigen, die in dem entsprechenden Veranlagungszeitraum eingenommen bzw. gezahlt wurden. Bestandsveränderungen bleiben unberücksichtigt. Damit erfolgt keine periodengerechte Gewinnermittlung, was der wesentliche Unterschied zur Gewinnermittlung nach § 4 Abs. 1, § 5 Abs. 1 EStG (Betriebsvermögensvergleich) ist.

Beispiel:

Ein Gewerbetreibender hat für seinen Kunden Reparaturleistungen erbracht. Er schreibt ihm am 5.12.2014 eine Rechnung über 5.000 € (die Umsatzsteuer soll aus Vereinfachungsgründen außer Betracht bleiben). Der Kunde bezahlt am 15.1.2015.

a) Der Steuerpflichtige ermittelt den Gewinn durch Bilanzierung;

b) Der Steuerpflichtige erstellt zulässigerweise eine Einnahme-Überschuss-Rechnung.

> **Lösung:**
>
> In der Variante a) muss der Gewerbetreibende zum 31.12.2014 (unterstellt: Wirtschaftsjahr = Kalenderjahr) eine Forderung i.H.v. 5.000 € einbuchen (Buchungssatz: Forderung 5.000 € an Ertrag 5.000 €). Damit entsteht der Gewinn im Veranlagungszeitraum 2014.
> In der Variante b) gilt das Zuflussprinzip (§ 11 EStG). Der Gewerbetreibende erfasst die Zahlung als Betriebseinnahme mit Zufluss im Veranlagungszeitraum 2015.
> In beiden Varianten beträgt der Gewinn 5.000 €. Er entsteht lediglich in unterschiedlichen Veranlagungszeiträumen.

14.1 Bilanzierung

Zum Thema Bilanzierung s. **Maus, Bilanzsteuerrecht und Buchführung, 4. Auflage; Steuern und Finanzen in Ausbildung und Praxis, Band 2, HDS-Verlag.**

14.2 Einnahme-Überschuss-Rechnung

Die **Einnahme-Überschuss-Rechnung** nach § 4 Abs. 3 EStG ist nur bei Steuerpflichtigen zulässig, die nicht aufgrund gesetzlicher Vorschriften verpflichtet sind, Bücher zu führen und regelmäßig Abschlüsse zu machen.

Die Verpflichtung, Bücher zu führen, ergibt sich aus **§ 238 HGB**. Danach ist jeder Kaufmann verpflichtet, Bücher zu führen und in diesen seine Handelsgeschäfte und die Lage seines Vermögens nach den Grundsätzen ordnungsmäßiger Buchführung ersichtlich zu machen.

Kaufmann im Sinne dieser Vorschrift ist, wer ein Handelsgewerbe betreibt (**§ 1 HGB**). Handelsgewerbe ist jeder Gewerbebetrieb, es sei denn, dass das Unternehmen nach Art oder Umfang einen in kaufmännischer Weise eingerichteten Geschäftsbetrieb nicht erfordert (z.B. kleiner Kiosk mit unbedeutenden Umsätzen).

Wer nach Handelsrecht verpflichtet ist, Bücher zu führen, unterliegt nach **§ 140 AO** auch der **Buchführungspflicht** für steuerliche Zwecke.

Gewerbetreibende, die nicht schon nach § 238 HGB buchführungspflichtig sind, müssen für steuerliche Zwecke Bücher führen, wenn sie die Grenzen des **§ 141 AO** überschreiten. Durch das sog. Bürokratieentlastungsgesetz wurde § 141 AO ab dem 01.01.2016 verändert. Nunmehr gelten folgende Beträge:

* Umsätze einschließlich der steuerfreien Umsätze, ausgenommen die Umsätze nach § 4 Nr. 8 bis 10 UStG, von mehr als 600.000 € im Kalenderjahr oder
* selbst bewirtschaftete land- und forstwirtschaftliche Flächen mit einem Wirtschaftswert (§ 46 BewG) von mehr als 25.000 € oder
* einen Gewinn aus Gewerbebetrieb von mehr als 60.000 € im Wirtschaftsjahr oder
* einen Gewinn aus Land- und Forstwirtschaft von mehr als 60.000 € im Kalenderjahr.

Steuerpflichtige die nicht den beschriebenen Buchführungsverpflichtungen unterliegen, können natürlich freiwillig ihren Gewinn, beispielsweise durch Bilanzierung, ermitteln, sie müssen nicht die Gewinnermittlung nach § 4 Abs. 3 EStG vornehmen.

Übung 1: Können die Steuerpflichtigen die Gewinnermittlung nach § 4 Abs. 3 EStG wählen? Bitte begründen Sie Ihr Ergebnis.	
Ein Arzt hat sieben Angestellte; sein Umsatz beläuft sich auf 600.000 € im Jahr.	

Ein Handelsvertreter erzielt Einkünfte nach § 15 EStG; er arbeitet nur für ein Unternehmen; ein in kaufmännischer Weise eingerichteter Geschäftsbetrieb ist daher nicht erforderlich; sein Umsatz beträgt im Jahr 170.000 €.	
Wie oben; der Handelsvertreter hat seine Firma im Handelsregister eintragen lassen (sog. eingetragener Kaufmann).	
Ein Steuerpflichtiger betreibt einen Friseursalon mit 15 Angestellten; sein Gewinn beträgt 120.000 €.	
Eine Kommanditgesellschaft (KG) betreibt eine kleine Tankstelle; einen in kaufmännischer Weise eingerichteten Geschäftsbetrieb ist nicht vorhanden; der Gewinn beträgt 40.000 € im Jahr.	

Entscheidet sich der Steuerpflichtige zur Gewinnermittlung nach § 4 Abs. 3 EStG und liegen seine Betriebseinnahmen im Veranlagungszeitraum über 17.500 €, so muss er die Einnahmen-Überschuss-Rechnung nach amtlich vorgeschriebenem Muster elektronisch übermitteln (**Formular EÜR**; vgl. § 60 Abs. 4 EStDV und das jeweilige BMF-Schreiben des entsprechenden Jahres). Als Teil der Einnahmen-Überschuss-Rechnung ist ein **Anlageverzeichnis** beizufügen.

14.3 Wirtschaftsjahr bei Einnahme-Überschuss-Rechnung
Gewerbetreibende, deren Firma im Handelsregister eingetragen ist, können nach § 4a Abs. 1 Nr. 2 EStG ein vom Kalenderjahr **abweichendes Wirtschaftsjahr** haben. Dabei ist zu beachten, dass jeder Gewerbetreibende, der nicht unter die Befreiungsvorschrift des § 1 Abs. 2 HGB fällt (also keinen in kaufmännischer Weise eingerichteten Geschäftsbetrieb benötigt), zum Eintrag in das Handelsregister verpflichtet ist.

Für die anderen Gewerbetreibenden (also diejenigen, die nicht im Handelsregister eingetragen sind) entspricht das Wirtschaftsjahr dem Kalenderjahr (vgl. § 4a Nr. 3 EStG). Da die Vorschrift des § 4a EStG für diejenigen, die Einkünfte nach § 18 EStG erzielen nicht anwendbar ist, kann diese Personengruppe kein abweichendes Wirtschaftsjahr haben vgl. auch BFH vom 13.10.2009, BStBl II 2010, 180.

14.4 Behandlung einzelner Vorgänge bei der Einnahmen-Überschuss-Rechnung
Im Folgenden werden die Besonderheiten der Einnahme-Überschuss-Rechnung bei den einzelnen Geschäftsvorfällen dargestellt.

14.4.1 Erwerb von nicht abnutzbarem Anlagevermögen – § 4 Abs. 3 S. 4 und 5 EStG
Erwirbt ein Steuerpflichtiger, der seinen Gewinn nach § 4 Abs. 3 EStG ermittelt, Wirtschaftsgüter, die nicht abnutzbar sind (z.B. ein Grundstück), so hat dieser Vorgang zunächst keine Auswirkungen auf den Gewinn. Der Steuerpflichtige muss aber das Grundstück nach § 4 Abs. 3 Satz 5 EStG in ein besonderes, laufend zu führendes Verzeichnis (Anlageverzeichnis) aufnehmen.

Veräußert der Steuerpflichtige später das Wirtschaftsgut, so hat er die Anschaffungskosten (inkl. der Anschaffungsnebenkosten vgl. § 255 Abs. 1 S. 2 HGB) als Betriebsausgaben und den zugeflossenen Veräußerungserlös als Betriebseinnahmen zu behandeln.

Beispiel:

Ein Rechtsanwalt erwirbt im Jahr 2008 ein Grundstück für 200.000 € (Anschaffungs- und alle Anschaffungsnebenkosten), da er plant, ein Kanzleigebäude zu errichten. Nachdem er dieses Vorhaben fallen gelassen hat, veräußert er das Grundstück im Jahr 2015 für 230.000 €.

Lösung:

Der Erwerb im Jahr 2008 hat keine Auswirkungen auf den Gewinn. Der Rechtsanwalt muss das Grundstück in ein Anlageverzeichnis aufnehmen. Bei der Veräußerung – genau genommen, sobald der Veräußerungserlös zufließt – im Jahr 2015 zeichnet er den erhaltenen Kaufpreis als Betriebseinnahme (= 230.000 €) und die in 2008 geleisteten Anschaffungskosten (= 200.000 €) als Betriebsausgaben auf; somit erhöht sich der Gewinn im Veranlagungszeitraum 2015 durch diesen Vorgang um 30.000 €.

Es spielt insoweit keine Rolle, ob das Wirtschaftsgut zum **notwendigen** oder zum **gewillkürten Betriebsvermögen** gehört. Zum **notwendigen Betriebsvermögen** gehören Wirtschaftsgüter, die ausschließlich und unmittelbar für eigenbetriebliche Zwecke des Steuerpflichtigen genutzt werden (R 4.2 Abs. 7 EStR). Gewillkürtes Betriebsvermögen liegt vor, wenn das Wirtschaftsgut in einem gewissen objektiven Zusammenhang mit dem Betrieb steht und ihn zu fördern bestimmt und geeignet ist (R 4.2 Abs. 9 EStR und BFH-Beschluss vom 13.05.2014, III B 152/13, DStRE 2014, 965).

Notwendiges Privatvermögen (z.B. zu eigenen Wohnzwecken genutzte Immobilien) kann weder der Bilanzierende noch der § 4 Abs. 3-Rechner als Betriebsvermögen behandeln. Zur grundsätzlichen Frage des gewillkürten Betriebsvermögens im Rahmen der Gewinnermittlung nach § 4 Abs. 3 EStG vgl. BMF vom 17.11.2004, BStBl I 2004, 1064.

Der Unterschied ist insoweit von Bedeutung, als Wirtschaftsgüter des notwendigen Betriebsvermögens auch dann Betriebsvermögen sind, wenn sie fälschlicherweise nicht in das Anlageverzeichnis aufgenommen werden. Wirtschaftsgüter, die als gewillkürtes Betriebsvermögen behandelt werden sollen, erlangen diese Eigenschaft erst dadurch, dass sie im Anlageverzeichnis ausdrücklich ausgewiesen werden. Unterlässt der Steuerpflichtige die Aufnahme in das Anlageverzeichnis, stellen diese Wirtschaftsgüter Privatvermögen dar.

Beispiel:

Ein Arzt erwirbt eine Eigentumswohnung:
a) er betreibt in der Eigentumswohnung seine Arztpraxis;
b) er hat die Eigentumswohnung primär als Geldanlage erworben; eine spätere Nutzung als Arztpraxis ist nicht ausgeschlossen; derzeit wird die Wohnung nur zu Wohnzwecken vermietet;
c) er nutzt die Eigentumswohnung für private Wohnzwecke.

Lösung:

In der Variante
a) handelt es sich um notwendiges Betriebsvermögen, da die Immobilie unmittelbar für Zwecke der Praxis genutzt wird.
b) hat der Arzt ein Wahlrecht. Er kann die Wohnung als gewillkürtes Betriebsvermögen behandeln, indem er die Wohnung in sein Anlageverzeichnis aufnimmt. Als objektiver Zusammenhang mit der Arztpraxis reicht es aus, dass die Immobilie das Betriebsvermögen stärkt. Die geplante spätere Nutzung als Arztpraxis ist daher nicht einmal zwingend erforderlich. Behandelt der Steuerpflichtige die Wohnung nicht als gewillkürtes Betriebsvermögen, so stellt sie Privatvermögen dar.

c) handelt es sich um notwendiges Privatvermögen. Die Behandlung als (gewillkürtes) Betriebsvermögen ist ausgeschlossen.

Unabhängig von der Behandlung des nicht abnutzbaren Betriebsvermögens als notwendiges oder gewillkürtes kann der § 4 Abs. 3-Rechner die Aufwendungen für das Grundstück (z.B. Grundsteuer, Finanzierungskosten, Versicherungen etc.) als Betriebsausgaben berücksichtigen.

14.4.2 Erwerb von abnutzbarem Anlagevermögen – § 4 Abs. 3 S. 3 EStG

Erwirbt der § 4 Abs. 3-Rechner Wirtschaftsgüter, die abnutzbar sind (z.B. PC, Kopiergeräte, Praxiseinrichtung, Büromöbel etc.), so besteht grundsätzlich kein Unterschied zu der Behandlung beim Bilanzierenden. Zwar gilt grundsätzlich für den § 4 Abs. 3-Rechner das Zuflussprinzip bzw. Abflussprinzip des § 11 EStG. Hier greift aber § 4 Abs. 3 S. 3 EStG ein, der die Vorschriften der AfA im weitesten Sinne für anwendbar erklärt, d.h. im Falle der Anschaffung von abnutzbaren Wirtschaftsgütern des Anlagevermögens kommt es nicht darauf an, wann der § 4 Abs. 3-Rechner den Kaufpreis bezahlt bzw. eine Anzahlung auf den Kaufpreis leistet.

Abnutzbare Wirtschaftsgüter des Anlagevermögens sind grundsätzlich nach **§ 7 Abs. 1 EStG** auf die betriebsgewöhnliche Nutzungsdauer abzuschreiben. Die Dauer der betriebsgewöhnlichen Nutzungsdauer kann aus amtlichen Tabellen entnommen werden, die die Finanzverwaltung regelmäßig veröffentlicht (in den Klausuren wird die betriebsgewöhnliche Nutzungsdauer regelmäßig angegeben sein).

Nach § 7 Abs. 1 Satz 4 EStG ist die AfA **monatsgenau** zu ermitteln ($\frac{1}{12}$, $\frac{7}{12}$ des jeweiligen Jahresbetrags etc.).

Beispiel:

Ein § 4 Abs. 3-Rechner erwirbt am 15.12.2015 einen PC für 1.000 €. Er bezahlt die Rechnung vereinbarungsgemäß erst am 20.2.2016. Die betriebsgewöhnliche Nutzungsdauer des PC soll drei Jahre betragen.

Lösung:

Im Rahmen von Anschaffungsvorgängen kommt es auf den Zeitpunkt der Bezahlung nicht an. Die Anschaffungskosten des PCs sind nach § 7 Abs. 1 EStG auf die betriebsgewöhnliche Nutzungsdauer zu verteilen (abzuschreiben). Im Jahre 2015 beträgt daher die AfA (1.000 € : 3 Jahre × $\frac{1}{12}$ =) 27,78 € ~ 28 €.

Übung 2:

Steuerberater S schafft im Dezember 2015 (Zeitpunkt der Lieferung) ein Notebook für 2.000 € zuzüglich 380 € Umsatzsteuer an und bezahlt es am 16.01.2016. Stellen Sie die Gewinnauswirkung nach § 4 Abs. 3 EStG im Jahr 2015 dar.

Abwandlung: Wie im Fall oben, allerdings kauft ein Arzt das Notebook für seine Praxis.

In Ausnahmefällen kann auch ein § 4 Abs. 3-Rechner die sog. **Leistungs-AfA** nach **§ 7 Abs. 1 Satz 6 EStG** anwenden. Danach ist die AfA nach Maßgabe der Leistung des Wirtschaftsguts vorzunehmen. Maßstab für die Leistung können zum Beispiel die Betriebsstunden oder ähnliches sein.

Beispiel:

Ein Geologe (Einkünfte nach § 18 EStG, da dem Ingenieur vergleichbar) erwirbt ein spezielles Bohrgerät (betriebsgewöhnliche Nutzungsdauer zehn Jahre) zur Erderkundung für 5.000 € (die Umsatzsteuer soll aus Vereinfachungsgründen außer Betracht bleiben). Laut Herstellerangabe hat das Gerät eine betriebsgewöhnliche Nutzungsdauer von 100 Stunden. Nach glaubwürdiger und schlüssiger Aussage des Steuerpflichtigen nutzt er das Gerät ausschließlich für einen speziellen Auftrag und zwar in 2014 80 Stunden und in 2015 und 2016 je 10 Stunden.

Lösung:

Anstelle einer linearen AfA (hier: 10 % pro Jahr) kann der Steuerpflichtige die AfA nach § 7 Abs. 1 Satz 6 EStG wählen. Es ergibt sich dann folgende Abschreibung:

Anschaffungskosten in 2014	5.000 €
AfA (5.000 € × 80 h/100 h =)	./. 4.000 €
Buchwert 31.12.2014	**1.000 €**
AfA (5.000 € × 10 h/100 h =)	./. 500 €
Buchwert 31.12.2015	**500 €**
AfA (5.000 € × 10 h/100 h =)	./. 499 €
Buchwert 31.12.2016	**1 €**

Ein besonderes Problem entsteht, wenn der Steuerpflichtige ein Wirtschaftsgut im Privatvermögen erwirbt und es später in ein Betriebsvermögen einlegt. Die **Einlage** (Details s Kap. 14.4.10) hat nach **§ 6 Abs. 1 Nr. 5 EStG** grundsätzlich mit dem sog. **Teilwert** zu erfolgen.

Der Teilwert ist ein rein steuerlicher Begriff. Neben den Anschaffungskosten und den Herstellungskosten ist der Teilwert der dritte mögliche Bewertungsmaßstab für die steuerliche Bilanz und auch im Bereich der Gewinnermittlung nach § 4 Abs. 3 EStG von Bedeutung. Nach der gesetzlichen Definition des § 6 Abs. 1 Nr. 1 Satz 3 EStG ist der Teilwert der Betrag, den ein Erwerber des ganzen Betriebs im Rahmen des Gesamtkaufpreises für das einzelne Wirtschaftsgut ansetzen würde; dabei ist davon auszugehen, dass der Erwerber den Betrieb fortgeführt.

Nach einer **Einlage** erfolgt die Abschreibung grundsätzlich aus dem **Teilwert**. Die Einlage muss man sich wie eine Veräußerung in das Betriebsvermögen vorstellen.

Beispiel:

Psychologe P, der seinen Gewinn nach § 4 Abs. 3 EStG zu ermitteln versucht, legt eine bisher privat genutzte Couch (Anschaffung im Privatvermögen im Jahr 2008) im Januar 2015 in sein Betriebsvermögen ein, weil seine Sprechstundenhilfe ihn darum gebeten hatte! Der Teilwert im Januar beträgt 1.200 €, die Restnutzungsdauer 2 Jahre.

Lösung:

Eine Sacheinlage wird so behandelt, als wäre das entsprechende Wirtschaftsgut entgeltlich angeschafft worden. Für die Bewertung der Einlagen gilt die Regel des § 6 Abs. 1 Nr. 5 EStG. Da sich die Anschaffung „über die AfA" auswirkt, kann der Einlagewert nicht sofort als Betriebsausgabe abgesetzt werden, sondern bildet die AfA-Bemessungsgrundlage.

Somit 1.200 € × ½ × $^{12}/_{12}$ = 600 € Betriebsausgaben im Veranlagungszeitraum 2015.

Soweit das entsprechende Wirtschaftsgut innerhalb der letzten drei Jahre vor dem Zeitpunkt der Einlage im Privatvermögen angeschafft oder hergestellt wurde ist § 6 Abs. 1 Nr. 5a EStG zu beachten. Soweit die sog. fortgeführten Anschaffungs- bzw. Herstellungskosten niedriger sind als der Teilwert sind die fortgeführten Anschaffungs- bzw. Herstellungskosten anzusetzen.

Die Regelung des § 6 Abs. 1 EStG findet nach ihrem Wortlaut nur für die Bewertung von Wirtschaftsgütern Anwendung, die „nach § 4 Abs. 1 EStG oder nach § 5 EStG als Betriebsvermögen anzusetzen sind". Im Rahmen der Gewinnermittlung des § 4 Abs. 3 EStG findet § 6 Abs. 1 EStG demzufolge keine Anwendung. Dies hat der BFH in seinem Urteil vom 21.06.2006 (BStBl II 2006, 712) zur Frage einer Teilwertabschreibung bei Anwendung der Gewinnermittlung nach § 4 Abs. 3 EStG ebenfalls so beurteilt.

Während für den Bereich der Überschusseinkünfte in § 9 Abs. 5 Satz 2 EStG ein Verweis auf die Anwendbarkeit des § 6 Abs. 1 Nr. 1a EStG besteht, fehlt dieser für die Gewinnermittlung nach § 4 Abs. 3 EStG. Dennoch ist die Anwendung des § 6 Abs. 1 Nr. 1a EStG auch bei der Gewinnermittlung nach § 4 Abs. 3 EStG gängige Verwaltungspraxis. Aufgrund dessen wurde eine klarstellende Regelung zur Absicherung der Verwaltungspraxis in § 6 Abs. 7 EStG aufgenommen.

Hat der Steuerpflichtige das Wirtschaftsgut vor der Einlage im Privatvermögen zur Erzielung von Einkünften genutzt, so erfolgt die „Einbuchung" grundsätzlich zum Teilwert. **Bemessungsgrundlage für die Abschreibung** ist nach **§ 7 Abs. 1 Satz 5 EStG** der Teilwert, vermindert um die ggf. im Privatvermögen in Anspruch genommene AfA. Damit soll vermieden werden, dass der Steuerpflichtige die AfA doppelt in Anspruch nimmt (nämlich einmal im Privatvermögen und zum anderen nach Einlage im Betriebsvermögen).

In seltenen Fällen kommt auch eine **Absetzung für außergewöhnliche technische oder wirtschaftliche Abnutzung** (AfaA) nach § 7 Abs. 1 Satz 7 EStG infrage (z.B. Zerstörung des Wirtschaftsguts durch einen Brand oder einen Unfall).

Eine bloße Wertminderung (vgl. § 6 Abs. 1 Nr. 1 Satz 2 EStG; sog. **Teilwertberichtigung**) kann beim § 4 Abs. 3-Rechner nicht berücksichtigt werden.

Beispiel:

Ein Rechtsanwalt erwirbt im Betriebsvermögen ein neues Kfz für 120.000 €. Bereits bei der ersten Ausfahrt verunglückt er auf der Autobahn. Die Kfz-Versicherung lässt das Fahrzeug nach allen Regeln der Kunst reparieren. Das Fahrzeug ist nach der Reparatur zu 100 % technisch in Ordnung. Der merkantile Minderwert wird dennoch vom Gutachter mit 20.000 € angegeben.

Lösung:

Der Rechtsanwalt (§ 18 EStG; § 4 Abs. 3-Rechner) kann auf das Fahrzeug keine AfaA (§ 7 Abs. 1 Satz 7 EStG) geltend machen, da keine außergewöhnliche technische oder wirtschaftliche Abnutzung vorliegt. Der Begriff der wirtschaftlichen Abnutzung darf nicht mit dem Begriff der Wertminderung verwechselt werden. Die AfaA erfordert stets einen Eingriff in die Substanz der Sache. Da die sog. Teilwert-Abschreibung nach § 6 Abs. 1 Nr. 1 EStG nur bei Bilanzierenden möglich ist, bleibt dem Rechtsanwalt lediglich die reguläre Abschreibung.

14.4.3 Erwerb von Gebäuden

Immobilien zählen grundsätzlich zum abnutzbaren Anlagevermögen. Für die Abschreibung gilt die Sonderregelung des § 7 Abs. 4 EStG.

Gehört das Gebäude zu einem Betriebsvermögen, dient es keinen Wohnzwecken und wurde der Bauantrag nach dem 31.03.1985 gestellt, so beträgt der AfA-Satz nach § 7 Abs. 4 Nr. 1 EStG 3 % p.a. Erfüllt das Gebäude die Voraussetzungen der Nr. 1 nicht, so erfolgt die Abschreibung nach Nr. 2.

Beispiel:

Ein Steuerpflichtiger erwirbt ein Geschäftshaus für 500.000 € (Anteil Grund und Boden 80.000 €). Die Anschaffungsnebenkosten belaufen sich auf 10 % des Kaufpreises. Das Geschäftshaus wurde im Jahre

1898 errichtet. Der Steuerpflichtige nutzt das Gebäude für seinen Betrieb. Der Übergang von Nutzen und Lasten erfolgt zum 1.2.2015.

Lösung:

Die Anschaffungskosten belaufen sich auf (500.000 € zuzüglich 50.000 € =) 550.000 €. Davon entfallen auf das Gebäude (420/500 × 550.000 € =) 462.000 €. Da der Bauantrag nicht nach dem 31.3.1985 gestellt wurde, kommt eine AfA nach § 7 Abs. 4 Nr. 1 EStG nicht infrage. Da das Gebäude vor dem 1.1.1925 erbaut wurde, beträgt der AfA-Satz nach § 7 Abs. 4 Nr. 2b) EStG 2,5 % p.a. Die Abschreibung beläuft sich damit in 2015 auf (462.000 € × 2,5 % × $^{11}/_{12}$ =) 10.588 €.

14.4.4 Veräußerung von abnutzbarem Anlagevermögen

Veräußert der Einnahmen-Überschuss-Rechner ein Wirtschaftsgut, so ist der Restbuchwert Gewinn mindernd auszubuchen (Betriebsausgabe) und der Veräußerungserlös als Betriebseinnahme zu erfassen.

Beispiel:

Ein Steuerpflichtiger erwirbt im Januar 2015 ein Wirtschaftsgut für 5.000 € zuzüglich Umsatzsteuer; die betriebsgewöhnliche Nutzungsdauer beträgt neun Jahre. Im Mai 2016 veräußert er das Wirtschaftsgut für 3.000 € zuzüglich Umsatzsteuer.

Lösung:

Der Rest(buch)wert ist als Betriebsausgabe zu behandeln:

Anschaffungskosten	5.000 €
AfA 2015 (5.000 € : 9 Jahre =)	./. 556 €
AfA 2016 (5.000 € : 9 Jahre × $^5/_{12}$ =)	./. 232 €
(Buch-)Wert Mai 2016	**4.212 €**

Der Veräußerungserlös ist als Betriebseinnahme zu erfassen; somit ergibt sich durch den Verkauf ein Verlust i.H.v. (3.000 € ./. 4.212 € =)   ./. 1.212 €.

14.4.5 Geringwertige Wirtschaftsgüter (GWG)

Steuerpflichtige können nach § 6 Abs. 2 Satz 1 EStG die Anschaffungs- oder Herstellungskosten von abnutzbaren beweglichen Wirtschaftsgütern des Anlagevermögens im Wirtschaftsjahr der Zuführung zu Betriebsvermögen in voller Höhe als Betriebsausgaben abziehen, wenn die Anschaffungs- oder Herstellungskosten vermindert um die Umsatzsteuer **410 €** nicht übersteigen. Die Grenze liegt auch dann bei 410 € netto, wenn der Steuerpflichtige keine Vorsteuerabzugsberechtigung hat.

Kann der Steuerpflichtige keine Vorsteuer geltend machen, kann er nach **§ 9b EStG** die Brutto-Anschaffungskosten als Betriebsausgaben geltend machen.

Da im Bereich der Anschaffungskosten das Abflussprinzip des § 11 Abs. 2 EStG nicht gilt, kann das GWG in dem Veranlagungszeitraum geltend gemacht werden, in dem es dem Betriebsvermögen zugeführt wird.

Beispiel:

Ein Arzt erwirbt im Dezember 2015 ein Mobiltelefon, das er ausschließlich für Zwecke seiner Praxis (Bereitschaftsdienste etc.) benötigt. Der Kaufpreis beträgt 400 € zuzüglich Umsatzsteuer. Der Kaufpreis wird erst im Januar 2016 von seinem Kreditkartenkonto abgebucht.

Lösung:

Da die Anschaffungskosten des Wirtschaftsguts netto 410 € nicht übersteigen, kann der Arzt das Wirtschaftsgut als GWG nach § 6 Abs. 2 Satz 1 EStG mit Anschaffung im Veranlagungszeitraum 2015 als Betriebsausgabe geltend machen. Dass die Bezahlung erst in 2016 erfolgt, hat steuerlich keine Folgen. Da der Arzt nach § 4 Abs. 14 Buchst. a) UStG steuerfreie Leistungen erbringt und somit nach § 15 Abs. 2 Nr. 1 UStG nicht zum Vorsteuerabzug berechtigt ist, kann er nach § 9b EStG die Brutto-Anschaffungskosten als Betriebsausgabe geltend machen; dies sind hier (400 € zuzüglich 76 € Umsatzsteuer =) 476 €.

Die GWG-Regelung ist nur auf Wirtschaftsgüter anwendbar, die einer selbstständigen Nutzung fähig sind. Ein Wirtschaftsgut ist einer selbstständigen Nutzung nicht fähig, wenn es nach seiner betrieblichen Zweckbestimmung nur zusammen mit anderen Wirtschaftsgütern des Anlagevermögens genutzt werden kann und die in den Nutzungszusammenhang eingefügten Wirtschaftsgüter technisch aufeinander abgestimmt sind (vgl. § 6 Abs. 2 Satz 2 EStG).

Beispiel:

Ein Architekt erwirbt einen PC für 1.000 € zuzüglich Umsatzsteuer. Als Zubehör erwirbt er einen Bildschirm (300 € zuzüglich Umsatzsteuer).

Lösung:

Bildschirm und PC bilden eine funktionale Einheit. Der Bildschirm kann ohne den PC nicht genutzt werden. Damit sind die zwei Wirtschaftsgüter zusammenzurechnen. Da der Gesamtkaufpreis die Grenze von 410 € netto übersteigt, müssen die Anschaffungskosten von PC und Zubehör (1.300 €) auf die betriebsgewöhnliche Nutzungsdauer abgeschrieben werden. Da der Architekt umsatzsteuerpflichtige Leistungen erbringt, ist er nach § 15 UStG vorsteuerberechtigt. Somit können nach § 9b EStG nur die Netto-Anschaffungskosten abgeschrieben werden.

GWG, deren Wert **150 €** übersteigt, sind unter Angabe des Tages der Anschaffung, Herstellung oder Einlage des Wirtschaftsguts in ein besonderes, laufend zu führendes Verzeichnis aufzunehmen (§ 6 Abs. 2 Satz 4 EStG). Das Verzeichnis braucht nicht geführt zu werden, wenn diese Angaben aus der Buchführung (Anlageverzeichnis) ersichtlich sind. Die 150 €-Grenze dürfte daher in der Praxis keine Bedeutung haben.

Die GWG-Regelung ist für Umlaufvermögen nicht anzuwenden. Dieses stellt – unabhängig von der Höhe des Kaufpreises – stets sofort abziehbare Betriebsausgaben dar.

Beispiel:

Ein Arzt bestellt für seine Praxis zehn Ersatz-Trommeln für Laser-Drucker; der Einzelpreis beträgt 100 € zuzüglich Umsatzsteuer und jeweils 3 € zuzüglich Umsatzsteuer für Verpackung und Versand.

Lösung:

Die Ersatz-Trommeln für die Laserdrucker sind Umlaufvermögen, da sie zum Verbrauch bestimmt sind; der Kaufpreis (inklusive Verpackungs- und Versandkosten) ist unter Berücksichtigung des § 9b EStG sofort als Betriebsausgabe i.H.v. (10 × 103 € zuzüglich 19 % Umsatzsteuer =) 1.226 € anzusetzen.

14.4.6 Sammelposten

Für abnutzbare bewegliche Wirtschaftsgüter des Anlagevermögens, die einer selbstständigen Nutzung fähig sind, **kann** der Steuerpflichtige im Wirtschaftsjahr der Anschaffung, Herstellung oder Einlage einen Sammelposten bilden, wenn die Anschaffungs- oder Herstellungskosten vermindert um einen darin enthaltenen Vorsteuerbetrag für das einzelne Wirtschaftsgut **150 €**, aber nicht **1.000 €** übersteigen (vgl. § 6 Abs. 2a Satz 1 EStG).

Der **Sammelposten** ist im Wirtschaftsjahr der Bildung und in den folgenden vier Wirtschaftsjahren mit jeweils einem Fünftel Gewinn mindernd aufzulösen.

Bildet der Steuerpflichtige einen Sammelposten, so muss er in diesen alle Wirtschaftsgüter aufnehmen, die in einem Wirtschaftsjahr angeschafft, hergestellt oder eingelegt werden und die Voraussetzungen für die Aufnahme in einen Sammelposten erfüllen.

Außerdem gilt für **GWG** in diesem Fall eine **Grenze von 150 €** (§ 6 Abs. 2a Satz 4 EStG). § 6 Abs. 2 EStG ist somit bei Anwendung des Abs. 2a ausgeschlossen. Das Wahlrecht, einen Sammelposten zu bilden, kann jedes Jahr neu ausgeübt werden.

Beispiel:

Ein Steuerpflichtiger erwirbt im Januar 2015 fünf Wirtschaftsgüter zu je 900 € zuzüglich Umsatzsteuer mit einer betriebsgewöhnlichen Nutzungsdauer von acht Jahren. Außerdem erwirbt er 30 Wirtschaftsgüter zu je 380 € zuzüglich Umsatzsteuer mit einer betriebsgewöhnlichen Nutzungsdauer von drei Jahren. Der Steuerpflichtige überlegt, ob er einen Sammelposten bilden soll.

Lösung:

Bildet der Steuerpflichtige einen Sammelposten, so sind in diesen alle Wirtschaftsgüter einzustellen, deren Anschaffungskosten zwischen 150 € und 1.000 € netto liegen.

5 Wirtschaftsgüter je 900 €	4.500 €
30 Wirtschaftsgüter je 380 €	11.400 €
Summe	**15.900 €**
Betriebsausgaben 2015–2019 je $\frac{1}{5}$ =	3.180 €

Wählt der Steuerpflichtige die GWG-Regelung des § 6 Abs. 2 EStG, so ergibt sich folgende Rechnung: Die Wirtschaftsgüter deren Anschaffungskosten die Grenze von 410 € übersteigen, werden nach § 7 Abs. 1 EStG auf die betriebsgewöhnliche Nutzungsdauer abgeschrieben; die AfA beträgt demnach (900 € : 8 Jahre =) 113 € × fünf Wirtschaftsgüter = 565 €.

Die übrigen Wirtschaftsgüter erfüllen die Voraussetzung des § 6 Abs. 2 EStG und können als GWG sofort abgeschrieben werden; die Abschreibung beläuft sich auf (30 × 380 € =) 11.400 €.

Die gesamte Abschreibung beträgt bei dieser Variante (565 € + 11.400 € =) 11.965 €. Die Bildung eines Sammelpostens wäre somit nicht empfehlenswert.

Scheidet ein Wirtschaftsgut aus (z.B. Verkauf, Zerstörung oder ähnliches), so hat dies auf den Sammelposten keinen Einfluss.

Beispiel:

Ein Steuerpflichtiger erwirbt im Januar 2015 fünf Laptops für jeweils 800 € zuzüglich Umsatzsteuer; die betriebsgewöhnliche Nutzungsdauer beträgt drei Jahre. Am 31.12.2015 wird ein Laptop für 600 € zuzüglich Umsatzsteuer veräußert; ein Laptop ist defekt und scheidet aus dem Betriebsvermögen aus.

Lösung:

Der Steuerpflichtige hat die Wahl, die Laptops nach § 7 Abs. 1 EStG linear abzuschreiben oder nach § 6 Abs. 2a EStG einen Sammelposten zu bilden.

Schreibt er die Geräte linear ab, so ergibt sich zum 31.12.2015 jeweils folgender Wert:

Anschaffungskosten	800 €
AfA 2015 (800 € : 3 Jahre =)	./. 267 €
Wert 31.12.2015	**533 €**

Im Falle der Veräußerung ist der Erlös als Betriebseinnahme zu erfassen (600 €); der Rest(buch)wert ist als Betriebsausgabe zu behandeln. Saldiert ergibt sich ein Gewinn von (600 € ./. 533 € =) 67 €.

Im Fall der Zerstörung des Geräts ist lediglich der Rest(buch)wert nach § 7 Abs. 1 Satz 7 EStG (AfA) Gewinn mindernd auszubuchen.

Bildet der Steuerpflichtige einen Sammelposten, so beträgt dieser:

5 Laptops × 800 € =	4.000 €
Auflösung in 2015 (4.000 € × $\frac{1}{5}$ =)	./. 800 €
Sammelposten zum 31.12.2015	**3.200 €**
Auflösung in 2015 (4.000 € × $\frac{1}{5}$ =)	./. 800 €
Sammelposten zum 31.12.2016	**2.400 €**

Die Zerstörung des einen Laptops wirkt sich in 2015 nicht Gewinn mindernd aus. Der Verkauf des Laptops ist als Betriebseinnahme (600 €) zu erfassen. Der Laptop bleibt im Sammelposten und wird mit diesem einheitlich aufgelöst.

Zusammengefasst hat ein Steuerpflichtiger folgende Wahlmöglichkeiten:

Behandlung von Wirtschaftsgütern als GWG bzw. Sammelposten			
Steuerpflichtiger wählt **Sammelposten** ...		Steuerpflichtiger bildet in diesem Jahr **keinen** Sammelposten ...	
Anschaffungskosten netto	Behandlung	Anschaffungskosten netto	Behandlung
≤ 150 €	GWG sofort abzugsfähig	≤ 410 €	GWG sofort abzugsfähig (soweit ≤ 150 € braucht das Wirtschaftsgut nicht in ein laufend zu führendes Verzeichnis aufgenommen werden)
> 150 € und ≤ 1.000 €	Alle Wirtschaftsgüter, die die Voraussetzung des § 6 Abs. 2a EStG erfüllen, werden in den Sammelposten eingestellt. Dieser ist pro Jahr zu einem Fünftel aufzulösen	> 410 €	Abschreibung nach § 7 Abs. 1 oder 2 EStG
> 1.000 €	Abschreibung nach § 7 Abs. 1 oder 2 EStG		

14.4.7 Erwerb von Umlaufvermögen

Zum **Umlaufvermögen** gehören die Wirtschaftsgüter, die zur Veräußerung, Verarbeitung oder zum Verbrauch angeschafft oder hergestellt worden sind, insbesondere Roh-, Hilfs-, und Betriebsstoffe, Erzeugnisse und Waren (R 6.1 Abs. 2 EStR).

Die **Anschaffungskosten des Umlaufvermögens** kann der § 4 Abs. 3-Rechner mit Bezahlung (§ 11 Abs. 2 Satz 1 EStG) als Betriebsausgabe aufzeichnen. Es spielt daher keine Rolle, ob das Umlaufvermögen zum Ende des Wirtschaftsjahrs noch vorhanden ist oder verbraucht wurde.

Auch beim Umlaufvermögen ist beim § 4 Abs. 3-Rechner eine Teilwertabschreibung (vgl. § 6 Abs. 1 Nr. 2 EStG) ausgeschlossen.

14.4.8 Entnahmen

Entnimmt ein § 4 Abs. 3-Rechner Geld, so hat dies steuerlich keine Auswirkungen, da die Betriebseinnahmen bereits den Gewinn erhöht haben. Insoweit besteht ein wesentlicher Unterschied zum Bilanzierenden.

Beispiel:

Das Betriebsvermögen beläuft sich zum 31.12.2015 auf 100.000 €. In 2016 erbringt der Steuerpflichtige eine Dienstleistung und erhält dafür 20.000 €. Am 15.12.2016 entnimmt er 15.000 €.
a) Der Steuerpflichtige ermittelt seinen Gewinn durch Bilanzierung;
b) der Steuerpflichtige ist § 4 Abs. 3-Rechner.

Lösung:

a) Der Steuerpflichtige hat seinen Gewinn nach § 4 Abs. 1 EStG zu ermitteln. Das Betriebsvermögen beträgt am 31.12.2016 – unter Berücksichtigung der Einnahme und der Entnahme – 105.000 €. Damit ist das Betriebsvermögen im Wirtschaftsjahr 2016 um 5.000 € gestiegen. Nach § 4 Abs. 1 Satz 1 EStG ist das Betriebsvermögen um den Wert der Entnahme zu erhöhen. Damit beträgt das Betriebsvermögen zum 31.12.2016 (105.000 € + 15.000 € =) 120.000 €. Der Gewinn ist mit (120.000 € ./. 100.000 € =) 20.000 € anzusetzen.
b) Demgegenüber muss der Steuerpflichtige die Betriebseinnahme mit Zufluss versteuern. Ob er das Geld im Betriebsvermögen lässt oder entnimmt, löst steuerlich keine Korrektur aus, da der Gewinn von der Geldentnahme nicht berührt wird.

Etwas anderes gilt für die **Entnahme von Wirtschaftsgütern** (vgl. R 4.3 Abs. 2-4 EStR). Der Erwerb der Wirtschaftsgüter hat sich beim § 4 Abs. 3-Rechner in der Vergangenheit Gewinn mindernd ausgewirkt. Würde man die Entnahme nicht erfassen, wäre der Gewinn verfälscht. Aus diesem Grund ist die Entnahme eines Wirtschaftsguts dem Gewinn hinzuzurechnen. Dabei ist die Entnahme nach § 6 Abs. 1 Nr. 4 EStG grundsätzlich mit dem **Teilwert** anzusetzen (zum Begriff des Teilwerts s. Kap. 14.4.2).

Beispiel:

Ein Steuerpflichtiger handelt mit Getränken. Er entnimmt für private Zwecke eine Flasche hochwertigen schottischen Whiskey. Der Einkaufspreis beim Großhändler betrug 80 € (zur USt-Problematik vgl. nächstes Beispiel). Der Teilwert zum Zeitpunkt der Entnahme kann mit 90 € angesetzt werden.

Lösung:

Der Einkauf der Flasche Whiskey (= Umlaufvermögen) wurde i.H.v. 80 € als Betriebsausgabe verbucht. Die Entnahme ist mit 90 € als Betriebseinnahme zu behandeln. Damit beträgt die Gewinnauswirkung 10 €.

Die Entnahme eines dem Unternehmensvermögen zuzurechnenden Wirtschaftsgutes stellt umsatzsteuerlich eine Lieferung nach § 3 Abs. 1b UStG dar. Die hieraus resultierende Umsatzsteuer ist nach § 12 Nr. 3 EStG eine nicht abzugsfähige Ausgabe. Technisch wird dies dadurch erreicht, dass die Umsatzsteuer auf die Entnahme die Privatentnahme erhöht (vgl. BFH vom 7.12.2010, VIII R 54/07, BStBl II 2011, 451).

> **Beispiel:**
>
> Der Einzelunternehmer E erwirbt als Umlaufvermögen ein Fernsehgerät für 500 € zuzüglich 95 € Umsatzsteuer. Er entnimmt das Fernsehgerät (Teilwert 600 €).

> **Lösung:**
>
> E bucht (bzw. zeichnet auf) bei Bezahlung die 595 € als Betriebsausgabe. Er macht die 95 € als Vorsteuer geltend. Erhält er die Vorsteuer vom Finanzamt zurück, so hat er die Zahlung als Betriebseinnahme (§ 11 Abs. 1 EStG) zu erfassen. Entnimmt er das Fernsehgerät, so erzielt er Einnahmen i.H.d. Teilwertes (= 600 € vgl. dazu das Beispiel oben). Zusätzlich ist die Entnahme-Umsatzsteuer den Einnahmen hinzuzurechnen; somit beträgt die Einnahme aus der Entnahme 696 €. Führt nun E die Umsatzsteuer an das Finanzamt ab, so kann er die Zahlung der 96 € als Betriebsausgabe geltend machen (§ 11 Abs. 2 EStG). Im Ergebnis entsteht im Unternehmen ein Gewinn i.H.v. 100 €; die Umsatzsteuer ist letztlich neutral.

Als Entnahme wird auch die **private Nutzung eines betrieblichen Pkw** behandelt (ausführlich: BMF vom 18.11.2009, BStBl I 2009, 1326). Der Steuerpflichtige hat nach § 6 Abs. 1 Nr. 4 Satz 2 EStG ein **Wahlrecht** (BMF a.a.O., Rz. 8):

Wird das Kraftfahrzeug zu mehr als 50 % betrieblich genutzt, **kann** die Entnahme mit 1 % des inländischen Listenpreises im Zeitpunkt der Erstzulassung zuzüglich der Kosten für Sonderausstattung **einschließlich Umsatzsteuer** angesetzt werden. Die Höhe der privaten Nutzung spielt dabei keine Rolle (BMF a.a.O., Rz. 14). Wahlweise kann auch ein Fahrtenbuch geführt werden.

Der Steuerpflichtige muss nachweisen, dass er das Fahrzeug zu mehr als 50 % betrieblich nutzt (vgl. BMF a.a.O., Rz. 4). Dies kann in jeder geeigneten Form erfolgen (z.B. formlose Aufzeichnungen über einen repräsentativen Zeitraum, Reisekostenaufstellungen, Eintragungen in Terminkalendern, Abrechnungen gegenüber Auftraggebern etc.). Die Führung eines förmlichen **Fahrtenbuchs** ist zum Nachweis der 50 %-Grenze nicht erforderlich, da damit der Vereinfachungseffekt der 1 %-Regelung konterkariert würde.

Die 1 % sind auch dann aus dem Brutto-Listenpreis zu ermitteln, wenn ein gebrauchtes Fahrzeug erworben wird oder ein Fahrzeug geleast wird.

Wird das Kraftfahrzeug ≤ 50 % betrieblich genutzt, so ist **zwingend** ein **Fahrtenbuch** zu führen. In diesem Fall sind die Kosten des Fahrzeugs nach dem Verhältnis der gefahrenen Kilometer in betriebliche Fahrten und private Fahrten aufzuteilen. Wird ein Fahrtenbuch fälschlicherweise nicht geführt, so kann die Finanzverwaltung den Privatanteil schätzen. Soweit die Kosten auf die privaten Fahrten entfallen, liegt eine Entnahme vor. Die Fahrten zwischen Wohnung und Arbeitsstätte gelten als betriebliche Nutzung (BMF a.a.O. Rz. 1).

Die nichtunternehmerische Nutzung eines dem Unternehmen zugeordneten Fahrzeugs ist unter den Voraussetzungen des **§ 3 Abs. 9a Nr. 1 UStG** als unentgeltliche Wertabgabe der Besteuerung zu unterwerfen (hierzu s. BMF vom 27.8.2004, BStBl I 2004, 864).

Im Falle der 1 %-Regelung kann der Steuerpflichtige für die nicht mit Vorsteuern belasteten Kosten (z.B. Kfz-Steuern, Versicherungsbeiträge etc.) einen pauschalen Abschlag von 20 % vornehmen.

Beispiel 1:

Ein Rechtsanwalt ermittelt seinen Gewinn nach § 4 Abs. 3 EStG. Er erwirbt am 1.1.2015 einen Pkw, den er nachweislich zu 60 % für Zwecke seiner Praxis nutzt. Die Anschaffungskosten des Fahrzeugs betragen 40.000 € zuzüglich Umsatzsteuer; der inländische Listenpreis beträgt 50.000 € inklusive Umsatzsteuer. Die betriebsgewöhnliche Nutzungsdauer soll 6 Jahre betragen. Die Fahrleistung beträgt 40.000 km im Jahr. In 2015 sind folgende Kosten entstanden und bezahlt worden:

1. Kfz-Steuer 500 €,
2. Haftpflicht- und Vollkaskoversicherung 800 €,
3. Benzin 6.000 € (zuzüglich Umsatzsteuer),
4. Inspektionen 400 € (zuzüglich Umsatzsteuer),
5. Autowäsche und sonstige Kosten 300 € (zuzüglich Umsatzsteuer).

Der Steuerpflichtige möchte die Privatentnahme nach der 1 %-Regelung versteuern.

Lösung:

Die Privatentnahme ist mit 1 % aus dem Brutto-Listenpreis zu errechnen. Der Brutto-Listenpreis bildet auch dann die Berechnungsgrundlage, wenn der Steuerpflichtige – wie der Rechtsanwalt – zum Vorsteuerabzug berechtigt ist.

Somit muss der Rechtsanwalt (1 % × 50.000 € × 12 Monate =) 6.000 € als Entnahme behandeln. Auf die Entnahme entfällt 19 % Umsatzsteuer. Aus Vereinfachungsgründen kann ein pauschaler Abschlag von 20 % vorgenommen werden. Damit beträgt die Entnahme-Umsatzsteuer (6.000 € × 80 % × 19 % =) 912 €. Der Rechtsanwalt hat somit Betriebseinnahmen i.H.v. 6.912 € im Rahmen seiner Einnahme-Überschuss-Rechnung anzusetzen.

Beispiel 2:

Der Sachverhalt entspricht obigem Beispiel. Der Rechtsanwalt will die Entnahme nach den tatsächlich gefahrenen Kilometern (Fahrtenbuchmethode) ermitteln.

Lösung:

Für die nicht mit Vorsteuer belasteten Kosten fällt keine Entnahme-Umsatzsteuer an. Die Entnahme bezüglich der Kfz-Steuer/Versicherung ist daher i.H.v. (500 € + 800 € × 40 % =) **520 €** zu bewerten. Die Abschreibung beläuft sich nach § 7 Abs. 1 i.V.m. § 9b EStG in 2015 auf (netto 40.000 € : 6 Jahre =) 6.667 €; dieser Betrag ist im Rahmen der Einnahmen-Überschussrechnung als Betriebsausgabe anzusetzen. Die Entnahme ist mit (40 % × 6.667 € =) 2.667 € zuzüglich 19 % Umsatzsteuer (= 507 €), somit mit **3.174 €** anzusetzen.

Für die mit Vorsteuer belasteten Kosten fällt Entnahme-Umsatzsteuer an; die Höhe der Entnahme ist danach wie folgt zu berechnen: (6.000 € + 400 € + 300 € × 40 %) 2.680 € zuzüglich 19 % Umsatzsteuer (= 509 €) ergibt somit insgesamt **3.189 €**.

Die gesamten Einnahmen aus der Entnahme betragen damit (520 € + 3.174 € + 3.189 € =) 6.883 €. Damit wäre die Fahrtenbuchmethode für den Rechtsanwalt günstiger.

Nutzt der Steuerpflichtige das Fahrzeug auch für **Fahrten zwischen Wohnung und Betriebsstätte**, so muss er zusätzlich zu den 1 % nach § 4 Abs. 5 Nr. 6 EStG 0,03 % des inländischen Brutto-Listenpreises je Kalendermonat und Entfernungskilometer ansetzen. Streng genommen handelt es sich hier um eine Korrektur der Betriebsausgaben, da die Fahrten zwischen Wohnung und Betriebsstätte als betriebliche Fahrten gelten. In der Praxis erfasst der § 4 Abs. 3-Rechner die 0,03 % aber als Betriebseinnahme.

Unterhält der Steuerpflichtige einen doppelten Haushalt, und nutzt er das Fahrzeug zu Familien-
heimfahrten, so muss er zusätzlich 0,002 % des Brutto-Listenpreises für jeden Entfernungskilometer
zusätzlich ansetzen.

14.4.9 Einlagen

Wie bei der Entnahme wirkt sich die **Einlage von Geld** bei § 4 Abs. 3-Rechnern nicht aus. Für die Einlage
sonstiger Wirtschaftsgüter gilt Folgendes (vgl. R 4.3 Abs. 1 EStR):

Durch die Einlage wird das Wirtschaftsgut zum **notwendigen** Betriebsvermögen, wenn es ausschließlich und unmittelbar für eigenbetriebliche Zwecke des Steuerpflichtigen genutzt wird (vgl. R 4. 2 Abs. 1
EStR). Das Wirtschaftsgut kann als **gewillkürtes Betriebsvermögen** eingelegt werden, wenn es objektiv
dem Betrieb dient. Hierzu reicht es aus, wenn das Wirtschaftsgut das Betriebsvermögen stärkt (vgl.
H 4. 2 Abs. 1 EStH „gewillkürtes Betriebsvermögen").

Sowohl notwendiges als auch gewillkürtes Betriebsvermögen muss in das **Anlageverzeichnis zur
Anlage EÜR** aufgenommen werden. Das Anlageverzeichnis ist Teil der Einnahme-Überschuss-Rechnung
(s. Kap. 14.2). Wird ein Wirtschaftsgut des notwendigen Betriebsvermögens nicht in das Anlageverzeichnis aufgenommen, so ist es dennoch notwendiges Betriebsvermögen (vgl. hierzu BFH-Beschluss vom
13.05.2014, III B 152/13, DStRE 2014, 965).

Die Aufnahme in das Anlageverzeichnis hat also nur deklaratorische Wirkung.

Beispiel:

Ein Arzt nutzt in seinem privaten Einfamilienhaus einen Raum (40 m²) als Arbeitszimmer ausschließlich für Zwecke seiner Praxis. Da er nach § 4 Abs. 5 Nr. 6b EStG die Kosten für das Arbeitszimmer nicht
als Betriebsausgabe geltend machen darf, unterlässt er es, den Raum in seinem Anlageverzeichnis
aufzuführen.

Lösung:

Da das Arbeitszimmer unmittelbar und ausschließlich betrieblichen Zwecken dient, ist es notwendiges
Betriebsvermögen. Hierfür spielt es keine Rolle, dass das Arbeitszimmer in Anlageverzeichnis nicht
aufgeführt wird. Veräußert der Arzt später das Einfamilienhaus, muss er die stillen Reserven, die im
Arbeitszimmer stecken, nach § 18 EStG versteuern.

Beim **gewillkürten Betriebsvermögen** ist die Aufnahme in das Anlageverzeichnis konstitutiv (ohne
Eintragung also kein gewillkürtes Betriebsvermögen).

Beispiel:

Ein Architekt ist Eigentümer einer vermieteten Eigentumswohnung. Er plant, die Wohnung in späteren
Jahren zu Erweiterung seines Büros zu nutzen. Eine Aufnahme in das Anlageverzeichnis erfolgt nicht.

Lösung:

Da die Wohnung derzeit nicht unmittelbar für das Büro genutzt wird, stellt sie kein notwendiges
Betriebsvermögen dar. Eine Behandlung als gewillkürtes Betriebsvermögen wäre grundsätzlich möglich. Hierfür wäre aber die Aufnahme in das Anlageverzeichnis erforderlich. Da dies nicht geschehen
ist, stellt die Wohnung bis auf weiteres Privatvermögen dar.

Nach der Einlage erfolgt die Abschreibung nach den gleichen Regeln wie bei einer Anschaffung. Als
Anschaffungskosten ist dabei der Einlagewert (i.d.R. Teilwert) anzusetzen. Übersteigt der Einlagewert
410 € nicht, kann der Steuerpflichtige den Einlagewert sofort als Betriebsausgabe geltend machen (vgl.

§ 6 Abs. 2 EStG). Übersteigt der Einlagewert 410 €, so ist das Wirtschaftsgut unter Beachtung des § 7 Abs. 1 S. 5 EStG auf die betriebsgewöhnliche Nutzungsdauer (Details s. Kap. 14.4.2) abzuschreiben. Bildet der Steuerpflichtige für alle in einem Wirtschaftsjahr angeschafften Wirtschaftsgüter einen Sammelposten nach § 6 Abs. 2a EStG, so ist das eingelegte Wirtschaftsgut in den Sammelposten aufzunehmen. Liegt der Einlagewert nicht über 150 €, so kann das Wirtschaftsgut als GWG behandelt werden.

14.4.10　Behandlung der Umsatzsteuer/Vorsteuer – kein durchlaufender Posten

Erwirbt ein § 4 Abs. 3-Rechner ein Wirtschaftsgut, so behandelt er den Netto-Einkaufspreis als Betriebsausgabe oder schreibt ihn auf die betriebsgewöhnliche Nutzungsdauer ab. Die gezahlte Umsatzsteuer stellt eine Betriebsausgabe dar. Bekommt der Steuerpflichtige die gezahlte Umsatzsteuer als Vorsteuer vom Finanzamt zurück, so hat er dies mit Zufluss als Einnahme zu behandeln. Die Umsatzsteuer ist keinesfalls als sog. Durchlaufender Posten i.S.d. § 4 Abs. 3 S. 2 EStG zu behandeln. Durchlaufende Posten sind nach § 4 Abs. 3 Satz 2 EStG beispielsweise der Gerichtskostenvorschuss bei Rechtsanwälten oder die TÜV-Gebühr bei Fahrlehrern. Sinn und Zweck der Behandlung der durchlaufenden Posten ist, dass Fremdgelder das Betriebsergebnis nicht beeinflussen sollen. Da der Unternehmer die Umsatzsteuer schuldet, stellt diese niemals einen durchlaufenden Posten i.d.S. dar.

Veräußert ein § 4 Abs. 3-Rechner ein Wirtschaftsgut, so hat er den Netto-Verkaufspreis sowie die vereinnahmte Umsatzsteuer als Betriebseinnahme zu erfassen. Führt er die Umsatzsteuer an das Finanzamt ab, so liegt mit Abfluss (§ 11 Abs. 2 EStG; BFH vom 25.4.1990, X R 135/87, BStBl II 1990, 742) eine Betriebsausgabe vor.

Tätigt ein Steuerpflichtiger umsatzsteuerfreie Umsätze (z.B. ein Arzt – vgl. § 4 Nr. 14a UStG), so ist die Vorschrift des **§ 9b EStG** zu beachten. In diesem Fall ist der Brutto-Kaufpreis sowohl bei Erwerb von Umlaufvermögen, als auch bei Erwerb von Anlagevermögen als Betriebsausgabe anzusetzen.

Beispiel:

Ein Arzt erwirbt für seine Praxis einen Schreibtisch für 1.000 € zuzüglich Umsatzsteuer; die betriebsgewöhnliche Nutzungsdauer beträgt fünf Jahre.

Lösung:

Da der Arzt aufgrund seiner umsatzsteuerfreie Umsätze nicht zur Vorsteuer berechtigt ist, beträgt die Bemessungsgrundlage für die Abschreibung (1.000 € + 190 € =) 1.190 €. Die jährliche AfA beläuft sich auf (1.190 €/5 Jahre = 238 €).

Nach Ansicht des BFH fällt die Umsatzsteuer-Zahlung unter die Zehntageregel des § 11 Abs. 2 Satz 2 EStG (vgl. BFH vom 1.8.2007, XI R 48/05, BStBl II 2008, 282; BMF vom 10.11.2008, BStBl I 2008, 958).

Beispiel:

Ein Rechtsanwalt ist verpflichtet, seine Umsatzsteuer-Voranmeldungen quartalsweise abzugeben. Der Rechtsanwalt gibt die Umsatzsteuer-Voranmeldung für das vierte Quartal 2015 am 5.1.2016 ab und das Finanzamt nimmt die Abbuchung zum 10.1.2016 vor.

Lösung:

Die gezahlte Umsatzsteuer stellt beim § 4 Abs. 3-Rechner mit Abfluss eine Betriebsausgabe dar. Da der Rechtsanwalt die Umsatzsteuer innerhalb der ersten zehn Tage des neuen Jahres gezahlt hat, und die Umsatzsteuer nach der Rechtsprechung auch dann als regelmäßig wiederkehrende Ausgabe gilt, wenn jede Voranmeldung betragsmäßig unterschiedlich hoch ist, rechnete die Zahlung zu dem Kalenderjahr, zu dem sie wirtschaftlich gehört. Damit ist die Zahlung der Umsatzsteuer für das vierte Quartal 2015 in 2015 zu erfassen.

Der BFH hat mit Urteil vom 11.11.2014, VIII R 34/12 zunächst bestätigt, dass als „kurze Zeit" i.S.d. § 11 EStG ein Zeitraum von bis zu zehn Tagen gilt. Er hat im Folgenden dann aber klargestellt, dass eine Verlängerung des Zehn-Tage-Zeitraums auch im Hinblick auf die nach § 108 Abs. 3 AO hinausgeschobene Fälligkeit von Umsatzsteuervorauszahlungen nicht in Betracht kommt.

Übungsfall 3:

A ist freiberuflich als Sachverständiger für Metallverbindungen tätig. Er ermittelt den Gewinn nach § 4 Abs. 3 EStG. Der bisher ermittelte Gewinn beträgt in 2015 18.000 €. Folgende Vorgänge sind noch nicht verbucht:

1. Im Rahmen dieser Tätigkeit fuhr A 2015 mit seinem privaten (!) Pkw 5.000 km. Die Einzelkosten seines Pkw kann A nicht nachweisen. Von seinen Auftraggebern erhielt er für die Fahrten einen Kostenersatz i.H.v. 0,50 € je Kilometer. Der Kostenersatz ist in den Betriebseinnahmen bisher nicht enthalten.

2. Für Büroarbeiten hat A einen Neffen im Rahmen eines 400 €-Jobs angestellt. Die Lohnaufwendungen beliefen sich in 2015 auf 3.800 €.

3. Im Mai 2015 erstellte A für ein Unternehmen in Hannover ein Gutachten. Als Honorar stellte er 5.000 € in Rechnung. Da das Unternehmen in Hannover Insolvenz anmelden musste, wurde die Rechnung des A in 2015 nicht bezahlt. Es ist auch in Zukunft nicht mit einem Geldeingang zu rechnen. A hat daher den Betrag bisher nicht als Betriebseinnahme erfasst.

4. Im Dezember 2015 erwarb A diverses Büromaterial (Aktenordner, Kopierpapier etc.). Die Rechnung i.H.v. 370 € bezahlte A erst am 6.1.2016.

5. Ebenfalls im Dezember 2015 kaufte A ein Kopiergerät für 600 € zuzüglich Umsatzsteuer. Auch diese Rechnungen bezahlte er erst am 6.1.2016. Die betriebsgewöhnliche Nutzungsdauer des Kopiergeräts beträgt 3 Jahre.

6. Zur Absicherung von betrieblichen Risiken hat A eine Haftpflichtversicherung abgeschlossen. Der Beitrag ist jeweils zum 1.12. eines jeden Jahres fällig. A zahlte den Betrag für 2015 i.H.v. 500 € erst am 3.1.2016 durch Überweisung an die Versicherungsgesellschaft.

7. A hält im Betriebsvermögen einen PC. Der Buchwert beträgt am 31.3.2015 100 € (die AfA bis 31.3.2015 ist bei dem Buchwert bereits berücksichtigt). A veräußert diesen PC am 31.3.2015 für 250 €.

8. In 2015 übernahm A ein Gutachten für das Oberlandesgericht Düsseldorf. Für einen Teil des Gutachtens musste A einen weiteren Fachmann einschalten. Da er mit diesem sehr gut befreundet ist, gab er ihm anstelle einer Bezahlung ein Handy im Wert von (unstreitig) 200 €. Das Handy hatte er kurz zuvor für ausschließlich betriebliche Zwecke für 380 € erworben und als GWG verbucht. Nach einigen Tagen stellte er bereits fest, dass das Gerät für ihn wegen der kleinen Tasten nicht geeignet war.

Bitte ermitteln Sie den Gewinn für den Veranlagungszeitraum 2015. Änderungen bei der Umsatzsteuer/Vorsteuer sind aus Vereinfachungsgründen außer Betracht zu lassen.

14.5 Wechsel der Gewinnermittlungsart

Grundsätzlich **kann** der § 4 Abs. 3-Rechner stets zur Bilanzierung nach § 4 Abs. 1 EStG wechseln. Ein derartiger Wechsel kann z.B. nötig sein, wenn der § 4 Abs. 3-Rechner eine Teilwertabschreibung vornehmen oder Rückstellungen bilden will. Beides ist bei der Einnahme-Überschuss-Rechnung nicht möglich.

Ein § 4 Abs. 3-Rechner **muss** z.B. zur Bilanzierung wechseln, wenn er seinen Betrieb veräußert oder aufgibt. Der „Wert des Betriebsvermögens" i.S.v. § 16 Abs. 2 EStG kann nur im Wege der Bilanzierung ermittelt werden (vgl. R 4.5 Abs. 6 EStR).

Beispiel:

Ein Architekt ermittelt seinen Gewinn durch Einnahme-Überschuss-Rechnung. Ein Bauherr hat ihn wegen eines Planungsfehlers auf einen Schadensersatz i.H.v. 200.000 € verklagt. Der Buchwert der Wirtschaftsgüter des Architekturbüros und der Praxiswert betragen 500.000 €. Der Architekt veräußert sein Planungsbüro für 700.000 €.

Lösung:

Bei der Berechnung des Betriebsvermögens muss die Gefahr einer Schadensersatzleistung berücksichtigt werden. Ein Bilanzierender muss für ein derartiges Risiko eine Rückstellung (§ 249 HGB i.V.m. § 5 Abs. 1 EStG) bilden. Daher muss der Architekt zum Zwecke der Berechnung des Veräußerungsgewinnes von der Einnahmen-Überschuss-Rechnung zur Bilanzierung übergehen. Unter Berücksichtigung der Rückstellung i.H.v. 200.000 € ergibt sich für das Architekturbüro ein Kapital von 300.000 €. Der Gewinn nach § 16 EStG beläuft sich auf (700.000 € ./. 300.000 € =) 400.000 €.

Ein Wechsel eines Steuerpflichtigen, der zwar nicht zur Buchführung verpflichtet ist, seinen Gewinn aber dennoch (freiwillig) durch Bilanzierung ermittelt, ist stets möglich.

Das große Problem des **Wechsels von der Einnahme-Überschuss-Rechnung zur Bilanzierung** besteht darin, dass durch die Berücksichtigung bestimmter Vorgänge ein Übergangsgewinn bzw. -verlust entstehen kann (vgl. R 4.6 EStG).

Beispiel 1:

Ein Arzt hat einem Privatpatienten am 15.12.2015 eine Rechnung über 3.000 € geschrieben. Zum 31.12.2015 wechselt der Arzt zur Bilanzierung. Der Patient bezahlt erst im Januar 2016.

Lösung:

In der Übergangsbilanz muss der Arzt die Forderung an den Privatpatienten i.H.v. 3.000 € aktivieren. Zahlt anschließend der Privatpatient die Rechnung, so ist dieser Vorgang ertragsteuerlich neutral (Buchungssatz: Bank 3.000 € an Forderung 3.000 €). Damit würde das Honorar weder im Jahr 2015 noch im Jahr 2016 gewinnwirksam erfasst werden. In 2015 nicht, da kein Zufluss erfolgt ist und in 2016 nicht, da die Zahlung keine Gewinnauswirkung hat. Zum Ausgleich wird beim Wechsel der Gewinnermittlungsart ein Betrag i.H.v. 3.000 € dem Gewinn des Jahres 2016 hinzugerechnet.

Beispiel 2:

Der Arzt hat Ende November Verbrauchsmaterial für 5.000 € erworben, das beim Wechsel der Gewinnermittlungsart noch mit einem Restbestand i.H.v. 1.000 € vorhanden war. Der Erwerb des Verbrauchsmaterials wurde im Rahmen der Einnahme-Überschuss-Rechnung mit Bezahlung (§ 11 Abs. 2 EStG) als Betriebsausgabe gebucht und hat den Gewinn nach § 4 Abs. 3 EStG um 5.000 € gemindert.

Lösung:

In der Eröffnungsbilanz ist der Bestand an Verbrauchsmaterial i.H.v. 1.000 € zu aktivieren. Im Rahmen der Inventur ist der Bestand an Umlaufvermögen zum nächsten Bilanzstichtag zu erfassen. Der Verbrauch wirkt sich Gewinn mindernd aus. Damit würde sich der Erwerb des Verbrauchsmaterials i.H.v. zweimal Gewinn mindernd auswirken. Zum Ausgleich ist ein Übergangsgewinn i.H.v. 1.000 € zu erfassen.

Es empfiehlt sich, bei der **Bestimmung des Übergangsgewinns** jeden einzelnen Vorgang daraufhin zu untersuchen, inwieweit er sich bisher auf den Gewinn ausgewirkt hat und wie er sich künftig bei der Bilanzierung bzw. der Gewinnermittlung nach § 4 Abs. 3 EStG – je nachdem in welche Richtung der Wechsel erfolgt – auf den Gewinn auswirken wird. Dementsprechend ist eine Hinzurechnung oder eine Abrechnung vorzunehmen.

Der **Übergangsgewinn** kann bei einem Wechsel von der Gewinnermittlung nach § 4 Abs. 3 EStG zur Bilanzierung nach R 4.6 Satz 4 EStR auf **maximal drei** Jahre gleichmäßig verteilt werden. Beim Wechsel von der Bilanzierung hin zur Gewinnermittlung nach § 4 Abs. 3 EStG ist eine Verteilung nicht möglich. Die folgende Übersicht zeigt die wichtigsten Fälle der Zu- und Abrechnung:

Zu- und Abrechnungen beim Wechsel von der § 4 Abs. 3-Rechnung zur Bilanzierung			
Sachverhalt	**Bisherige Behandlung (§ 4 Abs. 3 EStG)**	**Künftige Behandlung (§ 4 Abs. 1 EStG)**	**Korrektur**
Geld	Keine Gewinnauswirkung	Keine Gewinnauswirkung	Keine Korrektur
Nicht abnutzbare Wirtschaftsgüter des Anlagevermögens	Anschaffung hat sich auf den Gewinn nicht ausgewirkt	Im Falle des Verkaufs werden die stillen Reserven versteuert	Der Gewinn wird korrekt erfasst; eine Korrektur ist nicht erforderlich
Abnutzbare Wirtschaftsgüter des Anlagevermögens, deren Anschaffungskosten 410 € nicht übersteigen	Die Anschaffungskosten wurden nach § 6 Abs. 2 EStG (GWG) als sofort abzugsfähige Betriebsausgabe behandelt	Eine Aktivierung erfolgt nicht	Die Anschaffungskosten haben sich einmal Gewinn mindernd ausgewirkt; eine Korrektur ist nicht erforderlich
Abnutzbaren Wirtschaftsgüter des Anlagevermögens, deren Anschaffungskosten 410 € übersteigen	Die Anschaffungskosten haben sich über die AfA Gewinn mindernd ausgewirkt	Die Aktivierung des Wirtschaftsguts mit dem Restbuchwert ist gewinnneutral. Der Restbuchwert wird über die AfA abgeschrieben	Insgesamt haben sich die Anschaffungskosten über die AfA nur einmal ausgewirkt; eine Korrektur ist nicht erforderlich

Zu- und Abrechnungen beim Wechsel von der § 4 Abs. 3-Rechnung zur Bilanzierung			
Sachverhalt	Bisherige Behandlung (§ 4 Abs. 3 EStG)	Künftige Behandlung (§ 4 Abs. 1 EStG)	Korrektur
Teilwert-abschreibung	Ist der Teilwert eines Wirtschaftsguts gesunken (vgl. § 6 Abs. 1 Nr. 1 Satz 2 EStG), so wirkt sich das im Rahmen der § 4 Abs. 3-Rechnung nicht aus	Das Wirtschaftsgut ist mit dem gegenüber den Anschaffungskosten geminderten Teilwert zu aktivieren	Da das Wirtschaftsgut in die Eröffnungs-bilanz bereits mit dem niedrigeren Teilwert aufgenommen wird, kann sich die Teilwert-abschreibung nicht mehr Gewinn mindernd auswirken. Daher ist der Übergangsgewinn um die Teilwertabschrei-bung zu mindern
Erwerb von Umlauf-vermögen	Die Anschaffungs-kosten des Umlaufver-mögens stellen sofort abzugsfähige Betriebs-ausgaben dar	Der Restbestand an Umlaufvermögen ist gewinnneutral zu akti-vieren. Der Verbrauch des Restbestandes wirkt sich Gewinn mindernd aus	In Höhe des aktivierten Restbestandes ist eine Gewinnhinzurechnung vorzunehmen
Honorarforderung u.ä.	Da beim § 4 Abs. 3-Rechner das Zuflussprinzip gilt, hat sich die Forderung bisher auf den Gewinn nicht ausgewirkt	Die Forderung ist in der Eröffnungsbilanz zu aktivieren. Bei Bezah-lung ist die Forderung gewinnneutral auszu-buchen (BS: Geld an Forderung)	Da das Honorar im Rahmen der § 4 Abs. 3-Rechnung mangels Zuflusses nicht erfasst wurde und die Bezahlung der akti-vierten Forderung in der Bilanz gewinnneutral ist, muss der Übergangs-gewinn um den Wert der Forderung erhöht werden
Verbindlichkeiten (Darlehen etc.)	Die Aufnahme eines Kredits hat keine Auswirkung auf den Gewinn; lediglich die Zahlung der Zinsen führt zu Betriebsaus-gaben	Die Verbindlichkeit ist in der Eröffnungsbilanz zu bilanzieren. Die Zinsen stellen Betriebs-ausgaben dar. Die Zah-lung der Verbindlich-keit ist gewinnneutral (BS: Verbindlichkeit an Bank)	Die Aufnahme eines Darlehens ist bei beiden Gewinnermittlungsarten gewinnneutral. Eine Korrektur ist daher nicht erforderlich

Zu- und Abrechnungen beim Wechsel von der § 4 Abs. 3-Rechnung zur Bilanzierung			
Sachverhalt	Bisherige Behandlung (§ 4 Abs. 3 EStG)	Künftige Behandlung (§ 4 Abs. 1 EStG)	Korrektur
Umsatzsteuer-Verbindlichkeit	Beim § 4 Abs. 3-Rechner führt die Bezahlung der Umsatzsteuer an das Finanzamt zu Betriebsausgaben (§ 11 Abs. 2 EStG)	Die Umsatzsteuer-Verbindlichkeit ist in der Eröffnungsbilanz zu passivieren. Die Bezahlung der Umsatzsteuer ist gewinnneutral (BS: Umsatzsteuer-Verbindlichkeit an Bank)	Da sich die Bezahlung der Umsatzsteuer beim § 4 Abs. 3-Rechner noch nicht ausgewirkt hat und sich beim Bilanzierenden nicht mehr auswirken kann, muss i.H.d. eingebuchten Verbindlichkeit der Übergangsgewinn vermindert werden
Disagio	Ein Disagio ist beim § 4 Abs. 3-Rechner sofort abzugsfähig, soweit es marktüblich ist (vgl. § 11 Abs. 2 Satz 4 EStG)	Beim Bilanzierenden ist für ein geleistetes Disagio ein Aktivposten zu bilden, der über die Laufzeit der Zinsbindung aufzulösen ist	Da das Disagio beim § 4 Abs. 3-Rechner bereits mit Abfluss als Betriebsausgabe berücksichtigt wurde, führt die Auflösung des Aktivpostens noch einmal zu Betriebsausgaben; daher ist der Übergangsgewinn i.H.d. aktivierten Disagios zu erhöhen
Aktiver Rechnungsabgrenzungsposten (z.B. Zahlung einer Versicherungsprämie für das nächste Jahr)	Die Zahlung einer Versicherungsprämie o.ä. wirkt sich nach dem Abflussprinzip Gewinn mindernd aus; es spielt dabei keine Rolle, welchem Wirtschaftsjahr die Zahlung wirtschaftlich zuzurechnen ist	I.H.d. vorausbezahlten Versicherungsprämie o.ä. ist in der Eröffnungsbilanz ein Aktivposten zu bilden. Die Auflösung des Aktivpostens wirkt sich später Gewinn mindernd aus	Die Versicherungsprämie o.ä. wirkt sich zweimal Gewinn mindernd aus; der Übergangsgewinn ist i.H.d. aktiven Rechnungsabgrenzungspostens zu erhöhen

Zu- und Abrechnungen beim Wechsel von der § 4 Abs. 3-Rechnung zur Bilanzierung			
Sachverhalt	Bisherige Behandlung (§ 4 Abs. 3 EStG)	Künftige Behandlung (§ 4 Abs. 1 EStG)	Korrektur
Rückstellung (z.B. Garantie, Gewähr-leistung, Prozess-risiko u.ä.)	Beim § 4 Abs. 3-Rech-ner wirkt sich eine Haftung o.ä. erst mit Abfluss der für den Haftungsfall geleisteten Zahlung aus (§ 11 Abs. 2 EStG)	Für das Risiko ist nach § 249 HGB i.V.m. § 5 Abs. 1 EStG eine Rück-stellung zu bilden. Die Einbuchung der Rück-stellung ist gewinnneu-tral. Bei Bezahlung der Haftsumme ist die Rückstellung aufzulösen; dieser Vorgang ist ebenfalls gewinnneutral	Die für das Haftungs-risiko geleistete Summe hat sich weder beim § 4 Abs. 3-Rechner noch beim Bilanzierenden ausgewirkt. Der Über-gangsgewinn ist daher um den Betrag der Rück-stellung zu mindern

Wechselt der Steuerpflichtige von der Bilanzierung zur § 4 Abs. 3-Rechnung, so entstehen die gleichen Probleme – nur mit umgekehrten Vorzeichen.

Übungsfall 4:
P betrieb seit zwanzig Jahren in gemieteten Räumen eine Zahnarztpraxis. Da P mit ihrem neuen Lebensgefährten nach Berlin ziehen möchte, veräußerte sie am 31.7.2015 die Praxis mit allen Geräten und dem Patientenstamm an eine Kollegin. Der Gewinn (§ 4 Abs. 3 EStG) bis zur Veräußerung betrug unstreitig 220.000 €. Zum 31.7.2015 stellte P zur Berechnung des Veräußerungsgewinns eine Übersicht über das Praxisvermögen auf. Dabei waren folgende Sachverhalte problematisch (und sind im Gewinn von 220.000 € noch nicht berücksichtigt):

1. P erwarb im Dezember 2014 einen größeren Posten Verbrauchsmaterial (Mull, Desinfektionsmittel, Material für Zahnfüllungen u.ä.). Sie bezahlte noch in 2014 7.200 €. Am 31.7.2015 war von diesem Material noch 40 % vorhanden.
2. P erwarb im Januar 2015 einen PC mit Peripheriegeräten für die Praxisabrechnung für 3.000 € (betriebsgewöhnliche Nutzungsdauer 3 Jahre). Das Gerät befindet sich in der Praxis. Bei der Berechnung des Gewinns von 220.000 € ist eine lineare Abschreibung für den PC i.H.v. 583 € ent-halten.
3. Zum 31.7.2015 hatte P Rechnungen an Privatpatienten i.H.v. 24.000 € geschrieben, die zum Zeit-punkt der Veräußerung noch offen sind. Bei einer Rechnung über 2.000 € besteht nach derzeitigem Kenntnisstand keine Chance, dass sie der Patient bezahlt, da dieser zwischenzeitlich einen Offen-barungseid geleistet hat.
4. Bei der Behandlung einer Patientin im November 2013 war P unstreitig ein Fehler unterlaufen. Die Patientin ließ am 2.7.2015 erstmals durch ihren Rechtsanwalt mitteilen, dass sie wegen der durch die fehlerhafte Behandlung erlittenen Schmerzen ein Schmerzensgeld i.H.v. 3.000 € verlange. P weiß von Kollegen, dass ein derartiger Betrag sich im üblichen und angemessenen Rahmen bewegt.
5. P hatte im Januar 2011 ein Röntgengerät erworben (betriebsgewöhnliche Nutzungsdauer 10 Jahre) und linear abgeschrieben. Der Buchwert beträgt am 31.7.2015 24.167 €. Da dieses Gerät aber zu viel Röntgenstrahlung abgibt und gegen eine neue Strahlenschutz-Richtlinie verstößt, darf es nicht mehr eingesetzt werden und ist auch unverkäuflich, obwohl es im Übrigen technisch einwandfrei in Ordnung ist. Der (Teil-)Wert beträgt daher 1 €.

Muss P zur Bilanzierung übergehen? Wie hoch ist der Übergangsgewinn?

15.   Besteuerung der Mitunternehmer
15.1 Einführung

Nach **§ 15 Abs. 1 Nr. 2 EStG** gehören die Gewinnanteile der Gesellschafter einer Offenen Handelsgesellschaft (OHG), einer Kommanditgesellschaft (KG) und einer anderen Gesellschaft (z.B. GbR oder atypisch stille Gesellschaft), bei der der Gesellschafter als Mitunternehmer des Betriebs anzusehen ist, zu den **Einkünften aus Gewerbebetrieb.**

Dabei muss stets zwischen dem gesellschaftsrechtlichen Begriff „**Gesellschafter**" und dem steuerrechtlichen Begriff „**Mitunternehmer**" unterschieden werden (ausführlich: H 15.8 Abs. 1 „Allgemeines" und „Gesellschafter" EStH). Es gibt Gesellschafter, die keine Mitunternehmer im steuerrechtlichen Sinne sind.

Beispiel:

A, B und C sind die Gesellschafter einer KG. C wurde nur deshalb als Kommanditist in die KG aufgenommen, weil er in der Branche einen guten Namen hat und über zahlreiche Kontakte verfügt. C bekommt dafür, dass er seinen Namen zur Verfügung stellt, eine feste Vergütung i.H.v. 10.000 € p.a. Am Gewinn/Verlust und an den stillen Reserven ist C nicht beteiligt. Im Gesellschaftsvertrag hat sich C verpflichtet, auf die Geschäftsführung der KG keinen Einfluss zu nehmen.

Lösung:

Da das Recht der Handelsgesellschaften weitgehend disponibel ist, ist eine derartige gesellschaftsrechtliche Gestaltung ungewöhnlich, aber rechtlich zulässig. Demgegenüber steht das Steuerrecht. Da C weder ein Mitunternehmerrisiko trägt, noch die Möglichkeit hat, Mitunternehmerinitiative auszuüben, ist er kein Mitunternehmer i.S.v. § 15 Abs. 1 Nr. 2 EStG. Damit wird er nicht in die einheitliche und gesonderte Gewinnverteilung aufgenommen. Je nach vertraglicher Gestaltung muss er die 10.000 € als Arbeitnehmer-Einkünfte (§ 19 EStG), als freiberufliche Einkünfte (§ 18 EStG) oder als sonstige Einkünfte (§ 22 Nr. 3 EStG) versteuern.

Denkbar sind auch Fälle, in denen eine Person kein Gesellschafter im handelsrechtlichen Sinne ist, dennoch aber steuerrechtlich als Mitunternehmer beurteilt wird (vgl. H 15.8 Abs. 1 „Verdeckte Mitunternehmerschaft" EStH).

Beispiel:

Ein Bäckermeister musste für seinen Handwerksbetrieb Insolvenz anmelden. Er gründet eine neue Bäckerei in der Rechtsform einer GmbH & Co. KG. Einziger Kommanditist ist die Ehefrau des Bäckermeisters. Komplementärin ist die Verwaltungs-GmbH (vgl. BFH vom 21.9.1995, BStBl II 1996, 66). Der Bäckermeister wird von der GmbH & Co. KG als Geschäftsführer angestellt. Nach außen – insbesondere gegenüber den Kunden und Arbeitnehmern – tritt ausschließlich der Bäckermeister auf. Er bekommt ein gewinnabhängiges Gehalt, das den Großteil des Gewinnes „absaugt".

Lösung:

Zu Recht hat der BFH a.a.O. den Bäckermeister als Mitunternehmer behandelt, obwohl er formal nicht Gesellschafter der GmbH & Co. KG war. Als Geschäftsführer und Branchenkenner übte er maßgeblichen Einfluss auf die Gesellschaft aus, zumal der Betrieb der GmbH & Co. KG weitgehend identisch mit seinem früheren Handwerksbetrieb war. Über sein gewinnabhängiges Gehalt stand ihm ein Großteil des unternehmerischen Erfolgs der Gesellschaft zur Verfügung. Die Folge war, dass das Gehalt nicht unter die Vorschrift des § 19 EStG fiel, sondern nach § 15 Abs. 1 Nr. 2 EStG zu versteuern war.

15.2 Elemente der Mitunternehmerschaft

Mitunternehmer i.S.d. § 15 Abs. 1 Nr. 2 EStG ist, wer eine gewisse unternehmerische Initiative entfalten kann (**Mitunternehmerinitiative**) sowie unternehmerisches Risiko trägt (**Mitunternehmerrisiko**). Eine gesellschaftsrechtliche Beteiligung ist zwar im Regelfall gegeben, aber nicht zwingend Voraussetzung (siehe Beispiel oben; unklar insoweit: H 15.8 Abs. 1 „Allgemeines" EStH).

Mitunternehmerrisiko trägt **im Regelfall**, wer am Gewinn und Verlust des Unternehmens und an den stillen Reserven einschließlich eines etwaigen Geschäftswerts beteiligt ist (H 15.8 Abs. 1 „Mitunternehmerrisiko" EStH). Es gibt zahlreiche Gestaltungen, die vom Regelfall abweichen und dennoch die Voraussetzung eines Mitunternehmerrisikos erfüllen. So kann z.B. der Gesellschafter einer Personengesellschaft am Gewinn und an den stillen Reserven beteiligt sein, einen Verlust aber überhaupt nicht oder nur bis zu einem bestimmten Betrag tragen müssen. Denkbar ist auch, dass ein Gesellschafter am Gewinn und Verlust, nicht aber an den stillen Reserven beteiligt ist. Es kommt stets auf den Einzelfall an. Insbesondere ist auch zu prüfen, ob der Gesellschafter z.B. durch die Hingabe von Darlehen u.ä. ein besonderes wirtschaftliches Risiko übernimmt.

Mitunternehmerinitiative bedeutet vor allem Teilhabe an den unternehmerischen Entscheidungen, wie sie Gesellschaftern oder diesen vergleichbaren Personen als Geschäftsführern, Prokuristen oder anderen leitenden Angestellten obliegen (H 15.8 (1) „Mitunternehmerinitiative" EStH). Damit wäre ein Kommanditist grundsätzlich kein Mitunternehmer, da er nach **§ 164 HGB** von der Geschäftsführung ausgeschlossen ist, soweit nicht etwas anderes vereinbart ist. Daher hat die Rechtsprechung als Mindestvoraussetzung für das Vorliegen einer Mitunternehmerinitiative verlangt, dass der Gesellschafter mindestens die Möglichkeit zur Ausübung von Gesellschafterrechten hat, die wenigstens den Stimm-, Kontroll- und Widerspruchsrechten angenähert sind, die einem Kommanditisten nach **§ 166 HGB** bzw. den Gesellschafter einer GbR nach **§ 716 Abs. 1 BGB** entsprechen (vgl. BFH vom 25.6.1984, BStBl II 1984, 751 und 769).

Die **Bestimmung der Mitunternehmerschaft** kann nicht schematisch erfolgen. Beide Merkmale können im Einzelfall mehr oder weniger ausgeprägt sein. So kann eine schwache Mitunternehmerinitiative durch ein stärkeres Mitunternehmerrisiko ausgeglichen werden und umgekehrt. Beide Merkmale müssen aber auf jeden Fall – zumindest in Ansätzen – vorhanden sein.

Beispiel:

A ist Komplementär der A-KG. Er erhält 5 % des Gewinns. Am Verlust ist er nur bis maximal 50.000 €, an den stillen Reserven ist er überhaupt nicht beteiligt. A ist weder Geschäftsführer noch hat er irgendwelche Möglichkeiten, die Geschicke der Gesellschaft zu lenken.

Lösung:

Die gewählte Gestaltung ist gesellschaftsrechtlich nicht unzulässig. Sowohl die Mitunternehmerinitiative als auch das Mitunternehmerrisiko sind nur ansatzweise vorhanden. Allerdings haftet A nach § 128 HGB als Komplementär persönlich und unbeschränkt. Dieser Aspekt wiegt derart schwer, dass von einer Mitunternehmerschaft ausgegangen werden muss (H 15.8 Abs. 1 „Komplementär" EStH).

15.3 Verdeckte Mitunternehmerschaft

Wie bereits dargestellt, muss ein Mitunternehmer nicht zwingend Gesellschafter der Personengesellschaft sein. Insbesondere dann, wenn der Nicht-Gesellschafter aufgrund ungewöhnlicher Umstände/Vertragsgestaltungen an der Personengesellschaft in einer Weise beteiligt ist, die typischerweise Gesellschaftern vorbehalten ist, hat die Rechtsprechung in der Vergangenheit eine sog. **verdeckte Mitunternehmerschaft** angenommen (vgl. H 15.8 Abs. 1 „Verdeckte Mitunternehmerschaft" EStH). Die verdeckte

Mitunternehmerschaft kommt in der Praxis nur selten vor. Insbesondere kann aus einzelnen Verträgen (Miete, Darlehen, Arbeitsvertrag u.ä.) nicht auf das Vorliegen einer Mitunternehmerschaft geschlossen werden.

Beispiel:

G ist Geschäftsführer einer GmbH & Co. KG. Die Höhe seines Gehalts ist vom Gewinn abhängig. Die Gesellschafter der KG überlassen G sämtliche geschäftlichen Entscheidungen.

Lösung:

G hat aufgrund der gewinnabhängigen Bezüge unbestreitbar ein großes Interesse am Erfolg der GmbH & Co. KG. Er hat auch ohne Zweifel weitgehende Möglichkeiten, auf die Geschäftsführung Einfluss zu nehmen. Dennoch handelt es sich um typische Rechte, die einem angestellten Geschäftsführer zustehen. Für die Anerkennung einer Mitunternehmerschaft wären weitere Faktoren erforderlich, die über den bloßen Arbeitsvertrag hinausgehen.

Ein derartiger Faktor, der zu einer ausnahmsweisen Mitunternehmerschaft führen kann ist z.B. ein Arbeitslohn, der seiner Höhe nach faktisch zu einer „Absaugung" des gesamten Gewinns führt. Eine verdeckte Mitunternehmerschaft kann z.B. auch dann gegeben sein, wenn ein Nicht-Gesellschafter als Einziger über Branchenkenntnisse verfügt und sich faktisch als „Herr des Unternehmens" verhält (vgl. BFH vom 21.9.1995, BStBl II 1996, 66).

15.4 Familiengesellschaften

Die Tatsache, dass die Gesellschafter einer Personengesellschaft Familienangehörige sind, hat grundsätzlich keine negativen oder positiven Rechtsfolgen. Angehörige – insbesondere Ehegatten – dürfen nach **Art. 6 GG** nicht schlechter behandelt werden als fremde Dritte (BVerfG vom 12.3.1985, BStBl II 1985, 475).

Beispiel:

Ein Vater ist zusammen mit seinen beiden volljährigen Kindern paritätisch an einer GmbH & Co. KG beteiligt. Da der Vater das Unternehmen gegründet hat und über ein besonderes Fachwissen verfügt, steht ihm nach dem Gesellschaftsvertrag 75 % des Gewinns zu; der Restgewinn ist auf die beiden Kinder zu je ½ zu verteilen.

Lösung:

Eine derartige Gestaltung findet sich häufig auch unter fremden Dritten. Die disquotale Gewinnverteilung ist bei einer Personengesellschaft zumindest insoweit anzuerkennen, als sie auf vernünftigen wirtschaftlichen Gründen basiert. Dies ist hier sicher der Fall. Damit ist die vertraglich vereinbarte Gewinnverteilung auch in der Familiengesellschaft zu berücksichtigen.

Insbesondere bei Familiengesellschaften besteht immer die Gefahr, dass **private Motive** die gesellschaftsrechtliche Gestaltung beeinflussen. Daher müssen Gesellschaftsverträge, die von Familienangehörigen geschlossen werden, grundsätzlich einem **Drittvergleich** standhalten (vgl. H 15.9 Abs. 1 EStH ff.). So ist z.B. eine Mitunternehmerschaft nicht anzuerkennen, wenn die Gesellschafterstellung eines Kindes von vornherein nur befristet ist, bis die Unterhaltspflicht endet. Schädlich wäre es z.B. auch, wenn ein Familienmitglied jederzeit aus der Gesellschaft ausgeschlossen werden könnte und dabei keinen Ersatz für die stillen Reserven erhielte. Ebenfalls keine Mitunternehmerschaft wäre z.B. dann gegeben, wenn ein Gesellschaftsvertrag ein Familienmitglied von der Wahrnehmung seiner Gesellschafterrechte völlig ausschließen würde.

Werden **minderjährige Kinder an einer Personengesellschaft beteiligt**, so müssen insbesondere die zivilrechtlichen Voraussetzungen beachtet werden (vgl. R 15.9 Abs. 2 EStR). So dürfen die Eltern beim Abschluss des Gesellschaftsvertrags nicht als Vertreter des Kindes auftreten, wenn sie selbst Gesellschafter sind (vgl. § 181 BGB). Es bedarf in diesem Fall der Einschaltung eines sog. **Ergänzungspflegers** (§ 1909 BGB). Dieser wird vom Familiengericht nur für den Vertragsabschluss bestellt.

Zusätzlich muss der **Gesellschaftsvertrag** nach §§ 1643, 1822 BGB vom Familiengericht genehmigt werden. Die Genehmigung muss unverzüglich nach Abschluss des Gesellschaftsvertrags beantragt und in angemessener Frist erteilt werden (H 15.9 Abs. 2 „Familiengerichtliche Genehmigung" EStH).

Zu den Anforderungen an die **Gewinnverteilung** bei einer Familienpersonengesellschaft s. R 15.9 Abs. 3 EStR sowie Kap. 15.8.

15.5 Atypisch stille Gesellschaft

Das Handelsrecht kennt in **§ 230 HGB** nur eine Form der stillen Gesellschaft. Danach geht die Einlage des stillen Gesellschafters in das Vermögen des Inhabers des Handelsgeschäfts über. Die Einlage des stillen Gesellschafters ist als **Fremdkapital** auszuweisen. Der Gewinnanteil des stillen Gesellschafters mindert den Gewinn des Inhabers des Handelsgeschäfts. Diese Grundsätze gelten über den Maßgeblichkeitsgrundsatz (§ 5 Abs. 1 EStG) auch für die Steuerbilanz – unabhängig davon, ob nach den steuerrechtlichen Grundsätzen eine typisch stille oder eine atypisch stille Beteiligung vorliegt.

Die stille Gesellschaft ist eine **reine Innengesellschaft** ohne eigenes Betriebsvermögen. Nach außen führt der Geschäftsinhaber sein Unternehmen wie bisher fort. Der Inhaber des Handelsgewerbes handelt nach außen im eigenen Namen und wird gem. § 230 Abs. 2 HGB aus den im Betrieb geschlossenen Geschäften allein berechtigt und verpflichtet.

Eine stille Beteiligung i.S.d. §§ 230 ff. HGB ist nur an einem **Handelsgewerbe** möglich. Der Inhaber des Handelsgeschäfts muss daher Kaufmann i.S.d. §§ 1-6 HGB sein. Daher ist z.B. eine stille Beteiligung an einer freiberuflichen Praxis nicht möglich.

Steuerrechtlich wird zwischen der typisch stillen und der atypisch stillen Beteiligung unterschieden. Der typisch still Beteiligte erzielt Einkünfte aus Kapitalvermögen (§ 20 Abs. 1 Nr. 4 EStG). Der atypisch still Beteiligte erzielt Einkünfte aus Gewerbebetrieb. Eine **atypisch stille Beteiligung** liegt vor (vgl. § 15 Abs. 1 Nr. 2 EStG „… und einer anderen Gesellschaft…"), wenn der stille Gesellschafter ein Mitunternehmerrisiko trägt und eine gewisse Mitunternehmerinitiative ausüben kann (ausführlich: OFD Frankfurt vom 14.3.2001, DStR 2001, 1159). Hierzu gelten die allgemeinen Grundsätze. Die atypisch stille Gesellschaft ist häufig nur schwer von der verdeckten Mitunternehmerschaft zu unterscheiden. Bei **Hingabe von Geld** ist in der Regel eine atypisch stille Beteiligung anzunehmen (vgl. § 230 HGB). Letztlich kann die Unterscheidung in der Regel offenbleiben, da die Rechtsfolgen der beiden Rechtsinstitute gleich sind.

Beispiel:

A betreibt eine Gaststätte. B gewährt A ein Darlehen über 200.000 €, mit dem A den Erwerb der Gaststätte finanziert. B erhält keinen festen Zins. Der Zinssatz orientiert sich jeweils am Gewinn des Vorjahres. Im Falle eines Verlustes erhält B keine Vergütung. Im „Darlehensvertrag" erhält B weitreichende Befugnisse, um auf die Geschäftsführung einwirken zu können. Außerdem kann B jederzeit Einsicht in die Bücher nehmen.

Lösung:

Aufgrund dieser – sicherlich ungewöhnlichen Vereinbarung – erhält B Rechte, die zum Teil weitreichender sind, als die eines Kommanditisten. Lediglich an den stillen Reserven ist B nicht beteiligt. Daher liegt hier eine atypisch stille Beteiligung vor. Dies hat z.B. zur Folge, dass die Zinseinnahmen bei B als Sonderbetriebseinnahmen zu erfassen sind (keine Abgeltungsteuer – Gewerbesteuerpflicht).

Besondere Probleme entstehen, wenn sich ein Gesellschafter oder Nichtgesellschafter an einer Kapitalgesellschaft beteiligt (GmbH & atypisch Still oder AG & atypisch Still). Mithilfe dieser Rechtskonstruktion können z.B. Verluste aus einer GmbH in die Rechtssphäre des Gesellschafters transferiert werden. Beteiligt sich der Gesellschafter einer GmbH an der GmbH als atypisch stiller Gesellschafter, so gehört der Anteil an der GmbH zu seinem **Sonderbetriebsvermögen II**, sofern nicht die GmbH noch einer anderen Geschäftstätigkeit von nicht ganz untergeordneter Bedeutung nachgeht (BFH 15.10.1998, IV R 18/98, BStBl II 1999, 286).

Unabhängig davon, ob der atypisch still Beteiligte an der GmbH beteiligt ist oder nicht, führt die atypisch stille Beteiligung dazu, dass das **Gehalt** des Stillen als **Sonderbetriebseinnahme** (§ 15 Abs. 1 Nr. 2 EStG) zu beurteilen ist. Damit unterliegt das Gehalt zum einen der Gewerbesteuer, zum anderen verliert der Stille die steuerlichen Vorteile eines Arbeitnehmers (keine Steuerfreiheit der Arbeitgeberbeiträge zur Sozialversicherung nach § 3 Nr. 62 EStG, keine Möglichkeit der Gehaltsumwandlung nach § 3 Nr. 63 EStG etc.).

Für die atypisch Still ist eine eigene **einheitliche und gesonderte Feststellung des Gewinns** (§§ 179 ff. AO) durchzuführen.

Beispiel:

An der X-GmbH ist die natürliche Personen S atypisch still mit einer Einlage i.H.v. 100.000 € beteiligt. Vereinbart ist, dass S 8 % des Gewinns erhalten soll. Der Jahresüberschuss beläuft sich vor Buchung des Gewinnanteils des S auf 1 Mio. €.

Lösung:

Die Einlage des Stillen ist sowohl in der Handels- als auch in der Steuerbilanz als Fremdkapital auszuweisen. Der Gewinnanteil des Stillen ist in der GmbH als Betriebsausgabe zu buchen. Damit vermindert sich der Jahresüberschuss der GmbH auf (1 Mio. € ./. 80.000 € =) 920.000 €. Dieser Betrag unterliegt der Körperschaftsteuer.

Unabhängig davon ist der Gewinn der atypisch Still einheitlich und gesondert festzustellen. Von dem Gesamtgewinn der GmbH & atypisch Still (1 Mio. €) entfallen 920.000 € auf die GmbH und 80.000 € auf S. Mitunternehmer S versteuert diese 80.000 € nach § 15 Abs. 1 Nr. 2 EStG. Die GmbH versteuert ihren Mitunternehmeranteil im Rahmen ihrer Einkünfte (die ja der Körperschaftsteuer unterliegen). Der Gewerbesteuer unterliegen (920 T€ + 80 T€ =) 1 Mio. €.

Bei der **Gewerbesteuer** fällt bei der atypisch stillen Gesellschaft die sachliche und die persönliche Steuerpflicht auseinander (vgl. OFD Frankfurt vom 19.7.2011, DStR 2011, 2154). Die atypisch stille Gesellschaft ist als Mitunternehmerschaft sachlich steuerpflichtig, da deren Tätigkeit in vollem Umfang als Gewerbebetrieb gilt (BFH vom 25.7.1995, BStBl II 1995, 794). Steuerschuldner der Gewerbesteuer nach § 5 GewStG ist der Inhaber des Handelsgeschäfts.

Beispiel:

In obigem Beispiel ist die atypisch stille Gesellschaft sachlich steuerpflichtig, dagegen die GmbH Steuerschuldner.

Insbesondere bei atypisch stillen Beteiligungen unter Einschaltung von Familienangehörigen ist stets zu prüfen, ob der Gewinnanteil, den der atypisch Stille erhält, angemessen ist und einem Drittvergleich standhält (vgl. H 15.9 Abs. 3 „Allgemeines" EStH – Kap. 15.8).

15.6 Unterbeteiligungen

Es ist auch denkbar, dass ein Mitunternehmer an seinem Gesellschaftsanteil weitere Personen beteiligt und diesen die Rechte eines Mitunternehmers an seinen Anteil einräumt. Derartige Gestaltungen werden z.B. gewählt, um Kinder an einem Gesellschaftsanteil zu beteiligen, ohne dass dies nach außen hin sichtbar wird. Nach **§ 15 Abs. 1 Nr. 2 Satz 2 EStG** gelten derartige Unterbeteiligte als Mitunternehmer der Gesellschaft, an der sie mittelbar beteiligt sind, wenn eine ununterbrochene Kette von Mitunternehmerschaften besteht. Dies hat z.B. Bedeutung, wenn der Unterbeteiligte als Arbeitnehmer an der Obergesellschaft beteiligt ist. Sein Arbeitslohn wird durch die Unterbeteiligung zu Sonderbetriebseinnahmen in der Obergesellschaft.

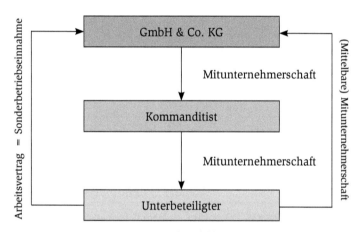

Abb. 2: Unterbeteiligungen

15.7 Doppelstöckige Personengesellschaft

Da nach §§ 124, 161 HGB eine Personenhandelsgesellschaft (OHG, KG) **partiell rechtsfähig** ist, kann sie sich auch als Gesellschafter an einer anderen Personengesellschaft beteiligen. Nach der Rechtsprechung des BGH (Urteil vom 29.1.2001, II ZR 331/00, NJW 2001, 1056) ist die BGB-Gesellschaft analog § 124 HGB ebenfalls partiell rechtsfähig. Man spricht in diesem Fall von einer doppelstöckigen Personengesellschaft. Auch für die doppelstöckige Personengesellschaft gilt § 15 Abs. 1 Nr. 2 Satz 2 EStG (s. Kap. 15.6 sowie R 15.8 Abs. 2 EStR).

Anders als im Handelsrecht, das die Beteiligung an einer Personengesellschaft als eigenständigen Vermögensgegenstand qualifiziert, stellt ertragsteuerlich die Beteiligung der Obergesellschaft als Mitunternehmer der Untergesellschaft kein eigenes Wirtschaftsgut dar, sondern vielmehr den Anteil des Gesellschafters an den einzelnen Wirtschaftsgütern des Gesellschaftsvermögens der Untergesellschaft. In der Steuerbilanz der Obergesellschaft wird deren Beteiligung an der Untergesellschaft nach der sog. **Spiegelbildmethode** in Höhe ihres Kapitalkontos bei der Untergesellschaft ausgewiesen (BFH vom 25.4.1985, BStBl II 1986, 350).

Beispiel:

Gesellschafter der T-OHG sind die natürlichen Personen A und B sowie die M-GmbH & Co. KG. Gesellschafter der M-GmbH & Co. KG ist neben der Komplementär-GmbH die natürliche Person C. Zum 31.12.2014 sieht die Steuerbilanz der T-OHG wie folgt aus:

Diverse Wirtschaftsgüter	600.000 €	Kapital A	200.000 €
		Kapital B	200.000 €
		Kapital M-GmbH & Co. KG	200.000 €

Die M-GmbH & Co. KG bilanziert zum 31.12.2014 wie folgt (Steuerbilanz):

Diverse Wirtschaftsgüter	5,1 Mio. €	Kapital Komplementär-GmbH	100.000 €
Beteiligung T-OHG	200.000 €	Kapital C	5,2 Mio. €

Im Wirtschaftsjahr 2015 erzielt die T-OHG einen Gewinn i.H.v. 300.000 €. Entnahmen der Gesellschafter erfolgen im Wirtschaftsjahr 2015 nicht. Die M-GmbH & Co. KG soll aus Vereinfachungsgründen keinen eigenen Gewinn erzielen. Die Komplementär-GmbH soll aus Vereinfachungsgründen am Gewinn nicht beteiligt sein.

Lösung:

Die Steuerbilanz der T-OHG weist zum 31.12.2015 folgende Werte aus:

Diverse Wirtschaftsgüter	900.000 €	Kapital A	300.000 €
		Kapital B	300.000 €
		Kapital M-GmbH & Co. KG	**300.000 €**

In der Steuerbilanz der M-GmbH & Co. KG ist nun die Beteiligung an der T-OHG spiegelbildlich auszuweisen. Der Gewinnanteil der Mitunternehmerin ist als Gewinn der M-GmbH & Co. KG (= Erhöhung des Kapitals von C) auszuweisen. Die Steuerbilanz sieht daher zum 31.12.2015 wie folgt aus:

Diverse Wirtschaftsgüter	5,1 Mio. €	Kapital Komplementär-GmbH	100.000 €
Beteiligung T-OHG	**300.000 €**	Kapital C	**5,3 Mio. €**

Gewerbesteuerlich stellt jede Mitunternehmerschaft ein eigenständiges Gewerbesteuersubjekt dar; zur Berechnung der Gewerbesteueranrechnung nach § 35 EStG s. BMF vom 25.11.2010, BStBl I 2010, 1312.

15.8 Gewinnverteilung

Es gibt einkommensteuerlich keinen Gewinn der Personengesellschaft. Den Gewinn erzielt jeder einzelne Mitunternehmer im Verhältnis seiner Teilhabe am Betriebsergebnis (vgl. Wortlaut des § 15 Abs. 1 Nr. 2 EStG); bitte nicht verwechseln mit dem Gewerbertrag – diesen erzielt nach § 7 GewStG die Personengesellschaft.

Die Gewinnverteilung ergibt sich entweder aus dem Gesellschaftsvertrag oder aus einem Beschluss der Gesellschafterversammlung. Die Gesellschafter können die Gewinnverteilung bis zur Grenze des § 42 AO beliebig regeln. Sie sind nicht an die gesellschaftsrechtliche Beteiligungsquote gebunden. Die **§§ 167, 120 HGB** sind nur für den Fall anzuwenden, dass keine andere Vereinbarung getroffen wurde.

Es ist daher möglich, einem Mitunternehmer z.B. einen höheren Gewinnanteil zuzuweisen, um damit ein besonderes Fachwissen, besondere Beziehungen oder eine langdauernde Gesellschafterstellung zu honorieren.

Beispiel:

Rechtsanwalt R hat vor Jahrzehnten eine Rechtsanwaltskanzlei gegründet. Er nimmt die junge Rechtsanwältin N, die schon seit einigen Jahren als Angestellte beschäftigt ist, in die Kanzlei auf. N muss hierfür keine Einstandszahlung leisten. Obwohl an der neuen GbR R und N zu je 50 % beteiligt sind, einigen sie sich darauf, dass R die nächsten fünf Jahre 80 % und N 20 % des Gewinns erhalten soll.

Lösung:

Diese Gestaltung wird unter Freiberuflern gerne gewählt, um die Entstehung eines Veräußerungsgewinns nach den §§ 18 Abs. 3, 16 Abs. 1 Nr. 1 EStG zu vermeiden. Die von den Gesellschaftsanteilen abweichende Gewinnverteilung ist steuerlich anzuerkennen.

Der **Gewinn der Mitunternehmerschaft** ist nach §§ 179 ff. AO jeweils zum Ende des Wirtschaftsjahres einheitlich und gesondert festzustellen.

Bei **Familiengesellschaften** bestehen besonders strenge Regeln bezüglich der Gewinnverteilung (vgl. R 15.9 Abs. 3 EStR). Danach ist eine Gewinnverteilung im Allgemeinen nur dann nicht zu beanstanden, wenn der vereinbarte Gewinnverteilungsschlüssel eine durchschnittliche **Rendite von nicht mehr als 15 %** des tatsächlichen Wertes der Beteiligung ergibt (H 15.9 Abs. 3 „Allgemeines" EStH). Ist eine Gewinnverteilung nach den vorstehenden Grundsätzen unangemessen, so ist die Besteuerung so vorzunehmen, als ob eine angemessene Gewinnverteilung getroffen worden wäre. Die 15 %-Grenze gilt für alle nicht im Betrieb mitarbeitenden nahen Familienangehörigen; also nicht nur für minderjährige Kinder.

Beispiel:

An der Familien-KG ist die Mutter als Komplementärin und das Kind K als Kommanditist beteiligt. Die KG erzielt durchschnittlich einen Gewinn i.H.v. 500.000 €. Der Wert des Mitunternehmeranteils von K beträgt 20.000 €. Nach der Gewinnverteilungsabrede soll K 30 % des Gewinns erhalten. Im Veranlagungszeitraum 01 erzielt die KG ausnahmsweise einen Gewinn i.H.v. 680.000 €.

Lösung:

Es bestehen keine Anhaltspunkte dafür, die Mitunternehmerschaft des K zu verneinen. Allerdings ist zu prüfen, ob die Gewinnverteilung unter den Familienangehörigen angemessen ist. 30 % des durchschnittlich zu erwartenden Gewinns sind 150.000 €. Bezogen auf den Wert des Mitunternehmeranteils bedeutet dies eine Verzinsung von (150.000 €/20.000 € × 100 =) 750 %. Damit ist die Gewinnverteilungsabrede nach der Rechtsprechung als unangemessen zu beurteilen. Die getroffene Vereinbarung ist durch eine angemessene Gewinnverteilung zu ersetzen. Eine 15 %ige Verzinsung des Gesellschaftsanteils ergibt einen Wert von (20.000 € × 15 % =) 3.000 €. Bezogen auf den durchschnittlich zu erwartenden Gewinn ist ein Gewinnverteilungsschlüssel von (3.000 €/500.000 € × 100 =) 0,6 % angemessen. Unter Zugrundelegung dieses Schlüssels beträgt der angemessene Gewinnanteil in 01 (680.000 € × 0,6 % =) 4.080 €.

Ein besonderes Problem entsteht dadurch, dass K zivilrechtlich (nicht steuerrechtlich) Anspruch auf 30 % des Gewinns (in 01: 204.000 €) hat. Die Differenz zwischen der zivilrechtlichen und der steuerrechtlich zulässigen Gewinnverteilung (hier: 204.000 € ./. 4.080 € =) 199.920 € ist von der Mutter zu versteuern und als Entnahme mit anschließender Schenkung an K zu behandeln.

Ein als angemessen anerkannter Gewinnverteilungsschlüssel kann so lange bestehen bleiben, bis sich die Verhältnisse in der Personengesellschaft wesentlich ändern (z.B. Beitritt weiterer Gesellschafter, erhebliche Veränderungen des Gewinns, Eintritt des Familienmitglieds als Arbeitnehmer u.ä. – vgl. H 15.9 Abs. 3 „Veränderung der Gewinnverteilung" EStH).

Die Grundsätze der Gewinnverteilung in Familiengesellschaften gelten auch für die Fälle einer atypisch stillen Beteiligung unter Beteiligung von Familienangehörigen.

15.9 Sonderbetriebsvermögen

Wie die Vorschrift des § 15 Abs. 1 Nr. 2 EStG zeigt, soll die gesamte Sphäre des Mitunternehmers dem gewerblichen Bereich zugerechnet werden. Um zu vermeiden, dass ein Mitunternehmer Vermögen aus der Gesamthand in sein Privatvermögen auslagert, wurde die Rechtsfigur des Sonderbetriebsvermögens geschaffen. Der **Begriff des Sonderbetriebsvermögens** ist rein steuerrechtlicher Natur und existiert z.B. im Handels- und Gesellschaftsrecht nicht.

Beispiel:

G ist Gesellschafter der G-KG. Er vermietet an die KG ein Grundstück mit einer Halle. Handelsrechtlich und zivilrechtlich sind das Grundstück und die Halle als Privatvermögen zu behandeln. Steuerlich stellt die Immobilie Sonderbetriebsvermögen dar und ist in der Sonderbilanz des Mitunternehmers G zu aktivieren.

Zum Sonderbetriebsvermögen rechnen alle Wirtschaftsgüter, die im Eigentum des Mitunternehmers stehen und dem Betrieb der Personengesellschaft ausschließlich und unmittelbar dienen (vgl. R 4.2 Abs. 12 EStR). Hierunter fallen insbesondere Grundstücke und Gebäude, die der Gesellschafter an die Gesellschaft vermietet. Dieses Sonderbetriebsvermögen wird auch als **Sonderbetriebsvermögen I** bezeichnet, ohne dass an diese Bezeichnung besondere Rechtsfolgen geknüpft sind (vgl. R 4.2 Abs. 2 EStR).

Sonderbetriebsvermögen sind aber auch die Wirtschaftsgüter, die der Stärkung der Unternehmerstellung des Gesellschafters dienen (sog. **Sonderbetriebsvermögen II**). Die Rechtsprechung hat hierzu in der Vergangenheit bestimmte Fallgruppen erarbeitet. So muss der Gesellschafter z.B. im Falle einer Betriebsaufspaltung die Anteile an der Betriebskapitalgesellschaft im Sonderbetriebsvermögen aktivieren. Ebenfalls grundsätzlich aktivierungspflichtig sind die Anteile eines Kommanditisten an der Komplementär-GmbH im Rahmen einer GmbH & Co. KG (vgl. H 4.2 Abs. 2 „Anteile an Kapitalgesellschaften – Einzelfälle" EStH). Beträgt die Beteiligung an der Komplementär-GmbH allerdings weniger als 10 %, liegt kein Sonderbetriebsvermögen II vor, da diese Beteiligung keine Einflussnahme auf die Geschäftsführertätigkeit vermittelt. Eine Ausnahme hiervon ist gegeben, wenn der Gesellschaftsvertrag das Einstimmigkeitsprinzip bzw. ein Quorum unter Einschluss der Stimmen des Minderheitsgesellschafters vorsieht (BFH-Urteil vom 16.04.2015, IV R 1/12).

Zum **negativen Sonderbetriebsvermögen** gehören z.B. Darlehen, die der Mitunternehmer aufgenommen hat, um die Gründung oder den Erwerb eines Mitunternehmeranteils zu finanzieren.

Sonderbetriebsvermögen kommt sowohl als notwendiges Sonderbetriebsvermögen (z.B. Vermietung eines Bürogebäudes an die GmbH & Co. KG) als auch als gewillkürtes Sonderbetriebsvermögen (z.B. Aktivierung von Wertpapieren zur Verstärkung der Kapitalbasis) vor.

Neben der sog. **Gesamthandsbilanz** hat die Personengesellschaft – soweit erforderlich – für jeden einzelnen Mitunternehmer zusätzlich eine **Sonderbilanz** zu erstellen. Der Gewinnanteil des Mitunternehmers i.S.v. § 15 Abs. 1 Nr. 2 EStG besteht aus dem Anteil am **Gesamthandsgewinn** und dem Ergebnis der **Sonderbilanz** (BMF vom 3.3.2005, BStBl I 2005, 458 Rz. 3; vgl. § 15 Abs. 1 Nr. 2 EStG „… und die Vergütungen, die der Gesellschafter von der Gesellschaft… für die Hingabe von Darlehen oder für die Überlassung von Wirtschaftsgütern bezogen hat…").

Als **Sonderbetriebseinnahmen** sind insbesondere die Beträge zu erfassen, die der Mitunternehmer als Vergütung für seine Tätigkeit im Dienst der Gesellschaft erhält. Darunter fällt insbesondere der Arbeitslohn, den ein Mitunternehmer erhält, wenn er in der Mitunternehmerschaft angestellt ist. Dabei ist zu beachten, dass nach den Grundsätzen des § 124 HGB die Personengesellschaft Verträge mit ihren Gesellschaftern schließen kann. Für den Gesellschafter und die Gesellschaft ist es grundsätzlich negativ, wenn sein Arbeitslohn als Sonderbetriebseinnahme erfasst wird. Zum einen sind Sonderbetriebseinnahmen – als Teil des Gewinns der Mitunternehmerschaft – gewerbesteuerpflichtig. Zum anderen gehen dem Gesellschafter zahlreiche Vorteile verloren, die einem Arbeitnehmer zustehen (an vorderster Stelle sei hier die Vorschrift des § 3 Nr. 62 EStG genannt, wonach die **Arbeitgeberanteile zur gesetzlichen Sozialversicherung** steuerfreien Arbeitslohn darstellen).

Übungsfall:

An der A-KG sind folgende Gesellschafter beteiligt:

1. A ist mit 10 % als Komplementär beteiligt. Im Gesellschaftsvertrag ist vereinbart, dass A zwar die Geschäfte führt, aber den Weisungen der Gesellschafter B bis E zu folgen hat. A steht zwar ein Anteil am Gewinn zu, er ist aber nicht am Verlust beteiligt. Sollte er auf eigenen Wunsch ausscheiden, erhält er nur den Buchwert seiner Beteiligung. Sollte A als Komplementär von Dritten in Anspruch genommen werden, erklären sich die übrigen Gesellschafter bereit, ihn im Innenverhältnis freizustellen.

2. B ist als Kommanditist im Handelsregister eingetragen. Er hat eine Einlage von 1 Mio. € geleistet. Entsprechend seiner Einlage ist er mit 25 % am Gewinn und Verlust und an den stillen Reserven beteiligt. An den Entscheidungen der Geschäftsführung ist B nicht beteiligt. Er hat auch kein Recht, die Beschlüsse der Geschäftsführung zu kritisieren. Er hat lediglich das Recht, in den Geschäftsräumen der KG die Bücher einzusehen und Auskunft einzufordern.

3. C ist Kommanditist. Er hat keine Einlage geleistet. Am Gewinn und Verlust ist er mit 30 % beteiligt. C ist als Angestellter nicht leitend tätig. Von den Bestimmungen des HGB für Kommanditisten wurde nicht abgewichen. Sein Gehalt betrug im Veranlagungszeitraum 01 40.000 € zuzüglich 8.000 € Arbeitgeberbeiträge zur Sozialversicherung.

4. Die D-KG ist mit 5 % als Kommanditistin beteiligt. Die D-KG betreibt als einzigen Geschäftszweck die Vermietung einer Lagerhalle an die A-KG für monatlich 20.000 €. Die Aufwendungen für die Halle belaufen sich auf monatlich 5.000 €.

5. Komplementär der D-KG ist Y. Y vermietet an die A-KG ein Produktionsgrundstück für 3.000 € monatlich. Aufwendungen fallen keine an.

6. Z ist Fremdgeschäftsführer bei der A-KG. Er hat Prokura und bekommt neben seinem Gehalt eine Tantieme von 5 % des Gewinns vor Steuern. Z hat der A-KG ein Darlehen über 2 Mio. € gewährt. Das Darlehen ist durch Bürgschaftserklärungen der Gesellschafter abgesichert und wird mit jährlich (angemessenen) 6,25 % verzinst.

7. E ist Kommanditist mit einer Beteiligung von 30 %. Er hat seine Ehefrau hälftig atypisch still an seinem Gesellschaftsanteil unterbeteiligt.

Der Gewinn der KG belief sich im Wirtschaftsjahr 01 auf 1 Mio. €.

Welcher der o.g. Personen ist Mitunternehmer? Gehen Sie auf alle Konsequenzen der Mitunternehmerschaft ein. Erstellen Sie die einheitliche und gesonderte Gewinnfeststellung.

15.10 Ergänzungsbilanzen

Während in der Sonderbilanz Wirtschaftsgüter aktiviert oder passiviert werden, die im Eigentum des Gesellschafters stehen bzw. diesem zuzurechnen sind, enthält die **Ergänzungsbilanz** Korrekturen der Bilanzansätze der Gesamthandsbilanz. Derartige Korrekturen können insbesondere dann erforderlich werden, wenn ein Gesellschafter einen Gesellschaftsanteil entgeltlich erwirbt.

Beispiel:

Das Betriebsvermögen der ABC-OHG besteht lediglich aus zwei Wirtschaftsgütern: Wirtschaftsgut I (Buchwert 100.000 €/Teilwert 600.000 €) und Wirtschaftsgut II (Buchwert 200.000 €/Teilwert 900.000 €). Dementsprechend betragen die Kapitalkonten der drei Gesellschafter jeweils 100.000 €. Gesellschafter C veräußert seinen Mitunternehmeranteil an D für 500.000 €.

Lösung:

Gesellschafter C erzielt mit der Veräußerung seines Mitunternehmeranteils einen Gewinn nach § 16 Abs. 1 Nr. 2 EStG i.H.v. (500.000 € ./. 100.000 € =) 400.000 €. Dieser Gewinn ist nach § 34 EStG begünstigt.

Der Erwerber ist steuerlich so zu behandeln, als habe er einzelne Wirtschaftsgüter erworben und zwar ein Drittel des Wirtschaftsguts I und ein Drittel des Wirtschaftsguts II (§ 6 Abs. 1 Nr. 7 EStG). Nach § 253 HGB i.V.m. § 5 Abs. 1 EStG muss der Erwerber seine Anschaffungskosten aktivieren. Da der Erwerb des Mitunternehmeranteils die beiden verbleibenden Gesellschafter nicht betrifft, wird in der Gesamthandsbilanz lediglich das Kapitalkonto des C auf D umgeschrieben. Die Aktivierung der erworbenen stillen Reserven (die Buchwerte der Wirtschaftsgüter I und II sind ja in der Gesamthandsbilanz aktiviert) erfolgt in einer (persönlichen) Ergänzungsbilanz des D. Diese Ergänzungsbilanz sieht wie folgt aus:

Wirtschaftsgut I	166.667 €	Kapital Ergänzungs-bilanz	400.000 €
Wirtschaftsgut II	233.333 €		

Das gesamte Kapital des Mitunternehmers D beträgt (Gesamthand 100.000 € + Ergänzungsbilanz 400.000 € =) 500.000 €. Dieser Betrag entspricht dem Kaufpreis.

Sonderbilanz und Ergänzungsbilanz müssen streng auseinander gehalten werden (dies hat z.B. Auswirkungen auf die Bestimmung des Kapitalkontos im Rahmen des § 15a EStG).

Fortführung des Beispiels:

Erwerber D hat den Kauf des Mitunternehmeranteils i.H.v. 250.000 € finanziert. Der Zinssatz für das Darlehen beträgt 6 % p.a.

Lösung:

Die Darlehensverbindlichkeit ist als notwendiges Sonderbetriebsvermögen II in der Sonderbilanz zu passivieren. Die Zinsen stellen Sonderbetriebsausgaben dar.

Zusammenfassend besteht der **Gewinnanteil des Mitunternehmers** aus drei Elementen:

    Anteil Gesamthandsgewinn

\+ Korrekturen Ergänzungsbilanz

\+ Ergebnis der Sonderbilanz

= **Gewinn des Mitunternehmers i.S.v. § 15 Abs. 1 Nr. 2 EStG**

15.11 Vermögensverwaltende Gesellschaften

Eine Personengesellschaft erzielt – im Gegensatz zu einer Kapitalgesellschaft (vgl. § 2 Abs. 2 GewStG) – nicht zwingend Einkünfte aus Gewerbebetrieb. Ob Einkünfte nach § 15 EStG vorliegen, ist nach den allgemeinen Kriterien des § 15 Abs. 2 EStG zu ermitteln.

Erzielt eine **Personengesellschaft ausschließlich Einkünfte aus der Verwaltung eigenen Vermögens**, so liegt regelmäßig keine gewerbliche Tätigkeit vor (R 15.7 Abs. 1 EStR). Derartige Gesellschaften erzielen dann z.B. Einkünfte nach § 21 EStG. Sie sind zwar gesellschaftsrechtlich GbR, OHG oder KG, haben aber steuerlich kein Betriebsvermögen. §§ 105 Abs. 2, 161 HGB erlauben ausdrücklich die Vermögensverwaltung als Gesellschaftszweck der OHG bzw. KG. Bei der GbR stellt sich diese Frage mangels Anknüpfung der §§ 705 ff. BGB an den Betrieb eines Handelsgewerbes nicht.

Beispiel:

Die Gesellschafter A, B und C betreiben in der Rechtsform einer GbR ausschließlich die Vermietung eines Mehrfamilienhauses. Die GbR ist vermögensverwaltend tätig; es liegen Einkünfte nach § 21 EStG vor.

Variante: Die Gesellschafter haben zu diesem Zweck eine OHG gegründet. Dies ändert am Ergebnis nichts. Die Gesellschafter erzielen dennoch Einkünfte nach § 21 EStG.

Lange Zeit war die Qualifizierung der Einkünfte einer sog. **Zebragesellschaft** streitig. Von einer sog. Zebragesellschaft spricht man, wenn eine Personengesellschaft ausschließlich vermögensverwaltend tätig ist (= Einkünfte nach § 21 EStG), der Anteil an der Personengesellschaft aber bei einem oder mehreren Gesellschaftern zu einem Betriebsvermögen gehört. Der BFH (GrS vom 11.4.2005, BStBl II 2005, 679) geht zu Recht davon aus, dass auf der Ebene der vermögensverwaltenden Personengesellschaft die Einkünfte nach § 21 EStG zu qualifizieren sind und dementsprechend eine einheitliche und gesonderte Feststellung der Einkünfte nach §§ 179 ff. AO zu erfolgen hat. Die Umqualifizierung der Einkünfte erfolgt erst auf der Ebene des Mitunternehmers.

Beispiel (BFH vom 10.8.2010, VIII R 44/07, BFH/NV 2011, 20):

An der vermögensverwaltenden A-OHG, deren einziger Gesellschaftszweck die Verwaltung einer Immobilie ist, sind die natürlichen Personen A und B sowie die C-GmbH zu jeweils einem Drittel beteiligt. Im Wirtschaftsjahr 01 erzielt die OHG Einnahmen i.H.v. 100.000 €. I.H.v. 15.000 € steht zum 31.12.01 die Miete eines Mieters noch aus. Unter Berücksichtigung von Werbungskosten i.H.v. 70.000 € weist die OHG jedem Gesellschafter Einkünfte nach § 21 EStG i.H.v. 10.000 € zu.

Lösung:

Die Gesellschafter A und B erzielen mit ihrer Beteiligung an der OHG Einkünfte nach § 21 EStG i.H.v. jeweils 10.000 €. Die Gesellschafterin C-GmbH muss die Einkünfte in gewerbliche Einkünfte umqualifizieren, da eine GmbH nach § 2 Abs. 2 GewStG nur gewerbliche Einkünfte erzielen kann. Da die GmbH ihren Gewinn nach § 4 Abs. 1 EStG durch Bilanzierung ermitteln muss, muss sie die Forderung auf ausstehende Miete aktivieren. Dadurch ergibt sich auf der Ebene der GmbH ein Gewinn aus der Beteiligung an der OHG i.H.v. (10.000 € + 5.000 € =) 15.000 €.

Da die OHG keine gewerbliche Tätigkeit ausübt, ist die OHG selbst nicht gewerbesteuerpflichtig. Der Gewinnanteil der GmbH geht allerdings in den gewerbesteuerlichen Ertrag der GmbH entsprechend ein.

Eine **vermögensverwaltende Gesellschaft** erzielt z.B. Einkünfte nach § 15 EStG, wenn:
* eine Betriebsverpachtung vorliegt (ruhender Gewerbebetrieb),

- eine Betriebsaufspaltung besteht oder
- die Einkünfte nach § 15 Abs. 3 Nr. 1 EStG gewerblich gefärbt oder
- nach § 15 Abs. 3 Nr. 2 EStG gewerblich geprägt sind.

15.12 „Abfärbetheorie"

Nach **§ 15 Abs. 3 Nr. 1 EStG** gilt die Tätigkeit einer OHG, einer KG oder einer anderen Personengesellschaft (z.B. GbR) in vollem Umfang als Gewerbebetrieb, wenn die Gesellschaft **auch** eine Tätigkeit i.S.d. § 15 Abs. 1 Nr. 1 EStG ausübt oder gewerbliche Einkünfte i.S.d. § 15 Abs. 1 Satz 1 Nr. 2 EStG bezieht (R 15.8 (5) EStR und H 15.8 (5) EStH).

Die in § 15 Abs. 3 Nr. 1 EStG niedergelegte sog. **„Abfärbetheorie"** hat insbesondere Bedeutung für Freiberuflerpraxen. Erfüllt auch nur einer der Gesellschafter einer Freiberufler-GbR die Qualifikation des § 18 EStG nicht, bedeutet dies, dass alle Gesellschafter Einkünfte nach § 15 EStG erzielen. Dies hat insbesondere Auswirkungen auf die Gewerbesteuerpflicht und die Pflicht zur Buchführung (vgl. § 141 AO).

Beispiel (BFH vom 10.8.2010, VIII R 44/07, BFH/NV 2011, 20):

Der Vater betrieb eine Einzelkanzlei als Steuerberater. Der Sohn bestand die Steuerberaterprüfung nicht, verheimlichte dies aber vor seinem Vater. Dieser gründete mit seinem Sohn (als vermeintlicher Steuerberater) eine Steuerberatungs-GbR. Die Tatsache, dass der Sohn kein Steuerberater war, blieb sieben Jahre lang unentdeckt.

Lösung:

Einkünfte nach § 18 Abs. 1 Nr. 1 EStG kann nur erzielen, wer als Steuerberater zugelassen ist. Da der Sohn diese Voraussetzung nicht erfüllte, kann er nur Einkünfte i.S.v. § 15 EStG erzielen. Damit färbten diese Einkünfte die Einkünfte der gesamten GbR.

Die „Abfärbetheorie" kann auch Einkünfte nach § 13 EStG ergreifen.

Beispiel:

Ein Landwirt betreibt mit seinem Sohn eine Landwirtschaft in der Rechtsform einer GbR. Die GbR betreibt neben der Landwirtschaft auch noch einen Campingplatz.

Lösung:

Das Betreiben des Campingplatzes (= § 15 EStG) färbt die Einkünfte aus der Landwirtschaft. Die GbR erzielt damit insgesamt Einkünfte nach § 15 EStG und ist damit u.a. gewerbesteuerpflichtig.

Die **Folgen der „Abfärbetheorie"** können vermieden werden, wenn für jede Einkunftsart eine eigene Personengesellschaft gegründet wird.

Beispiel:

A und B betreiben gemeinsam eine Zahnarztpraxis in der Rechtsform einer GbR. A und B sind je zur Hälfte Gesellschafter einer GmbH, die ein Zahnlabor betreibt. Die GbR vermietet Labor-Räume an die GmbH.

Lösung:

A und B beherrschen sowohl die GbR als auch die GmbH (sog. personelle Verflechtung). Durch die Überlassung der Laborräume, die unstreitig eine wesentliche Betriebsgrundlage darstellen, entsteht eine Betriebsaufspaltung (vgl. R 15.7 Abs. 4 EStR). Aufgrund der Betriebsaufspaltung erzielt die GbR zumindest „auch" Einkünfte nach § 15 EStG. Damit werden die übrigen – unstreitigen Freiberufler-Einkünfte – gewerblich gefärbt. Alle Gesellschafter der GbR erzielen Einkünfte nach § 15 EStG. Das Problem der Färbung wäre nicht entstanden, wenn die beiden Zahnärzte jeweils eine Praxis-GbR und eine Vermietungs-GbR gegründet hätten. Die Vermietungs-GbR hätte dann (aufgrund der Betriebsaufspaltung) Einkünfte nach § 15 EStG erzielt. Die Einkünfte der Praxis-GbR wären nicht gefärbt worden und somit unter § 18 EStG gefallen.

15.13 Gewerblich geprägte Personengesellschaft

Nach **§ 15 Abs. 3 Nr. 2 EStG** gilt die mit Einkünfteerzielungsabsicht unternommene Tätigkeit einer Personengesellschaft in vollem Umfang als **Gewerbebetrieb**, wenn:

- die Gesellschaft keine gewerblichen Einkünfte erzielt (z.B. aufgrund vermögensverwaltender Tätigkeit – s. Kap. 15.11) **und**
- ausschließlich eine oder mehrere Kapitalgesellschaften persönlich haftende Gesellschafter sind **und**
- nur diese Kapitalgesellschaften oder fremde Dritte zur Geschäftsführung befugt sind.

Beispiel:

An der V-GmbH & Co. KG sind die V-GmbH als Komplementärin und die natürliche Person K als Kommanditist beteiligt. Einziger Geschäftszweck der V-GmbH & Co. KG ist die Verwaltung eines Büro- und Geschäftshauses.

Lösung:

Die GmbH & Co. KG verwaltet ausschließlich eigenes Vermögen. Eine derartige Tätigkeit fällt grundsätzlich nicht unter § 15 EStG (vgl. R 15.7 Abs. 1 EStR). Da aber der einzige Vollhafter in der Gesellschaft eine Kapitalgesellschaft ist und aufgrund der Vorschrift des § 164 HGB der Kommanditist grundsätzlich von der Geschäftsführung ausgeschlossen ist, liegt eine gewerbliche Prägung nach § 15 Abs. 3 Nr. 2 EStG vor.

Als **Kapitalgesellschaften** im Sinne dieser Vorschrift kommen auch ausländische Kapitalgesellschaften infrage, die ihrem Wesen und Charakter nach einer deutschen Kapitalgesellschaft vergleichbar sind (z.B. Limited, SARL u.ä.; vgl. Tabelle 1 zu BMF vom 24.12.1999, BStBl I 1999, 1076 – Betriebsstättenerlass –).

Beispiel:

Der Sachverhalt entspricht obigem Beispiel. Die Komplementärin ist eine Limited; die Rechtsform der KG somit eine Limited & Co. KG.

Lösung:

Auch hier liegt eine gewerbliche Prägung nach § 15 Abs. 3 Nr. 2 EStG vor; die Einschaltung einer ausländischen Kapitalgesellschaft ist insoweit ohne Bedeutung.

Die **gewerbliche Prägung** kann auch dann eintreten, wenn die Personengesellschaft Einkünfte nach § 13 oder § 18 EStG erzielt.

Beispiel:

Drei Steuerberater und zwei Rechtsanwälte schließen sich zu einer Beratungs-GmbH & Co. KG zusammen. Komplementärin ist ausschließlich die Verwaltungs-GmbH.

Lösung:

Grundsätzlich fällt die Tätigkeit von Steuerberatern und Rechtsanwälten unter § 18 EStG (Katalogberuf). Aufgrund der gewerblichen Prägung erzielt die KG ausschließlich Einkünfte nach § 15 EStG; dies hat insbesondere Bedeutung für die Gewerbesteuerpflicht.

Die gewerbliche Prägung wird mitunter bewusst ausgeschaltet, um die Vorteile einer GmbH & Co. KG (insbesondere Haftungsbeschränkung) mit den Vorteilen einer vermögensverwaltenden Tätigkeit (keine Gewerbesteuerpflicht, mit Ausnahme der §§ 20 Abs. 2, 23 Abs. 1 Satz 1 Nr. 1 und Nr. 2 EStG keine Versteuerung der stillen Reserven) zu kombinieren. Diese Konstruktion findet sich häufig bei sog. **geschlossenen Immobilienfonds**.

Beispiel:

An der Immobilien-GmbH & Co. KG sind 100 Kommanditisten mit unterschiedlichen Anteilen beteiligt. Komplementärin ist ausschließlich eine Verwaltungs-GmbH. Die Tätigkeit der GmbH & Co. KG beschränkt sich auf die Errichtung und Vermietung eines Geschäftsgebäudes. Geschäftsführer der KG sind die Verwaltungs-GmbH und die Kommanditistin K1.

Lösung:

Die Initiatoren des geschlossenen Immobilienfonds haben die Rechtsform einer GmbH & Co. KG gewählt, um die Haftung ihrer Anleger beschränken zu können. Dies wäre bei der Gestaltung über eine Gesellschaft bürgerlichen Rechts nicht möglich. Grundsätzlich wäre die KG gewerblich geprägt, da ausschließlich eine Kapitalgesellschaft Komplementärin ist. Da aber eine Kommanditistin mit der Geschäftsführung betraut ist, sind die Voraussetzungen des § 15 Abs. 3 Nr. 2 EStG nicht erfüllt. Aufgrund der ausschließlich vermögensverwaltenden Tätigkeit erzielt die GmbH & Co. KG Einkünfte nach § 21 EStG. Damit fällt keine Gewerbesteuer an. Das Geschäftshaus kann nach Ablauf der zehnjährigen Spekulationsfrist (§ 23 Abs. 1 Satz 1 Nr. 1 EStG) veräußert werden, ohne dass ein Veräußerungsgewinn versteuert werden muss.

Die **gewerblich geprägte Personengesellschaft** wird häufig gegründet, um ein Betriebsvermögen zu konservieren. Dies kann z.B. notwendig werden, wenn eine Betriebsaufspaltung besteht und befürchtet werden muss, dass die personelle Verflechtung einmal nicht mehr besteht (Details s. Kap. 16.).

Beispiel:

An der Vermietungs-GbR sind die Gesellschafter A, B und C zu je einem Drittel beteiligt. Die GbR vermietet ein Bürogebäude an eine GmbH, an der die Gesellschafter A und B zu je 50 % beteiligt sind.

Lösung:

Zwischen der GbR und der GmbH besteht eine Betriebsaufspaltung (vgl. H 15.7 Abs. 4 EStH), da die GbR eine wesentliche Betriebsgrundlage (= Bürogebäude - vgl. H 15.7 Abs. 5 EStH) an die GmbH vermietet und die beiden Gesellschafter A und B sowohl die GbR (zwei Drittel) als auch die GmbH (100 %) beherrschen. Infolge der Betriebsaufspaltung erzielt die eigentlich vermögensverwaltend tätige GbR gewerbliche Einkünfte. Das Bürogebäude stellt notwendiges Betriebsvermögen dar. Bei einer Betriebsaufspaltung besteht stets die Gefahr, dass die personelle Verflechtung ungeplant wegfällt (z.B. A schenkt seinen Anteil an der GmbH seiner Tochter T). Um zu vermeiden, dass die Betriebsaufspaltung „platzt" und die stillen Reserven zwangsweise aufgedeckt werden müssen, bietet es sich an, die Besitz-GbR in eine GmbH & Co. KG umzuwandeln. Aufgrund der dann eintretenden gewerblichen

Prägung fallen die Mieteinkünfte auch dann unter § 15 EStG, wenn die Betriebsaufspaltung endet. Somit kann die ungewollte Aufdeckung von stillen Reserven vermieden werden.

Fällt die gewerbliche Prägung weg, führt dies zu einer **Betriebsaufgabe** nach § 16 Abs. 3 EStG.

Beispiel:

Die X-GmbH & Co KG betreibt als einzigen Gesellschaftszweck die Vermietung eines Geschäftshauses. Die X-Komplementär-GmbH wird aufgrund einer Insolvenz im Handelsregister gelöscht (vgl. § 60 GmbHG).

Lösung:

Grundsätzlich ist die Tätigkeit der KG vermögensverwaltend und führt zu Einkünften nach § 21 EStG (vgl. R 15.7 Abs. 1 EStR). Da aber Komplementärin ausschließlich eine GmbH ist (siehe die Bezeichnung „X-GmbH & Co KG" – der Vollhafter ist nach Handelsrecht im Firmennamen zu führen) und aufgrund § 164 HGB die GmbH alleinige Geschäftsführerin ist (soweit nichts anderes vereinbart ist), werden die Einkünfte nach § 15 Abs. 3 Nr. 2 EStG gewerblich geprägt.

Durch die Löschung der GmbH fällt die gewerbliche Prägung weg und die KG erzielt nunmehr Einkünfte nach § 21 EStG. Der Wechsel von der Erzielung gewerblicher Einkünfte zur Erzielung von privaten Einkünften bedeutet die Aufdeckung der stillen Reserven nach § 16 Abs. 3 EStG (vgl. sinngemäß H 16 Abs. 2 „Beendigung einer Betriebsaufspaltung" EStH).

15.14 Offene und verdeckte Einlagen in eine Personengesellschaft

Einlagen in eine Gesamthand können nicht einfach nach § 6 Abs. 1 Nr. 5 EStG bewertet werden. Es ist hier zwischen offenen und verdeckten Einlagen zu differenzieren (vgl. BMF vom 29.3.2000, BStBl I 2000, 462, Beck'sche Erlasse § 4/13).

Eine **offene Einlage** liegt vor, wenn dem Gesellschafter im Gegenzug für die Übertragung des Wirtschaftsguts **Gesellschaftsrechte** gewährt werden (BMF vom 11.7.2011, BStBl I 2011, 713, Beck'sche Erlasse § 4/15). Gesellschaftsrechte werden gewährt, wenn die Buchung auf einem Kapitalkonto des Gesellschafters erfolgt. Liegt eine offene Einlage vor, so ist § 6 Abs. 1 Nr. 5 EStG nicht anzuwenden. Es liegt ein **tauschähnlicher Vorgang** vor, der wie eine Veräußerung des Wirtschaftsguts zu beurteilen ist (BMF vom 29.3.2000 a.a.O. II 1. a))

Beispiel:

Die Gesellschafter A, B und C beschließen, eine OHG zu gründen. Gesellschafter A verpflichtet sich, in Erfüllung seiner Beitragspflicht ein Grundstück, das er bisher im Privatvermögen hielt (Anschaffungskosten in 06: 100.000 €; gemeiner Wert 180.000 €) am 1.1.15 auf die OHG zu übertragen. Die OHG bucht den Vorgang wie folgt: Grundstück 180.000 € an Kapitalkonto Gesellschafter A 180.000 €. **Welche Folgen hat der Vorgang für Gesellschafter A?**

Lösung:

Da dem Gesellschafter A in Form der Buchung auf dem Kapitalkonto Gesellschaftsrechte gewährt werden, liegt eine offene Einlage vor. Dies führt dazu, dass A so behandelt wird, als habe er das Grundstück an die OHG veräußert (Kaufpreis: Gesellschaftsanteile). Dadurch realisiert A einen steuerbaren privaten Veräußerungsgewinn nach § 23 Abs. 1 Satz 1 Nr. 1 EStG i.H.v. (180.000 € ./. 100.000 € =) 80.000 €.

Erfolgt die Gegenbuchung auf einem **gesamthänderisch gebundenen Kapitalrücklagenkonto** (vgl. BMF vom 11.7.2011 a.a.O. II 2. b)), so liegt eine **verdeckte Einlage** vor. In diesem Fall ist § 6 Abs. 1 Nr. 5 EStG anwendbar.

Beispiel:

Wie oben; die OHG bucht aber wie folgt: Grundstück 180.000 € an Kapitalrücklage 180.000 €.

Lösung:

Da die Vorschrift des § 6 Abs. 1 Nr. 5 EStG anwendbar ist, erzielt A (zunächst) keinen steuerbaren privaten Veräußerungsgewinn nach § 23 Abs. 1 Satz 1 Nr. 1 EStG. Allerdings ist zu beachten, dass nach § 23 Abs. 1 Satz 5 Nr. 1 EStG die Einlage eines Wirtschaftsguts in ein Betriebsvermögen insoweit als Veräußerung gilt, als das Wirtschaftsgut innerhalb eines Zeitraums von 10 Jahren seit Anschaffung aus dem Betriebsvermögen veräußert wird. In diesem Fall löst die Einlage einen entsprechenden Veräußerungsgewinn aus.

Die Behandlung **kombinierter offener und verdeckte Einlagen** wurde von der Verwaltung ursprünglich differenziert behandelt (vgl. BMF vom 29.3.2000 a.a.O. II 1. c)). Mit Schreiben vom 11.7.2011 a.a.O. II 2. a) hat die Verwaltung diese Ansicht aufgegeben. Danach ist eine kombinierte offene und verdeckte Einlage insgesamt wie eine offene Einlage zu behandeln.

Beispiel:

Wie oben; die OHG bucht den Vorgang aber wie folgt: Grundstück 180.000 € an Kapitalkonto A 100.000 € und Kapitalrücklage 80.000 €.

Lösung:

Der Vorgang ist nach neuer Ansicht insgesamt als tauschähnlicher Vorgang zu beurteilen. Gesellschafter A erzielt damit mit der Überführung des Grundstücks einen nach § 23 Abs. 1 Satz 1 Nr. 1 EStG steuerbaren privaten Veräußerungsgewinn i.H.v. 80.000 €.

Bei der Einlage eines Wirtschaftsguts in das **Sonderbetriebsvermögen** kann eine Unterscheidung zwischen offenen und verdeckten Einlagen nicht vorgenommen werden, da hier eine Gewährung von Gesellschaftsrechten nicht möglich ist.

Beispiel:

Wie oben; Gesellschafter A legt das Grundstück aber in sein Sonderbetriebsvermögen ein. Buchungssatz: Grundstück 180.000 € an Kapital SBV 180.000 €.

Lösung:

Die Einlage ist nach § 6 Abs. 1 Nr. 5 EStG zu beurteilen und löst daher (zunächst) keinen Veräußerungsgewinn nach § 23 Abs. 1 Satz 1 Nr. 1 EStG aus.

15.15 Überführung von Wirtschaftsgütern zum Buchwert

Nach **§ 6 Abs. 5 EStG** können Wirtschaftsgüter des Betriebsvermögens unter bestimmten Voraussetzungen in ein anderes Betriebsvermögen desselben Steuerpflichtigen oder anderer Steuerpflichtiger zum Buchwert (also ohne Aufdeckung stiller Reserven) übertragen werden (zu Problemfragen: BMF vom 8.12.2011, BStBl I 2011, 1279, Beck'sche Erlasse § 6/15). Folgende Kombinationen sind möglich:

- **§ 6 Abs. 5 Satz 1 EStG**: Übertragungen aus einem Betriebsvermögen in ein anderes Betriebsvermögen **desselben** Steuerpflichtigen (**Beispiel**: Der Steuerpflichtige ist Inhaber einer Spedition und eines Busunternehmens; ursprünglich nutzte er eine Halle zur Wartung von Lkw der Spedition; nach einer Umorganisationen nutzt er die Halle für die Wartung von Omnibussen);
- **§ 6 Abs. 5 Satz 2 EStG**: Übertragungen aus einem Betriebsvermögen in ein Sonderbetriebsvermögen desselben Steuerpflichtigen (**Beispiel**: Der Steuerpflichtige hält in seinem Einzelunternehmen ein Patent im Betriebsvermögen; im Zuge der Gründung einer GmbH & Co. KG, an der er als Kommanditist beteiligt ist, vermietet er das Patent künftig an die GmbH & Co. KG);
- **§ 6 Abs. 5 Satz 3 Nr. 1 EStG**: Übertragungen aus einem Betriebsvermögen eines Steuerpflichtigen in das Gesamthandsvermögen einer Mitunternehmerschaft, an der der Steuerpflichtige als Mitunternehmer beteiligt ist (**Beispiel**: Der Steuerpflichtige hält im Betriebsvermögen seines Einzelunternehmens eine Beteiligung an der X-GmbH; im Zuge der Gründung einer GmbH & Co. KG, an der er als Kommanditist beteiligt ist, überträgt er die Anteile an der GmbH in das Gesamthandsvermögen der GmbH & Co. KG);
- **§ 6 Abs. 5 Satz 3 Nr. 2 EStG**: Übertragungen aus einem Sonderbetriebsvermögen eines Mitunternehmers in das Gesamthandsvermögen einer Mitunternehmerschaft, an der der Steuerpflichtige als Mitunternehmer beteiligt ist (**Beispiel**: Der Steuerpflichtige vermietet an die Y-GmbH & Co. KG ein Bürogebäude; er überträgt das Bürogebäude vom Sonderbetriebsvermögen I in das Gesamthandsvermögen der GmbH & Co. KG);
- **§ 6 Abs. 5 Satz 3 Nr. 3 EStG**: Übertragungen zwischen den jeweiligen Sonderbetriebsvermögen verschiedener Mitunternehmer derselben Mitunternehmerschaft (Beispiel: An der Z-GmbH & Co. KG sind die natürlichen Personen A und B als Kommanditisten (Mitunternehmer) beteiligt; A vermietet an die GmbH & Co. KG eine Produktionshalle (Sonderbetriebsvermögen I); A überträgt diese Produktionshalle auf B, der sie weiterhin an die GmbH & Co. KG vermietet).

Liegen die Voraussetzungen des § 6 Abs. 5 EStG vor, sind die Buchwerte zwingend fortzuführen. Die oben dargestellte Differenzierung zwischen einer **offenen** und einer **verdeckten Einlage** hat im Anwendungsbereich des § 6 Abs. 5 EStG keine Bedeutung, da die Vorschrift die Buchwertfortführung ausdrücklich sowohl für die unentgeltliche (= verdeckte Einlage) als auch für die Übertragung gegen Gewährung von Gesellschaftsrechten (= offene Einlage) statuiert.

Beispiel:

A hält im Betriebsvermögen seines Einzelunternehmens eine Maschine (Buchwert 100.000 €/Teilwert 300.000 €). Er überträgt die Maschine auf die X-KG, an der er als Kommanditist beteiligt ist. Die KG bucht den Vorgang wie folgt:
Alternative a): Maschine 100.000 € an Kapitalkonto Gesellschafter A 100.000 €;
Alternative b): Maschine 100.000 € an Kapitalrücklage 100.000 €.

Lösung:

In beiden Varianten erfolgt die Übertragung zwingend zum Buchwert, da die Voraussetzungen des § 6 Abs. 5 Satz 3 Nr. 1 EStG gegeben sind.

---

§ 6 Abs. 5 Satz 4 EStG sieht eine **Sperrfrist von 3 Jahren** vor. Wird das nach § 6 Abs. 5 Satz 3 EStG zum Buchwert übertragene Wirtschaftsgut innerhalb dieser Sperrfrist veräußert, so ist rückwirkend der Teilwert anzusetzen.

Beispiel 1:

A hält im Betriebsvermögen seines Einzelunternehmens ein Wirtschaftsgut (Buchwert 100.000 €/Teilwert 300.000 €). A ist außerdem Kommanditist der Y-KG. Er überträgt am 1.3.01 das Wirtschaftsgut in sein Sonderbetriebsvermögen I bei der Y-KG. Im Juni 02 veräußert er das Wirtschaftsgut.

Lösung:

Da die Übertragung nach § 6 Abs. 5 Satz 2 EStG erfolgt, greift die Sperrfrist des § 6 Abs. 5 Satz 4 EStG nicht. Die Veräußerung berührt die in 01 erfolgte Buchwertübertragung nicht.

Beispiel 2:

Wie Beispiel 1; A überträgt das Wirtschaftsgut aber in das Gesamthandsvermögen der Y KG.

Lösung:

Mit Abgabe der Steuererklärung für den VZ 01 beginnt für A der Lauf einer dreijährigen Sperrfrist. Da er innerhalb dieser Sperrfrist das Wirtschaftsgut veräußerte, ist rückwirkend auf den VZ 01 der Teilwert anzusetzen. A realisiert damit in seinem Einzelunternehmen einen Gewinn i.H.v. 200.000 €. Das Wirtschaftsgut ist in der Gesamthand rückwirkend auf den Übertragungszeitraum mit 300.000 € (= Teilwert) anzusetzen.

Der Teilwert ist auch anzusetzen, soweit in den Fällen des § 6 Abs. 5 Satz 3 EStG der Anteil einer **Körperschaft, Personenvereinigung** oder **Vermögensmasse** an dem Wirtschaftsgut unmittelbar oder mittelbar gegründet wird oder dieser sich erhöht.

Beispiel:

Gesellschafter der Y-KG sind die natürliche Person A (Kommanditist, Beteiligung 90 %) und die Y-GmbH (Komplementärin, Beteiligung 10 %). Kommanditist A hält im Betriebsvermögen seines Einzelunternehmens ein Wirtschaftsgut (Buchwert 100.000 €/Teilwert 300.000 €). A überträgt das Wirtschaftsgut aus seinem Einzelunternehmen in das Gesamthandsvermögen der KG.

Lösung:

Die Übertragung erfüllt den Tatbestand des § 6 Abs. 5 Satz 3 Nr. 1 EStG. Danach wäre grundsätzlich zwingend der Buchwert fortzuführen. Um zu vermeiden, dass stille Reserven aus dem Betriebsvermögen einer natürlichen Person in das Betriebsvermögen einer Körperschaft übergehen, sieht § 6 Abs. 5 Satz 5 EStG vor, dass insoweit die stillen Reserven aufzudecken sind, als das Wirtschaftsgut auf eine Körperschaft (hier: Y-GmbH) übergeht.

Damit muss A in seinem Einzelunternehmen einen Gewinn i.H.v. (200.000 € × 10 % =) 20.000 € versteuern. Im Gegenzug setzt die KG das Wirtschaftsgut mit (100.000 € + 20.000 € =) 120.000 € an.

§ 6 Abs. 5 Satz 6 EStG sieht eine weitere **Sperrfrist von 7 Jahren** vor, soweit innerhalb dieser Sperrfrist eine Körperschaft, Personenvereinigung oder Vermögensmasse an dem übertragenen Wirtschaftsgut unmittelbar oder mittelbar beteiligt wird.

Beispiel:

A hält im Betriebsvermögen seines Einzelunternehmens ein Wirtschaftsgut (Buchwert 100.000 €/ Teilwert 300.000 €). Im März 01 überträgt er das Wirtschaftsgut zum Buchwert auf die A-OHG (weitere Gesellschafter sind die natürlichen Personen B und C). Im Juli 04 wird die OHG in eine KG umgewandelt. Die Gesellschafter A, B und C werden Kommanditisten. Komplementärin wird die neu gegründete D-GmbH mit einem Anteil von 10 % am Gesellschaftsvermögen.

Lösung:

Da innerhalb der siebenjährigen Sperrfrist der Anteil einer Kapitalgesellschaft an dem zum Buchwert übertragenen Wirtschaftsgut begründet wird, ist rückwirkend auf den März 01 insoweit der Teilwert anzusetzen, als die GmbH in 04 beteiligt wird. Somit sind in 01 10 % der stillen Reserven (= 20.000 €) von A zu versteuern. Das Wirtschaftsgut ist rückwirkend auf März 01 mit 120.000 € im Gesamthandsvermögen zu aktivieren.

Werden im Zuge der Übertragung des Wirtschaftsguts nach § 6 Abs. 5 EStG **Verbindlichkeiten** übernommen, so stellt dies insoweit ein (sonstiges) Entgelt dar (sog. **Trennungstheorie**; vgl. BMF vom 8.12.2011, BStBl I 2011, 1279, Beck'sche Erlasse § 6/15 Rz. 15).

Beispiel:

Einzelunternehmer A ist Eigentümer einer Immobilie (Buchwert 100.000 €/Teilwert 500.000 €), die er ausschließlich für betriebliche Zwecke nutzt. Auf der Immobilie lastet eine Hypothek i.H.v. 300.000 €. A überträgt die Immobilie in das Gesamthandsvermögen der A-KG. Die KG übernimmt auch die Hypothek.

Lösung:

Die Übertragung erfolgt grundsätzlich nach § 6 Abs. 5 Satz 3 Nr. 1 EStG. Da die KG die Hypothek übernimmt, ist der Vorgang nach Ansicht der Verwaltung (BMF a.a.O.) in einen entgeltlichen Vorgang (= Aufdeckung der stillen Reserven) und einen unentgeltlichen Vorgang (= Buchwertübertragung) aufzuspalten. Bezogen auf den Wert der Immobilie erfolgt die Übertragung zu 300/500 entgeltlich. Daher muss A 300/500 der stillen Reserven aufdecken (400.000 € × 300/500 = 240.000 €). Im Übrigen (200/500) erfolgt die Übertragung zum Buchwert. Damit aktiviert die KG die Immobilie mit (100.000 € × 200/500 =) 40.000 € zuzüglich (500.000 € × 300/500 =) 300.000 €, somit insgesamt mit 340.000 €.

Mit Urteil vom 19.9.2012, IV R 11/12, www.bundesfinanzhof.de, hat der BFH die Trennungstheorie aufgegeben. Die Verwaltung hat im Zeitpunkt der Drucklegung auf das Urteil noch nicht reagiert. Die Konsequenzen sind erheblich.

Beispiel:

Einzelunternehmer A ist Eigentümer einer Immobilie (BW 100.000 €/TW 500.000 €), die er ausschließlich für betriebliche Zwecke nutzt. Auf der Immobilie lastet eine Hypothek i.H.v.:

a) 80.000 €,
b) 300.000 €.

Lösung:

In der Variante a) geht der BFH insgesamt von einer unentgeltlichen Übertragung aus, da das Entgelt unter dem Buchwert liegt.
In der Variante b) berechnet sich nach BFH der Übertragungsgewinn auf (300.000 € ./. 100.000 € =) 200.000 €, somit also um 140.000 € weniger als nach der Lösung der Verwaltung in obigem Beispiel.

15.16   Verluste bei beschränkter Haftung (§ 15a EStG)

Nach der Konzeption des § 15a EStG, sollen einem **Kommanditisten** nur insoweit Verluste steuerlich zugewiesen werden können, als er mit seinem Vermögen gegenüber den Gläubigern der KG haftet (§ 171 HGB). Daher ist die Vorschrift des § 15a EStG grundsätzlich nur auf Kommanditisten anwendbar (Ausnahmen s. § 15a Abs. 5 EStG). Komplementäre und Gesellschafter einer GbR haften unbeschränkt und können daher auch unbegrenzt Verluste zugewiesen bekommen.

15.16.1   Kapitalkonto (§ 15a Abs. 1 Satz 1 EStG)

Nach § 15a Abs. 1 Satz 1 EStG sind Verluste eines Kommanditisten ausgleichsfähig (d.h. mit anderen Einkünften i.S.v. § 2 EStG zu saldieren), soweit ein **negatives Kapitalkonto** weder entsteht noch sich erhöht. Dabei ist das gesamte Kapital des Kommanditisten in der Gesamthand (einschließlich etwaiger Korrekturen durch eine **Ergänzungsbilanz**) zu berücksichtigen (vgl. H 15a „Kapitalkonto" EStH). Es ist dabei ohne Bedeutung, ob der Bestand des Kapitalkontos auf Einlagen oder auf nicht entnommenen Gewinnen beruht. Das **Sonderbetriebsvermögen** ist im Rahmen des § 15a Abs. 1 Satz 1 EStG nicht zu berücksichtigen, da der Gesellschafter mit seinem Sonderbetriebsvermögen nicht für die Gesamthand haftet (vgl. BMF vom 30.5.1997, BStBl I 1997, 627, Beck'sche Erlasse § 15a/1 sowie BMF vom 15.12.1993, BStBl I 1993, 976, Beck'sche Erlasse § 15a/2).

Führt die Kommanditgesellschaft für die Gesellschafter mehrere Kapitalkonten in der Gesamthandsbilanz, so sind für Zwecke des § 15a EStG alle Kapitalkonten zu berücksichtigen, auf denen aufgrund gesellschaftsrechtlicher Vereinbarung **Verluste der Gesamthand** verbucht werden können. Kapitalkonten, auf denen keine Verluste verbucht werden dürfen, stehen zwar in der Gesamthandsbilanz, stellen aber eigentlich Sonderbetriebsvermögen dar (Darlehenskonten). Derartige Kapitalkonten dürfen im Rahmen des § 15a EStG nicht berücksichtigt werden (BMF vom 30.5.1997, a.a.O. Tz. 4).

Beispiel:

Für den Kommanditisten K werden folgende Kapitalkonten geführt: Kapitalkonto I (Festkapital – Basis für die Gewinnverteilung; Stand: 100.000 €), Kapitalkonto II (Aufnahme von Gewinnen und Verlusten sowie Entnahmen und Einlagen; Stand: ./. 30.000 €) und Kapitalkonto III (Aufnahme eines Teils des Gewinns, der zur Sicherung der Struktur nicht entnommen werden darf; Stand: 250.000 €). Dem Kommanditisten wird gemäß der einheitlichen und gesonderten Gewinnfeststellung (§§ 179 ff. AO) ein Verlust i.H.v. 300.000 € zugewiesen.

Lösung:

Fraglich ist, in welcher Höhe der Kommanditist ausgleichsfähige Verluste erzielt (§ 15a Abs. 1 Satz 1 EStG). Hierzu ist der Stand des Kapitalkontos in der Gesamthandsbilanz zu ermitteln. Die Tatsache, dass ein Kapitalkonto in der Gesamthandsbilanz ausgewiesen wird, bedeutet nicht automatisch, dass das Kapital gesamthänderisch gebunden ist; es kann auch dem Sonderbetriebsvermögensbereich zuzuordnen sein. Da im vorliegenden Fall auf dem Kapitalkonto III keine Verluste gebucht werden, besteht eine Vermutung, dass dieses Kapitalkonto Sonderbetriebsvermögen darstellt, da das Sonderbetriebsvermögen nicht für die Verluste der Gesellschaft haftet. Somit ist von einem Gesamthandskapital i.H.v. (100.000 € ./. 30.000 € =) 70.000 € auszugehen. Der Kommanditist kann sonach lediglich 70.000 € als ausgleichsfähigen Verlust erhalten; der restliche Verlust i.H.v. 230.000 € muss nach § 15a Abs. 2 EStG auf die Folgejahre vorgetragen werden.

Soweit die **Verluste nicht ausgleichsfähig** sind, sind sie nach § 15a Abs. 2 EStG vorzutragen und mit künftigen Gewinnen aus derselben Gesellschaft zu verrechnen (sog. **verrechenbare Verluste**).

> **Beispiel:**
>
> Das Kapitalkonto eines Kommanditisten steht am 31.12.01 auf + 30.000 €. Im Sonderbetriebsvermögen hat der Kommanditist ein Gebäude aktiviert, das er an die KG vermietet (Buchwert: 200.000 €). Aufgrund der gesellschaftsrechtlich vereinbarten Gewinnverteilung entfällt für das Wirtschaftsjahr 02 auf den Kommanditisten ein Verlust i.H.v. 150.000 €.

> **Lösung:**
>
> Maßgeblich für die Berechnung des ausgleichsfähigen Verlustes im Rahmen des § 15a Abs. 1 Satz 1 EStG ist der Bestand des Kapitalkontos in der Gesamthandsbilanz; das Kapital der Sonderbilanz bleibt unberücksichtigt. Die Buchung des Verlustes führt zum 31.12.02 zu einem Kapitalkonto i.H.v. (30.000 € ./. 150.000 € =) ./. 120.000 €. Soweit der Verlust zu einem negativen Kapitalkonto führt (= 120.000 €), ist der Verlust lediglich verrechenbar (§ 15a Abs. 2 EStG) und auf die nächsten Jahre vorzutragen. Lediglich i.H.v. 30.000 € ist der Verlust ausgleichsfähig und kann im Veranlagungszeitraum 02 mit anderen Einkünften saldiert werden (§ 2 EStG).

Verluste, die im Sonderbetriebsvermögen entstehen, sind ohne Einschränkung ausgleichsfähig.

> **Beispiel:**
>
> Der Sachverhalt entspricht obigem Beispiel. Der Kommanditist erzielt im Sonderbetriebsvermögen einen Verlust i.H.v. 80.000 €.

> **Lösung:**
>
> Im Rahmen der Ermittlung der Summe der Einkünfte (§ 2 EStG) kann der Kommanditist die ausgleichsfähigen Verluste nach § 15a Abs. 1 Satz 1 (./. 30.000 €) sowie die Verluste aus dem Sonderbetriebsvermögen (./. 80.000 €), somit insgesamt ./. 110.000 € nach § 15 Abs. 1 Nr. 2 EStG ansetzen.

Verrechenbare Verluste nach § 15a Abs. 2 EStG können nicht mit positiven Einkünften aus dem Sonderbetriebsvermögen verrechnet werden (vgl. H 15a „Saldierung von Ergebnissen…" EStH).

> **Beispiel:**
>
> Der Sachverhalt entspricht obigem Beispiel. Der Kommanditist erzielt im Sonderbetriebsvermögen einen Gewinn i.H.v. 80.000 €.

> **Lösung:**
>
> Der Gewinn des Sonderbetriebsvermögens kann mit dem ausgleichsfähigen Verlust nach § 15a Abs. 1 Satz 1 EStG saldiert werden; die Einkünfte nach § 15 Abs. 1 Nr. 2 EStG betragen sonach (80.000 € ./. 30.000 € =) 50.000 €. Der verrechenbare Verlust (./. 120.000 €) kann in 02 nicht verwertet werden.

15.16.2 Ausstehende Haftung

Wie bereits oben dargestellt, liegt dem § 15a EStG das Prinzip zugrunde, dass ein Kommanditist insoweit Verluste zugewiesen bekommt, wie er haftendes Kapital in der Gesellschaft hat.

Dabei ist handelsrechtlich zu beachten, dass der Kommanditist nach § 171 HGB stets bis zur Höhe seiner sog. **Hafteinlage** (also der Einlage, die im Handelsregister eingetragen ist) nach außen haftet. Hat er seine Hafteinlage in vollem Umfang erbracht, ist eine weitere Außenhaftung nach § 171 Abs. 1 2. HS. HGB ausgeschlossen. Liegt die sog. **Pflichteinlage** (das ist die Einlage, die der Gesellschafter nach dem Gesellschaftsvertrag zu erbringen hat) unter der Hafteinlage, so haftet der Kommanditist nach außen für die Differenz, niemals aber höher als der Betrag, der im Handelsregister eingetragen ist. Hat der Gesellschafter die Hafteinlage erbracht, so ist er auch dann von einer Nachzahlung befreit, wenn das Kapitalkonto aufgrund von **Verlusten** unter die Haftsumme sinkt. Sinkt das Kapitalkonto aufgrund von **Entnahmen** unter die Haftsumme, so lebt die Außenhaftung nach § 172 Abs. 4 HGB wieder auf. Die Außenhaftung kann aber auch in diesem Fall niemals höher sein, als die im Handelsregister eingetragene Haftsumme.

Beispiel 1:

Die für den Kommanditisten K im Handelsregister eingetragene Haftsumme beträgt 200.000 €. K hat die Summe voll eingezahlt. Aufgrund von Verlusten steht sein Kapitalkonto auf 30.000 €.

Lösung:

Nach § 171 Abs. 1 HGB ist der Kommanditist von der Außenhaftung befreit, da er seine Hafteinlage in vollem Umfang einbezahlt hat.

Beispiel 2:

Der Sachverhalt entspricht obigem Beispiel mit folgender Variante: Das Kapitalkonto steht aufgrund von Gewinnen auf 290.000 €. K entnimmt 70.000 €.

Lösung:

Es ist das Recht eines Kommanditisten, Gewinne zu entnehmen. Da durch die Entnahme die Haftsumme von 200.000 € noch verbleibt, lebt die Haftung des Kommanditisten nicht wieder auf.

Beispiel 3:

Der Sachverhalt entspricht Beispiel 2 mit folgender Variante: K entnimmt 100.000 €.

Lösung:

Da durch die Entnahme das Kapitalkonto des K unter die Haftsumme von 200.000 € sinkt, lebt die Haftung nach § 172 Abs. 4 EStG i.H.v. 10.000 € wieder auf.

Beispiel 4:

Der Sachverhalt entspricht Beispiel 2 mit folgender Variante: K entnimmt 300.000 €.

Lösung:

Durch die Entnahme sinkt das Kapitalkonto auf ./. 10.000 €. Dagegen ist grundsätzlich gesellschaftsrechtlich nichts einzuwenden, wenn die Entnahmemöglichkeit im Gesellschaftsvertrag oder durch Gesellschafterbeschluss vereinbart ist. K ist nach §§ 171 Abs. 1, 172 Abs. 4 EStG verpflichtet, seine Hafteinlage noch einmal zu leisten. Er muss aber maximal die im Handelsregister eingetragene Summe von 200.000 € einlegen, also nicht das Kapitalkonto wieder auf einen Stand von 200.000 € bringen.

Diese Haftungsregelung des Handelsrechts spiegelt sich in **§ 15a Abs. 1 Satz 2 EStG** wider. Danach stehen dem Kommanditisten weitere ausgleichsfähige Verluste i.H.d. nach § 171 Abs. 1 EStG ausstehenden Haftung zu.

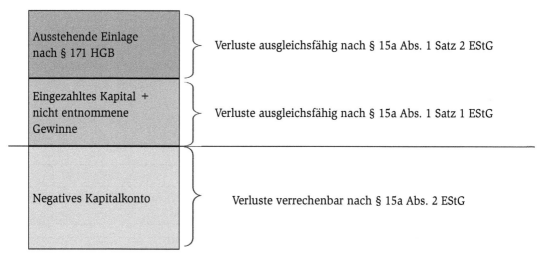

Abb. 3: Verlustausgleich beim Kommanditisten

Beispiel 1:
Die im Handelsregister eingetragene Haftsumme des Kommanditisten K beträgt 100.000 €. Vereinbarungsgemäß hat er lediglich 20.000 € zu erbringen (Pflichteinlage). Der dem K zugewiesene Verlustanteil beträgt 200.000 €.

Lösung:
Nach § 15a Abs. 1 Satz 1 EStG erhält der Kommanditist ausgleichsfähige Verluste in Höhe seines Kapitalkontos – hier: 20.000 €. Ein weiterer ausgleichsfähiger Verlust ergibt sich nach § 15a Abs. 1 Satz 2 EStG, da K nach § 171 Abs. 1 HGB nach außen i.H.v. 80.000 € haftet. Somit beträgt der gesamte ausgleichsfähige Verlust (20.000 € + 80.000 € =) 100.000 €. Der restliche Verlust i.H.v. 100.000 € ist lediglich nach § 15a Abs. 2 EStG als verrechenbarer Verlust in die Folgejahre vorzutragen.

Beispiel 2:
Der Sachverhalt entspricht Beispiel 1 mit folgender Variante: Aufgrund nicht entnommener Gewinne steht das Kapitalkonto auf 70.000 €.

Lösung:
Der Kommanditist kann wählen, ob der stehen gelassene Gewinn auf seine ausstehende Haftung angerechnet wird (so für den Fall einer Einlage BFH vom 16.10.2008, IV R 98/06, BStBl II 2009, 272). Gilt die ausstehende Einlage i.H.v. 50.000 € (= stehen gelassener Gewinn) als erbracht, haftet er nach § 171 Abs. 1 Satz 1 HGB nur noch auf einen Betrag i.H.v. (100.000 € ./. 20.000 € Pflichteinlage ./. 50.000 € nicht entnommener Gewinn =) 30.000 €.   Somit ergibt sich ein ausgleichsfähiger Verlust nach § 15a Abs. 1 Satz 1 EStG i.H.v. 70.000 € sowie nach § 15a Abs. 1 Satz 2 EStG i.H.v. 30.000 €, somit insgesamt 100.000 €. Der restliche Verlust i.H.v. 100.000 € kann lediglich nach § 15a Abs. 2 EStG vorgetragen werden.

Nach der Konzeption des § 15a EStG kann der Kommanditist Verluste insgesamt maximal bis zur Höhe seiner Einlage zuzüglich einer etwaigen überschießenden Außenhaftung nach § 171 Abs. 1 HGB steuerlich geltend machen. Daher darf auch bei einer über mehrere Bilanzstichtage bestehenden Haftung das Verlustausgleichsvolumen nach § 15a Abs. 1 Satz 2 und 3 EStG insgesamt **nur einmal** in Anspruch genommen werden. Die spätere haftungsbeendende Einlageleistung schafft kein zusätzliches Verlustausgleichspotenzial.

Das **Verlustausgleichspotenzial** nach § 15a Abs. 1 Satz 2 EStG darf auch dann **nur einmal** in Anspruch genommen werden, wenn die **Außenhaftung des Kommanditisten** aufgrund von Entnahmen nach § 172 Abs. 4 Satz 2 HGB wieder auflebt (vgl. R 15a Abs. 3 EStR).

15.16.3 Einlagen

Einlagen des Kommanditisten erhöhen grundsätzlich das Verlustausgleichsvolumen.

Beispiel:

Kommanditist K hat zum 31.12.01 ein Kapitalkonto i.H.v. 100.000 €. Am 1.2.02 legt er 70.000 € ein. Zum 31.12.02 wird ihm ein Verlustanteil von 250.000 € zugewiesen.

Lösung:

Entscheidend für die Berechnung des ausgleichsfähigen Verlustes nach § 15a Abs. 1 Satz 1 EStG ist das Kapitalkonto zum Bilanzstichtag. Im vorliegenden Fall steht das Kapitalkonto auf 170.000 €. Somit sind 170.000 € des Verlustes ausgleichsfähig und weitere 80.000 € lediglich verrechenbar.

Einlagen können einen im **Vorjahr** entstandenen verrechenbaren Verlust nicht nachträglich „reparieren" (**§ 15a Abs. 1a EStG**).

Beispiel:

Das Kapitalkonto eines Kommanditisten steht zum 31.12.01 auf 20.000 €. Der Verlustanteil für das Wirtschaftsjahr 01 beläuft sich auf 50.000 €. Im Februar 02 tätigt der Kommanditist eine Einlage i.H.v. 200.000 €.

Lösung:

In 01 sind lediglich 20.000 € ausgleichsfähig; 30.000 € sind verrechenbar. Die Einlage des Jahres 02 hat darauf nach § 15a Abs. 1a EStG keinen Einfluss.

Wird eine **Einlage in ein negatives Kapitalkonto** geleistet, so führt diese Einlage zu einer Erhöhung des Verlustausgleichspotenzials im Jahr der Einlage.

Beispiel:

Zum 31.12.01 steht das Kapitalkonto eines Kommanditisten auf ./. 50.000 €. Im Februar 02 legt der Kommanditist 30.000 € ein. Zum 31.12.02 wird dem Gesellschafter ein Verlustanteil i.H.v. 20.000 € zugewiesen.

Lösung:

Der Verlust ist nach § 15a Abs. 1 Satz 1 EStG verrechenbar, soweit ein negatives Kapitalkonto entsteht oder sich ein bereits bestehendes negatives Kapitalkonto erhöht. Im vorliegenden Fall entwickelt sich das Kapitalkonto wie folgt:

31.12.01	./. 50.000 €
Einlage 02	+ 30.000 €
Verlust 02	./. 20.000 €
31.12.02	**./. 40.000 €**

Da sich sonach das negative Kapitalkonto nicht erhöht hat, ist der gesamte Verlust des Jahres 02 ausgleichsfähig.

Wird eine Einlage in ein negatives Kapitalkonto geleistet und entsteht **im Einlagejahr** kein Verlust, so erzeugt die Einlage kein zusätzliches Ausgleichsvolumen (§ 15a Abs. 1a EStG).

Beispiel:

Zum 31.12.01 steht das Kapitalkonto auf ./. 70.000 €. Im Februar 02 legt der Kommanditist 20.000 € ein. Zum 31.12.02 wird dem Kommanditisten ein Gewinnanteil i.H.v. + 10.000 € zugewiesen. Im Wirtschaftsjahr 03 entsteht wieder ein Verlust i.H.v. ./. 15.000 €.

Lösung:

Das Kapitalkonto entwickelt sich wie folgt:

31.12.01	./. 70.000 €
Einlage 02	+ 20.000 €
Gewinn 02	+ 10.000 €
31.12.02	**./. 40.000 €**
Verlust 03	./. 15.000 €
31.12.03	**./. 55.000 €**

Für die Berechnung des ausgleichsfähigen Verlustes sind lediglich die Kapitalkonten zum Anfang und zum Ende des Verlustjahres maßgebend. Im Jahr 03 hat sich aufgrund des Verlustes das anfängliche negative Kapitalkonto um 15.000 € erhöht. Damit ist nach § 15a Abs. 1 Satz 1 und Abs. 1a EStG der gesamte Verlust nur verrechenbar. Die Einlage 02 konnte sich nicht auswirken.

15.16.4 Einlageminderung (§ 15a Abs. 3 EStG)

Die **Entstehung oder Erhöhung eines negativen Kapitalkontos** kann auf Verlusten oder auf Entnahmen beruhen. Um zu verhindern, dass durch kurzfristige Einlagen, die nach dem Bilanzstichtag wieder abgezogen werden, Verlustverrechnungsmöglichkeiten geschaffen werden können, sieht **§ 15a Abs. 3 Satz 1 EStG** eine fiktive Gewinnhinzurechnung im Entnahmejahr vor, wenn und soweit:

- durch die Entnahme ein negatives Kapitalkonto entsteht oder sich erhöht **und**
- im Wirtschaftsjahr der Einlageminderung und in den zehn vorangegangenen Wirtschaftsjahren Verluste ausgleichsfähig waren **und**
- durch die Entnahme die Haftung nach § 171 HGB **nicht** wieder auflebt.

In Höhe der **Gewinnhinzurechnung** wird gleichzeitig ein verrechenbarer Verlust festgestellt, der aber nur mit dem laufenden Gewinn des Hinzurechnungsjahres verrechnet werden kann (§ 15a Abs. 3 Satz 4 EStG). Er darf nicht mit dem Hinzurechnungsbetrag verrechnet werden.

Ein verrechenbarer Verlust aus früheren Jahren (§ 15a Abs. 2 EStG) darf mit der Gewinnhinzurechnung nach § 15a Abs. 3 EStG saldiert werden.

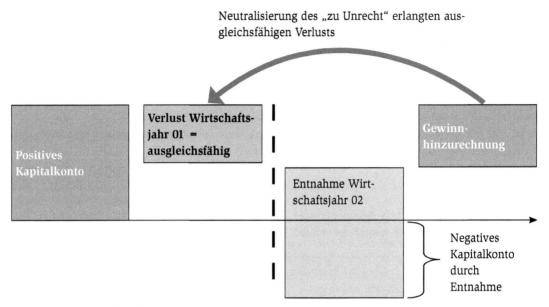

Abb. 4: Verluste bei beschränkter Haftung

Beispiel:	
Das Kapitalkonto eines Kommanditisten entwickelt sich wie folgt:	
Einzahlung Hafteinlage	+ 100.000 €
Verlust 01	./. 60.000 €
31.12.01	**+ 40.000 €**
Entnahme 02	./. 80.000 €
Gewinn 02	+ 10.000 €
31.12.02	**./. 30.000 €**

Lösung:
Aufgrund der Entnahme ist ein negatives Kapitalkonto entstanden. Damit ist grundsätzlich eine Gewinnhinzurechnung nach § 15a Abs. 3 Satz 1 EStG zu prüfen. Die Entnahme hat zu einem negativen Kapitalkonto i.H.v. 30.000 € geführt. Dabei ist der laufende Gewinnanteil zu berücksichtigen, da Gewinne stets entnommen werden dürfen. Damit ist auf jeden Fall die Gewinnhinzurechnung auf den Betrag von 30.000 € beschränkt. Des Weiteren ist zu prüfen, ob und inwieweit Verluste im Entnahmejahr (02) und den zehn vorangegangenen Jahren ausgleichsfähig waren. Der Verlust des Jahres 01 war in vollem Umfang ausgleichsfähig, da er nicht zu einem negativen Kapitalkonto geführt hat. Außerdem ist noch prüfen, ob durch die Entnahme die Haftung nach § 171 HGB **nicht** wieder auflebt. Nach § 171 Abs. 1 HGB lebt die Haftung nicht wieder auf, wenn das Haftkapital aufgrund von Verlusten unter die im Handelsregister eingetragene Haftsumme sinkt. Allerdings muss der Gesellschafter nach § 172 Abs. 4 HGB die Hafteinlage erneut erbringen, wenn er Entnahmen zu einem Zeitpunkt tätigt, zu dem das Kapital unter die Haftsumme gesunken ist; dies ist hier der Fall, da bei einem Stand des Kapitalkontos von 40.000 € die Entnahme schädlich ist. Da sonach mindestens i.H.d. entstandenen negativen Kapitalkontos die Haftung nach § 172 Abs. 4 HGB wieder auflebt, entfällt eine Gewinnhinzurechnung nach § 15a Abs. 3 Satz 1 EStG.

Wie das obige Beispiel zeigt, ist der Anwendungsbereich des § 15a Abs. 3 Satz 1 EStG relativ gering, da Entnahmen, die zu einem negativen Kapitalkonto führen, grundsätzlich zu einem Wiederaufleben der Haftung führen. Ein denkbarer Anwendungsfall dieser Vorschrift wäre das folgende Beispiel:

Beispiel:
Der Sachverhalt entspricht obigem Beispiel mit folgender Variante: Der Kommanditist entnimmt in 02 200.000 €.

Lösung:	
Das Kapitalkonto zeigt folgende Entwicklung:	
Einzahlung Hafteinlage	+ 100.000 €
Verlust 01	./. 60.000 €
31.12.01	**+ 40.000 €**
Entnahme 02	./. 200.000 €
Gewinn 02	+ 10.000 €
31.12.02	**./. 150.000 €**

Die Entnahme führt zu einem negativen Kapital von 150.000 €. Im Entnahmejahr und den vorangegangenen zehn Jahren waren Verluste i.H.v. 60.000 € ausgleichsfähig. Somit kann die Gewinnhinzurechnung maximal 60.000 € betragen. Grundsätzlich lebt auch in der Variante die Haftung nach § 172 Abs. 4 HGB wieder auf. Die Haftung kann aber niemals höher sein, als die im Handelsregister eingetragene Haftsumme (hier: 100.000 €). Somit lebt i.H.v. 100.000 € die Haftung **nicht** (!) wieder auf. Damit sind die Voraussetzungen des § 15a Abs. 3 Satz 1 EStG erfüllt.

I.H.v. 60.000 € ist in 02 ein zusätzlicher Gewinn festzusetzen. Gleichzeitig ist nach § 15a Abs. 3 Satz4 EStG ein verrechenbarer Verlust i.H.v. 60.000 € festzustellen. Dieser verrechenbare Verlust kann nach dem ausdrücklichen Wortlaut der Vorschrift mit dem laufenden Gewinn (hier: 10.000 €) verrechnet werden. Somit ergeben sich für das Wirtschaftsjahr 02 folgende Einkünfte nach § 15 Abs. 1 Nr. 2 EStG:

Laufender Gewinn	+ 10.000 €
Gewinnhinzurechnung (§ 15a Abs. 3 S. 1 EStG)	+ 60.000 €
verrechenbarer Verlust (§ 15a Abs. 3 S. 4 EStG)	./. 10.000 €
Einkünfte	**+ 60.000 €**

I.H.v. 50.000 € (60.000 € abzüglich des verbrauchten Verlustanteils 02) ist ein verrechenbarer Verlust nach § 15a Abs. 2 EStG festzustellen.

15.16.5 Haftungsminderung

Aus denselben Gründen wie bei der Einlageminderung sieht der Gesetzgeber im Falle einer **Haftungsminderung** eine Gewinnhinzurechnung nach § 15a Abs. 3 Satz 3 EStG vor. Es kommt hier aber nicht darauf an, ob das Kapitalkonto positiv oder negativ ist. Entscheidend ist lediglich, ob im Jahr der Haftungsminderung und den zehn vorangegangenen Wirtschaftsjahren Verluste nach § 15a Abs. 1 Satz 2 EStG ausgleichsfähig waren. Während bei der Einlageminderung sämtliche ausgleichsfähige Verluste herangezogen werden, ist dies im Falle der Haftungsminderung nur für Verluste aufgrund ausstehender Haftung der Fall. Im Übrigen wird auch im Falle der Haftungsminderung neben der Gewinnhinzurechnung ein entsprechender verrechenbarer Verlust festgestellt.

Beispiel:

Kommanditist K steht mit einer Haftsumme von 100.000 € im Handelsregister. Vereinbarungsgemäß hat er lediglich eine Pflichteinlage i.H.v. 20.000 € zu erbringen. Das Kapitalkonto entwickelt sich wie folgt:

Einzahlung Pflichteinlage	20.000 €
Verlust 01	./. 80.000 €
31.12.01	**./. 60.000 €**
Gewinn 02	+ 90.000 €
31.12.02	**+ 30.000 €**

Im August 02 setzt K die Haftsumme um 30.000 € auf 70.000 € herab.

Lösung:

Es ist zu prüfen, ob nach § 15a Abs. 3 Satz 3 EStG eine Gewinnhinzurechnung vorzunehmen ist. Es hat eine Haftungsminderung i.H.v. 30.000 € stattgefunden. Der Stand des Kapitalkontos (positiv oder negativ) spielt keine Rolle. Fraglich ist, ob im Jahr der Haftungsminderung und den zehn vorangegangenen Jahren Verluste nach § 15a Abs. 1 Satz 2 EStG ausgleichsfähig waren. Der Verlust des Jahres 01 war i.H.v. 20.000 € (= positives Kapitalkonto) nach § 15a Abs. 1 Satz 1 EStG ausgleichsfähig. Da zum 31.12.01 noch 80.000 € an Hafteinlage offen standen, waren weitere 60.000 € nach § 15a Abs. 1 Satz 2 EStG ausgleichsfähig. Da die Gewinnhinzurechnung auf den Betrag der Herabsetzung der Haftung begrenzt ist, ergibt sich im vorliegenden Fall eine Gewinnhinzurechnung i.H.v. 30.000 €. Gleichzeitig ist ein verrechenbarer Verlust i.H.v. 30.000 € festzustellen, der mit dem laufenden Gewinn des Jahres 02 (90.000 €) verrechnet werden kann. Damit belastet die Gewinnhinzurechnung den Steuerpflichtigen letztlich nicht.

15.16.6   Anwendung auf vergleichbare Sachverhalte (§ 15a Abs. 5 EStG)

Zur Vermeidung von Umgehungen sieht § 15a Abs. 5 EStG eine Anwendung der Verlustausgleichsbeschränkungen für Sachverhalte vor, bei denen der Gesellschafter – einem Kommanditisten vergleichbar – lediglich beschränkt haftet.

Ohne weitere Voraussetzungen ist § 15a EStG im Falle einer **atypisch stillen Gesellschaft** anwendbar (vgl. Nr. 1). Für die **typisch stille Gesellschaft** sieht § 20 Abs. 1 Nr. 4 Satz 2 EStG ebenfalls die sinngemäße Anwendung des § 15a EStG vor.

Bei der **BGB-Gesellschaft** hat die Verweisung in § 15a Abs. 5 Nr. 2 EStG nur eine geringe praktische Bedeutung, da eine generelle Haftungsbeschränkung bei der BGB-Gesellschaft von der Rechtsprechung abgelehnt wird (vgl. BGH vom 27.9.1999, II ZR 371/98, BGHZ 142, 315, 318 ff. und vom 29.1.2001, II ZR 331/00, BGHZ 146, 341, 358). Infrage kommt lediglich der Fall, dass die Inanspruchnahme des Gesellschafters für Schulden der Gesellschaft nach Art und Weise des Geschäftsbetriebs unwahrscheinlich ist. Dieser Fall wäre z.B. denkbar, wenn eine Bürgschaft der öffentlichen Hand für die Schulden der GbR vorläge.

Auch die Anwendung auf ausländische Personengesellschaften, die einer deutschen KG vergleichbar sind, dürfte nur in wenigen Fällen von Bedeutung sein, da nach dem internationalen Recht (vgl. Art. 7 des OECD-Musterabkommens) die Gewinne einer Personengesellschaft grundsätzlich am Sitz der Gesellschaft (somit in dem ausländischen Staat) versteuert werden.

16. Betriebsaufspaltung

16.1 Problem

Die bloße Verwaltung eigenen Vermögens ist regelmäßig keine gewerbliche Tätigkeit. **Vermögensverwaltung** liegt vor, wenn sich die Betätigung als Nutzung von Vermögen im Sinne einer Fruchtziehung aus zu erhaltenden Substanzwerten darstellt und die Ausnutzung substanzieller Vermögenswerte durch Umschichtung nicht entscheidend in den Vordergrund tritt. Ein **Gewerbebetrieb** liegt dagegen vor, wenn eine selbstständige nachhaltige Betätigung mit Gewinnabsicht unternommen wird, sich als Beteiligung am allgemeinen wirtschaftlichen Verkehr darstellt und über den Rahmen einer Vermögensverwaltung hinausgeht (R 15.7 Abs. 1 EStR).

Beispiel 1:

An der X-KG sind A, B und C zu je einem Drittel beteiligt. Einziger Geschäftszweck der X-KG ist die Errichtung und Verwaltung eines Büro- und Geschäftshauses. Nach §§ 105 Abs. 2, 161 HGB kann eine KG auch zu dem ausschließlichen Zweck gegründet werden, eigenes Vermögen zu verwalten. Da die KG aber keine gewerbliche Tätigkeit ausübt, erzielen die Gesellschafter Einkünfte nach § 21 EStG. Das Gebäude ist gesamthänderisch gebundenes Privatvermögen. Die Einkünfte sind durch Abzug der Werbungskosten von den Einnahmen zu ermitteln.

Beispiel 2:

Geschäftszweck der X-KG ist der Handel mit Büroartikeln. Das Büro- und Geschäftshaus wird zum Teil eigenbetrieblich genutzt, im Übrigen vermietet. Nach § 15 Abs. 3 Nr. 1 EStG erzielt die KG insgesamt Einkünfte aus Gewerbebetrieb („Abfärbetheorie"). Das Gebäude ist als Betriebsvermögen zu aktivieren. Die Mieteinnahmen sind nach § 15 EStG zu erfassen.

Beispiel 3:

Komplementär der X-KG ist die X-Verwaltungs-GmbH, die auch alleinige Geschäftsführerin ist (vgl. § 164 HGB). Einziger Geschäftszweck ist die Errichtung und Verwaltung des Büro- und Geschäftshauses. Obwohl die X-GmbH & Co. KG ausschließlich ihr eigenes Vermögen verwaltet, erzielt sie Einkünfte nach § 15 EStG, da eine gewerbliche Prägung nach § 15 Abs. 3 Nr. 2 EStG vorliegt.

Beispiel 4:

Der Sachverhalt entspricht Beispiel 3. Die Geschäftsführung teilen sich die X-Verwaltungs-GmbH und A. Da nun die Geschäftsführung nicht mehr ausschließlich durch die Komplementärin bzw. fremde Dritte erfolgt, entfällt die gewerbliche Prägung nach § 15 Abs. 3 Nr. 2 EStG. Die X-GmbH & Co. KG erzielt Einkünfte nach § 21 EStG. Diese Gestaltung wird häufig gewählt, um sog. geschlossene Immobilienfonds zu konstruieren.

Erzielt eine Einzelperson oder eine Gesellschaft Einkünfte nach § 21 EStG, weil sie ausschließlich eigenes Vermögen verwaltet, so werden die Einkünfte zu Einkünften nach § 15 EStG, wenn eine **Betriebsaufspaltung** vorliegt (H 15.7 Abs. 4 „Allgemeines" EStH). Letztlich geht es bei der Betriebsaufspaltung nur um das Problem, welche Einkunftsart die vermietende Person oder Gesellschaft erzielt.

16.2 Gründe für die Betriebsaufspaltung

Ursprünglich wurde die Betriebsaufspaltung nicht als Steueroptimierungsmodell entwickelt. Im Vordergrund standen – und stehen heute noch – haftungsrechtliche und gesellschaftsrechtliche Überlegungen sowie die Gestaltung der Unternehmensnachfolge.

Beispiel:

B betreibt seit Jahren eine Bauunternehmung mit 30 Mitarbeitern. Im Betriebsvermögen befinden sich u.a. ein Bauhof mit Büro- und Werkstattgebäude sowie zahlreiche Maschinen (Lkw, Bagger etc.). B hat drei Kinder, wobei Kind 1 in wenigen Jahren den Betrieb übernehmen soll.

Für B bietet es sich an, sein Einzelunternehmen in eine GmbH umzuwandeln, da insbesondere in der Baubranche die (Haftungs-)Risiken immer größer werden. Da nur eines von drei Kindern den Betrieb übernehmen soll, ist zu überlegen, ob an die Geschwister Ausgleichszahlungen geleistet werden können. Hier wird K1 ein (überlebenswichtiges) Interesse daran haben, eine möglichst geringe Ausgleichszahlung leisten zu müssen. B könnte daher das Betriebsgelände in seinem Vermögen behalten und an die GmbH vermieten. Der Betrieb könnte dann auf K1 übergehen. Das Betriebsgelände könnte einer späteren Erbauseinandersetzung von K1, K2 und K3 vorbehalten werden.

Als Alternative zur Betriebsaufspaltung bietet sich auch die **Gründung einer GmbH & Co. KG** an. Mit dieser Gesellschaftsform kann haftungsmäßig das gleiche Ergebnis wie mit einer Betriebsaufspaltung erreicht werden. Bei der GmbH & Co. KG muss aber das Geschäftsführergehalt und insbesondere die Pensionszusage als Einkünfte aus Gewerbebetrieb versteuert werden (§ 15 Abs. 1 Nr. 2 EStG). Hier bringt die Betriebsaufspaltung erhebliche Vorteile, da das **Geschäftsführergehalt** nach § 19 EStG versteuert wird.

Beispiel:

Soll der Bauunternehmer in obigem Beispiel eine Pensionszusage von jährlich 20.000 € erhalten, so würde eine GmbH & Co. KG die entsprechenden Zuführungen in einer Pensionsrückstellung in der Gesamthandsbilanz passivieren. Gleichzeitig müsste aber B in einer Sonderbilanz den Pensionsanspruch aktivieren. Dies hätte zur Folge, dass er seine Pensionsansprüche noch während seiner aktiven Geschäftsführerzeit versteuern muss.

Begründet B eine Betriebsaufspaltung, so erzielt er Einkünfte nach § 19 EStG. Die GmbH bildet eine entsprechende Pensionsrückstellung. B muss aber die Pension erst mit Zufluss (also als Rentner) versteuern (sog. nachgelagerte Versteuerung). Damit verschafft ihm die Betriebsaufspaltung einen erheblichen Liquiditätsvorteil.

Zahlreiche steuerliche Beweggründe für die Betriebsaufspaltung sind dagegen heute weggefallen. So konnte bis 1996 mithilfe der Betriebsaufspaltung gegenüber der reinen GmbH Vermögensteuer und bis 1997 Gewerbekapitalsteuer gespart werden.

Darüber hinaus wurde die Begründung der „klassischen Betriebsaufspaltung" durch die Einführung des § 6 Abs. 5 EStG und die faktische Unmöglichkeit der Buchwertübertragung aus einem Einzelunternehmen in eine Kapitalgesellschaft erheblich erschwert.

16.3 Voraussetzungen der Betriebsaufspaltung

Eine Betriebsaufspaltung liegt vor, wenn ein Unternehmen (Besitzunternehmen) **mindestens eine** wesentliche Betriebsgrundlage an eine gewerblich tätige Personen- oder Kapitalgesellschaft (Besitzunternehmen) zur Nutzung überlässt (**sachliche Verflechtung**; H 15.7 Abs. 5 EStH) und eine Person oder mehrere Personen zusammen (Personengruppe) sowohl das Besitzunternehmen als auch das Betriebsunternehmen in dem Sinne beherrschen, dass sie in der Lage sind, in beiden Unternehmen einen einheitlichen geschäftlichen Betätigungswillen durchzusetzen (**personelle Verflechtung**; H 15.7 Abs. 6 EStH).

> **Beispiel:**
>
> An der X-KG sind A, B und C zu je einem Drittel beteiligt. Einziger Geschäftszweck der KG ist die Vermietung einer Produktionshalle an die Y-GmbH. Gesellschafter der Y-GmbH, die Kunststoffteile produziert, sind A und B zu je 50 %.

> **Lösung:**
>
> Die Personengruppe A und B beherrscht beide Unternehmen, da A und B zusammen sowohl in der KG als auch in der GmbH über die Mehrheit verfügen. Damit liegt eine personelle Verflechtung zwischen der KG (Besitzunternehmen) und der GmbH (Produktionsunternehmen) vor. Da eine Produktionshalle regelmäßig eine wesentliche Betriebsgrundlage darstellt, liegt auch eine sachliche Verflechtung vor. Damit erzielt die X-KG Einkünfte aus Gewerbebetrieb. Die Produktionshalle ist notwendiges Betriebsvermögen.

16.4 Die verschiedenen Arten der Betriebsaufspaltung

Es gibt zahlreiche Möglichkeiten, Betriebsaufspaltungen zu klassifizieren. Letztlich hat die Einteilung aber mehr theoretische Bedeutung, da die Folgen der Betriebsaufspaltung – gewerbliche Einkünfte des Besitzunternehmens – stets dieselben sind.

16.4.1 Echte und unechte Betriebsaufspaltung

Eine **echte Betriebsaufspaltung** liegt vor, wenn ein bestehendes Unternehmen in zwei Unternehmen (Besitz- und Betriebsunternehmen) aufgespalten wird.

> **Beispiel:**
>
> Die X-KG produziert seit Jahren Kunststoffteile für die Automobilindustrie. In 01 wird die Y-GmbH gegründet, die künftig die Produktion übernehmen soll. Sämtliche Maschinen sowie das Umlaufvermögen werden auf die GmbH übertragen. In der X-KG verbleibt eine Produktionshalle, die die X-KG künftig an die GmbH vermietet.

Von einer **unechten Betriebsaufspaltung** spricht man, wenn das Besitz- und das Betriebsunternehmen gleichzeitig gegründet werden.

> **Beispiel:**
>
> Die Gesellschafter A, B und C wollen Kunststoffteile produzieren. Sie gründen dazu die Y-GmbH. Gleichzeitig gründen sie die X-KG, die eine Produktionshalle erwirbt und diese an die GmbH vermietet.

16.4.2 Kapitalistische Betriebsaufspaltung

Eine kapitalistische Betriebsaufspaltung liegt vor, wenn sowohl das Besitz- als auch das Betriebsunternehmen eine **Kapitalgesellschaft** ist. In diesem Fall stellt sich das Problem der Einkunftsart nicht, da eine Kapitalgesellschaft stets Einkünfte aus Gewerbebetrieb erzielt (§ 2 Abs. 2 GewStG).

> **Beispiel:**
>
> Die X-GmbH betreibt als einzigen Geschäftszweck die Vermietung einer Produktionshalle an die Y-GmbH, die Kunststoffteile produziert. Unabhängig davon, ob eine Betriebsaufspaltung besteht oder nicht, erzielt die X-GmbH Einkünfte aus Gewerbebetrieb.

16.4.3 Mitunternehmerische Betriebsaufspaltung

Von einer mitunternehmerischen Betriebsaufspaltung spricht man, wenn sowohl das Besitz- als auch das Betriebsunternehmen eine **Personengesellschaft** ist. In diesem Fall erzielt das Besitzunternehmen aber nur dann gewerbliche Einkünfte, wenn das Betriebsunternehmen gewerblich tätig ist.

Beispiel:

Einziger Geschäftszweck der X-KG ist die Vermietung einer Produktionshalle an die Y-KG, die Kunststoffteile produziert. Liegen die Voraussetzungen der personellen und sachlichen Verflechtung vor, so erzielt die X-KG Einkünfte aus Gewerbebetrieb.

Lange Zeit war streitig, in welchem Unternehmen die vermieteten Wirtschaftsgüter zu bilanzieren sind. Ohne nähere Begründung ging die Verwaltung davon aus, die überlassenen wesentlichen Betriebsgrundlagen seien als Sonderbetriebsvermögen im Produktionsunternehmen zu aktivieren. Dies hatte insbesondere dann negative steuerliche Konsequenzen, wenn das überlassene Wirtschaftsgut veräußert wird. Die Veräußerung von Sonderbetriebsvermögen ist nämlich stets als laufender Gewinn zu beurteilen.

Nach zahlreichen anderslautenden BFH-Urteilen (vgl. BFH vom 23.4.1996, BStBl II 1998, 325), schwenkte die Verwaltung mit Erlass vom 28.4.1998 (BStBl I 1998, 583) um, und vertritt nun auch die Ansicht, dass die überlassenen Wirtschaftsgüter im **Gesamthandsvermögen des Besitzunternehmens** zu bilanzieren sind. Die Konsequenzen zeigen sich an folgendem Beispiel:

Beispiel:

Einziger Geschäftszweck der X-KG ist die Vermietung einer Produktionshalle an die gewerblich tätige Y-KG im Rahmen einer bestehenden Betriebsaufspaltung. Die Produktionshalle wird veräußert. An beiden Gesellschaften sind A, B und C zu je einem Drittel beteiligt.

Lösung nach Rechtsprechung und neuer Verwaltungsansicht:

Die Produktionshalle ist in der Gesamthandsbilanz der X-KG zu aktivieren. Mit Veräußerung der Halle verliert die KG ihren Geschäftszweck und muss aufgegeben werden. Der Aufgabegewinn (= Veräußerungsgewinn der Halle) ist nach §§ 16, 34 EStG begünstigt.

16.4.4 Umgekehrte Betriebsaufspaltung

Bei der umgekehrten Betriebsaufspaltung ist das Besitzunternehmen eine Kapitalgesellschaft und das Betriebsunternehmen eine Personengesellschaft. Auch hier erzielt das Besitzunternehmen zwingend nach § 2 Abs. 2 GewStG gewerbliche Einkünfte, sodass die Voraussetzungen einer Betriebsaufspaltung nicht weiter geprüft werden müssen.

16.4.5 Freiberufler-Betriebsaufspaltung

Die Grundsätze der Betriebsaufspaltung sind auch für Freiberufler anzuwenden, die Einkünfte nach § 18 EStG erzielen (grundlegend: BFH vom 13.11.1997, BStBl II 1998, 254 „Kieferorthopädenfall"). Hier ist aber stets zu prüfen, ob die Einkünfte durch die Betriebsaufspaltung in gewerbliche Einkünfte „gefärbt" werden.

Beispiel 1:

Die Zahnärzte A, B und C gründen eine Vermietungs-GbR, deren einziger Zweck der Bau und die Vermietung eines Praxisgebäudes ist. Mieter ist die Praxis-GbR mit den Gesellschaftern A, B und C.

Lösung:

Im Rahmen der Praxis-GbR erzielen A, B und C Einkünfte nach § 18 EStG. Die Vermietungs-GbR würde eigentlich Einkünfte nach § 21 EStG erzielen, da ihr einziger Zweck die Verwaltung eigenen Vermögens ist. Da aber eine Betriebsaufspaltung zwischen den beiden GbR besteht, erzielen die Gesellschafter der Vermietungs-GbR Einkünfte nach § 18 EStG. Das Praxisgebäude ist als notwendiges Betriebsvermögen im Gesamthandsvermögen der Vermietungs-GbR zu aktivieren.

Beispiel 2:

Der Sachverhalt entspricht Beispiel 1. Mieterin ist aber eine Praxis-GmbH mit den Gesellschaftern A, B und C.

Lösung:

Wird eine freiberufliche Praxis in der Rechtsform einer GmbH betrieben, so erzielt die GmbH zwingend Einkünfte aus Gewerbebetrieb (§ 2 Abs. 2 GewStG). Wie sich aus dem Begriff „Aufspaltung" ergibt, erzielen Besitz- und Betriebsunternehmen im Rahmen einer Betriebsaufspaltung stets Einkünfte derselben Einkunftsart. Damit sind auch die Einkünfte im Rahmen der Vermietungs-GbR gewerblicher Natur.

16.5 Die Voraussetzungen der Betriebsaufspaltung im Einzelnen

Eine Betriebsaufspaltung liegt nur vor, wenn Besitz- und Betriebsunternehmen personell und sachlich miteinander verflochten sind (vgl. H 15.7 Abs. 4 „Allgemeines" EStH).

16.5.1 Personelle Verflechtung

Bei der Frage, ob eine Person oder eine Personengruppe sowohl das Besitz- als auch das Betriebsunternehmen beherrschen, sind zahlreiche Fallgestaltungen möglich (vgl. H 15.7 Abs. 6 EStH).

16.5.1.1 Beteiligungsidentität

Im einfachsten Fall hält dieselbe Person an beiden Unternehmen eine identische Mehrheitsbeteiligung.

Beispiel:

An der A-GbR ist A zu 75 % und B zu 25 % beteiligt. Die A-GbR vermietet an die Y-GmbH ein Produktionsgebäude. An der Y-GmbH ist A zu 75 % und B zu 25 % beteiligt.

Lösung:

Es liegt eine Betriebsaufspaltung vor, da die A-GbR eine wesentliche Betriebsgrundlage an die Y-GmbH vermietet (sachliche Verflechtung) und Gesellschafter A aufgrund seiner Mehrheit der Anteile beide Unternehmen beherrscht (personelle Verflechtung).

16.5.1.2 Beherrschungsidentität

Problematischer ist die Beurteilung der personellen Verflechtung, wenn die am Besitz- und Betriebsunternehmen beteiligten Personen unterschiedliche Beteiligungen halten oder Dritte nur an einem der beiden Unternehmen beteiligt sind.

Beispiel 1:

Gesellschafter A vermietet an die Y-GmbH ein Produktionsgebäude. An der Y-GmbH ist A zu 75 % und B zu 25 % beteiligt.

Lösung:

Das Besitzunternehmen kann auch eine einzelne Person sein. Da A somit beide Unternehmen beherrscht, liegt eine Betriebsaufspaltung vor.

Beispiel 2:

An der A-GbR ist A zu 60 % und C zu 40 % beteiligt. Die A-GbR vermietet an die Y-GmbH ein Produktionsgebäude. An der Y-GmbH ist A zu 75 % und D zu 25 % beteiligt.

Lösung:

Da A beide Unternehmen beherrscht, liegt eine Betriebsaufspaltung vor. Für Gesellschafter C bedeutet dies, dass seine Einkünfte aus dem Besitzunternehmen nach § 15 EStG zu versteuern sind, auch wenn er am Betriebsunternehmen nicht beteiligt ist.

16.5.1.3 Personengruppentheorie

Für die **Beherrschung von Besitz- und Betriebsunternehmen** reicht es aus, wenn an beiden Unternehmen mehrere Personen beteiligt sind, die zusammen beide Unternehmen beherrschen (H 15.7 Abs. 6 EStH). Die **Personengruppentheorie** beruht nach Auffassung der Rechtsprechung auf der – widerlegbaren – Vermutung, dass die Mitglieder der Personengruppe gleiche wirtschaftliche Interessen haben und deshalb ihre Rechte auch ohne vertragliche Bindungen gleichgerichtet ausüben (BFH vom 24.4.2000, BStBl II 2000, 417; vom 29.8.2001, BFH/NV 2002, 185 m.w.N.). Natürlich sind innerhalb der Personengruppe unterschiedliche Auffassungen und Meinungsverschiedenheiten im Einzelfall denkbar. Dies ist aber nach Ansicht des BFH grundsätzlich nicht geeignet, die Vermutung gleichgerichteter Interessen zu erschüttern, da die Gestaltung der Gesellschaftsverhältnisse im Besitz- und Betriebsunternehmen nicht zufällig erfolgt, sondern in der Regel zur Verfolgung eines bestimmten wirtschaftlichen Zweckes bewusst gewählt wurde.

Beispiel:

An der A-GbR ist A zu 30 %, B zu 30 % und C zu 40 % beteiligt. Die A-GbR vermietet an die Y-GmbH ein Produktionsgebäude. An der Y-GmbH ist A zu 35 %, B zu 35 % und D zu 30 % beteiligt.

Lösung:

Gesellschafter A allein kann nicht beide Unternehmen beherrschen; nach der Personengruppentheorie sind aber die Beteiligungen von A und B zusammenzuzählen. Damit beherrscht die Personengruppe A/B beide Unternehmen, sodass eine Betriebsaufspaltung vorliegt. Damit werden auch die Einkünfte des C nach § 15 EStG besteuert.

Die **Personengruppentheorie** gilt auch dann, wenn die Mitglieder der Personengruppe divergierende Beteiligungen haben.

Beispiel:

An der A-GbR ist A zu 10 % und B zu 90 % beteiligt. Die A-GbR vermietet an die Y-GmbH ein Produktionsgebäude. An der Y-GmbH ist A zu 90 % und B zu 10 % beteiligt.

Lösung:
Keiner der beiden Gesellschafter verfügt in beiden Gesellschaften über eine Mehrheit. Aufgrund der Personengruppentheorie sind aber die Anteile der beiden Gesellschafter zusammenzurechnen. Somit ist eine Betriebsaufspaltung gegeben.

Bei extrem unterschiedlichen Beteiligungsverhältnissen liegt eine personelle Verflechtung nicht mehr vor, da die Interessen der Gesellschafter zu stark auseinanderfallen.

Beispiel:
Ist in obigem Beispiel im Besitzunternehmen A zu 1 % und B zu 99 %, im Betriebsunternehmen aber A zu 99 % und B zu 1 % beteiligt, so wird B bestrebt sein, die Miete zu erhöhen, da er an einem hohen Gewinn des Besitzunternehmens interessiert ist. Dass durch die Mieterhöhung der Gewinn des Betriebsunternehmens sinkt, ist für B ohne Relevanz, da er nur eine unbedeutende Beteiligung hält.

Die Vermutung, dass die an beiden Unternehmen beteiligten Personen gleichgerichtete Interessen haben, gilt nicht mehr, wenn konkrete **Interessenkollisionen** nachweisbar sind (BFH vom 24.2.2000, BStBl II 2000, 417). Beispielsweise kann eine personelle Verflechtung nicht mehr angenommen werden, wenn die Gesellschafter derart zerstritten sind, dass ein vernünftiges Gespräch unter ihnen nicht mehr stattfinden kann oder sie sogar untereinander einen Rechtsstreit führen. Bloße Meinungsverschiedenheiten und Interessengegensätze lassen allein noch keinen Schluss auf das Fehlen eines einheitlichen geschäftlichen Betätigungswillen zu. So können z.B. Ehepartner auch nach einer Scheidung durchaus noch einen gemeinsamen Betätigungswillen im Rahmen einer Betriebsaufspaltung haben.

16.5.1.4 Einstimmigkeitsabreden

Die Frage, welche Auswirkungen Stimmrechtsvereinbarungen der Gesellschafter untereinander auf die personelle Verflechtung haben, wurde in Rechtsprechung, Verwaltung und Literatur kontrovers diskutiert.

Durch die Entscheidung des BFH vom 21.1.1999, BStBl II 2002, 771 und des BMF vom 7.10.2002, BStBl I 2002, 1028 (Beck'sche Erlasse § 15/10) zeigt sich nunmehr ein klareres Bild, wobei zahlreiche Einzelfragen weiterhin offen sind.

Das Problem der **Einstimmigkeitsabreden** kann nicht entstehen, wenn am Besitz- und am Betriebsunternehmen dieselben Personen beteiligt sind.

Beispiel:
An der A-GbR ist A zu 60 % und B zu 40 % beteiligt. Die A-GbR vermietet an die Y-GmbH ein Produktionsgebäude. An der Y-GmbH ist A zu 25 % und B zu 75 % beteiligt.

Lösung:
Unabhängig davon, ob im Besitzunternehmen das Einstimmigkeits- oder das Mehrheitsprinzip gilt, beherrscht die Personengruppe A + B beide Unternehmen.

Ist aber am Besitzunternehmen ein Gesellschafter beteiligt, der am Betriebsunternehmen keine Anteile hält, so kommt es für die Frage der Beherrschung darauf an, ob im Besitzunternehmen für die **laufende Verwaltung der vermieteten Wirtschaftsgüter** (die sog. Geschäfte des täglichen Lebens) das **Mehrheits-** oder das **Einstimmigkeitsprinzip** gilt.

Beispiel:

An der A-GbR ist A zu 60 % und B zu 30 % und C zu 10 % beteiligt. Die A-GbR vermietet an die Y-GmbH ein Produktionsgebäude. An der Y-GmbH ist A zu 25 % und B zu 75 % beteiligt.

Lösung:

Gilt das Mehrheitsprinzip, so kann die Personengruppe A + B beide Unternehmen beherrschen. Der 10 %ige Anteil des C hat insoweit keine Bedeutung.

Gilt allerdings das Einstimmigkeitsprinzip, so nützen A und B die 90 %, die sie an dem Besitzunternehmen halten nichts. C kann ihre Entscheidungen jederzeit blockieren. Es liegt dann – mangels personeller Verflechtung – keine Betriebsaufspaltung vor.

Die Frage, ob für die maßgeblichen Geschäfte des täglichen Lebens das Einstimmigkeits- oder das Mehrheitsprinzip gilt, kann sich aus **Gesetz** oder **Vereinbarung** (Gesellschaftsvertrag oder Stimmrechtsvereinbarung) ergeben.

Wird das Besitzunternehmen als **Gesellschaft bürgerlichen Rechts** geführt, steht die Führung der Geschäfte nach dem Gesetz den Gesellschaftern nur gemeinschaftlich zu. Für jedes Geschäft ist die Zustimmung aller Gesellschafter erforderlich (§ 709 Abs. 1 BGB). Dadurch kann auch ein Mehrheitsgesellschafter in der GbR seinen Willen alleine nicht durchsetzen.

Die Vorschrift des § 709 Abs. 1 BGB kann aber vertraglich abbedungen werden. Dann kann der Gesellschafter seinen Willen in der Gesellschaft durchsetzen, der über die Mehrheit der Stimmrechte verfügt. Damit haben es die Gesellschafter in der Hand, eine Betriebsaufspaltung zu begründen oder nicht.

Nach einer Entscheidung des BFH (BFH vom 1.7.2003, BStBl II 2003, 757) gehen bei der GbR allerdings die **Geschäftsführungskompetenzen** den Stimmrechtsregelungen vor. Der BFH begründet dies damit, dass bei Berufung eines Gesellschafter-Geschäftsführers die anderen Gesellschafter in Angelegenheiten der Geschäftsführung nicht tätig werden dürfen und die übrigen Gesellschafter dem Gesellschafter-Geschäftsführer gegenüber weder ein Widerspruchs- noch ein Weisungsrecht haben. Die von der Geschäftsführung ausgeschlossenen Gesellschafter haben lediglich bei Vorliegen eines wichtigen Grundes das Recht, die Geschäftsführung zu kündigen (§ 712 BGB).

Beispiel:

An der A-GbR ist A zu 20 % und C zu 80 % beteiligt. Die A-GbR vermietet an die Y-GmbH ein Produktionsgebäude. An der Y-GmbH ist A zu 75 % und D zu 25 % beteiligt.

Lösung:

Unabhängig davon, in welcher Höhe A an der GbR beteiligt ist, kann er wegen § 709 BGB seinen Willen in der GbR nicht durchsetzen.

Wird allerdings A zum alleinigen Geschäftsführer der GbR bestellt, so kann er seinen Willen alleine durchsetzen, da C den Maßnahmen der Geschäftsführung nicht widersprechen kann. Es liegt dann eine personelle Verflechtung vor.

Ist das Besitzunternehmen eine **Kommanditgesellschaft**, so gilt das Einstimmigkeitsprinzip für die Geschäfte des täglichen Lebens grundsätzlich nicht. Bisher ging man davon aus, dass der Mehrheitsgesellschafter in der Gesellschaft seinen Willen durchsetzen kann und damit die Gesellschaft beherrscht (vgl. BMF vom 07.10.2002 a.a.O. II. Tz. 3). Lediglich bei Vereinbarung des Einstimmigkeitsprinzips sollte die personelle Verflechtung entfallen, wenn das **Einstimmigkeitsprinzip** auch die Geschäfte des täglichen Lebens umfasst.

Beispiel:

An der A-KG ist A zu 80 % und C zu 20 % beteiligt. Die A-KG vermietet an die Y-GmbH ein Produktionsgebäude. An der Y-GmbH ist A zu 75 % und D zu 25 % beteiligt.

Lösung:

Aufgrund seiner 80 %igen Beteiligung kann A seinen Willen in der KG durchsetzen. Vereinbaren A und C allerdings das Einstimmigkeitsprinzip, so entfällt eine personelle Verflechtung, da A zu allen Entscheidungen die Zustimmung des C benötigt.

Wendet man allerdings die neue Rechtsprechung des BFH a.a.O. an, wonach es für das Vorliegen einer personellen Verflechtung entscheidend auf die **Geschäftsführungsbefugnis** ankommt, so kann ein Kommanditist grundsätzlich das Besitzunternehmen nicht beherrschen, da er nach § 164 HGB von der Geschäftsführung ausgeschlossen ist. Ihm steht lediglich das Kontrollrecht nach § 166 HGB zu.

Beispiel:

Ist in obigem Beispiel A Kommanditist und C Komplementär, so ist A kraft Gesetzes trotz seiner 80 %igen Beteiligung von der Geschäftsführung ausgeschlossen. Eine personelle Verflechtung läge nicht vor, wenn man die Rechtsprechung des BFH (die ja für eine GbR ergangen ist), auf die KG überträgt.

Diese Frage wurde bisher allerdings weder von der Rechtsprechung noch von der Verwaltung problematisiert.

Ist das **Besitzunternehmen eine Bruchteilsgemeinschaft**, so gilt grundsätzlich das Mehrheitsprinzip für die steuerlich entscheidenden Alltagsgeschäfte (§ 745 Abs. 1 BGB). Dabei ist zu beachten, dass durch die bloße Überlassung wesentlicher Betriebsgrundlagen an das Betriebsunternehmen nicht automatisch eine GbR begründet wird. Für die Annahme einer GbR bedarf es des – ausdrücklichen oder konkludenten – Abschlusses eines Gesellschaftsvertrages.

16.5.1.5 Mittelbare Beherrschung

Eine **mittelbare Beherrschung** kann dadurch entstehen, dass eine Person oder Personengruppe, die das Besitzunternehmen beherrscht, in der Lage ist, über eine zwischengeschaltete Personengesellschaft im Betriebsunternehmen ihren Willen durchzusetzen.

Beispiel:

An der A-GbR ist A zu 80 % und C zu 20 % beteiligt. Die A-GbR vermietet an die Y-GmbH ein Produktionsgebäude. An der Y-GmbH ist A zu 25 % und B zu 5 % sowie die C-GmbH & Co. KG zu 70 % beteiligt. Gesellschafter der C-GmbH & Co. KG ist neben Anderen A zu 80 %.

Lösung:

A beherrscht mit seinen 25 % das Betriebsunternehmen nicht. Rechnet man aber die Anteile an der C-GmbH & Co. KG hinzu (80 % von 70 % = 56 %), so verfügt A im Betriebsunternehmen über – grundsätzlich ausreichende – 81 % der Anteile.

Die **mittelbare Beherrschung** soll allerdings durch eine Kapitalgesellschaft nicht vermittelt werden können (BFH vom 15.4.1999, BStBl II 1999, 532).

Beispiel:

Der Sachverhalt entspricht obigem Beispiel. C ist aber eine GmbH.

> **Lösung:**
>
> Nach Ansicht der Rechtsprechung genügt der über die C-GmbH vermittelte Einfluss des A nicht aus, um eine personelle Verflechtung zu begründen. Die GmbH bildet praktisch eine „fire-wall".

Im Falle einer **Zwischenvermietung** hat der BFH allerdings den mittelbaren Einfluss über eine andere Kapitalgesellschaft ausreichen lassen (BFH vom 28.11.2001, BStBl II 2002, 363).

16.5.1.6 Faktische Beherrschung

In seltenen Ausnahmefällen kann die Beherrschung der Betriebsgesellschaft ohne entsprechenden Anteilsbesitz durch eine besondere Machtstellung vermittelt werden, wenn die Gesellschafter nach den Umständen des Einzelfalles darauf angewiesen sind, sich dem Willen eines anderen so unterzuordnen, dass sie keinen eigenen geschäftlichen Betätigungswillen entfalten können (BFH vom 29.7.1976, BStBl II 1976, 750; vom 27.2.1991, BFH/NV 1991, 454).

Dies kann z.B. der Fall sein, wenn ein Gesellschafter der Gesellschaft unverzichtbare Betriebsgrundlagen zur Verfügung stellt, die er ohne weiteres wieder entziehen kann (BFH vom 29.1.1997, BStBl II 1997, 437).

Berufliche Vorbildung und Erfahrung der Geschäftsführer der Betriebsgesellschaft sowie fehlende Branchenkenntnis der Gesellschafter reichen zur Annahme einer faktischen Beherrschung nicht aus (BFH vom 1.12.1989, BStBl II 1990, 500). Ebenso wenig liegt eine **faktische Beherrschung** vor, wenn die das Besitzunternehmen beherrschenden Ehemänner der an der Betriebsgesellschaft beteiligten Ehefrauen zugleich im Betriebsunternehmen angestellt sind und der Gesellschaftsvertrag vorsieht, dass die Gesellschaftsanteile der Ehefrauen bei Beendigung des Arbeitsverhältnisses des jeweiligen Ehemannes eingezogen werden können (BFH vom 15.10.1998, BStBl II 1999, 445).

16.5.1.7 Betriebskapitalgesellschaft

Ist die Betriebsgesellschaft eine GmbH, so erfolgt gemäß § 47 Abs. 1 GmbH die Willensbildung in der GmbH durch Beschlussfassung mit der Mehrheit der abgegebenen Stimmen. Hierfür reicht im Normalfall die einfache Mehrheit der Stimmrechte aus. Die Satzung kann aber hiervon abweichende Regelungen (z.B. ¾-Mehrheit) vorsehen. Ebenso steht es den Gesellschaftern frei, das Stimmrecht abweichend von der Kapitalbeteiligung zu regeln.

16.5.1.8 Ehegattenanteile

Eine Zusammenrechnung von Ehegattenanteilen kommt grundsätzlich nicht in Betracht, es sei denn, dass zusätzlich zur ehelichen Lebensgemeinschaft ausnahmsweise Beweisanzeichen vorliegen, die für **gleichgerichtete wirtschaftliche Interessen** der Ehegatten sprechen (BVerfG vom 12.3.1985, BStBl II 1985, 475; BMF vom 18.11.1986, BStBl I 1986, 537).

Dies gilt ebenso für die Zusammenrechnung von Anteilen von Lebenspartnern (§ 2 Abs. 8 EStG).

> **Beispiel:**
>
> Am Besitzunternehmen sind die Eheleute M und F zu jeweils 50 % beteiligt. Am Betriebsunternehmen ist die F zu 100 % beteiligt.

> **Lösung:**
>
> Da die Ehegattenanteile nicht zusammengerechnet werden dürfen, beherrscht die F lediglich das Betriebsunternehmen. Es liegt keine personelle Verflechtung vor.

Räumt ein Ehegatte dem anderen eine unwiderrufliche Stimmrechtsvollmacht ein, so ist dies zwar zivilrechtlich unwirksam, kann aber Beweisanzeichen für die Verfolgung gemeinschaftlicher Interessen der Ehegatten sein (BFH vom 11.07.1989, BFH/NV 1990, 99).

Aber auch unter Eheleuten gilt die **Personengruppentheorie**, da Eheleute grundsätzlich nicht anders behandelt werden dürfen als fremde Dritte.

Beispiel:

Am Besitzunternehmen sind die Eheleute M und F zu jeweils 50 % beteiligt. Am Betriebsunternehmen ist die F zu 70 % und M zu 30 % beteiligt.

Lösung:

Die Personengruppe M und F beherrscht beide Unternehmen. Es liegt – wie unter fremden Dritten – eine personelle Verflechtung vor.

16.5.1.9 Anteile von minderjährigen Kindern

Besondere Probleme entstehen, wenn minderjährige Kinder an der Besitz- und/oder Betriebsgesellschaft neben den Eltern beteiligt sind (R 15.7 Abs. 8 EStR). Eine personelle Verflechtung liegt vor, wenn einem Elternteil oder beiden Elternteilen und einem minderjährigen Kind jeweils zusammen die Mehrheit der Stimmrechte zuzurechnen sind. Dies ergibt sich bereits aus der Personengruppentheorie.

Beispiel:

Am Besitzunternehmen hält der Vater 25 % und das minderjährige Kind 30 %; außerdem ist ein fremder Dritter C mit 45 % beteiligt. Am Betriebsunternehmen ist der Vater zu 40 % und das minderjährige Kind zu 25 % beteiligt; außerdem ist ein fremder Dritter D mit 35 % beteiligt.

Lösung:

Die Anteile von V und K sind zusammenzurechnen, da sie – unabhängig vom Verwandtschaftsverhältnis – eine Personengruppe bilden.

Ist beiden Elternteilen an einem Unternehmen zusammen die Mehrheit der Stimmrechte zuzurechnen und halten sie nur zusammen mit dem minderjährigen Kind am anderen Unternehmen die Mehrheit der Stimmrechte, liegt, wenn das Vermögenssorgerecht beiden Elternteilen zusteht, grundsätzlich ebenfalls eine personelle Verflechtung vor. Diese Konstellation ist sehr gefährlich, da durch eine Ehescheidung unter Umständen das **Sorgerecht** auf einen Elternteil übergehen kann und dann die Betriebsaufspaltung endet (Aufdeckung der stillen Reserven).

Beispiel:

Am Besitzunternehmen sind der Vater und die Mutter mit jeweils 45 % beteiligt; außerdem ist ein fremder Dritter C mit 10 % beteiligt. Am Betriebsunternehmen sind der Vater, die Mutter und das minderjährige Kind zu je 20 % beteiligt; die weiteren Anteile von 40 % hält ein fremder Dritter D.

Lösung:

Nach der Personengruppentheorie läge hier keine personelle Verflechtung vor, da die Personengruppe V/M nicht beide Unternehmen beherrscht.
Da die Eltern aber aufgrund der Vermögenssorge die Beteiligungsrechte des minderjährigen K verwalten, werden ihnen in der GmbH 60 % der Stimmrechte zugerechnet. Damit liegt – zumindest bis zur Erlangung der Volljährigkeit – eine personelle Verflechtung vor.

Hält nur ein Elternteil an dem einen Unternehmen die Mehrheit der Stimmrechte und hält er zusammen mit dem minderjährigen Kind die Mehrheit der Stimmrechte an dem anderen Unternehmen, so liegt eine personelle Verflechtung nur dann vor, wenn das Vermögenssorgerecht diesem Elternteil allein zusteht.

Beispiel:
Am Besitzunternehmen sind die Mutter zu 75 % und ein fremder Dritter C zu 25 % beteiligt. Am Betriebsunternehmen halten die Mutter und das minderjährige Kind jeweils 30 %, ein fremder Dritter D 40 %.

Lösung:
Eine personelle Verflechtung liegt nur vor, wenn die Mutter das alleinige Sorgerecht für das minderjährige Kind hat.

Ist nur einem Elternteil an dem einen Unternehmen die Mehrheit der Stimmrechte zuzurechnen und halten an dem anderen Unternehmen die Elternteile zusammen mit dem minderjährigen Kind die Mehrheit der Stimmrechte, liegt grundsätzlich keine personelle Verflechtung vor.

Werden die minderjährigen Kinder **volljährig**, so endet in den oben dargestellten Fällen die personelle Verflechtung. Dies bewirkt grundsätzlich eine **Betriebsaufgabe** des Besitzunternehmens. Aus Billigkeitsgründen will aber die Verwaltung auf Antrag die Betriebsaufspaltung weiter bestehen lassen, um das Aufdecken der stillen Reserven zu vermeiden (R 16 Abs. 2 Satz 3 EStR).

16.5.2 Sachliche Verflechtung

Eine sachliche Verflechtung liegt vor, wenn das Besitzunternehmen mindestens eine **wesentliche Betriebsgrundlage** an das Betriebsunternehmen überlässt (vgl. H 15.7 Abs. 4 „Allgemeines" EStH sowie zum Begriff der wesentlichen Betriebsgrundlage H 15.7 Abs. 5 „Wesentliche Betriebsgrundlage" EStH mit zahlreichen Beispielen).

16.5.2.1 Wesentliche Betriebsgrundlage

Der Begriff der wesentlichen Betriebsgrundlage wird durch die Rechtsprechung ständig weiter präzisiert. Allgemein lässt sich sagen, dass Wirtschaftsgüter dann eine wesentliche Betriebsgrundlage darstellen, wenn sie zur Erreichung des Betriebszwecks **erforderlich sind** und ein besonderes **wirtschaftliches Gewicht** für die Betriebsführung haben. Für die Frage, ob das Wirtschaftsgut ein besonderes wirtschaftliches Gewicht für die Betriebsführung hat, ist auf die Verhältnisse beim **Betriebsunternehmen** abzustellen.

Fabrikationsgrundstücke (BFH vom 12.9.1991, BStBl II 1992, 347 und vom 26.3.1992, BStBl II 1992, 830) sowie **Maschinen** (BFH vom 19.1.1983, BStBl II 1983, 312) gelten stets als wesentliche Betriebsgrundlage, auch wenn es sich um Serienfabrikate handelt (BFH vom 24.8.1989, BStBl II 1989, 1014). Bei einem Einzelhändler ist das **Ladenlokal** wesentliche Betriebsgrundlage, wenn es z.B. wegen seiner Lage von besonderer wirtschaftlicher Bedeutung ist (BFH vom 7.8.1990, BStBl II 1991, 336). **Patente** bilden eine wesentliche Betriebsgrundlage, wenn die Umsätze in erheblichem Umfang auf den Patenten beruhen (BFH vom 23.9.1998, BStBl II 1999, 281). Handelsübliche **Pkw** und **Lkw** sind grundsätzlich keine wesentliche Betriebsgrundlage.

Ein **Büro-** und **Verwaltungsgebäude** ist jedenfalls dann eine wesentliche Betriebsgrundlage, wenn es die räumliche und funktionale Grundlage für die Geschäftstätigkeit der Betriebsgesellschaft bildet (BFH vom 23.5.2000, BStBl II 2000, 621). Dies wird in aller Regel gegeben sein, sodass bei Büro- und Verwaltungsgebäuden stets von einer wesentlichen Betriebsgrundlage ausgegangen werden muss.

Im Gegensatz zum Begriff der wesentlichen Betriebsgrundlage bei § 16 EStG ist ein Wirtschaftsgut im Rahmen einer Betriebsaufspaltung nicht allein deshalb als wesentliche Betriebsgrundlage anzusehen, weil in ihm erhebliche **stille Reserven** stecken (BFH vom 24.8.1989, BStBl II 1989, 1014).

Die **Bestellung eines Erbbaurechts** begründet unter denselben Voraussetzungen wie die Überlassung eines unbebauten Grundstücks durch das Besitzunternehmen an das Betriebsunternehmen eine sachliche Verflechtung, wenn das Grundstück mit Gebäuden oder Vorrichtungen bebaut wird, die für das Betriebsunternehmen eine wesentliche Betriebsgrundlage sind (BFH vom 19.3.2002, BStBl II 2002, 662). Die Betriebsaufspaltung wird dabei bereits mit der Überlassung des Grundstücks begründet, auch wenn die Bebauung erst später stattfinden soll.

16.5.2.2 Unentgeltliche bzw. verbilligte Nutzungsüberlassung

Problematisch ist die Frage, ob die Überlassung der wesentlichen Betriebsgrundlage entgeltlich erfolgen muss bzw. welche Folgen eine unentgeltliche oder teilentgeltliche Überlassung hat (ausführlich: BMF vom 23.10.2013, BStBl I 2013, 1269).

Vermietet das Besitzunternehmen ein Wirtschaftsgut an das Betriebsunternehmen und liegt die Miete unter dem Marktwert, so hat dies auf das Entstehen einer Betriebsaufspaltung grundsätzlich keinen Einfluss. Allerdings sind die Betriebsausgaben insoweit nach **§ 3c Abs. 2 EStG** zu kürzen, als die Miete unter dem ortsüblichen Niveau liegt.

Beispiel:

Gesellschafter G vermietet an die Z-GmbH eine Fabrikhalle. Alleiniger Gesellschafter der Z-GmbH ist G. Die ortsübliche Miete beträgt 10.000 € im Monat. Gesellschafter G verlangt von der GmbH:
a) 8.000 €,
b) keine Miete.

Die Betriebsausgaben des Besitzunternehmens belaufen sich auf 50.000 € im Jahr.

Lösung:

a) In der Variante a) kann G die Betriebsausgaben i.H.v. 80 % (= 40.000 €) vollständig ansetzen, da er insoweit Mieteinnahmen erhält. I.H.v. 20 % erfolgt die Überlassung unentgeltlich. G kann dennoch Betriebsausgaben ansetzen, da er die Aufwendungen tätigt, um von der GmbH Dividenden zu erzielen. Allerdings sind die Betriebsausgaben insoweit lediglich zu 60 % anzusetzen, also i.H.v. (50.000 € × 20 % × 60 % =) 6.000 €. G kann sonach insgesamt Betriebsausgaben i.H.v. 46.000 € geltend machen.

b) In der Variante b) liegt ebenfalls eine Betriebsaufspaltung vor, da die Entgeltlichkeit der Überlassung keine Voraussetzung für die sachliche Verflechtung ist. Allerdings fallen nun die kompletten Betriebsausgaben unter das Teileinkünfteverfahren; somit sind lediglich (50.000 € × 60 % =) 30.000 € anzusetzen.

Mit Entscheidung vom 28.2.2013, IV R 49/11, www.bundesfinanzhof.de, bejahte der BFH zwar grundsätzlich die Anwendung des Teilabzugsverbots (§ 3c Abs. 2 EStG) soweit die Miete unter der Marktmiete liegt. Er lehnte aber für substanzbezogene Aufwendungen (z.B. AfA, Reparaturen) die Kürzung ab. Die Verwaltung folgte dem zunächst (siehe BMF vom 23.10.2013, BStBl I 2013, 1269). Durch das **Zollkodexanpassungsgesetz** wurde nun aber mit Wirkung ab VZ 2015 die Anwendung des § 3c Abs. 2 EStG festgeschrieben (Lösung also wie Beispiel oben).

16.5.2.3 Unangemessen hohe Miete

Ist der Miet- oder Pachtzins unangemessen hoch, so liegt insoweit eine **verdeckte Gewinnausschüttung** der Betriebskapitalgesellschaft an ihre Gesellschafter vor (BFH vom 4.5.1977, BStBl II 1977, 679). Die verdeckte Gewinnausschüttung ist als (Sonder-)Betriebseinnahme im Besitzunternehmen anzusetzen, wobei das Teileinkünfteverfahren nach § 3 Nr. 40 d) EStG gilt.

Auf den Betriebsausgabenabzug im Besitzunternehmen hat dies aber keinen Einfluss.

Beispiel:

An der X-KG sind die Gesellschafter X und Y jeweils zu 50 % beteiligt. Die KG vermietet ein Bürogebäude an die Z-GmbH (beteiligt sind die Gesellschafter X, Y und Z jeweils ⅓). Die ortsübliche und angemessene Miete beträgt 20.000 € monatlich. Zwischen der GmbH und der KG wird aber eine Miete i.H.v. 50.000 € vereinbart.

Lösung:

Die GmbH verbucht die Miete i.H.v. (12 Monate × 50.000 €) 600.000 € als Betriebsausgabe. Da die Miete aber unangemessen hoch ist und die Zahlung der überhöhten Miete ihre Ursache im Gesellschaftsverhältnis hat, liegt insoweit eine verdeckte Gewinnausschüttung vor. Das Einkommen der GmbH ist außerbilanziell um (12 Monate × 30.000 € =) 360.000 € zu erhöhen (§ 8 Abs. 3 Satz 2 KStG). Bei den Gesellschaftern X und Y führt die überhöhte Mieteinnahmen insoweit zu Einnahmen nach § 20 Abs. 1 Nr. 1 i.V.m. § 3 Nr. 40 d) EStG i.H.v. jeweils (15.000 € × 60 % =) 9.000 €. Da sich die Anteile an der GmbH im Sonderbetriebsvermögen von X und Y befinden, sind die Einnahmen in der Besitz-KG als Sonderbetriebseinnahme zu erfassen.

16.5.3 Geschäftswert

Werden bei der Begründung einer Betriebsaufspaltung sämtliche Aktiva und Passiva einschließlich der Firma mit Ausnahme des Immobilienvermögens auf die Betriebskapitalgesellschaft übertragen und das vom Besitzunternehmen zurückbehaltene Betriebsgrundstück der Betriebskapitalgesellschaft langfristig zur Nutzung überlassen, geht der im bisherigen (Einzel-)Unternehmen entstandene Geschäftswert grundsätzlich auf die Betriebskapitalgesellschaft über (H 15.7 Abs. 4 EStH; BFH vom 16.6.2004, BStBl II 2005, 378).

Verlangt das Besitzunternehmen für die Überlassung des Geschäftswerts eine Miete, so liegt insoweit eine verdeckte Gewinnausschüttung der Betriebsgesellschaft an ihre Gesellschafter vor, da das Besitzunternehmen gar nicht mehr Inhaber des Geschäftswerts ist.

Liegt neben der Betriebsaufspaltung gleichzeitig eine **Betriebsverpachtung** vor (Details s. Kap. 17.9), so bleibt der Geschäftswert beim Besitzunternehmen und kann daher an das Betriebsunternehmen verpachtet werden (BFH vom 26.11.2009, III R 40/07, BStBl II 2010, 609).

16.6 Steuerliche Folgen der Betriebsaufspaltung

Die Einkünfte aus der Nutzungsüberlassung sind keine Einkünfte aus Vermietung und Verpachtung, sondern Einkünfte aus Gewerbebetrieb. Das gilt selbst dann, wenn vor der Betriebsaufspaltung aus dem Gesamtunternehmen Einkünfte aus selbstständiger Arbeit bezogen wurden (BFH vom 18.6.1980, BStBl II 1981, 39). Auch Gesellschafter des Besitzunternehmens, die an der Betriebsgesellschaft nicht beteiligt sind, erzielen Einkünfte nach § 15 EStG (BFH vom 2.8.1972, BStBl II 1972, 796).

Beispiel:

An der Besitz-GbR sind die Zahnärzte Z1 und Z2 sowie die Ehefrau von Z1 je zu einem Drittel beteiligt. Die GbR vermietet ein Praxisgebäude an die Zahnarzt-GmbH (Gesellschafter: Z1 und Z2 zu je 50 %).

Lösung:

Aufgrund der Betriebsaufspaltung erzielen die Gesellschafter der GbR (und zwar auch die an der GmbH nicht beteiligte Ehefrau) Einkünfte nach § 15 EStG.

16.6.1 Anteile am Betriebsunternehmen

Ist eine Betriebsaufspaltung zu bejahen, so gehört die **Beteiligung an der Betriebskapitalgesellschaft zum notwendigen (Sonder-)Betriebsvermögen** des Besitzunternehmens bzw. der Gesellschafter des Besitzunternehmens (H 4.2 Abs. 2 „Anteile an Kapitalgesellschaften – Einzelfälle" 1. Spiegelstrich EStH; BFH vom 12.2.1992, BStBl II 1992, 723).

Die Anteile an der Betriebskapitalgesellschaft sind im Besitzunternehmen bzw. in den Sonderbilanzen der Gesellschafter des Besitzunternehmens mit den Anschaffungskosten zu aktivieren (§ 253 HGB i.V.m. § 5 EStG).

Teilwertberichtigungen der Anteile sind grundsätzlich möglich (§ 6 Abs. 1 Nr. 2 EStG; vgl. BMF vom 16.7.2014, BStBl I 2014, 1162, Beck'sche Erlasse § 6/12). Bei den Gewinnauswirkungen ist jedoch das Teileinkünfteverfahren anzuwenden (§ 3c Abs. 2 EStG).

Für die Bemessung des Teilwerts von Anteilen an einer Betriebskapitalgesellschaft ist eine Gesamtbetrachtung der Ertragsaussichten von Besitz- und Betriebsunternehmen anzustellen (BFH vom 6.11.2003, IV R 10/01, BStBl II 2004, 416). Der BFH betrachtet somit Besitz- und Betriebsunternehmen für die Frage der Teilwertabschreibung als Einheit und lässt keine isolierte Betrachtung der Anteile am Betriebsunternehmen zu.

Dividenden, die die Betriebskapitalgesellschaft an die Gesellschafter des Besitzunternehmens ausschüttet, sind als (Sonder-)Betriebseinnahme zu erfassen (§§ 15, 3 Nr. 40 Buchst. d) EStG).

Die **Veräußerung von Anteilen** an der Betriebskapitalgesellschaft durch die Gesellschafter des Besitzunternehmens fällt nicht unter § 17 EStG, sondern stellt laufenden Gewinn dar (§ 15 EStG). Werden alle Anteile an der Betriebskapitalgesellschaft veräußert, so greift die Sondervorschrift des § 16 Abs. 1 Nr. 1 Satz 2 EStG.

16.6.2 Sonstiges Betriebsvermögen

16.6.2.1 Aktivierungspflicht

Notwendiges Betriebsvermögen des Besitzunternehmens sind alle Wirtschaftsgüter, die objektiv erkennbar zum unmittelbaren Einsatz im Betrieb selbst bestimmt sind (BFH vom 30.4.1975, BStBl II 1975, 582). Hierzu gehören auch solche Wirtschaftsgüter, die nicht wesentliche Betriebsgrundlagen des Betriebsunternehmens sind, sofern ihre Überlassung in unmittelbarem wirtschaftlichem Zusammenhang mit der Überlassung der wesentlichen Betriebsgrundlagen steht (BFH von dem 23.9.1998, BStBl II 1999, 281).

Beispiel:

Die A, B, C-GbR vermietet im Rahmen einer Betriebsaufspaltung eine Produktionshalle (= wesentliche Betriebsgrundlage) an die X-GmbH. Außerdem vermietet die GbR auch noch diverse Maschinen, die wegen ihrer jederzeitigen Ersetzbarkeit und ihrer geringen wirtschaftlichen Bedeutung keine wesentlichen Betriebsgrundlagen darstellen.

> **Lösung:**
>
> Sowohl die Produktionshalle als auch die Maschinen stellen notwendiges Betriebsvermögen dar und sind in der Gesamthandsbilanz der GbR zu aktivieren.

Die Wirtschaftsgüter sind auch dann in vollem Umfang notwendiges Betriebsvermögen, wenn an der Besitzpersonengesellschaft Gesellschafter beteiligt sind, die nicht an der Betriebsgesellschaft beteiligt sind.

Aufgrund der **Abfärberegelung** (§ 15 Abs. 3 Nr. 1 EStG) ist das Gesamthandsvermögen einer Besitzpersonengesellschaft auch bei einer Vermietung weiterer Wirtschaftsgüter an Dritte notwendiges Betriebsvermögen.

Wirtschaftsgüter, die einem Gesellschafter des Besitzunternehmens gehören und der Besitzgesellschaft zur Weitervermietung an die Betriebsgesellschaft (oder an Dritte) überlassen werden, sind als **Sonderbetriebsvermögen I** des Gesellschafters auszuweisen (BFH vom 27.8.1998, BStBl II 1999, 279).

Wirtschaftsgüter, die einem Gesellschafter des Besitzunternehmens gehören und von diesem unmittelbar an die Betriebsgesellschaft überlassen werden, können **Sonderbetriebsvermögen II** darstellen, sofern ihr Einsatz in der Betriebsgesellschaft durch den Betrieb des Besitzunternehmens veranlasst ist. Davon ist auszugehen, wenn die Wirtschaftsgüter zu Bedingungen überlassen werden, die einem Fremdvergleich nicht standhalten würden oder die Nutzungsüberlassung von der Dauer der Beteiligung abhängig ist. Ist die Überlassung durch eine andere betriebliche oder private Tätigkeit des Gesellschafters veranlasst, liegt kein Sonderbetriebsvermögen II vor. Für eine private Veranlassung spricht u.a., dass der Vertrag erst längere Zeit nach Begründung der Betriebsaufspaltung geschlossen wird (BFH vom 13.10.1998, BStBl II 1999, 357).

Vermietet ein Besitzgesellschafter eigene Wirtschaftsgüter unmittelbar an Dritte oder an die Betriebsgesellschaft, ohne dass notwendiges Betriebsvermögen vorliegt, so kann **gewillkürtes Sonderbetriebsvermögen** vorliegen, sofern die Überlassung in einem gewissen objektiven Zusammenhang mit dem Betrieb der Personengesellschaft steht.

Sind die Wirtschaftsgüter im Rahmen der Betriebsaufspaltung als Betriebsvermögen zu behandeln, so gelten für die Abschreibung, die Bildung von Rücklagen etc. die allgemeinen Regeln.

Gewährt ein Gesellschafter dem Betriebsunternehmen ein Darlehen, so ist der Darlehensanspruch im SBV des Besitzunternehmens zu aktivieren. Lange Zeit war streitig, ob eine Teilwertberichtigung des Darlehensanspruchs unter das Teilabzugsverbot fällt. Durch das **Zollkodexanpassungsgesetz** wurde die Anwendung des § 3c Abs. 2 EStG nunmehr gesetzlich festgeschrieben.

16.6.2.2 Anspruch auf Substanzerhaltung

Obliegt der Betriebskapitalgesellschaft hinsichtlich der verpachteten Wirtschaftsgüter des Anlagevermögens die Verpflichtung zur Substanzerhaltung, d.h. muss die Pächterin nach Ablauf der Pachtdauer dem Verpächter das Anlagevermögen in dem Umfang und Zustand zurückgeben, wie er es bei Beginn der Pacht übernommen hat, so ist i.H.d. jährlich zuwachsenden Teilanspruchs eine Rückstellung für Substanzerhaltung zu passivieren (**Pachterneuerungsrückstellung**; BFH vom 3.12.1991, BStBl II 1993, 89).

Die Rückstellung muss von der Pächterin (Betriebsunternehmen) nach den jeweils zum Bilanzstichtag bestehenden Wiederbeschaffungskosten bemessen werden. Die Rückstellung ist in der Steuerbilanz nach § 6 Abs. 1 Nr. 3 Buchst. e) EStG mit einem Zinssatz von 5,5 % abzuzinsen (vgl. Tabelle 1 zu § 12 Abs. 3 BewG).

> **Beispiel:**
>
> Im Rahmen der Betriebsaufspaltung wird ab 1.1.01 eine Maschine verpachtet, die eine Nutzungsdauer von fünf Jahren hat. Nach dieser Zeit ist die Maschine durch den Pächter zu ersetzen. Die Wiederbeschaffungskosten betragen am 31.12.01 100.000 € und am 31.12.02 110.000 €.

> **Lösung:**
>
> Zum Bilanzstichtag 31.12.01 ist ein Fünftel der Nutzungsdauer abgelaufen und damit ein Fünftel der Wiederbeschaffungskosten zu passivieren. Bis zur Wiederbeschaffung sind es noch vier Jahre. Damit ist die Rückstellung mit (100.000 € × $\frac{1}{5}$ × 0,807 =) 16.140 € anzusetzen.
>
> Zum 31.12.02 müssen zwei Fünftel der Wiederbeschaffungskosten (110.000 €) rückgestellt werden. Die Restlaufzeit beträgt nun noch drei Jahre. Damit ist eine Rückstellung in Höhe von (110.000 € × $\frac{2}{5}$ × 0,852 =) 37.488 € zu passivieren.

Umgekehrt hat das **Besitzunternehmen einen Anspruch auf Substanzerhaltung** gegen die Betriebskapitalgesellschaft. Dieser Anspruch ist vom Besitzunternehmen zu **aktivieren** (BFH vom 17.2.1998, BStBl II 1998, 505). Da es sich nicht um eine Geldforderung handelt, ist der Anspruch auf Substanzerhaltung nicht abzuzinsen. Es gibt keinen Grundsatz, wonach Besitz- und Betriebsunternehmen im Rahmen einer Betriebsaufspaltung korrespondierend bilanzieren müssen (BFH vom 8.3.1989, BStBl II 1989, 714). Der BFH geht zwar in seiner Entscheidung vom 21.12.1965 (BStBl III 1966, 147) davon aus, dass Forderung und Rückstellung dieselbe Höhe haben müssten. Diese Aussage bezieht sich aber auf die Faktoren (Nutzungsdauer, Wiederbeschaffungskosten etc.), die der Rückstellungsbildung zugrunde liegen. Ein Abzinsungsgebot für Rückstellungen gab es zu dieser Zeit noch nicht.

Im Falle der **Ersatzbeschaffung** ist der Erlös für das ausgeschiedene Wirtschaftsgut als **Betriebseinnahme der Pächterin** (Betriebsunternehmen) zu behandeln. Die Anschaffungs- und Herstellungskosten des Ersatzgutes sind bis zur Höhe der Rückstellung mit dieser zu verrechnen. Ein übersteigender Betrag wird als Wertausgleichsanspruch aktiviert (BFH vom 17.2.1998 a.a.O.) und auf die Nutzungsdauer abgeschrieben. Beim Verpächter ist das Ersatzgut mit den Anschaffungs- und Herstellungskosten des Pächters zu aktivieren und der Pachterneuerungsanspruch aufzulösen.

> **Beispiel:**
>
> Das Besitzunternehmen verpachtet im Rahmen einer Betriebsaufspaltung an das Betriebsunternehmen eine Maschine. Am 31.12.02 ist die Maschine vereinbarungsgemäß gegen eine neue Maschine auszutauschen. Der Pachterneuerungsanspruch ist beim Besitzunternehmen mit 86.000 € aktiviert und in gleicher Höhe beim Betriebsunternehmen passiviert (eine Differenz wegen Abzinsung besteht zum Ende der Laufzeit nicht mehr). Die neue Maschine kostet 92.000 €. Für die alte Maschine bekommt das Betriebsunternehmen noch 2.000 €.

> **Lösung:**
>
> **Behandlung beim Betriebsunternehmen:** Der Erlös von 2.000 € ist als Ertrag zu buchen (BS: Bank 2.000 € an sonstiger betrieblicher Ertrag 2.000 €). Die Anschaffungskosten der neuen Maschine sind mit der Rückstellung zu verrechnen. Ein übersteigender Betrag ist als Wertausgleich zu aktivieren (BS: Rückstellung 86.000 € und Wertausgleich 6.000 € an Bank 92.000 €) und auf die Nutzungsdauer der neuen Maschine abzuschreiben.
>
> **Behandlung beim Besitzunternehmen:** Das Ersatzgut ist mit den Anschaffungskosten zu aktivieren und die Pachterneuerungsforderung aufzulösen (BS: Maschine 92.000 € an Pachterneuerungsforderung 86.000 € und sonstiger betrieblicher Ertrag 6.000 €).

16.6.3 Darlehen

Ein **Darlehen**, welches der Gesellschafter einer Besitzpersonengesellschaft oder ein Einzelunternehmer unmittelbar der Betriebsgesellschaft gewährt, gehört zum notwendigen (Sonder-)Betriebsvermögen des Besitzunternehmens, wenn es dazu dient, die Vermögens- und Ertragslage der Betriebsgesellschaft zu verbessern und damit den Wert der Beteiligung des Besitzunternehmens an der Betriebsgesellschaft zu erhöhen (BFH vom 10.11.1994, BStBl II 1995, 452). Für die Zuordnung zum (Sonder-)Betriebsvermögen ist entscheidend, ob die **Darlehensgewährung durch den Betrieb des Besitzunternehmens** oder eine andere betriebliche oder private Tätigkeit des Gesellschafters veranlasst ist (BFH vom 13.10.1998, BStBl II 1999, 357).

Eine **betriebliche Veranlassung** ist anzunehmen, wenn das Darlehen in engem zeitlichem Zusammenhang mit der Begründung der Betriebsaufspaltung und/oder zu marktunüblichen Bedingungen gewährt wird und deshalb nicht austauschbar ist (BFH 19.10.2000, BStBl II 2001, 335). Dies ist insbesondere bei sog. kapitalersetzenden Gesellschafterdarlehen der Fall. Sie gehören von Anfang an zum (Sonder-)Betriebsvermögen.

Für die **Abschreibung der Darlehensansprüche** gilt das **Teileinkünfteverfahren** (§ 3c Abs. 2 EStG).

16.6.3.1 Bürgschaft

Geben die Gesellschafter des Besitzunternehmens eine Bürgschaft für Verbindlichkeiten der **Betriebsgesellschaft** ab, so gehört die Bürgschaft regelmäßig zum **negativen Sonderbetriebsvermögen II** (BFH vom 18.12.2001, VIII R 27/00, BStBl II 2002, 733).

Muss der Gesellschafter mit einer Inanspruchnahme aus der Bürgschaft rechnen, so muss er in seinem Sonderbetriebsvermögen eine entsprechende **Rückstellung** bilden (BFH a.a.O.).

16.6.4 Arbeitslohn

Hat einer der Gesellschafter des Besitzunternehmens einen Arbeitsvertrag mit der Betriebskapitalgesellschaft, so fällt der Arbeitslohn unter § 19 EStG, obwohl sich die Beteiligung im Sonderbetriebsvermögen befindet (BFH vom 9.6.1970, BStBl II 1970, 722). Er wird also nicht als Sonderbetriebseinnahme erfasst wie bei der GmbH & Co. KG. Darin liegt einer der großen Vorteile der Betriebsaufspaltung gegenüber der GmbH & Co. KG.

16.7 Begründung der Betriebsaufspaltung

Werden im Rahmen der **Begründung einer Betriebsaufspaltung** Wirtschaftsgüter auf die Betriebs-Kapitalgesellschaft übertragen, so ist eine **Buchwertfortführung** nach § 6 Abs. 5 Satz 3 EStG nicht möglich, da bei Übertragung auf eine Kapitalgesellschaft nach § 6 Abs. 5 Satz 5 EStG die stillen Reserven aufzudecken sind.

Beispiel:
Die Gesellschafter A und B betreiben seit Jahren paritätisch ein Autohaus in der Rechtsform einer OHG. Sie gründen paritätisch eine GmbH, die künftig das Autohaus führen soll. Das Verkaufsgebäude wird von der OHG an die GmbH verpachtet. Der Werkzeugbestand (Buchwert 1 €/Teilwert 100.000 €) wird unentgeltlich auf die GmbH übertragen.

Lösung:
Eine Betriebsaufspaltung liegt vor, da mindestens eine wesentliche Betriebsgrundlage an die Betriebsgesellschaft verpachtet wird. Die Übertragung der Werkzeuge ist nicht zum Buchwert möglich, da § 6 Abs. 5 Satz 5 EStG dem entgegen steht. Die OHG muss die Werkzeuge daher zum Teilwert ausbuchen

und realisiert damit einen Gewinn i.H.v. 99.999 €. Die Übertragung der Werkzeuge auf die GmbH stellt eine verdeckte Einlage der Gesellschafter A und B dar. Die GmbH bucht die Werkzeuge zum Teilwert gegen eine Kapitalrücklage ein.

Im Falle einer mitunternehmerischen Betriebsaufspaltung (siehe Kap. 16.4.3) können Wirtschaftsgüter – unter den Voraussetzungen des § 6 Abs. 5 EStG – zum Buchwert übertragen werden.

16.8 Beendigung der Betriebsaufspaltung

Entfallen die tatbestandlichen Voraussetzungen einer Betriebsaufspaltung, so ist dieser Vorgang in der Regel als Betriebsaufgabe (§ 16 EStG) des Besitzunternehmens anzusehen, da dieses keine gewerblichen Einkünfte mehr erzielen kann (vgl. H 16 Abs. 2 „Beendigung einer Betriebsaufspaltung" EStH).

Die **Voraussetzungen einer Betriebsaufspaltung** können aus mehreren Gründen entfallen:

- Wegfall der personellen Verflechtung durch Übertragung der Anteile am Besitz- oder Betriebsunternehmen im Wege der Schenkung, der Erbschaft oder der Veräußerung;
- Liquidation des Besitz- oder Betriebsunternehmens (z.B. im Rahmen eines Insolvenzverfahrens);
- Wegfall der sachlichen Verflechtung dadurch, dass ein verpachtetes Wirtschaftsgut seine Eigenschaft als wesentliches Betriebsvermögen verliert oder
- Kündigung des Pachtvertrags.

Zum **Aufgabegewinn** gehören auch die stillen Reserven, die sich im Sonderbetriebsvermögen befinden (also insbesondere die Anteile am Betriebsunternehmen; vgl. BFH vom 31.8.1995, BStBl II 1995, 890 und H 16 Abs. 4 „Sonderbetriebsvermögen" EStH).

Etwas anderes gilt nur dann, wenn neben der Betriebsaufspaltung die Voraussetzungen einer **Betriebsverpachtung** vorliegen. Dann lebt nach Beendigung der Betriebsaufspaltung das **Verpächterwahlrecht** (vgl. H 16 Abs. 5 EStH) wieder auf. Auf diese Weise kann die Aufdeckung stiller Reserven vermieden werden (BMF vom 17.10.1994, BStBl I 1994, 771; wegen Details s. Kap. 17.).

Übungsfall:
Zum Übungsfall s. Kap. 17 Übungsfall 7.

17. Betriebsveräußerung/Betriebsaufgabe (§ 16 EStG)

17.1 Einführung

Veräußert ein Steuerpflichtiger seinen Betrieb oder gibt er diesen auf, so werden in der Regel schlagartig stille Reserven aufgedeckt, die sich über viele Jahre angesammelt haben. Aus diesem Grund gewährt der Gesetzgeber im Rahmen des § 16 EStG zwei Vergünstigungen, nämlich:

*   einen Freibetrag (§ 16 Abs. 4 EStG) und
*   einen besonders günstigen Steuersatz (§ 34 Abs. 1 oder 3 EStG).

Dementsprechend regelt § 16 EStG folgende Tatbestände:

*   Veräußerung eines ganzen Gewerbebetriebs (Nr. 1),
*   Veräußerung eines Teilbetriebs (Nr. 1),
*   Veräußerung eines gesamten Mitunternehmeranteils (Nr. 2) sowie
*   Veräußerung des gesamten Anteils eines persönlich haftenden Gesellschafters einer Kommanditgesellschaft auf Aktien (KGaA – Nr. 3).

Als Veräußerung gilt nach § 16 Abs. 3 EStG auch die Aufgabe eines Betriebs/Teilbetriebs/Mitunternehmeranteils.

17.2 Veräußerungsgewinn

Zur Berechnung des Veräußerungsgewinns (§ 16 Abs. 2 EStG) muss der Veräußerer auf den Zeitpunkt des Betriebsübergangs eine Bilanz erstellen. Dies gilt auch für Steuerpflichtige, die ihren Gewinn nach § 4 Abs. 3 EStG ermitteln. Diese müssen für die Betriebsveräußerung von der Einnahmenüberschussrechnung zur Bilanzierung wechseln. Entsteht bei diesem Wechsel ein Übergangsgewinn, so kann dieser nicht auf drei Jahre verteilt werden (vgl. R 4.6 Abs. 1 Satz 3 EStR und H 4.6 „Keine Verteilung des Übergangsgewinns" EStH).

Veräußerungsgewinn ist nach § 16 Abs. 2 EStG der Betrag, um den der Veräußerungspreis nach Abzug der Veräußerungskosten den Wert des Betriebsvermögens (= Kapitalkonto) übersteigt.

Beispiel:
Einzelunternehmer U (Kapitalkonto 100.000 €) veräußert in 02 sein Einzelunternehmen für 220.000 €. Für Beratungskosten bezahlte U in 01 13.000 € zuzüglich Umsatzsteuer.

Lösung:
Der Veräußerungsgewinn beläuft sich im VZ 02 auf (220.000 € ./. 13.000 € ./. 100.000 € =) 107.000 €. Es spielt insoweit keine Rolle, dass die Beratungskosten bereits in 01 gezahlt wurden – entscheidend ist, dass sie wirtschaftlich mit dem Veräußerungsvorgang zusammenhängen. Wurden die Beratungskosten in 01 als Betriebsausgaben gebucht, ist der Gewinn 01 entsprechend zu korrigieren.

Ist das **Kapitalkonto negativ**, bleibt es bei der Berechnung nach § 16 Abs. 2 EStG.

Beispiel:
Wie oben; das Kapital beträgt aber ./. 60.000 €.

Lösung:
Der Veräußerungsgewinn beträgt (220.000 € ./. 13.000 € ./. (./. 60.000 €)) = 267.000 €.

Liegt der Kaufpreis unter dem Kapitalkonto, so erzielt der Veräußerer insoweit einen **Veräußerungsverlust**. Dieser Fall darf nicht mit der teilentgeltlichen Übertragung eines Betriebs im Wege der vorweggenommenen Erbfolge verwechselt werden – s. hierzu Kapitel 25.

Beispiel:

Einzelunternehmer U (Kapitalkonto 100.000 €) veräußert sein Einzelunternehmen für 30.000 €.

Lösung:

Der Veräußerungsverlust beläuft sich auf (30.000 € ./. 100.000 € =) ./. 70.000 €.

Eine Betriebsveräußerung nach § 16 Abs. 1 EStG liegt nur vor, wenn der Betrieb mit **allen seinen wesentlichen Betriebsgrundlagen** (s. Kap. 17.5.1) auf den Erwerber übergeht (R 16 Abs. 1 EStR). Wirtschaftsgüter, die keine wesentliche Betriebsgrundlage darstellen, müssen nicht auf den Erwerber übertragen werden. Sie können im Zuge der Betriebsveräußerung in das Privatvermögen **entnommen** werden. In diesem Fall ist nach dem Rechtsgedanken des § 16 Abs. 3 S. 7 EStG der Veräußerungsgewinn um den Entnahmegewinn zu erhöhen.

Beispiel:

Einzelunternehmer U (Kapital 100.000 € – darin enthalten ein handelsüblicher Pkw mit einem Buchwert von 5.000 €) veräußert seinen Betrieb für 300.000 €. Den Pkw (gemeiner Wert 10.000 € zuzüglich Umsatzsteuer) entnimmt er im Zuge der Veräußerung ins Privatvermögen.

Lösung:

Da der Pkw keine wesentliche Betriebsgrundlage darstellt, gehen sämtliche wesentlichen Betriebsgrundlagen auf den Erwerber über. Der gemeine Wert des Pkw erhöht den Veräußerungserlös. Dabei ist aber die Umsatzsteuer als Veräußerungskosten wieder abzuziehen (die Umsatzsteuer darf sich nicht gewinnerhöhend auswirken). Es ergibt sich folgender Veräußerungsgewinn:

Veräußerungserlös	300.000 €
zuzüglich gemeiner Wert Pkw (inklusive Umsatzsteuer)	+ 11.900 €
abzüglich Umsatzsteuer auf Pkw	./. 1.900 €
abzüglich Kapitalkonto	./. 100.000 €
Veräußerungsgewinn	**210.000 €**

Hätte U den Pkw mit veräußert, hätte er den Kaufpreis um 10.000 € erhöht und es hätte sich das gleiche Ergebnis ergeben.

Werden Wirtschaftsgüter, die keine wesentliche Betriebsgrundlage darstellen, im wirtschaftlichen Zusammenhang mit der Veräußerung an Dritte veräußert, rechnet der Veräußerungserlös nach dem Rechtsgedanken des § 16 Abs. 3 S. 6 EStG ebenfalls zum begünstigten Veräußerungsgewinn.

Beispiel:

Einzelunternehmer U veräußert seinen Betrieb (Kapital 100.000 € – darin enthalten Büro- und Geschäftsausstattung mit einem Buchwert von 1 €) für 300.000 €. Da der Erwerber die Büro- und Geschäftsausstattung nicht übernehmen möchte, veräußert U diese für 10.000 € zuzüglich Umsatzsteuer.

Lösung:

Da die Büro- und Geschäftsausstattung keine wesentliche Betriebsgrundlage darstellt, liegen die Voraussetzungen des § 16 Abs. 1 EStG vor (Veräußerung aller wesentlichen Betriebsgrundlagen an einen Erwerber). Der Veräußerungsgewinn ist um den Erlös (netto) zu erhöhen:

Veräußerungserlös	300.000 €
zuzüglich Veräußerungserlös BGA	+ 10.000 €
abzüglich Kapitalkonto	./. 100.000 €
Veräußerungsgewinn	**210.000 €**

Werden **negative Wirtschaftsgüter** (z.B. Verbindlichkeiten) nicht mit veräußert, so mindern diese den Veräußerungsgewinn.

Beispiel:

Einzelunternehmer U veräußert seinen Betrieb (Kapital 100.000 € – darin enthalten ist ein betriebliches Darlehen i.H.v. 100.000 €). Da die Bank die Zustimmung zur Übertragung des Darlehens nicht erteilt, wird das Darlehen von der Veräußerung ausgenommen. Der Kaufpreis beträgt 300.000 €.

Lösung:

Hätte der Käufer die Verbindlichkeiten übernommen, so wäre der Kaufpreis um 100.000 € niedriger ausgefallen; der Veräußerungsgewinn hätte (200.000 € ./. 100.000 € =) 100.000 € betragen.
Nichts anderes kann bei Zurückbehalten der Schulden gelten:

Veräußerungserlös	300.000 €
abzüglich zurückbehaltene Schulden	./. 100.000 €
abzüglich Kapitalkonto	./. 100.000 €
Veräußerungsgewinn	**100.000 €**

Das Darlehen bleibt grundsätzlich weiterhin (Rest-)Betriebsvermögen. Die Zinsen können aber nicht als nachträgliche Betriebsausgaben behandelt werden, da der Erlös fiktiv ausgereicht hätte, die Verbindlichkeiten zu tilgen (vgl. H 24.2 „Nachträgliche Werbungskosten/Betriebsausgaben" EStH).

Da für die Berechnung des Veräußerungsgewinns **Bilanzierungsgrundsätze** gelten, spielt es grundsätzlich keine Rolle, wann der Kaufpreis gezahlt wird.

Beispiel:

Einzelunternehmer U (Kapital 100.000 €) veräußert sein Einzelunternehmen am 31.12.01. Der Kaufpreis i.H.v. 300.000 € soll zum 1.7.02 fällig sein.

Lösung:

Der Veräußerungsgewinn ist im VZ 01 zu erfassen, da in diesem VZ der Veräußerungstatbestand erfüllt wird. Der Kaufpreis ist als Forderung zu erfassen; Veräußerungsgewinn somit 200.000 €.

Wird der Kaufpreis mehr als ein Jahr **zinslos gestundet**, ist er nach dem Rechtsgedanken des **§ 12 Abs. 3 BewG** abzuzinsen.

Beispiel:

Einzelunternehmer U veräußert am 31.12.01 sein Einzelunternehmen (Kapital 100.000 €); der Kaufpreis i.H.v. 200.000 € soll bis zum 31.12.03 zinslos gestundet werden.

Lösung:

Der Veräußerungsgewinn ist im VZ 01 zu erfassen. Anzusetzen ist der nach den Tabellen zu § 12 Abs. 3 BewG abgezinste Kaufpreis (200.000 € × 0,898 =) 179.600 €. Der Veräußerungsgewinn nach § 16 Abs. 1 Nr. 1 EStG beläuft sich damit auf (179.600 € ./. 100.000 € =) 79.600 €.

Im VZ 03 muss U die Zinseinnahmen gemäß §§ 20 Abs. 1 Nr. 7, 32d Abs. 1 EStG versteuern; diese erzielt er – nachdem der Betrieb veräußert ist – im Privatvermögen i.H.v. (200.000 € ./. 179.600 € =) 20.400 €.

Fällt der **gestundete Kaufpreis ganz oder teilweise aus**, ist der Veräußerungsgewinn rückwirkend auf den Veräußerungszeitpunkt zu korrigieren (H 16 Abs. 10 „Nachträgliche Änderung des Veräußerungspreises oder des gemeinen Wertes" EStH mit zahlreichen Beispielen).

Beispiel:

Einzelunternehmer U veräußert am 31.12.01 sein Einzelunternehmen (Kapital 100.000 €); der Kaufpreis soll in fünf Jahresraten zu je 50.000 € bezahlt werden. Die Raten werden mit (angemessenen) 2 % p.a. verzinst. Die ersten beiden Raten gehen zum 31.12.02 und zum 31.12.03 ein; danach wird der Käufer zahlungsunfähig. Die Eröffnung eines Insolvenzverfahrens wird mangels Masse abgewiesen.

Lösung:

Im VZ 01 versteuert U einen Veräußerungsgewinn i.H.v. (250.000 € ./. 100.000 € =) 150.000 €. Eine Abzinsung unterbleibt, da eine Verzinsung der Raten vereinbart wurde. Mit Ausfall der restlichen Raten muss der Kaufpreis rückwirkend korrigiert werden. Somit beträgt im VZ 01 der korrigierte Veräußerungsgewinn (100.000 € ./. 100.000 € =) 0 €.

Der Veräußerungsgewinn ist nicht begünstigt, soweit auf der Seite des Veräußerers und auf der Seite des Erwerbers **dieselben Personen** Unternehmer oder Mitunternehmer sind (**§ 16 Abs. 2 S. 3 EStG**). Diese Regelung hat insbesondere Bedeutung für Umwandlungen.

Beispiel:

Einzelunternehmer U (Kapitalkonto 100.000 €/gemeiner Wert Betrieb 500.000 €) bringt sein Einzelunternehmen in die neu gegründete X-KG ein. Er ist an der KG nach der Einbringung zu 75 % beteiligt. Die KG bilanziert die übernommenen Wirtschaftsgüter mit dem gemeinen Wert.

Lösung:

Die Einbringung erfolgt steuerlich nach § 24 UmwStG, da U einen Betrieb in eine Personengesellschaft einbringt. Da die KG die Wirtschaftsgüter mit den gemeinen Werten ansetzt, erzielt er einen Veräußerungsgewinn, der grundsätzlich nach § 16 EStG begünstigt ist (§ 24 Abs. 3 UmwStG). Soweit allerdings U an der KG beteiligt ist (= 75 %), gilt der Einbringungsgewinn als laufender Gewinn seines Einzelunternehmens. Somit sind (400.000 € × 25 % =) 100.000 € nach § 16 EStG begünstigt; die übrigen (400.000 € × 75 % =) 300.000 € müssen von U als laufender Gewinn versteuert werden.

17.3 Freibetrag

Bejaht man die Voraussetzungen des § 16 EStG, so kann der Steuerpflichtige unter den Voraussetzungen des § 16 Abs. 4 EStG einen **Freibetrag i.H.v. 45.000 €** in Anspruch nehmen (vgl. R 16 Abs. 13 EStR).

Voraussetzung für die Gewährung des Freibetrags ist:

- dass der Steuerpflichtige einen Antrag stellt,
- in seinem Leben bisher noch keinen Freibetrag nach § 16 Abs. 4 EStG in Anspruch genommen hat **und**
- das 55. Lebensjahr vollendet hat **oder**
- dauernd berufsunfähig ist.

Der Freibetrag vermindert sich um den Betrag, um den der Veräußerungsgewinn den Betrag von 136.000 € übersteigt.

Beispiel:

Der Steuerpflichtige ist 60 Jahre alt; bei der Veräußerung seines Einzelunternehmens entsteht ein Veräußerungsgewinn nach § 16 EStG i.H.v. 150.000 €.

Lösung:

Auf Antrag kann der Steuerpflichtige einen Freibetrag nach § 16 Abs. 4 EStG erhalten. Da der Gewinn den Grenzbetrag um (150.000 € ./. 136.000 € =) 14.000 € übersteigt, ermäßigt sich der Freibetrag auf (45.000 € ./. 14.000 € =) 31.000 €. Der steuerpflichtige Veräußerungsgewinn beläuft sich damit auf (150.000 € ./. 31.000 € =) 119.000 €.

Wird der Freibetrag für einen Veräußerungs- oder Aufgabevorgang nicht voll ausgenutzt, so verfällt er (R 16 Abs. 13 Satz 4 EStR). Er kann nicht auf einen anderen Veräußerungstatbestand übertragen werden. Fällt der Veräußerungs- oder Aufgabegewinn in mehrere Veranlagungszeiträume, so ist der Freibetrag nach Verwaltungsansicht verhältnismäßig aufzuteilen (vgl. H 16 Abs. 13 „Freibetrag" EStH mit Hinweis auf BMF vom 20.12.2005, BStBl I 2006, 7).

Beispiel:

Der Steuerpflichtige gibt im Wirtschaftsjahr 01 seinen Betrieb auf. Er veräußert sein gesamtes bewegliches Anlagevermögen und erzielt damit einen Gewinn i.H.v. 30.000 €. Die Veräußerung eines Geschäftshauses zieht sich bis in das Jahr 02, da der Steuerpflichtige vorher keinen Käufer findet. Aus dem Verkauf erzielt er einen Gewinn i.H.v. 130.000 €.

Lösung:

Insbesondere bei der Betriebsaufgabe kann der Gewinn nach § 16 EStG in mehreren Veranlagungszeiträumen entstehen. Nach Ansicht der Verwaltung ist der Freibetrag in diesem Fall aufzuteilen. Da der gesamte Aufgabegewinn 160.000 € beträgt und den Grenzbetrag von 136.000 € um 24.000 € übersteigt, ermäßigt sich der Freibetrag auf (45.000 € ./. 24.000 € =) 21.000 €. Davon entfallen auf den Veranlagungszeitraum 01 (21.000 € × 30/160 =) 3.938 €. Damit beträgt der Gewinn des Veranlagungszeitraums 01 (30.000 € ./. 3.938 € =) 26.062 €. Für den Veranlagungszeitraum 02 ergibt sich ein Freibetrag von (21.000 € × 130/160 =) 17.062 €. Der Aufgabegewinn im Veranlagungszeitraum 02 beträgt danach (130.000 € ./. 17.062 € =) 112.938 €.

Umfasst der Veräußerungsgewinn auch einen Gewinn aus der Veräußerung von Anteilen aus Kapitalvermögen ist für die Berechnung des Freibetrags der nach § 3 Nr. 40 b) EStG i.V.m. § 3c Abs. 2 EStG steuerfrei bleibende Teil nicht zu berücksichtigen (R 16 Abs. 13 Satz 10 EStR). Im Übrigen ist der Freibetrag vorrangig mit den im Teileinkünfteverfahren erfassten Gewinnen zu verrechnen (H 16 Abs. 13 „Teileinkünfteverfahren" EStH").

Beispiel:

Einzelunternehmer U veräußert sein Einzelunternehmen (Kapital 600.000 €) für 800.000 €. Im Betriebsvermögen befindet sich eine Beteiligung an einer GmbH (Buchwert 150.000 €/Teilwert 300.000 €), die zusammen mit dem Einzelunternehmen veräußert wird.

Lösung:

Bei der Berechnung des Gewinns ist zu differenzieren:

Erlös (800.000 € ./. 300.000 € =)	500.000 €	
Kapital (600.000 € ./. 150.000 € =)	./. 450.000 €	
Gewinn	**50.000 €**	
Erlös Teileinkünfteverfahren (300.000 € × 60 % =)	180.000 €	
Kapital (= Buchwert GmbH; 150.000 € × 60 % =)	./. 90.000 €	
Gewinn Teileinkünfteverfahren	**90.000 €**	

Der Freibetrag ist nun für den gesamten Gewinn zu berechnen: Da der Gewinn (140.000 €) den Grenzbetrag (136.000 €) um 4.000 € überschreitet, beträgt der verminderte Freibetrag (45.000 € ./. 4.000 € =) 41.000 €.

Dieser ist vorrangig vom Teileinkünfteverfahren-Gewinn abzuziehen; damit ergibt sich folgender Gewinn nach § 16 Abs. 1 Nr. 1 EStG:

Gewinn	50.000 €	
Freibetrag	0 €	
Gewinn		50.000 €
Gewinn Teileinkünfteverfahren	90.000 €	
Freibetrag	./. 41.000 €	
Gewinn		49.000 €
Gesamter Gewinn		**99.000 €**

Nach § 34 Abs. 1 bzw. 3 EStG ist aber nur der Gewinn i.H.v. 50.000 € begünstigt (vgl. § 34 Abs. 2 Nr. 1 EStG).

17.4 Tarifvergünstigung (§ 34 EStG)

Nach § 34 Abs. 2 Nr. 1 EStG gelten Gewinne nach § 16 EStG als **außerordentliche Einkünfte**, soweit sie nicht auf das Teileinkünfteverfahren entfallen (siehe Beispiel oben). Der Gesetzgeber bietet zwei Tarifvergünstigungen an: Die sog. **Fünftelregelung** nach § 34 Abs. 1 EStG und die **56 %-Regelung** nach § 34 Abs. 3 EStG.

Die Fünftelregelung ist an keine weiteren Voraussetzungen gebunden. Unabhängig vom Alter des Steuerpflichtigen kann er die Vergünstigung nach § 34 Abs. 1 EStG beliebig oft im Leben geltend machen. Nach § 34 Abs. 1 EStG beträgt die Einkommensteuer auf die außerordentlichen Einkünfte das Fünffache der auf ein Fünftel des Veräußerungs- bzw. Aufgabegewinns entfallenden Einkommensteuer. Die folgende Abbildung verdeutlicht dies:

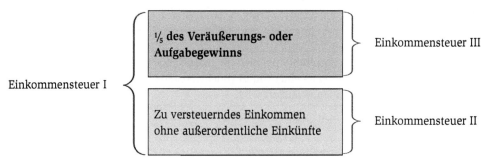

Abb. 5: Fünftelregelung

Die Einkommensteuer I ist die Einkommensteuer, die sich ergibt, wenn man zum zu versteuernden Einkommen (ohne außerordentliche Einkünfte) $\frac{1}{5}$ der außerordentlichen Einkünfte hinzurechnet. Einkommensteuer II ist die Einkommensteuer auf das zu versteuernde Einkommen (ohne außerordentliche Einkünfte). Einkommensteuer I abzüglich Einkommensteuer II ergibt die Einkommensteuer auf $\frac{1}{5}$ der außerordentlichen Einkünfte (Einkommensteuer III). Die endgültige Steuerbelastung ergibt sich dann nach der Formel (Einkommensteuer II + 5 × Einkommensteuer III).

Beispiel:
Ein alleinstehender Steuerpflichtiger hat im Veranlagungszeitraum 2015 – ohne die außerordentlichen Einkünfte – ein zu versteuerndes Einkommen von 20.000 €. Er erzielt nach § 16 EStG einen Veräußerungsgewinn i.H.v. 40.000 € (nach Abzug des Freibetrags). Es kommt die Fünftelregelung zur Anwendung.

Lösung:
Nach der Grundtabelle 2015 entfallen auf ein zu versteuerndes Einkommen i.H.v. 20.000 € Einkommensteuer i.H.v. 2.611 €. Rechnet man ein Fünftel von 40.000 € hinzu, ergibt sich ein zu versteuerndes Einkommen von 28.000 € und eine Einkommensteuer von 4.914 €. Somit entfallen auf das Fünftel 2.303 €. Die gesamte Einkommensteuer beträgt somit (2.611 € + 5 × 2.303 € =) 14.126 €.   Ohne die Fünftelregelung würde sich ein zu versteuerndes Einkommen von (20.000 € + 40.000 € =) 60.000 € und eine Steuer i.H.v. 16.938 € ergeben; der Steuervorteil des § 34 Abs. 1 EStG beläuft sich damit auf **2.812 €.**

Die Vergünstigung des § 34 Abs. 1 EStG mildert somit die Progression. Steuerpflichtige, die sich mit einem Großteil ihrer Einkünfte in der Spitzenprogression befinden, profitieren nur in geringem Maße von der Steuervergünstigung.

Die Begünstigung nach § 34 Abs. 3 EStG verlangt die gleichen Voraussetzungen wie die Gewährung des Freibetrags nach § 16 Abs. 4 EStG. Der ermäßigte Steuersatz beträgt **56 % des durchschnittlichen Steuersatzes**, der sich ergäbe, wenn die tarifliche Einkommensteuer nach dem gesamten zu versteuernden Einkommen zu bemessen wäre, **mindestens jedoch 14 %**. Dies gilt aber nur, soweit die außerordentlichen Einkünfte den Betrag von insgesamt 5 Mio. € nicht übersteigen.

Beispiel:
Der Sachverhalt entspricht obigem Beispiel. Der Steuerpflichtige erfüllt die Voraussetzungen des § 34 Abs. 3 EStG.

Lösung:
Bezieht man den Veräußerungsgewinn mit ein, ergibt sich ein zu versteuerndes Einkommen i.H.v. 60.000 €. Der durchschnittliche Steuersatz beträgt (16.938 €/60.000 € × 100 =) 28,23 %. Die außerordentlichen Einkünfte sind begünstigt mit (28,23 % × 56 % =) 15,81 % zu versteuern. Somit ergibt sich folgende Steuerlast:

Reguläres zu versteuerndes Einkommen	
(20.000 € × 28,23 % =)	5.646 €
Außerordentliche Einkünfte (40.000 € × 15,81 % =)	6.324 €
Summe	**11.970 €**

Gegenüber der regulären Besteuerung (Einkommensteuer = 16.938 €) ergibt sich ein Steuervorteil i.H.v. 4.968 €. Die Anwendung des § 34 Abs. 3 EStG wäre damit günstiger als die Fünftelregelung (siehe Beispiel oben).

17.5 Veräußerung eines Betriebs

17.5.1 Wesentliche Betriebsgrundlagen

Die Veräußerung eines Betriebs fällt nur dann unter die Vorschrift des § 16 Abs. 1 Nr. 1 EStG, wenn der Betrieb mit **allen seinen wesentlichen Betriebsgrundlagen übertragen wird** (vgl. R 16 Abs. 1 EStR).

Der Begriff der wesentlichen Betriebsgrundlage wurde von der Rechtsprechung in vielen Jahrzehnten entwickelt. Im Rahmen des § 16 EStG ist die Frage, ob ein Wirtschaftsgut eine wesentliche Betriebsgrundlage darstellt, nach der funktional-quantitativen Betrachtungsweise zu entscheiden (vgl. H 16 Abs. 8 „Begriff der wesentlichen Betriebsgrundlage" EStH). Ein Wirtschaftsgut ist funktional wesentlich, wenn es zur Erreichung des Betriebszwecks **erforderlich** ist und ein **besonderes wirtschaftliches Gewicht** für die Betriebsführung hat (BFH vom 24.8.1989, BStBl II 1989, 1014). Ein Wirtschaftsgut ist nach der quantitativen Betrachtungsweise eine wesentliche Betriebsgrundlage, wenn es zwar funktional gesehen für den Betrieb nicht erforderlich ist, in ihm aber **erhebliche stille Reserven** gebunden sind (vgl. BFH vom 10.11.2005, BStBl II 2006, 176). Es ist sehr schwer, mit diesen abstrakten Begriffen Wirtschaftsgüter als wesentliche Betriebsgrundlage zu charakterisieren. Man sollte sich hier am besten an der Rechtsprechung orientieren:

Beispiele aus der Rechtsprechung	
Gebäude	Die Rechtsprechung tendiert in den letzten Jahren dazu, Immobilien generell als wesentliche Betriebsgrundlage zu beurteilen. Im Gegensatz zur früheren Rechtsprechung soll es dabei nicht mehr erforderlich sein, dass das Gebäude speziell auf das Unternehmen zugeschnitten ist (so noch BFH vom 24.01.1968, I 76/64, BStBl II 1968, 354). Nach der neueren Rechtsprechung genügt es, wenn das Gebäude die räumliche und funktionale Grundlage für die Geschäftstätigkeit bildet (BFH vom 23.5.2000, VIII R 11/99, BStBl II 2000, 621). Dieses Erfordernis wird auch bei Standard-Hallen sowie bei Standard-Bürogebäuden u.ä. regelmäßig erfüllt sein.
Grundstücke	Bei Grundstücken ist die funktionale Notwendigkeit für den Betrieb nur in Ausnahmefällen gegeben (z.B. Grundstück eines Autohändlers an einer besonders belebten Straße).

Maschinen	Hier ging die ältere Rechtsprechung noch davon aus, dass Maschinen und Einrichtungsgegenstände zumindest dann zu den wesentlichen Betriebsgrundlagen gehören, wenn sie für die Fortführung des Betriebs unentbehrlich oder nicht jederzeit ersetzbar sind (BFH vom 19.01.1983, I R 57/79, BStBl II 1983, 312). Da Maschinen heute in aller Regel jederzeit ersetzbar sind, tendiert die neuere Rechtsprechung dazu, Maschinen, Werkzeuge u.ä. generell nicht mehr als wesentliche Betriebsgrundlage zu behandeln (vgl. BFH vom 11.10.2007, X R 39/04, BStBl II 2008, 220 – bewegliches Anlagevermögen eines Autohauses und BFH vom 18.8.2009, X R 20/06, BStBl II 2010, 222 – Werkstattinventar eines Handwerksbetriebs). Nur noch in seltenen Ausnahmefällen wird man Maschinen als wesentliche Betriebsgrundlage beurteilen (z.B. Schrottpresse eines Recyclingbetriebs).
Fahrzeuge (Pkw, Lkw)	Da Kraftfahrzeuge jederzeit ersetzbar sind, zählen sie grundsätzlich nicht zu den wesentlichen Betriebsgrundlagen. Dies gilt auch dann, wenn an dem Fahrzeug Umbauten vorgenommen werden (Fahrschulfahrzeug, Fahrzeug eines Beerdigungsunternehmers) oder das Fahrzeug zu Werbezwecken beschriftet ist.
Immaterielle Wirtschaftsgüter	Immaterielle Wirtschaftsgüter rechnen zu den wesentlichen Betriebsgrundlagen, wenn sie eine besondere wirtschaftliche Bedeutung für das Unternehmen haben (vgl. BFH vom 01.08.2007, IX R 47/06, BStBl II 2008, 106 – Mandantenstamm eines Steuerberaters; BFH vom 23.09.1998, XI R 72/97, BStBl II 1999, 281 – Patent, auf dem in erheblichem Maße die Produktion basierte).
Beteiligung	Eine Beteiligung an einer Kapitalgesellschaft kann insbesondere dann eine wesentliche Betriebsgrundlage darstellen, wenn sie in erheblichem Maße der Förderung der Unternehmenszwecke dient (vgl. BFH vom 16.12.2004, IV R 3/03, BFH/NV 2005, 879 – Beteiligung eines Zahnarztes an einer Zahnlabor-GmbH).
Umlaufvermögen	Umlaufvermögen rechnet in aller Regel nicht zu den wesentlichen Betriebsgrundlagen, da es zum Gebrauch/Verbrauch bestimmt ist (vgl. BFH vom 24.06.1976, IV R 200/72, BStBl II 1976, 672). Eine Ausnahme wird man nur dort machen, wo der Bestand an Umlaufvermögen nicht jederzeit ersetzt werden kann und die wirtschaftliche Basis für das Unternehmen bildet (z.B. über mehrere Jahre angesammelter Bestand eines Antiquitätenhändlers).
Stille Reserven	Enthält ein Wirtschaftsgut erhebliche stille Reserven, so ist es im Rahmen des § 16 EStG (nicht bei der Betriebsaufspaltung!) als wesentliche Betriebsgrundlage zu beurteilen (vgl. BFH vom 10.11.2005, IV R 7/05, BStBl II 2006, 176).

Werden bei der Betriebsveräußerung nicht alle wesentlichen Betriebsgrundlagen übertragen, so kommt hilfsweise eine **begünstigte Betriebsaufgabe** infrage.

Beispiel:
Der Steuerpflichtige ist Inhaber eines Einzelunternehmens (Kapital 100.000 €/Teilwert 500.000 €). Im Betriebsvermögen befindet sich ein Geschäftshaus, in dem bisher das Einzelunternehmen ausgeübt wurde (Buchwert 80.000 €/Teilwert 400.000 €). Der Einzelunternehmer veräußert seinen Betrieb für 100.000 €. Da der Erwerber das Geschäftshaus nicht kaufen will, veräußert der Steuerpflichtige dieses an einen Investor für 400.000 €.

> **Lösung:**
>
> Das Geschäftshaus stellt eine wesentliche Betriebsgrundlage dar, da es die räumliche und funktionale Grundlage für das Einzelunternehmen darstellte. Da nicht sämtliche wesentlichen Betriebsgrundlagen an einen Erwerber veräußert wurden, kommt eine Betriebsveräußerung nach § 16 Abs. 1 Nr. 1 EStG nicht infrage. Da der Steuerpflichtige aber seine gesamte betriebliche Tätigkeit beendet und alle wesentlichen Betriebsgrundlagen veräußert, liegt insgesamt eine begünstigte Betriebsaufgabe nach § 16 Abs. 3 EStG vor.

Ein **laufender Gewinn** liegt allerdings vor, wenn der Steuerpflichtige **nicht alle stillen Reserven** aufgedeckt, die in den wesentlichen Betriebsgrundlagen stecken (vgl. sinngemäß H 16 Abs. 4 „Buchwertübertragung von wesentlichen Betriebsgrundlagen" EStH).

> **Beispiel:**
>
> Der Sachverhalt entspricht obigem Beispiel mit folgender Variante: Das Geschäftsgebäude wird vom Steuerpflichtigen nicht veräußert, sondern nach § 6 Abs. 5 Satz 3 EStG zum Buchwert in eine KG überführt, an der der Steuerpflichtige als Mitunternehmer beteiligt ist.

> **Lösung:**
>
> Da bei dieser Variante nicht alle stillen Reserven aufgedeckt werden, kommt auch eine begünstigte Betriebsaufgabe nach § 16 Abs. 3 EStG nicht infrage. Der Gewinn aus der Veräußerung des Betriebs (ohne Geschäftshaus) i.H.v. (100.000 € ./. Restkapital 20.000 € =) 80.000 € ist als laufender Gewinn zu versteuern.

Bei der **Veräußerung einer Freiberufler-Praxis** sind die Grundsätze des § 16 EStG über die Verweisungsnorm des **§ 18 Abs. 3 EStG** anzuwenden. Allerdings liegt in diesem Fall eine begünstigte Veräußerung nur dann vor, wenn die freiberufliche Tätigkeit in dem **bisherigen örtlichen Wirkungskreis** wenigstens für eine gewisse Zeit (ca. drei Jahre) eingestellt wird (vgl. H 18.3 „Veräußerung" EStH). Der örtliche Wirkungskreis bestimmt sich nach den Verhältnissen des Einzelfalls (er wird z.B. bei einem Zahnarzt sicher geringer sein, als bei einem spezialisierten Patentanwalt).

17.5.2 Rücklage nach § 6b EStG

Im Falle einer Betriebsveräußerung kann der Einzelunternehmer den Veräußerungsgewinn in eine **Rücklage nach § 6b EStG** einstellen, wenn die Voraussetzungen dieser Vorschrift im Übrigen erfüllt sind. Auch wenn die Rücklage für die Veräußerung wesentlicher Betriebsgrundlagen gebildet wird, ist § 16 EStG grundsätzlich anzuwenden (vgl. R 6b.2 Abs. 10 Satz 1 EStR „… oder bildet er eine solche Rücklage anlässlich der Betriebsveräußerung…"). Allerdings geht die Tarifvergünstigung des § 34 EStG auch dann verloren, wenn nur für ein Wirtschaftsgut eine Rücklage gebildet wird (vgl. § 34 Abs. 1 Satz 4 und Abs. 3 Satz 6 EStG).

> **Beispiel:**
>
> Der Sachverhalt entspricht obigem Beispiel mit folgender Variante: Der Steuerpflichtige veräußert den gesamten Gewerbebetrieb für 500.000 €; er möchte für den Veräußerungsgewinn, soweit dieser auf das Geschäftsgebäude fällt, eine Rücklage nach § 6b EStG bilden. Zwei Jahre nach der Betriebsveräußerung gründet der Steuerpflichtige eine GmbH & Co. KG und möchte die Rücklage auf die Anschaffungskosten von Sonderbetriebsvermögen übertragen.

Lösung:

Der Steuerpflichtige kann für die Veräußerung eines Geschäftshauses im Rahmen einer Betriebsveräußerung eine Rücklage i.H.d. Veräußerungsgewinns bilden (hier: 320.000 €). Auch wenn der Steuerpflichtige nach der Veräußerung seines Einzelunternehmens nicht mehr betrieblich tätig ist, kann er dennoch die Rücklage weiterführen und auf die Anschaffung von Wirtschaftsgütern des Sonderbetriebsvermögens übertragen.

Befindet sich zum Zeitpunkt der Betriebsveräußerung eine Rücklage nach § 6b EStG in der Bilanz, so muss diese im Falle der Betriebsveräußerung nicht zwingend aufgelöst werden (vgl. R 6b.2 Abs. 10 EStR). Wird die Rücklage aufgelöst, so gehört der Gewinn aus der Auflösung zum begünstigten Veräußerungsgewinn. Wird die Rücklage nicht aufgelöst, so ist sie auch dann fortzuführen, wenn der Steuerpflichtige seine betriebliche Tätigkeit mit der Veräußerung beendet. Die Rücklage ist dann nach der Veräußerung in einem fiktiven **Rest-Betriebsvermögen** zu passivieren und kann z.B. auf die Anschaffung begünstigter Wirtschaftsgüter übertragen werden.

17.5.3 Erwerber eines Betriebs

Der Erwerber eines Betriebs hat seine Anschaffungskosten nach § 253 HGB i.V.m. § 5 Abs. 1 und **§ 6 Abs. 1 Nr. 7 EStG** zu aktivieren.

Übungsfall 1:

V (58 Jahre) veräußert am 31.12.02 seinen Gewerbebetrieb an E. Zum 31.12.02 stellt er folgende Bilanz (in €) auf:

Aktiva		Passiva	
Grundstück	20.000	Kapital	65.001
Gebäude	100.000	Darlehen	20.000
BGA	10.000	Rückstellung	80.000
Pkw	1		
Waren	30.000		
Forderungen	5.000		
Summe	**165.001**	**Summe**	**165.001**

Die Teilwerte betragen: Grundstück (220.000 €), Gebäude (500.000 €), Geschäftsausstattung (50.000 €), Waren (30.000 €), Forderung (5.000 €).

E übernimmt alle Aktiva und Passiva mit Ausnahme des Pkw, einer Forderung und des Darlehens. Er zahlt hierfür am 01.01.03 1 Mio. €. Hierzu nimmt er ein Bankdarlehen über 700.000 € auf, den Rest finanziert er aus Eigenmitteln.

Für ein Wettbewerbsverbot, wonach V 5 Jahre lang in der Branche nicht tätig werden darf, erhält V zusätzlich 75.000 € (Auszahlung in 03).

Den Pkw (gemeiner Wert: 40.000 € zuzüglich Umsatzsteuer) übernimmt V vereinbarungsgemäß ins Privatvermögen. Die Forderung, die V ebenfalls ins Privatvermögen übernimmt, resultiert aus einem Hochwasserschaden, bei dem Waren beschädigt wurden. Die Versicherung hat sich bisher geweigert zu zahlen, da ihrer Ansicht nach V seiner Schadensminderungspflicht nicht nachgekommen ist. Der Prozess befindet sich derzeit in zweiter Instanz vor dem Oberlandesgericht. V hat die Forderung im Veranlagungszeitraum völlig abgeschrieben. Bei der Betriebsveräußerung gingen er und E von einem gemeinen Wert von 0 € aus.

> Wider Erwarten zahlt die Versicherung im Jahr 04 in einem Gerichtsvergleich 10.000 € an V.
>
> Die Veräußerungskosten i.H.v. 10.000 € trägt V.
>
> Der laufende Gewinn des V betrug im Wirtschaftsjahr 02 50.000 €. Darin enthalten sind 15.000 € aus einer Veräußerung von Waren im November 02 an einen gewerblichen Restpostenverwerter. E hatte diese Waren ("Ladenhüter") nicht übernehmen wollen.
>
> Für das ins Privatvermögen übernommene Darlehen zahlt V in 03 1.600 € Zinsen, die er als nachträgliche Betriebsausgaben geltend machen möchte.
>
> **Wie hoch ist der Gewinn des V in den Jahren 02–04? Erstellen Sie die Bilanz des E zum 1.1.03.**

17.5.4 Teileinkünfteverfahren

Befindet sich im Betriebsvermögen eine Beteiligung an einer Kapitalgesellschaft, so rechnet auch der Gewinn aus der Veräußerung dieser Anteile zum Gewinn des § 16 EStG. Allerdings fällt dieser Gewinn nicht unter die Tarifvergünstigung des § 34 EStG (vgl. ausdrücklich Abs. 2 Nr. 1 der Vorschrift). Dieser Gewinn ist nach §§ 3 Nr. 40 Buchst. b), 3c Abs. 2 EStG im **Teileinkünfteverfahren** zu versteuern.

Der Freibetrag ist in diesem Fall vorrangig mit dem Gewinn im Teileinkünfteverfahren zu verrechnen (H 16 Abs. 13 „Teileinkünfteverfahren" EStH; siehe auch Kap. 17.3).

17.5.5 Gewerbesteuer

Gewinne aus einer Betriebsveräußerung unterliegen grundsätzlich nicht der Gewerbesteuer (vgl. **§ 7 Abs. 1 Satz 2 GewStG**). Etwas anderes gilt nur, wenn der Veräußerungsgewinn auf eine **Kapitalgesellschaft** entfällt. Ist § 16 EStG nicht anwendbar (z.B. wegen § 16 Abs. 2 Satz 3 EStG), so unterliegt der Gewinn der Gewerbesteuer.

Wird ein Mitunternehmeranteil veräußert, so ist **Gewerbesteuersubjekt** stets die Personengesellschaft und nicht der veräußernde Gesellschafter.

Übungsfall 2:
An der Beton GmbH & Co. KG sind die Gesellschafter (natürliche Personen) A zu 70 % und B zu 30 % beteiligt. Die Verwaltungs-GmbH ist kapitalmäßig nicht beteiligt.   Gesellschafter A (45 Jahre alt) ist außerdem zu 50 % an der Abriss-GmbH & Co. KG beteiligt.   In 01 veräußert A seinen Anteil an der Beton GmbH & Co. KG (Buchwert: 200.000 €) für 280.000 € an die Abriss-GmbH & Co. KG.   **Bitte beurteilen Sie den Gewinn nach einkommensteuerlichen und gewerbesteuerlichen Kriterien.**   Abwandlung: Gesellschafter A ist die in Österreich ansässige Bauchemikalien-AG.

17.5.6 Umsatzsteuer

Umsatzsteuerlich stellt die Betriebsveräußerung im Ganzen regelmäßig eine nicht steuerbare Geschäftsveräußerung dar (§ 1 Abs. 1a UStG). Hiervon abzugrenzen sind Entnahmen sowie unentgeltliche Wertabgaben.

17.5.7 Betriebsveräußerung gegen Rente

Wird im Zusammenhang mit der Übertragung eines Betriebs eine **Versorgungsrente** (vgl. § 10 Abs. 1a Nr. 2 EStG; Details s. Kap. 6.3) vereinbart, so erfolgt die Übertragung des Betriebs unentgeltlich (Buchwertfortführung gemäß § 6 Abs. 3 EStG).

Wird der Betrieb veräußert und erfolgt die Zahlung des Kaufpreises mittels einer zeitlich beschränkten oder lebenslangen Rente (**Leibrente**), so gewährt die Verwaltung in R 16 Abs. 11 EStR ein Wahlrecht:

Wahlrecht bei Betriebsveräußerung gegen wiederkehrende Bezüge			
Sofortversteuerung		**Laufende Versteuerung**	
Veräußerungsgewinn	Anwendung des § 16 EStG (Kaufpreis = Rentenbarwert)	**Veräußerungsgewinn**	Kein § 16 EStG
Rente	Ertragsanteil nach § 22 Nr. 1 Satz 3 EStG zu versteuern	**Zinsanteil der Rente (= laufende Zahlung minus Tilgung)**	Nachträgliche Betriebseinnahmen (§§ 15, 24 Nr. 2 EStG)
		Tilgungsanteil der Rente (= Differenz der Barwerte)	Verrechnung mit Kapital; wenn Zahlungen das Kapital übersteigen, dann Versteuerung in voller Höhe als laufender Gewinn

Ist die Höhe der Rente vom Umsatz oder Gewinn abhängig, so gewährt die Verwaltung kein Wahlrecht (H 16 Abs. 11 „Gewinn- oder umsatzabhängiger Kaufpreis" EStH).

Der Erwerber muss die **Anschaffungskosten i.H.d. Rentenbarwerts** aktivieren und die Rentenverbindlichkeit i.H.d. Barwerts, der sich zum jeweiligen Bilanzstichtag ergibt, passivieren. Der Rückgang des Rentenbarwerts führt zu einem Ertrag. Die monatlichen Rentenzahlungen sind als Aufwand zu behandeln. Letztlich wirkt sich damit nur der Saldo aus dem Rückgang der Rentenverbindlichkeit und den Rentenzahlungen gewinnmindernd aus. Dieser Saldo entspricht dem Zinsaufwand.

Diese Grundsätze gelten sinngemäß auch für einen Erwerber, der seinen Gewinn nach § 4 Abs. 3 EStG ermittelt (R 4.5 Abs. 4 EStR).

Zu beachten ist, dass sich die Tabellen zur Berechnung des Rentenbarwerts jährlich ändern (Anpassung an die gestiegene Lebenserwartung).

Beispiel:

Steuerberaterin S (60. Lebensjahr vollendet) veräußert ihre Kanzlei gegen eine Leibrente von monatlich 1.000 €, beginnend ab 1.1.2016.
Wie hat die Erwerberin E den Vorgang zu behandeln?

Lösung:

Nach § 6 Abs. 1 Nr. 7 EStG hat die Erwerberin die Anschaffungskosten der Wirtschaftsgüter (inklusive Praxiswert) zu aktivieren. Der Rentenbarwert beträgt nach BMF vom 2.12.2015 (1.000 € × 12 Monate × 13,791 =) 165.492 €.
Die Rentenzahlungen stellen nach R 4.5 Abs. 4 EStR in Höhe ihres Zinsanteils Betriebsausgaben dar. Der Zinsanteil berechnet sich aus der Differenz zwischen der Summe der Rentenzahlungen und dem Rückgang des Rentenbarwerts. Der Rentenbarwert beträgt zum 31.12.2016 (S hat in 2016 das 61. Lebensjahr vollendet: 1.000 € × 12 Monate × 13,555 =) 162.660 €. Somit ergeben sich im Rahmen der Rechnung nach § 4 Nr. 3 EStG folgende Betriebsausgaben (./. 12.000 € + (165.492 € ./. 162.660 €) =) 9.168 €.

Übungsfall 3:

Der 70-jährige Viktor Vogel (V) ist Inhaber eines kleinen Gewerbebetriebs. Zum 31.12.2013 stellt er folgende Bilanz auf:

| Aktiva | 500.000 € | Kapital | 500.000 € |

Am 1.1.2014 veräußert er den Betrieb an Erna Eismann (E). Als Kaufpreis vereinbaren die Parteien Folgendes:

1. E zahlt an V per sofort einen Einmalbetrag i.H.v. 400.000 €;
2. E verpflichtet sich, ab 1.1.2014 eine Leibrente von monatlich 2.000 € an V zu zahlen.

Am 31.12.2015 stirbt V. Die Veranlagungen der Jahre 2014 und 2015 sind noch offen.
Bitte wählen Sie die für V bzw. dessen Erben günstigste Gestaltung des Veräußerungsgewinnes.

17.6 Veräußerung eines Mitunternehmeranteils

17.6.1 Veräußerung gegen Einmalzahlung

Nach **§ 16 Abs. 1 Nr. 2 EStG** ist nur die Veräußerung eines **ganzen** Mitunternehmeranteils begünstigt. Die Regelung ist insoweit anders in **§ 6 Abs. 3 Satz 1, 2. HS EStG**.

Beispiel 1:

Ein Steuerpflichtiger ist zu 30 % als Kommanditist an der XY-GmbH & Co. KG beteiligt. Er veräußert $^2/_3$ seines Kommanditanteils (= 20 %).

Lösung:

Da der Steuerpflichtige nicht seinen ganzen Mitunternehmeranteil veräußert hat, ist der Veräußerungsgewinn nicht nach § 16 Abs. 1 Nr. 2 EStG begünstigt. Der Steuerpflichtige erzielt einen laufenden Gewinn nach § 15 EStG.

Beispiel 2:

Der Sachverhalt entspricht Beispiel 1 mit folgender Variante: Der Steuerpflichtige schenkt die 20 % seiner Tochter.

Lösung:

In diesem Fall ist die Übertragung eines Teils eines Mitunternehmeranteils unschädlich. Der Mitunternehmeranteil geht auf die Tochter zum Buchwert über (§ 6 Abs. 3 EStG).

Eine **Veräußerung eines Mitunternehmeranteils** i.S.d. § 16 Abs. 1 Nr. 2 EStG liegt nur vor, wenn das gesamte Kapital einschließlich des Kapitals etwaiger **Ergänzungsbilanzen** und das gesamte **Sonderbetriebsvermögen**, soweit es eine **wesentliche Betriebsgrundlage** darstellt, auf den Erwerber übergeht (vgl. H 16 Abs. 4 „Sonderbetriebsvermögen" EStH sowie BMF-Schreiben vom 3.3.2005, BStBl I 2005, 458, Beck'sche Erlasse § 6/18 Rz. 3, das zwar zu § 6 Abs. 3 EStG ergangen ist, sinngemäß aber den Grundsatz des § 16 Abs. 1 Nr. 2 EStG wiedergibt).

Beispiel:

Ein Arzt ist zu einem Drittel an einer Ärzte-GbR beteiligt. Er vermietet seit Jahren an die GbR ein Praxisgebäude, das für den Betrieb der Praxis unerlässlich ist. Aus Altersgründen veräußert der Arzt seinen Mitunternehmeranteil an eine junge Kollegin. Das Praxisgebäude möchte er nicht veräußern, sondern künftig privat an die GbR vermieten (Altersversorgung).

Lösung:

Um die Vergünstigungen der §§ 18 Abs. 3, 16 Abs. 1 Nr. 2 EStG zu bekommen, müsste der Arzt auch das Praxisgebäude (= Sonderbetriebsvermögen) mit veräußern, da dieses eine wesentliche Betriebsgrundlage der Praxis darstellt (H 16.8 EStH i.V.m. H 15.7 Abs. 5 „Wesentliche Betriebsgrundlage" EStH). Damit liegt keine begünstigte Veräußerung eines Mitunternehmeranteils vor. Da der Arzt aber sämtliche stillen Reserven seines Mitunternehmeranteils aufdeckt und seine ärztliche Tätigkeit beendet, liegt eine begünstigte Betriebsaufgabe des Mitunternehmeranteils nach **§ 16 Abs. 3 EStG** vor.

Der Erwerber muss auch beim Erwerb eines Mitunternehmeranteils seine Anschaffungskosten aktivieren (**§ 6 Abs. 1 Nr. 7 EStG**). Dabei ist er steuerlich so zu behandeln, als habe er lediglich Anteile an den einzelnen Wirtschaftsgütern der Gesamthand erworben. Da die Buchwerte des Veräußerers bereits in der Gesamthandsbilanz bilanziert sind, wird in der Regel in der **Gesamthandsbilanz** lediglich das Kapitalkonto des Veräußerers auf den Erwerber umgeschrieben. Die aufgedeckten stillen Reserven aktiviert der Erwerber grundsätzlich in einer **Ergänzungsbilanz**. Bei der Abschreibung muss der Erwerber beachten, dass er die Wirtschaftsgüter aus seinen Anschaffungskosten und nach dem Recht im Zeitpunkt des Erwerbs abschreibt. Da die Wirtschaftsgüter in der Gesamthand aus den damaligen Anschaffungskosten abgeschrieben werden und sich daran durch die Veräußerung eines Mitunternehmeranteils grundsätzlich nichts ändert, darf der Erwerber lediglich die Differenz aus seiner individuellen Abschreibung und der Abschreibung in der Gesamthandsbilanz in der Ergänzungsbilanz berücksichtigen (Mehr- oder Minder-AfA).

Übungsfall 4:

William Geist (G) betreibt zusammen mit Herbert Christ (C) seit vielen Jahren die unter Kennern sehr geschätzte Schnapsbrennerei Williams Christ KG. Im Betriebsvermögen befindet sich im Wesentlichen nur das Brennereigebäude (Herstellungskosten 500.000 €, Abschreibung (nach altem Recht linear 4 %, Buchwert am 31.12.07: 300.000 €, Teilwert am 31.12.07: 700.000 €), eine Maschine (Anschaffungskosten Januar 01: 100.000 €; Nutzungsdauer 10 Jahre, AfA linear, Buchwert am 31.12.07: 30.000 €, Teilwert am 31.12.07: 50.000 €) sowie Kundenforderungen i.H.v. 70.000 €.

Am 1.1.08 veräußert William Geist (60 Jahre alt) seinen 50 %igen Gesellschaftsanteil an Alfons Schluck (S) für 500.000 €, zahlbar sofort. Die Veräußerungskosten i.H.v. 12.000 € übernimmt vereinbarungsgemäß Alfons Schluck.

Wie hoch ist der Veräußerungsgewinn? Erstellen Sie bitte Bilanzen zum 01.01. und 31.12.08.

17.7 Veräußerung eines Mitunternehmeranteils gegen Sachwertabfindung

Bei der Veräußerung eines Mitunternehmeranteils an die verbleibenden Gesellschafter kann es vorkommen, dass ein ausscheidender Gesellschafter als Abfindung (= Veräußerungspreis) Sachwerte bekommt, die bisher zum Gesamthandsvermögen der Gesellschaft gehörten. Die steuerlichen Folgen einer derartigen Sachwertabfindung sind unterschiedlich, je nachdem ob die Sachwerte Privatvermögen werden oder Betriebsvermögen beim Ausscheidenden bleiben.

Bei der **Sachwertabfindung ins Privatvermögen** müssen die aufgedeckten stillen Reserven anteilig von allen Mitunternehmern versteuert werden. Hierzu verlangt die Rechtsprechung (vgl. BFH vom 28.11.1989, VIII R 40/84, BStBl II 1990, 561) ein stufenweises Verfahren. In einem ersten Zwischenschritt ist der Abfindungsanspruch des ausscheidenden Gesellschafters zu passivieren und die durch sein Ausscheiden aufgedeckten stillen Reserven zu aktivieren. In einem zweiten Schritt erfolgt dann die Ausbuchung der Sachwertabfindung gegen den Abfindungsanspruch.

Beispiel:

An der X-OHG sind die Gesellschafter X, Y und Z zu je ⅓ beteiligt. Zum 31.12.01 sieht die Bilanz wie folgt aus:

Aktiva		Passiva	
Gebäude A-Straße	220.000 €	Kapital X	230.000 €
Gebäude B-Straße	390.000 €	Kapital Y	230.000 €
Diverse Wirtschaftsgüter	80.000 €	Kapital Z	230.000 €
Summe	**690.000 €**	**Summe**	**690.000 €**

Die Teilwerte betragen: Gebäude A-Straße 400.000 €, Gebäude B-Straße 600.000 €, diverse Wirtschaftsgüter 80.000 € sowie Firmenwert 120.000 €.
Zum 31.12.01 scheidet Z (50 Jahre alt) aus der Gesellschaft aus. Er erhält als Abfindung das Gebäude A-Straße.

Lösung:

In einem ersten Schritt ist das Kapital des ausscheidenden Gesellschafters durch die Abfindungsverpflichtung (Wert Gebäude B-Straße = Abfindungsanspruch = 400.000 €) zu ersetzen. Dadurch werden ⅓ der stillen Reserven aufgedeckt und aktiviert. Es ergibt sich eine fiktive Zwischenbilanz:

Aktiva		Passiva	
Gebäude A-Straße	280.000 €	Kapital X	230.000 €
Gebäude B-Straße	460.000 €	Kapital Y	230.000 €
Diverse Wirtschaftsgüter	80.000 €	Abfindungsverbindlichkeit	400.000 €
Firmenwert	40.000 €		
Summe	**860.000 €**	**Summe**	**860.000 €**

Damit sind die stillen Reserven, die auf den Anteil des Z entfallen, nämlich (400.000 € ./. 230.000 € =) 170.000 € aktiviert. Die Bilanzsumme steigt von 690.000 € um 170.000 € auf 860.000 €.
Im nächsten Schritt ist das Grundstück A-Straße gegen die Abfindungsverbindlichkeit und Ertrag auszubuchen (Buchungssatz: Abfindungsverbindlichkeit 400.000 € an Gebäude A-Straße 280.000 € und Ertrag 120.000 €). Dieser Ertrag entfällt auf die beiden verbleibenden Gesellschafter. Damit ergibt sich nach dem Ausscheiden und der Tilgung der Sachwertabfindung folgende Bilanz:

Aktiva		Passiva	
Gebäude B-Straße	460.000 €	Kapital X	290.000 €
Diverse Wirtschaftsgüter	80.000 €	Kapital Y	290.000 €
Firmenwert	40.000 €		
Summe	**580.000 €**	**Summe**	**580.000 €**

Damit versteuern die Gesellschafter X und Y jeweils ⅔ der stillen Reserven des Gebäudes A-Straße.
Der ausscheidende Gesellschafter Z erzielt einen Veräußerungsgewinn nach § 16 Abs. 1 Nr. 2 EStG:

Erlös (= Gebäude A-Straße)	400.000 €
Kapital	./. 230.000 €
Gewinn	**170.000 €**

Soll das Wirtschaftsgut, das als Sachwertabfindung hingegeben wird, nicht in das Privatvermögen, sondern in ein **Betriebsvermögen** des ausscheidenden Gesellschafters gelangen, so ist die Vorschrift des **§ 6 Abs. 5 Satz 3 Nr. 1 oder 2 EStG** zu beachten. Danach sind die Buchwerte fortzuführen, wenn ein Wirtschaftsgut unentgeltlich oder gegen Gewährung oder Minderung von Gesellschaftsrechten aus einem Betriebsvermögen des Mitunternehmers in das Gesamthandsvermögen einer Mitunternehmerschaft und umgekehrt (= **Sachwertabfindung**) gelangt. Denkbar ist auch der Fall, dass das Wirtschaftsgut aus dem Gesamthandsvermögen in ein Sonderbetriebsvermögen einer anderen Mitunternehmerschaft gelangt (= Nr. 2).

Dieser Fall darf nicht verwechselt werden mit dem Fall der Realteilung nach § 16 Abs. 3 Satz 2 EStG.

Merke: Nach einer Realteilung (§ 16 Abs. 3 Satz 2 EStG) existiert die ursprüngliche Personengesellschaft nicht mehr. Lebt die Personengesellschaft nach dem Ausscheiden des Gesellschafters weiter, so liegt ein Fall der Sachwertabfindung (§ 6 Abs. 5 Satz 3 EStG) vor.

Beispiel:

Der Sachverhalt entspricht obigem Beispiel mit folgender Variante: Gesellschafter Z will das Gebäude A-Straße künftig in seinem Einzelunternehmen nutzen.

Lösung:

Bei dieser Variante werden aufgrund der Buchwertfortführung nach § 6 Abs. 5 Satz 3 Nr. 1 EStG keine stillen Reserven aufgedeckt. Um das Gebäude A-Straße steuerneutral gegen das Kapital des Gesellschafters Z ausbuchen zu können, müssen die Kapitalkonten steuerneutral angepasst werden. Somit ergibt sich vor der Ausbuchung des Gebäudes folgende Bilanz:

Aktiva			Passiva
Gebäude A-Straße	220.000 €	Kapital X	235.000 €
Gebäude B-Straße	390.000 €	Kapital Y	235.000 €
Diverse Wirtschaftsgüter	80.000 €	Kapital Z	220.000 €
Summe	**690.000 €**	**Summe**	**690.000 €**

17.8 GmbH & Co. KG

Beteiligt sich ein Kommanditist an einer GmbH & Co. KG und ist er – wie im Regelfall üblich – auch an der Komplementär-GmbH beteiligt, so sind die Anteile an der Komplementär-GmbH **notwendiges Sonderbetriebsvermögen II** (vgl. H 4.2 Abs. 2 EStH „Anteile an Kapitalgesellschaften"). Dies gilt zumindest dann, wenn die GmbH keinen eigenen Geschäftsbetrieb unterhält und die Beteiligung an der Komplementär-GmbH nicht weniger als 10 % beträgt.

Werden die Anteile an der Komplementär-GmbH zusammen mit dem Mitunternehmeranteil veräußert, so fällt der gesamte Gewinn unter § 16 Abs. 1 Nr. 2 EStG. Allerdings ist dabei zu beachten, dass der Veräußerungsgewinn, soweit er auf die Veräußerung der GmbH-Anteile enthält, dem **Teileinkünfteverfahren** unterliegt (§§ 3 Nr. 40 Buchst. b), 3c Abs. 2 EStG) und insoweit die Tarifvorteile des § 34 Abs. 1 bzw. 3 EStG nicht gewährt werden.

Fraglich ist, ob die Anteile an der Komplementär-GmbH eine wesentliche Betriebsgrundlage darstellen und damit zwingend zusammen mit dem KG-Anteil veräußert werden müssen, um die Begünstigung des § 16 Abs. 1 Nr. 2 EStG zu erlangen. Man wird dies zumindest dann bejahen müssen, wenn die

Komplementär-GmbH dem Kommanditisten eine Einflussnahme auf die Geschäfte der KG ermöglicht. Dies ist regelmäßig der Fall.

Veräußert der Gesellschafter lediglich die Anteile an der Komplementär-GmbH, so fällt der Veräußerungsgewinn grundsätzlich nicht unter die Vorschrift des § 17 EStG, da sich die Anteile im Sonderbetriebsvermögen befinden und § 17 EStG nur auf Anteile im Privatvermögen anwendbar ist. Grundsätzlich liegt somit laufender Gewinn nach § 15 EStG vor, wenn Sonderbetriebsvermögen veräußert wird. Ausnahmsweise greift die Vorschrift des § 16 Abs. 1 Nr. 1 2. HS. EStG. Hierzu ist aber erforderlich, dass **alle** Anteile an der Komplementär-GmbH **in einem Akt** veräußert werden (nicht notwendigerweise durch einen Gesellschafter).

Zur Aufteilung des Freibetrags s. Kap. 17.5.4.

Übungsfall 5:

An der Kuba-Reisen GmbH & Co. KG ist Carlos Fidelis (70 Jahre alt) mit 95 % und die Kuba-Verwaltungs-GmbH mit 5 % beteiligt. Das Kapitalkonto von Carlos in der Gesamthandsbilanz steht am 1.1.01 auf 20.000 €. Die Beteiligung an der GmbH, an der Carlos zu 100 % beteiligt ist, ist im Sonderbetriebsvermögen mit den Anschaffungskosten von 25.000 € aktiviert.

Am 1.1.01 veräußert Carlos die GmbH & Co. KG. Für seinen KG-Anteil wird ein Kaufpreis von 120.000 € und für die GmbH-Beteiligung ein Kaufpreis von 30.000 € vereinbart.

17.9 Betriebsverpachtung

Besteht der einzige Zweck eines Unternehmens in der Verwaltung eigenen Vermögens, so liegen regelmäßig keine gewerblichen Einkünfte vor (vgl. R 15.7 Abs. 1 EStR). Dies würde bedeuten, dass die Verpachtung eines ehemals gewerblich tätigen Unternehmens zu einer Betriebsaufgabe führen würde (Wechsel von § 15 EStG zu § 21 EStG). Dies dürfte insbesondere in den Fällen zu unbilligen Lösungen führen, in denen der Verpächter des Betriebs sein Unternehmen eventuell in der Zukunft wieder selbst führen möchte.

Beispiel:

Ein Steuerpflichtiger betreibt seit vielen Jahren eine Gaststätte mit Vermietung von Fremdenzimmern. Aus gesundheitlichen Gründen kann der 50-jährige Gastwirt vorübergehend sein Unternehmen nicht mehr führen. Er verpachtet daher die Gaststätte und die Fremdenzimmern im Gesamten mit der Option, den Betrieb einmal selbst wieder zu führen. Hier wäre es unbillig, wenn der Steuerpflichtige sämtliche stillen Reserven aufdecken müsste, um die Wirtschaftsgüter später vielleicht einmal wieder in ein Betriebsvermögen einzulegen.

Aus diesem Grund gewährt die Rechtsprechung dem Steuerpflichtigen ein **Wahlrecht** (vgl. BFH vom 19.3.2009, IV R 45/06, BStBl II 2009, 902):

Wahlrecht

| **1. Möglichkeit:** Ausdrückliche Erklärung der Betriebsaufgabe gegenüber dem Finanzamt mit der Folge, dass sämtliche stillen Reserven nach § 16 Abs. 3 EStG aufgedeckt werden müssen. Die Einkünfte aus der Vermietung des (ehemaligen) Betriebs sind nach § 21 EStG zu versteuern. | **2. Möglichkeit:** Der Steuerpflichtige führt den Gewerbebetrieb als sog. „ruhenden Gewerbebetrieb" fort. In diesem Fall müssen keine stillen Reserven versteuert werden. Die Einkünfte aus der Vermietung des Betriebs fallen unter § 15 EStG. |

Abb. 6: Betriebsverpachtungswahlrecht

Das Wahlrecht besteht aber nur dann, wenn der Steuerpflichtige seinen Betrieb mit allen wesentlichen Betriebsgrundlagen (zum Begriff s. Kap. 17.5.1) im Ganzen verpachtet und für ihn oder seinen Rechtsnachfolger objektiv die Möglichkeit besteht, den Betrieb später wieder fortzuführen. Der Fall der **Betriebsverpachtung** muss insbesondere gegenüber der **Verpachtung einzelner Wirtschaftsgüter** abgegrenzt werden. Dies ist mitunter nicht ganz einfach, da die Rechtsprechung z.B. bei Einzelhandelsunternehmen auch dann eine Betriebsverpachtung annimmt, wenn lediglich das Ladenlokal als in der Regel einzige wesentliche Betriebsgrundlage verpachtet wird (vgl. BFH vom 28.8.2003, IV R 20/02, BStBl II 2004, 10).

Beispiel:
Der Steuerpflichtige ist Inhaber eines Schuhgeschäfts. Das Betriebsvermögen besteht im Wesentlichen aus einem Geschäftshaus in guter Geschäftslage. Aus Altersgründen entscheidet sich der Steuerpflichtige, das Schuhgeschäft nicht mehr weiter zu betreiben. Er vermietet das Ladenlokal an eine Unternehmerin, die in den Räumen einen Kosmetiksalon eröffnet.

Lösung:
Da das Geschäftslokal die einzige wesentliche Betriebsgrundlage des Schuhgeschäfts darstellt, liegt hier – trotz der branchenfremden Verpachtung – eine Betriebsverpachtung vor. Der Steuerpflichtige kann auf eine Betriebsaufgabe verzichten und seinen Betrieb als ruhenden Gewerbebetrieb weiterführen.

Entscheidet sich der Steuerpflichtige, seinen Betrieb als ruhenden Gewerbebetrieb fortzuführen, kann er jederzeit in späteren Jahren die Betriebsaufgabe erklären (**§ 16 Abs. 3 EStG**). Dabei darf der Aufgabezeitpunkt maximal drei Monate in der Vergangenheit liegen (§ 16 Abs. 3b S. 2 EStG).

Gibt der Steuerpflichtige gegenüber dem Finanzamt keine eindeutige Aufgabeerklärung ab, so ist davon auszugehen, dass er den Betrieb als ruhenden Gewerbebetrieb fortführt.

Die objektive Möglichkeit, den Betrieb wieder selbst zu führen, muss während der gesamten Dauer der Betriebsverpachtung vorliegen. Gestaltet der Verpächter oder der Pächter die wesentlichen Betriebsgrundlagen derart um, dass eine Wiederaufnahme des früheren Betriebs objektiv nicht mehr möglich ist, so entfallen die Voraussetzungen für das Wahlrecht (vgl. H 16 Abs. 5 „Umgestaltung wesentlicher Betriebsgrundlagen" EStH).

Jedoch besteht nach § 16 Abs. 3b EStG eine Betriebsverpachtung (ruhender Gewerbebetrieb) solange weiter, bis:

- die Betriebsaufgabe gegenüber dem Finanzamt endgültig erklärt wird **oder**
- das Finanzamt von den Tatsachen Kenntnis erlangt, die zur Betriebsaufgabe geführt haben.

Beispiel:

Der Steuerpflichtige betrieb über Jahrzehnte hinweg eine kleine Tankstelle. Aus Altersgründen verpachtet er die Tankstelle. In 01 kündigt der Pächter, da die kleine Tankstelle nicht mehr rentabel betrieben werden kann. Der Steuerpflichtige baut die Tankstelle um (Abriss der Zapfsäulen, Verfüllung der Treibstofftanks etc.; Fertigstellung der Baumaßnahme am 30.11.01) und vermietet sie künftig an einen Getränkehandel.

Variante a): Der Steuerpflichtige erklärt mit Abgabe seiner Erklärung im August 02 die Aufgabe seines Gewerbebetriebs zum 31.12.01.

Variante b): Der Steuerpflichtige reicht im Januar 02 die Rechnungen über den Umbau (100.000 € zuzüglich Umsatzsteuer) zusammen mit der Umsatzsteuererklärung 01 ein und macht die Vorsteuer geltend.

Lösung:

Die wesentliche Betriebsgrundlagen wurde hier in einem derartigen Ausmaß umgestaltet, dass eine Wiederaufnahme eines Tankstellenbetriebs objektiv nicht mehr möglich ist.

In Variante a) wird die Aufgabe nach § 16 Abs. 3b Nr. 1 EStG ausdrücklich erklärt. Die Aufgabeerklärung kann nach § 16 Abs. 3b S. 3 EStG mit einer Rückwirkung von drei Monaten auf den tatsächlichen Aufgabezeitpunkt (hier: 30.11.01) erfolgen. Da die Erklärung erst im August 02 abgegeben wurde, ist eine Rückwirkung auf den 31.12.01 nicht möglich. Die Betriebsaufgabe gilt daher nach § 16 Abs. 3b S. 3 EStG in dem Zeitpunkt als erfolgt, in dem die Aufgabeerklärung beim Finanzamt eingeht (= August 02).

In Variante b) erfährt das Finanzamt im Januar 02 von den Tatsachen, die unzweifelhaft auf eine Betriebsaufgabe schließen lassen (§ 16 Abs. 3b Nr. 2 EStG). Im Falle der Nummer 2 ist aber die dreimonatige Rückwirkung nicht vorgesehen, sodass die Betriebsaufgabe auf den Januar 02 fingiert wird. In beiden Varianten hat der Steuerpflichtige die Aufdeckung der stillen Reserven nach § 16 Abs. 3 EStG im VZ 02 zu versteuern.

Der steuerliche Begriff der Betriebsverpachtung erfordert nicht zwingend eine **entgeltliche** Verpachtung; das Wahlrecht besteht auch dann, wenn die Überlassung der wesentlichen Betriebsgrundlagen **unentgeltlich** erfolgt (BFH vom 19.8.1998, X R 176/96, BFH/NV 1999, 454).

Übungsfall 6:

Die wegen ihrer hervorragenden Rostbraten allseits bekannte Ochsenwirtin betreibt in dritter Generation den goldenen Ochsen. Sohn Hans-Karl hilft seit Jahren gelegentlich in der Gaststätte aus. Nach einem größeren Streit im Jahr 01, der sich – wie üblich – um die mangelnde Mithilfe von Hans-Karl dreht, wirft die Ochsenwirtin das Handtuch hin und übergibt Hans-Karl die Schlüssel zur Gaststätte mit den Worten „mach du den Dreck weiter ..."

Die Ochsenwirtin lässt sich seither im Lokal nicht mehr blicken, ist aber trotz mehrfachem Drängen nicht bereit, den Betrieb mit Gaststättengebäude auf den Sohn zu überschreiben.

In 04 stirbt die Ochsenwirtin. Erbe Hans-Karl vermietet daraufhin die Gaststättenräume an eine nahe gelegene Pension, die die Gaststube als Aufenthalts- und Frühstücksraum für die Pensionsgäste nutzt. Das stark abgenutzte Geschirr, mitsamt den mehr oder weniger wertlosen Küchengeräten verschenkt

bzw. veräußert Hans-Karl. Die Küche dient künftig als Lagerraum. Auf Nachfrage des Finanzamtes erklärte Hans-Karl, dass es nicht auszuschließen sei, dass sein Sohn, der derzeit eine Lehre absolviere, irgendwann einmal die Gaststätte übernehmen wolle.
Bitte beurteilen Sie die Vorgänge der Jahre 01 und 04 bezüglich des Sohnes.

Werden bei einer **Betriebsaufspaltung** sämtliche wesentlichen Betriebsgrundlagen an das Betriebsunternehmen vermietet, so liegt gleichzeitig eine **Betriebsverpachtung** vor. In diesem Fall ruht das Wahlrecht, da bei einer Betriebsaufspaltung die Vermietungseinkünfte zwingend gewerblicher Natur sind (vgl. H 15.7 Abs. 4 „Allgemeines" EStH). Das Wahlrecht lebt aber wieder auf, wenn die Voraussetzungen für die Betriebsaufspaltung nicht mehr vorliegen (vgl. H 16 Abs. 2 „Beendigung einer Betriebsaufspaltung" EStH).

Übungsfall 7:

Max Schräuble betreibt seit vielen Jahren zusammen mit seinem Bruder Otto einen Metallbaubetrieb als KG (Max 60 % und Otto 40 %). Im Jahre 02 gründen Max, Otto und Amalie, die Frau von Otto eine GmbH. Das Stammkapital beträgt 50.000 €. Max und Otto sind mit je 40 %, Amalie mit 20 % beteiligt. Die GmbH betreibt ab 02 den Metallbaubetrieb. Das gesamte Anlagevermögen der KG (Fabrikhalle, diverse Maschinen) wird an die GmbH verpachtet. Die Geschäftsführung in der GmbH teilen sich Max und Otto.

Im Jahre 14 bekommen Max und Otto von einem Konzern ein interessantes Übernahmeangebot. Sie veräußern daher zum 31.12.14 ihre Beteiligung an der GmbH an die Metall-AG für je 200.000 €. Zu diesem Bilanzstichtag steht das Produktionsgebäude mit 200.000 € (Teilwert: 3 Mio. €) und die Maschinen mit 80.000 € (Teilwert: 100.000 €) in den Büchern.
Welche steuerlichen Konsequenzen ergeben sich aus der Veräußerung?

Die **Praxis eines Freiberuflers** kann grundsätzlich nach den Grundsätzen des R 16 Abs. 5 EStR **verpachtet** werden. Wählt der Freiberufler das Fortbestehen der Praxis, so fallen die Vermietungseinkünfte unter § 18 EStG. Eine begünstigte Betriebsverpachtung durch die **Erben** ist aber nur dann möglich, wenn die Erben die Qualifikation des § 18 EStG erfüllen (vgl. H 18.3 „Verpachtung" EStH).

17.10 Betriebsaufgabe

Die **Betriebsaufgabe** wird nach § 16 Abs. 3 EStG grundsätzlich wie eine Betriebsveräußerung behandelt, da auch in diesem Fall alle stille Reserven, die in den wesentlichen Betriebsgrundlagen stecken, auf einen Schlag aufgedeckt werden (lesenswert: BFH vom 28.11.2007, X R 24/07, BFH/NV 2008, 556).

Eine Betriebsaufgabe erfordert eine **Willensentscheidung** oder **Handlung** des Steuerpflichtigen, die darauf gerichtet ist, den Betrieb als selbstständigen Organismus nicht mehr in seiner bisherigen Form bestehen zu lassen (R 16 Abs. 2 EStR). In der Regel erfolgt die Betriebsaufgabe durch Erklärung (= Kundgabe der Willlensentscheidung) gegenüber dem Finanzamt. Als Handlung ist z.B. die Schließung des einzigen Ladenlokals denkbar. Die Betriebsaufgabe kann aber auch die Folge anderweitiger Entscheidungen sein (z.B. Wegfallen der personellen Verflechtung bei einer Betriebsaufspaltung durch Veräußerung von Anteilen am Betriebsunternehmen; Wegfallen einer gewerblichen Prägung nach § 15 Abs. 3 Nr. 2 EStG durch Bestellung eines Kommanditisten als Geschäftsführer; Verlagerung des Betriebs ins Ausland – § 16 Abs. 3a EStG). Die Abmeldung des Gewerbes bei den entsprechenden Behörden ist lediglich ein Indiz, das für eine Betriebsaufgabe spricht. Umgekehrt kann steuerlich auch dann eine Betriebsaufgabe angenommen werden, wenn der Betrieb bei den Gewerbeämtern nicht abgemeldet wird.

Stellt ein Unternehmer seine gewerbliche Tätigkeit ein, so liegt darin aber nicht notwendigerweise eine Betriebsaufgabe. Die Einstellung kann auch nur als **Betriebsunterbrechung** zu beurteilen sein, die den Fortbestand des Betriebs unberührt lässt (interessant: BFH vom 22.9.2004, III R 9/03, BStBl II 2005,

160). Gibt der Betriebsinhaber keine Aufgabeerklärung ab, ist davon auszugehen, dass er beabsichtigt, den unterbrochenen Betrieb künftig wieder aufzunehmen, sofern die zurückbehaltenen Wirtschaftsgüter dies ermöglichen. Die Beurteilung als Betriebsaufgabe oder als bloße Betriebsunterbrechung hängt nicht davon ab, ob der Steuerpflichtige seine ursprüngliche Tätigkeit wieder aufnehmen kann, sondern davon, ob er in der Lage ist, den ehemaligen Betrieb im Wesentlichen identitätswahrend fortzuführen (s. BFH vom 07.04.2009, III B 54/07, BFH/NV 2009, 1620). Dabei gibt es keine feste zeitliche Höchstgrenze für die Unterbrechung. Entscheidend sind die Umstände des Einzelfalls. Die Rechtsprechung hält selbst eine Unterbrechung von mehr als 30 Jahren für unschädlich (BFH vom 24.3.2006, VIII B 98/01, BFH/NV 2006, 1287).

Beispiel:
Ein Steuerpflichtiger betreibt ein Ingenieurbüro (§ 18 EStG). Im Betriebsvermögen befindet sich ein Bürogebäude mit erheblichen stillen Reserven. Aus gesundheitlichen Gründen setzt der Ingenieur seine Tätigkeit aus, ohne aber gegenüber dem Finanzamt die Betriebsaufgabe zu erklären.

Lösung:
Solange die Möglichkeit besteht, das Ingenieurbüro wieder zu betreiben, kann von einer Betriebsunterbrechung ausgegangen werden. Erst wenn der Ingenieur ausdrücklich die Betriebsaufgabe erklärt, müssen die stillen Reserven nach § 16 Abs. 3 EStG aufgedeckt werden.

Letztlich besteht zwischen einer Betriebsunterbrechung und einer Betriebsverpachtung lediglich der Unterschied, dass bei einer Betriebsverpachtung die wesentlichen Betriebsgrundlagen verpachtet werden (vgl. BFH vom 19.3.2009, IV R 45/06, BStBl II 2009, 902). Dies zeigt auch die Tatsache, dass die Vorschrift des **§ 16 Abs. 3b EStG** (siehe hierzu Kap. 17.9) ausdrücklich auch für den Fall der Betriebsunterbrechung gilt. Gibt daher im Falle einer Betriebsunterbrechung ein Steuerpflichtiger keine ausdrückliche Aufgabeerklärung gegenüber dem Finanzamt ab, gilt der Betrieb steuerlich als weiterbestehend.

Liegen die Voraussetzungen einer Betriebsaufgabe vor, so müssen die stillen Reserven in einem überschaubaren Zeitraum (**maximal ca. drei Jahre**; vgl. H 16 Abs. 2 „Zeitraum für die Betriebsaufgabe" EStH) aufgedeckt werden. Es spielt dabei keine Rolle, ob die Wirtschaftsgüter an Dritte veräußert oder entnommen werden (vgl. **§ 16 Abs. 3 Satz 6 und 7 EStG**). Werden die stillen Reserven einer wesentlichen Betriebsgrundlage nicht aufgedeckt (z.B. durch Buchwertübertragung nach § 6 Abs. 5 EStG in ein anderes Betriebsvermögen), so liegt keine begünstigte Betriebsveräußerung nach § 16 Abs. 3 EStG vor. Der Gewinn aus der Veräußerung oder Entnahme der übrigen Wirtschaftsgüter ist nach § 15 EStG zu versteuern.

Beispiel:			
Der 65jährige Steuerpflichtige S betreibt einen Einzelhandel. Zum 31.12.01 stellt er folgende Steuerbilanz auf:			
Grundstück	50.000 €	Kapital	188.001 €
Geschäftsgebäude	130.000 €	Darlehen Bank	7.000 €
Geschäftsausstattung	1 €		
Bank	15.000 €		
Summe	**195.001 €**	**Summe**	**195.001 €**
Bereits in 01 hatte S einen Schlussverkauf durchgeführt wegen „Betriebsaufgabe", hatte sich von seinen Lieferanten verabschiedet und Kontakt mit einer Immobilienmaklerin wegen des Verkaufs des			

Geschäftsgebäudes aufgenommen. Im Dezember 01 entnimmt S die Reste der Geschäftsausstattung (PC, einige Regale, Kaffeemaschine etc.; gemeiner Wert unstreitig 2.000 €) in sein Privatvermögen. Im August 02 gelingt es ihm, das Gebäude/Grundstück für 500.000 € zu veräußern.

Lösung:

Die Betriebsaufgabe beginnt in 01 mit den eindeutig auf eine Beendigung seiner gewerblichen Tätigkeit gerichteten Handlungen. Der Gewinn aus dem Schlussverkauf gehört in der Regel nicht zum begünstigten Aufgabegewinn (H 16 Abs. 9 „Räumungsverkauf" EStH). Der Entnahmegewinn (2.000 € ./. 1 € =) 1.999 € ist nach § 16 Abs. 3 S. 7 EStG in 01 zu versteuern.

Da insgesamt das Geschäft innerhalb einer kurzen Zeit abgewickelt wird, gehört der Veräußerungsgewinn des Jahres 02 auf jeden Fall noch zur Betriebsaufgabe. Somit erzielt S in diesem VZ einen Aufgabegewinn i.H.v. (500.000 € ./. 180.000 € =) 320.000 €.

Da der Aufgabegewinn (insgesamt 321.999 €) die Grenzen des § 16 Abs. 4 EStG übersteigt, kommt die Gewährung eines Freibetrags nicht in Frage (zur Aufteilung des Freibetrags bei Betriebsaufgabe über mehrere VZ s. H 16 Abs. 13 „Freibetrag" EStH).

Soweit einzelne dem Betrieb gewidmete Wirtschaftsgüter im Rahmen der Aufgabe des Betriebs veräußert werden und auf der Seite des Erwerbers **dieselben Personen** Unternehmer oder Mitunternehmer sind, gilt der Gewinn aus der Aufgabe des Gewerbebetriebs als laufender Gewinn (**§ 16 Abs. 3 Satz 5 EStG**).

Beispiel:

Wie oben; Das Grundstück und das Geschäftsgebäude werden aber an eine GmbH & Co. KG veräußert, an der S als Kommanditist zu 80 % beteiligt ist.

Lösung:

Der Aufgabegewinn aus der Veräußerung des Grundstücks und des Geschäftsgebäudes (320.000 €; s. oben) ist zu 80 % (= 256.000 €) als laufender Gewinn zu behandeln; im Übrigen (320.000 € × 20 % = 64.000 €) erfolgt die Besteuerung des Gewinns nach § 16 Abs. 3 EStG. Da nunmehr der Aufgabegewinn lediglich noch (64.000 € + 1.999 € =) 65.999 € beträgt, kann S einen Antrag auf Gewährung eines Freibetrags gem. § 16 Abs. 4 EStG stellen. Auf das Jahr 01 entfallen (45.000 € × 1.999 €/ 65.999 € =) 1.363 €; der Gewinn 01 beträgt (1.999 € ./. 1.363 € =) 636 €. Auf das Jahr 02 entfällt ein Freibetrag i.H.v. (45.000 € × 64.000 €/65.999 € =) 43.637 €; der Gewinn 02 ist mit (64.000 € ./. 43.637 € =) 20.363 € anzusetzen. Für beide Jahre wird der besondere Steuersatz nach § 34 Abs. 1 bzw. Abs. 3 EStG gewährt.

Übungsfall 8:

Gegenstand der Agrar Ltd. & Co. KG ist ausschließlich die Verpachtung landwirtschaftlicher Flächen, auf denen bis 01 L Getreide anbaute. Gesellschafter der Ltd. & Co. KG sind L (Kommanditist 95 %) und die Ltd. mit Sitz in London. Alleiniger Geschäftsführer der Ltd. ist L. Die Ltd. ist zu 5 % als Komplementärin beteiligt. Geschäftsführerin der KG ist ausschließlich die Ltd.
In 02 wird L zum Geschäftsführer der KG bestellt.
Welche Folgen hat die Geschäftsführerbestellung?

Übungsfall 9:

Schreinermeister Eder (65 Jahre alt) betreibt seit Jahrzehnten eine Schreinerei. Am 01.05.01 entscheidet er sich, den Betrieb altershalber aufzugeben. Er veräußert in 01 sämtliche Maschinen und erzielt dabei einen Gewinn von 35.000 €. Das Betriebsgebäude (Buchwert 100.000 €, Teilwert 150.000 €) bietet er zum Verkauf an. Erst im Jahre 02 kann er einen Käufer finden.

Variante: Da Meister Eder für das Gebäude keinen Käufer finden kann, überführt er es in das Sonderbetriebsvermögen der Parkett-GmbH & Co. KG, an der er zu 35 % als Kommanditist beteiligt ist.

Bei **Freiberuflern** ist zu beachten, dass eine begünstigte Betriebsaufgabe nur vorliegt, wenn der Freiberufler seine bisherige Tätigkeit im örtlichen Wirkungskreis für eine gewisse Zeit (ca. 3 Jahre) einstellt (H 18 Abs. 3 „Veräußerung" EStH).

Bei einem **Wechsel von einer gewerblichen/freiberuflichen Tätigkeit zur Liebhaberei** müssen die stillen Reserven nicht nach § 16 Abs. 3 EStG aufgedeckt werden. Sie werden quasi „eingefroren" und erst bei einer später Veräußerung/Betriebsaufgabe aufgedeckt und versteuert (BFH vom 29.10.1981, IV R 138/78, BStBl II 1982, 381).

Beispiel (BFH vom 14.12.2004, XI R 6/02, BStBl II 2005, 392):

Rechtsanwalt R betreibt eine Einzelpraxis. Im Betriebsvermögen befindet sich ein Bürogebäude (Buchwert 50.000 €/Teilwert 320.000 €); das übrige Betriebsvermögen (Büroeinrichtung) kann vernachlässigt werden. Seit einigen Jahren erzielt der inzwischen 70-jährige R nur noch Verluste, da er nur noch wenige Mandanten hat, wohingegen die Betriebsausgaben seit Jahren nicht vermindert wurden (u.a. Gehalt für die als Angestellte tätige Ehefrau). Die Finanzverwaltung anerkennt ab dem VZ 02 die Verluste wegen Liebhaberei zu Recht (so der BFH) nicht mehr an.

Lösung:

Da R ausdrücklich keine Betriebsaufgabe erklärt und er ja auch tatsächlich – wenn auch wenige Mandate – hat, greifen die §§ 18 Abs. 3, 16 Abs. 3 EStG nicht. Nach ständiger Rechtsprechung hat der Wechsel zur Liebhaberei aber lediglich ein „Einfrieren" der stillen Reserven (hier: 270.000 €) zur Folge. Diese stillen Reserven müssen erst versteuert werden, wenn R die Betriebsaufgabe erklärt oder das Gebäude veräußert.

17.11 Teilbetriebsveräußerung/Teilbetriebsaufgabe

§ 16 Abs. 1 Nr. 1 EStG erfasst auch die Veräußerung eines Teilbetriebs. Ebenso greift § 16 Abs. 3 EStG für die Aufgabe eines Teilbetriebs.

Der Begriff des **Teilbetriebs** wurde von der Rechtsprechung in zahlreichen Urteilen konkretisiert. Der Begriff findet sich auch in anderen steuerrechtlichen Vorschriften (z.B. § 6 Abs. 3 EStG, §§ 20, 24 UmwStG, § 13a Abs. 5 ErbStG).

Nach der ständigen Rechtsprechung des BFH ist unter einem Teilbetrieb ein organisch geschlossener, mit einer gewissen Selbstständigkeit ausgestatteter Teil des Gesamtbetriebs zu verstehen, der für sich allein funktions- bzw. lebensfähig ist (z.B. BFH vom 07.04.2010, I R 96/08 m.w.N.). Die Voraussetzungen eines Teilbetriebs müssen aus Sicht des Übertragenden zum Zeitpunkt der Übertragung vorliegen (BFH vom 15.10.2008, X B 170/07, BFH/NV 2009, 167).

Für das Vorliegen eines Teilbetriebs sprechen folgende **Indizien**:
- eigene Buchführung,
- eigenes Personal,
- eigene Preisgestaltung,

- eigener Kundenkreis,
- eigene Produkte u.ä.

Dabei sind aber stets die konkreten Umstände des Einzelfalls entscheidend. Ein Teilbetrieb kann z.B. in folgenden Fällen vorliegen:

Tatbestand	Fundstelle
Brauerei mit angeschlossener Brauereigaststätte	BFH vom 03.08.1966, IV 380/62, BStBl III 1967, 47
Filiale einer Fahrschule	BFH vom 05.06.2003, IV R 18/02, BStBl II 2003, 838
Betreiben einer Markentankstelle und einer freien Tankstelle	BFH vom 09.08.1989, X R 62/87, BStBl II 1989, 973
Hotel und Appartementhaus mit Ferienwohnungen	BFH vom 23.11.1988, X R 1/86, BStBl II 1989, 376
Verlag mit mehreren Fachgebieten, die jeweils selbstständig im Markt auftreten	BFH vom 15.03.1984, IV R 189/81, BStBl II 1984, 486
Tabakwarenhändler mit Großhandel/ Einzelhandel mit Filialen/Automaten	BFH vom 14.03.1989, I R 75/85, BFH/NV 1991, 291
Reisebüro und organisatorisch getrenntes Omnibusunternehmen	BFH vom 27.06.1978, VIII R 26/76, BStBl II 1978, 672
Tanzlehrer und Tanzsporttrainer	Schleswig Holsteinisches FG vom 17.04.2002, I 110/2001, EFG 2002, 980

Die Grundsätze über die Veräußerung eines Teilbetriebs gelten für die **Aufgabe eines Teilbetriebs** entsprechend (BFH vom 15.07.1986, VIII R 154/85, BStBl II 1986, 896).

Bei **Freiberuflern** sind die Grundsätze des Teilbetriebs über die Verweisung in § 18 Abs. 3 EStG ebenfalls anwendbar (der Begriff „selbstständiger Teil des Vermögens" entspricht dem Begriff des Teilbetriebs). Aufgrund der Personenbezogenheit der selbstständigen Tätigkeit wird man bei Freiberuflern einen Teilbetrieb nur in Ausnahmefällen anerkennen (vgl. H 18 Abs. 3 „Teilbetrieb" EStH). Erforderlich ist auf jeden Fall eine organsisatorische Selbstständigkeit verbunden mit einer örtlichen/fachlichen Trennung. Die folgenden Beispiele mögen dies verdeutlichen:

Ein Tierarzt betreibt eine Großtierpraxis und getrennt davon eine Kleintierpraxis (BFH vom 29.10.1992, IV R 16/91, BStBl II 1993, 182).	Keine Teilbetriebe mangels fachlicher Trennung und mangels organisatorischer Selbstständigkeit (lesenswertes Grundsatzurteil).
Ein Arzt betreibt eine internistische Praxis und ist daneben freiberuflich als Werksarzt in einem großen Unternehmen tätig (BFH vom 4.11.2004, IV R 17/03, BStBl II 2005, 208).	Der BFH bejahte das Vorliegen eines Teilbetriebs, da die beiden Tätigkeiten aufgrund unterschiedlicher Patientenstruktur, unterschiedlichen Personals etc. organisatorisch klar getrennt waren.
Ein Rechtsanwalt veräußert den Bereich „Verkehrsrecht", der bisher mit eigenem Personal ausgestattet war (u.a. eigens dafür angestellte Rechtsanwältin) und in einer eigenen Büroetage residierte (eigenes Beispiel).	Hier fehlt es nach meiner Ansicht an der klaren fachlichen Trennung. Daran ändert auch die möglicherweise starke organisatorische Trennung nichts.

Ein Architekt betreibt ein Architekturbüro, das in die Abteilungen Städteplanung, Hochbau und Industriebau aufgegliedert ist; er veräußert den Bereich Städteplanung an eine junge Kollegin (eigenes Beispiel).	Entscheidend ist nicht, dass der Bereich „Städteplan" in der Hand der jungen Kollegin selbstständig lebensfähig ist. Aus der Sicht der veräußernden Architekten fehlt es an einer fachlichen Trennung.
Ein Architekt betreibt ein Planungsbüro in Stuttgart und ein weiteres in Dresden (eigenes Beispiel).	Obwohl beide Büros denselben fachlichen Gegenstand haben, wird man hier aufgrund der großen Entfernung zwischen den beiden Büros eine organisatorische Selbstständigkeit und damit auch Teilbetriebe bejahen können.
Ein Steuerberater betreibt eine Einzelkanzlei. Er erwirbt von einem Kollegen eine weitere Kanzlei in derselben Stadt. Die Kanzleien bleiben organisatorisch getrennt (BFH vom 26.6.2012, VIII R 22/09, BStBl II 2012, 777).	Hier man der BFH Teilbetriebe an, da aufgrund des separaten Erwerbs beide Büros eigenständig im Markt tätig waren; das Urteil zeigt, dass die Tendenz der Rechtsprechung in Richtung Anerkennung von Teilbetrieben bei Freiberuflern geht.

Übungsfall 10:

R betreibt in Stuttgart eine Rechtsanwaltskanzlei und in Ludwigsburg eine Steuerberatungspraxis. Da er in 02 das 60. Lebensjahr vollendet, entschließt er sich, die Steuerberatungspraxis, die zuletzt durchschnittliche Umsätze von 200.000 € im Jahr hatte zu schließen. Das einzige Betriebsvermögen der Steuerberatungspraxis ist ein Gebäude (Buchwert 31.12.02: 100.000 €, Teilwert 600.000 €).
Ein Teil der Ludwigsburger Mandate wird ab dem Jahre 02 in Stuttgart bearbeitet. Die durchschnittlichen Umsätze dieser Mandate betragen 75.000 €/Jahr.
Muss R stille Reserven aufdecken?

Als Teilbetrieb gilt auch die das **gesamte Nennkapital umfassende Beteiligung** an einer Kapitalgesellschaft (**§ 16 Abs. 1 Nr. 1 2. HS**.). Dies gilt aber nur, wenn sich die Beteiligung im Betriebsvermögen befindet, da Beteiligungen im Privatvermögen unter die Vorschrift des § 17 EStG fallen. § 16 Abs. 1 Nr. 1, 2. HS EStG erfordert nicht, dass sich alle Anteile in der Hand eines Gesellschafters befinden. Voraussetzung ist lediglich, dass alle Anteile wirtschaftlich in einem Akt veräußert werden.

Beispiel:

Im Betriebsvermögen der X-OHG (Gesellschafter X, Y und Z je ⅓) befindet sich eine Beteiligung an der A-GmbH (Buchwert 25.000 €). Die OHG veräußert die Beteiligung für 300.000 €.

Lösung:

Grundsätzlich ist hier der Tatbestand des § 16 Abs. 1 Nr. 1, 2. HS EStG verwirklicht. Dies hat aber nur eine geringe Bedeutung, da der Veräußerungsgewinn (hier: 275.000 €) dem Teileinkünfteverfahren (§ 3 Nr. 40 b) EStG) unabhängig davon unterliegt, ob der Tatbestand des § 15 oder des § 16 EStG verwirklicht wird. Damit ist § 34 EStG sowieso ausgeschlossen. Für den Veräußerungsgewinn (je Mitunternehmer 91.667 €) kommt allenfalls noch der Freibetrag nach § 16 Abs. 4 EStG infrage.

17.12 Realteilung

Die Realteilung einer Mitunternehmerschaft ist in **§ 16 Abs. 3 Satz 2 EStG** geregelt (umfassend: BMF vom 28.02.2006, BStBl I 2006, 228, Beck'sche Erlasse § 16/3). Die Realteilung ist sonach ein **Unterfall der Betriebsaufgabe** und unterscheidet sich insoweit von der **Sachwertabfindung** (s. Kap. 17.7). Nach einer Realteilung existiert die Mitunternehmerschaft nicht mehr, nach einer Sachwertabfindung lebt sie mit den übrigen Mitunternehmern fort.

Werden im Zuge einer Realteilung Teilbetriebe, Mitunternehmeranteile oder einzelne Wirtschaftsgüter in das jeweilige Betriebsvermögen der **einzelnen Mitunternehmer** (Realteiler) übertragen, so sind grundsätzlich zwingend die Buchwerte anzusetzen.

Eine begünstigte Realteilung setzt voraus, dass mindestens eine wesentliche Betriebsgrundlage nach der Realteilung weiterhin Betriebsvermögen eines Realteilers darstellt (vgl. BMF a.a.O. Tz. I). Es ist nicht erforderlich, dass jeder Realteiler wesentliche Betriebsgrundlagen des Gesamthandsvermögens erhält.

Zur Durchführung der Realteilung müssen unter Umständen die Kapitalkonten der Gesellschafter steuerneutral an die Buchwerte der übernommenen Wirtschaftsgüter angepasst werden:

Beispiel:

An einer GbR sind die natürlichen Personen A, B und C zu je einem Drittel beteiligt. Die Bilanz sieht wie folgt aus:

Aktiva		Passiva	
Wirtschaftsgut 1	100.000 €	Kapital A	60.000 €
Wirtschaftsgut 2	20.000 €	Kapital B	60.000 €
Wirtschaftsgut 3	60.000 €	Kapital C	60.000 €
Summe	**180.000 €**	**Summe**	**180.000 €**

Die GbR soll im Wege der Realteilung aufgelöst werden. A soll das Wirtschaftsgut 1, B das Wirtschaftsgut 2 und C das Wirtschaftsgut 3 erhalten. Alle drei Gesellschafter wollen ihr Wirtschaftsgut künftig in ihren Einzelunternehmen verwenden.

Lösung:

Nach § 16 Abs. 3 Satz 2 EStG sind die Wirtschaftsgüter ohne Aufdeckung der stillen Reserven auf die einzelnen Gesellschafter zu verteilen. Hierzu ist es erforderlich, die Kapitalkonten steuerneutral an das jeweilige Wirtschaftsgut anzupassen:

Aktiva		Passiva	
Wirtschaftsgut 1	100.000 €	Kapital A	100.000 €
Wirtschaftsgut 2	20.000 €	Kapital B	20.000 €
Wirtschaftsgut 3	60.000 €	Kapital C	60.000 €
Summe	**180.000 €**	**Summe**	**180.000 €**

Nach der Anpassung können die Wirtschaftsgüter ausgebucht werden (BS: Kapital A 100.000 € an Wirtschaftsgut 1 100.000 €). Dass dabei die stillen Reserven in unterschiedlichem Maße auf die Gesellschafter übergehen, ist häufig nicht zu vermeiden und hat keinen Einfluss auf die Durchführung des § 16 Abs. 3 Satz 2 EStG.

Eine begünstigte Übertragung nach § 16 Abs. 3 Satz 2 EStG ist nur möglich, wenn das Wirtschaftsgut „... in das jeweilige Betriebsvermögen der einzelne Mitunternehmer..." übertragen wird. Hierzu zählen Einzelunternehmen des Realteilers oder Sonderbetriebsvermögen des Realteilers bei einer anderen Mitunternehmerschaft. Nicht möglich ist die Übertragung von der Realteilung-Gesamthand direkt in das Gesamthandsvermögen einer anderen Personengesellschaft, an der der Realteiler beteiligt ist.

Nach Sinn und Zweck des § 16 Abs. 3 Satz 2 EStG kann die Überführung der Wirtschaftsgüter auch in einen Betrieb erfolgen, der erst neu gegründet wird. Er muss aber im Zeitpunkt der Realteilung bereits existieren.

Werden im Rahmen der Realteilung Wirtschaftsgüter in das **Privatvermögen** eines Mitunternehmers überführt, so liegt bei diesem Mitunternehmer eine Aufgabe seines Mitunternehmeranteils nach § 16 Abs. 3 Satz 7 EStG vor, wenn dieser Mitunternehmer sämtliche stillen Reserven seines Mitunternehmeranteils aufdeckt (BFH vom 01.12.1992, VIII R 57/90, BStBl II 1994, 607, III. am Anfang). Deckt der Mitunternehmer nicht alle stillen Reserven seines Mitunternehmeranteils auf, so ist der Entnahmegewinn als laufender Gewinn zu erfassen (BMF a.a.O. Tz. I).

Eine Buchwertfortführung ist nach § 16 Abs. 3 S. 2 EStG ausgeschlossen, soweit Einzelwirtschaftsgüter der real zu teilenden Mitunternehmerschaft unmittelbar oder mittelbar in das Betriebsvermögen einer **Körperschaft** gelangen (§ 16 Abs. 3 Satz 4 EStG).

Die Buchwertfortführung nach § 16 Abs. 3 Satz 2 EStG ist ebenfalls ausgeschlossen, wenn die Besteuerung der stillen Reserven nicht sichergestellt ist. Dies ist insbesondere dann der Fall, wenn das Wirtschaftsgut in ein **ausländisches** Betriebsvermögen des Realteilers gelangt.

Wird das nach § 16 Abs. 3 Satz 2 EStG übertragene Wirtschaftsgut innerhalb einer **dreijährigen Sperrfrist** veräußert oder entnommen, so ist rückwirkend auf den Zeitpunkt der Realteilung der gemeine Wert anzusetzen und somit ein laufender Gewinn zu versteuern.

Sehr häufig wird es nicht möglich sein, dass jeder Mitunternehmer bei der Realteilung ein Wirtschaftsgut erhält, das dem Wert seines Mitunternehmeranteils entspricht. In diesem Fall müssen die Mitunternehmer einen gegenseitigen Wertausgleich vereinbaren. Wird ein derartiger **Spitzen- oder Wertausgleich** gezahlt, liegt im Verhältnis des Spitzenausgleichs zum Wert des übernommenen Betriebsvermögens ein entgeltliches Geschäft vor. In Höhe des um den anteiligen Buchwert verminderten Spitzenausgleichs entsteht ein Veräußerungsgewinn für den veräußernden Realteiler. Dieser Gewinn ist nicht nach §§ 16 und 34 EStG begünstigt, sondern als laufender Gewinn zu versteuern (vgl. BMF a.a.O. Tz. VI).

Beispiel:

An einer OHG sind die beiden Gesellschafter X und Y zu je 50 % beteiligt. Die Bilanz sieht wie folgt aus:

Aktiva			Passiva
Wirtschaftsgut I	80.000 € (Teilwert 200.000 €)	Kapital X	50.000 €
Wirtschaftsgut II	20.000 € (Teilwert 50.000 €)	Kapital Y	50.000 €
Summe	**100.000 €**	**Summe**	**100.000 €**

Im Wege der Realteilung soll X das Wirtschaftsgut I und Y das Wirtschaftsgut II erhalten. Zum Ausgleich zahlt X 75.000 € an Y.

Lösung:

Gesellschafter X erhält das Wirtschaftsgut I zu 125/200 zum Buchwert nach § 16 Abs. 3 Satz 2 EStG. I.H.v. 75/200 erwirbt er das Wirtschaftsgut entgeltlich von Y. Somit erzielt Y einen laufenden Veräußerungsgewinn von:

Ausgleichszahlung	75.000 €
Buchwert (80.000 € × 75/200 =)	./. 30.000 €
Gewinn	**45.000 €**

Gesellschafter X bilanziert das Wirtschaftsgut I wie folgt:

Übergang Buchwert (80.000 € × 125/200 =)	50.000 €
Anschaffungskosten	75.000 €
Buchwert	**125.000 €**

Gesellschafter Y bilanziert das auf ihn übergehende Wirtschaftsgut II mit dem Buchwert nach § 16 Abs. 3 Satz 2 EStG. Er hat keine Anschaffungskosten, da er keinen Spitzenausgleich bezahlt; somit erzielt auch X keinen Veräußerungsgewinn.

Übungsfall 11:

Die Schrott-OHG bilanziert folgende Wirtschaftsgüter: Gebäude (Herstellungskosten 400.000 €, AfA nach § 7 Abs. 4 Nr. 1 EStG 3 % p.a.; Buchwert 31.12.04 300.000 €, Teilwert 1,2 Mio. €) und eine Maschine (Anschaffungskosten 01 1 Mio. €, AfA linear, Nutzungsdauer 10 Jahre, Buchwert 31.12.04 600.000 €, Teilwert 900.000 €). Zum 01.01.05 soll die OHG real geteilt werden. X erhält das Gebäude und Y die Maschine. Gesellschafter Z erhält keine Wirtschaftsgüter. Zum Ausgleich zahlt X an Z 500.000 € und Y an Z 200.000 €. X und Y bilanzieren die Wirtschaftsgüter künftig in ihren Einzelunternehmen.
Stellen Sie die Folgen für alle Gesellschafter dar. Wie sind die übernommenen Wirtschaftsgüter in 05 abzuschreiben?

17.13 Betriebsverlagerung ins Ausland

Nach **§ 16 Abs. 3a EStG** gilt die Verlagerung eines Betriebs, Teilbetriebs oder Mitunternehmeranteils ins Ausland als Betriebsaufgabe, wenn die Besteuerung der stillen Reserven in Deutschland nicht mehr gesichert ist (vgl. die Parallelregelung für einzelne Wirtschaftsgüter in § 4 Abs. 1 Satz 3 EStG).

Beispiel:

Der Steuerpflichtige ist Arzt und betreibt in Deutschland eine Einzelpraxis (Buchwert 100.000 €/Teilwert 300.000 €). Er verlegt seinen Wohnsitz und seine Praxis in die Schweiz.

Lösung:

Nach Art. 14 des DBA Schweiz werden Gewinne aus selbstständiger Tätigkeit in dem Staat besteuert, in dem der Freiberufler ansässig ist; dies ist hier die Schweiz. Daher verliert Deutschland das Besteuerungsrecht bezüglich der stillen Reserven der Arztpraxis. Der Steuerpflichtige muss nach § 16 Abs. 3a EStG einen Aufgabegewinn i.H.v. 200.000 € in Deutschland versteuern.

18. Veräußerung von Beteiligungen (§ 17 EStG)

18.1 Tatbestand

Zu den Einkünften aus Gewerbebetrieb gehört auch der Gewinn aus der Veräußerung von Anteilen an einer Kapitalgesellschaft, wenn der Veräußerer innerhalb der **letzten fünf Jahre** am Kapital der Gesellschaft unmittelbar oder mittelbar zu **mindestens 1 %** beteiligt war.

§ 17 EStG gilt nur für Anteile, die der Gesellschafter im **Privatvermögen** hält. Dies steht zwar nicht ausdrücklich in § 17 EStG, lässt sich aber aus der Formulierung „… zu den Einkünften aus Gewerbebetrieb gehört…" herleiten.

Für die Berechnung der 1 %-Grenze sind **Beteiligungen im Privat-** und **Betriebsvermögen** zusammenzurechnen (vgl. H 17 Abs. 2 „Anteile im Betriebsvermögen" EStH). Besteht neben einer unmittelbaren eine mittelbare Beteiligung an der Gesellschaft, liegt eine Beteiligung i.S.d. § 17 Abs. 1 Satz 1 EStG vor, wenn die Zusammenrechnung der Anteile eine Beteiligung von mindestens 1 % ergibt (BFH vom 12.06.1980, IV R 128/77, BStBl II 1980, 646).

Eine **mittelbare Beteiligung** kann sowohl über eine Personen- als auch über eine Kapitalgesellschaft gehalten werden.

Beispiel 1:

Gesellschafter G ist zu 0,8 % unmittelbar an der XY-GmbH beteiligt. Er hält außerdem 40 % der Anteile an der AB-GmbH, die ihrerseits zu 20 % an der XY-GmbH beteiligt ist. Er veräußert die Anteile an der XY-GmbH.

Lösung:

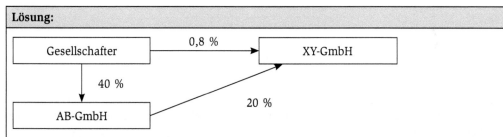

G ist zwar unmittelbar lediglich zu 0,8 % beteiligt; über die AB-GmbH ist er aber mittelbar zu (40 % × 20 % =) 8 % beteiligt. Somit beträgt seine gesamte Beteiligung 8,8 %. Die Veräußerung der Anteile an der XY-GmbH fällt unter § 17 Abs. 1 Satz 1 EStG.

Beispiel 2:

Der Sachverhalt entspricht Beispiel 1 mit folgender Variante: Die vermittelnde Gesellschaft ist die AB-OHG.

Lösung:

Es spielt keine Rolle, ob die mittelbare Beteiligung über eine Personen- oder eine Kapitalgesellschaft vermittelt wird. Auch in diesem Fall fällt die Veräußerung der Anteile an der XY-GmbH unter die Vorschrift des § 17 Abs. 1 Satz 1 EStG.

Werden von der Kapitalgesellschaft **eigene Anteile** gehalten, ist bei der Entscheidung, ob ein Steuerpflichtiger mindestens zu 1 % beteiligt ist, von dem um die eigenen Anteile der Kapitalgesellschaft verminderten Nennkapital auszugehen (vgl. H 17 Abs. 2 „Eigene Anteile" EStH).

Beispiel:

Die Z-GmbH hat ein gezeichnetes Kapital i.H.v. 100.000 €. Die GmbH hält eigene Anteile im Nominalbetrag von 20.000 €. G hält einen Anteil von nominal 900 €.

Lösung:

G ist zwar direkt nur zu (900 €/100.000 € =) 0,9 % beteiligt und würde damit nicht die Voraussetzungen des § 17 Abs. 1 Satz 1 EStG erfüllen. Da die GmbH aber eigene Anteile hält, ist von dem um die eigenen Anteile verminderten Stammkapital (hier: 100.000 € ./. 20.000 € = 80.000 €) auszugehen. Somit ist G zu (900 €/80.000 € =) 1,125 % beteiligt. Die Veräußerung der Anteile fällt somit unter § 17 Abs. 1 Satz 1 EStG.

Unter den Begriff der **Anteile** an einer **Kapitalgesellschaft** i.S.v. § 17 EStG fallen nach der Legaldefinition des § 17 Abs. 1 Satz 3 EStG Aktien, Anteile an einer GmbH, Genussscheine oder ähnliche Beteiligungen und Anwartschaften auf solche Beteiligungen.

Beispiel:

A ist Alleingesellschafter der A-GmbH. Die GmbH hat ein Stammkapital i.H.v. 100.000 € und einen gemeinen Wert von 1 Mio. €. A nimmt eine Kapitalerhöhung auf 200.000 € vor und veräußert das Recht auf die Kapitalerhöhung an B. B verpflichtet sich, die Einlage i.H.v. 100.000 € zu leisten und 450.000 € an A zu bezahlen.

Lösung:

A hat das Anwartschaftsrecht auf neue Gesellschaftsanteile veräußert. Dieser Tatbestand fällt unter § 17 Abs. 1 Satz 1 EStG. Mit der Kapitalerhöhung gehen die stillen Reserven zur Hälfte auf den Erwerber über (= Zahlung an A). Damit beträgt der Gewinn des A (450.000 € × 60 % =) 270.000 €.

Außerdem rechnen hierzu auch **Anteile an ausländischen Kapitalgesellschaften**, wenn diese einer deutschen Kapitalgesellschaft vergleichbar sind (vgl. Tab. 1 zu BMF vom 24.12.1999 „Betriebsstättenerlass", BStBl I 1999, 1076).

18.2 Beteiligungen von < 1 %

Hat der Steuerpflichtige innerhalb der letzten fünf Jahre zu keinem Zeitpunkt eine **Beteiligung von mindestens 1 %** erreicht, so ist § 17 Abs. 1 EStG nicht anwendbar. Wurde die Beteiligung vor dem 01.01.2009 erworben, so fällt ein Veräußerungsgewinn unter die Vorschrift des **§ 23 Abs. 1 Nr. 2 EStG a.F.** (§ 52a Abs. 11 Satz 4 EStG). Im Regelfall dürfte hier die einjährige **Spekulationsfrist** abgelaufen sein.

Wurde die Beteiligung nach dem 31.12.2008 erworben, so ist ein Veräußerungsgewinn nach **§ 20 Abs. 2 Nr. 1 EStG** – ohne Rücksicht auf die Dauer der Beteiligung – zu erfassen. Der Gewinn unterliegt grundsätzlich der **Abgeltungsteuer** (§ 32d Abs. 1 EStG).

18.3 Veräußerungsgewinn

Veräußerungsgewinn ist nach § 17 Abs. 2 EStG der Betrag, um den der Veräußerungspreis nach Abzug der Veräußerungskosten die Anschaffungskosten übersteigt.

Zu den Anschaffungskosten einer Beteiligung rechnen:
* die Einzahlung des Stammkapitals bei der Gründung,
* Sacheinlagen,
* Gründungskosten, die vom Gesellschafter übernommen wurden,

- der Kaufpreis für eine bereits gegründete Kapitalgesellschaft,
- Anschaffungsnebenkosten (Notar, Rechtsberatung, Eintragung ins Handelsregister etc.),
- nachträgliche Anschaffungskosten.

Der Veräußerungserlös ist nach **§ 3 Nr. 40 Buchst. c) EStG** nur zu 60 % steuerpflichtig (**Teileinkünfteverfahren**).

Im Gegenzug sind die Anschaffungskosten und die Veräußerungskosten nach **§ 3c Abs. 2 EStG** ebenfalls nur zu 60 % abzugsfähig.

Wird der **Kaufpreis** von den Vertragsparteien **nachträglich geändert**, weil z.B. die Beteiligung nicht die zugesicherten Erträge erwirtschaftet, so stellt dies ein rückwirkendes Ereignis dar, das zur Änderung des ursprünglichen Veräußerungsgewinns führt (vgl. BFH vom 23.06.1988 IV R 84/86, BStBl II 1989, 41 zu § 16 EStG). Auch eine Rückübertragung aufgrund einer vor Kaufpreiszahlung geschlossenen Rücktrittsvereinbarung ist als Ereignis mit steuerlicher Rückwirkung auf den Zeitpunkt der Veräußerung der Beteiligung zurück zu beziehen (BFH vom 21.12.1993, VIII R 69/88, BStBl II 1994, 648). Ohne eine derartige Vereinbarung stellt die Rückübertragung eine erneute Veräußerung dar (BFH vom 21.10.1999, I R 43/98, BStBl II 2000, 424).

Der Veräußerungsgewinn wird zur Einkommensteuer nur herangezogen, soweit er den **Teil von 9.060 €** übersteigt, der dem veräußerten Anteil an der Kapitalgesellschaft entspricht. Der Freibetrag ermäßigt sich um den Betrag, um den der Veräußerungsgewinn den **Teil von 36.100 €** übersteigt, der dem veräußerten Anteil an der Kapitalgesellschaft entspricht (§ 17 Abs. 3 EStG). Die Anwendung des § 34 EStG ist im Bereich des Teileinkünfteverfahrens ausdrücklich ausgeschlossen (vgl. § 34 Abs. 2 EStG).

Beispiel:

Gesellschafter G erwarb in 01 30 % der Anteile an der XY-GmbH für 200.000 €. Er veräußert in 14 die Anteile, die er im Privatvermögen hielt für 250.000 €. Die Veräußerungskosten, die von G getragen werden, belaufen sich auf 20.000 €.

Lösung:

Die Veräußerung fällt unter die Vorschrift des § 17 Abs. 1 Satz 1 EStG, da G innerhalb der letzten fünf Jahre vor der Veräußerung mindestens zu 1 % beteiligt war und die Beteiligung im Privatvermögen hielt. Der Veräußerungsgewinn beträgt:

Erlös (§ 3 Nr. 40 Buchst. c) EStG; 250.000 € × 60 % =)		150.000 €
Veräußerungskosten (§ 3c Abs. 2 EStG; 20.000 € × 60 % =)		./. 12.000 €
Anschaffungskosten (§ 3c Abs. 2 EStG; 200.000 € × 60 % =)		./. 120.000 €
Summe		**18.000 €**
Freibetrag (30 % × 9.060 € =)	2.718 €	
Veräußerungsgewinn	18.000 €	
Grenzbetrag (36.100 € × 30 %)	./. 10.830 €	
Kürzungsbetrag	./. 7.170 €	
Freibetrag		0 €
steuerpflichtiger Veräußerungsgewinn		**18.000 €**

Erwirbt der Gesellschafter mehrere Anteile hintereinander, so kann er wählen, welche Anteile er zu einer Veräußerung verwenden will (H 17 Abs. 5 „Wahlrecht bei teilweiser Veräußerung von GmbH-Anteilen" EStH).

Beispiel:

Gesellschafter G erwirbt in 01 20 % der Anteile an der XY-GmbH für 10.000 €. In 07 erwirbt er weitere 40 % für 200.000 €. In 14 veräußert er nominal 10 % für 70.000 €.

Lösung:

Der Gesellschafter hat ein Wahlrecht. In der Regel wird er sich für die Anteile entscheiden, in denen die geringsten stillen Reserven stecken; dies sind hier die in 07 erworbenen Anteile. Somit ergibt sich ein Veräußerungsgewinn i.H.v.:

Erlös (70.000 € × 60 % =)	42.000 €
Anschaffungskosten (200.000 € × ¼ × 60 % =)	./. 30.000 €
Gewinn	**12.000 €**

Entsteht bei der Veräußerung ein **Verlust**, so ist die Vorschrift des **§ 2a EStG** zu beachten, wenn eine Kapitalgesellschaft veräußert wird, deren Sitz **außerhalb der EU** liegt (§ 2a Abs. 1 Nr. 4 EStG; sog. Drittland). Das gleiche gilt, wenn eine Kapitalgesellschaft mit Sitz **innerhalb der EU** mit Verlust veräußert wird und der Verlust auf einem Tatbestand beruht, der in einem Drittland verwirklicht wurde (§ 2a Abs. 1 Nr. 7 EStG).

Beispiel:

Gesellschafter G ist zu 70 % an der Z-AG mit Sitz in Deutschland beteiligt. Die Anschaffungskosten betragen 2 Mio. €. Die Z-AG unterhält in der Schweiz eine Betriebsstätte, die über Jahre hinweg erhebliche Verluste verursacht. Aufgrund dieser Verluste ist der Wert der deutschen AG erheblich gesunken. G kann daher bei der Veräußerung der Anteile lediglich 500.000 € erlösen.

Lösung:

Die Veräußerung der Anteile an der AG fällt unter § 17 Abs. 1 Satz 1 EStG. Da der Veräußerungsverlust seine Ursache im außereuropäischen Ausland hat, kann der Verlust nach § 2a Abs. 1 Nr. 7 Buchst. c) EStG nur nach § 2a Abs. 1 Satz 3 EStG vorgetragen und mit künftigen Gewinnen verrechnet werden.

Zur Berücksichtigung von Verlusten siehe auch 18.6.

18.4 Einlage von Anteilen

Die Einlage von Anteilen in ein Betriebsvermögen kann – je nach Fallgestaltung – unterschiedliche Rechtsfolgen auslösen (vgl. BMF vom 29.03.2000, BStBl I 2000, 462, Beck'sche Erlasse § 4/13; und BMF vom 11.7.2011, BStBl I 2011, 713, Beck'sche Erlasse § 4/15).

Dabei muss zwischen **offenen** und **verdeckten** Einlagen unterschieden werden. Eine offene Einlage liegt vor, wenn der Gesellschafter als Gegenleistung für die Hingabe eines Wirtschaftsguts Gesellschaftsanteile erhält (vgl. BMF vom 29.03.2000, a.a.O. Tz. II 1 a). Das BMF-Schreiben regelt zwar nur die Fälle, bei denen eine Einlage in ein **Gesamthandsvermögen** erfolgt. Die Einlage in das Betriebsvermögen einer **Kapitalgesellschaft** ist aber nach den Rechtsgrundsätzen des § 6 Abs. 6 EStG ebenso zu behandeln.

Bei einer Personengesellschaft ist eine offene Einlage daran zu erkennen, dass die Einlage dem Kapitalkonto des Gesellschafters gutgeschrieben wird (BS: Wirtschaftsgut an Kapitalkonto Gesellschafter).

Eine offene Einlage in eine Kapitalgesellschaft kann nur vorliegen, wenn die Einlage auf das Stammkapital gebucht wird. Dieser Vorgang ist nur denkbar bei Gründung der Gesellschaft (Erfüllung der satzungsmäßigen Einlageverpflichtung) oder bei einer Kapitalerhöhung.

Offene Einlagen – unabhängig davon ob in eine Personengesellschaft oder in eine Kapitalgesellschaft – werden stets als Veräußerung (**tauschähnlicher Vorgang**) beurteilt. Wird die Beteiligung an einer Kapitalgesellschaft i.S.v. § 17 Abs. 1 Satz 1 EStG offen eingelegt, so löst dies einen Veräußerungsgewinn nach § 17 Abs. 1 Satz 1 EStG aus (vgl. BMF a.a.O.; bitte nicht verwechseln mit dem Tatbestand des § 17 Abs. 1 Satz 2 EStG, der nur für verdeckte Einlagen anwendbar ist).

Beispiel:

Gesellschafter G hält 10 % der Anteile an der A-GmbH im Privatvermögen (Anschaffungskosten 100.000 €/gemeiner Wert 500.000 €). Er legt die Anteile im Wege der offenen Einlage in die:
a) X-OHG
b) X-AG
ein.

Lösung:

In beiden Fällen tauscht der Gesellschafter die Anteile an der A-GmbH gegen Anteile der X-OHG bzw. der X-AG. In beiden Fällen entsteht ein Veräußerungsgewinn nach § 17 Abs. 1 Satz 1 EStG i.H.v. (500.000 € × 60 % abzüglich 100.000 € × 60 % =) 240.000 €.

Eine **verdeckte Einlage** liegt vor, wenn der Gesellschafter keine Gegenleistung für die Hingabe seines Wirtschaftsguts bekommt.

Sowohl bei der Personengesellschaft als auch bei der Kapitalgesellschaft ist die verdeckte Einlage daran erkennbar, dass die aufnehmende Gesellschaft das Wirtschaftsgut entweder als **Ertrag** oder in eine **Kapitalrücklage** bucht (vgl. sinngemäß BMF vom 26.11.2004 a.a.O. sowie BMF vom 11.7.2011, a.a.O. II 2. a)).

Bei den Folgen einer verdeckten Einlage ist zu differenzieren:
* Erfolgt die verdeckte Einlage in eine **Personengesellschaft**, so stellt dies eine Einlage i.S.v. **§ 6 Abs. 1 Nr. 5 Buchstabe b) EStG** dar. Die Beteiligung ist in der Regel mit den Anschaffungskosten zu aktivieren. Die stillen Reserven gehen von dem einlegenden Gesellschafter auf die Personengesellschaft über. Dies ist unproblematisch, da die Personengesellschaft die Veräußerung ebenfalls im Teileinkünfteverfahren versteuert (vgl. § 3 Nr. 40 Buchst. a) EStG). Die Einlage löst damit beim Gesellschafter keinen Gewinn aus.
* Erfolgt die verdeckte Einlage in eine **Kapitalgesellschaft**, so könnte die aufnehmende Kapitalgesellschaft die Beteiligung nach § 8b KStG steuerfrei veräußern. Aus diesem Grund fingiert § 17 Abs. 1 Satz 2 EStG einen Veräußerungsgewinn. Als Veräußerungserlös gilt nach **§ 17 Abs. 2 Satz 2 EStG** der gemeine Wert der eingelegten Anteile.

Beispiel:

Gesellschafter G hält 10 % der Anteile an der A-GmbH im Privatvermögen (Anschaffungskosten 100.000 €/gemeiner Wert 500.000 €). Er legt die Anteile im Wege der verdeckten Einlage in die:
a) X-OHG
b) X-AG ein.

Lösung:

a) Da bei einer verdeckten Einlage der Gesellschafter keine Gegenleistung erhält, liegt kein Tausch vor. Die Einlage ist nach § 6 Abs. 1 Nr. 5 Buchstabe b) EStG mit den Anschaffungskosten (hier: 100.000 €) zu bewerten. Beim Gesellschafter G löst die verdeckte Einlage keinen Veräußerungsgewinn aus.

b) Wird eine Beteiligung an einer Kapitalgesellschaft in eine andere Kapitalgesellschaft eingelegt, fällt dieser Vorgang unter § 17 Abs. 1 Satz 2 EStG. Damit entsteht beim Gesellschafter G folgender Veräußerungsgewinn:

Gemeiner Wert der Anteile (500.000 € × 60 % =)	300.000 €
Anschaffungskosten (100.000 € × 60 % =)	./. 60.000 €
Gewinn	**240.000 €**

War der Gesellschafter vor der verdeckten Einlage innerhalb der letzten 5 Jahre **nicht mindestens** 1 % an der Kapitalgesellschaft beteiligt, deren Anteile verdeckt eingelegt werden, so gilt Folgendes: Werden die Anteile verdeckt in eine **Personengesellschaft** eingelegt, so erfolgt die Bewertung der Einlage nach **§ 6 Abs. 1 Nr. 5 Buchstabe c) EStG** mit den Anschaffungskosten. Werden die Anteile verdeckt in eine andere Kapitalgesellschaft eingelegt, gilt dies nach **§ 20 Abs. 2 S. 2 EStG** als Veräußerung.

Mit der Entscheidung vom 17.7.2008, I R 77/06, BStBl II 2009, 464 hat der BFH das bisherige klare Prinzip der Trennung zwischen offenen und verdeckten Einlagen aufgebrochen. Nach der bisherigen Rechtsprechung war bei gleichzeitigem Vorliegen einer offenen und einer verdeckten Einlage in eine Personengesellschaft der Vorgang aufzuteilen. Soweit der Gesellschafter Gesellschaftsrechte als Gegenleistung erhielt, lag ein Tausch vor. Im Übrigen richteten sich die Rechtsfolgen nach den Grundsätzen einer verdeckten Einlage. Mit der neuen Rechtsprechung nimmt der BFH insgesamt eine offene Einlage an, wenn zumindest auch eine offene Einlage gegeben ist. Die Verwaltung (BMF vom 11.7.2011 a.a.O. Tz. II. 2 a)) folgt dem.

Beispiel:

Gesellschafter G hält 10 % der Anteile an der A-GmbH im Privatvermögen (Anschaffungskosten 100.000 €/gemeiner Wert 500.000 €). Er legt die Anteile in die X-OHG ein; diese bucht wie folgt: Anteile A-GmbH 500.000 € an Kapital G 300.000 € und Kapitalrücklage 200.000 €.

Lösung:

Nach der neuen Rechtsprechung liegt insgesamt eine offene Einlage vor. Die Buchung war daher korrekt. Beim Gesellschafter G löst die Einlage einen Veräußerungsgewinn nach § 17 Abs. 1 Satz 1 EStG aus (Gewinn 240.000 €; siehe obiges Beispiel).

Für die Einlage in eine **Kapitalgesellschaft** hat die neue Rechtsprechung keine Bedeutung, da hier die Vorschrift des **§ 17 Abs. 1 Satz 2 EStG** zwingend eine Aufteilung in offene und verdeckte Einlagen erfordert.

Beispiel:

Gesellschafter G hält 10 % der Anteile an der A-GmbH im Privatvermögen (Anschaffungskosten 100.000 €/gemeiner Wert 500.000 €). Er legt die Anteile in die X-AG ein; diese bucht wie folgt: Anteile A-GmbH 500.000 € an Stammkapital 300.000 € und Kapitalrücklage 200.000 €.

Lösung:

Der Vorgang ist aufzuteilen. Soweit eine offene Einlage vorliegt (hier: 300.000 €/500.000 €) ist der Vorgang nach § 17 Abs. 1 Satz 1 EStG als Tausch zu beurteilen. Im Übrigen liegt eine verdeckte Einlage mit der Folge des § 17 Abs. 1 Satz 2 EStG vor. Die X-AG aktiviert die Beteiligung zu Recht mit 500.000 €.

Wird eine Beteiligung in ein **Einzelunternehmen** eingelegt, stellt sich die obige Problematik nicht. Hier liegt immer eine Einlage i.S.v. § 6 Abs. 1 Nr. 5 Buchstabe b) oder c) EStG vor.

Einlage von Anteilen				
Offene Einlage (Gegenleistung: Gesellschaftsrechte)			Verdeckte Einlage (Buchung als Ertrag oder in eine Kapitalrücklage)	
in eine Kapital-gesellschaft	in eine Personen-gesellschaft	in ein Einzel-unternehmen	in eine Personen-gesellschaft	in eine Kapital-gesellschaft
= Tausch; entgeltliche Veräußerung i.S.v. § 17 Abs. 1 Satz 1 EStG		= Einlage i.S.v. § 6 Abs. 1 Nr. 5b EStG	= Sondertatbestand § 17 Abs. 1 Satz 2 EStG	

Abb. 7: Einlage von Anteilen

Übungsfall 1:

G ist zu 50 % Gründungsgesellschafter der A-GmbH mit einem Stammkapital von 50.000 €. Im Gesell-schaftsvertrag hat sich G verpflichtet, eine Beteiligung an der B-AG (Anschaffungskosten 100 T€, gemeiner Wert 200 T€) in Erfüllung seiner Beitragspflicht auf die GmbH zu übertragen. Die GmbH bucht den Vorgang wie folgt: Beteiligung 100 T€ an Stammkapital 25.000 € und Ertrag 75.000 €.
Ist die Buchung korrekt? Welche steuerlichen Folgen hat der Vorgang für G?

Übungsfall 2:

G ist zu 20 % an der XY-GmbH beteiligt (Anschaffungskosten 50.000 €). Er hält die Beteiligung im Privatvermögen. In 02 bringt er die Beteiligung (gemeiner Wert 120.000 €) in die A-KG ein.
a) Die KG bucht: Beteiligung 120.000 € an Kapital G 120.000 €.
b) Die KG bucht: Beteiligung 120.000 € an Kapitalrücklage 120.000 €
c) Die KG bucht: Beteiligung 120.000 € an Kapital G 20.000 € und Kapitalrücklage 100.000 €.

Sind die Buchungen korrekt? Welche Folgen ergeben sich für G?

Ein besonderes Problem entsteht, wenn eine Beteiligung unter Anwendung des § 6 Abs. 1 Nr. 5 Buch-stabe b) oder c) EStG eingelegt wird und der gemeine Wert (bzw. der Teilwert) im Einlagezeitpunkt unter die Anschaffungskosten gefallen ist (**Einlage wertgeminderter Beteiligungen**). In diesem Fall ist nach dem Wortlaut des § 6 Abs. 1 Nr. 5 EStG der niedrigere Teilwert anzusetzen (vgl. „... Einlagen sind mit dem Teilwert anzusetzen; sie sind jedoch **höchstens** mit den Anschaffungskosten anzusetzen, wenn ...“). In diesem Fall will die Verwaltung – dem BFH vom 2.9.2008, X R 48/02, BStBl II 2010, 162 folgend – die Beteiligung entgegen dem Wortlaut des § 6 Abs. 1 Nr. 5 EStG mit den **Anschaffungskosten** ansetzen (H 17 Abs. 8 „Einlage einer wertgeminderten Beteiligung“ EStH).

Übungsfall 3:

B ist zu 80 % an einer GmbH beteiligt. Die Anschaffungskosten in 05 betrugen 75.000 €. B hält die Beteiligung im Privatvermögen. B betreibt ferner ein gewerbliches Einzelunternehmen (Gewinnermitt-lung nach § 5 EStG). Im Wirtschaftsjahr 10 setzt er die Beteiligung als Sicherheit für Betriebskredite ein und stellt sie (zulässigerweise) in seine Bilanz ein. Der Teilwert der Beteiligung im Zeitpunkt der Einlage beträgt:
a) 100.000 €,
b) 50.000 €.

In 14 wird die Beteiligung für 150.000 € veräußert.
Wie hoch ist der Veräußerungsgewinn des B?

18.5 Veräußerung einer Beteiligung gegen Rente

Überträgt ein Steuerpflichtiger seine Beteiligung gegen eine Leibrente (= eine lebenslange Rente), so kann dies eine:

- Versorgungsrente im Rahmen eines Übergabevertrages (§ 10 Abs. 1a Nr. 2 EStG) oder
- eine Veräußerungsrente

sein.

Im Falle einer **Versorgungsrente** (s. Kap. 6.3) wird die Beteiligung unentgeltlich übertragen. Versorgungsrenten kommen nur bei Übertragungen im familiären Bereich vor (vgl. BMF vom 11.3.2010, BStBl I 2010, 227 Rz. 2 ff.; Beck'sche Erlasse § 10/5).

Liegt eine **Veräußerungsrente** vor (ausführlich: BMF vom 11.3.2010, a.a.O. Rz. 65 ff.), so erfolgt die Übertragung entgeltlich.

Für den Fall der Übertragung gegen Veräußerungsrente verweist R 17 Abs. 7 S. 2 EStR auf die Grundsätze des R 16 Abs. 11 EStR (s. Kap. 17.5.7).

§ 17 Abs. 7 EStR modifiziert die Anwendung: Wählt der Veräußerer die **Sofortversteuerung** ist § 17 EStG anzuwenden. Veräußerungsgewinn ist der Unterschiedsbetrag zwischen dem nach den Vorschriften des BewG ermittelten Barwerts der Rente, vermindert um etwaige Veräußerungskosten des Steuerpflichtigen, und den Anschaffungskosten der Beteiligung. Der Barwert ist nach den sich jährlich ändernden Tabellen des BMF anzusetzen (für VZ 2015: BMF vom 26.10.2012, BStBl I 2012, 950, Beck'sche Erlasse 200 § 14/1 und BMF vom 21.11.2014, BStBl I 2014, 1576).

Die in den Rentenzahlungen enthaltenen Ertragsanteile sind sonstige Einkünfte im Sinne des § 22 Nr. 1 Satz 3 Buchst. a) bb) EStG.

Wählt der Veräußerer die **laufende Besteuerung**, so ist der Tilgungsanteil nach Verrechnung mit den Anschaffungskosten der Beteiligung und etwaigen Veräußerungskosten im Jahr des Zuflusses als nachträgliche Einkünfte aus Gewerbebetrieb i.S.d. §§ 17, 15, 24 Nr. 2 EStG zu versteuern. Nur auf den Tilgungsanteil ist nach § 3 Nr. 40 Buchst. c) EStG das Teileinkünfteverfahren anzuwenden. Der Zinsanteil ist nach der Tabelle in § 22 Nr. 1 Satz 3 a) bb) EStG zu ermitteln und zu versteuern (BMF vom 03.08.2004, Beck'sche Erlasse Nr. 1 § 16/1 Tz. 1.2). Demgemäß ist der Tilgungsanteil – im Gegensatz zu § 16 EStG – als Differenz zwischen der Rentenzahlung und dem Ertragsanteil zu berechnen.

Wahlrecht bei Veräußerung von Anteilen gegen wiederkehrende Bezüge (§ 17 EStG)			
Sofortversteuerung		**Laufende Versteuerung**	
Veräußerungs-gewinn	Versteuerung nach § 17 EStG; Gewinn = Rentenbarwert abzüglich Anschaffungskosten unter Berücksichtigung des Teileinkünfteverfahrens	Veräußerungs-gewinn	§§ 15, 17, 24 Nr. 2 EStG; Entstehung eines laufenden Veräußerungsgewinns, wenn die Summe der Tilgungsanteile die Anschaffungskosten übersteigt; Anwendung des Teileinkünfteverfahrens; Berechnung des Tilgungsanteils: Rentenzahlung abzüglich Zinsanteil
Rente	Versteuerung nach § 22 Nr. 1 Satz 3 a) bb) EStG mit dem Ertragsanteil	Rente	Versteuerung nach § 22 Nr. 1 Satz 3 a) bb) EStG mit dem Ertragsanteil

Der Erwerber muss – unabhängig vom Wahlrecht des Veräußerers – stets die Beteiligung mit den Anschaffungskosten (= Barwert + Anschaffungsnebenkosten) aktivieren.

> **Übungsfall 4:**
>
> G (70 Jahre alt) erwarb in 01 eine 40 %ige Beteiligung an der XY-GmbH für 20.000 €. Im Januar 14 veräußert er seine Beteiligung gegen eine monatliche Leibrente von 1.000 €.
> a) Er wählt die laufende Versteuerung.
> b) Er wählt die Sofortversteuerung.
>
> **Bitte stellen Sie die Folgen der Wahlrechte beim Veräußerer dar.**

18.6 Veräußerungsverlust

Nach **§ 17 Abs. 2 Satz 6 Buchstabe b) EStG** wird ein Veräußerungsverlust nur berücksichtigt, soweit er auf Anteile entfällt:

- die mindestens **fünf Jahre lang** als Beteiligung i.S.v. § 17 Abs. 1 Satz 1 EStG gehalten wurden **oder**
- bereits bei Erwerb mindestens die Voraussetzungen des § 17 Abs. 1 Satz 1 EStG erfüllten (mindestens 1 % Beteiligung) **oder**
- zu einer mindestens 1 %-igen Beteiligung hinzu erworben wurden.

Aufgrund der niedrigen Grenze in § 17 Abs. 1 Satz 1 EStG hat die Vorschrift des § 17 Abs. 2 Satz 6 Buchst. b) EStG keine große Bedeutung.

> **Beispiel:**
>
> G erwirbt in 08 eine 0,8 %ige Beteiligung an der XY-GmbH für 80 T€. In 12 erwirbt er weitere 5 % für 700 T€. In 14 veräußert G die gesamte Beteiligung für 200 T€.

> **Lösung:**
>
> Die Veräußerung fällt auf jeden Fall unter § 17 Abs. 1 Satz 1 EStG, da G innerhalb der letzten fünf Jahre vor der Veräußerung zu mindestens 1 % an der GmbH beteiligt war. Problematisch ist aber, ob der Veräußerungsverlust anzuerkennen ist. Es muss geprüft werden, inwieweit die Veräußerung einen der Ausnahmetatbestände des § 17 Abs. 2 Satz 6 EStG erfüllt.
>
> G hat nicht mindestens fünf Jahre lang eine Beteiligung von mindestens 1 % gehalten. Der Erwerb der 5 % führte aber zu einer Beteiligung i.S.v. § 17 Abs. 1 Satz 1 EStG. Daher kann nur der Verlust aus der Veräußerung der 5 % anerkannt werden. G hat für 5,8 % der Beteiligung einen Kaufpreis i.H.v. 200 T€ erlöst. Damit entfällt auf die 5 % ein Kaufpreis i.H.v. (200 T€ × 5/5,8 =) 172.414 €. Somit ergibt sich folgender Verlust:
>
> | | |
> |---|---:|
> | Erlös §§ 17, 3 Nr. 40 Buchst. c) EStG (172.414 € × 60 % =) | 103.448 € |
> | Anschaffungskosten § 3c Abs. 2 EStG (700 T€ × 60 % =) | ./. 420.000 € |
> | **Veräußerungsverlust** | **./. 316.552 €** |

18.7 Nachträgliche Anschaffungskosten

18.7.1 Grundprinzip

Die Berücksichtigung nachträglicher Anschaffungskosten hat im Rahmen des § 17 EStG eine große praktische Bedeutung, da nachträgliche Anschaffungskosten den Veräußerungsgewinn mindern und einen Veräußerungsverlust erhöhen.

Als nachträgliche Anschaffungskosten kommen insbesondere in Betracht:
- **Verdeckte Einlagen,**
- **Ausfall eigenkapitalersetzender Darlehen sowie**
- **Bürgschaftszahlungen.**

Siehe H 17 Abs. 5 EStH sowie BMF vom 21.10.2010, BStBl I 2010, 832, Beck'sche Erlasse § 17/1.

18.7.2 Verdeckte Einlagen

Verdeckte Einlagen eines Gesellschafters in eine Kapitalgesellschaft liegen vor, wenn der Gesellschafter aus gesellschaftsrechtlichen Gründen der Gesellschaft einen bilanzierungsfähigen Vorteil zuwendet (vgl. § 8 Abs. 3 Satz 3 KStG und R 40 KStR/H 40 KStH).

Beispiel:

Ein Gesellschafter einer GmbH gewährt der Gesellschaft ein Darlehen über 500 T€. Als die Gesellschaft in Zahlungsschwierigkeiten gerät, verzichtet der Gesellschafter auf die Forderung. Diese hat zu diesem Zeitpunkt einen gemeinen Wert von 100 T€.

Lösung:

Der Gesellschafter hat nachträgliche Anschaffungskosten auf die Beteiligung i.H.v. 100 T€.

18.7.3 Eigenkapitalersetzende Darlehen

Der Begriff der eigenkapitalersetzenden Darlehen stammt aus dem Zivilrecht. Nach den von der Rechtsprechung zu § 32a GmbHG entwickelten Regeln durften Gesellschafterdarlehen, die zu einem Zeitpunkt gewährt wurden, in denen ein ordentlicher Kaufmann der Gesellschaft Eigenkapital zugeführt hätte, in der Krise der Gesellschaft nicht zurückgezahlt werden.

Diese zivilrechtlichen Grundsätze wurden von der Rechtsprechung des BFH und der Verwaltung (BMF vom 08.06.1999, BStBl I 1999, 545) auf das Steuerrecht übertragen. Danach unterschied die Verwaltung vier Darlehensarten, deren Ausfall zu nachträglichen Anschaffungskosten führt:
- Hingabe des Darlehens in der Krise,
- stehen gelassene Darlehen,
- krisenbestimmte Darlehen sowie
- Finanzplandarlehen.

Durch das Gesetz zur Modernisierung des GmbH-Rechts und zur Bekämpfung von Missbräuchen (**MoMiG**), welches zum 01.11.2008 in Kraft getreten ist, sind die gesetzlichen Vorschriften zum eigenkapitalersetzenden Darlehen, insbesondere die § 32a und § 32b GmbHG abgeschafft worden. Als Ersatz dafür wurden in das **Insolvenzrecht** neue Regelungen aufgenommen.

Kern dieser Regelung (vgl. **§ 39 Abs. 1 Nr. 5 InsO**) ist eine gesetzliche Nachrangigkeit aller Gesellschafterdarlehen im Insolvenzfall (insolvenzrechtliche Nachrangigkeit). Da diese Regeln des Insolvenzrechts weitgehend mit der bisherigen Regelung im GmbHG übereinstimmen, bleibt es nach (richtiger) Ansicht der Verwaltung (BMF vom 21.10.2010, BStBl I 2010, 832) grundsätzlich bei dem bisherigen System der nachträglichen Anschaffungskosten durch Ausfall von Gesellschafterdarlehen. Lediglich bei den krisenbestimmten Darlehen erweitert die Verwaltung den Anwendungsbereich auf den Fall des § 39 InsO. Da somit im Insolvenzfall **sämtliche Gesellschafterdarlehen** einen eigenkapitalersetzenden Charakter bekommen, bleibt für die stehen gelassenen Darlehen (fast) kein Raum mehr. Im Einzelnen ergibt sich folgende Systematik:

Darlehensart	Tatbestandsmerkmale	Nachträgliche Anschaffungskosten (bei Ausfall)
Krisendarlehen	Das Darlehen wird nach Eintritt der Krise gewährt	... in Höhe des Nennwerts des Darlehens
Krisenbestimmtes Darlehen	Das Darlehen wird zu gesunden Zeiten gewährt; für den Fall der Krise ist eine Rückzahlung erst möglich, wenn die anderen Gläubiger befriedigt sind; diese Nachrangigkeit des Rückzahlungsanspruchs kann sich ergeben aus:	
	• einer bindenden vertraglichen Vereinbarung vor Eintritt der Krise oder	... in Höhe des Nennwerts des Darlehens
	• **aus Insolvenzrecht (§ 39 InsO) bzw. Anfechtungsrecht (§ 5 AnfG)**	... in Höhe des gemeinen Werts im Zeitpunkt des Beginns des Anfechtungszeitraums (BMF a.a.O. Tz. 3 Buchstabe d) bb)), das ist **zehn Jahre** vor Eintritt der finanziellen Krise
Finanzplandarlehen	Das Darlehen wurde von vornherein in die Finanzplanung der Gesellschaft einbezogen. Dies gilt auch für Darlehen, die im Zusammenhang mit einer wesentlichen Unternehmenserweiterung gewährt werden	... in Höhe des Nennwerts des Darlehens
Stehen gelassenes Darlehen	Das Darlehen wird vor der Krise gewährt. Es wird nicht gekündigt, obgleich der Gesellschafter es hätte abziehen können und erkennbar ist, dass der Rückzahlungsanspruch erkennbar gefährdet ist	Gemeiner Wert des Rückzahlungsanspruchs im Zeitpunkt des gesellschaftsrechtlich bedingten Stehenlassens (= Eintritt der Krise)

Die Verwaltung will die Grundsätze des Verlustes eigenkapitalersetzender Darlehen für GmbH-Gesellschafter nicht anwenden, die mit 10 % oder weniger an der Gesellschaft beteiligt sind (sog. **Kleinanlegerprivileg**; BMF a.a.O. Tz. 5). Die Verwaltung bezieht sich hierbei auf die Vorschrift des § 39 Abs. 5 InsO. Danach gilt die gesetzliche Nachrangigkeit im Insolvenzfall nicht, wenn der Gesellschafter 10 % oder weniger beteiligt ist.

Die Ansicht der Verwaltung halten wir nicht für richtig. Die Vorschrift des § 39 Abs. 5 InsO ist eine begünstigende Regelung. Kleinanleger sollen bezüglich ihrer Darlehen wie sonstige Gläubiger behandelt werden. Diese das Insolvenzrecht begünstigende Regelung verkehrt sich im Steuerrecht zu einer belastenden Regelung. Nach dem Grundsatz des Gesetzesvorbehalts (Art. 20 GG) bedarf es für eine derartige belastende Differenzierung einer entsprechenden Regelung in § 17 EStG.

Zuzustimmen ist der Verwaltung bezüglich der Behandlung des sog. **Sanierungsprivilegs** (BMF a.a.O. Tz. 4). Danach unterliegen nach § 39 Abs. 1 Nr. 5 InsO Darlehen, die zum Zwecke der Sanierung des Unternehmens hingegeben werden, nicht dem Nachranggebot. Damit würde der Ausfall derartiger Darlehen nicht zu nachträglichen Anschaffungskosten im Rahmen des § 17 EStG führen (keine kapitalersetzenden Darlehen). Die Verwaltung sieht hierin – zu Recht – eine steuerrechtliche Benachteiligung von Gesellschaftern, die Sanierungskapital zur Verfügung stellen. Daher wird das Sanierungsprivileg im Steuerrecht nicht angewandt.

Problematisch ist die Anwendung der o.g. Grundsätze auf andere Formen von Kapitalgesellschaften. Nach dem alten Recht befand sich die Regelung lediglich im GmbHG (§ 32a GmbHG). Daraus ergab sich, dass die Grundsätze zur Berücksichtigung des Ausfalls eigenkapitalersetzender Darlehen ausschließlich auf die GmbH anwendbar waren. In diesem Kontext ist auch die Entscheidung des BFH vom 2.4.2008, IX R 76/06, BStBl II 2008, 706 zu sehen, wonach der Gesellschafter einer AG den Ausfall seiner Gesellschafterdarlehen nur (ausnahmsweise) nach § 17 Abs. 1 EStG geltend machen darf, wenn er zu mehr als 25 % beteiligt ist (sog. unternehmerische Beteiligung).

Da die Vorschrift des § 39 Abs. 1 Nr. 5 InsO aber nicht auf Gesellschafterdarlehen an eine GmbH beschränkt ist (vgl. § 39 Abs. 4 Satz 1 InsO) wird man nach meiner Ansicht die Grundsätze des BMF-Schreibens vom 21.10.2010, a.a.O. auch auf Kapitalgesellschaften ausdehnen müssen, die unter den Anwendungsbereich des § 39 InsO fallen. Für die **Unternehmergesellschaft (UG)** dürfte dies auch nach Verwaltungsansicht unzweifelhaft sein.

18.7.4 Bürgschaften

Gewährt ein Gesellschafter eine Bürgschaft für Verbindlichkeiten der Gesellschaft, so wird dies in aller Regel gesellschaftsrechtliche Ursachen haben. Der Gesellschafter hat als Bürge grundsätzlich zwei Möglichkeiten:

1. Bezahlt er die Schuld der Kapitalgesellschaft (z.B. Darlehensverbindlichkeit), so erlischt die Verbindlichkeit und ist in der Bilanz der Kapitalgesellschaft gewinnerhöhend auszubuchen. Insoweit liegt eine verdeckte Einlage des Gesellschafters – und damit nachträgliche Anschaffungskosten vor. Mit der Erfüllung der Verbindlichkeit erlischt aufgrund der Akzessorietät die Bürgschaftsschuld.

2. Leistet der Gesellschafter als Bürge, so geht nach **§ 774 BGB** die Verbindlichkeit der Kapitalgesellschaft auf ihn über (sog. Bürgenregress). Für den Gesellschafter bedeutet dies, dass er grundsätzlich noch keinen Vermögensverlust erlitten hat. Ist die Hauptforderung aber wertlos und fällt daher der Bürge mit seiner Regressforderung aus, so entstehen ihm i.H.d. Bürgschaftszahlungen nachträgliche Anschaffungskosten (vgl. H 17 (5) „Bürgschaft" EStH).

Da für Anschaffungskosten die Vorschrift des § 11 EStG nicht gilt, spielt es keine Rolle, wann die Bürgschaftszahlung geleistet wird. Wird die Bürgschaft in Raten gezahlt, ist die Bürgschaftsschuld nach Bewertungsrecht abzuzinsen; fallen die Raten später aus oder verzichtet der Gläubiger auf weitere Raten, ist der Veräußerungsgewinn rückwirkend zu ändern (BFH vom 20.11.2012, IX R 34/12).

Übungsfall 5:

Die Gesellschafter A, B, C und D gründeten in 04 die X-GmbH mit einem Stammkapital von 100.000 €. Gesellschafter A (Beteiligung 30 %) hatte der GmbH bereits im Jahr 06 ein Darlehen über 100.000 € gewährt. In 09 verzichtete A auf seine Darlehensansprüche, obwohl die GmbH diese zu diesem Zeitpunkt problemlos noch hätte erfüllen können.

Im Verlaufe des Jahres 12 spitzt sich die finanzielle Lage der GmbH immer mehr zu. Auf Druck der Hausbank erklären sich die Gesellschafter zu folgenden Maßnahmen bereit:

Gesellschafter B (Beteiligung 30 %) verfügt über keine eigenen Mitteln. Allerdings erklärt sich die Ehefrau des B in 12 bereit, der GmbH ein Darlehen i.H.v. 100.000 € zu gewähren, obwohl die GmbH dafür keine Sicherheiten bieten kann.

Gesellschafter C (Beteiligung 30 %) verbürgt sich in 12 gegenüber der Hausbank selbstschuldnerisch für Darlehen der GmbH bis zu einem Betrag i.H.v. 100.000 €.

Gesellschafter D (Beteiligung 10 %) hatte der GmbH bereits im Jahr 06 ein Darlehen über 100.000 € gewährt. Das Darlehen wurde wie unter fremden Dritten besichert. Der Zinssatz betrug (angemessene)

5 %. Die GmbH war im Jahr 06 zahlungsfähig und konnte ihre Verbindlichkeiten zu 100 % erfüllen. Im Zuge der Verhandlungen des Jahres 12 verzichtet D auf die Sicherheiten und auf eine Kündigung des Darlehens wegen Vermögensverfalls des Darlehensschuldners.

Im Jahr 13 wird die Situation der GmbH aussichtslos. Eine von der Sozialversicherung beantragte Eröffnung des Insolvenzverfahrens wurde vom Amtsgericht mangels Masse abgelehnt. In 14 wird die GmbH im Handelsregister gelöscht. Nach der Löschung wird Gesellschafter C von der Hausbank aufgrund der Bürgschaft in Anspruch genommen. Da C aber seit Jahren vermögenslos ist und gegen ihn bereits zahlreiche (aussichtslose) Vollstreckungsverfahren laufen, besteht für die Hausbank derzeit kaum eine Chance, Zahlungen aus der Bürgschaft zu erlangen.

Welche steuerlichen Folgen ergeben sich für die jeweiligen Gesellschafter (einschließlich Familienangehörige) aus der Auflösung der GmbH? Auf eine mögliche Schenkungssteuer ist dabei nicht einzugehen. Gehen Sie auf die einzelnen Fragen auch dann ein, wenn sich nach Ihrer Ansicht keine steuerlichen Auswirkungen ergeben.

Die Bürgschaftsverpflichtung eines zahlungsunfähigen Gesellschafters erhöht nicht die Anschaffungskosten seiner Beteiligung (H 17 Abs. 5 „Bürgschaft" EStH).

18.8 Auflösung von Kapitalgesellschaften

Nach § 17 Abs. 4 EStG gilt die Auflösung einer Kapitalgesellschaft als Veräußerung, wenn das Kapital an den Gesellschafter zurückgezahlt wird.

Problematisch ist hier, in welchem Jahr der Gewinn nach § 17 Abs. 4 EStG entsteht. Die Liquidation einer Kapitalgesellschaft erstreckt sich nämlich in aller Regel über einen längeren Zeitraum. Dieser beginnt bei einer GmbH mit der Erfüllung eines Auflösungstatbestandes nach §§ 60 ff. GmbHG (in der Regel durch Beschluss der Gesellschafter). Daran schließt sich die Liquidationsphase an (steuerlich: § 11 KStG). Erst mit der Löschung im Handelsregister endet die GmbH.

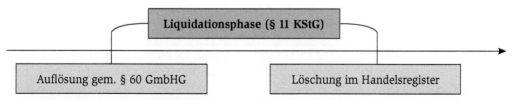

Abb. 8: Liquidation einer Kapitalgesellschaft

Normalerweise entsteht der Gewinn nach § 17 Abs. 4 EStG im Falle einer Auflösung mit Abschluss der Liquidation, also mit der Löschung im Handelsregister (H 17 Abs. 7 „Auflösung und Kapitalherabsetzung" EStH). Erst dann steht fest, ob und in welcher Höhe der Gesellschafter mit einer Zuteilung und Rückzahlung von Vermögen der Gesellschaft rechnen kann, und ferner, welche nachträglichen Anschaffungskosten der Beteiligung anfielen und welche Veräußerungskosten/Auflösungskosten der Gesellschafter persönlich zu tragen hat.

Ausnahmsweise kann der Zeitpunkt, in dem der Veräußerungsverlust realisiert wird, schon vor Abschluss der Löschung im Handelsregister liegen, wenn mit einer wesentlichen Änderung des bereits feststehenden Verlustes nicht mehr zu rechnen ist (BFH vom 25.1.2000, VIII R 63/98, BStBl II 2000, 343). Dies kann z.B. der Fall sein, wenn die Eröffnung eines Insolvenzverfahrens mangels Masse abgelehnt wird.

Bei der Rückzahlung an den Gesellschafter ist zu differenzieren:

- Soweit dem Gesellschafter Stammkapital zurückgezahlt wird oder eine Ausschüttung aus dem steuerlichen Einlagekonto (§ 27 KStG) vorliegt, fällt der Vorgang unter § 17 Abs. 4 EStG;

- soweit Gewinnrücklagen und Kapitalrücklagen aufgelöst werden und keine Ausschüttung aus dem steuerlichen Einlagekonto vorliegt, sind die Beträge nach § 20 Abs. 1 Nr. 2 EStG zu versteuern.

Übungsfall 6:

Die Bilanz der X-GmbH sieht zum 31.12.22 wie folgt aus:

Aktiva			Passiva
Diverse Wirtschaftsgüter	500.000 €	Stammkapital	25.000 €
		Jahresüberschuss	10.000 €
		Gewinnrücklage	400.000 €
		Steuerrückstellung	65.000 €
Summe	**500.000 €**	**Summe**	**500.000 €**

Zum 31.12.22 wird die GmbH liquidiert. Alleingesellschafter G erhält sowohl das Stammkapital als auch die Gewinnrücklagen ausbezahlt. Das steuerliche Einlagekonto (§ 27 KStG) hat einen Stand von 100.000 €. Dieser Betrag stammt aus einer verdeckten Einlage des Gesellschafters.

Abwandlung: Gesellschafter G hat die Beteiligung im Jahr 01 für 1 € erworben, da damals die Geschäftsaussichten der GmbH als sehr schlecht beurteilt wurden.

18.9 Kapitalherabsetzung

Da bei einer Kapitalherabsetzung den Gläubigern Haftungskapital entzogen wird, verlangen die §§ 58 ff. GmbHG die Einhaltung genauer Verfahrensvorschriften.

Steuerlich greift § 17 Abs. 4 EStG, wenn bei einer Kapitalherabsetzung das Kapital an den Gesellschafter ausgezahlt wird. Dies ist nicht immer der Fall (vgl. § 58b GmbHG).

Decken sich die Anschaffungskosten mit dem Stammkapital, so entsteht kein Gewinn.

Beispiel:

Gesellschafter G hat die Y-GmbH mit einem Stammkapital i.H.v. 100.000 € gegründet. In 02 setzt er das Kapital – gesellschaftsrechtlich zulässig – auf 25.000 € herab. Die GmbH zahlt an den Gesellschafter die 75.000 € aus.

Lösung:

Der Vorgang fällt unter § 17 Abs. 4 EStG. Einnahmen i.H.v. (75.000 € × 60 % =) 45.000 € stehen Anschaffungskosten in gleicher Höhe gegenüber. Daher entsteht kein Gewinn.

Problematisch ist der Fall, dass die Anschaffungskosten geringer waren als das Stammkapital.

Beispiel:

Der Sachverhalt entspricht obigem Beispiel mit folgender Variante: Gesellschafter G hat die Anteile an der Y-GmbH für 5.000 € erworben.

Eigentlich müsste man hier denken, die Anschaffungskosten seien anteilig auf die entsprechenden Beträge des Stammkapitals aufzuteilen. Dem folgt aber die höchstrichterliche Rechtsprechung nicht (BFH vom 29.06.1995, VIII R 69/93, BStBl II 1995, 725). Der BFH verrechnet die vollen Anschaffungskosten mit dem Herabsetzungsbetrag.

Lösung:	
Nach § 17 Abs. 4 EStG ergibt sich folgender Gewinn:	
Rückzahlung Stammkapital (75.000 € × 60 % =)	45.000 €
Anschaffungskosten (5.000 € × 60 % =)	./. 3.000 €
Gewinn	**42.000 €**

Ist der Kapitalherabsetzung eine **Kapitalerhöhung** vorausgegangen, die aus Gesellschaftsmitteln erfolgte (vgl. § 57c GmbHG) und wurden Gewinnrücklagen verwendet, deren Auflösung zu Dividenden i.S.v. § 20 Abs. 1 Nr. 1 EStG geführt hätten, so muss nach **§ 28 Abs. 1 KStG** i.H.d. verwendeten Gewinnrücklagen ein **Sonderausweis** gebildet werden.

Wird nach Bildung eines Sonderausweises das Kapital herabgesetzt, so muss der Sonderausweis nach § 28 Abs. 2 KStG vorrangig verwendet werden. Die Verwendung des Sonderausweises führt beim Gesellschafter zu Einnahmen nach **§ 20 Abs. 1 Nr. 2 EStG**.

Beispiel:
Die Y-GmbH hat ein Stammkapital von 100.000 €. In 08 wird eine Gewinnrücklage i.H.v. 250.000 € aufgelöst und zu einer Kapitalerhöhung aus Gesellschaftsmitteln verwendet. In 14 wird das Kapital um 100.000 € herabgesetzt und an den Alleingesellschafter ausgekehrt.

Lösung:
Die Kapitalerhöhung führt nach § 28 Abs. 1 KStG zur Bildung eines Sonderausweises i.H.v. 250.000 €. Da bei der späteren Kapitalherabsetzung der Sonderausweis vorrangig verwendet werden muss (§ 28 Abs. 2 KStG), fällt die Rückzahlung des Stammkapitals nicht unter § 17 Abs. 4 EStG, sondern ist wie eine Dividende nach § 20 Abs. 1 Nr. 2 EStG zu versteuern (Abgeltungsteuer nach § 32d Abs. 1 oder Antrag nach § 32d Abs. 2 Nr. 3 Buchst. a) EStG).

18.10 Sitzverlegung (§ 17 Abs. 5 EStG)

Durch das SEStEG wurde die Vorschrift des § 17 Abs. 5 EStG eingefügt. Danach steht die Sitzverlegung einer Kapitalgesellschaft einer Veräußerung nach § 17 Abs. 1 EStG gleich. Eine Ausnahme gilt lediglich für die SE (societas europaea = europäische Aktiengesellschaft) sowie für andere Kapitalgesellschaften, wenn diese ihren Sitz in einen anderen Mitgliedstaat der Europäischen Union verlegen.

§ 17 Abs. 5 EStG hat nur eine geringe Bedeutung, da eine GmbH nach **§ 4a GmbHG** ihren Sitz in Deutschland haben muss. Verlegt sie ihren Sitz ins Ausland, so führt dies zwingend zur Liquidation (vgl. §§ 11, 12 Abs. 3 KStG). Als Folge der Liquidation ist aber die Vorschrift des § 17 Abs. 4 EStG anzuwenden. Die gleiche Regelung gilt für die Aktiengesellschaft nach § 5 AktG.

18.11 Wegzug des Gesellschafters

Ist der Gesellschafter eine natürliche Person, die in Deutschland mindestens zehn Jahre nach § 1 Abs. 1 EStG unbeschränkt steuerpflichtig war und gibt dieser Gesellschafter seinen Wohnsitz oder gewöhnlichen Aufenthalt in Deutschland auf, so fingiert **§ 6 AStG** eine Veräußerung der Anteile i.S.v. § 17 EStG.

Die Vorschrift des § 6 AStG ist im Hinblick auf die Freizügigkeit der EU-Bürger europarechtlich höchst bedenklich. Aus diesem Grund sieht Abs. 5 der Vorschrift vor, dass bei Staatsangehörigen eines EU-Staates der Gewinn steuerfrei gestundet wird. Die Stundung ist zu widerrufen, wenn der Gesellschafter die EU verlässt oder die Beteiligung veräußert.

Nach Abs. 7 muss der Gesellschafter gegenüber der deutschen Finanzverwaltung jährlich erklären, dass er sich noch in der EU aufhält und weiterhin Gesellschafter der Kapitalgesellschaft ist.

Übungsfall 7:

Gesellschafter G (35 Jahre) wohnt seit seiner Geburt in Deutschland und ist zu 75 % an der Y-GmbH beteiligt (Anschaffungskosten 20.000 €). In 02 verlegt er seinen Wohnsitz nach Spanien. Zu diesem Zeitpunkt ist die Beteiligung 1,2 Mio. € wert.

18.12 Teilweise Verfassungswidrigkeit des § 17 EStG

Das BVerfG (vom 07.07.2010, 2 BvR 748/05) hat die rückwirkende Einführung der 10 % Grenze durch das StEntlG als einen **Verstoß gegen das Rückwirkungsverbot** (unechte Rückwirkung) beurteilt, da ein Gesellschafter bis zur Verabschiedung des StEntlG (31.03.1999) darauf vertrauen konnte, dass nach der bis dahin geltenden Rechtslage Veräußerungen nach § 17 Abs. 1 EStG nur erfasst werden, wenn der Gesellschafter innerhalb der letzten fünf Jahre vor der Veräußerung zu **mehr als 25 %** beteiligt war.

Die Verwaltung hat mit BMF-Schreiben vom 20.12.2010, BStBl I 2011, 16, Beck'sche Erlasse § 17/2 auf diese Rechtsprechung reagiert. Danach ist die Rechtsprechung des BVerfG in allen offenen Fällen auch auf die Absenkung auf 1 % durch das StSenkG vom 23.10.2000 (Verkündung am 26.10.2000) anwendbar.

Das BVerfG hat nicht den gesamten § 17 EStG verfassungswidrig erklärt. Es erklärt lediglich die Gewinne für nicht steuerbar, die bis zur Verkündung des StEntlG (31.03.1999) bzw. des StSenkG (26.10.2000) entstanden sind.

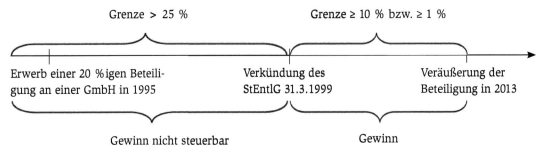

Abb. 9: Gewinne gem. § 17 EStG

Problematisch ist die Frage, wie man den Gewinn bis zum 31.03.1999 bzw. bis zum 26.10.2000 berechnen muss. In den wenigsten Fällen dürften Gutachten o.ä. für diesen Zeitpunkt vorliegen. Die Verwaltung (BMF a.a.O.) erlaubt es daher, dass der Veräußerungsgewinn **linear nach Monaten** aufgeteilt werden kann, soweit dies nicht zu einer offensichtlich unzutreffenden Besteuerung führt.

Im Falle eines **Veräußerungsverlustes** verzichtet die Verwaltung zugunsten der Steuerpflichtigen auf die Anwendung der Rechtsprechung des BVerfG. Somit ist der gesamte Veräußerungsverlust nach § 17 EStG steuerbar.

Die folgende Tabelle verdeutlicht die Neuregelung:

1.	Beteiligung > 25 %	Veräußerungsgewinn voll steuerbar	
2.	Beteiligung ≥ 10 % und ≤ 25 %	Wertzuwachs bis zum 31.3.1999 nicht steuerbar	Wertzuwachs ab dem 01.04.1999 steuerbar
3.	Beteiligung ≥ 1 % und < 10 %	Wertzuwachs bis zum 26.10.2000 nicht steuerbar	Wertzuwachs ab 27.10.2000 steuerbar

4.	**Beteiligung < 1 %**	Nicht steuerbar nach § 17 EStG; aber Steuerbarkeit nach § 20 Abs. 2 Nr. 1 EStG, wenn die Anteile nach dem 31.12.2008 erworben wurden (vgl. § 52 Abs. 28 Satz 11 EStG). Im Übrigen Steuerbarkeit nach § 23 Abs. 1 Nr. 2 EStG a.F. (vgl. § 52 Abs. 31 EStG)

Übungsfall 8:

Gesellschafter G erwarb am 17.2.1998 8 % der Anteile an der Y-GmbH für 100.000 €. Am 23.7.2011 veräußert G die Anteile für 800.000 €.
Wie hoch ist sein Veräußerungsgewinn?

Die Verwaltung wendet die Grundsätze des BVerfG vom 7.7.2010, a.a.O. auch auf die **Einlage von Anteilen** nach § 6 Abs. 1 Nr. 5 Buchstabe b) EStG und auf die **Einbringung** nach § 22 Abs. 1 S. 5 i.V.m. Abs. 2 UmwStG an (BMF vom 21.12.2011, BStBl I 2012, 42, Beck'sche Erlasse § 17/3).

19. Einkünfte aus selbständiger Arbeit (§ 18 EStG)

19.1 Allgemeines

Die Zuordnung von Einkünften zu § 18 EStG hat im Wesentlichen Bedeutung für die **Gewerbesteuerpflicht**, die nach § 2 Abs. 1 S. 2 GewStG an die gewerblichen Einkünfte i.S.d. EStG und somit an § 15 EStG anknüpft. Des Weiteren unterliegen Steuerpflichtige, die Einkünfte gemäß § 18 EStG erzielen, mit diesen Einkünften nicht der handelsrechtlichen Buchführungspflicht (vgl. §§ 1, 238 HGB) und infolgedessen auch nicht der steuerlichen Buchführungspflicht (§ 140 AO). Auch die größenabhängige Buchführungspflicht nach § 141 AO knüpft an das Vorliegen gewerblicher Einkünfte an.

19.2 Tatbestandsmerkmale

§ 18 EStG enthält mehrere Tatbestände, deren Vorliegen zu Einkünften aus selbständiger Arbeit führt. Von größter praktischer Bedeutung ist insbesondere die Nr. 1.

19.2.1 Allgemeine Definition

Nach der Legaldefinition in § 18 Nr. 1 Satz 2 EStG gehört zu der freiberuflichen Tätigkeit die selbständig ausgeübte, wissenschaftliche, künstlerische, schriftstellerische, unterrichtende oder erzieherische Tätigkeit.

Der Begriff der Selbständigkeit ist insbesondere gegen den Begriff der Unselbständigkeit im Bereich des Arbeitnehmers in §§ 1 ff. LStDV abzugrenzen (vgl. H 18.1 EStH „Allgemeines").

> **Beispiel:**
>
> Der Chefarzt eines Krankenhauses ist grundsätzlich Angestellter nach § 19 EStG, da er organisatorisch in den Krankenhaus-Betrieb eingebunden ist und grundsätzlich den Weisungen seines Arbeitgebers unterliegt. Daneben kann er aber auch als Selbständiger nach § 18 EStG tätig werden, wenn er z.B. Privatpatienten auf eigene Rechnung und Verantwortung behandelt oder Gutachten erstellt.

Der BFH hat mit Urteil vom 22.02.2012, X R 14/10 über die steuerliche Behandlung von Werbeeinnahmen entschieden, die Fußball-Nationalspieler über den DFB beziehen.

Der Kläger war sowohl Lizenzspieler eines Vereins der Fußball-Bundesliga als auch Mitglied der deutschen Fußball-Nationalmannschaft. Der Arbeitsvertrag mit seinem Verein enthielt die Verpflichtung, auf Verlangen des DFB als Nationalspieler tätig zu werden. Daneben verpflichtete der Kläger sich gegenüber dem DFB schriftlich, bei Spielen und Lehrgängen der Nationalmannschaft die vom DFB gestellte Sportkleidung – mit Werbeaufdrucken – zu tragen, sowie an Werbeterminen mit der Nationalmannschaft teilzunehmen. Hierfür erhielt er einen Anteil an den Werbeeinnahmen, die der DFB aus der Vermarktung seiner Nationalmannschaft erzielte.

Der Kläger vertrat die Auffassung, die Werbeeinnahmen seien Teil des über seinen Verein bezogenen Arbeitslohns. Demgegenüber sah das Finanzamt die Einnahmen als gewerblich an. Dies hatte zur Folge, dass neben der Einkommensteuer noch Gewerbesteuer zu entrichten war. Dies hat der BFH nunmehr bestätigt.

Zur Auslegung der allgemeinen Begriffe (z.B. wissenschaftliche Tätigkeit) gibt es eine Vielzahl höchstrichterlicher Entscheidungen (vgl. die Übersicht in H 15.6 EStH „Abgrenzung selbständige Arbeit/ Gewerbebetrieb"). Die Rechtsprechung fordert für die Zuordnung von Einkünften zu § 18 EStG, dass die Verwertung der geistigen Arbeit und der eigenen Arbeitskraft gegenüber dem Einsatz von Kapital in den Vordergrund treten müsse (z.B. BFH vom 31.05.2001, IV R 49/00, BStBl II 2000, 297). Gemeinsam ist der Rechtsprechung, dass es sich im Rahmen von § 18 EStG um eine Tätigkeit von einer gewissen akademischen Qualität handeln muss. Die Problematik der Rechtsprechung zeigt sich etwa an folgenden beiden Urteilen:

BFH vom 22.04.2008, VIII B 96/07, BFH/NV 2008, 1472: Es ging um die Frage, ob die Tätigkeit eines Fotografen gewerblich oder freiberuflich sei. Hierzu äußerte sich der BFH in seinem Leitsatz wie folgt: „Die Herstellung und entgeltliche Überlassung von Lichtbildern kann sowohl freiberufliche Berichterstattung als auch gewerbliche Tätigkeit sein. Die freiberufliche Tätigkeit i.S.d. § 18 Abs. 1 Nr. 1 Satz 2 EStG erfordert, dass das vom Bildberichterstatter erstellte Bildmaterial auf der Erfassung des Bildmotivs und seines Nachrichtenwerts aufgrund eigener individueller Beobachtung beruht. Beschränkt sich die Tätigkeit des Klägers auf ein fotografisches Arrangement von Objekten, die ihm von dritter Seite vorgegeben wurde, liegt darin keine freiberufliche Tätigkeit."

Niedersächsisches FG vom 24.03.2004, 2 K 2/03: „Die Tätigkeit einer Trauerrednerin kann künstlerisch und damit nach § 18 Abs. 1 Nr. 1 EStG freiberuflich sein, wenn die Trauerreden im Wesentlichen eigenschöpferisch sind. Die Tätigkeit einer Trauerrednerin ist nicht künstlerisch, wenn die Rednerin in der überwiegenden Zahl der Fälle nach Redeschablonen verfährt und nur für besonders gelagerte Ausnahmefälle einen individuellen Text entwirft." Zur Frage des Umsatzsteuersatzes vgl. Urteil des BFH vom 03.12.2015, V R 61/14.

Der BFH hat mit Urteil vom 14.05.2014, VIII R 18/11, DB 2014, 2628, entschieden, dass ein „Politikberater für Gesetzgebung" keine freiberufliche Berufstätigkeit ausübt. Diese Tätigkeit ist weder wissenschaftlich noch als schriftstellerisch zu qualifizieren, noch entspricht sie dem Berufsbild des Journalisten, weil sich die Ausarbeitungen des „Lobbyisten" nicht an die Öffentlichkeit richten.

Der VIII. Senat des BFH hat mit Urteil vom 16.09.2014, VIII R 5/12 entschieden, dass die selbständige Tätigkeit einer Moderatorin von Werbesendungen für einen Verkaufssender – im Streitfall Präsentation von Produkten aus den Bereichen Wellness, Kosmetik, Gesundheit sowie Reisen – nicht zu Einkünften aus selbstständiger Arbeit, sondern zu Einkünften aus Gewerbebetrieb führen, die der Gewerbesteuer unterliegen.

Für eine (freiberufliche) schriftstellerische Tätigkeit fehlt es an einer berufstypischen schriftlichen Niederlegung eigener Gedanken „für die Öffentlichkeit". Denn die jeweils von der Moderatorin erstellten Sendemanuskripte und ähnliche Vorbereitungsunterlagen waren nicht an die Öffentlichkeit gerichtet und zur Veröffentlichung bestimmt. Ebenso hat der BFH eine dem Berufsbild eines Journalisten ähnliche Tätigkeit verneint, da eine auf Informationen über gegenwartsbezogene Geschehnisse ausgerichtete Tätigkeit und eine darauf bezogene kritische Auseinandersetzung nicht erkennbar war. Die Werbemoderation war vielmehr ausschließlich – Marketing orientiert – auf die unmittelbare Verkaufsförderung nach den konkreten Vorgaben der Auftraggeber durch entsprechende Präsentation der jeweils vorgestellten Produkte geprägt. Einen Spielraum für eine eigenschöpferische Leistung als Voraussetzung einer künstlerischen Tätigkeit sah der BFH aus diesem Grund nicht.

Wegen dieser detaillierten Vorgaben der Auftraggeber fehlte es auch an der für die Annahme einer künstlerischen Tätigkeit erforderlichen „eigenschöpferischen Ausrichtung", sodass der Vortrag der Klägerin über die Notwendigkeit der Improvisation in den Live-Interviews bei Eintritt nicht vorhersehbarer Ereignisse als nicht ausschlaggebendes Kriterium für die Abgrenzung der gewerblichen von der freiberuflichen Tätigkeit angesehen werden konnte.

19.2.2 Katalogberufe

Wesentlich einfacher ist die Zuordnung zu den in § 18 EStG ausdrücklich aufgeführten Berufen (Ärzte, Zahnärzte ...). Hier existieren klare Berufsbilder. Rechtsanwalt kann z.B. nur sein, wer ein entsprechendes Studium und die Referendarzeit absolviert hat (erstes und zweites Staatsexamen) und von einer Kammer zum Rechtsanwalt bestellt wurde. Problematischer wird die Frage, was unter einem **„ähnlichen Beruf"** (s. § 18 Abs. 1 Nr. 1 Satz 2 EStG am Ende) zu verstehen ist. Nach der Rechtsprechung ist ein Beruf einem Katalogberuf nur dann ähnlich, wenn er in wesentlichen Punkten mit ihm verglichen werden kann. Dazu gehören insbesondere die **Vergleichbarkeit** der **Ausbildung und der beruflichen Tätigkeit** (z.B. BFH vom 12.10.1989, IV R 118/87, BStBl II 1990, 64).

Beispiel (BFH vom 12.10.1989, a.a.O.):

Ein gelernter Maurer hatte die Prüfung als Hochbautechniker bestanden und arbeitete über viele Jahre als Angestellter bei einem Architekt. Später hatte er sich selbständig gemacht und betreute umfassend Bauvorhaben.

Lösung:

Der BFH sah hier aufgrund des beruflichen Werdegangs eine Vergleichbarkeit zur Tätigkeit eines Architekten. Der Hochbautechniker erzielt demnach Einkünfte nach § 18 EStG.

Beispiel (Niedersächsisches FG vom 18.04.2001, 13 K 15/96):

Der Steuerpflichtige hatte eine Ausbildung als „Kaufmannsgehilfe" (= Lehrberuf) absolviert. Aufgrund seiner großen beruflichen Erfahrung machte er sich als Unternehmensberater selbständig.

Lösung:

Das FG verneinte Einkünfte nach § 18 EStG. Der Steuerpflichtige habe keinen dem „beratenden Volks- und Betriebswirt" vergleichbaren (akademischen) Berufsabschluss.

19.3 Gewinnermittlung

Freiberufler können ihren Gewinn unabhängig von dessen Höhe nach **§ 4 Abs. 3 EStG** ermitteln, da sie weder nach HGB noch nach der AO verpflichtet sind, Bücher zu führen. Selbstverständlich können Freiberufler ihren Gewinn auch (freiwillig) mittels Bilanzierung nach **§ 4 Abs. 1 EStG** ermitteln.

19.4 Gewerbliche Färbung (§ 15 EStG)

Freiberufler unterliegen stets der Gefahr, die Voraussetzungen des § 18 EStG nicht mehr zu erfüllen, Einkünfte nach § 15 EStG zu erzielen und damit der Gewerbesteuerpflicht zu unterliegen.

Betreibt ein Steuerpflichtiger neben seiner freiberuflichen Tätigkeit eine eindeutig trennbare gewerbliche Tätigkeit, so hat dies keinen schädlichen Einfluss auf die Einkünfte nach § 18 EStG (vgl. H 15.6 EStH „Gemischte Tätigkeit"). Lassen sich die beiden Tätigkeiten aber nicht trennen, weil sie nach der allgemeinen Verkehrsanschauung miteinander verflochten sind, so führt dies dazu, dass der Freiberufler insgesamt Einkünfte nach § 15 EStG erzielt.

Beispiel 1:

Ein Rechtsanwalt ist selbständig als Anwalt tätig (§ 18 EStG). Daneben betreibt er noch eine Gaststätte, die er von seinen Eltern geerbt hat.

Lösung:

Die beiden Tätigkeiten sind objektiv, klar und eindeutig zu trennen. Es erfolgt keine „Färbung" der Einkünfte als freiberuflicher Rechtsanwalt.

Beispiel 2 (nach BFH vom 15.07.2004, IV R 27/03, BStBl II 2004, 862):

Der Steuerpflichtige ist als Zahnarzt selbständig. In seiner Praxis bietet er u.a. Zahnkosmetik an (z.B. optisches Aufhellen der Zähne).

Lösung:

Eine rein kosmetische Behandlung, die nicht dem Schutz der menschlichen Gesundheit dient, stellt keine ärztliche Tätigkeit i.S.v. § 18 EStG dar. Da der Steuerpflichtige im vorliegenden Beispiel die beiden Tätigkeiten untrennbar miteinander verknüpft (kosmetische Behandlung in der Arztpraxis), erzielt er mit seiner gesamten Arztpraxis Einnahmen nach § 15 EStG.

Drei BFH-Entscheidungen vom 22.09.2009, VIII R 31/07, VIII R 63/06 und VIII R 79/06 betreffen den immer strittigen Bereich der „Computerfachleute".

Der BFH hat mit Urteil vom 22.9.2009, VIII R 31/07 entschieden, dass ein Diplom-Ingenieur (Studienrichtung technische Informatik), der als Netz- oder Systemadministrator eine Vielzahl von Servern betreut, den Beruf des Ingenieurs ausübt und mithin freiberufliche, nicht der Gewerbesteuer unterliegende Einkünfte erzielt.

In zwei weiteren Revisionsverfahren hat der BFH mit Urteilen vom selben Tag (VIII R 63/06 und VIII R 79/06) weitere technische Dienstleistungen, die ausgewiesene Computerfachleute erbracht hatten, als ingenieurähnlich eingestuft. In der bisherigen Rechtsprechung des BFH war geklärt, dass die Entwicklung von anspruchsvoller Software durch Diplom-Informatiker oder vergleichbar qualifizierte Autodidakten eine ingenieurähnliche und damit freie Berufstätigkeit darstellt. Für den technischen Bereich der elektronischen Datenverarbeitung hat der BFH nunmehr den Kreis der ingenieurähnlichen Tätigkeiten erweitert. Danach kann neben dem sogenannten software-engineering auch die Administratorentätigkeit, die Betreuung, individuelle Anpassung und Überwachung von Betriebssystemen oder die Tätigkeit als leitender Manager von großen IT-Projekten als freiberuflich zu qualifizieren sein.

Eine **gewerbliche Färbung** kann sich auch nach **§ 15 Abs. 3 Nr. 1 EStG** ergeben. Diese Vorschrift hat insbesondere Bedeutung für die Fälle einer **Freiberufler-GbR**, bei der einzelne Gesellschafter die berufliche Qualifikation nach § 18 EStG nicht erfüllen. Einen sehr bemerkenswerten Fall hatte der BFH in 2010 zu entscheiden (BFH vom 10.08.2010, VIII R 44/07, BFH/NV 2011, 20): Der Kläger betrieb als Steuerberater eine Kanzlei. Er nahm seinen Sohn als Gesellschafter in eine Steuerberater-GbR auf, nachdem dieser ihm erklärt hatte, er habe die Steuerberaterprüfung bestanden. In Wirklichkeit war der Sohn bei der Steuerberaterprüfung endgültig durchgefallen. Nach sieben Jahren (!) stellte sich im Zuge strafrechtlicher Ermittlungen gegen den Sohn heraus, dass dieser die Berufsbezeichnung „Steuerberater" zu Unrecht führte.

Dass der Sohn die Voraussetzungen des § 18 EStG mangels beruflicher Qualifikation nicht erfüllte und damit die gesamte Steuerberater-GbR Einkünfte nach § 15 EStG erzielte, dürfte in dieser Familie wohl das kleinste Problem gewesen sein.

Eine gewerbliche Färbung kann sich aber auch dann ergeben, wenn zwar alle Mitglieder der GbR die freiberuflichen Qualifikationen erfüllen, die GbR aber in einem nicht völlig unerheblichen Umfang gewerblich tätig wird.

Beispiel (nach BFH vom 13.11.1997, IV R 67/96, BStBl II 1998, 254):

Die Ärzte A und B betrieben eine kieferorthopädische Praxis in der Rechtsform einer GbR. Sie gründeten eine GmbH, die zahntechnische Laborarbeiten durchführen sollte. Zu diesem Zweck vermieteten sie einen Teil des Praxisgebäudes, das sich im Gesamthandsvermögen der GbR befand, an die GmbH.

Lösung:

Da A und B sowohl die GbR als auch die GmbH beherrschten (Personengruppentheorie) und die GbR eine wesentliche Betriebsgrundlage an die GmbH vermietete, entstand eine Betriebsaufspaltung. Aufgrund der Betriebsaufspaltung erzielte die GbR Einkünfte nach § 15 EStG. Dies genügte, um nach Ansicht des BFH die gesamten Einkünfte der GbR in gewerbliche Einkünfte umzuwandeln.

Der BFH hat seine Rechtsprechung zur Qualifikation der Einkünfte von berufsmäßigen Betreuern und Verfahrenspflegern geändert und die Einkünfte als nicht gewerblich behandelt (Urteile vom 15.6.2010, VIII R 10/09 und VIII R 14/09). Damit unterliegen die Einkünfte nicht mehr der Gewerbesteuer. In den entschiedenen Fällen hatte das Finanzamt die Einkünfte von Rechtsanwälten, die neben ihrer anwaltlichen Tätigkeit als Berufsbetreuer tätig waren, und die Einkünfte einer Volljuristin, die als Berufsbetreuer und Verfahrenspfleger agierte, als Einkünfte aus Gewerbebetrieb eingestuft. Der BFH entschied, dass es sich nicht um Einkünfte aus Gewerbebetrieb handele, sondern um Einkünfte aus sonstiger selbständiger Arbeit (§ 18 Abs. 1 Nr. 3 EStG), für die keine Gewerbesteuer anfällt.

Danach sind die genannten Tätigkeiten den Einkünften aus sonstiger selbständiger Arbeit zuzuordnen, weil sie ebenso wie die in der Vorschrift bezeichneten Regelbeispiele (Testamentsvollstreckung, Vermögensverwaltung, Tätigkeit als Aufsichtsratsmitglied) durch eine selbständige fremdnützige Tätigkeit in einem fremden Geschäftskreis sowie durch Aufgaben der Vermögensverwaltung geprägt sind. An der früheren Beurteilung, nach der Einkünfte berufsmäßiger Betreuer als gewerblich eingestuft wurden (BFH-Urteil vom 4.11.2004, IV R 26/03), hält der BFH nicht mehr fest.

Insolvenzverwalter werden nicht automatisch gewerbesteuerpflichtig, wenn sie mehrere qualifizierte Mitarbeiter beschäftigen. Das hat der BFH mit Urteil vom 15.12.2010, VIII R 50/09 entschieden und damit seine bisher anders lautende Rechtsprechung geändert.

Zwei zu einer Gesellschaft zusammengeschlossene Rechtsanwälte waren als Insolvenzverwalter tätig. Sie hatten dafür verschiedene qualifizierte Mitarbeiter eingesetzt. Sie rechneten ihre Tätigkeit zur Berufstätigkeit eines Rechtsanwalts und damit zur freiberuflichen Tätigkeit i.S.v. § 18 Abs. 1 Nr. 1 EStG.

Das Finanzamt ordnete die Einkünfte hingegen als Einkünfte aus Gewerbebetrieb ein und setzte Gewerbesteuermessbeträge fest: Die Tätigkeit als Insolvenzverwalter führe grundsätzlich zu Einkünften aus sonstiger selbständiger Arbeit i.S.v. § 18 Abs. 1 Nr. 3 EStG. Würden dabei aber qualifizierte Mitarbeiter eingesetzt, handele es sich um gewerbliche Einkünfte, die die Gewerbesteuerpflicht auslösten.

Der BFH gab der klagenden Gesellschaft im Ergebnis Recht.

Allerdings hielt er an seiner bisherigen Beurteilung fest, dass die Tätigkeit eines Insolvenz-, Zwangs- und Vergleichsverwalters eine vermögensverwaltende Tätigkeit i.S.d. § 18 Abs. 1 Nr. 3 EStG und keine freiberufliche Tätigkeit i.S.d. § 18 Abs. 1 Nr. 1 EStG ist.

Der BFH gab jedoch die vom Reichsfinanzhof entwickelte sog. Vervielfältigungstheorie auf, nach der der Einsatz qualifizierter Mitarbeiter dem „Wesen des freien Berufs" widersprach und deshalb zur Annahme einer gewerblichen Tätigkeit und zur Gewerbesteuerpflicht führte. Der Gesetzgeber hatte sich davon bereits 1960 gelöst und in § 18 Abs. 1 Nr. 1 Satz 3 EStG geregelt, dass eine freiberufliche Tätigkeit auch dann gegeben ist, wenn ein Freiberufler fachlich vorgebildete Arbeitskräfte einsetzt, sofern er aufgrund eigener Fachkenntnisse leitend und eigenverantwortlich tätig bleibt. Für Einkünfte aus sonstiger selbständiger Arbeit i.S.v. § 18 Abs. 1 Nr. 3 EStG hatte die bisherige Rechtsprechung hingegen an der Vervielfältigungstheorie festgehalten, sodass derartige Tätigkeiten – wie die Insolvenzverwaltung – grundsätzlich ohne die Mithilfe fachlich vorgebildeter Hilfskräfte ausgeübt werden mussten, um die Gewerbesteuerpflicht zu vermeiden. In diesem Punkt hat der BFH nunmehr seine Rechtsprechung geändert: Die Regelung für freie Berufe in § 18 Abs. 1 Nr. 1 Satz 3 EStG, nach der der Einsatz qualifizierten Personals grundsätzlich zulässig sei, gelte für die sonstige selbständige Arbeit i.S.v. § 18 Abs. 1 Nr. 3 EStG entsprechend. Es bestünden keine Anhaltspunkte dafür, dass der Gesetzgeber die Zulässigkeit des

Einsatzes fachlich vorgebildeter Mitarbeiter für die verschiedenen Arten von selbständiger Arbeit habe unterschiedlich beurteilt sehen wollen. Für eine solche Ungleichbehandlung sei auch kein nach dem Maßstab des Art. 3 Abs. 1 des Grundgesetzes sachlich begründetes Unterscheidungsmerkmal ersichtlich.

Danach erzielt ein Insolvenz- oder Zwangsverwalter, der qualifiziertes Personal einsetzt, Einkünfte aus sonstiger selbständiger Arbeit i.S.v. § 18 Abs. 1 Nr. 3 EStG (und ist folglich nicht gewerbesteuerpflichtig), wenn er über das „Ob" der im Insolvenzverfahren erforderlichen Einzelakte (z.B. Entlassung von Arbeitnehmern, Verwertung der Masse) persönlich entschieden hat. Auch zentrale Aufgaben des Insolvenzverfahrens hat er im Wesentlichen selbst wahrzunehmen, wie z.B. die Erstellung der gesetzlich vorgeschriebenen Berichte, des Insolvenzplans und der Schlussrechnung. Die kaufmännisch-technische Umsetzung seiner Entscheidungen kann er indes auf Dritte übertragen.

„Einander nahestehende Personen" liegen aber nach der neuen Rechtsprechung des BFH nicht allein vor, soweit die Personen in der Regelung des § 15 AO genannt sind.

Der Große Senat des BFH hat durch Beschluss vom 20.2.2013, GrS 1/12 entschieden, dass selbstständig tätige Prostituierte Einkünfte aus Gewerbebetrieb erzielen. Er hat damit seine frühere Auffassung aufgegeben (Beschluss vom 23.6.1964, GrS 1/64 S, BStBl III 1964, 500), nach der Prostituierte aus „gewerbsmäßiger Unzucht" keine gewerblichen, sondern sonstige Einkünfte i.S.d. § 22 Nr. 3 EStG erwirtschafteten. Der BFH folgte mit seiner nunmehr getroffenen Entscheidung der in der Verwaltung und der Literatur allgemein vertretenen Auffassung, nach der Prostituierte mit ihrer Tätigkeit einen Gewerbebetrieb unterhalten.

19.5 Praxisveräußerung

Nach § 18 Abs. 3 EStG kann auch ein Freiberufler den Freibetrag nach § 16 Abs. 4 EStG und den besonderen Steuersatz des § 34 Abs. 1 bzw. § 34 Abs. 3 EStG in Anspruch nehmen, wenn er die ganze Praxis, einen Teilbetrieb oder einen ganzen Mitunternehmeranteil an einer Freiberufler-Personengesellschaft veräußert oder aufgibt. Besonders problematisch im Bereich einer Freiberuflerpraxis (z.B. Anwaltskanzlei, Steuerberaterpraxis) ist der Begriff des Teilbetriebs.

Zunächst hatte der BFH (Urteil vom 29.10.1992, BStBl II 1993, 182) im Fall einer Tierarztpraxis die Möglichkeit eines Teilbetriebs für eine Freiberuflerpraxis grundsätzlich ausgeschlossen, da die Praxis eines Freiberuflers von der Person des Inhabers/der Inhaberin abhängt und somit eine organisatorische Trennung grundsätzlich nicht möglich ist.

In der Folgezeit hat der BFH seine Rechtsprechung etwas gelockert und zumindest dann einen Teilbetrieb eines Freiberuflers/einer Freiberuflerin zugelassen, wenn eine
- fachliche oder
- örtliche

Trennung vorliegt (BFH vom 04.11.2004, BStBl II 2005, 208). Zur Frage des Teilbetriebs bei einer Steuerberaterpraxis vgl. BFH vom 26.06.2012, VIII R 22/09, dessen Leitsatz lautet: Eine steuerbegünstigte Teilpraxisveräußerung kann vorliegen, wenn ein Steuerberater eine Beratungspraxis veräußert, die er (neben anderen Praxen) als **völlig selbständigen Betrieb** erworben und bis zu ihrer Veräußerung im Wesentlichen unverändert fortgeführt hat.

Nach H 18.3 EStH „Veräußerung" sind an die Voraussetzungen der Betriebsaufgabe im Bereich des § 18 EStG etwas höhere Anforderungen zu stellen als bei einem gewerblich tätigen Steuerpflichtigen, der diesen Betrieb aufgibt. So muss die freiberufliche Tätigkeit in dem bisherigen örtlichen Wirkungskreis mindestens für eine gewisse Zeit eingestellt werden, da der Freiberufler – anders als der Gewerbetreibende – jederzeit seine Tätigkeit wieder aufnehmen kann.

20. Einkünfte aus nichtselbständiger Arbeit (§ 19 EStG)
20.1 Systematik der Lohnsteuer

Arbeitnehmer erzielen Einkünfte aus nichtselbständiger Arbeit (§ 19 EStG). Bei Einkünften aus nichtselbständiger Arbeit wird die Einkommensteuer durch Abzug vom Arbeitslohn erhoben (§ 38 EStG; Lohnsteuer). Die **Lohnsteuer** ist also keine eigene Steuerart, sondern lediglich eine besondere Form der Erhebung der Einkommensteuer (vergleichbar der Kapitalertragsteuer bei den Einkünften aus Kapitalvermögen). Die Lohnsteuer entsteht in dem Zeitpunkt, in dem der Arbeitslohn dem Arbeitnehmer zufließt (§ 38 Abs. 2 S. 2 i.V.m. § 11 und § 38a Abs. 1 S. 2 EStG). Sie wird zwar vom Arbeitnehmer geschuldet (§ 38 Abs. 2 S. 1 EStG), aber vom Arbeitgeber für Rechnung des Arbeitnehmers einbehalten (§ 38 Abs. 3 EStG) und an das Finanzamt abgeführt (§ 41a Abs. 1 EStG).

Bereits im Lohnsteuer-Abzugsverfahren können bestimmte Freibeträge berücksichtigt werden (§ 39a EStG; z.B. Werbungskosten).

Technisch geschah dies in der Vergangenheit durch Eintragung auf einer **Lohnsteuerkarte** in Papierform, die der Arbeitnehmer seinem Arbeitgeber vorlegen musste (§ 39b Abs. 1 EStG a.F.). Für das Kalenderjahr 2010 wurden letztmals Lohnsteuerkarten von den Gemeinden ausgestellt. Diese blieben mit allen Eintragungen längstens bis in das Kalenderjahr 2013 hinein gültig.

Zum 01.01.2013 wurde die Lohnsteuerkarte durch **Elektronische LohnSteuerAbzugsMerkmale (ELStAM)** ersetzt (siehe dazu auch BMF vom 19.12.2012, BStBl I 2012, 1258). Bei den ELStAM handelt es sich um die Angaben, die bisher auf der Lohnsteuerkarte eingetragen wurden (z.B. Steuerklasse, Zahl der Kinderfreibeträge, Freibetrag, Kirchensteuerabzugsmerkmal). Die ELStAM werden durch das Bundeszentralamt für Steuern oder durch ein Finanzamt gebildet und beim Bundeszentralamt für Steuern gespeichert (§ 39e Abs. 1, Abs. 2 EStG); der Arbeitgeber muss sie von dort unter Verwendung der steuerlichen Identifikationsnummer abrufen (§ 39a Abs. 4 EStG).

Durch das System verschiedener **Steuerklassen** können bestimmte Abzugsbeträge bei der Erhebung der Lohnsteuer berücksichtigt werden (vgl. § 38b EStG, § 39b Abs. 2 EStG). Die unten genannten Regelungen zu verheirateten Steuerpflichtigen geltend entsprechend für Lebenspartner nach dem LPartG, vgl. § 2 Abs. 8 EStG.

Die Lohnsteuerklassen		

Steuerklasse I	Arbeitnehmer, die
	a) unbeschränkt einkommensteuerpflichtig und
	  aa) ledig sind,
	  bb) verheiratet, verwitwet oder geschieden sind und bei denen die Voraussetzungen für die Steuerklasse III oder IV nicht erfüllt sind; oder
	b) beschränkt einkommensteuerpflichtig sind.
		Anwendung des Einkommensteuer-Grundtarifs (§ 32a Abs. 1 EStG).

Steuerklasse II	Arbeitnehmer, die bei Steuerklasse I unter a) bezeichnet sind, wenn bei ihnen der Entlastungsbetrag für Alleinerziehende (§ 24b EStG) zu berücksichtigen ist.	Anwendung des Einkommensteuer-Grundtarifs (§ 32a Abs. 1 EStG).

Steuerklasse III	Arbeitnehmer,
	a) die verheiratet sind, wenn beide Ehegatten unbeschränkt einkommensteuerpflichtig sind und nicht dauernd getrennt leben und
	   aa) der Ehegatte des Arbeitnehmers keinen Arbeitslohn bezieht oder
	   bb) der Ehegatte des Arbeitnehmers auf Antrag beider Ehegatten in die Steuerklasse V eingereiht wird.
	Siehe im Übrigen § 38b Abs. 1 Nr. 3 b) und c) EStG.
		Anwendung des Einkommensteuer-Splittingtarifs (§ 32a Abs. 5 EStG). Die Steuerklassenkombination III/V geht davon aus, dass der eine Ehegatte ein deutlich höheres und der andere Ehegatte ein deutlich geringeres Einkommen erzielt.

Steuerklasse IV	Arbeitnehmer, die verheiratet sind, wenn beide Ehegatten unbeschränkt einkommensteuerpflichtig sind und nicht dauernd getrennt leben und der Ehegatte des Arbeitnehmers ebenfalls Arbeitslohn bezieht.	Anwendung des Einkommensteuer-Grundtarifs (§ 32a Abs. 1 EStG). Es wird unterstellt, dass beide Ehegatten ungefähr das gleiche Einkommen haben.
Steuerklasse V	Arbeitnehmer, die die Voraussetzungen der Steuerklasse IV erfüllen, wenn der Ehegatte des Arbeitnehmers auf Antrag beider Ehegatten in die Steuerklasse III eingereiht wird.	Anwendung eines besonderen Einkommensteuer-Tarifs (§ 39b Abs. 2 S. 7 EStG). Im Übrigen siehe Anmerkung zu Steuerklasse III.
Steuerklasse VI	Arbeitnehmer, die nebeneinander von mehreren Arbeitgebern Arbeitslohn beziehen, für die Einbehaltung der Lohnsteuer aus dem zweiten und weiteren Dienstverhältnissen.	Anwendung eines besonderen Einkommensteuer-Tarifs (§ 39b Abs. 2 S. 7 EStG). Keine Berücksichtigung von Pauschbeträgen (vgl. § 39b Abs. 2 S. 5 EStG).
Faktorverfahren	Anstelle der Steuerklassenkombination III/V können Arbeitnehmer-Ehegatten die Steuerklassenkombination IV/IV mit Faktor wählen. Durch das Faktorverfahren wird erreicht, dass sich die Lohnsteuer individuell nach der Steuerlast des jeweiligen Ehegatten bemisst (vgl. § 39f EStG).	Anwendung des Einkommensteuer-Splittingtarifs (§ 32a Abs. 5 EStG). Aufteilung nach einem von den Ehegatten gewählten Faktor.

Wählen Steuerpflichtige eine falsche oder ungünstige Steuerklasse oder sind in den ELStAM Werbungskosten oder Freibeträge nicht berücksichtigt, können sie eine **Veranlagung** beantragen, indem sie eine Einkommensteuererklärung abgeben, § 46 Abs. 2 Nr. 8 EStG. In diesem Fall wird die gezahlte Lohnsteuer auf die Einkommensteuer angerechnet, § 36 Abs. 2 Nr. 2 EStG.

In den in § 46 Abs. 2 Nr. 1 bis Nr. 7 EStG genannten Fällen (z.B. mehrere Arbeitsverhältnisse) müssen Arbeitnehmer eine Einkommensteuererklärung abgeben. Liegt kein solcher Fall vor, braucht der Arbeitnehmer keine Einkommensteuererklärung abzugeben; die Einkommensteuer ist durch den Lohnsteuerabzug abgegolten.

20.2 Begriff des Arbeitnehmers

Für den Begriff des Arbeitnehmers existieren unterschiedliche Definitionen, die sich nicht exakt decken. Zu unterscheiden sind insbesondere:

- Arbeitnehmer im arbeitsrechtlichen Sinn,
- Arbeitnehmer im sozialversicherungsrechtlichen Sinn,
- Arbeitnehmer im einkommensteuerrechtlichen Sinn.

So übt z.B. der beherrschende Gesellschafter-Geschäftsführer einer GmbH keine sozialversicherungsrechtlich relevante Tätigkeit aus, erzielt aber Einkünfte nach § 19 EStG.

Im Einkommensteuerrecht ergibt sich der **Begriff des Arbeitnehmers** aus **§ 1 LStDV**. Arbeitnehmer ist danach, wer seine Arbeitskraft schuldet, im geschäftlichen Organismus eines Arbeitgebers eingegliedert ist und den Weisungen des Arbeitgebers unterliegt. Entscheidend ist hier das Gesamtbild der Verhältnisse (vgl. H 19.0 LStH; zu beachten sind die dort genannten Indizien). Unter dem Begriff „Zuordnung" sind in H 19.0 LStH zahlreiche Einzelfälle dargestellt.

Keine Rolle für den Arbeitnehmer-Begriff spielt der Umfang der Beschäftigungszeit (Vollzeit, Teilzeit, stundenweise Tätigkeit); auch im Fall der sog. geringfügigen Beschäftigung (vgl. § 40a EStG) erzielt ein Arbeitnehmer Einkünfte nach § 19 EStG. Ebenfalls ohne Bedeutung ist, wie lange das Arbeitsverhältnis dauert; auch der Ferienjob eines Studenten und der wochenweise Einsatz eines Erntehelfers fallen unter § 19 EStG. Es steht einem Arbeitnehmer grundsätzlich auch frei, mehrere Arbeitsverhältnisse einzugehen (Nebentätigkeit); selbst wenn dies im Einzelfall gegen einen Arbeitsvertrag verstoßen würde, würden Einnahmen nach § 19 EStG vorliegen.

Beamte unterliegen zwar nicht der Sozialversicherungspflicht und sind im Übrigen in zahlreichen Punkten nicht mit Arbeitnehmern vergleichbar (z.B. fehlende Kündigungsmöglichkeit, kein Streikrecht), erzielen aber dennoch Einkünfte nach § 19 EStG.

Die **Abgrenzung des § 19 EStG** zu § 15 oder § 18 EStG wird aufgrund moderner Beschäftigungsformen immer schwieriger.

Beispiel 1:

Eine junge Rechtsanwältin wird in einer Sozietät „angestellt". In ihrem „Arbeitsvertrag" ist geregelt, dass die Rechtsanwältin kein festes Monatseinkommen erhält, sondern lediglich mit 30 % an dem von ihr erwirtschafteten Honoraraufkommen beteiligt ist. Die Arbeitszeit wird nicht festgelegt. Ein Urlaubsanspruch steht der Rechtsanwältin nicht zu.

Lösung:

Auch wenn das Vertragsverhältnis mit der Sozietät als „Arbeitsverhältnis" bezeichnet wird, fehlen doch sämtliche Elemente eines typischen Arbeitsverhältnisses (vgl. BFH vom 29.05.2006, V B 159/05, BFH/NV 2006, 1892 m.w.N.). Letztlich wird die Rechtsanwältin wie ein Freiberufler auf eigenes Risiko und eigene Verantwortung tätig. Sie erzielt daher Einkünfte nach § 18 EStG.

Beispiel 2:

Ein Chefarzt wird in einem Klinikum angestellt. Er darf in den Räumen des Klinikums auch Privatpatienten behandeln und in eigener Verantwortung abrechnen. Er unterliegt bei der Behandlung der Privatpatienten keiner Weisung des Klinikums. Soweit er für die Behandlung der Privatpatienten Einrichtungen des Klinikums nutzt, hat er ein entsprechendes Entgelt zu entrichten.

Lösung:

Auch wenn der Chefarzt sicher in der Gestaltung seiner Tätigkeit sehr frei ist, liegt dennoch ein Arbeitsvertrag im steuerlichen Sinn vor. Die Behandlung der Privatpatienten fällt allerdings nicht in den Rahmen des Arbeitsvertrags. Insoweit wird eine freiberufliche Tätigkeit ausgeübt. (Anmerkung: Anders lag z.B. der vom BFH mit Urteil vom 05.10.2005, VI R 152/01, BStBl II 2006, 94 entschiedene Fall; dort musste der Arzt Privatpatienten im Rahmen seines Arbeitsvertrages behandeln.)

Der **Gesellschafter-Geschäftsführer** einer Personengesellschaft kann zwar im arbeitsrechtlichen/sozialversicherungsrechtlichen Sinn Arbeitnehmer sein, er erzielt aber nach der ausdrücklichen Regelung in § 15 Abs. 1 S. 1 Nr. 2 EStG gewerbliche Einkünfte. Hingegen ist der Gesellschafter-Geschäftsführer einer Kapitalgesellschaft grundsätzlich Arbeitnehmer i.S.v. § 19 EStG.

Besonders sorgfältig müssen Arbeitsverhältnisse zwischen **Ehegatten** geprüft werden (vgl. R 4.8 EStR sowie z.B. BFH vom 25.07.1991, XI R 31/89, BStBl II 1991, 842). Sie können steuerrechtlich nur anerkannt werden, wenn der Arbeitsvertrag ernstlich gewollt ist, tatsächlich (vereinbarungsgemäß) durchgeführt wird und seine Bedingungen angemessen und üblich sind, also einem Fremdvergleich standhalten (vgl. BFH vom 27.11.1989, GrS 1/88, BStBl II 1990, 160). Insbesondere verlangt die Rechtsprechung, dass dem Arbeitnehmer-Ehegatten das vereinbarte Gehalt tatsächlich zeitgerecht ausbezahlt wird und in seinen alleinigen Verfügungsbereich übergeht. Ein Arbeitsverhältnis zwischen Ehegatten ist z.B. nicht anzuerkennen, wenn Gegenstand des Arbeitsvertrages Tätigkeiten sind, die Eheleute im Rahmen der familienrechtlichen Mitarbeitspflicht üblicherweise unentgeltlich erledigen (z.B. Entgegennahme von Telefongesprächen, kleine Botengänge; BFH vom 23.06.1988, IV R 129/86, BFH/NV 1989, 219).

Grundsätzlich sind auch Arbeitsverhältnisse mit **Kindern** mit steuerlicher Wirkung möglich (im Fall der Minderjährigkeit s. § 113 BGB). Auch sie müssen einem Fremdvergleich standhalten. So können z.B. unangemessen hohe und unregelmäßig ausgezahlte Ausbildungsvergütungen auch dann zur Versagung des Betriebsausgabenabzugs bei den Eltern führen, wenn im Übrigen die Anforderungen des Berufsbildungsgesetzes erfüllt sind (BFH vom 13.11.1986, IV R 322/84, BStBl II 1987, 121).

20.3 Begriff des Arbeitslohns

Unter den Begriff des Arbeitslohns fallen nach § 2 Abs. 1 LStDV alle **Einnahmen**, die dem Arbeitnehmer **aus dem Dienstverhältnis** zufließen. Es ist unerheblich, unter welcher Bezeichnung (z.B. Lohn, Gehalt, Tantieme, Erfolgsprämie) oder in welcher Form (vgl. § 8 Abs. 1 EStG; z.B. Überlassung eines Fahrzeugs, Gewährung von Mahlzeiten) die Einnahmen gewährt werden, vgl. R 19.3 LStR.

Irrelevant ist auch, ob die Einnahmen laufend zufließen, nur gelegentlich gewährt werden (z.B. freiwilliges Urlaubsgeld) oder nur ein einziges Mal erzielt werden (z.B. Abfindung bei Entlassung).

Da grundsätzlich alle Einnahmen zum Arbeitslohn gehören, ist es gleichgültig, ob der Arbeitnehmer auf die Zuwendung einen Rechtsanspruch hat oder ob sie der Arbeitgeber freiwillig gewährt (z.B. freiwillige Prämie als Honorierung für gute Arbeit; Übernahme des gegen einen Lkw-Fahrer verhängten Bußgelds wegen Lenkzeitüberschreitung durch den Arbeitgeber, BFH vom 14.11.2013, VI R 36/12, BStBl II 2014, 278).

20.4   Nicht steuerbare Zuwendungen

Unter bestimmten Voraussetzungen sind Leistungen des Arbeitgebers an den Arbeitnehmer nicht steuerbar (d.h. sie fallen nicht unter den Begriff der Einnahmen i.s.v. § 2 EStG).

Zu den **nicht steuerbaren Zuwendungen** gehören insbesondere:

- Zuwendungen im ganz überwiegend betrieblichen Interesse,
- Betriebsveranstaltungen,
- Aufmerksamkeiten,
- berufliche Fort- oder Weiterbildungsleistungen,
- Schadensersatzleistungen.

20.4.1 Zuwendungen im ganz überwiegend betrieblichen Interesse

Hierbei handelt es sich in der Regel um **Sachzuwendungen** des Arbeitgebers an den Arbeitnehmer. Derartige Zuwendungen stellen keinen Arbeitslohn dar, wenn der Arbeitnehmer objektiv nicht bereichert ist. Dies ist der Fall bei Leistungen des Arbeitgebers zur **Verbesserung der Arbeitsbedingungen** (z.B. Ausstattung des Arbeitsplatzes, Überlassung von Arbeitsmitteln, Bereitstellung von Sozialräumen, Zurverfügungstellung von Parkplätzen, Bereithalten von Getränken, vgl. H 19.3 LStH „Allgemeines zum Arbeitslohnbegriff").

20.4.2 Betriebsveranstaltungen

Betriebsveranstaltungen bezwecken die **Verbesserung des Arbeitsklimas** und dienen damit letztlich auch dem Arbeitgeber. Es handelt sich um Veranstaltungen auf betrieblicher Ebene, die gesellschaftlichen Charakter haben und bei denen die Teilnahme **allen Betriebsangehörigen** offen steht (z.B. Betriebsausflüge, Weihnachtsfeiern, Jubiläumsfeiern). Ob die Veranstaltung vom Arbeitgeber, Betriebsrat oder Personalrat durchgeführt wird, ist unerheblich. Veranstaltungen, zu denen nur ein beschränkter Kreis von Arbeitnehmern zugelassen ist, sind Betriebsveranstaltungen, wenn sich die Begrenzung des Teilnehmerkreises nicht als eine Bevorzugung bestimmter Arbeitnehmergruppen darstellt. Daher ist z.B. der Jahresausflug einer bestimmten Abteilung eines Betriebs eine Betriebsveranstaltung, das Golfturnier für die Mitglieder der Geschäftsleitung hingegen nicht.

Nach § 19 Abs. 1 Nr. 1a EStG (anwendbar auf Veranlagungszeiträume ab 2015) sind Zuwendungen eines Arbeitgebers an seinen Arbeitnehmer und dessen Begleitpersonen anlässlich von Betriebsveranstaltungen steuerpflichtiger Arbeitslohn, soweit der rechnerische Anteil an den Kosten der Veranstaltung pro Arbeitnehmer einen **Freibetrag** von **110 €** einschließlich USt übersteigt (dieser Freibetrag tritt an die Stelle der bis zum Veranlagungszeitraum 2014 geltenden 110 €-Freigrenze). Der Freibetrag gilt für bis zu zwei Veranstaltungen jährlich in Höhe von 110 € je Veranstaltung und teilnehmendem Arbeitnehmer. Zuwendungen sind alle Aufwendungen des Arbeitgebers einschließlich Umsatzsteuer unabhängig davon, ob sie einzelnen Arbeitnehmern individuell zurechenbar sind oder ob es sich um einen rechnerischen Anteil an den Kosten der Betriebsveranstaltung handelt, die der Arbeitgeber gegenüber Dritten für den äußeren Rahmen der Betriebsveranstaltung aufwendet. In die Kosten pro Arbeitnehmer sind auch die Kosten für das Rahmenprogramm, die Raummiete und die Kosten für die Begleitpersonen der Mitarbeiter einzubeziehen. Rechnerische Selbstkosten des Arbeitgebers wie z.B. Abschreibung auf Unternehmensgebäude oder Lohnkosten für Mitarbeiter, die die Veranstaltung vorbereiten, bleiben unberücksichtigt. Die Zuwendungen sind mit den anteilig auf den Arbeitnehmer und dessen Begleitpersonen entfallenden Aufwendungen des Arbeitgebers anzusetzen. Siehe zum Ganzen BMF vom 14.10.2015, BStBl I 2015, 832.

> **Beispiel:**
>
> Zur Weihnachtsfeier eines Unternehmens sind alle Mitarbeiter und Rentner eingeladen. Das Unternehmen lädt die Mitarbeiter sowie deren Angehörige zu einem Abendessen samt Getränken ein. Bei der Veranstaltung spielt eine Tanzkapelle. Jeder Mitarbeiter erhält einen Präsentkorb im Wert von 50 €. Mitarbeiter A nimmt allein teil; Mitarbeiter B erscheint mit Ehefrau und zwei Kindern. Die gesamten Kosten der Weihnachtsfeier betragen inklusive Umsatzsteuer 70 € je teilnehmender Person.

> **Lösung:**
>
> Die Überreichung der Präsentkörbe ist unschädlich, da der Wert jeweils unter 60 € liegt (vgl. Kap. 20.4.3). Bei Mitarbeiter A wird die 110 €-Grenze nicht überschritten; bei ihm liegt somit kein steuerbarer Arbeitslohn vor. Bei Mitarbeiter B sind nicht nur die an ihn, sondern auch die an seine Ehefrau und Kinder erbrachten Zuwendungen zu berücksichtigen. Deren Wert i.H.v. (4 × 70 € =) 280 € überschreitet den 110 €-Freibetrag nach § 19 Abs. 1 Nr. 1a EStG um 170 €. Somit muss B Arbeitslohn i.H.v. 170 € versteuern. Insoweit kann der Arbeitgeber die Lohnsteuer pauschal mit einem Satz von 25 % erheben, § 40 Abs. 2 Nr. 2 EStG.

20.4.3 Aufmerksamkeiten

Sachleistungen des Arbeitgebers an den Arbeitnehmer mit dem Ziel, dem Arbeitnehmer eine Aufmerksamkeit zu erweisen oder ihn zu ehren, gehören grundsätzlich unabhängig von Höhe und Anlass zum Arbeitslohn (BFH vom 22.03.1985, VI R 26/82).

Allerdings rechnet die Verwaltung Sachleistungen des Arbeitgebers, die auch im **gesellschaftlichen Verkehr** üblicherweise ausgetauscht werden und zu keiner ins Gewicht fallenden Bereicherung des Arbeitnehmers führen, als bloße Aufmerksamkeiten nicht zum Arbeitslohn, wenn der Wert der einzelnen Zuwendung **60 €** (inklusive USt) nicht übersteigt. Typische Aufmerksamkeiten sind z.B. Blumen, Genussmittel, ein Buch oder ein Tonträger zum Geburtstag, zur Hochzeit oder zur Geburt eines Kindes (vgl. R 19.6 Abs. 1 LStR). Geldzuwendungen gehören dagegen stets zum Arbeitslohn, auch wenn ihr Wert gering ist (R 19.6 Abs. 1 S. 3 LStR).

Ebenfalls Aufmerksamkeiten sind **Getränke** und **Genussmittel**, die zum Verzehr im Betrieb unentgeltlich oder teilentgeltlich überlassen werden, sowie Speisen, die z.B. während einer außergewöhnlichen betrieblichen Besprechung oder Sitzung im ganz überwiegend betrieblichen Interesse unentgeltlich oder teilentgeltlich überlassen werden und deren Wert **60 €** nicht überschreitet (R 19.6 Abs. 2 LStR).

Aufmerksamkeiten werden nicht auf die 44 €-Freigrenze für Sachbezüge (§ 8 Abs. 2 S. 11 EStG) angerechnet.

20.4.4 Berufliche Fort- oder Weiterbildungsleistungen

Da es im Interesse des Arbeitgebers liegt, die Einsatzfähigkeit des Arbeitnehmers im Betrieb zu erhalten bzw. zu erhöhen, führen berufliche Fort- oder Weiterbildungsleistungen des Arbeitgebers regelmäßig nicht zu Arbeitslohn (R 19.7 LStR). Es ist regelmäßig von einem überwiegenden **betrieblichen Interesse** des Arbeitgebers auszugehen, wenn der Arbeitgeber die Teilnahme an der Bildungsmaßnahme als Arbeitsleistung wertet und wenigstens teilweise auf die regelmäßige Arbeitszeit anrechnet. Erfolgt keine Anrechnung auf die Arbeitszeit, kann dennoch ein überwiegendes betriebliches Interesse des Arbeitgebers vorliegen, wenn dies glaubhaft dargelegt wird.

20.5　Einnahmen in Geldeswert (Sachbezüge)

20.5.1　Allgemeines

Zum Arbeitslohn gehören alle Einnahmen in **Geld** oder **Geldeswert** (§ 8 Abs. 1 EStG). Einnahmen in Geldeswert (= Sachbezüge) sind alle Zuwendungen des Arbeitgebers, die nicht in Geld, sondern in der Überlassung oder Gebrauchsüberlassung von Wirtschaftsgütern bestehen. Hierunter fallen insbesondere:

* unentgeltliche oder verbilligte Überlassung einer Wohnung oder eines Firmenwagens,
* zinslose oder zinsverbilligte Darlehensgewährung,
* unentgeltliche oder verbilligte Gewährung von Verpflegung,
* verbilligter Bezug von Waren oder Dienstleistungen („Jahreswagen").

Wegen der Vielzahl unterschiedlicher Sachbezüge sind in § 8 Abs. 2 und 3 EStG verschiedene Methoden zur Ermittlung des Sachbezugswertes geregelt (umfassend s. R 8.1 EStR).

Erhält der Arbeitnehmer Sachbezüge nicht unentgeltlich, so ist der Unterschiedsbetrag zwischen dem Geldwert des Sachbezugs und dem vom Arbeitnehmer gezahlten Entgelt zu versteuern.

20.5.2　Einzelbewertung

Sachbezüge, für die keine amtlichen Sachbezugswerte (s. Kap. 20.5.4) existieren und die nicht nach § 8 Abs. 2 S. 2 ff. EStG oder § 8 Abs. 3 EStG bewertet werden können, sind nach § 8 Abs. 2 S. 1 EStG mit den um übliche Preisnachlässe (aus Vereinfachungsgründen: 4 %) geminderten üblichen Endpreisen (inklusive Umsatzsteuer) am Abgabeort zum Zeitpunkt der Abgabe anzusetzen.

Aus Vereinfachungsgründen sieht § 8 Abs. 2 S. 11 EStG vor, dass Sachbezüge außer Ansatz bleiben, wenn die sich nach Anrechnung der vom Steuerpflichtigen gezahlten Entgelte ergebenden Vorteile insgesamt die **Freigrenze** von **44 €** im Kalendermonat nicht übersteigen.

Beispiel:

Ein Arbeitnehmer erhält von seinem Arbeitgeber jeden Monat einen Tankgutschein über 20 Liter Kraftstoff. Im Rahmen einer Betriebsprüfung wird festgestellt, dass der Wert des Gutscheins mit 25 € anzusetzen ist. Des Weiteren stellt sich heraus, dass der Arbeitnehmer auf Kosten des Arbeitgebers ein Fitnessstudio nutzen darf; der Wert dieser Zuwendung beträgt 30 € im Monat.

Lösung:

Die Gewährung des Tankgutscheins, der zum Bezug einer bestimmten Ware oder Dienstleistung bei einem Dritten berechtigt, stellt einen Sachbezug i.S.d. § 8 Abs. 2 EStG dar. Auch die unentgeltliche Gewährung der Nutzung des Fitnessstudios ist ein Sachbezug i.S.d. § 8 Abs. 2 EStG. Die Sachzuwendungen i.H.v. insgesamt 55 € übersteigen die Grenze von 44 € im Kalendermonat. Der Arbeitnehmer muss pro Monat 55 € als Arbeitslohn versteuern.

Die Freigrenze von 44 € bezieht sich jeweils auf einen einzelnen Monat und kann nicht für wertvollere Sachzuwendungen über mehrere Monate „angespart" werden.

Für die Bewertung der Sachzuwendungen kommt es auf den **Endpreis** am **Abgabeort** für übliche Konsumenten an. Unerheblich ist, wie hoch die Aufwendungen des Arbeitgebers sind.

Beispiel:

Auch wenn im o.g. Beispiel der Arbeitgeber für das Fitnessstudio monatlich nur 20 € pro Arbeitnehmer zu bezahlen hätte, wären 30 € Arbeitslohn anzusetzen.

20.5.3 Gestellung von Kraftfahrzeugen (§ 8 Abs. 2 S. 2 bis 5 EStG)

Überlässt ein Arbeitgeber einem Arbeitnehmer ein Kraftfahrzeug kostenlos zur privaten Nutzung, handelt es sich um einen geldwerten Vorteil, der zum **Arbeitslohn** gehört. Auf die Art des Fahrzeugs (Limousine, Geländewagen, Kleinbus etc.) kommt es nicht an. Ebenfalls unerheblich ist, ob das Fahrzeug eine Firmen-Aufschrift besitzt oder ein völlig neutrales Aussehen hat.

Zur privaten Nutzung gehören neben eigentlichen **Privatfahrten** auch **Fahrten** zwischen **Wohnung** und **Arbeitsstätte** (vgl. § 9 Abs. 1 Nr. 4 EStG).

Soweit ein Arbeitnehmer ein vom Arbeitgeber zur Verfügung gestelltes Kraftfahrzeug für **Dienstreisen** nutzt, liegt keine private Nutzung vor. Werden die Kosten für diese Fahrten vom Arbeitgeber getragen, liegt beim Arbeitnehmer kein geldwerter Vorteil vor, weil der Arbeitgeber diese Reisekosten seinem Arbeitnehmer nach § 3 Nr. 13 bzw. 16 EStG steuerfrei erstatten könnte. Übernimmt der Arbeitnehmer Aufwendungen für das Kraftfahrzeug und ersetzt der Arbeitgeber dem Arbeitnehmer diese Kosten, handelt es sich um steuerfreien Auslagenersatz i.S.v. § 3 Nr. 50 EStG.

Der geldwerte Vorteil kann nach § 8 Abs. 2 S. 2 und S. 4 EStG wahlweise nach **zwei verschiedenen Berechnungsarten** ermittelt werden. Die Wahl trifft der Arbeitgeber in Abstimmung mit dem Arbeitnehmer (R 8.1 Abs. 9 Nr. 3 LStR). Das Verfahren darf bei demselben Kraftfahrzeug während des Kalenderjahrs nicht gewechselt werden. Im Einzelnen sehen die beiden Alternativen wie folgt aus:

	Pauschale Ermittlung	**Konkrete Ermittlung (Fahrtenbuch)**
1. **Privatfahrten**	Für jeden Kalendermonat 1 % des inländischen Listenpreises (ggf. abzüglich der darin enthaltenen Kosten des Batteriesystems eines Elektrofahrzeugs oder extern aufladbaren Hybridelektrofahrzeugs) im Zeitpunkt der Erstzulassung zuzüglich der Kosten für Sonderausstattung inklusive Umsatzsteuer (§ 8 Abs. 2 S. 2 i.V.m. § 6 Abs. 1 Nr. 4 S. 2 EStG). Keine Rolle spielen die tatsächlichen Anschaffungskosten des Arbeitgebers (Rabatte etc.). Unerheblich ist, ob der Arbeitgeber das Fahrzeug kauft oder least.	Auf diese Fahrten entfallende tatsächliche laufende Kfz-Kosten inklusive Umsatzsteuer sowie AfA aus den Bruttoanschaffungskosten. Auszugehen ist von einer achtjährigen Nutzungsdauer (= 12,5 % pro Jahr; H 8.1 Abs. 9–10 LStH „Gesamtkosten").
2. **Fahrten zwischen Wohnung und Arbeitsstätte**	Für jeden Kalendermonat 0,03 % des Listenpreises für jeden Kilometer der Entfernung zwischen Wohnung und Arbeitsstätte (§ 8 Abs. 2 S. 3 EStG).	Auf diese Fahrten entfallende tatsächliche laufende Kfz-Kosten inklusive Umsatzsteuer sowie AfA aus den Bruttoanschaffungskosten.

	Pauschale Ermittlung	Konkrete Ermittlung (Fahrtenbuch)
3. Heimfahrten bei doppelter Haushaltsführung	Eine Fahrt wöchentlich ohne Berechnung. Für jede weitere Fahrt 0,002 % des Listenpreises für jeden Kilometer der Entfernung zwischen dem Ort des eigenen Hausstands und dem Beschäftigungsort (§ 8 Abs. 2 S. 5 EStG, R 8.1 Abs. 9 LStR, H 8.1 Abs. 9–10 LStH „Überlassung eines betrieblichen Kraftfahrzeugs zu Familienheimfahrten").	Eine Fahrt je Woche ohne Berechnung. Für jede weitere Fahrt auf diese Fahrt entfallende tatsächliche laufende Kfz-Kosten inklusive Umsatzsteuer sowie AfA aus Bruttoanschaffungskosten.
		= Summe des geldwerten Vorteils
4. Zuzahlung des Arbeitnehmers		./. Zuzahlung des Arbeitnehmers (H 8.1 Abs. 9–10 LStH „Zuzahlungen des Arbeitnehmers"). Ist der Zuschuss höher als der Arbeitslohn aus der Überlassung des Fahrzeugs, so können verbleibende Zuschüsse in den darauf folgenden Kalenderjahren auf den privaten Nutzungswert angerechnet werden (R 8.1 Abs. 9 Nr. 4 LStR).
		= **steuerpflichtiger Arbeitslohn/Sachbezug** (Pauschalversteuerung mit 15 % nach § 40 Abs. 2 S. 2 EStG, soweit ein Werbungskostenabzug möglich wäre; der übersteigende Sachbezugswert ist individuell nach ELStAM zu versteuern. Soweit eine Pauschalierung erfolgt, hat der Arbeitnehmer gemäß § 40 Abs. 2 S. 3 EStG keinen Werbungskostenabzug.)

Beispiel:

Ein Arbeitgeber stellt seinem Arbeitnehmer ab dem 01.01.2016 unentgeltlich ein firmeneigenes benzinbetriebenes Kraftfahrzeug für Dienst- und Privatfahrten zur Verfügung. Dieses Kraftfahrzeug hat der Arbeitgeber am 01.01.2016 für 30.000 € einschließlich Umsatzsteuer erworben. Die Gesamtkosten des Kraftfahrzeugs (ohne AfA) betragen 9.250 € einschließlich Umsatzsteuer bei einer Jahresfahrleistung von 50.000 km. Nach dem ordnungsgemäß geführten Fahrtenbuch ergibt sich folgende Aufteilung der Fahrten: Dienstreisen: 30.000 km; Fahrten zwischen Wohnung und Arbeitsstätte (200 Tage im Jahr, einfache Entfernung 20 km): 8.000 km; Privatfahrten: 12.000 km.

a) Anwendung der 1 %-Regelung,

b) Anwendung der Fahrtenbuchmethode.

Lösung:

a) Die Zurverfügungstellung des Kfz an den Arbeitnehmer für Privatfahrten führt bei dem Arbeitnehmer zu steuerpflichtigem **Arbeitslohn** i.S.v. § 8 Abs. 2 S. 2 ff. EStG.

Privatfahrten (30.000 € × 1 % × 12 Monate =)	3.600 €
Fahrten Wohnung – Arbeitsstätte (30.000 € × 0,03 % × 20 km × 12 Monate =)	2.160 €
Summe	**5.760 €**

b) Zunächst sind die Gesamtkosten zu ermitteln. Hierzu gehört auch die AfA. Die Verwaltung geht von einer achtjährigen Nutzungsdauer aus. Somit beträgt die AfA aus den Brutto-Anschaffungskosten (30.000 €/8 Jahre =) 3.750 € pro Jahr. Die Gesamtkosten belaufen sich somit auf (3.750 € + 9.250 € =) 13.000 € und damit je Kilometer auf (13.000 €/50.000 km =) 0,26 €.

Bei der Berechnung des geldwerten Vorteils muss nicht zwischen Privatfahrten und Fahrten zwischen Wohnung und Arbeitsstätte differenziert werden.

Arbeitslohn: (20.000 km × 0,26 € =) **5.200 €**

In beiden Varianten kann der Arbeitnehmer die Fahrten zwischen Wohnung und Arbeitsstätte als Werbungskosten geltend machen (§ 9 Abs. 1 Nr. 4 EStG).

Werbungskosten: (200 Tage × 20 km × 0,30 € =) **1.200 €.**

Bei der pauschalen Nutzungswertermittlung ist die **private Nutzung** auch dann mit monatlich 1 % des Listenpreises (dieser mindert sich nach § 6 Abs. 1 Nr. 4 S. 2 EStG bei Elektrofahrzeugen und extern aufladbaren Hybridelektrofahrzeugen um die darin enthaltenen Kosten des Batteriesystems) anzusetzen, wenn der Arbeitnehmer das ihm überlassene Fahrzeug tatsächlich nur **gelegentlich nutzt**. Die Monatsbeträge brauchen nicht angesetzt zu werden für volle Kalendermonate, in denen dem Arbeitnehmer kein betriebliches Kraftfahrzeug zur Verfügung steht (z.B. mehrmonatiger Auslandsaufenthalt).

Grundsätzlich ist es unerheblich, ob und wie oft im Kalendermonat das Fahrzeug tatsächlich zu Fahrten zwischen **Wohnung** und **Arbeitsstätte** genutzt wird (vgl. H 8.1 Abs. 9–10 LStH „Fahrten zwischen Wohnung und erster Tätigkeitsstätte bei pauschaler Nutzungswertermittlung"). Allerdings gewährt die Verwaltung (BMF vom 01.04.2011, BStBl I 2011, 301) die Möglichkeit, anstelle der festen Monatspauschale von 0,03 % des Listenpreises für jeden Entfernungskilometer lediglich die **tatsächlich durchgeführten Fahrten** mit **0,002 %** des Listenpreises je Entfernungskilometer anzusetzen. Dies ist insbesondere für Arbeitnehmer vorteilhaft, die ihren Arbeitsplatz nicht an jedem Wochentag aufsuchen (z.B. Außendienstmitarbeiter). Voraussetzung für die Einzelbewertung der Fahrten ist eine fahrzeugbezogene Dokumentation der einzelnen Tage (mit Datumsangabe) der Nutzung für Fahrten zwischen Wohnung und Arbeitsstätte. Die 0,03 %-Regelung ist nicht anzuwenden, wenn dem Arbeitnehmer das Fahrzeug aus besonderem Anlass oder zu einem besonderen Zweck (z.B. Durchführung eines privaten Umzugs) nur gelegentlich (= nicht mehr als fünf Kalendertage/Monat) überlassen wird. In diesem Fall ist die Nutzung zu Privatfahrten und zu Fahrten zwischen Wohnung und Arbeitsstätte mit **0,001 %** des Listenpreises je gefahrenem Kilometer zu bewerten (H 8.1 Abs. 9–10 LStH „Gelegentliche Nutzung").

Unfallkosten bleiben bei der 1 %-Regelung unberücksichtigt, weil hier der Privatanteil pauschal und unabhängig von den tatsächlichen Aufwendungen ermittelt wird. Bei der Fahrtenbuchmethode gehören Unfallkosten grundsätzlich nicht zu den Gesamtkosten; aus Vereinfachungsgründen dürfen sie allerdings bis zur Höhe von 1.000 € (zuzüglich Umsatzsteuer) je Schaden als Reparaturkosten in die Gesamtkosten einbezogen werden, R 8.1 Abs. 9 Nr. 2 S. 11 und 12 LStR. Ist der Arbeitnehmer gegenüber dem Arbeitgeber wegen Unfallkosten **schadensersatzpflichtig** (z.B. Privatfahrten, Trunkenheitsfahrten) und **verzichtet** der Arbeitgeber auf diesen **Schadensersatz**, liegt in Höhe des Verzichts Arbeitslohn vor. Erstattungen durch eine vom Arbeitgeber abgeschlossene Versicherung sind zu berücksichtigen, sodass der geldwerte Vorteil regelmäßig nur in Höhe des vereinbarten **Selbstbehalts** anzusetzen ist. Bei Fehlen einer Versicherung ist aus Vereinfachungsgründen so zu verfahren, als bestünde eine Versicherung mit einem Selbstbehalt von 1.000 €, wenn es bei bestehender Versicherung zu einer Erstattung gekommen wäre, R 8.1 Abs. 9 S. 13 ff. LStR.

20.5.4 Gestellung von Mahlzeiten

Soweit Arbeitgeber ihren Arbeitnehmern Mahlzeiten gewähren, liegen grundsätzlich Sachbezüge vor. Im Einzelnen sind folgende Fälle zu unterscheiden.

Mahlzeiten, die im **ganz überwiegenden betrieblichen Interesse** des Arbeitgebers an die Arbeitnehmer abgegeben werden, gehören nicht zum Arbeitslohn. Dies gilt nach R 8.1 Abs. 8 Nr. 1 LStR für Mahlzeiten im Rahmen üblicher Betriebsveranstaltungen und Arbeitsessen (vgl. R 19.6 Abs. 2 LStR) sowie für die Beteiligung von Arbeitnehmern an einer geschäftlich veranlassten Bewirtung i.S.d. § 4 Abs. 5 S. 1 Nr. 2 EStG.

Beispiel:

Eine angestellte Rechtsanwältin besucht mit Mandanten nach einer Besprechung ein Restaurant. Sie bezahlt die Rechnung mit einer Kreditkarte ihres Arbeitgebers.

Lösung:

Es liegt kein steuerpflichtiger Arbeitslohn vor, da das Arbeitsessen im überwiegenden betrieblichen Interesse der Anwaltskanzlei stattgefunden hat. Der Arbeitgeber darf die Bewirtungskosten nach § 4 Abs. 5 S. 1 Nr. 2 EStG nur zu 70 % als Betriebsausgabe absetzen.

Mahlzeiten, die ein Arbeitgeber in einer von ihm eingerichteten und betriebenen **Kantine** abgibt, werden mit standardisierten Werten (amtlicher **Sachbezugswert** nach § 8 Abs. 2 S. 6 EStG) angesetzt. Diese Werte werden in der Sozialversicherungsentgeltverordnung (SvEV) festgelegt und jährlich aktualisiert.

Nach § 2 Abs. 1 i.V.m. Abs. 6 SvEV beträgt der Wert für Mahlzeiten, die im Kalenderjahr 2016 gewährt werden:

a) für ein Mittag- oder Abendessen (93 €/30 Tage =) 3,10 €,
b) für ein Frühstück (50 €/30 Tage =) 1,67 €.

Erhält der Arbeitnehmer die Mahlzeit nicht kostenlos, mindert die Zahlung des Arbeitnehmers den geldwerten Vorteil der Mahlzeit.

Beispiel:

Arbeitnehmer haben im Jahr 2016 die Möglichkeit, in einer von ihrem Arbeitgeber eingerichteten Kantine zu essen. Ein Mittagessen kostet 1,80 €.

Lösung:

Der Wert des Essens beläuft sich nach § 8 Abs. 2 S. 6 EStG i.V.m. § 2 Abs. 1, Abs. 6 SvEV auf 3,10 €. Da der Arbeitnehmer für das Essen 1,80 € bezahlen muss, beträgt der steuerpflichtige Arbeitslohn (3,10 € ./. 1,80 € =) 1,30 €.

Der Arbeitslohn kann bei Gewährung von Mahlzeiten im Betrieb nach § 40 Abs. 2 Nr. 1 EStG pauschal mit 25 % besteuert werden.

Soweit Arbeitgeber keine eigene Kantine unterhalten, sondern ihren Arbeitnehmern **Essenmarken** geben, die in Gaststätten u.ä. einlösbar sind, kann der Sachbezugswert angesetzt werden, wenn die Voraussetzungen von R 8.1 Abs. 7 Nr. 4 LStR eingehalten werden.

Beispiel:

Ein Arbeitgeber gibt seinen Arbeitnehmern in 2016 arbeitstäglich eine Essensmarke, die in umliegenden Kantinen, Gaststätten oder Imbissbetrieben eingelöst werden können. Der Wert der einzelnen Essensmarke beträgt 5,00 €. Eine Zuzahlung durch den Arbeitnehmer erfolgt nicht.

Lösung:

Überwacht der Arbeitgeber die Ausgabe der Essensmarken, darf der Verrechnungswert der einzelnen Essensmarke den Sachbezugswert um bis zu 3,10 € übersteigen. Hier liegt der Wert der einzelnen Essenmarke um (5,00 € ./. 3,10 € =) 1,90 € über dem amtlichen Sachbezugswert. Die Arbeitnehmer müssen daher lediglich den amtlichen Sachbezugswert i.H.v. 3,10 € versteuern.

Wird dem Arbeitnehmer während einer beruflichen Tätigkeit außerhalb seiner Wohnung und ersten Tätigkeitsstätte (**Auswärtstätigkeit**, z.B. auswärtige Fortbildungsveranstaltung) vom Arbeitgeber oder auf dessen Veranlassung von einem Dritten eine Mahlzeit zur Verfügung gestellt, ist diese Mahlzeit mit dem amtlichen Sachbezugswert anzusetzen, sofern ihr Preis 60 € nicht übersteigt (§ 8 Abs. 2 S. 8 EStG); in diesem Fall kann nach § 40 Abs. 2 Nr. 1a EStG die Lohnsteuer mit 25 % pauschaliert werden.

Beispiel:

Ein Außendienstmitarbeiter bekommt von seinem Arbeitgeber in 2016 ein Mittagessen bezahlt.
a) Er isst in einer Autobahnraststätte und bezahlt für das Mittagessen 23 €. Gegen Vorlage des Kassenbons erhält er diesen Betrag vom Arbeitgeber erstattet.
b) Er isst in einem Restaurant und lässt sich eine Rechnung auf den Namen seines Arbeitgebers ausstellen. Den Rechnungsbetrag i.H.v. 28 € bezahlt er mit der eigenen Kreditkarte; der Arbeitgeber ersetzt ihm den Betrag.
c) Wie b); der Rechnungsbetrag beläuft sich auf 62 €.

Kann jeweils für die Mahlzeit der amtliche Sachbezugswert angesetzt werden?

Lösung:

a) Die Mahlzeit wird nicht auf Veranlassung des Arbeitgebers gewährt. Somit kann der amtliche Sachbezugswert nicht angesetzt werden.
b) Die Mahlzeit wird auf Veranlassung des Arbeitgebers abgegeben. Es spielt keine Rolle, wie die Mahlzeit bezahlt wird. Für die Mahlzeit kann der amtliche Sachbezugswert von 3,10 € angesetzt werden.
c) Der Wert der Mahlzeit übersteigt die Grenze von 60 €. Daher kommt ein Ansatz des amtlichen Sachbezugswerts nicht in Betracht.

Auf Seiten des Arbeitnehmers sind die dem **Arbeitnehmer** zustehenden **Verpflegungspauschalen** zu **kürzen**, § 9 Abs. 4a S. 8 EStG; die Kürzung beträgt für Frühstück 20 % und für Mittag-/Abendessen jeweils 40 % der Verpflegungspauschale für einen vollen Kalendertag i.H.v. 24 € (vgl. Kap. 20.8.5).

Beispiel:

Arbeitnehmer A nimmt an einer eintägigen Fortbildungsveranstaltung teil, deretwegen er 10 Stunden von seiner Wohnung und seiner ersten Tätigkeitsstätte abwesend ist. Der Arbeitgeber hat für A auf dieser Fortbildungsveranstaltung ein Mittagessen gebucht und bezahlt. Der Wert des Mittagessens beträgt 15 €. A erhält vom Arbeitgeber keine weiteren Reisekostenerstattungen.

Lösung:

A war für die Fortbildung insgesamt zehn Stunden von seiner Wohnung und seiner ersten Tätigkeitsstätte abwesend. Er kann für die Fortbildung folgende Verpflegungspauschalen als Werbungskosten abziehen:

Auswärtstätigkeit mit zehnstündiger Abwesenheit (§ 9 Abs. 4a S. 3 Nr. 3 EStG):	12,00 €
Kürzung wegen 1 × Mittagessen (24 € × 40 % =)	./. 9,60 €
verbleiben als Verpflegungspauschale	**2,40 €**

20.5.5 Belegschaftsrabatte

Erhält ein Arbeitnehmer verbilligt Waren (z.B. Pkw, Lebensmittel) oder Dienstleistungen (z.B. Freiflüge), die sein Arbeitgeber herstellt oder erbringt, liegt grundsätzlich in Höhe der Verbilligung ein steuerpflichtiger Sachbezug vor, der nach § 8 Abs. 3 EStG zu versteuern ist, wenn er nicht nach § 40 EStG pauschal versteuert wird.

Der Wert des Sachbezugs errechnet sich wie folgt:

> Örtlicher Endpreis für Verbraucher
> ./. pauschal 4 %
> ./. Zahlung des Arbeitnehmers
> ./. Freibetrag i.H.v. 1.080 € (Jahr)
> = **Steuerpflichtiger Sachbezug**

Zu weiteren Details siehe R 8.2 EStR sowie speziell für die Automobilbranche BMF vom 18.12.2009, BStBl I 2010, 20.

Beispiel:

Ein Arbeitnehmer in der Automobilindustrie hat die Möglichkeit, einmal im Jahr einen sog. Werkswagen mit einem Rabatt von 18 % zu erwerben. Er nimmt diese Möglichkeit im Jahr 2016 wahr. Der Listenpreis (= örtlicher Endpreis) des Fahrzeugs beträgt 50.000 €.

Lösung:

Da der Arbeitgeber Automobile überwiegend für Dritte herstellt, fällt der Belegschaftsrabatt unter § 8 Abs. 3 EStG. Der Wert des Sachbezugs errechnet sich wie folgt:

Listenpreis (= örtlicher Endpreis) für Verbraucher	50.000 €
./. pauschaler Rabatt (4 %)	./. 2.000 €
./. Zahlung des Arbeitnehmers (Listenpreis ./. 18 % Mitarbeiter-Rabatt =)	./. 41.000 €
./. Freibetrag	./. 1.080 €
= **Steuerpflichtiger Sachbezug = Arbeitslohn**	**5.920 €**

20.6 Steuerfreier Arbeitslohn

Aus wirtschaftlichen oder sozialen Gründen sind bestimmte Teile des Arbeitslohns von der Besteuerung ausgenommen. Hierzu regelt § 3 EStG zahlreiche Einzeltatbestände (vgl. Kap. 5.); die wichtigsten werden im Folgenden erläutert.

20.6.1 Leistungen aus der Krankenversicherung etc. (§ 3 Nr. 1 EStG)

Steuerfrei sind Bar- und Sachleistungen aus der gesetzlichen, privaten, inländischen und ausländischen Krankenversicherung an Versicherte, deren mitversicherte Familienangehörige sowie Hinterbliebene.

Auch das **Krankengeld**, das als Lohnersatzleistung im Krankheitsfall nach sechs Wochen gezahlt wird, fällt unter die Steuerfreiheit. Allerdings gilt in diesem Fall der Progressionsvorbehalt nach § 32b Abs. 1 Nr. 1 b) EStG (s. R 32b EStR).

Beispiel:
Ein lediger Arbeitnehmer erzielt im Jahr 2016 ein Einkommen i.H.v. 34.000 €. Davon entfallen 4.000 € auf Lohnfortzahlung im Krankheitsfall.

Lösung:

Das Krankengeld ist nach § 3 Nr. 1 EStG steuerfrei. Zur Berechnung des Progressionsvorbehalts ist das Krankengeld dem zu versteuernden Einkommen fiktiv hinzuzurechnen. Der sich dann ergebende Steuersatz ist auf das tatsächliche zu versteuernde Einkommen anzuwenden. Für dieses steigt daher die Steuerprogression. Im Einzelnen ergibt sich folgende Rechnung:

Zu versteuerndes Einkommen	30.000 €
zuzüglich steuerfreies Krankengeld	4.000 €
Berechnungsbasis für Progressionsvorbehalt	**34.000 €**
Einkommensteuer für zu versteuerndes Einkommen 34.000 € nach Grundtabelle	6.757 €
durchschnittlicher Progressions-Steuersatz (6.757 € : 34.000 € =)	19,87 %
tatsächliche Einkommensteuer (30.000 € × 19,87 % =)	**5.961 €**

Ohne Berücksichtigung des Progressionsvorbehalts hätte sich (für das zu versteuernde Einkommen von 30.000 €) eine Steuer von 5.468 € ergeben. Der Progressionsvorbehalt führt damit zu einer Steuer-Mehrbelastung i.H.v. 493 €.

Ebenfalls steuerfrei sind Leistungen aus der **gesetzlichen Unfallversicherung**. Zahlungen aus einer privaten Unfallversicherung, die der Arbeitgeber für den Arbeitnehmer abgeschlossen hat, sind grundsätzlich steuerpflichtig (ausführlich s. BMF vom 28.10.2009, BStBl I 2009, 1275).

Steuerfrei sind ferner Leistungen der **gesetzlichen Pflegeversicherung**.

20.6.2 Arbeitslosengeld etc. (§ 3 Nr. 2 EStG)

Arbeitslosengeld I nach dem Sozialgesetzbuch (SGB) III ist steuerfrei nach § 3 Nr. 2 EStG, unterliegt jedoch dem Progressionsvorbehalt (vgl. Kap. 20.6.1).

Leistungen zur Sicherung des Lebensunterhalts (**Arbeitslosengeld II**) und zur Eingliederung in Arbeit nach SGB II sind steuerfrei nach § 3 Nr. 2b EStG. Diese Leistungen unterliegen nicht dem Progressionsvorbehalt.

20.6.3 Aufwandsentschädigungen (§ 3 Nr. 12 EStG)

Unter diese Vorschrift fallen z.B. Aufwandsentschädigungen für den Bundespräsidenten, für Bundes- und Landesminister sowie für Bundestags- und Landtagsabgeordnete i.H.d. jeweils gesetzlich festgelegten Höhe. Die Steuerfreiheit ist umstritten (vgl. BFH vom 11.9.2008, VI R 13/06, BStBl II 2008, 928), da Arbeitnehmer pauschale Kostenerstattungen grundsätzlich versteuern müssen.

20.6.4 Erstattung von Reisekosten etc. (§ 3 Nr. 13 und 16 EStG)

Die Erstattung von **Reisekosten** im Rahmen einer **Auswärtstätigkeit** (insbesondere: Fahrtkosten, Verpflegungsmehraufwendungen, Übernachtungskosten) an einen Arbeitnehmer ist steuerfrei, soweit keine höheren Beträge erstattet werden, als Werbungskosten von dem Arbeitnehmer geltend gemacht werden könnten (siehe Kap. 20.8.5). Entsprechendes gilt für die Erstattung von Mehraufwendungen bei **doppelter Haushaltsführung** sowie **Umzugskosten** (siehe Kap. 20.8.6 und 20.8.7).

Die Unterscheidung zwischen öffentlichen (§ 3 Nr. 13 EStG) und privaten Arbeitgebern (§ 3 Nr. 16 EStG) hat systematische Gründe und auf die Besteuerung grundsätzlich keine Auswirkungen.

20.6.5 Kindergeld (§ 3 Nr. 24 EStG)

Die Gewährung von Kindergeld (vgl. §§ 62 ff. EStG) ist nach § 3 Nr. 24 EStG steuerfrei, da das Kindergeld das steuerfreie Existenzminimum sichern soll. Würde der Staat das Kindergeld besteuern, müsste er einen höheren Betrag gewähren.

Wird im Rahmen des Familienleistungsausgleichs (§ 31 EStG) ein Kinderfreibetrag gewährt, so wird das gezahlte Kindergeld bei der Veranlagung der Einkommensteuer wieder hinzugerechnet (Details s. Kap. 11.).

20.6.6 Nebenberufliche Tätigkeit (§ 3 Nr. 26 EStG)

Die Vorschrift soll das ehrenamtliche Engagement der Bürger stärken, erfasst aber nur bestimmte **Tätigkeiten**:

- Nebenberufliche Tätigkeiten als Übungsleiter, Ausbilder, Erzieher, Betreuer o.ä. (z.B. Trainer einer Sportmannschaft, Betreuer in einem Ferienlager, Dozent an einer Hochschule, Handwerkskammer);
- Nebenberufliche künstlerische Tätigkeit (z.B. Organist im Gottesdienst);
- Nebenberufliche Pflege alter, kranker oder behinderter Menschen (z.B. Besuchsdienst in einem Altersheim).

Die Tätigkeit muss im Dienst oder im Auftrag einer **juristischen Person des öffentlichen Rechts** oder einer **gemeinnützigen Körperschaft** erfolgen (R 3.26 Abs. 3 LStR). Unter die Steuerfreiheit fallen nicht nur Einnahmen nach § 19 EStG, sondern z.B. auch Einnahmen aus freiberuflicher Tätigkeit nach § 18 EStG (z.B. freiberuflich tätiger Dozent).

Eine **nebenberufliche Tätigkeit** liegt nur vor, wenn die Tätigkeit – bezogen auf das Kalenderjahr – nicht mehr als ein Drittel der Arbeitszeit eines vergleichbaren Vollzeiterwerbs in Anspruch nimmt. Grundsätzlich können auch solche Personen nebenberuflich tätig sein, die im steuerrechtlichen Sinn keinen Hauptberuf ausüben (z.B. Studenten, Rentner oder Arbeitssuchende).

Der **Freibetrag** nach § 3 Nr. 26 S. 1 EStG beträgt insgesamt **2.400 €** pro Jahr; soweit Einnahmen diesen Betrag übersteigen, sind sie nicht nach § 3 Nr. 26 EStG steuerfrei. Bei Ausübung mehrerer Nebentätigkeiten (z.B. Dirigent eines Chors und Trainer der Fußballmannschaft) kann der Höchstbetrag von 2.400 € nur einmal im Jahr beansprucht werden (R 3.26 Abs. 8 LStR).

Ein Abzug von **Werbungskosten** bzw. **Betriebsausgaben**, die mit steuerfreien Einnahmen in unmittelbarem wirtschaftlichen Zusammenhang stehen, ist nach § 3 Nr. 26 S. 2 EStG nur möglich, soweit die Aufwendungen ihrerseits den Freibetrag übersteigen. In Arbeitnehmerfällen ist zudem der Arbeitnehmer-Pauschbetrag anzusetzen, soweit er nicht bei anderen Dienstverhältnissen verbraucht ist.

Die Steuerfreiheit von Bezügen nach anderen Vorschriften bleibt unberührt. Deshalb kann der nebenberuflich Tätige zusätzlich zu der steuerfreien Vergütung nach § 3 Nr. 26 EStG z.B. steuerfreie Reisekostenvergütungen nach § 3 Nr. 13 oder Nr. 16 EStG erhalten.

Beispiel:

Der nebenberuflich tätige Trainer eines gemeinnützigen Sportvereins erhält in 2016 für die Betreuung einer Jugendmannschaft insgesamt 2.200 € im Jahr. Zusätzlich ersetzt ihm der Verein Fahrtkosten zu den Turnieren i.H.v. (1.000 km × 0,30 € =) 300 €. Nicht ersetzt werden Verpflegungsmehraufwendungen (20 Tage mit einer Abwesenheit von je 10 Stunden). Neben der Tätigkeit als Trainer im Sportverein ist der Steuerpflichtige Gymnasiallehrer in Vollzeitbeschäftigung.

Lösung:
Es spielt grundsätzlich keine Rolle, dass der Trainer hauptberuflich Lehrer ist (= Einkünfte nach § 19 EStG). Da er die Tätigkeit als Trainer nebenberuflich für eine gemeinnützige Körperschaft ausübt, kann er hierfür grundsätzlich bis zu 2.400 € im Jahr steuerfrei einnehmen. Daneben ist ein steuerfreier Fahrtkostenersatz nach § 3 Nr. 16 EStG möglich, da die Grenze von 0,30 €/km nicht überschritten wird. Der Trainer erhält also insgesamt (2.200 € + 300 € =) 2.500 € steuerfrei. Die Verpflegungsmehraufwendungen könnte der Trainer grundsätzlich nach § 9 Abs. 4a EStG als Werbungskosten geltend machen. Da aber die Verpflegungsmehraufwendungen i.H.v. (20 × 12 € =) 240 € den Freibetrag von 2.400 € nicht übersteigen, ist ein Abzug als Werbungskosten nicht möglich.

20.6.7 Sonstige nebenberufliche Tätigkeiten (§ 3 Nr. 26a EStG)

Unter § 3 Nr. 26a EStG fällt nebenberufliches Engagement im **gemeinnützigen Bereich** ohne Begrenzung auf bestimmte Arten von Tätigkeiten. Erfasst sind z.B. Tätigkeiten als Vorstand, Kassierer, Sportwart eines Vereins oder Helfer bei einem Vereinsfest oder eine Tätigkeit bei der Freiwilligen Feuerwehr.

Wie bei § 3 Nr. 26 EStG muss die Tätigkeit im Dienst oder Auftrag einer juristischen Person des öffentlichen Rechts (z.B. Gemeinde) oder einer gemeinnützigen Körperschaft (z.B. Sportverein) erbracht werden.

Der **Freibetrag** nach § 3 Nr. 26a EStG beträgt insgesamt **720 € pro Jahr.** Daneben ist es – wie bei § 3 Nr. 26 EStG – möglich, z.B. Fahrtkosten im Rahmen der steuerlichen Grenzen steuerfrei zu ersetzen.

Die Beträge nach § 3 Nr. 26 EStG und § 3 Nr. 26a EStG können für dieselbe Tätigkeit nicht kumuliert werden (also z.B. für den Trainer der Jugendmannschaft nicht möglich: 2.400 € + 720 €). Es ist aber möglich, derselben Person für verschiedene Tätigkeiten sowohl die 2.400 € als auch die 720 € zu gewähren (ist z.B. der Trainer im vorgenannten Beispiel auch noch der Vorsitzende des Vereins, können für die Trainertätigkeit 2.400 € sowie für die Tätigkeit als Vorsitzender 720 € steuerfrei gewährt werden).

Die Zahlung von pauschalen Vergütungen für den Arbeits- oder Zeitaufwand (Tätigkeitsvergütungen) an den **Vorstand** ist nur dann zulässig, wenn dies in der Satzung ausdrücklich vorgesehen ist (BMF vom 14.10.2009, BStBl I 2009, 1318). Ein Verein, der die Bezahlung seines Vorstands nicht ausdrücklich regelt und dennoch Tätigkeitsvergütungen an Mitglieder des Vorstands zahlt, gefährdet seine Gemeinnützigkeit.

Der Abzug von **Aufwendungen**, die mit den o.g. steuerfreien Einnahmen in unmittelbarem wirtschaftlichen Zusammenhang stehen, ist in § 3 Nr. 26a S. 2 EStG geregelt. Die Regelung entspricht § 3 Nr. 26 S. 2 EStG (siehe Kap. 20.6.6).

20.6.8 Aufwandsentschädigung für ehrenamtliche Betreuer (§ 26b EStG)

Nach § 3 Nr. 26b EStG können ehrenamtliche Betreuer eine steuerfreie Aufwandsentschädigung nach § 1835a BGB i.H.v. bis zu 2.400 € erhalten. Allerdings kann der Freibetrag insgesamt für Einnahmen i.S.v. § 3 Nr. 26 und Nr. 26b EStG nur einmal in Anspruch genommen werden. Für den Abzug von Ausgaben gilt § 3 Nr. 26 S. 2 EStG entsprechend.

20.6.9 Werkzeuggeld (§ 3 Nr. 30 EStG)

In einigen Branchen ist es üblich, dass die Arbeitnehmer mit ihrem eigenen Werkzeug arbeiten (z.B. Friseure, Köche). Gewährt der Arbeitgeber seinen Arbeitnehmern Entschädigungen für die betriebliche Nutzung von Werkzeugen (Werkzeuggeld), sind diese steuerfrei, soweit sie die entsprechenden Aufwendungen des Arbeitnehmers (Anschaffungskosten etc.) nicht offensichtlich übersteigen. Soweit Entschädigungen für Zeitaufwand des Arbeitnehmers gezahlt werden, z.B. für die ihm obliegende Reinigung und Wartung der Werkzeuge, gehören sie zum steuerpflichtigen Arbeitslohn (R 3.30 LStR).

20.6.10 Überlassung typischer Berufskleidung (§ 3 Nr. 31 EStG)

Wird dem Arbeitnehmer vom Arbeitgeber typische Berufskleidung (z.B. „Blaumann", Uniform eines Polizisten oder Soldaten) unentgeltlich oder verbilligt überlassen, sind diese Zuwendungen steuerfrei. Dies gilt auch für Kleidung, die mit einem Firmenaufdruck oder -logo versehen oder in einer typischen Firmenfarbe gehalten ist (z.B. bei einer Stewardess).

Steuerfrei sind auch Barzahlungen des Arbeitgebers an den Arbeitnehmer, durch die aus betrieblichen Gründen ein dem Arbeitnehmer nach Gesetz, Tarifvertrag oder Betriebsvereinbarung zustehender Anspruch auf Gestellung typischer Berufskleidung abgelöst wird (z.B. Barzuschuss für den Erwerb typischer Berufskleidung über eine Kleiderkasse).

20.6.11 Sammelbeförderung (§ 3 Nr. 32 EStG)

Steuerfrei ist nach § 3 Nr. 32 EStG die unentgeltliche oder verbilligte Beförderung eines Arbeitnehmers zwischen Wohnung und erster Tätigkeitsstätte mit einem vom Arbeitgeber gestellten Beförderungsmittel, soweit diese Beförderung jeweils für den betrieblichen Einsatz des Arbeitnehmers notwendig ist (z.B. Reinigungspersonal, das mit einem firmeneigenen Transporter zu den jeweiligen Einsatzorten gefahren wird).

Arbeitnehmer, die vom Arbeitgeber im Rahmen einer steuerfreien Sammelbeförderung unentgeltlich oder verbilligt zur Arbeitsstätte gefahren werden, können die **Entfernungspauschale** nicht mehr ansetzen (vgl. § 9 Abs. 1 Nr. 4 S. 3 EStG).

20.6.12 Kindergartenzuschuss (§ 3 Nr. 33 EStG)

Steuerfrei sind nach § 3 Nr. 33 EStG Leistungen des Arbeitgebers, die zusätzlich zum ohnehin geschuldeten Arbeitslohn erbracht werden und der Unterbringung oder Betreuung von nicht schulpflichtigen Kindern der Arbeitnehmer in Kindergärten oder vergleichbaren Einrichtungen (z.B. Kindertagesstätte) dienen.

Es ist gleichgültig, ob die Unterbringung und Betreuung in betrieblichen oder außerbetrieblichen Kindergärten erfolgt (vgl. R 3.33 LStR).

20.6.13 Gesundheitsförderung (§ 3 Nr. 34 EStG)

Die Steuerbefreiung soll die Bereitschaft der Arbeitgeber erhöhen, Maßnahmen der allgemeinen und betrieblichen Gesundheitsförderung für Arbeitnehmer selbst durchzuführen oder finanziell zu fördern. Hierunter fallen z.B. Ernährungsberatungen, Massagen, Rückengymnastik oder psychologische Entspannungskurse. Nicht begünstigt ist die Übernahme von Mitgliedsbeiträgen an Sportvereine oder Fitnessstudios.

Die Leistungen des Arbeitgebers müssen zusätzlich zum ohnehin geschuldeten Arbeitslohn erbracht werden. Steuerfrei ist ein Betrag von bis zu **500 € im Jahr**.

20.6.14 Sachprämien (§ 3 Nr. 38 EStG)

Ein typisches Beispiel für die Steuerbefreiung gem. § 3 Nr. 38 EStG sind sog. Bonusmeilen, die ein Arbeitnehmer für berufliche Flüge erhält und privat nutzt. Die Sachleistungen sind nach § 8 Abs. 2 S. 1 EStG zu bewerten (Marktpreis). Steuerfrei ist ein Betrag von bis zu **1.080 € im Jahr**.

Das Unternehmen, das die Sachprämien gewährt, kann nach § 37a EStG für den nicht steuerfreien Teil der Prämien die Lohnsteuer pauschalieren.

20.6.15 Überlassung von Vermögensbeteiligungen (§ 3 Nr. 39 EStG)

Nach § 3 Nr. 39 EStG kann ein Arbeitgeber einem Arbeitnehmer Vermögensbeteiligungen (z.B. Aktien, stille Beteiligungen) im Wert von bis zu **360 € im Jahr** steuerfrei überlassen (Details s. BMF vom 08.12.2009, BStBl I 2009, 1513).

20.6.16 Betriebliche PC und Telefone (§ 3 Nr. 45 EStG)

Überlässt ein Arbeitgeber dem Arbeitnehmer ein betriebliches Datenverarbeitungs- oder Telekommunikationsgerät (z.B. PC, Laptop, Mobiltelefon) zur privaten Nutzung, ist der Vorteil aus der Überlassung unbegrenzt steuerfrei. Die Steuerfreiheit gilt z.B. auch für die Nutzung von Zubehör und Software sowie für die Übernahme von Telefon-Gesprächskosten.

Zwingende Voraussetzung ist allerdings, dass das Gerät im **Eigentum des Arbeitgebers** verbleibt und dem Arbeitnehmer lediglich zur Nutzung überlassen wird. Bei Übereignung derartiger Geräte liegt ein Sachbezug i.S.v. § 8 Abs. 2 EStG vor.

20.6.17 Auslagenersatz (§ 3 Nr. 50 EStG)

Durchlaufende Gelder sind Beträge, die der Arbeitnehmer vom Arbeitgeber erhält, um sie für ihn auszugeben. Auslagenersatz sind Beträge, durch die Auslagen des Arbeitnehmers vom Arbeitgeber ersetzt werden (vgl. R 3.50 LStR).

Die Steuerbefreiung nach § 3 Nr. 50 EStG ist ausgeschlossen, wenn die Ausgaben durch das Arbeitsverhältnis veranlasst sind. In diesem Fall liegt Arbeitslohn vor. Deshalb ist z.B. der Ersatz von Werbungskosten oder der Ersatz von Kosten der privaten Lebensführung nicht steuerfrei.

Ein pauschaler Auslagenersatz führt grundsätzlich zu Arbeitslohn (R 3.50 Abs. 2 LStR). Er bleibt jedoch aus Vereinfachungsgründen steuerfrei, wenn er regelmäßig wiederkehrt und die pauschale Abgeltung im Großen und Ganzen den tatsächlichen Aufwendungen entspricht. Voraussetzung ist aber, dass der Arbeitnehmer die entstandenen Aufwendungen für einen Zeitraum von drei Monaten im Einzelnen nachweist. Erst danach kann pauschaler Auslagenersatz steuerfrei bezahlt werden.

Für den Ersatz von **Telefon- und Internetkosten** gilt eine Vereinfachungsregelung. Nach R 3.50 Abs. 2 S. 4 LStR kann der Arbeitgeber ohne Einzelnachweis bis zu 20 % des Betrags, maximal 20 € monatlich steuerfrei ersetzen. Voraussetzung ist, dass bei dem Arbeitnehmer erfahrungsgemäß eine berufliche Nutzung des Telefon- bzw. Internetanschlusses erfolgt (z.B. Außendienstmitarbeiter, Rufbereitschaft, wechselnde Arbeitszeiten).

20.6.18 Trinkgelder (§ 3 Nr. 51 EStG)

Unter § 3 Nr. 51 EStG fallen Trinkgelder, die von Dritten gezahlt werden, ohne dass ein Rechtsanspruch auf sie besteht. Die Steuerfreiheit steht nur **Arbeitnehmern** zu, nicht aber Gewerbetreibenden (z.B. Friseur) und Selbständigen (vgl. dazu auch BFH vom 19.02.1999, VI R 43/95, BStBl II 1999, 361).

20.6.19 Zukunftssicherungsleistungen an Arbeitnehmer (§ 3 Nr. 62 EStG)

Ausgaben, die ein Arbeitgeber leistet, um einen Arbeitnehmer oder diesem nahestehende Personen (Ehegatten, Kinder) für den Fall der Krankheit, des Unfalls, der Invalidität, des Alters oder des Todes abzusichern (Zukunftssicherung) gehören nach § 2 Abs. 2 Nr. 3 LStDV grundsätzlich zum Arbeitslohn.

Nach § 3 Nr. 62 EStG sind die Ausgaben des Arbeitgebers für die Zukunftssicherung des Arbeitnehmers (insbesondere Arbeitgeberanteile zur Sozialversicherung) steuerfrei (Details s. R 3.62 LStR).

Die Steuerfreiheit der Arbeitgeberbeiträge zur **Rentenversicherung** ist im Rahmen der Berechnung der abziehbaren Vorsorgeaufwendungen nach § 10 Abs. 3 EStG zu berücksichtigen (Details s. Kap. 6.5).

Die Steuerfreiheit nach § 3 Nr. 62 EStG gilt grundsätzlich auch für **Gesellschafter-Geschäftsführer** einer Kapitalgesellschaft, soweit diese nicht bereits als beherrschende Gesellschafter-Geschäftsführer von der Sozialversicherungspflicht befreit sind. Gesellschafter-Geschäftsführer einer Personengesellschaft können auch sozialversicherungspflichtig sein. Da sie aber Einkünfte nach § 15 Abs. 1 Nr. 2 EStG erzielen und somit im steuerrechtlichen Sinne keine Arbeitnehmer sind, können sie die Steuerfreiheit nach § 3 Nr. 62 EStG **nicht** in Anspruch nehmen.

20.6.20 Betriebliche Altersversorgung (§ 3 Nr. 63 EStG)

Wegen der Bedeutung und Komplexität der Materie wird die betriebliche Altersversorgung in einem eigenen Kapitel (s. Kap. 23.2.8) behandelt.

20.6.21 Erziehungsgeld (§ 3 Nr. 67 EStG)

Erziehungsgeld nach dem Bundeserziehungsgeldgesetz und Elterngeld nach dem Bundeselterngeld- und Elternzeitgesetz sind in unbegrenzter Höhe steuerfrei. Das Elterngeld unterliegt allerdings dem Progressionsvorbehalt, § 32b Abs. 1 Nr. 1 j) EStG.

20.6.22 Zuschläge für Sonntags-, Feiertags- und Nachtarbeit (§ 3b EStG)

Steuerfrei sind Zuschläge, die für tatsächlich geleistete Sonntags-, Feiertags- oder Nachtarbeit neben dem Grundlohn gezahlt werden. Voraussetzung ist, dass die Zuschläge:

* für Nachtarbeit 25 %,
* für Sonntagsarbeit 50 %,
* am 31.12. ab 14 Uhr und an den gesetzlichen Feiertagen 125 % und
* am 24.12. ab 14 Uhr, am 25. und 26.12. sowie am 1.5. 150 % des Grundlohns

nicht übersteigen.

Grundlohn ist der laufende Arbeitslohn, der dem Arbeitgeber üblicherweise für die jeweilige Arbeitsstunde zusteht, maximal aber 50 €.

20.7 Tarifvergünstigungen

20.7.1 Lohnsteuer-Pauschalierungen

Grundsätzlich muss die Lohnsteuer für jeden Arbeitnehmer individuell ermittelt und abgeführt werden. Allerdings besteht aus Vereinfachungsgründen in einigen Fällen die Möglichkeit einer **Lohnsteuer-Pauschalierung** (Wahlrecht). Siehe dazu im Folgenden Kap. 20.7.1.1 bis 20.7.1.6.

20.7.1.1 Lohnsteuer-Pauschalierung bei Sachzuwendungen (§ 37b EStG)

Gewährt ein Unternehmen seinen Arbeitnehmern **Sachzuwendungen** i.S.d. § 8 Abs. 2 S. 1 EStG (z.B. Incentive-Reisen, Konzertkarten, Einladungen zu Sportveranstaltungen), muss der Arbeitnehmer diese Zuwendungen grundsätzlich im Rahmen des § 8 Abs. 2 EStG versteuern.

Allerdings ermöglicht § 37b EStG es dem Zuwendenden, die Einkommensteuer auf Sachzuwendungen an Arbeitnehmer oder Nichtarbeitnehmer (Geschäftsfreunde), die betrieblich veranlasst sind und beim Empfänger dem Grunde nach zu steuerpflichtigen Einkünften führen, **pauschal** mit einem Steuersatz von **30 %** zu erheben (vgl. BMF vom 19.05.2015, BStBl I 2015, 468).

> **Beispiel:**
>
> Ein Unternehmen schreibt für seine Außendienstmitarbeiter einen Wettbewerb aus, wonach die zehn Besten eine Reise nach Mallorca als Belohnung bekommen (sog. Incentive-Reise). Das Unternehmen bezahlt für jede Reise 1.800 € inklusive Umsatzsteuer.

Lösung:

Müssten die Außendienstmitarbeiter die Reise als Sachzuwendungen selbst versteuern, wäre der Anreiz nicht besonders hoch. Aus diesem Grund kann das Unternehmen die Besteuerung nach § 37b i.V.m. § 40 Abs. 3 EStG pauschal übernehmen. Die Steuer beträgt je Mitarbeiter (1.800 € × 30 % =) 540 €.

Die Pauschalierung ist **ausgeschlossen**, soweit die Aufwendungen je Arbeitnehmer und Wirtschaftsjahr oder wenn die Aufwendungen für die einzelne Zuwendung **10.000 €** übersteigen (§ 37b Abs. 1 S. 3 EStG).

Beispiel:

Ein Arbeitgeber gewährt seinem Mitarbeiter A zusätzlich zum vereinbarten Arbeitslohn im Jahr 2016 zwei betrieblich veranlasste Zuwendungen i.H.v. jeweils 6.000 €. Dem Mitarbeiter B werden Zuwendungen i.H.v. 2.000 €, 7.000 € und 11.000 € gewährt.

Lösung:

In Bezug auf Mitarbeiter A ist die Pauschalierung nach § 37b Abs. 2 S. 1 i.V.m. Abs. 1 EStG für die erste Zuwendung in voller Höhe möglich. Erfolgt sie, muss sie wegen der Pflicht zur einheitlichen Ausübung des Wahlrechts (vgl. unten) auch für die zweite Zuwendung in Höhe von 4.000 € durchgeführt werden. Für den Restbetrag von 2.000 € ist sie wegen Überschreitung des Höchstbetrags von 10.000 € nach § 37b Abs. 1 S. 3 Nr. 1 EStG nicht möglich; insoweit ist die Lohnsteuer individuell zu erheben (§§ 38 ff. EStG).

Hinsichtlich Mitarbeiter B ist die Pauschalierung nur für die ersten beiden Zuwendungen möglich, nicht aber für die dritte Zuwendung, weil insoweit die Höchstgrenze nach § 37b Abs. 1 S. 3 Nr. 2 EStG überschritten ist.

Aufmerksamkeiten (vgl. R 19.6 LStR), deren Wert **60 €** nicht übersteigt, gehören nicht zum Arbeitslohn und sind daher nicht in die Pauschalierung nach § 37b EStG einzubeziehen. Bei Überschreitung des Betrags von 60 € ist § 37b EStG anwendbar. Zuwendungen, die aufgrund der **44 €-Freigrenze** nach § 8 Abs. 2 S. 11 EStG steuerfrei sind, scheiden bei der Pauschalierung nach § 37b EStG aus; umgekehrt bleiben nach § 37b EStG pauschalierte Zuwendungen bei der 44 €-Freigrenze außer Ansatz.

Beispiel:

Ein Unternehmen gewährt seinen Mitarbeitern A, B und C Zuwendungen (Incentive-Reisen) i.H.v. jeweils 2.000 € und versteuert dies pauschaliert nach § 37b EStG. Außerdem gewährt das Unternehmen allen seinen Mitarbeitern die Möglichkeit, auf Kosten des Unternehmens in einem Sportstudio zu trainieren; der Wert dieser Zuwendung beträgt 30 € je Mitarbeiter und Monat.

Lösung:

Auch für die Mitarbeiter A, B und C, die die Reise erhalten haben, ist die Benutzung des Sportstudios steuerfrei, da diese Sachzuwendung unter 44 €/Monat liegt. Bei der 44 €-Freigrenze bleibt jeweils die nach § 37b EStG pauschaliert versteuerte Reise außer Betracht.

Keine Pauschalierung nach § 37b EStG ist möglich für die Überlassung von **Fahrzeugen** an Arbeitnehmer sowie für die Gewährung einer geschäftlich veranlassten **Bewirtung** (§ 4 Abs. 5 Nr. 2 EStG; die Gewährung von Mahlzeiten an Arbeitnehmer kann ausschließlich nach § 40 Abs. 2 EStG pauschaliert werden).

Geringfügige Zuwendungen bis zur Höhe der Anschaffungs-/Herstellungskosten von **10 €** (sog. Streuwerbeartikel) fallen aus Vereinfachungsgründen nicht in den Anwendungsbereich des § 37b EStG (BMF a.a.O. Rz. 10).

Entscheidet sich der Arbeitgeber, Sachzuwendungen nach § 37b EStG pauschal zu versteuern, muss er die Pauschalversteuerung für alle Sachzuwendungen an die Arbeitnehmer **einheitlich** vornehmen (BMF a.a.O. Rz. 4). Das Wahlrecht ist mit der letzten Lohnsteuer-Anmeldung des Wirtschaftsjahrs auszuüben.

20.7.1.2 Lohnsteuer-Pauschalierung bei „größerer Zahl von Fällen" (§ 40 Abs. 1 EStG)

Auf Antrag des Arbeitgebers beim Betriebsstätten-Finanzamt ist nach § 40 Abs. 1 S. 1 Nr. 1 EStG eine Pauschalierung möglich, wenn der Arbeitgeber seinen Arbeitnehmern in einer **größeren Zahl von Fällen** sonstige Bezüge gewährt.

Beispiel:

Ein Arbeitgeber übernimmt für jeden seiner 500 Arbeitnehmer die Kosten für den Besuch eines Fitnessstudios i.H.v. jeweils 70 € im Monat.

Lösung:

Die 44 €-Grenze ist überschritten; daher liegt grundsätzlich steuerpflichtiger Arbeitslohn vor. Der Arbeitgeber kann die Lohnsteuer auf diesen Sachbezug aber pauschal erheben.

Von einer größeren Zahl von Fällen ist regelmäßig auszugehen, wenn **mindestens 20 Arbeitnehmer** gleichzeitig einen sonstigen **Bezug** erhalten (R 40.1 Abs. 1 LStR). Die Pauschalierung ist nur zulässig, soweit der Gesamtbetrag der pauschal besteuerten Bezüge eines jeden Arbeitnehmers im Kalenderjahr den Betrag von 1.000 € nicht übersteigt (§ 40 Abs. 1 S. 3 EStG).

Auf Antrag des Arbeitgebers ist eine Pauschalierung der Lohnsteuer auch möglich, wenn in einer größeren Zahl von Fällen **Lohnsteuer nachzuerheben** ist, weil der Arbeitgeber die Lohnsteuer nicht vorschriftsmäßig einbehalten hat (§ 40 Abs. 1 S. 1 Nr. 2 EStG). Dies geschieht häufig im Rahmen von Lohnsteuer-Außenprüfungen. Hinsichtlich der größeren Zahl von Fällen gelten die o.g. Grundsätze. Es muss jedoch nicht die Grenze von 1.000 € beachtet werden, sodass auch höhere Arbeitslöhne pauschaliert werden können. Die pauschale Steuer ergibt sich aus dem durchschnittlichen Steuersatz unter Zugrundelegung der durchschnittlichen Jahresarbeitslöhne und der durchschnittlichen Jahreslohnsteuer in jeder Steuerklasse (§ 40 Abs. 1 S. 4 EStG). Der Arbeitgeber hat die pauschale Steuer selbst zu berechnen und die Berechnung dem Antrag beizufügen.

Die pauschale Lohnsteuer hat grundsätzlich der **Arbeitgeber** zu übernehmen (§ 40 Abs. 3 EStG).

20.7.1.3 Lohnsteuer-Pauschalierung bei Gewährung von Mahlzeiten, Zahlung von Arbeitslohn aus Anlass von Betriebsveranstaltungen etc. (§ 40 Abs. 2 EStG)

Während sich § 40 Abs. 1 EStG auf alle Arbeitnehmer bezieht, kann die Pauschalbesteuerung nach § 40 Abs. 2 EStG individuell auf **einzelne Arbeitnehmer** beschränkt werden.

Nach § 40 Abs. 2 S. 1 EStG gilt ein Pauschsteuersatz von **25 %** für:

- die arbeitstägliche Gewährung von Mahlzeiten,
- die Veranlassung der Gewährung von Mahlzeiten bei Auswärtstätigkeiten,
- Zuwendungen im Rahmen von Betriebsveranstaltungen,
- Erholungsbeihilfen,
- Vergütungen für Verpflegungsmehraufwendungen,
- die Übereignung von Personalcomputern und die Bezuschussung von Internetzugängen.

Fahrkostenzuschüsse für Fahrten zwischen Wohnung und Arbeitsstätte können pauschal mit **15 %** besteuert werden, § 40 Abs. 2 S. 2 EStG.

20.7.1.4 Lohnsteuer-Pauschalierung bei Teilzeitbeschäftigten (§ 40a Abs. 1 EStG)

Der Arbeitgeber kann unter Verzicht auf den Abruf von elektronischen Lohnsteuerabzugsmerkmalen oder die Vorlage einer Bescheinigung für den Lohnsteuerabzug bei Arbeitnehmern, die nur kurzfristig beschäftigt werden, die Lohnsteuer mit einem Pauschsteuersatz von **25 %** des Arbeitslohns erheben. Eine kurzfristige Beschäftigung liegt vor, wenn:

- der Arbeitnehmer bei dem Arbeitgeber gelegentlich, nicht regelmäßig wiederkehrend beschäftigt wird,
- die Dauer der Beschäftigung 18 zusammenhängende Arbeitstage nicht übersteigt und
- der Arbeitslohn während der Beschäftigungsdauer 68 € durchschnittlich je Arbeitstag nicht übersteigt **oder**
- die Beschäftigung zu einem unvorhersehbaren Zeitpunkt sofort erforderlich wird.

Typische Beispiele sind Arbeitskräfte in der Gastronomie (z.B. Kellner im Biergarten) oder im Einzelhandel (z.B. Aushilfe bei der Inventur).

20.7.1.5 Lohnsteuer-Pauschalierung bei Minijobs (§ 40a Abs. 2 EStG)

Mit der Schaffung von Regelungen über **geringfügige Beschäftigung** (sog. Minijobs) wollte der Gesetzgeber zahlreiche Beschäftigungsverhältnisse aus der Illegalität herausführen und der Sozialversicherung zusätzliche Einnahmen verschaffen. Im Rahmen des § 40a Abs. 2 EStG erfolgt eine Verknüpfung von Sozialversicherung und Lohnsteuer.

Ob eine geringfügige Beschäftigung vorliegt, richtet sich nach sozialversicherungsrechtlichen Maßstäben. Dabei unterscheidet das Sozialversicherungsrecht drei Arten von geringfügiger Beschäftigung:

- § 8 Abs. 1 Nr. 1 SGB IV: Der Arbeitslohn beträgt regelmäßig maximal 450 €/Monat;
- § 8 Abs. 1 Nr. 2 SGB IV: Die Tätigkeit wird nicht berufsmäßig ausgeübt und ist im Kalenderjahr längstens auf zwei Monate oder 50 Arbeitstage begrenzt;
- § 8a SGB IV: Die Beschäftigung wird ausschließlich in einem Privathaushalt ausgeübt.

Grundsätzlich hat der Arbeitgeber für geringfügig Beschäftigte 30 % des Arbeitsentgelts an die Deutsche Rentenversicherung Bund abzuführen. Darin enthalten sind grundsätzlich 13 % Krankenversicherung, 15 % Rentenversicherung und 2 % Lohnsteuer (inklusive Kirchensteuer und Solidaritätszuschlag).

Im Fall der Beschäftigung in einem privaten Haushalt beträgt die Pauschalabgabe 12 % des Arbeitsentgelts (5 % Krankenversicherung, 5 % Rentenversicherung und 2 % Lohnsteuer).

20.7.1.6 Lohnsteuer-Pauschalierung bei bestimmten Zukunftssicherungsleistungen (§ 40b EStG)

Dieses Thema wird im Kapitel 23.2.8 behandelt.

20.7.2 Außerordentliche Einkünfte (§ 34 EStG)

Erzielt ein Arbeitnehmer außerordentliche Einkünfte i.S.v. § 34 Abs. 2 EStG, kann er die sog. **Fünftelregelung** nach § 34 Abs. 1 EStG in Anspruch nehmen. Dabei werden die außerordentlichen Einkünfte bei der Berechnung des zu versteuernden Einkommens nur zu einem Fünftel angesetzt. Die auf dieses Fünftel entfallende Einkommensteuer wird dann mit dem Fünffachen angesetzt. Durch diese Methode wird die Steuer-Progression gemildert (Details s. Kap. 17.4).

Als außerordentliche Einkünfte kommen in der Praxis häufig **Abfindungen** aus Anlass der Auflösung des Arbeitsverhältnisses vor. Derartige Abfindungen werden nach § 24 Nr. 1 EStG als Ersatz für entgehende Einnahmen oder für die Aufgabe einer Tätigkeit gezahlt. Einnahmen nach § 24 Nr. 1 EStG stellen nach § 34 Abs. 2 Nr. 2 EStG außerordentliche Einkünfte dar.

Ein Arbeitnehmer kann die Steuervergünstigung nach § 34 Abs. 1 EStG aber nur dann in Anspruch nehmen (vgl. ausführlich: BMF vom 24.05.2004, BStBl I 2004, 505), wenn:

- die Abfindung **in einem Jahr zufließt** (ausnahmsweise ist der Zufluss mehrerer Teilbeträge in unterschiedlichen Veranlagungszeiträumen unschädlich, soweit nur eine Zahlung i.H.v. maximal 5 % der Hauptleistung in einem anderen Veranlagungszeitraum zufließt, BMF vom 17.01.2011, BStBl I 2011, 39) und
- die Einkünfte im Jahr der Abfindung höher sind als bei einem gewöhnlichem Verlauf (**Zusammenballung**).

Beispiel:

Ein Arbeitnehmer erzielte bisher ein Einkommen von 50.000 € pro Jahr. Das Arbeitsverhältnis wird mit Wirkung zum 31.12.2015 aufgelöst. Der Arbeitgeber erklärt sich bereit, eine Abfindung i.H.v. 40.000 € zu bezahlen. Der Arbeitnehmer ist das gesamte Jahr 2016 arbeitslos und erzielt keine Einkünfte.

a) Die Abfindung wird am 31.12.2015 gezahlt;

b) Die Abfindung wird am 15.01.2016 gezahlt;

c) Die Abfindung wird in zwei Teilbeträgen von 20.000 € am 31.12.2015 und von 20.000 € am 15.01.2016 gezahlt.

Lösung:

a) Der Arbeitnehmer erhält die Tarifvergünstigung nach § 34 Abs. 1 EStG, weil die Abfindung in einem Jahr zufließt und das zu versteuernde Einkommen im Veranlagungszeitraum 2015 höher ist als bei gewöhnlichem Verlauf in den bisherigen Jahren (Zusammenballung).

b) Zwar fließt die Abfindung in einem Betrag zu; der Arbeitnehmer hat aber in 2016 ein geringeres zu versteuerndes Einkommen als in den bisherigen Jahren. Daher besteht keine Notwendigkeit, einen Tarifvorteil zu gewähren. § 34 Abs. 1 EStG ist nicht anzuwenden, obwohl der Arbeitnehmer eine Abfindung i.S.v. § 34 Abs. 2 Nr. 2 EStG erhält.

c) Die Anwendung der Fünftelregelung scheitert bereits daran, dass die Abfindung nicht in einem Betrag zufließt und die Ausnahmeregelung nach dem o.g. BMF-Schreiben nicht eingreift.

Begünstigt sind nach § 34 Abs. 2 Nr. 4 EStG auch Vergütungen **für mehrjährige Tätigkeiten**. In diese Kategorie fallen insbesondere Ablösezahlungen im Zusammenhang mit der Aufgabe von Pensionsansprüchen (vgl. BFH vom 12.04.2007, VI R 6/02, BStBl II 2007, 581).

Beispiel:

Der beherrschende Gesellschafter-Geschäftsführer einer GmbH erhält seit dem Jahr 1980 eine Pensionszusage. Die GmbH hat zutreffend eine Pensionsrückstellung i.H.v. 200.000 € gebildet. Auf Druck der Hausbank verzichtet der Gesellschafter-Geschäftsführer auf seine Pensionsansprüche, die zu diesem Zeitpunkt 230.000 € wert sind.

Lösung:

Mit dem Verzicht fließen dem Gesellschafter-Geschäftsführer (= Arbeitnehmer i.S.v. § 19 EStG) sämtliche Pensionsansprüche i.H.v. 230.000 € zu, da er mit dem Verzicht über die Ansprüche verfügt hat. Er kann allerdings die Fünftelregelung nach § 34 Abs. 1 EStG in Anspruch nehmen.

20.8   Werbungskosten

20.8.1   Allgemeines

Werbungskosten sind **Aufwendungen** zur Erwerbung, Sicherung und Erhaltung der Einnahmen, § 9 Abs. 1 S. 1 EStG. Zu den Werbungskosten gehören Aufwendungen, die durch eine auf Einnahmeerzielung gerichtete Tätigkeit **verursacht** sind (vgl. BFH vom 18.12.1981, VI R 201/78, BStBl II 1982, 261; BFH vom 28.07.2011, VI R 7/10, BStBl II 2012, 557).

Beispiel:

Ein Lehrer kommt bei einer Fahrt zur Schule auf regennasser Fahrbahn infolge leicht überhöhter Geschwindigkeit von der Straße ab, wodurch sein Pkw beschädigt wird; die Reparatur kostet 800 €. Einige Wochen später wird sein Pkw auf dem Schulparkplatz von Unbekannten, die offenbar aus dem Kreis der Schüler stammen, mit Lackstift beschmiert. Bei einem Schulfest am selben Tag trinkt er so viel Bier, dass er fahruntüchtig beim Ausparken den Kotflügel seines Pkw beschädigt. Er zahlt 100 € für die Entfernung des Lackstifts und 300 € für die Reparatur des Kotflügels.

Lösung:

Die durch den ersten Unfall verursachten Aufwendungen von 800 € sind Werbungskosten i.S.v. § 9 EStG. Der Zusammenhang zwischen den Aufwendungen und der Einnahmeerzielung wird durch die leicht überhöhte Geschwindigkeit nicht durchbrochen (vgl. H 9.10 LStH „Unfallschäden"). Der zweite Unfall beruht auf dem hohen Alkoholkonsum. Dieser ist der privaten Sphäre (§ 12 Nr. 1 EStG) zuzurechnen; der Veranlassungszusammenhang zwischen Aufwendungen und Einnahmenerzielung wird durchbrochen. Die Aufwendungen i.H.v. 300 € sind insgesamt nicht abziehbar (vgl. H 9.10 LStH a.a.O.). Die Kosten für die Entfernung des Lackstifts i.H.v. 100 € sind Werbungskosten i.S.d. § 9 EStG, da insoweit ein Zusammenhang mit der Berufstätigkeit besteht.

Weist der Arbeitnehmer keine Werbungskosten nach oder betragen die Werbungskosten weniger als 1.000 €, wird von Amts wegen ein **Werbungskostenpauschbetrag** nach § 9a S. 1 Nr. 1 a) EStG abgezogen.

Beispiel:

Ein Arbeitnehmer erzielt im Jahr 2016 steuerpflichtige Einnahmen nach § 19 EStG i.H.v. 40.000 €.
a) Er weist Werbungskosten i.H.v. 3.750 € nach;
b) Er macht keine Werbungskosten geltend.

Lösung:

Die Einkünfte nach § 19 EStG belaufen sich in 2016 auf:
a) (40.000 € ./. 3.750 € =) 36.250 €,
b) (40.000 € ./. 1.000 € =) 39.000 €.

Für Werbungskosten gilt das **Abflussprinzip** (§ 11 Abs. 2 EStG). Dies bedeutet, dass die Werbungskosten in dem Jahr angesetzt werden müssen, in dem sie bezahlt werden (Details s. Kap. 4.).

Beispiel:

Ein Arbeitnehmer erwirbt im Ende Dezember 2016 ein Fachbuch. Er bezahlt die Rechnung erst im Februar 2017.

> **Lösung:**
>
> Es spielt keine Rolle, wann der Arbeitnehmer den Kaufvertrag über das Fachbuch abgeschlossen hat. Er kann die Kosten für das Fachbuch erst in 2017 als Werbungskosten geltend machen.

Ersetzt der Arbeitgeber Werbungskosten, so sind Einnahmen und Werbungskosten zu saldieren, wenn der Ersatz im selben Jahr erfolgt. Werden die Werbungskosten in einem anderen Jahr ersetzt, liegen insoweit steuerpflichtige Einnahmen vor.

> **Beispiel:**
>
> Ein Arbeitnehmer absolviert einen Kurs für Schweißtechnik. Im Jahr 2016 bezahlt er dafür 2.500 €. Der Arbeitgeber ersetzt nach dem Bestehen der Abschlussprüfung 1.800 €
> a) in 2016,
> b) in 2017.

> **Lösung:**
>
> a) Der Arbeitnehmer kann in 2016 Werbungskosten i.H.v. (2.500 € ./. 1.800 € =) 700 € geltend machen.
> b) Der Arbeitnehmer kann in 2016 Werbungskosten i.H.v. 2.500 € ansetzen. Der Ersatz des Arbeitgebers i.H.v. 1.800 € ist in 2017 als Arbeitslohn zu erfassen.

Werbungskosten können auch anfallen, bevor Arbeitslohn bezogen wird (sog. **vorweggenommene Werbungskosten**).

> **Beispiel:**
>
> Ein Steuerpflichtiger ist nach Abschluss seiner Berufsausbildung auf Arbeitssuche. Für Bewerbungen (Passfotos, Kopierkosten, Bewerbungsmappen etc.) gibt er in 2016 insgesamt 500 € aus. In 2016 erzielt er keine Einnahmen. Erst in 2017 gelingt es ihm, eine Arbeitsstelle zu finden.

> **Lösung:**
>
> Der Steuerpflichtige kann bereits in 2016 die Aufwendungen als Werbungskosten geltend machen, da er sie zur Erzielung künftiger Einnahmen tätigt. Weil er in 2016 keine Einnahmen erzielt, betragen seine Einkünfte in diesem Jahr ./. 500 €.

Werbungskosten können auch geltend gemacht werden, wenn ein Arbeitsverhältnis nicht mehr besteht (sog. **nachträgliche Werbungskosten**).

> **Beispiel:**
>
> Ein Arbeitnehmer geht Ende 2016 in Rente. In 2017 muss er Schadensersatz i.H.v. 300 € leisten, weil er in 2016 grob fahrlässig ein Fahrzeug seines damaligen Arbeitgebers beschädigt hatte.

> **Lösung:**
>
> Obwohl die Aufwendungen nicht mehr zur Erzielung von Einnahmen dienen, kann der Arbeitnehmer die Zahlung an den Arbeitgeber als nachträgliche Werbungskosten in 2017 geltend machen.

Anzuerkennen sind auch sog. **vergebliche Werbungskosten**, wenn der berufliche Zusammenhang nachgewiesen wird.

Beispiel:
Ein Arbeitnehmer besucht einen kostenpflichtigen Kurs zur Vorbereitung auf die Meisterprüfung. Aus privaten Gründen muss er den Kurs nach eineinhalb Jahren abbrechen, ohne die Meisterprüfung absolvieren zu können.

Lösung:
Da der Vorbereitungskurs dazu diente, die berufliche Position zu verbessern, kann der Arbeitnehmer die Kosten für den Kurs auch dann geltend machen, wenn er die Meisterprüfung nicht besteht oder nicht zur Prüfung antritt.

20.8.2 Abgrenzung von Kosten der Lebensführung (§ 12 EStG)

Nicht als Werbungskosten abziehbar sind die in § 12 Nr. 1 bis 4 EStG genannten Aufwendungen.

Aufwendungen für die private Lebensführung i.S.d. **§ 12 Nr. 1 EStG** (vgl. R 9.1 LStR, H 9.1 LStH, H 12.1 EStH, BMF vom 06.07.2010, BStBl I 2010, 614):

Aufwendungen, die ausschließlich oder nahezu ausschließlich (> 90 %) **privat veranlasst** sind, sind vollständig vom Abzug als Werbungskosten ausgeschlossen. Dies betrifft insbesondere Aufwendungen für den Haushalt des Steuerpflichtigen und den Unterhalt seiner Familienangehörigen, wie z.B. typischerweise Kosten für:

- die selbstgenutzte Wohnung (soweit nicht Arbeitszimmer),
- Kleidung (soweit nicht typische Berufskleidung), auch wenn diese nicht privat getragen wird (z.B. Anzug),
- Ernährung,
- allgemeine Bildung (z.B. Unterricht in einer gängigen Fremdsprache, allgemeine PC-Kurse, Yoga-Lehrgang),
- Zeitungsabonnements und Rundfunk-/TV-Gebühren (s.u.).

Entscheidend sind die Umstände des Einzelfalls. So kann z.B. ein Konzertpianist die Kosten für ein Klavier als Werbungskosten geltend machen, während derartige Aufwendungen bei der übrigen Bevölkerung Kosten der privaten Lebensführung darstellen.

Nicht abziehbar sind auch Aufwendungen für die Lebensführung, die die wirtschaftliche oder gesellschaftliche Stellung des Steuerpflichtigen mit sich bringt (sog. **Repräsentationsaufwendungen**), selbst wenn durch sie auch die berufliche Tätigkeit gefördert wird. Hierunter fallen z.B. Ausgaben für gehobene Kleidung, Kosmetika und kostspielige Sportarten (nicht abziehbar daher z.B. Aufwendungen für die Ausrichtung eines Golfturniers, das zur Kundenbindung bzw. -gewinnung diente, BFH vom 16.12.2015, IV R 24/13, DStR 2016, 521, abziehbar dagegen Aufwendungen für ein Golfturnierreihe, an der jeder Interessierte teilnehmen konnte und zu deren Ausrichtung sich der Steuerpflichtige gegenüber Geschäftspartnern verpflichtet hatte, BFH vom 14.10.2015, I R 74/13, DStR 2016, 524).

Für Aufwendungen, die sowohl beruflich als auch privat veranlasst sind – sog. **gemischte Aufwendungen** – ist eine **Aufteilung** möglich, wenn ein objektiver, vernünftiger Maßstab angewendet werden kann (z.B. Zeit-, Mengen-, Flächenanteile, Aufteilung nach Köpfen; vgl. BFH vom 21.09.2009, GrS 1/06, BStBl II 2010, 672 sowie BMF a.a.O.). Wenn eine verlässliche Aufteilung unverhältnismäßig aufwändig wäre, kann eine Schätzung in Betracht kommen. Allerdings scheidet eine Aufteilung aus, wenn berufliche und private Veranlassungsbeiträge so ineinander greifen, dass keine Trennung möglich ist; in diesem Fall sind die Aufwendungen insgesamt nicht abziehbar.

Beispiel:

a) Ein angestellter Chirurg fliegt an einem Samstagmorgen zu einem Ärztekongress nach Rom, der ganztägig von Dienstag bis Donnerstag stattfindet. Vor und nach der Veranstaltung besichtigt er Rom. Am Sonntagabend fliegt er nach Deutschland zurück. Er wendet 450 € Flugkosten, 800 € Übernachtungskosten (8 Nächte à 100 €) sowie 300 € Kongressgebühren auf.

b) Ein Jurist, der bei einem Unternehmen angestellt ist, lädt anlässlich des Bestehens seiner Steuerberaterprüfung sowie seines runden Geburtstags alle 40 bei dem Unternehmen angestellte Steuerberater sowie 30 private Gäste zu einer Feier ein. Die Kosten (Raummiete, Bewirtung, Musik) betragen insgesamt 2.800 €.

c) Eine leitende Bankangestellte hat für monatlich 60 € eine überregionale Tageszeitung abonniert, die u.a. auch regelmäßig über Entwicklungen am Kapitalmarkt informiert.

Lösung:

a) Die Kosten für die Übernachtungen von Dienstag auf Mittwoch und von Mittwoch auf Donnerstag i.H.v. zusammen 200 € sowie die Kongressgebühren i.H.v. 300 € sind ausschließlich beruflich veranlasst und daher vollständig abziehbar. Die Flugkosten sind gemischt veranlasst (Ärztekongress, Stadtbesichtigung) und nach den Veranlassungsbeiträgen aufzuteilen. Ein sachgerechter Maßstab ist das Verhältnis der beruflichen und der privaten Zeitanteile der Reise (drei Tage bzw. sechs Tage). Von den Flugkosten sind daher (450 € × $\frac{3}{9}$ =) 150 € abziehbar. Vgl. BMF a.a.O., Tz. 15. Insgesamt sind daher Werbungskosten i.H.v. 650 € abziehbar.

b) Die 40 Kollegen wurden nach abstrakten berufsbezogenen Kriterien (sämtliche Steuerberater des Unternehmens) eingeladen. Dies lässt darauf schließen, dass die Einladung insoweit primär in der bestandenen Steuerberaterprüfung gründete, also (nahezu) ausschließlich beruflich veranlasst war. Von den Kosten der Feier sind daher (2.800 € × 40/70 =) 1.600 € abziehbar. Vgl. BFH vom 08.07.2015, VI R 46/14, BFH/NV 2015, 1720.

c) Der Bezug der Zeitung ist gemischt beruflich (Informationen über Kapitalmarkt) und privat (sonstige Informationen) motiviert. Da keine Rubrik oder Seite einer Zeitung ausschließlich dem beruflichen oder dem privaten Bereich zugeordnet werden kann, greifen die Veranlassungsbeiträge so ineinander, dass eine Aufteilung nach objektiven Kriterien nicht möglich ist. Die Kosten des Abonnements sind daher insgesamt nicht als Werbungskosten abziehbar. Vgl. BMF a.a.O., Tz. 17.

Nach **§ 12 Nr. 2 EStG** nicht als Werbungskosten abziehbar sind **freiwillige** Zuwendungen, Zuwendungen aufgrund einer freiwillig begründeten Rechtspflicht und Zuwendungen an eine **unterhaltsberechtigte** Person. Hierunter fallen z.B. Unterhaltsleistungen an Ehegatten (§§ 1360 ff. BGB), geschiedene Ehegatten (§§ 1569 ff. BGB) und Verwandte in gerader Linie (§§ 1601 ff. BGB). Es kann aber ein Abzug der Zuwendungen z.B. nach § 10 Abs. 1a Nr. 1 oder 2 oder § 33a Abs. 1 EStG in Betracht kommen (vgl. Kap. 6.2, 6.3, 9).

§ 12 Nr. 3 EStG verbietet den Werbungskostenabzug von Personensteuern (z.B. Einkommensteuer, Lohnsteuer, Kapitalertragsteuer, Kirchensteuer – letztere ist aber als Sonderausgabe abziehbar, § 10 Abs. 1 Nr. 4 EStG), Umsatzsteuer für Entnahmen sowie Vorsteuer auf Aufwendungen, für die Abzugsverbote nach § 12 Nr. 1, § 4 Abs. 5 S. 1 Nr. 1 bis 5, 7 und Abs. 7 EStG gelten. Das Verbot des Werbungskostenabzugs gilt jeweils auch für steuerliche Nebenleistungen (z.B. Verspätungszuschläge, § 152 AO, Zinsen, §§ 233 ff. AO und Säumniszuschläge, § 240 AO).

Nach **§ 12 Nr. 4 EStG** nicht als Werbungskosten abziehbar sind in einem Strafverfahren festgesetzte Geldstrafen und sonstige Nachteile vermögensrechtlicher Art mit überwiegendem Strafcharakter (z.B. Einziehung, Verfall von Tatbeute).

Als weiteres Abzugsverbot gilt über die Verweisung in § 9 Abs. 5 EStG auch für Arbeitnehmer die Regelung des **§ 4 Abs. 5 EStG**, die bestimmte Aufwendungen vom Werbungskostenabzug ausschließt.

Beispiel:

Ein Berufskraftfahrer verursacht einen Verkehrsunfall.

a) Gegen ihn wird wegen einer Ordnungswidrigkeit eine Geldbuße i.H.v. 240 € festgesetzt.

b) Er wird wegen einer Straftat zu einer Geldstrafe i.H.v. 2.000 € verurteilt. Ihm entstehen Kosten für einen Strafverteidiger i.H.v. 500 €.

Lösung:

Grundsätzlich wären sowohl die Geldbuße als auch die Geldstrafe Werbungskosten, da die Aufwendungen im Zusammenhang mit der beruflichen Tätigkeit entstanden sind. Dies würde aber dem Strafcharakter der Maßnahme widersprechen. Daher sieht das EStG ein Abzugsverbot vor.

a) Eine Ordnungswidrigkeit kann von einem Gericht oder von einer Behörde mit einer Geldbuße geahndet werden. Die Geldbuße ist nach § 4 Abs. 5 Nr. 8 EStG nicht abziehbar.

b) Eine Strafe kann nur von einem Gericht verhängt werden. Für die Geldstrafe greift das Abzugsverbot nach § 12 Nr. 4 EStG. Dieses gilt aber nicht für die Kosten der Strafverteidigung.

Zum Werbungskostenabzug für Aufwendungen für die eigene **Berufsausbildung** siehe Kap. 6.8.

20.8.3 Zusammenhang mit steuerfreien Einnahmen

§ 3 EStG sieht für eine Reihe von Einnahmen eine Steuerbefreiung vor (s. Kap. 20.6). Viele der Steuerbefreiungen betreffen die Einkunftsart „nichtselbständige Arbeit". Soweit Aufwendungen mit steuerfreien Einnahmen in unmittelbarem wirtschaftlichen Zusammenhang stehen, können sie nach § 3c Abs. 1 EStG nicht als Werbungskosten abgezogen werden.

Beispiel:

Ein Arbeitnehmer hat seinen Wohnsitz in Deutschland. Er arbeitet für einige Monate in Frankreich. Der Arbeitslohn für die Auslandstätigkeit ist nach dem Doppelbesteuerungsabkommen zwischen Deutschland und Frankreich von der Besteuerung in Deutschland ausgenommen. Für die Zeit in Frankreich entstehen dem Arbeitnehmer Werbungskosten i.H.v. 1.700 € (z.B. Fahrten zur Familie).

Lösung:

Da der Arbeitslohn in Deutschland von der Besteuerung ausgenommen ist, kann der Arbeitnehmer in Deutschland nach § 3c Abs. 1 EStG Werbungskosten, die wirtschaftlich mit der Tätigkeit in Frankreich zusammenhängen, nicht als Werbungskosten geltend machen.

Im Folgenden werden einzelne wichtige Bereiche der Werbungskosten dargestellt.

20.8.4 Aufwendungen für Wege zwischen Wohnung und erster Tätigkeitsstätte

Nach § 9 Abs. 1 S. 3 Nr. 4 EStG sind Aufwendungen für die Wege zwischen Wohnung und erster Tätigkeitsstätte als Werbungskosten abzugsfähig (zu Einzelfragen s. BMF vom 24.10.2014, BStBl I 2014, 1412).

Allerdings kann (anders als z.B. bei Auswärtstätigkeit, s. dazu Kap. 20.8.5) lediglich eine **Entfernungspauschale** von 0,30 € je Entfernungskilometer für jeden Arbeitstag, an dem der Arbeitnehmer die erste Tätigkeitsstätte aufsucht, angesetzt werden, höchstens jedoch **4.500 €** im Kalenderjahr; ein **höherer Betrag** ist anzusetzen, soweit der Arbeitnehmer einen eigenen oder ihm zur Nutzung überlassenen Kraftwagen benutzt (§ 9 Abs. 1 S. 3 Nr. 4 S. 2 EStG). Die Entfernungspauschale gilt grundsätzlich unabhängig davon, ob der Arbeitnehmer mit dem eigenen Pkw, dem Fahrrad, zu Fuß, mit einer Fahrgemeinschaft oder mit öffentlichen Verkehrsmitteln zur Arbeit gelangt. Sie gilt nicht für Flugstrecken und Strecken mit steuerfreier Sammelbeförderung nach § 3 Nr. 32 EStG (§ 9 Abs. 1 S. 3 Nr. 4 S. 3 EStG).

Durch die Entfernungspauschale sind **sämtliche Aufwendungen abgegolten**, die durch die Wege zwischen Wohnung und erster Tätigkeitsstätte veranlasst sind. Allerdings können Aufwendungen für die Nutzung **öffentlicher Verkehrsmittel** auch angesetzt werden, soweit sie den im Kalenderjahr insgesamt als Entfernungspauschale abziehbaren Betrag übersteigen (§ 9 Abs. 2 S. 1, S. 2 EStG). Die Vergleichsberechnung zwischen den Aufwendungen für die Nutzung öffentlicher Verkehrsmittel und der Entfernungspauschale ist jahresbezogen vorzunehmen.

Behinderte Menschen können statt der Entfernungspauschale die tatsächlichen Aufwendungen ansetzen, § 9 Abs. 2 S. 3 EStG.

Beispiel:

Arbeitnehmer A fährt im Jahr 2016 an 220 Tagen mit dem eigenen Pkw zu seiner ersten Tätigkeitsstätte, die 100 km von seiner Wohnung entfernt liegt.

Arbeitnehmer B fährt im Jahr 2016 an 220 Tagen mit der S-Bahn zu seiner ersten Tätigkeitsstätte, die 15 km von seiner Wohnung entfernt liegt. Für die S-Bahn-Jahreskarte bezahlt er 1.100 €.

Arbeitnehmer C fährt im Jahr 2016 an 150 Tagen mit dem eigenen Pkw zur ersten Tätigkeitsstätte, die 20 km von der Wohnung entfernt liegt. An 70 Tagen benutzt er wegen ungünstiger Verkehrs- oder Witterungsverhältnisse die Bahn; die tatsächlichen Aufwendungen hierfür (gezahlter Fahrpreis einschließlich Zuschläge) betragen 450 €.

Lösung:

Für Arbeitnehmer A beträgt die Entfernungspauschale in 2016 insgesamt (220 Tage × 100 km × 0,30 € =) 6.600 €.

Für Arbeitnehmer B beträgt die Entfernungspauschale in 2016 insgesamt (220 Tage × 15 km × 0,30 €/ km =) 990 €. Da die tatsächlichen Aufwendungen für die Benutzung öffentlicher Verkehrsmittel (S-Bahn-Jahreskarte) die Entfernungspauschale übersteigen, kann er 1.100 € Werbungskosten ansetzen.

Für Arbeitnehmer C ergibt sich in 2016 eine Entfernungspauschale i.H.v. insgesamt (220 Tage × 20 km × 0,30 € =) 1.320 €. Die Abzugsfähigkeit der Aufwendungen für die Nutzung der Bahn ist jahresbezogen zu prüfen. Da die Bahnkosten (450 €) die Entfernungspauschale nicht übersteigen, ist diese anzusetzen. Der Werbungskostenabzug beträgt also 1.320 €.

Beispiel:

Eine Arbeitnehmerin wohnt in der Stadt A und hat ihre erste Tätigkeitsstätte in der Stadt C. Die kürzeste Straßenverbindung beträgt 90 km. Sie fährt im Jahr 2016 an 220 Tagen zur Arbeit, wobei sie zunächst von ihrer Wohnung in A 20 km mit dem eigenen Pkw in die zwischen A und C gelegene Stadt B fährt und dann von dort mit der Bahn weitere 80 km nach C zurücklegt. Für die Bahn-Jahreskarte bezahlt sie 2.400 €.

Lösung:

Die Arbeitnehmerin erhält die Entfernungspauschale nach § 9 Abs. 1 S. 3 Nr. 4 EStG. Wenn neben anderen Verkehrsmitteln auch ein eigener Pkw benutzt wird, ist die auf die Pkw-Teilstrecke entfallende Entfernungspauschale vorrangig zu berücksichtigen. Sie beträgt (220 Tage × 20 km × 0,30 € =) 1.320 €. Für die restliche Teilstrecke von (kürzeste Straßenverbindung 90 km ./. Pkw-Teilstrecke

20 km =) 70 km ergibt sich eine Entfernungspauschale i.H.v. (220 Tage × 70 km × 0,30 € =) 4.620 €, für die allerdings die Deckelung auf 4.500 € gilt. Abziehbar sind also insgesamt (1.320 € + 4.500 € =) 5.820 €. Die tatsächlichen Bahnkosten i.H.v. 2.400 € spielen keine Rolle, da sie den im Jahr 2016 insgesamt als Entfernungspauschale anzusetzenden Betrag nicht übersteigen.

Als Ausgangspunkt für die Wege kommt jede **Wohnung** (z.B. auch möbliertes Zimmer, Gartenhaus, auf gewisse Dauer abgestellter Wohnwagen, Schlafplatz in einer Massenunterkunft) des Arbeitnehmers in Betracht, die er regelmäßig zur Übernachtung nutzt und von der aus er seine erste Tätigkeitsstätte aufsucht. Hat ein Arbeitnehmer mehrere Wohnungen, können Wege von und zu einer von der ersten Tätigkeitsstätte weiter entfernt liegenden Wohnung nach § 9 Abs. 1 S. 3 Nr. 4 S. 6 EStG nur dann berücksichtigt werden, wenn sie den Mittelpunkt der Lebensinteressen des Arbeitnehmers bildet und nicht nur gelegentlich aufgesucht wird (vgl. näher R 9.10 Abs. 1 LStR).

Erste Tätigkeitsstätte ist nach § 9 Abs. 4 S. 1 ff. EStG die **ortsfeste betriebliche Einrichtung** des **Arbeitgebers** (nicht hierunter fällt z.B. ein Fahrzeug, Flugzeug, Schiff oder häusliches Arbeitszimmer), eines verbundenen Unternehmens oder eines vom Arbeitgeber bestimmten Dritten, der der Arbeitnehmer **dauerhaft zugeordnet** ist. Die Zuordnung wird durch dienst- oder arbeitsrechtliche Festlegungen sowie ausfüllende Absprachen und Weisungen bestimmt (vgl. BMF a.a.O., Rz. 5 f.). Von einer dauerhaften Zuordnung ist insbesondere auszugehen, wenn der Arbeitnehmer unbefristet, für die Dauer des Dienstverhältnisses oder über einen Zeitraum von 48 Monaten hinaus an einer solchen Tätigkeitsstätte tätig werden soll (vgl. BMF a.a.O., Rz. 13 ff.).

Beispiel:

Ein Arbeitnehmer wohnt in der Stadt A. Er ist bis auf Weiteres an drei Tagen in der Woche in einer Filiale seines Arbeitgebers in der Stadt A und an zwei Tagen in der Woche in einer Filiale seines Arbeitgebers in der Stadt B tätig. Der Arbeitgeber legt zunächst die Filiale in B als erste Tätigkeitsstätte fest. Mit Wirkung ab dem 01.07.2016 legt er die Filiale in A als erste Tätigkeitsstätte fest.

Lösung:

Bis zum 30.06.2016 hat der Arbeitnehmer seine erste Tätigkeitsstätte in B. Ab dem 01.07.2016 befindet sich die erste Tätigkeitsstätte in A. Vgl. BMF a.a.O., Rz. 14.

Beispiel:

a) Eine Arbeitnehmerin ist unbefristet eingestellt worden, um dauerhaft in einer Filiale des Arbeitgebers in der Stadt A zu arbeiten. In den ersten 36 Monaten ihrer Beschäftigung soll sie aber ausschließlich eine Filiale in der Stadt B leiten, ohne in der Filiale A tätig zu werden.

b) Ein Beamter, dessen Stammdienststelle sich in der Stadt A befindet, wird für 24 Monate an eine Dienststelle in der Stadt B abgeordnet.

Lösung:

a) Die Filiale B ist keine erste Tätigkeitsstätte, da die Arbeitnehmerin dort lediglich für 36 Monate und damit nicht dauerhaft tätig werden soll (unabhängig vom quantitativen Umfang der Tätigkeit). Die Filiale A wird erst nach Ablauf von 36 Monaten erste Tätigkeitsstätte, wenn die Arbeitnehmerin dort (unbefristet) tätig werden soll. Vgl. BMF a.a.O., Rz. 15.

b) Durch die zeitlich begrenzte Abordnung wird die Dienststelle B nicht zur ersten Tätigkeitsstätte des Beamten. Erste Tätigkeitsstätte ist weiterhin die Dienststelle A.

Bei Vorliegen einer entsprechenden dauerhaften Zuordnung steht es der Annahme einer ersten Tätigkeitsstätte nicht entgegen, dass der Arbeitnehmer die Einrichtung nur für **untergeordnete Tätigkeiten** (z.B. kurze Besprechungen, Abholen von Aufträgen, Material oder Frachtgut) aufsucht.

Beispiel:
Ein Arbeitnehmer, der in der Stadt A wohnt, ist als Außendienstmitarbeiter bei einem Unternehmen mit Niederlassungen in den Städten A, B und C angestellt. Laut Arbeitsvertrag ist er der Niederlassung in C dauerhaft zugeordnet. Er fährt jeden Morgen von seiner Wohnung zu der Niederlassung in C zu einer kurzen Besprechung. Den Rest des Tages befindet er sich im Außendienst, wo auch der qualitative Schwerpunkt seiner Tätigkeit liegt.

Lösung:
Aufgrund der arbeitsvertraglichen Zuordnung ist die Niederlassung in C die erste Tätigkeitsstätte, obwohl dort nicht der qualitative Schwerpunkt der Tätigkeit liegt; unschädlich ist, dass in C nur untergeordnete Tätigkeiten (kurze Besprechung) ausgeübt werden. Vgl. BMF a.a.O., Rz. 8.

Fehlt eine entsprechende Festlegung oder ist sie nicht eindeutig, ist erste Tätigkeitsstätte die betriebliche Einrichtung, an der der Arbeitnehmer dauerhaft typischerweise **arbeitstäglich** oder je Arbeitswoche **zwei volle Arbeitstage** oder mindestens ein **Drittel** seiner vereinbarten **regelmäßigen Arbeitszeit** tätig werden soll. Dabei muss der Arbeitnehmer an der betrieblichen Einrichtung seine eigentliche berufliche Tätigkeit ausüben; allein ein regelmäßiges Aufsuchen (z.B. zum Be- und Entladen, zur Routenplanung, zur Berichtsfertigung, zur Fahrzeugwartung, zur Abgabe von Auftragsbestätigungen, Stundenzetteln, Krankmeldungen etc.) führt hier noch nicht zu einer Qualifizierung der betrieblichen Einrichtung als erste Tätigkeitsstätte (BMF a.a.O., Rz. 26).

Beispiel:
Eine Arbeitnehmerin ist unbefristet eingestellt worden, um dauerhaft in einer Filiale des Arbeitgebers in der Stadt A zu arbeiten. Jedoch soll sie in den ersten 36 Monaten in einer Filiale in der Stadt B tätig werden. Sie arbeitet in den ersten 36 Monaten ihrer Tätigkeit: a) an drei Tagen pro Woche in der Filiale in B und an zwei Tagen in der Filiale in A, b) an vier Tagen pro Woche in der Filiale in B und an einem Tag in der Filiale in A.

Lösung:
a) Die Arbeitnehmerin hat in den ersten 36 Monaten ihrer Tätigkeit in der Filiale B keine erste Tätigkeitsstätte, da sie dort nicht dauerhaft tätig werden soll. Erste Tätigkeitsstätte ist die Filiale A, da die Arbeitnehmerin dort dauerhaft typischerweise an zwei vollen Arbeitstagen tätig werden soll (§ 9 Abs. 4 S. 4 EStG). Vgl. BMF a.a.O., Rz. 25. b) Die Arbeitnehmerin hat in den ersten 36 Monaten ihrer Tätigkeit in der Filiale B keine erste Tätigkeitsstätte, da sie dort nicht dauerhaft zugeordnet ist. Erste Tätigkeitsstätte ist aber auch nicht die Filiale A, da die Arbeitnehmerin dort die quantitativen Kriterien nach § 9 Abs. 4 S. 4 EStG nicht erfüllt. Vgl. BMF a.a.O., Rz. 25.

Beispiel:
Ein Kundendienstmonteur ist bei einem Arbeitgeber angestellt, der Niederlassungen in den Städten A, B und C unterhält. Keiner Niederlassung ist er dauerhaft zugeordnet. Er sucht jeden Morgen die Niederlassung in C auf, um dort den Firmenwagen samt Werkzeug und Material zu übernehmen, Lieferscheine entgegenzunehmen und seine Stundenzettel vom Vortag abzugeben.

Lösung:

Der Arbeitnehmer hat keine erste Tätigkeitsstätte. Das regelmäßige Aufsuchen der Niederlassung in C begründet dort keine erste Tätigkeitsstätte, da die eigentliche berufliche Tätigkeit nicht dort (sondern im Außendienst) ausgeübt wird. Vgl. BMF a.a.O., Rz. 26.

Als erste Tätigkeitsstätte gilt auch eine **Bildungseinrichtung**, die außerhalb eines Dienstverhältnisses zum Zweck eines Vollzeitstudiums oder einer vollzeitigen Bildungsmaßnahme aufgesucht wird (§ 9 Abs. 4 S. 8 EStG).

Je Dienstverhältnis hat der Arbeitnehmer **höchstens eine erste Tätigkeitsstätte**. Liegen **mehrere** Tätigkeitsstätten vor, ist diejenige die erste Tätigkeitsstätte, die der Arbeitgeber bestimmt; fehlt es hieran, ist die der Wohnung örtlich am nächsten liegende Tätigkeitsstätte die erste Tätigkeitsstätte, § 9 Abs. 4 S. 5 bis 7 EStG.

Beispiel:

Ein Bezirksleiter, der in der Stadt B wohnt, hat drei Filialen in den jeweils ca. 50 km voneinander entfernten Städten A, B und C zu betreuen. In jeder Filiale soll er typischerweise im Umfang von einem Drittel seiner regelmäßigen Arbeitszeit tätig werden. Sein Arbeitsvertrag enthält keine Bestimmung über eine dauerhafte Zuordnung zu einer Einrichtung.

Lösung:

Es liegt weder eine arbeitsrechtliche Zuordnung noch eine eindeutige Zuordnung nach quantitativen Kriterien (Einsatzdauer, Arbeitszeit) vor und es fehlt auch an einer Bestimmung durch den Arbeitgeber. Erste Tätigkeitsstätte ist daher die der Wohnung des Bezirksleiters am nächsten gelegene Filiale in der Stadt B.

Hat ein Arbeitnehmer **keine** erste Tätigkeitsstätte, ist er außerhalb seiner Wohnung immer auswärts tätig (BMF a.a.O., Rz. 2).

Beispiel:

Ein Polizeibeamter kommt weder an einer ersten Tätigkeitsstätte noch an einem Tätigkeitsmittelpunkt zum Einsatz, sondern er wird im Einsatz- und Streifendienst und damit schwerpunktmäßig außerhalb der Polizeidienststelle im Außendienst tätig.

Lösung:

Hier liegt eine Auswärtstätigkeit vor, die zum Werbungskostenabzug nach den für eine beruflich veranlasste Auswärtstätigkeit geltenden Regeln (s. Kap. 20.8.5) berechtigt, vgl. BFH vom 09.11.2015, VI R 8/15, BFH/NV 2016, 196.

Hat ein Arbeitnehmer keine erste Tätigkeitsstätte und hat er nach den dienst- bzw. arbeitsrechtlichen Bestimmungen zur Aufnahme seiner beruflichen Tätigkeit **dauerhaft denselben Ort** (z.B. Busdepot, an dem ein Busfahrer seinen Dienst beginnt) oder **dasselbe weiträumige Tätigkeitsgebiet** (z.B. Waldgebiet, in dem ein Forstarbeiter tätig wird) aufzusuchen, gilt die Entfernungspauschale nach § 9 Abs. 1 S. 3 Nr. 4 und § 9 Abs. 2 EStG für die Fahrten von der Wohnung zu diesem Ort oder dem zur Wohnung nächstgelegenen Zugang zum Tätigkeitsgebiet entsprechend (BMF a.a.O., Rz. 37). Hingegen sind für Fahrten ab dem fraglichen Ort bzw. innerhalb des weiträumigen Tätigkeitsgebiets die für eine beruflich veranlasste Auswärtstätigkeit geltenden Regeln (s. Kap. 20.8.5) anwendbar.

Beispiel:

Ein Paketzusteller, der keine erste Tätigkeitsstätte hat, muss nach den arbeitsvertraglichen Bestimmungen zur Aufnahme seines Dienstes immer ein bestimmtes Paketzentrum aufsuchen. Zu diesem fährt er jeweils von seiner Wohnung aus mit dem eigenen Pkw. Die Zustellfahrten erledigt er ebenfalls mit dem eigenen Pkw.

Lösung:

Die Aufwendungen für die Fahrten zwischen der Wohnung und dem Paketzentrum sind mit der Entfernungspauschale nach § 9 Abs. 1 S. 3 Nr. 4, Abs. 2 EStG zu berücksichtigen. Für die Fahrten im Zustellgebiet (= weiträumiges Tätigkeitsgebiet) können die tatsächlichen Aufwendungen oder stattdessen aus Vereinfachungsgründen pauschale Kilometersätze nach dem Bundesreisekostengesetz angesetzt werden.

Für die Bestimmung der Entfernung zwischen Wohnung und erster Tätigkeitsstätte ist grundsätzlich die kürzeste **Straßenverbindung** maßgebend. Eine längere Strecke kann anerkannt werden, wenn sie offensichtlich verkehrsgünstiger ist (z.B. Umfahrung der Innenstadt) und vom Arbeitnehmer regelmäßig für die Wege benutzt wird, § 9 Abs. 1 S. 3 Nr. 4 S. 4 EStG.

Mit den Beträgen nach § 9 Abs. 1 S. 3 Nr. 4 EStG sind **pauschal** sämtliche Aufwendungen für die Wege zwischen Wohnung und Arbeit abgegolten. Es ist daher grundsätzlich nicht möglich, neben den Pauschsätzen z.B. Aufwendungen für Kraftstoff, Reparaturen, Kfz-Versicherung, Parken u.ä. geltend zu machen. Eine Ausnahme gilt für Unfallschäden, die auf der Fahrt zwischen Wohnung und erster Tätigkeitsstätte entstehen (anders dagegen z.B. bei alkoholbedingten Unfällen und privat veranlassten Umwegen, vgl. H 9.10 LStH „Unfallschäden"). Fährt der Arbeitnehmer an einem Arbeitstag mehrmals von seiner Wohnung zur ersten Tätigkeitsstätte (z.B. weil er das Mittagessen in seiner Wohnung einnimmt), kann die Entfernungspauschale dennoch nur einmal angesetzt werden (BMF vom 31.10.2013, BStBl I 2013, 1376, Tz. 1.7).

Leistet der Arbeitgeber **Zuschüsse** für die Fahrten zwischen Wohnung und Arbeit, so kann er nach § 40 Abs. 2 S. 2 EStG die Lohnsteuer pauschal mit 15 % abführen. In diesem Fall mindern allerdings die pauschal besteuerten Bezüge die Werbungskosten nach § 9 Abs. 1 S. 3 Nr. 4 EStG.

20.8.5 Reisekosten bei beruflich veranlasster Auswärtstätigkeit

Eine beruflich veranlasste Auswärtstätigkeit liegt vor, wenn ein Arbeitnehmer **vorübergehend außerhalb** seiner **Wohnung** und seiner **ersten Tätigkeitsstätte** (vgl. Kap. 20.8.4) beruflich tätig wird.

Als **Wohnung** gilt der Hausstand, der den Mittelpunkt der Lebensinteressen des Arbeitnehmers bildet, sowie eine Unterkunft am Ort der ersten Tätigkeitsstätte im Rahmen der doppelten Haushaltsführung (§ 9 Abs. 4a S. 4 EStG).

Im Rahmen einer beruflich veranlassten Auswärtstätigkeit kommen folgende **Werbungskosten** in Betracht:

Als **Fahrtkosten** können für die Benutzung eines eigenen Verkehrsmittels (z.B. Pkw) und öffentlicher Verkehrsmittel die nachgewiesenen tatsächlichen Aufwendungen oder die pauschalen Kilometersätze angesetzt werden, die für das benutzte Fahrzeug als höchste Wegstreckenentschädigung nach dem Bundesreisekostengesetz festgesetzt sind (dies sind z.B. für Fahrten mit dem Pkw 0,30 € je km für die Hinfahrt und nochmals für die Rückfahrt), § 9 Abs. 1 S. 3 Nr. 4a S. 1 und 2 EStG.

Zur Abgeltung von **Verpflegungsmehraufwendungen** sind **Pauschalen** anzusetzen, § 9 Abs. 4a S. 1 bis 3 EStG; diese betragen

- **24 €** für jeden Kalendertag, an dem der Arbeitnehmer 24 Stunden von seiner Wohnung und ersten Tätigkeitsstätte abwesend ist,

- jeweils **12 €** für den Anreisetag und für den Abreisetag, wenn der Arbeitnehmer an diesem, einem anschließenden oder vorhergehenden Tag außerhalb seiner Wohnung übernachtet,
- **12 €** für den Kalendertag, an dem der Arbeitnehmer ohne Übernachtung außerhalb seiner Wohnung mehr als 8 Stunden von seiner Wohnung und der ersten Tätigkeitsstätte abwesend ist (beginnt die Auswärtstätigkeit an einem Kalendertag und endet sie am nachfolgenden Kalendertag ohne Übernachtung, werden 12 € für den Kalendertag gewährt, an dem der Arbeitnehmer den überwiegenden Teil der insgesamt mehr als 8 Stunden von seiner Wohnung und ersten Tätigkeitsstätte abwesend ist; so werden z.B. bei einer Tour eines Lkw-Fahrers von 20.00 Uhr bis 7.00 Uhr 12 € für den zweiten Tag gewährt).

Die vorgenannten Regelungen gelten entsprechend, wenn der Arbeitnehmer **keine erste Tätigkeitsstätte** hat, z.B. weil er in einem weiträumigen Tätigkeitsgebiet tätig wird.

Für Auswärtstätigkeit im **Ausland** gelten besondere Pauschbeträge, die von der Verwaltung laufend aktualisiert werden (vgl. ab 01.01.2016 BMF vom 09.12.2015, IV C 5 – S 2353/08/10006).

Beispiel:

Eine Arbeitnehmerin, deren Wohnung sich in der Stadt A befindet, hat ihre erste Tätigkeitsstätte bei ihrem Arbeitgeber in der Stadt B. Am 01.06.2016 nimmt sie an einer beruflichen Fortbildungsveranstaltung in der Stadt C teil.

a) Sie verlässt ihre Wohnung um 8.00 Uhr und fährt direkt zu der Fortbildung in C, die von 9.00 bis 14.00 Uhr dauert. Von C fährt sie direkt zu ihrer Wohnung zurück, wo sie um 15.00 Uhr eintrifft.

b) Wie a), aber die Fortbildung dauert von 9.00 bis 17.00 Uhr und die Arbeitnehmerin kehrt um 18.00 Uhr zu ihrer Wohnung zurück.

Für das Mittagessen in einem Restaurant in der Stadt C bezahlt die Arbeitnehmerin 15 €.

Lösung:

Die Arbeitnehmerin wird vorübergehend außerhalb ihrer Wohnung und ihrer ersten Tätigkeitsstätte tätig, so dass eine beruflich veranlasste Auswärtstätigkeit vorliegt. In einem solchen Fall können nicht die tatsächlich entstandenen Aufwendungen (hier: 15 €), sondern nur bestimmte Pauschalbeträge berücksichtigt werden, § 9 Abs. 4a S. 1 bis S. 3 EStG.

a) Die Arbeitnehmerin war lediglich 7 Stunden von ihrer Wohnung und ersten Tätigkeitsstätte abwesend, sodass keine Verpflegungspauschale in Betracht kommt. Die Arbeitnehmerin kann daher keinen Verpflegungsaufwand geltend machen.

b) Die Arbeitnehmerin war 10 Stunden von ihrer Wohnung und ersten Tätigkeitsstätte abwesend und kann daher eine Verpflegungspauschale von 12 € geltend machen, § 9 Abs. 4a S. 3 Nr. 3 EStG.

Beispiel:

Ein Arbeitnehmer, der in der Stadt S wohnt, ist bei einem Arbeitgeber in der Stadt T angestellt. Am 01.07.2016 fährt er um 15.00 Uhr vom Sitz des Arbeitgebers aus zu Kundenbesprechungen in der Stadt U. Da die Besprechungen sich bis in den späten Abend ziehen, übernachtet er in U und kehrt am nächsten Tag um 11.00 Uhr zum Sitz des Arbeitgebers zurück. Für die Übernachtung zahlt er 90 €. Er benutzt sein privates Fahrzeug (insgesamt 680 Fahrtkilometer). Der Arbeitgeber ist bereit, die Aufwendungen im Rahmen der steuerlichen Vorschriften zu erstatten.

Lösung:

Für die Fahrtkosten kann der Arbeitgeber steuerfrei (680 km × 0,30 € =) 204 € ersetzen. Für die Übernachtung können die tatsächlichen Aufwendungen i.H.v. 90 € steuerfrei erstattet werden. Für Verpflegungsmehraufwand können für den Anreisetag und den Abreisetag jeweils 12 €, zusammen also 24 €, steuerfrei ersetzt werden.

Bei **längerfristiger** beruflicher Tätigkeit an **derselben Tätigkeitsstätte** beschränkt sich der pauschale Abzug auf die **ersten drei Monate** (§ 9 Abs. 4a S. 6 EStG). Eine Unterbrechung für einen Zeitraum von mindestens vier Wochen führt zu einem Neubeginn des Drei-Monats-Zeitraums, ohne dass es auf den Grund der Unterbrechung (z.B. Krankheit, Urlaub, Tätigkeit an anderer Tätigkeitsstätte) ankommt. Von einer längerfristigen beruflichen Tätigkeit an derselben Tätigkeitsstätte ist erst dann auszugehen, wenn der Arbeitnehmer an dieser mindestens an drei Tagen in der Woche tätig wird. Die Dreimonatsfrist beginnt daher nicht, solange die auswärtige Tätigkeitsstätte an nicht mehr als zwei Tagen in der Woche aufgesucht wird (BMF a.a.O., Rz. 55).

Beispiel:

Der Maurer A, wohnhaft in der Stadt A, hat seine erste Tätigkeitsstätte bei seinem Arbeitgeber in der Stadt B. Er soll für fünf Monate arbeitstäglich an einer Baustelle des Arbeitgebers in der Stadt C tätig werden. Am 01.04.2016 nimmt er dort seine Tätigkeit auf. Ab dem 02.05.2016 muss er für zwei Wochen an eine Baustelle in der Stadt D, weil dort ein Kollege ausgefallen ist. Ab dem 01.06.2016 wird er nicht nur in C, sondern auch für jeweils einen Tag wöchentlich an einer Baustelle in der Stadt E tätig. Er ist an jedem Tag 10 Stunden von seiner Wohnung und seiner ersten Tätigkeitsstätte abwesend.

Lösung:

Die Tätigkeit an der Baustelle in der Stadt C bildet eine Auswärtstätigkeit. Für diese beginnt die Drei-Monats-Frist am 01.04.2016 und endet am 30.06.2016. Für diese Zeit erhält der Maurer täglich eine Verpflegungspauschale von 12 €, da er jeweils 10 Stunden von seiner Wohnung und ersten Tätig-keitsstätte abwesend ist. Die Tätigkeiten an den Baustellen in den Städten D und E unterbrechen den Drei-Monats-Zeitraum nicht, da der Maurer dort nur zwei Wochen lang bzw. nur an einem Tag pro Woche tätig wird.

Wird dem Arbeitnehmer bei einer Auswärtstätigkeit vom Arbeitgeber oder auf dessen Veranlassung von einem Dritten eine **Mahlzeit** zur Verfügung gestellt, sind die o. g. Verpflegungspauschalen für Frühstück um 20 % und für Mittag- oder Abendessen jeweils um 40 % der 24 €-Verpflegungspauschale für eine 24-stündige Abwesenheit zu **kürzen**. Soweit der Arbeitnehmer ein Entgelt bezahlt, erfolgt keine Kür-zung.

Beispiel:

a) Eine Arbeitnehmerin ist vom 10.05.2016 bis zum 12.05.2016 auswärts tätig. Ihr Arbeitgeber hat für sie in einem Hotel zwei Übernachtungen mit Frühstück sowie je ein Mittag- und ein Abendessen gebucht und bezahlt. Der Arbeitgeber leistet keine weitere Reisekostenerstattung.

b) Wie a), aber die Arbeitnehmerin zahlt für das Mittagessen und das Abendessen jeweils 6 €.

c) Wie a), aber die Arbeitnehmerin erhält vom Arbeitgeber zusätzlich zu den Mahlzeiten eine steu-erfreie Erstattung für Verpflegungsmehraufwendungen i.H.v. 19,20 €.

Lösung:

a) Die Verpflegungspauschalen nach § 9 Abs. 4a EStG betragen für den Anreisetag 12 €, für den Abreisetag 12 € und für den Zwischentag 24 €, insgesamt also 48 €. Dieser Betrag ist zu kürzen um (2 × 4,80 € =) 9,60 € für Frühstück sowie (2 × 9,60 € =) 19,20 € für Mittagessen und Abendessen, d.h. zusammen um 28,80 €. Die Arbeitnehmerin kann also Werbungskosten i.H.v. (48 € ./. 28,80 € =) 19,20 € geltend machen. Für die Mahlzeiten muss kein geldwerter Vorteil versteuert werden.

b) Die Verpflegungspauschalen betragen wie bei a) insgesamt 48 €. Sie sind zu kürzen um (2 × 4,80 € =) 9,60 € für Frühstück sowie (2 × (9,60 € ./. 6,00 €) =) 7,20 € für Mittag-/Abendessen, zusammen also um 16,80 €. Es verbleiben Werbungskosten i.H.v. 31,20 €. Für die Mahlzeiten muss kein geldwerter Vorteil versteuert werden.

c) Die Verpflegungspauschalen betragen wie bei a) insgesamt 48 €. Sie sind zu kürzen um (2 × 4,80 € =) 9,60 € für Frühstück und (2 × 9,60 € =) 19,20 € für Mittag-/Abendessen sowie um die steuerfreie Erstattung i.H.v. 19,20 €, zusammen also um 48 €. Die Arbeitnehmerin kann daher für die Dienstreise keine Werbungskosten geltend machen. Für die Mahlzeiten muss kein geldwerter Vorteil versteuert werden.

Bei beruflich veranlasster Auswärtstätigkeit anfallende **Übernachtungskosten** sind in Höhe der **tatsächlich entstandenen Aufwendungen** abziehbar (§ 9 Abs. 1 S. 3 Nr. 5a EStG). Enthält die Hotelrechnung nur einen Gesamtpreis für Unterkunft und Verpflegung, ist der Gesamtpreis zur Ermittlung der Übernachtungskosten für Frühstück um 20 % sowie für Mittag- und Abendessen um jeweils 40 % der 24 €-Verpflegungspauschale für eine 24-stündige Abwesenheit zu kürzen (BMF vom 24.10.2014, BStBl I 2014, 1412, Rz. 113).

Beispiel:

Eine Bezirksleiterin bezahlt im Rahmen einer beruflich veranlassten Auswärtstätigkeit (Abwesenheit von der Wohnung und ersten Tätigkeitsstätte: 14 Stunden) eine Hotelrechnung i.H.v. 100 € für eine Übernachtung, ein Frühstück und ein Abendessen.

a) Aus der Hotelrechnung geht hervor, dass auf die Übernachtung 65 €, auf das Frühstück 15 € und auf das Abendessen 20 € entfallen.

b) Aus der Hotelrechnung geht keine Kostenaufteilung hervor.

Lösung:

a) Die Bezirksleiterin kann die Aufwendungen für die Unterkunft in voller Höhe von 65 € geltend machen. Für den Verpflegungsaufwand kann sie nur die Pauschalen von zusammen 24 € (je 12 € für den Anreisetag und für den Abreisetag) ansetzen. Insgesamt ergibt dies 89 €, die der Arbeitgeber der Arbeitnehmerin steuerfrei erstatten kann.

b) Die Gesamtaufwendungen i.H.v. 100 € sind um 40 % der 24 €-Verpflegungspauschale für das Abendessen zzgl. 20 % derselben Pauschale für das Frühstück, also insgesamt (24 € × 60 % =) 14,40 € zu kürzen. Der verbleibende Betrag von (100 € ./. 14,40 € =) 85,60 € kann als Übernachtungskosten geltend gemacht werden. Für den An- und Abreisetag stehen der Arbeitnehmerin Verpflegungspauschalen von (2 x 12 € =) 24 € zu. Diese sind nicht zu kürzen, wenn der Arbeitgeber der Arbeitnehmerin lediglich die 85,60 € als Übernachtungskosten erstattet. Erstattet der Arbeitgeber hingegen den Gesamtpreis von 100 €, sind die Verpflegungspauschalen zu kürzen auf (24 € ./. 14,40 € =) 9,60 €. In beiden Fällen kann der Arbeitgeber insgesamt 109,60 € steuerfrei erstatten.

Nach Ablauf von 48 Monaten einer längerfristigen beruflichen Auswärtstätigkeit am selben Ort ist der Abzug tatsächlicher Übernachtungskosten (wie im Rahmen der doppelten Haushaltsführung) auf **1.000 €** begrenzt (§ 9 Abs. 1 S. 3 Nr. 5a S. 4 EStG).

Reisenebenkosten (z.B. Maut, Kosten für Buchung, Gepäckaufbewahrung, Parken – nicht dagegen z.B. für private Telefonate, Minibar, Pay-TV, Massagen, vgl. BMF a.a.O., Rz. 126) kann der Arbeitnehmer in nachgewiesener Höhe als Werbungskosten abziehen (vgl. R 9.8 LStR).

Der Arbeitgeber kann die Reisekosten nach § 3 Nr. 13 bzw. Nr. 16 EStG **steuerfrei erstatten**. Für jede Übernachtung im Inland darf er ohne Einzelnachweis einen Pauschbetrag von 20 € steuerfrei erstatten (R 9.7 Abs. 3 LStR). Für Auslandsdienstreisen legt die Verwaltung Pauschbeträge fest (vgl. ab 01.01.2016 BMF vom 09.12.2015, IV C 5 – S 2353/08/10006).

20.8.6 Mehraufwendungen wegen doppelter Haushaltsführung

Eine doppelte Haushaltsführung liegt vor, wenn der Arbeitnehmer außerhalb des Ortes seiner ersten Tätigkeitsstätte einen eigenen Hausstand unterhält und auch am Ort der ersten Tätigkeitsstätte wohnt, § 9 Abs. 1 S. 3 Nr. 5 S. 2 EStG, R 9.11 LStR.

Eine doppelte Haushaltsführung setzt voraus, dass der Arbeitnehmer an seiner **ersten Tätigkeitsstätte tätig** wird; ein solcher Fall liegt nicht vor, wenn eine beruflich veranlasste Auswärtstätigkeit an einer anderen als der ersten Tätigkeitsstätte ausgeübt wird (siehe dazu Kap. 20.8.5).

Das Vorliegen eines **eigenen Hausstands** setzt das Innehaben einer Wohnung sowie eine finanzielle Beteiligung an den Kosten der Lebensführung voraus (§ 9 Abs. 1 S. 3 Nr. 5 S. 3 EStG). Zudem muss diese Wohnung der auf Dauer angelegte **Mittelpunkt der Lebensinteressen** des Arbeitnehmers sein, R 9.11 Abs. 3 S. 4 LStR. Davon ist regelmäßig auszugehen, wenn in dieser Wohnung die Familie des Arbeitnehmers lebt. Ein eigener Hausstand liegt auch vor, wenn die Wohnung zwar allein vom Lebenspartner des Arbeitnehmers angemietet wurde, aber der Arbeitnehmer sich mit Duldung des Partners dauerhaft dort aufhält und angemessen finanziell an der Haushaltsführung beteiligt (H 9.11 LStH „Eigener Hausstand", § 9 Abs. 1 S. 3 Nr. 5 S. 3 EStG n.F.). Bei einem alleinstehenden Arbeitnehmer ist zu prüfen, ob er einen eigenen Hausstand unterhält oder aber lediglich in einen fremden Haushalt eingegliedert ist (so z.B., wenn lediglich ein Zimmer im Haus der Eltern bewohnt wird, H 9.11 LStH „Eigener Hausstand"). Eine ausreichende **finanzielle Beteiligung** liegt z.B. vor, wenn der Arbeitnehmer Barleistungen trägt, die mehr als 10 % der monatlich regelmäßig anfallenden Kosten der Haushaltsführung (z.B. Miete, Nebenkosten, Kosten für Lebensführung und Gegenstände des täglichen Gebrauchs) ausmachen.

Das Beziehen einer Zweitwohnung muss **beruflich veranlasst** sein. Eine Zweitwohnung in der **Nähe** der ersten Tätigkeitsstätte steht einer Zweitwohnung am Ort der ersten Tätigkeitsstätte gleich. Aus Vereinfachungsgründen kann von einer Zweitwohnung am Ort der ersten Tätigkeitsstätte dann noch ausgegangen werden, wenn der Weg von der Zweitwohnung zur ersten Tätigkeitsstätte weniger als die Hälfte der Entfernung der kürzesten Straßenverbindung zwischen der Hauptwohnung (Mittelpunkt der Lebensinteressen) und der ersten Tätigkeitsstätte beträgt. Entsprechendes gilt, wenn sich der eigene Hausstand und die Zweitwohnung innerhalb desselben Ortes (derselben Stadt oder Gemeinde) befinden.

Beispiel:
Eine Arbeitnehmerin hat ihren Hausstand (Mittelpunkt der Lebensinteressen) in der Stadt A. Infolge einer beruflichen Versetzung liegt ihre neue erste Tätigkeitsstätte in der Stadt B. Die Entfernung zwischen A und B beträgt 300 km. Die Arbeitnehmerin findet in der Stadt Z eine günstige Zweitwohnung. Die Entfernung von der Zweitwohnung in Z nach B (erste Tätigkeitsstätte) beträgt 70 km.

Lösung:

Auch wenn die Zweitwohnung in Z 70 km von B entfernt liegt, gilt sie noch als Wohnung am Ort der ersten Tätigkeitsstätte, da der Weg zwischen Z und B weniger als die Hälfte der Entfernung von der Hauptwohnung in A zur ersten Tätigkeitsstätte in B ($\frac{1}{2}$ von 300 km = 150 km) beträgt.

Beispiel:

Ein alleinstehender Arbeitnehmer bewohnt seit vielen Jahren in der Stadt A eine Dreizimmerwohnung. Er hat dort seinen Freundeskreis und ist Mitglied in mehreren Vereinen. Nachdem er eine Arbeitsstelle in der 200 km entfernten Stadt B angenommen hat, mietet er dort ein kleines Apartment. An den Wochenenden und im Urlaub fährt er regelmäßig in die Stadt A.

Lösung:

Obwohl der Arbeitnehmer alleinstehend ist, kann er nachweisen, dass sich sein Lebensmittelpunkt in der Stadt A befindet. Es liegt eine doppelte Haushaltsführung vor.

An die **Zweitwohnung** werden nur geringe Anforderungen gestellt. Es kann sich z.B. um ein Haus, eine Wohnung, ein möbliertes Zimmer, eine Gemeinschaftsunterkunft oder ein Hotelzimmer handeln (H 9.11 (1–4) LStH „Zweitwohnung am Beschäftigungsort").

Die Anzahl der Übernachtungen in einer Wohnung ist für das Vorliegen einer doppelten Haushaltsführung unerheblich (BMF a.a.O., Rz. 99).

Eine doppelte Haushaltsführung kann auch dann vorliegen, wenn der Arbeitnehmer seinen Haupthausstand aus privaten Gründen vom Beschäftigungsort **weg verlegt** (H 9.11 (1–4) LStH „Berufliche Veranlassung").

Beispiel:

Ein Arbeitnehmer wohnt mit seiner Partnerin in einer kleinen Zweizimmerwohnung in der Stadt A, in der er auch arbeitet. Als ein Kind auf die Welt kommt, entscheiden sich der Arbeitnehmer und die Partnerin, in die 100 km entfernte Landgemeinde B zu ziehen. Dort erwerben sie ein Reihenhaus. Der Arbeitnehmer behält die Zweizimmerwohnung in der Stadt A bei und bewohnt diese unter der Woche. Am Wochenende kehrt er regelmäßig in die Landgemeinde B zurück.

Lösung:

Auch wenn der Arbeitnehmer seinen Wohnsitz aus privaten Gründen von seinem Arbeitsplatz weg verlegt, liegt dennoch eine doppelte Haushaltsführung vor.

Bei Ehegatten, Lebenspartnern nach dem LPartG und eheähnlichen Gemeinschaften, ist für **jeden Partner einzeln** zu prüfen, ob die Voraussetzungen einer doppelten Haushaltsführung vorliegen (H 9.11 (1–4) LStH „Ehegatten").

Beispiel:

M und F sind verheiratet. Ihr Lebensmittelpunkt befindet sich in der Stadt A. Dort sind sie Eigentümer einer Wohnung. M arbeitet in der Stadt B, die 150 km von der Stadt A entfernt ist. Er hat dort eine Einzimmerwohnung gemietet, da die Verkehrsverhältnisse ein tägliches Pendeln zur Arbeit unmöglich machen. F arbeitet in der Stadt C, die 200 km von der Stadt A entfernt ist. Dort wohnt sie in einer Wohngemeinschaft mit zwei Kolleginnen.

Lösung:
Beide Partner können jeweils eine doppelte Haushaltsführung geltend machen, da sie aus beruflichen Gründen außerhalb des Ortes ihres Lebensmittelpunktes eine Zweitwohnung unterhalten.

Sind die Voraussetzungen einer doppelten Haushaltsführung gegeben, kann der Arbeitnehmer **folgende Werbungskosten** geltend machen (§ 9 Abs. 1 S. 3 Nr. 5 EStG, R 9.11 Abs. 5–10 LStR):

Art der Aufwendungen	Werbungskosten in folgender Höhe …
Aufwendungen für Fahrten anlässlich der Begründung und der Beendigung der doppelten Haushaltsführung	Tatsächliche Aufwendungen (z.B. AfA, Kraftstoff-, Reparaturkosten, Kfz-Steuer und -Versicherung, Garagenmiete) oder pauschale Kilometersätze, z.B. bei Pkw 0,30 € je Fahrtkilometer (R 9.5 Abs. 1 LStR, H 9.5 LStH „Pauschale Kilometersätze").
Aufwendungen für wöchentliche Heimfahrten zwischen Ort der ersten Tätigkeitsstätte und Ort des eigenen Hausstands	Entfernungspauschale i.H.v. 0,30 € je km der einfachen Entfernung zwischen erster Tätigkeitsstätte und Hausstand (§ 9 Abs. 1 S. 3 Nr. 5 S. 5–7 i.V.m. Nr. 4 S. 3–5 EStG).
Aufwendungen für Fahrten zwischen Zweitwohnung und erster Tätigkeitsstätte	Entfernungspauschale i.H.v. 0,30 € je km der einfachen Entfernung zwischen Zweitwohnung und erster Tätigkeitsstätte (§ 9 Abs. 1 S. 3 Nr. 4 EStG).
Verpflegungsmehraufwendungen	Die Verpflegungspauschalen nach § 9 Abs. 4a S. 3, S. 5 EStG und die Drei-Monats-Frist nach § 9 Abs. 4a S. 6, S. 7 EStG sind entsprechend anwendbar (§ 9 Abs. 4a S. 12 und S. 13 EStG, R 9.11 Abs. 7 LStR). Vgl. dazu Kap. 20.8.5.
Aufwendungen für die Zweitwohnung	Tatsächliche Aufwendungen für die Nutzung der Zweitwohnung, höchstens 1.000 € im Monat (§ 9 Abs. 1 S. 3 Nr. 5 S. 4 EStG). Steht die Wohnung im Eigentum des Arbeitnehmers, können AfA, Finanzierungszinsen, Reparaturkosten usw. bis zum Höchstbetrag von 1.000 € im Monat geltend gemacht werden. Vgl. BMF a.a.O., Rz. 103 ff. Ein häusliches Arbeitszimmer in der Zweitwohnung am Ort der ersten Tätigkeitsstätte ist bei der Ermittlung der abziehbaren Kosten nicht einzubeziehen, vgl. BMF a.a.O., Rz. 105. Bei doppelter Haushaltsführung im Ausland sind die Aufwendungen in tatsächlicher Höhe notwendig, soweit sie die ortsübliche Miete für eine nach Lage und Ausstattung durchschnittliche Wohnung am Ort der ersten Tätigkeitsstätte mit einer Wohnfläche bis zu 60 qm nicht überschreiten, BMF a.a.O., Rz. 107.

Art der Aufwendungen	Werbungskosten in folgender Höhe ...
Umzugskosten	Umzugskosten wegen Begründung, Beendigung oder Wechsel einer doppelten Haushaltsführung aus beruflicher Veranlassung sind Werbungskosten i.S.v. § 9 Abs. 1 S. 3 Nr. 5 EStG. Ein Nachweis gemäß § 10 Bundesumzugskostengesetz ist notwendig (keine Pauschale). Verlegt dagegen der Arbeitnehmer seinen Lebensmittelpunkt aus privaten Gründen vom Beschäftigungsort weg und begründet in seiner bisherigen Wohnung am Beschäftigungsort einen Zweithaushalt, sind diese Umzugskosten nicht abziehbare Kosten der privaten Lebensführung, R 9.11 Abs. 9 LStR.

Der Arbeitgeber kann die Mehraufwendungen für doppelte Haushaltsführung im Rahmen der gesetzlichen Höchstbeträge nach § 3 Nr. 13 EStG **steuerfrei erstatten**. Insoweit ist ein Abzug als Werbungskosten ausgeschlossen.

20.8.7 Umzugskosten

Nimmt ein Arbeitnehmer aus beruflichen Gründen (insbesondere: erhebliche Verkürzung der Entfernung zwischen Wohnung und Tätigkeitsstätte) einen **Wohnungswechsel** vor, kann er grundsätzlich die Umzugskosten als Werbungskosten geltend machen. Zu berücksichtigen sind Beförderungsauslagen, Reisekosten, Mietentschädigung, andere Auslagen sowie eine Pauschvergütung für sonstige Umzugsauslagen (vgl. Bundesumzugskostengesetz und Auslandsumzugskostenverordnung; weitere Details s. R 9.9 LStR sowie BMF vom 06.10.2014, IV C 5 – S 2353/08/10007, DOK 2014/0838465).

Der Arbeitgeber kann Umzugskosten nach § 3 Nr. 13 bzw. Nr. 16 EStG steuerfrei erstatten, soweit Werbungskosten vom Arbeitnehmer geltend gemacht werden könnten.

20.8.8 Arbeitsmittel

Arbeitnehmer können Aufwendungen für Arbeitsmittel (z.B. PC, Notebook, Tablet, Fachliteratur, Werkzeug, Bücherregal, Schreibtisch, Schreibtischstuhl etc.), die sie zur Ausübung ihres Berufs einsetzen, nach § 9 Abs. 1 S. 3 Nr. 6 EStG als Werbungskosten geltend machen.

Auch insoweit gelten die Regelungen über **Absetzungen für Abnutzung** (AfA) und die Behandlung **geringwertiger Wirtschaftsgüter** (GWG), § 9 Abs. 1 S. 3 Nr. 7 EStG i.V.m. § 6 Abs. 2 S. 1 bis S. 3, §§ 7 ff. EStG. Daher können Aufwendungen für Wirtschaftsgüter, die einer selbständigen Nutzung fähig sind (z.B. PC, nicht aber Speichererweiterung oder herkömmlicher Drucker) und deren Anschaffungskosten 410 € (netto) nicht übersteigen, im Jahr der Anschaffung in voller Höhe abgezogen werden. Alternativ kann das Wirtschaftsgut auf die betriebsgewöhnliche Nutzungsdauer abgeschrieben werden (§ 7 Abs. 1 EStG).

Beispiel:
Ein Arbeitnehmer erwirbt im Dezember 2015 ein Notebook für 479 € inklusive Umsatzsteuer. Er bezahlt die Rechnung erst am 12.01.2016.

Lösung:

Weist der Arbeitnehmer nach, dass er das Notebook zur Ausübung seines Berufes einsetzt, kann er es als GWG nach § 9 Abs. 1 S. 3 Nr. 7 i.V.m. § 6 Abs. 2 EStG komplett im Jahr 2015 abschreiben. Der Kaufpreis liegt zwar über 410 €, die Grenze des § 6 Abs. 2 EStG bezieht sich aber auf den Netto-Kaufpreis ohne Umsatzsteuer. Dieser beträgt (479 € : 1,19 =) 402,52 €. Somit greift die GWG-Regelung ein. Das Zufluss-/Abflussprinzip nach § 11 EStG gilt nicht für Anschaffungskosten, die sich nur im Rahmen der AfA als Werbungskosten auswirken; daher ist unerheblich, dass das Notebook erst im Jahr 2016 bezahlt wird.

Übersteigen die Anschaffungskosten die Grenze von 410 € (netto), müssen die Wirtschaftsgüter nach § 9 Abs. 1 S. 3 Nr. 7 i.V.m. § 7 Abs. 1 EStG auf die betriebsgewöhnliche Nutzungsdauer abgeschrieben werden. Die **Sonderabschreibung nach § 7g EStG** ist für Arbeitnehmer **nicht** anwendbar, da sich § 7g Abs. 1 EStG ausdrücklich auf „Wirtschaftsgüter des Anlagevermögens" beschränkt und Anlagevermögen in diesem Sinne nur bei Betriebsvermögen vorliegt (vgl. § 6 Abs. 1 Nr. 1 EStG). Die Bildung eines **Sammelpostens** nach § 6 Abs. 2a EStG ist aus demselben Grund **nicht** möglich.

Die betriebsgewöhnliche Nutzungsdauer ergibt sich aus den **amtlichen Tabellen**, die grundsätzlich für Betriebsvermögen gelten, aber auch auf Privatvermögen anwendbar sind.

Die AfA kann im Jahr der Anschaffung nur **pro rata temporis** (also anteilig nach Monaten) angesetzt werden, § 9 Abs. 1 S. 3 Nr. 7 i.V.m. § 7 Abs. 1 S. 4 EStG.

Beispiel:

Ein Arbeitnehmer erwirbt am 31.03.2016 für 960 € inklusive Umsatzsteuer einen Büroschrank, den er nachweislich ausschließlich für seine berufliche Tätigkeit nutzt. Der Büroschrank hat eine gewöhnliche Nutzungsdauer von 8 Jahren.

Lösung:

Der Büroschrank ist ein Arbeitsmittel i.S.v. § 9 Abs. 1 S. 3 Nr. 6 EStG. Da die Anschaffungskosten über 410 € (netto) liegen und daher die GWG-Regelung nicht greift, kann der Arbeitnehmer die Anschaffungskosten nur zeitanteilig pro rata temporis abschreiben (§ 9 Abs. 1 S. 3 Nr. 6 S. 2, Nr. 7 S. 1, § 7 Abs. 1 S. 1 und S. 2 EStG). Er kann für 2016 einen Betrag von (960 € : 8 Jahre × $^{10}/_{12}$ =) 100 € als Werbungskosten geltend machen.

Veräußert der Arbeitnehmer das Wirtschaftsgut später, ist ein eventueller Veräußerungsgewinn grundsätzlich nicht steuerbar, da es sich bei Arbeitsmitteln um Privatvermögen handelt. Ausnahmsweise kann anderes gelten, wenn die Spekulationsfrist nach § 23 Abs. 1 S. 1 Nr. 2 EStG noch nicht abgelaufen ist (Dauer der Frist: ein Jahr; keine Anwendung des § 23 Abs. 1 S. 1 Nr. 2 S. 3 EStG, weil nicht das Wirtschaftsgut, sondern das Arbeitsverhältnis die Einkunftsquelle ist; Details s. Kap. 24.).

Beteiligt sich der **Arbeitgeber** an den Anschaffungskosten, so mindern sich die Anschaffungskosten entsprechend.

Die Verwaltung hat grundsätzlich nicht zu prüfen, ob die Aufwendungen für ein Arbeitsmittel **notwendig und angemessen** sind (vgl. H 9.12 LStH „Angemessenheit"). Eine Ausnahme liegt vor, wenn private Motive für die Aufwendungen im Vordergrund stehen.

Beispiel:

Ein angestellter Musiklehrer (Fach: Klavier) erwirbt einen Flügel für 20.000 €, den er in sein privates Wohnzimmer stellt. Das Finanzamt lehnt den Abzug der Anschaffungskosten ab, da ein Musiklehrer auch auf einem Klavier üben könne und da im Übrigen ein gebrauchter Flügel bereits für deutlich weniger als 20.000 € erhältlich sei.

Lösung:
Die Anschaffung eines Flügels durch einen angestellten Musiklehrer dient überwiegend beruflichen Zwecken. Unerheblich ist, ob ein billigerer Flügel den Zwecken des Musiklehrers ebenfalls dienen könnte. Es ist die Entscheidung des Arbeitnehmers, wieviel er in seine Arbeitsmittel investiert. (Vgl. FG München, Urteil vom 27.05.2009, 9 K 859/08.)

Werden die Arbeitsmittel **beruflich und privat** genutzt, so können die Anschaffungskosten aufgeteilt werden, wenn sich ein Aufteilungsmaßstab nach objektiven Merkmalen (z.B. Nutzungsdauer) leicht und nachprüfbar ermitteln lässt (vgl. H 9.12 LStH „Aufteilung der Anschaffungs- oder Herstellungskosten" sowie Kap. 20.8.2). Ein privater Nutzungsanteil von nicht mehr als 10 % wird generell als unschädlich erachtet.

Beispiel:
Ein angestellter Rechtsanwalt erwirbt eine Aktentasche für 500 €. Er weist nach, dass er die Aktentasche überwiegend für seinen Beruf benutzt. Gelegentlich verwendet er sie auch für private Erledigungen.

Lösung:
Der Rechtsanwalt nutzt die Aktentasche für die Ausübung seines Berufs. Die Angemessenheit der Anschaffungskosten ist grundsätzlich nicht zu prüfen, soweit nicht private Motive im Vordergrund stehen. Dass ein Arbeitnehmer eine Aktentasche auch für gelegentliche private Erledigungen benutzt, entspricht der Lebenserfahrung und ist im vorliegenden Beispiel unschädlich. Der Rechtsanwalt kann die Anschaffungskosten im Wege der AfA auf die betriebsgewöhnliche Nutzungsdauer verteilen und als Werbungskosten geltend machen.

Mitunter ist es schwierig, einen objektiven Aufteilungsmaßstab zu finden. Daher lassen Verwaltung und Rechtsprechung aus Vereinfachungsgründen z.B. den Abzug der Anschaffungskosten eines **PC** oder **Notebooks** zu **50 %** als Werbungskosten zu, soweit der Arbeitnehmer nicht im Einzelfall eine höhere Nutzung nachweist (vgl. FG Stuttgart vom 05.05.2010, 12 K 18/07).

20.8.9 Arbeitszimmer

Arbeitnehmer können Aufwendungen für ein **häusliches** Arbeitszimmer lediglich im Rahmen der **Beschränkungen** nach § 9 Abs. 5 S. 1 i.V.m. § 4 Abs. 5 S. 1 Nr. 6b EStG als Werbungskosten geltend machen (vgl. BMF vom 02.03.2011, BStBl I 2011, 195, H 9.14 LStH „Häusliches Arbeitszimmer"), während für Aufwendungen für ein **außerhäusliches** Arbeitszimmer **keine Abzugsbeschränkung** besteht.

Zu prüfen ist zunächst, ob ein **Arbeitszimmer** vorliegt. Dies setzt zum einen voraus, dass ein Raum vorwiegend der Erledigung gedanklicher, schriftlicher, verwaltungstechnischer oder organisatorischer Arbeiten dient (BMF a.a.O., Rz. 3 m.w.N.); hierfür ist regelmäßig eine büromäßige Einrichtung (Schreibtisch etc.) erforderlich. Der Raum muss ausschließlich oder nahezu ausschließlich zu beruflichen Zwecken genutzt werden; eine untergeordnete private Nutzung (unter 10 %) ist unschädlich (BMF a.a.O., Rz. 3, ebenso BFH vom 27.07.2015, GrS 1/14. DStR 2016, 210).

Beispiel:
a) Ein Außendienstmitarbeiter führt ständig erhebliche Mengen an Arbeitsproben mit sich. In einem Raum im selbst genutzten Einfamilienhaus lagert er dieses Material. In dem Raum befinden sich keine weiteren Einrichtungsgegenstände.

b) Ein Steuerpflichtiger erzielt Einkünfte aus der Vermietung von Immobilien. In seinem privaten Wohnhaus nutzt er ein Zimmer, das mit einem Schreibtisch samt Stuhl, Büroschränken, Regalen und einem PC ausgestattet ist, ausweislich eines von ihm selbst erstellten, glaubwürdigen Tätigkeitsberichts zu 60 % für die Verwaltung der Immobilien und im Übrigen für andere Zwecke (z.B. Bügelarbeiten, Unterbringung von Gästen).

Lösung:

a) Der beruflich genutzte Raum stellt kein Arbeitszimmer dar. Daher gilt die Werbungskosten-Abzugsbeschränkung nach § 9 Abs. 5 S. 1 i.V.m. § 4 Abs. 5 S. 1 Nr. 6b EStG nicht. Der Arbeitnehmer kann die auf den Raum entfallenden Aufwendungen in vollem Umfang steuerlich geltend machen.

b) Unter einem häuslichen Arbeitszimmer ist nur ein Raum zu verstehen, in dem Tätigkeiten zur Erzielung von Einnahmen ausgeübt werden. Ein Zimmer, das zwar büromäßig eingerichtet ist, aber in nennenswertem Umfang neben der Verrichtung von (Büro-)Arbeiten auch anderen Zwecken dient, etwa als Spiel-, Gäste- oder Bügelzimmer, ist kein Arbeitszimmer. Daher scheidet hier ein Abzug von Aufwendungen für das gemischt genutzte Zimmer aus (BFH a.a.O.).

Zum anderen muss der Raum von den privat genutzten Räumen **getrennt** sein (siehe näher H 9.14 LStH „Räumliche Voraussetzungen").

Beispiel:

Ein Arbeitnehmer hat im Wohnzimmer durch ein Bücherregal eine Ecke abgetrennt, in der sein Schreibtisch steht.

Lösung:

Es liegt kein abgeschlossener Raum vor. Der Arbeitnehmer kann die Aufwendungen für den beruflich genutzten Teil der Wohnung steuerlich nicht geltend machen.

Ein häusliches Arbeitszimmer liegt nur vor, wenn das Arbeitszimmer in die **häusliche Sphäre** des Steuerpflichtigen eingebunden ist. Maßgeblich ist, dass eine innere häusliche Verbindung des Arbeitszimmers mit der privaten Lebenssphäre des Steuerpflichtigen besteht (BMF a.a.O., Rz. 4). Dies setzt voraus, dass das Arbeitszimmer erreicht werden kann, ohne dass dazu eine Verkehrsfläche durchschritten werden muss, die der Allgemeinheit zugänglich ist (vgl. BFH vom 15.01.2013, VIII R 7/10, BFH/NV 2013, 818).

Beispiel:

Ein angestellter Arzt benötigt nachweislich für seine Fortbildung und die Vorbereitung auf eine Facharztprüfung ein Arbeitszimmer.

a) Er bewohnt im Erdgeschoss eines Mehrfamilienhauses eine gemietete Dreizimmerwohnung. Im Dachgeschoss mietet er eine Einzimmerwohnung, die er ausschließlich als Arbeitszimmer nutzt.

b) Er bewohnt ein Einfamilienhaus. Im Dachgeschoss befindet sich ein Raum, den er ausschließlich als Arbeitszimmer nutzt.

Lösung:

a) Zwischen der Erdgeschosswohnung (private Lebenssphäre) und dem Arbeitszimmer im Dachgeschoss besteht keine innere häusliche Verbindung; dazwischen liegt eine Verkehrsfläche (Treppenhaus), die der Allgemeinheit zugänglich ist. Es liegt kein häusliches Arbeitszimmer vor, sodass die Beschränkungen des § 4 Abs. 5 Nr. 6b EStG nicht greifen. Der Arzt kann die Aufwendungen für das Arbeitszimmer in voller Höhe als Werbungskosten geltend machen.

b) Hier besteht eine innere häusliche Verbindung, sodass ein häusliches Arbeitszimmer vorliegt. Die Aufwendungen kann der Arzt nur im Rahmen des § 4 Abs. 5 Nr. 6b EStG geltend machen.

Handelt es sich um ein häusliches Arbeitszimmer, ist nach § 4 Abs. 5 Nr. 6b EStG danach zu differenzieren, ob dem Arbeitnehmer für seine berufliche Tätigkeit **(k)ein anderer Arbeitsplatz** zur Verfügung steht und ob das Arbeitszimmer den **Mittelpunkt** der **gesamten beruflichen Tätigkeit** bildet.

Unter einem **anderen Arbeitsplatz** ist jeder Arbeitsplatz zu verstehen, der sich zur Erledigung büromäßiger Arbeiten eignet (ausreichend ist z.B. ein entsprechender Arbeitsplatz in einem Großraumbüro, BMF a.a.O., Rz. 14) und im erforderlichen Umfang und in der erforderlichen Art und Weise genutzt werden kann.

Der **Mittelpunkt der gesamten beruflichen Tätigkeit** liegt in dem Arbeitszimmer, wenn dort diejenigen Handlungen bzw. Leistungen vorgenommen werden, die vor allem qualitativ für die konkrete berufliche Tätigkeit prägend sind (vgl. BMF a.a.O., Rz. 9 f.). Nicht zu berücksichtigen ist dabei die Erzielung von Einkünften, denen keine aktive Tätigkeit zugrunde liegt (wie z.B. Pensionen gemäß § 19 Abs. 1 S. 1 Nr. 2 EStG), vgl. BFH vom 11.11.2014, VIII R 3/12, BStBl II 2015, 382.

Übersicht Arbeitszimmer		
Dem Arbeitnehmer steht für seine berufliche Tätigkeit kein anderer Arbeitsplatz zur Verfügung und das Arbeitszimmer bildet den Mittelpunkt der gesamten beruflichen Betätigung.	**Dem Arbeitnehmer steht für seine berufliche Tätigkeit kein anderer Arbeitsplatz zur Verfügung, aber das Arbeitszimmer bildet nicht den Mittelpunkt der gesamten beruflichen Betätigung.**	**Alle übrigen Fälle**
Beispiel: Eine Arbeitnehmerin mit Kind arbeitet mit Zustimmung ihres Arbeitgebers zu Hause. In diesem Fall ist es unschädlich, wenn die Arbeitnehmerin ihren Arbeitgeber nur gelegentlich für Besprechungen, die Entgegennahme von Aufträgen u.ä. aufsucht.	**Beispiel:** Ein Lehrer hat für seine Unterrichtsvorbereitung in der Schule keinen Schreibtisch. Das jeweilige Klassenzimmer oder das Lehrerzimmer stellt keinen Arbeitsplatz im Sinne der Abzugsbeschränkung dar (vgl. BMF a.a.O., Rz. 17).	**Beispiel:** Eine Geschäftsführerin einer GmbH arbeitet abends, an Wochenenden und während ihres Urlaubs in einem Arbeitszimmer in ihrem Haus.
Die Aufwendungen können in vollem Umfang als Werbungskosten geltend gemacht werden.	Die Aufwendungen können bis zur Höhe von 1.250 € (Jahresbetrag, der auch bei nicht ganzjähriger Nutzung des Arbeitszimmers gilt) als Werbungskosten geltend gemacht werden. Der Höchstbetrag ist objektbezogen und daher bei Nutzung eines Arbeitszimmers durch mehrere Steuerpflichtige nach den Nutzungsanteilen aufzuteilen (BMF a.a.O., Rz. 21).	Kein Abzug von Werbungskosten möglich.

Übt der Steuerpflichtige **mehrere** berufliche bzw. betriebliche **Tätigkeiten** aus, ist bei der Prüfung, ob das Arbeitszimmer den Mittelpunkt der gesamten beruflichen/betrieblichen Tätigkeit bildet, eine Gesamtbetrachtung aller Tätigkeiten vorzunehmen.

Beispiel (nach BFH vom 18.08.2005, VI R 39/04, BStBl II 2006, 428):

Der Diplom-Ingenieur A ist als Schadensgutachter bei einer Versicherung angestellt, die ihm keinen Arbeitsplatz in ihren Räumen zur Verfügung stellt. Insoweit ist er durchschnittlich an einem Tag pro Woche im Außendienst zur Schadenssichtung tätig und 2,5 Tage pro Woche in einem häuslichen Arbeitszimmer mit der Erstellung von Gutachten am PC beschäftigt. Während der restlichen Zeit unterrichtet er als angestellter Dozent in einer Akademie, wo ihm kein Arbeitsplatz zur Verfügung steht; den Unterricht bereitet er in seinem häuslichen Arbeitszimmer vor. Es entstehen ihm im Jahr 2016 Aufwendungen für das häusliche Arbeitszimmer i.H.v. 4.000 €.

Lösung:

Dem A steht weder für die Gutachter- noch für die Unterrichtstätigkeit ein anderer Arbeitsplatz zur Verfügung. Der Mittelpunkt der Gutachtertätigkeit liegt im häuslichen Arbeitszimmer des A. Der Mittelpunkt der Unterrichtstätigkeit liegt dagegen nicht im häuslichen Arbeitszimmer (vgl. nachfolgendes Beispiel zu Lehrern). Da insgesamt der zeitliche Umfang der Gutachtertätigkeit deutlich überwiegt (3,5 Tage/Woche), bildet das häusliche Arbeitszimmer den Mittelpunkt der gesamten beruflichen Tätigkeit des A. Daher kann A alle Aufwendungen für das häusliche Arbeitszimmer in vollem Umfang als Werbungskosten geltend machen.

Liegen die Voraussetzungen für den Abzug von Aufwendungen für ein häusliches Arbeitszimmer vor, so können folgende **Aufwendungen** flächenanteilig als Werbungskosten angesetzt werden:
* Miete,
* Gebäude-AfA bei Objekten, die sich im Eigentum des Arbeitnehmers oder seines Ehegatten befinden (i.d.R. § 7 Abs. 4 S. 1 Nr. 2 a) oder b) EStG),
* Finanzierungszinsen für die Anschaffung oder Herstellung des Gebäudes (§ 9 Abs. 1 Nr. 1 EStG),
* Nebenkosten (analog § 2 Betriebskostenverordnung),
* Strom,
* Renovierungskosten,
* Ausstattung des Zimmers (Tapeten, Vorhänge, Lampen etc.).

Büromöbel (z.B. Schreibtisch, Stuhl, Regale) stellen Arbeitsmittel dar und fallen nicht unter die Abzugsbeschränkung des § 4 Abs. 5 Nr. 6b EStG (BMF a.a.O. Rz. 8).

Beispiel:

Ein Arbeitnehmer beginnt im Februar 2016 seine Berufstätigkeit als Lehrer. Zur Unterrichtsvorbereitung, zur Korrektur von Klassenarbeiten etc. steht ihm in der Schule kein Arbeitsplatz zur Verfügung. Er nutzt daher ab Februar 2016 ein 12 m² großes, abgeschlossenes und büromäßig eingerichtetes Zimmer seiner Wohnung ausschließlich als Arbeitszimmer. Die Gesamtwohnfläche beträgt 65 m². Der Lehrer bezahlt im Monat 550 € Miete zuzüglich Nebenkosten gemäß Betriebskostenverordnung i.H.v. 180 €. Er erwirbt im September 2016 einen Schreibtisch (600 €), einen Schreibtischstuhl (300 €) und drei Bücherregale (je 80 €). Die betriebsgewöhnliche Nutzungsdauer ist mit fünf Jahren anzunehmen.

Lösung:

Es liegt ein häusliches Arbeitszimmer vor. Der Lehrer verfügt in der Schule über keinen geeigneten Arbeitsplatz. Allerdings bildet das Arbeitszimmer nicht den Mittelpunkt der gesamten betrieblichen und beruflichen Tätigkeit, denn die berufsprägenden Merkmale eines Lehrers bestehen im Unterrichten und dieses findet in der Schule statt. Somit kann der Lehrer die Aufwendungen für das häusliche Arbeitszimmer nach § 9 Abs. 5, § 4 Abs. 5 Nr. 6b EStG bis zur Höhe von 1.250 € pro Jahr steuerlich geltend machen. Dies ergibt folgende Werbungskosten:

Miete (11 Monate × 550 € × 12 m²/65 m² =)	1.117 €
Nebenkosten (11 Monate × 180 € × 12 m²/65 m² =)	366 €
Summe	1.483 €
Maximal	**1.250 €**

Die Einrichtungsgegenstände kann der Lehrer wie folgt geltend machen (§ 9 Abs. 1 S. 3 Nr. 6 bzw. Nr. 7 EStG):

Schreibtisch (Anschaffungskosten > 410 € netto; 600 € : 5 Jahre × $^{11}/_{12}$ =)	110 €
Schreibtischstuhl (Anschaffungskosten < 410 € netto; Ansatz als GWG)	300 €
Bücherregale (jeweils Ansatz als GWG)	240 €
Summe	**650 €**

Der Lehrer kann also insgesamt (1.250 € + 650 € =) 1.900 € Werbungskosten geltend machen.

Liegt das Arbeitszimmer in einer Wohnimmobilie, die **Ehegatten** oder Lebenspartnern i.S.d. LPartG gemeinsam gehört, sind die auf das Arbeitszimmer anteilig entfallenden Aufwendungen grundsätzlich unabhängig vom Miteigentumsanteil des anderen Partners zu berücksichtigen (vgl. BFH vom 12.02.1988, VI R 141/85, BStBl II 1988, 764).

Beispiel:

Der Sachverhalt entspricht dem vorangegangenen Beispiel. Der Lehrer ist aber verheiratet. Seine Ehefrau benötigt kein häusliches Arbeitszimmer. Die Miete wird von der Ehefrau an den Vermieter überwiesen.

Lösung:

Da bei Ehegatten von einer gemeinsamen Haushaltskasse auszugehen ist, spielt es keine Rolle, wer die Miete überweist. Es ergibt sich keine Änderung gegenüber der oben dargestellten Lösung.

Macht der Steuerpflichtige Aufwendungen für ein häusliches Arbeitszimmer als Werbungskosten geltend, muss er diese Aufwendungen bei Geltendmachung einer Steuerermäßigung nach **§ 35a EStG** (Aufwendungen für haushaltsnahe Beschäftigungsverhältnisse, Dienstverhältnisse, Handwerkerleistungen) herausrechnen.

Beispiel:

Ein Arbeitnehmer bewohnt eine Wohnung mit einer Fläche von 100 m². Für einen Hausmeisterservice zahlt er im Jahr 500 € an die Hausverwaltung. Er nutzt 15 % der Wohnfläche als Arbeitszimmer, das den Mittelpunkt seiner gesamten beruflichen Betätigung bildet.

Lösung:

Der Arbeitnehmer kann nach § 35a Abs. 2 EStG 20 % der Kosten für die Hausmeister-Dienstleistung als Steuerabzugsbetrag geltend machen, soweit die Dienstleistung nicht auf das Arbeitszimmer entfällt; daher:

- § 35a Abs. 2 EStG: (500 € × 85 % × 20 % =) 85 € Steuerabzugsbetrag.
- § 9 Abs. 5 i.V.m. § 4 Abs. 5 Nr. 6b EStG: (500 € × 15 % =) 75 € Werbungskosten.

20.8.10 Sonstiges, Werbungskosten-ABC

Für viele **weitere Arten von Aufwendungen** kommt ein Abzug als Werbungskosten in Betracht. Einige Beispiele sind – zusammen mit den bereits behandelten Fallgruppen – in der folgenden (alphabetisch geordneten) Übersicht dargestellt.

Aufwendungen für ...	Anmerkung
Aktentasche	s. Kap. 20.8.8
Arbeitszimmer: AfA	s. Kap. 20.8.9
Arbeitszimmer: Ausstattung (Tapete, Vorhänge, Lampen etc.)	s. Kap. 20.8.9
Arbeitszimmer: Finanzierungskosten	s. Kap. 20.8.9
Arbeitszimmer: Mietkosten	s. Kap. 20.8.9
Arbeitszimmer: Nebenkosten, Strom	s. Kap. 20.8.9
Arbeitszimmer: Renovierungskosten	s. Kap. 20.8.9
Ausbildungskosten	s. Kap. 6.8
Auswärtstätigkeit: Fahrtkosten	s. Kap. 20.8.5
Auswärtstätigkeit: Reisenebenkosten	s. Kap. 20.8.5
Auswärtstätigkeit: Übernachtungskosten	s. Kap. 20.8.5
Auswärtstätigkeit: Verpflegungsmehraufwendungen	s. Kap. 20.8.5
Berufshaftpflichtversicherung (Beiträge)	
Berufskleidung, typische (z.B. „Blaumann")	s. Kap. 20.8.8
Berufskrankheiten, typische (z.B. „Staublunge" eines Bergmanns): Aufwendungen für Behandlung	
Berufsverbände (Beiträge)	
Bewerbungskosten	
Bewirtung anlässlich eines besonderen Ereignisses (z.B. Dienstjubiläum)	s. Kap. 20.8.2
Brille, wenn Sehschwäche aufgrund beruflicher EDV-Tätigkeit entstanden ist (BFH vom 20.07.2005, VI R 50/03, BFH/NV 2005, 2185)	
Bücherregal	s. Kap. 20.8.8
Computer, Notebook, Tablet	s. Kap. 20.8.8
Doppelte Haushaltsführung: Fahrten anlässlich Begründung und Beendigung	s. Kap. 20.8.6
Doppelte Haushaltsführung: Heimfahrten	s. Kap. 20.8.6
Doppelte Haushaltsführung: Umzugskosten	s. Kap. 20.8.6

Aufwendungen für ...	Anmerkung
Doppelte Haushaltsführung: Verpflegungsmehraufwendungen	s. Kap. 20.8.6
Doppelte Haushaltsführung: Zweitwohnung	s. Kap. 20.8.6
Fachbücher und -zeitschriften	s. Kap. 20.8.8
Gewerkschaften (Beiträge)	
Lehrgänge mit hinreichendem beruflichem Bezug	
Musikinstrumente, bei weitaus überwiegender beruflicher Nutzung	
Prozesskosten für Verfahren vor Arbeitsgericht	
Reisekosten	s. Kap. 20.8.2, Kap. 20.8.5
Schadensersatzleistung an Arbeitgeber	
Schreibtisch, Schreibtischstuhl	s. Kap. 20.8.8
Schuldzinsen für Finanzierung von Werbungskosten	
Sprachkurs, bei hinreichend konkretem beruflichem Bezug	
Strafverteidigungskosten (Strafverfahren mit Bezug zu beruflicher Tätigkeit)	
Tagungsgebühren	
Telekommunikation (Telefon, Internet) im Umfang der beruflichen Nutzung	
Umzugskosten	s. Kap. 20.8.7
Unfallkosten (Fahrt Wohnung-Arbeit, beruflich veranlasste Fahrt)	s. Kap. 20.8.4
Unfallversicherung (Beiträge) bei Abdeckung von Dienstunfällen	
Verbrauchsmaterial, z.B. Tonerpatrone, Kopierpapier	
Wege bei beruflicher Auswärtstätigkeit und in weiträumigem beruflichem Tätigkeitsgebiet	s. Kap. 20.8.4
Wege Wohnung-Arbeit	s. Kap. 20.8.4
Werkzeug (beruflich genutzt)	s. Kap. 20.8.8
Zerstörung von Privatgegenständen bei Ausübung der beruflichen Tätigkeit	

Übungsfall 1:

Der Steuerpflichtige A (40 Jahre alt, ledig, kinderlos, konfessionslos) wohnt in Ludwigsburg. Er ist Jurist und bei einem Unternehmen als Justiziar angestellt; nach dem Arbeitsvertrag ist er dauerhaft der Stuttgarter Niederlassung des Unternehmens zugeordnet. Daneben betreibt er – mit Erlaubnis seines Arbeitgebers – eine Einzelpraxis als Rechtsanwalt. A erhält im Jahr 2016 für die Tätigkeit als Justiziar einen monatlichen Bruttolohn i.H.v. 4.000 €. Seine monatliche Lohnabrechnung sieht wie folgt aus:

Brutto-Arbeitslohn	4.000,00 €	
	Arbeitnehmeranteil	Arbeitgeberanteil
Lohnsteuer (Steuerklasse I)	./. 722,66 €	
Solidaritätszuschlag	./. 39,74 €	
gesetzliche Krankenversicherung (Basis-schutz, kein Anspruch auf Krankengeld, 1,0 % Zusatzbeitrag für Arbeitnehmer) 8,3 %/7,3 %	./. 332,00 €	./. 292,00 €
gesetzliche Pflegeversicherung (0,25 % Zusatzbeitrag für Arbeitnehmer) 1,425 %/1,175 %	./. 57,00 €	./. 47,00 €
gesetzliche Rentenversicherung 9,35 %/9,35 %	./. 374,00 €	./. 374,00 €
Arbeitslosenversicherung 1,5 %/1,5 %	./. 60,00 €	./. 60,00 €
Netto-Arbeitslohn	**2.414,60 €**	

A macht für das Jahr 2016 folgende Werbungskosten geltend (ein Ersatz durch den Arbeitgeber erfolgt nicht):

Am 18.11.2016 besucht A eine juristische Fachtagung in Hamburg. Sein Arbeitgeber überlässt es ihm, an der Veranstaltung teilzunehmen, ist jedoch nicht bereit, die Aufwendungen für die Tagung zu ersetzen. A besucht sie dennoch, da er dort wertvolle Informationen und Kontakte für seine berufliche Tätigkeit erlangen kann.

Er fährt mit seinem privaten PKW am 17.11.2016 um 13.00 Uhr los. Am 18.11.2016 nimmt er den ganzen Tag an der Veranstaltung teil. Den 19.11.2016 nutzt A, um in Hamburg einige Freunde zu besuchen und private Einkäufe zu erledigen. Am 20.11.2016 fährt A wieder zurück und erreicht seine private Wohnung um 19.00 Uhr. Die gesamte Fahrstrecke beträgt 1.300 km.

Für drei Übernachtungen im Hotel bezahlt A pro Nacht 90 € zuzüglich 7 % Umsatzsteuer; das Frühstück wird gesondert in Rechnung gestellt und mit 19 € zuzüglich 19 % Umsatzsteuer belastet. A bezahlt mit seiner Kreditkarte. Die Abrechnung und die Abbuchung von seinem Girokonto erfolgen am 12.01.2017.

Die Tagungsgebühr beläuft sich auf 200 € zuzüglich Umsatzsteuer.

Da A keine festen Arbeitszeiten hat, weist er die Fahrten von seiner Wohnung zu seinem Büro bei seinem Arbeitgeber anhand handschriftlicher Aufzeichnungen in seinem Terminkalender nach. In 2016 fährt er an 120 Tagen zur Arbeit. Die einfache Entfernung zwischen seiner Wohnung und dem Sitz seines Arbeitgebers beträgt 23 km. A benutzt aber eine Umfahrung, da die einfache Strecke durch eine Innenstadt führt und dort sehr oft Stau herrscht. Die einfache Fahrstrecke beträgt in diesem Fall 27 km.

A hat eine Berufs-Haftpflichtversicherung abgeschlossen, um mögliche Regressansprüche seines Arbeitgebers abzudecken. Hierfür bezahlt er in 2016 einen Beitrag i.H.v. 183 €.

Da sein Arbeitgeber international tätig ist, muss A häufig mit Kunden in englischer Sprache verhandeln. Aus diesem Grund besucht er einen wöchentlich stattfindenden Intensivkurs „Business-Englisch". In 2016 bezahlt er für den Kurs 3.000 €. Da er im Dezember 2016 die Abschlussprüfung erfolgreich absolviert, erstattet ihm sein Arbeitgeber am 05.01.2017 einen Teil der Kosten i.H.v. 2.000 €.

Berechnen Sie das zu versteuernde Einkommen des A im Jahr 2016.

Übungsfall 2:

1. Der Steuerpflichtige B ist bei der Firma „Inter-Metall" als Ingenieur beschäftigt. Im Jahr 2016 erhält er einen Arbeitslohn i.H.v. 5.000 € monatlich. Aufgrund von Zahlungsschwierigkeiten seines Arbeitgebers wird der Lohn für den Monat Dezember erst am 15.01.2017 überwiesen.

2. B nutzt für die Fahrten zu seiner ersten Tätigkeitsstätte sein eigenes Fahrzeug (VW Golf). Die Entfernung zwischen seiner Wohnung und seiner ersten Tätigkeitsstätte beträgt 80 km. Da die kürzeste Entfernung durch die Innenstadt von Ludwigsburg führt, fährt B regelmäßig über eine Landstraße. Damit ist eine erhebliche Zeitersparnis verbunden. Allerdings beträgt die Fahrstrecke über die Landstraße 87 km. An 20 Tagen benutzt B für die Fahrten nicht sein eigenes Kfz, sondern fährt mit einem Kollegen. Diesem erstattet er 0,20 € je Fahrtkilometer. Für die letzten 9 km bis zu seinem Arbeitsplatz benutzt B die S-Bahn. Hierfür bezahlt er im Jahr 2016 insgesamt 380 €. (Gehen Sie bitte von 220 Arbeitstagen des B im Jahr 2016 aus.)

3. Im Februar 2016 erwirbt B ein Notebook für 300 € zuzüglich Umsatzsteuer. Er nutzt das Notebook überwiegend für berufliche Zwecke. Der Anteil der privaten Nutzung ist zu vernachlässigen. Aus diesem Grund beteiligt sich der Arbeitgeber mit 200 € an den Anschaffungskosten. Die 200 € werden allerdings erst im Januar 2017 an B überwiesen.

4. Von einem Fachverlag bekommt B im Juli 2016 unentgeltlich ein Fachbuch über Metallkunde im Wert von 150 €. Er muss für dieses Buch nichts bezahlen, da er als Fachmann auf diesem Gebiet anerkannt ist und der Verlag von ihm eine Stellungnahme über die Qualität des Fachbuchs erbittet.

5. Da sein Unternehmen häufig im Ausland tätig ist und der Kontakt mit den Kunden in englischer Sprache geführt wird, bucht B einen Fernkurs für Business-Englisch. In 2016 bezahlt er für diesen Kurs 700 €. Er verspricht sich von dem Kurs eine Verbesserung seiner Karrierechancen. Von seinem Arbeitgeber erhält er allerdings keinen Ersatz, da dieser den Kurs zwar für sinnvoll hält, aber aufgrund von Sparmaßnahmen keine freiwilligen Leistungen übernehmen kann.

6. Im November 2016 leistet sich B den Luxus, einen Füller der Marke „Montblanc Meisterstück" für 600 € zu erwerben. Er nutzt den Füller ausschließlich im Betrieb. Sein Arbeitgeber hält die Anschaffung für Unsinn. Er ist der Ansicht, man könne auch einen billigen Reklame-Kugelschreiber benutzen. (Hinweis: Die betriebsgewöhnliche Nutzungsdauer des Füllers ist mit fünf Jahren anzunehmen.)

7. Das Unternehmen „Inter-Metall" bietet seinen Mitarbeitern die Möglichkeit, Aktien des Unternehmens zu erwerben. Der Kaufpreis entspricht dem jeweiligen Börsenkurs. Trotzdem sind die Mitarbeiter an dem Erwerb sehr interessiert, da eine erhebliche Wertsteigerung der Aktien zu erwarten ist. Im Rahmen dieser Aktion erwirbt B jeden Monat Aktien im Wert von 200 €. Der Arbeitgeber behält die 200 € bei der Auszahlung des Arbeitslohns ein. Eine Dividendenausschüttung erfolgt in 2016 nicht.

Wie hoch sind die Einkünfte des B nach § 19 EStG im Veranlagungszeitraum 2016?

21.   Einkünfte aus Kapitalvermögen (§ 20 EStG, § 32d EStG)

21.1   Einführung

§ 2 Abs. 5b EStG regelt seit dem Veranlagungszeitraum 2009, dass Einkünfte aus Kapitalvermögen, die der sog. Abgeltungssteuer unterliegen, aus allen einkommensteuerrechtlichen Normen ausgenommen sind, die an die in § 2 Abs. 1 bis Abs. 5 EStG definierten Begriffe (Einkünfte, SdE, GdE, Einkommen, zvE) anknüpfen. Solche Einkünfte aus Kapitalvermögen unterliegen also einem eigenen System. Im Rahmen dieses Systems regelt § 20 EStG nicht nur den Gegenstand der Einkünfte aus Kapitalvermögen, sondern in Teilen auch die Ermittlung dieser Einkünfte. Im Rahmen der Einkünfte bzw. strenggenommen schon bei der Ermittlung der Einkünfte aus Kapitalvermögen ist neben § 20 EStG aber auch die Norm des § 32d EStG zu beachten. Des Weiteren sind die Vorschriften der §§ 43 ff. EStG zu besprechen.

Im Folgenden wird zur Einführung ein erster Überblick über die Regelung des § 20 EStG gegeben:

*   § 20 Abs. 1 EStG: Einnahmen aus Nutzungsüberlassung,
*   § 20 Abs. 2 EStG: in den – Abs. 1 entsprechenden Nummern – Einnahmen aus der Verwertung – Gewinnermittlung nach § 20 Abs. 4 oder Abs. 4a,
*   § 20 Abs. 3 EStG: Ergänzung zu Abs. 1 und 2 – Besondere Entgelte und Vorteile, die neben den in Absätzen 1 und 2 bezeichneten Einnahmen oder an deren Stelle gewährt werden (z.B. Treueaktien als Behalteanreiz),
*   § 20 Abs. 3a EStG: Korrektur des Kapitalertragsteuerabzugs – zeitliche Wirkung,
*   § 20 Abs. 4 EStG: Gewinnermittlungsvorschrift,
*   § 20 Abs. 5 EStG: Subjektive Zurechnung,
*   § 20 Abs. 6 EStG: Verlustverrechnung,
*   § 20 Abs. 7 EStG: Verweis auf § 15b EStG,
*   § 20 Abs. 8 EStG: Subsidiarität,
*   § 20 Abs. 9 EStG: „Werbungskostenproblem" und Sparerpauschbetrag.

21.2   Grundlagen der Abgeltungsteuer

Die sog. **Abgeltungsteuer** wurde mit Wirkung ab dem Veranlagungszeitraum 2009 eingeführt, um zum einen die Besteuerung der Kapitaleinkünfte zu vereinfachen und zum anderen den Anreiz zu vermindern, Kapital im Ausland anzulegen. Regelungen zu zeitlichen Anwendung finden sich weit überwiegend in § 52 Abs. 28 EStG. § 32d Abs. 1 EStG regelt, dass Einkünfte aus Kapitalvermögen mit dem einheitlichen Steuersatz von 25 % zu besteuern sind. Die §§ 43 ff. EStG regeln, wie und von wem der Abzug dieser Steuer „an der Quelle" vorzunehmen ist – also meist vom Schuldner der Kapitalerträge und welche Wirkung der Kapitalertragsteuereinbehalt (z.B. § 43 Abs. 5 EStG – abgeltende Wirkung) hat.

Die Verwaltung hat zahlreiche Einzelfragen in einem ausführlichen BMF-Schreiben vom 18.01.2016 geregelt.

21.2.1 Die einzelnen Tatbestände

§ 32d Abs. 1 EStG sieht grundsätzlich für alle Einkünfte aus Kapitalvermögen eine 25 %ige Abgeltungsteuer vor. Hinzu kommt nach § 3 SolZG der 5,5 %ige **Solidaritätszuschlag** und eventuell **Kirchensteuer**. Bei Anwendung der Abgeltungsteuer werden die Kapitaleinnahmen grundsätzlich nicht als Einnahmen i.S.d. § 2 EStG erfasst (s. ausdrücklich **§ 2 Abs. 5b EStG**).

Beispiel:
Eine konfessionslose Steuerpflichtige erhält aus einer Unternehmensanleihe in 2016 Zinsen i.H.v. 10.000 € (der sog. Sparerpauschbetrag ist schon anderweitig verbraucht).

> **Lösung:**
>
> Die Abgeltungsteuer beträgt (10.000 € × 25 % =) 2.500 €. Der Solidaritätszuschlag beträgt (2.500 € × 5,5 % =) 137,50 €. Die 10.000 € werden bei der Berechnung des zu versteuernden Einkommens nicht berücksichtigt.

Ausnahmsweise wurden die der Abgeltungsteuer unterliegenden Einkünfte aber dennoch zu den Einkünften i.S.d. § 2 EStG hinzugerechnet. § 2 Abs. 5a EStG sah dies für außersteuerliche Regelungen vor (z.B. Berücksichtigung der Einkünfte des Kindes beim Kindergeld; Spendenhöchstbetrag des § 10b Abs. 1 EStG; (vgl. hierzu § 2 Abs. 5b S. 2 Nr. 1 EStG).

Die Regelung des § 2 Abs. 5b S. 2 EStG hat/hatte zur Folge, dass die Kapitaleinkünfte in diesen Fällen trotz Abgeltungsbesteuerung weiterhin aufwendig ermittelt werden müsste/mussten (vgl. § 2 Abs. 5b Satz 2 EStG).

Mit den Änderungen durch das Steuervereinfachungsgesetz 2011 soll erreicht werden, dass die abgeltend besteuerten Einkünfte nur noch in den Fällen berücksichtigt werden, in denen die Anwendung der Abgeltungsteuer bei Kapitaleinkünften nicht in Betracht kommt (§ 32d Abs. 2 EStG) oder in denen der Steuerpflichtige von der Günstigerprüfung (§ 32d Abs. 6 EStG) Gebrauch macht.

§ 32d Abs. 1 EStG ist **nicht** anwendbar, wenn die Zinseinnahmen zu den Einkünften aus Land- und Forstwirtschaft, Gewerbebetrieb, selbständiger Arbeit oder Vermietung und Verpachtung gehören (s. Verweis in § 32d Abs. 1 auf § 20 Abs. 8 EStG).

> **Beispiel:**
>
> Der Steuerpflichtige ist Arzt. Im Betriebsvermögen befindet sich eine Beteiligung an einer Labor-GmbH. Diese schüttet in 2016 eine Dividende i.H.v. 10.000 € aus.

> **Lösung:**
>
> Da die Dividende zu den Einkünften aus selbständiger Arbeit gehört, ist sie nach § 18 EStG zu versteuern. §§ 20, 32d EStG finden keine Anwendung. Der Arzt erfasst die Dividendeneinnahmen nach § 3 Nr. 40 d) EStG, § 3 Nr. 40 S. 2 EStG i.H.v. 60 % (sog. Teileinkünfteverfahren); die auf die Beteiligung entfallenden Betriebsausgaben sind nach § 3c Abs. 2 EStG i.H.v. 60 % berücksichtigungsfähig.

21.2.2 Sonderproblem: Kirchensteuer

Grundsätzlich ist die Kirchensteuer nach § 10 Abs. 1 Nr. 4 EStG zu berücksichtigen (Sonderausgaben). Da bei der Abgeltungsteuer aber grundsätzlich keine Veranlagung stattfinden soll, könnte die Kirchensteuer auf die Kapitalerträge steuerlich nicht berücksichtigt werden (ohne Veranlagung keine Sonderausgaben).

Aus diesem Grund sieht § 32d Abs. 1 EStG für den Fall der **Kirchensteuerpflicht** die Berücksichtigung im Rahmen der Berechnungsformel vor (e/4 + k; dabei ist „e" die nach den Vorschriften des § 20 EStG ermittelten Einkünfte und „k" der jeweils geltende Kirchensteuersatz). Damit wird die Kirchensteuer zu 25 % bei der Abgeltungssteuerformel berücksichtigt.

> **Beispiel:**
>
> Die Steuerpflichtige bekommt aus einem Privatdarlehen in 2016 10.000 € Zinsen (nach Abzug des Sparerpauschbetrags). Sie ist Mitglied der evangelischen Kirche in Baden-Württemberg (Kirchensteuersatz: 8 %).

Lösung:

Auch die Zinsen aus einem Privatdarlehen unterliegen nach §§ 20 Abs. 1 Nr. 7, 32d Abs. 1 EStG dem Steuersatz von 25 %. Die Steuer errechnet sich aus der Formel 10.000 €/(4 + 0,08) = 2.451 €. Die Kirchensteuer beträgt (2.451 € × 8 % =) 196 €.

Damit hat die Kirchensteuer die Einkommensteuer zu einem Viertel gemindert. Ohne Kirchensteuer würde die (Abgeltung-)Steuer 2.500 € betragen. Die Kirchensteuer mindert die Abgeltungsteuer um (2.500 € ./. 2.451 € =) 49 €; (49 € × 4 =) 196 €.

Die Kirchensteuerpflicht muss grundsätzlich der auszahlenden Stelle (z.B. Bank, Kapitalgesellschaft) mitgeteilt werden. Sollte dies unterlassen worden sein, muss eine Veranlagung durchgeführt werden (§ 32b Abs. 3 EStG), bei der dann ebenfalls § 32d Abs. 1 EStG zur Anwendung kommt.

21.2.3 Ausnahmen von der Abgeltungsteuer

§ 32d Abs. 2 EStG sieht für bestimmte Fälle vor, dass der 25 %ige Abgeltungsteuersatz nicht zur Anwendung kommt sondern die Einkünfte, bei deren Ermittlung auch § 20 Abs. 9 EStG dann keine Rolle spielt, dem progressiven Tarif zu unterwerfen sind.

21.2.3.1 Nahestehende Personen

Damit das Gefälle zwischen dem progressiven Steuersatz (vgl. § 32a EStG in der Spitze: ca. 45 %) und der Abgeltungsteuer – nach Ansicht des Gesetzgebers – nicht zu Gestaltungen ausgenutzt werden kann, ist nach § 32d Abs. 2 Nr. 1 a) EStG die **Anwendung des 25 %igen Steuersatzes bei Einkünften aus § 20 Abs. 1 Nr. 4 und 7 und Abs. 2 Nr. 2 und 7 EStG zwischen nahestehenden Personen ausgeschlossen.** Ab dem Veranlagungszeitraum 2011 gilt dies nur, soweit die den Kapitalerträgen entsprechenden Aufwendungen beim Schuldner Betriebsausgaben oder Werbungskosten sind.

Beispiel:

F ist gut verdienende Anwältin (Spitzensteuersatz 45 %). Eine ihr nahestehende Person also beispielsweise vor der Entscheidung des BFH vom 29.04.2014, VIII R 9/13 nach Ansicht der Finanzverwaltung (vgl. BMF-Schreiben vom 09.10.2012 Rz. 136) der Ehemann M gewährt ihr für den Erwerb einer Kanzlei ein Darlehen über 500 T€ zu einem Zinssatz von 6 %.

Lösung:

Die F kann die Zinsen als Betriebsausgaben geltend machen (Steuervorteil: 500 T€ × 6 % × 45 % =) 13.500 €.

Könnte M die Zinseinnahmen mit 25 % versteuern, müsste er nur (30 T€ × 25 % =) 7.500 € Steuern entrichten. Nach Ansicht der Finanzverwaltung war bis zur Entscheidung des BFH vom 29.04.2014, VIII R 9/13 hier der Tatbestand des § 32d Abs. 2 Nr. 1 a) EStG erfüllt und M musste die Zinsen mit dem allgemeinen Steuersatz versteuern; im Fall der Zusammenveranlagung entspricht dann seine Steuer der Steuerersparnis der F.

Problematisch ist jedoch die **Definition der nahestehenden Personen.**

Der VIII. Senat des Bundesfinanzhofs hat nun mit drei Urteilen jeweils vom 29.04.2014, VIII R 9/13, VIII R 44/13 und VIII R 35/13 entschieden, dass die Anwendung des gesonderten Steuertarifs für Einkünfte aus Kapitalvermögen nicht schon deshalb nach § 32d Abs. 2 Satz 1 Nr. 1 a) EStG ausgeschlossen ist, weil Gläubiger und Schuldner der Kapitalerträge Angehörige i.S.d. § 15 AO sind. Damit hat er die enge Verwaltungslinie bei den Angehörigendarlehen deutlich entschärft. Der BFH sieht in der Privilegierung der Einkünfte aus Kapitalvermögen mit einem Steuersatz von 25 % gegenüber den progressiv besteuerten Einkunftsarten keinen Verfassungsverstoß. Der Gesetzgeber sei nicht gehindert, das „Finanzkapital" dadurch zu erfassen, dass er alle Kapitaleinkünfte an der Quelle besteuert und mit einer Definitivsteuer belastet, die in einem linearen Satz den absetzbaren Aufwand und den Progressionssatz in Durchschnittswerten typisiert.

Zwar ist nach dem Wortlaut des § 32d Abs. 2 Satz 1 Nr. 1 a) EStG der Abgeltungsteuersatz ausgeschlossen, wenn Gläubiger und Schuldner der Kapitalerträge „einander nahestehende Personen" sind. „Einander nahestehende Personen" liegen aber nach der neuen Rechtsprechung des BFH nicht allein vor, soweit die Personen in der Regelung des § 15 AO genannt sind.

Der gesetzliche Tatbestand des § 32d Abs. 2 Satz 1 Nr. 1 EStG ist nach Auffassung des BFH nach dem Willen des Gesetzgebers dahingehend einschränkend auszulegen, dass ein solches Näheverhältnis nur dann zu bejahen sei, wenn auf eine der Vertragsparteien ein beherrschender oder außerhalb der Geschäftsbeziehung liegender Einfluss ausgeübt werden kann oder ein eigenes wirtschaftliches Interesse an der Erzielung der Einkünfte des anderen besteht. Danach sei ein lediglich aus der Familienangehörigkeit abgeleitetes persönliches Interesse nicht ausreichend, um ein Näheverhältnis i.S.d. § 32d Abs. 2 Satz 1 Nr. 1 a) EStG zu begründen. Eine enge Auslegung des Ausschlusstatbestandes hält der BFH auch aus verfassungsrechtlichen Gründen geboten. Nun hat der BFH einen ersten Fall des Näheverhältnisses nach dem dargestellten neuen Verständnis in seinem Urteil vom 28.01.2015, VIII R 8/14, DStR 2015, 563, entschieden. Der VIII. Senat des BFH hat mit diesem Urteil entschieden, dass die Anwendung des gesonderten Steuertarifs für Einkünfte aus Kapitalvermögen gemäß § 32d Abs. 1 EStG in Höhe von 25 % (sog. Abgeltungsteuersatz) nach § 32d Abs. 2 Satz 1 Nr. 1 Buchst. a EStG bei der Gewährung von Darlehen zwischen Ehegatten aufgrund eines finanziellen Abhängigkeitsverhältnisses ausgeschlossen ist.

Der Kläger gewährte seiner Ehefrau fest verzinsliche Darlehen zur Anschaffung und Renovierung einer fremd vermieteten Immobilie. Die Besonderheit des Falles lag darin, dass die Ehefrau weder über eigene finanzielle Mittel verfügte noch eine Bank den Erwerb und die Renovierung des Objekts zu 100 % finanziert hätte und sie daher auf die Darlehensgewährung durch den Kläger angewiesen war. Das Finanzamt besteuerte die hieraus erzielten Kapitalerträge des Klägers mit der tariflichen Einkommensteuer: Der niedrigere Abgeltungsteuersatz sei nach § 32d Abs. 2 Satz 1 Nr. 1 Buchst. a EStG nicht anzuwenden, weil Gläubiger und Schuldner der Kapitalerträge „einander nahestehende Personen" im Sinne des Gesetzes seien.

Der BFH bestätigte diese Auffassung: Zwar sei bei verfassungskonformer Auslegung des § 32d Abs. 2 Satz 1 Nr. 1 Buchst. a EStG ein lediglich aus der Ehe abgeleitetes persönliches Interesse nicht ausreichend, um ein Näheverhältnis i.S.d. § 32d Abs. 2 Satz 1 Nr. 1 Buchst. a EStG zu begründen. Jedoch sei die Ehefrau bei der Aufnahme der Darlehen von dem Kläger als Darlehensgeber (absolut) finanziell abhängig gewesen, sodass ein Beherrschungsverhältnis vorliege, das gemäß § 32d Abs. 2 Satz 1 Buchst. a EStG zum Ausschluss der Anwendung des gesonderten Tarifs für Kapitaleinkünfte führe.

Der Ausschluss des Abgeltungsteuersatzes verstößt nach Auffassung des BFH in diesem Fall weder gegen Art. 6 Abs. 1 des GG noch gegen Art. 3 Abs. 1 GG, da er nicht an das persönliche Näheverhältnis der Ehegatten anknüpft, sondern auf der finanziellen Abhängigkeit des Darlehensnehmers vom Darlehensgeber beruht. Die Anwendung des allgemeinen Steuertarifs führt hier zu keiner Ungleichheit, sondern stellt im Hinblick auf die Besteuerung nach der Leistungsfähigkeit durch den Ausschluss von Mitnahmeeffekten eine größere Gleichheit her.

In allen Urteilsfällen hielten die Darlehensverträge einem Fremdvergleich stand, daher kann nicht bereits aufgrund des Fehlens einer Besicherung oder einer Regelung über eine Vorfälligkeitsentschädigung auf eine missbräuchliche Gestaltung zur Ausnutzung des Abgeltungsteuersatzes geschlossen werden. Dies gilt auch dann, wenn aufgrund des Steuersatzgefälles ein Gesamtbelastungsvorteil entsteht (Betriebsausgabenabzug zum vollen Tarif, Zinseinnahmen mit Abgeltungsteuersatz), da Ehe und Familie bei der Einkünfteermittlung keine Vermögensgemeinschaft begründen.

Bereits mit BMF-Schreiben vom 09.12.2014 hat die Finanzverwaltung auf diese Rechtsprechung reagiert und die Rz. 136 des BMF-Schreibens vom 09.10.2012 neu gefasst. Die Rz. 136 wurde nun im BMF-Schreiben vom 18.01.2016 (IV C 1 – S 2252/08/10004 :017) erneut entsprechend ergänzt und enthält nun auch ein Beispiel:

„Das Verhältnis von nahestehenden Personen liegt vor, wenn die Person auf den Steuerpflichtigen einen beherrschenden Einfluss ausüben kann oder umgekehrt der Steuerpflichtige auf diese Person einen beherrschenden Einfluss ausüben kann oder eine dritte Person auf beide einen beherrschenden Einfluss ausüben kann oder die Person oder der Steuerpflichtige imstande ist, bei der Vereinbarung der Bedingungen einer Geschäftsbeziehung auf den Steuer pflichtigen oder die nahestehende Person einen außerhalb dieser Geschäftsbeziehung begründeten Einfluss auszuüben oder wenn einer von ihnen ein eigenes wirtschaftliches Interesse an der Erzielung der Einkünfte des anderen hat. Von einem solchen Beherrschungsverhältnis ist auszugehen, wenn der beherrschten Person auf Grund eines absoluten Abhängigkeitsverhältnisses im Wesentlichen kein eigener Entscheidungsspielraum verbleibt (BFH-Urteile vom 29.04.2014, VIII R 9/13, VIII R 35/13, VIII R 44/13, VIII R 31/11, BStBl II 2014, 986, 990, 992 und 995). Das Abhängigkeitsverhältnis kann wirtschaftlicher oder persönlicher Natur sein (BFH-Urteil vom 28.01.2015, VIII R 8/14, BStBl II 2015, 397).

Beispiel:

Ehegatte/Lebenspartner A gewährt dem Ehegatten/Lebenspartner B ein Darlehen zum Erwerb einer vermieteten Immobilie. Der darlehensnehmende Ehegatte/Lebenspartner B ist ansonsten mittellos. Ein fremder Dritter hätte den Erwerb der Immobilie durch B nicht zu 100 % finanziert.

Lösung:

B ist von A finanziell abhängig. Hinsichtlich der Finanzierung verbleibt B kein eigener Entscheidungsspielraum, sodass A bei der Darlehensgewährung einen beherrschenden Einfluss auf B ausüben kann. Die Anwendung des gesonderten Steuertarifs nach § 32d Abs. 1 EStG auf die vom darlehensgebenden Ehegatten/Lebenspartner A erzielten Kapitaleinkünfte ist nach § 32d Abs. 2 Nr. 1 Buchstabe a EStG ausgeschlossen."

Soweit die Voraussetzungen des § 32d Abs. 2 Nr. 1 EStG vorliegen, findet nach § 32d Abs. 2 S. 2 EStG die Regelung des § 20 Abs. 9 EStG keine Anwendung. Dies bedeutet, dass der Empfänger der Kapitalerträge nicht den Sparerpauschbetrag i.H.v. 801 bzw. 1.602 € in Anspruch nehmen kann. Es können aber tatsächliche Werbungskosten z.B. Finanzierungsaufwendungen als Werbungskosten Berücksichtigung finden.

Die Anerkennung von Darlehensverhältnissen zwischen nahen Angehörigen (insbesondere zwischen Eltern und minderjährigen Kindern) kann ohnehin als „Dauerbrenner" in Rechtsprechung und Verwaltung bezeichnet werden.

Mit BMF-Schreiben vom 23.12.2010, BStBl I 2011, 37 hat die Verwaltung die allgemeinen Grundsätze für die Anerkennung derartiger Darlehen (Fremdvergleich etc.) herausgegeben und die BMF-Schreiben vom 01.01.1992, 25.05.1993 und 02.04.2007 ersetzt.

In der Urteilsbegründung des BFH vom 22.10.2013, X R 26/11 geht der Senat ausführlich auf die Fragen ein, unter welchen Voraussetzungen derartige Darlehen zwischen Angehörigen anerkannt werden können. Diese Grundsätze werden nun auch im BMF-Schreiben vom 29.04.2014 vom BMF aufgearbeitet.

21.2.3.2 Erträge aus Lebensversicherungen

Erträge aus Lebensversicherungen, die nach dem 31.12.2004 abgeschlossen wurden, sind grundsätzlich nach § 20 Abs. 1 Nr. 6 EStG steuerpflichtig. Die Zinsen unterliegen grundsätzlich nach § 32d Abs. 1 EStG der Abgeltungsteuer.

Ausnahmsweise werden die Erträge aber nur zur Hälfte besteuert (§ 20 Abs. 1 Nr. 6 Satz 2 EStG). (Nur) in diesem Fall ist die Abgeltungsteuer nach § 32d Abs. 2 Nr. 2 EStG nicht anzuwenden, da dies sonst eine „doppelte" Begünstigung zur Folge hätte.

21.2.3.3 Gesellschafter einer Kapitalgesellschaft

Hier sieht § 32d Abs. 2 Nr. 1 b) EStG vor, dass der Gesellschafter einer Kapitalgesellschaft, der **mindestens 10 %** beteiligt ist, den Abgeltungssteuersatz von 25 % für Darlehen an die Gesellschaft nicht anwenden darf. Bei der Berechnung der 10 %igen Beteiligungsgrenze sind sowohl unmittelbare als auch mittelbare Beteiligungen einzubeziehen. Während sich der BFH bei den Angehörigendarlehen weitestgehend zum Abgeltungssteuersatz bekannt hat (vgl. dazu oben), hielt er bei den Gesellschafterdarlehen (§ 32d Abs. 2 Nr.1 Buchst. b) EStG) in den Urteilen vom 29.04.2014, VIII R 23/13 und vom 14.05.2014, VIII R 31/11 die Anwendung des tariflichen Steuersatzes dem Grunde nach für gerechtfertigt.

> **Beispiel:**
>
> Der Steuerpflichtige ist i.H.v. 20 % des Stammkapitals an der X-GmbH beteiligt. Er gewährt der GmbH ein Darlehen über 500.000 € zu einem (angemessenen) Zinssatz von 5 %.

> **Lösung:**
>
> Aufgrund der bloßen Beteiligung ist die Anwendung der Abgeltungsteuer ausgeschlossen. Der Steuerpflichtige muss die Zinseinnahmen seiner regulären Besteuerung (Spitzensteuersatz: 45 %) unterwerfen.

> **Beispiel (Variante):**
>
> Der Steuerpflichtige ist i.H.v. 5 % des Stammkapitals an der X-GmbH beteiligt. Darüber hinaus ist er zu 50 % an der Y-GmbH beteiligt. Diese erhält ihrerseits 20 % der Anteile an der X-GmbH.

> **Lösung:**
>
> Der Steuerpflichtige ist unmittelbar zu 5 % und mittelbar zu (50 % × 20 % =) 10 %, somit insgesamt zu 15 % an der X-GmbH beteiligt. Die Anwendung der Abgeltungsteuer ist damit ausgeschlossen.

Die Anwendung der Abgeltungsteuer ist auch dann ausgeschlossen, wenn das **Darlehen durch eine dem Gesellschafter nahestehende Person gewährt** wird.

> **Beispiel:**
>
> Der Sachverhalt entspricht dem obigem Beispiel. Das Darlehen wird von der Tochter, die nach Ansicht der Finanzverwaltung (vgl. oben) als nahestehende Person des Steuerpflichtigen angesehen werden soll, gewährt. Die Tochter selbst ist nicht an der X-GmbH beteiligt.

> **Lösung:**
>
> Auch in diesem Fall ist die Anwendung des Abgeltungsteuersatzes ausgeschlossen. Die Tochter hätte die Möglichkeit des Werbungskostenabzugs, da § 20 Abs.9 EStG keine Anwendung findet. Sofern die Tochter jedoch nicht als nahestehende Person (vgl. dazu oben) eingestuft werden würde, unterliegen die Zinsen dem Abgeltungssteuersatz i.H.v. 25 % und bei der Ermittlung der Einkünfte ist der Sparerpauschbetrag des § 20 Abs. 9 EStG zu berücksichtigen. Tatsächliche Werbungskosten (beispielsweise Finanzierungskosten) sind vom Abzug ausgeschlossen.

Da auch in diesen Fällen die Regelung des § 20 Abs. 9 EStG nicht zur Anwendung kommt, wird der Sparerpauschbetrag nicht gewährt. Der Abzug tatsächlicher Werbungskosten, meist Finanzierungskosten ist dann aber möglich. Da im übrigen auch die Regelung des § 20 Abs. 6 EStG ausgeschlossen ist, sind entsprechende Verluste ausgleichsfähig.

21.2.3.4 Back-to-back-Finanzierungen

Ein Gewerbetreibender mit Spitzensteuersatz und Gewerbesteuerpflicht könnte auf die Idee kommen, Eigenkapital bei einer Bank anzulegen und dieses im Gegenzug wieder als Darlehen zurückfließen zu lassen (sog. back-to-back-Finanzierungen). Dies wäre steuerlich interessant, da die Zinsen für das betriebliche Darlehen eine höhere Steuerersparnis auslösen würden als die Kapitalertragsteuer im Abgeltungsteuersatz von 25 % auf die erhaltenen Zinsen. Dies soll die Vorschrift des § 32d Abs. 2 Nr. 1 Buchst. c) EStG verhindern.

§ 32d Abs. 2 Nr. 1 Buchst. c) EStG greift aber nur, wenn ein **missbräuchlicher Zusammenhang zwischen Geldanlage und Darlehensgewährung** besteht (s. Satz 3 ff.).

> **Beispiel:**
>
> Ein Handwerker unterhält bei der B-Bank ein Festgeldkonto, auf das er regelmäßig Beträge einzahlt, um für die Altersversorgung zu sparen. Dieselbe Bank hat ihm einen Kredit zum Bau eines Werkstattgebäudes gewährt.

> **Lösung:**
>
> Zwischen Anlage und Darlehen besteht kein schädlicher Zusammenhang. H kann die Abgeltungsteuer in Anspruch nehmen.

21.2.3.5 Gesellschafter einer Kapitalgesellschaft (Antrag)

Gesellschafter, die an einer Kapitalgesellschaft zu mindestens 25 % unmittelbar oder mittelbar beteiligt sind oder zu mindestens 1 % beteiligt und für die Gesellschaft beruflich tätig sind, können einen Antrag auf Abstandnahme vom Abgeltungsteuersatz und der Anwendung des § 20 Abs. 9 und § 20 Abs. 6 EStG stellen (§ 32d Abs. 2 Nr. 3 EStG). In diesem Fall unterliegt die Dividende der allgemeinen Besteuerung (Teileinkünfteverfahren gemäß § 3 Nr. 40 d), § 3c Abs. 2 EStG) und dem progressiven Steuertarif.

Der Antrag wird insbesondere dann interessant sein, wenn der Gesellschafter hohe Werbungskosten hat. Ab dem Veranlagungszeitraum 2009 können diese nämlich nach **§ 20 Abs. 9 EStG** nicht mehr geltend gemacht werden.

Der VIII. Senat des BFH hat mit Urteil vom 25.08.2015, VIII R 3/14 entschieden, dass Ausschüttungen aus Beteiligungen an Kapitalgesellschaften auf Antrag nach der tariflichen Einkommensteuer besteuert werden können, auch wenn der Steuerpflichtige als Anteilseigner einer Kapitalgesellschaft (mindestens zu 1 %) aufgrund seiner beruflichen Tätigkeit für die Kapitalgesellschaft keinen maßgeblichen Einfluss auf die Geschäftsführung derselben ausüben kann.

Die Klägerin war zu 5 % an einer GmbH beteiligt und dort als Assistentin der Geschäftsleitung sowie im Bereich der Lohn- und Finanzbuchhaltung beruflich tätig. Aus ihrer Beteiligung an der GmbH erzielte sie Kapitalerträge, die mit dem Abgeltungsteuersatz in Höhe von 25 % besteuert wurden. In ihrer Einkommensteuererklärung stellte sie den Antrag auf Besteuerung nach der niedrigeren tariflichen Einkommensteuer (§ 32d Abs. 2 Satz 1 Nr. 3 Satz 1 Buchst. b EStG), da sie an der GmbH zumindest 1 % beteiligt und für diese beruflich tätig war. Das Finanzamt lehnte dies ab. Für diese Option sei ein maßgeblicher Einfluss des Anteilseigners auf die Kapitalgesellschaft erforderlich.

Der BFH gab, wie zuvor schon das Finanzgericht, der Klägerin Recht. Aus dem Wortlaut der gesetzlichen Regelung ergeben sich weder qualitative noch quantitative Anforderungen an die berufliche

Tätigkeit des Anteilseigners für die Kapitalgesellschaft. Ein maßgeblicher Einfluss des Anteilseigners auf die Kapitalgesellschaft sei dem Gesetz nicht zu entnehmen. Der BFH hält weiter auch die von der Finanzverwaltung vertretene Auffassung, dass eine nur untergeordnete berufliche Tätigkeit nicht für das Antragsrecht ausreiche, für rechtlich zweifelhaft. Im Urteilsfall kam es darauf allerdings nicht an, weil die berufliche Tätigkeit der Klägerin für die GmbH nicht von untergeordneter Bedeutung war.

Der Antrag ist spätestens zusammen mit der Einkommensteuererklärung für den jeweiligen Veranlagungszeitraum zu stellen. Hierbei handelt es sich um eine Ausschlussfrist, wobei es auf die erstmalige Abgabe der Steuererklärung für das jeweilige Jahr ankommt. Eine Nachholung ist nur unter den Voraussetzungen des § 110 AO möglich. Dies hat der BFH in der Entscheidung vom 28.07.2015, VIII R 50/14, BStBl II 2015, 894 bestätigt. Die Klägerin war an einer GmbH beteiligt und erzielte aus dieser Beteiligung Einkünfte aus Kapitalvermögen in Form sog. verdeckter Gewinnausschüttungen. Diese waren nach § 32d Abs. 1 EStG mit der Abgeltungsteuer i.H.v. 25 % besteuert worden. In ihrer – von einem Steuerberater erstellten – Steuererklärung stellte die Klägerin zwar u.a. einen Antrag auf sog. Günstigerprüfung, nicht jedoch einen Antrag auf Regelbesteuerung nach § 32d Abs. 2 Satz 1 Nr. 2 Satz 1 Buchst. a EStG für diese Kapitalerträge. Eine Regelbesteuerung der Kapitalerträge hätte zu einer geringeren Steuer geführt. Diesen Antrag stellte die Klägerin erst, nachdem sie die von ihr unterschriebene Einkommensteuererklärung beim Finanzamt abgegeben hatte, allerdings noch vor dem Abschluss der Einkommensteuerveranlagung. Das Finanzamt und ihm folgend das Finanzgericht lehnten eine Berücksichtigung des Antrags bei der Einkommensteuerfestsetzung als verspätet ab.

Der BFH hat sich dem angeschlossen und die Revision der Klägerin als unbegründet zurückgewiesen. Nach der eindeutigen gesetzlichen Regelung des § 32d Abs. 2 Satz 1 Nr. 3 Satz 4 EStG **ist der Antrag auf Regelbesteuerung der Kapitaleinkünfte aus einer Beteiligung an einer Kapitalgesellschaft spätestens zusammen mit der Einkommensteuererklärung zu stellen.** Abzustellen ist insoweit auf den Eingangsstempel des Finanzamts auf der in Papierform abgegeben Einkommensteuererklärung. Gegen diese Befristung des Antragsrechts bestehen nach Auffassung des BFH keine verfassungsrechtlichen Bedenken.

Der Klägerin kam auch nicht zugute, dass sie in der Einkommensteuererklärung einen davon unabhängigen anderen Antrag (hier: auf Günstigerprüfung nach § 32d Abs. 6 EStG) gestellt hatte. Dieser Antrag kann den gebotenen Antrag auf Regelbesteuerung für Erträge aus Beteiligungen an Kapitalgesellschaften nicht ersetzen. Eine entsprechende konkludente Antragstellung hat der BFH jedenfalls bei einem fachkundig beratenen Steuerpflichtigen abgelehnt. Die mangelnde Kenntnis des Steuerberaters über verfahrensrechtliche Fristen begründet grundsätzlich einen Verschuldensvorwurf, sodass auch die Voraussetzungen für eine Wiedereinsetzung in den vorigen Stand nicht vorlagen.

Im Übrigen weist der BFH darauf hin, dass die mangelnde Kenntnis des Steuerberaters über verfahrensrechtliche Fristen grundsätzlich einen Verschuldensvorwurf begründet, den sich der Steuerpflichtige nach § 110 Abs. 1 Satz 2 AO zurechnen lassen muss, sodass eine Wiedereinsetzung in den vorigen Stand nicht in Betracht kommt.

Beispiel:

G erwarb in 2007 50 % der Anteile an der XY-GmbH für 800 T€. Der Kaufpreis wurde finanziert (Zinsen 5 %). In 2016 schüttet die GmbH keine Dividende aus.

Lösung:

Grundsätzlich kann G ab dem Veranlagungszeitraum 2009 keine Werbungskosten mehr geltend machen (§ 20 Abs. 9 EStG). Dies wäre für G steuerlich ungünstig. Stellt er nun einen Antrag nach § 32d Abs. 2 Nr. 3 EStG, so findet § 20 Abs. 9 EStG keine Anwendung.

G kann damit seine Finanzierungsaufwendungen i.H.v. (40 T€ × 60 % =) 24 T€ als Werbungskosten nach §§ 9 Abs. 1 Nr. 1, 3c Abs. 2 EStG geltend machen. Die dann ermittelten Einkünfte unterliegen dem persönlichen Steuersatz. Da auch § 20 Abs. 6 EStG keine Anwendung findet können die negativen Einkünfte im Rahmen des sog. vertikalen Verlustausgleichs berücksichtigt werden.

Der Antrag gilt für die vier folgenden Jahre, soweit er nicht widerrufen wird und nach Meinung der Finanzverwaltung nur, wenn und soweit die Voraussetzungen im jeweiligen Veranlagungszeitraum vorliegen. Wenn also z.B. ein Steuerpflichtiger, der einen Antrag nach § 32d Abs. 2 Nr. 3 EStG wegen seiner 30 %igen Beteiligung erfolgreich gestellt hat, aber im Veranlagungszeitraum 2014 z.B. 6 % veräußert, dann wird eine Ausschüttung im Veranlagungszeitraum 2015 nach Ansicht der Finanzverwaltung nach den Regeln des § 32d Abs. 1 EStG besteuert und § 32d Abs. 2 Nr. 3 S. 2 EStG findet dann folglich keine Anwendung.

Nach einem Widerruf des Antrags ist ein erneuter Antrag nicht mehr möglich (s. Satz 6). Damit soll ein systematischer Wechsel zwischen Abgeltungsteuer und Teileinkünfteverfahren vermieden werden.

21.2.3.6 Verdeckte Gewinnausschüttungen

Bis zum Veranlagungszeitraum 2010 unterlagen auch **verdeckte Gewinnausschüttungen** der Abgeltungsteuer. Ab dem Veranlagungszeitraum 2011 ist die Abgeltungsteuer für verdeckte Gewinnausschüttungen ausgeschlossen, **soweit** eine verdeckte Gewinnausschüttung das Einkommen der leistenden Körperschaft gemindert hat (§ 32d Abs. 2 Nr. 4 EStG). Durch § 8b Abs. 1 S. 2 ff. KStG und § 3 Nr. 40 Buchst. d S. 2 EStG wird sichergestellt, dass das Teileinkünfteverfahren dem Gesellschafter nur gewährt wird, soweit die vGA das Einkommen der leistenden Körperschaft nicht gemindert hat. Diese Regelung des § 32d Abs. 2 Nr. 4 EStG hat mithin nur einen geringen Anwendungsbereich, da aufgrund der außerbilanziellen Zurechnung das Einkommen der GmbH durch eine verdeckte Gewinnausschüttung nicht gemindert wird. § 32d Abs. 2 Nr. 4 EStG kann somit dann Anwendung finden, wenn z.B. die Veranlagung der Kapitalgesellschaft bestandskräftig ist, die Veranlagung des Gesellschafters aber noch geändert werden kann.

Beispiel:

Gesellschafter G ist Geschäftsführer der X-GmbH. Er erhält in 2015 ein Gehalt i.H.v. 200.000 €, das bei der GmbH im VZ 2015 entsprechend behandelt wurde. Im Rahmen der Betriebsprüfung wird festgestellt, dass dieses Gehalt i.H.v. 50.000 € unangemessen hoch ist und daher als verdeckte Gewinnausschüttung zu behandeln ist.

Lösung:

Auf der Ebene der GmbH wurde das Gehalt i.H.v. 200.000 € als Personalaufwand gebucht. Außerbilanziell ist das Einkommen nach § 8 Abs. 3 Satz 2 KStG um 50.000 € zu erhöhen. Damit wurde das Einkommen der GmbH durch die erhöhte Gehaltszahlung nicht gemindert. G kann die verdeckte Gewinnausschüttung nach § 32d Abs. 1 EStG mit 25 % Abgeltungsteuer versteuern. Die Einnahmen nach § 19 EStG sind im Gegenzug um 50.000 € zu ermäßigen.

21.2.4 Freiwillige Veranlagung

Die Grundidee der Abgeltungsteuer war es, Einkünfte aus Kapitalvermögen ganz überwiegend aus der Veranlagung heraus zu halten. Dies wäre aber für einige Steuerpflichtige sehr nachteilig.

Daher sieht **§ 32d Abs. 4 EStG** die Möglichkeit vor, **auf Antrag die Einnahmen aus Kapitalvermögen zu veranlagen.** Dies hat insbesondere Bedeutung, wenn der Anleger keinen (oder einen zu geringen) Freistellungsauftrag (vgl. § 44a Abs. 1 Nr. 1 EStG) erteilt hat.

Beispiel:

Der alleinstehende Steuerpflichtige unterhält bei zahlreichen Banken Tagesgeldkonten. Er hat keinen Freistellungsauftrag erteilt. Seine Zinseinnahmen belaufen sich in 2015 auf 20.000 €. Die Banken haben Kapitalertragsteuer i.H.v. 25 % einbehalten.

Lösung:

Der Sparerpauschbetrag (§ 20 Abs. 9 EStG) wurde bisher nicht berücksichtigt. Stellt A einen Antrag auf Veranlagung, so werden die 801 € von den Einnahmen abgezogen. Die Abgeltungsteuer beläuft sich dann auf (20.000 € ./. 801 € =) 19.199 € × 25 % = 4.800 €.

Eine **Veranlagung** kommt auch in den Fällen in Betracht, in denen der Steuerpflichtige bei der einen Bank einen **Verlust**, bei der anderen Bank einen Überschuss erzielt hat.

Beispiel:

Der Steuerpflichtige hat bei der A-Bank einen Verlust aus Zertifikaten i.H.v. 6.000 € erlitten. Bei der B-Bank erzielte er im selben Jahr Zinseinnahmen i.H.v. 20.000 €.

Lösung:

Eine Saldierung von Erträgen und Verlusten kommt nach § 43a Abs. 3 EStG nur infrage, wenn die Geldanlagen bei derselben Bank unterhalten werden. Im Wege der (freiwilligen) Veranlagung kann der Steuerpflichtige die Saldierung erreichen, sodass er lediglich (20.000 € abzüglich 6.000 € =) 14.000 € der Abgeltungsteuer unterwerfen muss. Stellt er keinen Antrag auf freiwillige Veranlagung, so werden die Verluste von der A-Bank intern auf das nächste Jahr vorgetragen (§ 43a Abs. 3 Satz 3 EStG).

Im Falle der **freiwilligen Veranlagung nach § 32d Abs. 4 EStG** muss der Steuerpflichtige nicht seine gesamten Einnahmen aus Kapitalvermögen angeben. Es reicht aus, wenn er die Einnahmen der Veranlagung unterwirft, bei denen er eine Korrektur möchte.

Beispiel:

Der Sachverhalt entspricht obigem Beispiel. Der Steuerpflichtige erzielt außerdem bei der C-Bank Zinseinnahmen aus Sparbriefen i.H.v. 12.000 €. Für diese Zinsen wurde ordnungsgemäß Kapitalertragsteuer einbehalten.

Lösung:

Es genügt, wenn der Steuerpflichtige bei seiner Veranlagung die Einnahmen bzw. Verluste, die er bei der A-Bank und bei der B-Bank erzielt hat angibt.

Die Veranlagung ändert aber nichts daran, dass § 32d Abs. 1 EStG anwendbar ist. Der Steuersatz von 25 % und auch die „Nichtberücksichtigung" von Werbungskosten, hat mit der Veranlagung nichts zu tun (Ausnahme s. Kap. 21.2.5).

21.2.5 Günstigerprüfung

Ist der Steuersatz des Anlegers niedriger als 25 %, so wäre für ihn die **Abgeltungsteuer nachteilig**. Aus diesem Grund kann er gemäß **§ 32d Abs. 6 EStG** die Zinsen der Veranlagung unterwerfen. Das Finanzamt prüft dann automatisch, ob die Anwendung der Abgeltungsteuer oder der allgemeine Tarif günstiger ist.

Beispiel:

Rentner R hat ein zu versteuerndes Einkommen i.H.v. 5.000 €. Noch nicht berücksichtigt sind Zinseinnahmen i.H.v. 3.000 € (nach Abzug des Sparerpauschbetrags). Hierfür wurde R Kapitalertragsteuer i.H.v. 750 € abgezogen.

Lösung:

R kann (muss nicht) die Zinsen (dann aber alle) in die Veranlagung einbeziehen. Damit beträgt das zu versteuernde Einkommen (5.000 € + 3.000 € =) 8.000 €. Bei einem zu versteuernden Einkommen i.H.v. 8.000 € fällt keine Einkommensteuer an (Grundfreibetrag ab 1.1.2014: 8.354 €). Damit bekommt der Rentner die volle Kapitalertragsteuer vom Finanzamt wieder erstattet. Dem Rentner wäre ohnehin eine sog. NV-Bescheinigung zu empfehlen.

Im Falle des Antrags auf Günstigerprüfung muss der Steuerpflichtige **sämtliche** in dem maßgeblichen Veranlagungszeitraum erzielten Kapitaleinnahmen angeben (umfassende Prüfung). Sonst könnte sich der Steuerpflichtige einen günstigeren Steuersatz erschleichen.

Beispiel:

Der Steuerpflichtige bezieht nur eine geringe Rente i.H.v. 400 € im Monat. Bei der A-Bank erzielt er Zinseinnahmen i.H.v. 2.000 €. Bei der B-Bank unterhält er ein größeres Wertpapierdepot, aus dem sich Einnahmen i.H.v. 90.000 € ergeben.

Lösung:

Würde der Steuerpflichtige lediglich die 2.000 € im Rahmen des § 32d Abs. 6 EStG angeben, so würde ihm die Kapitalertragsteuer in voller Höhe erstattet werden, da er den Grundfreibetrag ab 1.1.2014: 8.354 € (§ 32a Abs. 1 EStG) nicht überschreiten würde. Rechnet man die 90.000 € hinzu, so ist der Abgeltungsteuersatz günstiger als die tarifliche Einkommensteuer. Eine Erstattung der Kapitalertragsteuer ist ausgeschlossen.

Mit Entscheidung vom 12.05.2015 hat der BFH (VIII R 14/13) die für die Steuerpflichtigen wichtige Frage entschieden, bis zu welchem Zeitpunkt der Antrag auf Anwendung der tariflichen Einkommensteuer (Günstigerprüfung) nach **§ 32d Abs. 6 EStG** gestellt werden kann. Der BFH hat die Revision der Klägerin gegen die Entscheidung des 2FG als unbegründet zurückgewiesen. Nach Ansicht des BFH kann der zeitlich unbefristete Antrag auf Günstigerprüfung gemäß § 32d Abs. 6 EStG nach der Unanfechtbarkeit des Einkommensteuerbescheids nur dann zu einer Änderung der Einkommensteuerfestsetzung führen, wenn die Voraussetzungen einer Änderungsvorschrift erfüllt sind.

Führt die Günstigerprüfung nach § 32d Abs. 6 EStG insgesamt zu einer niedrigeren Einkommensteuer, kommt eine Änderung des Bescheids nach § 173 Abs. 1 Nr. 2 AO nur dann in Betracht, wenn den Steuerpflichtigen an dem nachträglichen Bekanntwerden der abgegolten besteuerten Kapitaleinkünfte kein grobes Verschulden trifft.

21.2.6 Zwingende Veranlagung (§ 32d Abs. 3 EStG)

Grundsätzlich wird die Abgeltungsteuer in Form der **Kapitalertragsteuer** erhoben (vgl. §§ 43, 43a, 36 Abs. 2 Nr. 2, 32d Abs. 1 EStG). Mit **dem Steuerabzug** ist die Steuer abgegolten (vgl. § 43 Abs. 5 EStG).

Beispiel:

Anleger A unterhält bei der B-Bank ein Festgeldkonto. Die Zinsen belaufen sich auf 9.000 €. Er hat keinen Freistellungsauftrag erteilt.

Lösung:

Die Bank behält nach §§ 43 Abs. 1 Nr. 7, 43a Abs. 1 Nr. 1 EStG 25 % Kapitalertragsteuer ein (und 5,5 % SolZ). Nach § 43 Abs. 5 S. 1 EStG gilt für Kapitalerträge i.S.d. § 20 EStG (hier § 20 Abs. 1 Nr. 7 EStG) soweit sie der Kapitalertragsteuer unterlegen haben die Einkommensteuer mit dem Kapitalertragsteuerabzug als abgegolten.

Der **Sparerpauschbetrag** kann z.B. bei Einkünften aus § 20 Abs. 1 Nr. 7 EStG (Zinsen) bereits bei der Kapitalertragsteuer berücksichtigt werden. Dazu muss der Steuerpflichtige aber einen **Freistellungsauftrag** (§ 44a EStG) erteilen.

Beispiel:

Der Sachverhalt entspricht obigem Beispiel. A hat einen Freistellungsauftrag über 801 € erteilt.

Lösung:

In diesem Fall behält die Bank die Kapitalertragsteuer i.H.v. 25 % nur aus den um den Pauschbetrag verminderten Zinsen (9.000 € ./. 801 € =) 8.199 € ein; somit (8.199 € × 25 % =) 2.050 €. Eine Veranlagung ist insoweit nicht nötig.

Es gibt aber auch **Kapitaleinnahmen, die nicht der Kapitalertragsteuer unterliegen** (vgl. § 43 Abs. 1 Nr. 7 b) EStG).

Beispiel:

Anleger B zeichnet eine Unternehmensanleihe. Die Zinsen werden direkt vom Unternehmen an ihn überwiesen. Nach § 43 Abs. 1 Nr. 7 b) EStG unterliegen Zinsen dann der Kapitalertragsteuer, wenn die auszahlende Stelle insbesondere ein inländisches Finanzdienstleistungsinstitut (eine Bank) ist.

Lösung:

Die Zinsen aus der Unternehmensanleihe unterliegen nach §§ 20 Abs. 1 Nr. 7 i.V.m. 32d Abs. 1 EStG dem Abgeltungsteuersatz. Das Unternehmen nimmt aber keinen Kapitalertragsteuerabzug vor. Die Erhebung der Steuer kann nur in der Weise erfolgen, dass B die Zinsen im Rahmen seiner Steuererklärung erklärt, vgl. § 32d Abs. 3 EStG.

In diesem Fall würde die Steuer überhaupt nicht gezahlt werden. Aus diesem Grund **muss** der Steuerpflichtige die nicht der Kapitalertragsteuer unterliegenden Einnahmen bei seiner Steuererklärung angeben. Selbstverständlich wird dem Steuerpflichtigen auch bei der Veranlagung der Abgeltungsteuersatz i.H.v. 25 % gewährt (vgl. § 32d Abs. 3 Satz 2 EStG).

21.2.7 Sonderproblem: Ausländische Steuern

Zinsen und Dividenden aus ausländischen Staaten mit denen Deutschland ein dem OECD-MA entsprechendes Doppelbesteuerungsabkommen hat, sind regelmäßig im Ansässigkeitsstaat des Anlegers zu versteuern (vgl. Art. 10 und 11 des OECD-MA).

Der ausländische Staat hat grundsätzlich das Recht, eine Quellensteuer zu erheben. Grundsätzlich könnten dann die ausländischen Steuern nach § 34c Abs. 1 EStG angerechnet werden. Nach § 34c Abs. 1 S. 1 2. HS EStG gilt dies aber nicht für Einkünfte aus Kapitalvermögen, auf die § 32d Abs. 3 bis 6 EStG anzuwenden ist. Hier wird meist die Regelung des § 32d Abs. 5 EStG greifen. Danach ist die ausländische Steuer maximal bis zur Höhe des Abgeltungsteuersatzes von 25 % anzurechnen; Formel: e−4q/4 (dabei sind „e" die nach den Vorschriften des § 20 EStG ermittelten Einkünfte und „q" die nach § 32d Abs. 5 EStG anrechenbaren ausländischen Steuern).

Die ausländische Quellensteuer kann aber nur berücksichtigt werden, wenn die ausländischen Zinsen über eine deutsche Zahlstelle (z.B. Bank) abgewickelt werden.

Werden die ausländischen Zinsen direkt an den Anleger gezahlt (z.B. Besuch der Bank im Ausland), so kann die Berücksichtigung im Wege der Veranlagung beantragt werden (vgl. § 32d Abs. 5 EStG).

Beispiel:

Der Steuerpflichtige erzielt aus einer Kapitalanlage in einem ausländischen Staat Zinseinkünfte i.H.v. 16.000 € (der Sparerpauschbetrag wird aus Vereinfachungsgründen außer Acht gelassen). Die ausländische Quellensteuer soll 30 % betragen. Der Anleger bekommt die Zinsen auf ein Girokonto im Ausland überwiesen.

Lösung:

Die Einkünfte unterliegen der deutschen Besteuerung. Die ausländische Quellensteuer beträgt laut Sachverhalt (16.000 € × 30 % =) 4.800 €.

In Deutschland unterliegen die Einkünfte der Abgeltungsteuer. Dabei ist die ausländische Steuer nach § 32d Abs. 5 EStG aber nur i.H.v. 25 % anrechenbar. Nach der Formel des § 32d Abs. 1 EStG betragen die steuerpflichtigen Einkünfte (16.000 € ./. 4 × 4.000 € =) 0 €; es fällt keine deutsche Steuer mehr an.

21.2.8 Korrekturen

Erfährt die Bank nach Ablauf des Kalenderjahres von der **Änderung einer Bemessungsgrundlage** oder einer zu erhebenden Kapitalertragsteuer, hat sie die entsprechende Korrektur erst zum Zeitpunkt ihrer Kenntnisnahme vorzunehmen (§ 43a Abs. 3 Satz 7 i.V.m. § 20 Abs. 3a EStG). Ist eine Korrektur durch die Bank nicht möglich, kann der Steuerpflichtige die Korrektur durch eine **freiwillige Veranlagung** nach § 32d Abs. 4 und 6 EStG vornehmen. Hierzu bedarf er aber einer Bescheinigung, in der die Bank bestätigt, dass sie die Korrektur nicht vornehmen wird.

21.3   Die Tatbestände des § 20 EStG

21.3.1   Veräußerungsgewinne (§ 20 Abs. 2 EStG)

Während § 20 Abs. 1 EStG die laufenden Erträge aus einer Kapitalanlage erfasst (Details s. Kap. 21.3.8 ff.), enthält § 20 Abs. 2 EStG seit dem Veranlagungszeitraum 2009 die Besteuerung von Veräußerungsgewinnen. Veräußerungsgewinne werden – im Gegensatz zur früheren Regelung in § 23 Abs. 1 Nr. 2 EStG a.F. – unabhängig von Haltefristen/Spekulationsfristen besteuert.

Hierzu ist die Anwendungsregelung in **§ 52 Abs. 28 S. 11 ff. EStG** zu beachten.

Beispiel:

Ein Steuerpflichtiger erwirbt einen Anteil an einem Investmentfonds:

a) am 1.3.2006,

b) am 1.3.2012 für 10.000 €.

Er veräußert die Fondsanteile am 15.5.2014 für 12.000 €.

Lösung:

In der **Variante a)** wurden die Fondsanteile vor dem 01.01.2009 erworben. Damit fällt der Veräuße-rungsgewinn noch unter die Regelung des § 23 Abs. 1 Nr. 2 a.F. EStG. Da die einjährige „Spekulati-onsfrist" abgelaufen ist, ist der Veräußerungsgewinn nicht steuerbar. Bitte beachten Sie, dass sofern er steuerbar wäre noch das Halbeinkünfteverfahren nach § 3 Nr. 40 j. EStG und § 3c Abs. 2 EStG Anwendung finden würde.

In der **Variante b)** ist der neue § 20 Abs. 2 EStG anzuwenden (§ 52 Abs. 28 S. 11 EStG). Die „Behaltens-dauer" spielt keine Rolle mehr. Der Veräußerungsgewinn ist zu versteuern, wobei nach § 32d Abs. 1 EStG die Abgeltungsteuer-Regelung anzuwenden ist.

Die **Berechnung des Veräußerungsgewinns** ergibt sich aus **§ 20 Abs. 4 EStG**. Gewinn ist der Unter-schied zwischen den Einnahmen aus der Veräußerung nach Abzug der Veräußerungskosten und den Anschaffungskosten. Dieser Betrag kann positiv oder negativ (= Verlust) sein.

Beispiel:

Der Sachverhalt entspricht Variante b) des obigen Beispiels. Die Bank hat dem Steuerpflichtigen Trans-aktionskosten i.H.v. 80 € in Rechnung gestellt.

Lösung:

Der Steuerpflichtige muss einen Gewinn i.H.v. (12.000 € ./. 80 € ./. 10.000 € =) 1.920 € versteuern.

Kann der Steuerpflichtige die Anschaffungskosten nicht nachweisen, bemisst sich der Steuerabzug mit 30 % der Einnahmen aus der Veräußerung (§ 43a Abs. 2 Satz 7 EStG).

Die verdeckte Einlage in eine Kapitalgesellschaft gilt nach § 20 Abs. 2 Satz 2 EStG als Veräußerung. Dabei gilt nach § 20 Abs. 4 Satz 2 EStG als Veräußerungspreis der gemeine Wert der verdeckt einge-legten Wirtschaftsgüter. Eine verdeckte Einlage liegt vor, wenn der Gesellschafter im Gegenzug für die Einlage keine Gesellschaftsrechte erhält (vgl. dazu auch BMF-Schreiben vom 18.01.2016, IV C 1 – S 2252/08/10004 :017, Rz. 59).

Die verdeckte Einlage in eine Personengesellschaft löst demgegenüber nach § 6 Abs. 1 Nr. 5 EStG keinen Veräußerungsgewinn aus (vgl. BMF vom 29.03.2000, BStBl I 2000, 462 II 1b)).

Die offene Einlage – sowohl in eine Kapitalgesellschaft als auch in eine Personengesellschaft – gilt stets als Veräußerung (Tausch Wirtschaftsgut gegen Gesellschaftsrecht).

Beispiel:

Der Steuerpflichtige hat im Februar 2009 Wertpapiere für 50.000 € erworben. Im März 2016 gründet er:
a) die X-KG. Er legt die Wertpapiere (aktueller Wert 80.000 €) verdeckt in das Gesamthandsvermögen ein (**BS**: Wertpapiere 80.000 € an Kapitalrücklage 80.000 €).
b) die Y-GmbH. In Erfüllung des Gesellschaftsvertrags leistet er die Wertpapiere als Sacheinlage (**BS**: Wertpapiere 80.000 € an Stammkapital 80.000 €).
c) die Y-GmbH. Das Stammkapital wird durch eine Bareinlage erbracht; zusätzlich überführt der Steuerpflichtige die Wertpapiere in das Betriebsvermögen der GmbH (**BS**: Wertpapiere 80.000 € an Kapitalrücklage 80.000 €).

Lösung:

In der **Variante a)** handelt es sich um eine Einlage i.S.v. § 6 Abs. 1 Nr. 5 Buchst. c) EStG. Da die Wert-papiere ein Wirtschaftsgut i.S.d. § 20 Abs. 2 EStG sind, erfolgt die Einlage mit den Anschaffungskosten.

Damit war der Buchungssatz falsch; die KG muss buchen: Wertpapiere 50.000 € an Kapitalrücklage 50.000 €.

Werden die Wertpapiere später von der KG veräußert, so wird der Gewinn als laufender Gewinn der KG erfasst.

In der **Variante b)** liegt eine offene Einlage vor, da der Gesellschafter als Gegenleistung Gesellschaftsrechte erhält (= Tausch i.S.d. § 6 Abs. 6 EStG). Im Falle des Tausches liegt eine Veräußerung vor, sodass § 20 Abs. 2 Nr. 1 oder 7 EStG anzuwenden ist. Der Gewinn beträgt 30.000 €. Die Buchung durch die Kapitalgesellschaft ist korrekt.

In der **Variante c)** handelt es sich um eine verdeckte Einlage, da der Gesellschafter keine Gesellschaftsrechte als Gegenleistung erhält. Nach § 20 Abs. 4 Satz 2 EStG beträgt der Veräußerungsgewinn 30.000 €. Die Buchung durch die Kapitalgesellschaft ist korrekt.

Ist ein **Wirtschaftsgut i.S.d. § 20 Abs. 2 EStG in das Privatvermögen durch Entnahme oder Betriebsaufgabe überführt worden**, tritt an die Stelle der Anschaffungskosten der nach § 6 Abs. 1 Nr. 4 EStG oder § 16 Abs. 3 EStG angesetzte Wert.

Beispiel:

Der Steuerpflichtige erwarb im März 2010 Aktien der A-AG für 200.000 €. Er aktivierte die Aktien in seinem Einzelunternehmen mit den Anschaffungskosten. Im Februar 2016 erklärte der Steuerpflichtige die Betriebsaufgabe seines Einzelunternehmens nach § 16 Abs. 3 EStG. Im Zuge dessen berücksichtigte er die Aktien bei der Berechnung des Aufgabegewinns mit dem aktuellen Kurswert von 130.000 €. Im Oktober 2016 veräußert der Steuerpflichtige die Aktien für 190.000 €.

Lösung:

Die Veräußerung der Aktien fällt unter § 20 Abs. 2 Nr. 1 EStG. Der Veräußerungsgewinn beläuft sich auf (190.000 € ./. 130.000 € =) 60.000 €.

Bei **unentgeltlichem Erwerb** ist dem Einzelrechtsnachfolger die Anschaffung der Wertpapiere etc. durch den Rechtsvorgänger zuzurechnen (§ 20 Abs. 4 Satz 6 EStG). Im Falle der Gesamtrechtsnachfolge (= Erbschaft) ergibt sich dies aus § 1922 BGB.

Beispiel:

Die Mutter erwirbt im Januar 2009 diverse Wertpapiere für 20.000 €.

Variante a): Sie schenkt der Tochter die Wertpapiere im Januar 2016;
Variante b): Die Mutter stirbt im Januar 2016; Alleinerbin wird die Tochter.
Im August 2016 veräußert die Tochter die Wertpapiere für 17.000 €.

Lösung:

Sowohl in der Variante a) als auch in der Variante b) ist die Anschaffung der Wertpapiere durch die Mutter der Tochter zuzurechnen. Damit fällt die Veräußerung unter § 20 Abs. 2 EStG, da die Wertpapiere nach dem 31.12.2008 erworben wurden (vgl. § 52 Abs. 28 S. 11 EStG). Der Veräußerungsverlust beläuft sich auf 3.000 €.

Bei **vertretbaren Wertpapieren**, die einem Verwahrer (typischerweise ein Bankdepot) zur Sammelverwahrung i.S.d. § 5 Depotgesetz anvertraut sind, ist zu unterstellen, dass die zuerst angeschafften Wertpapiere zuerst veräußert wurden (§ 20 Abs. 4 Satz 7 EStG – sog. **Fifo-Verfahren**). Unter die Vorschrift des § 5 Depotgesetz fallen nach § 1 Depotgesetz insbesondere Aktien, Zinspapiere und Ähnliches.

Die Anwendung der Fifo-Methode ist auf das einzelne Depot bezogen anzuwenden. Konkrete Einzelweisungen des Kunden, welches Wertpapier veräußert werden soll, sind insoweit einkommensteuerrechtlich unbeachtlich (BMF vom 9.10.2012 a.a.O. Rz. 97). Die Anwendung der Fifo-Methode hat auch Bedeutung für die Frage, ob Wertpapiere noch unter die alte Regelung des § 23 Abs. 1 Nr. 2 EStG a.F. fallen.

Beispiel:

Ein Steuerpflichtiger erwirbt seit Januar 2005 jeden Monat einen Bundesschatzbrief im Nominalwert von 100 €. Im Dezember 2010 befinden sich in seinem Bankdepot (6 Jahre × 12 Bundesschatzbriefe =) 72 Bundesschatzbriefe. Im Januar 2016 veräußert der Steuerpflichtige sämtliche Bundesschatzbriefe.

Lösung:

Die Bundesschatzbriefe, die der Steuerpflichtige bis einschließlich Dezember 2008 erwarb (= 48 Bundesschatzbriefe) unterliegen nach § 52 Abs. 31 Satz 2 EStG der alten Spekulationsbesteuerung. Da die einjährige Spekulationsfrist des § 23 Abs. 1 Nr. 2 EStG a.F. abgelaufen ist, ist der Veräußerungsgewinn nicht steuerbar. Die übrigen 24 Bundesschatzbriefe fallen unter die Vorschrift des § 20 Abs. 2 Nr. 7 EStG.

Die Vorschrift des § 20 Abs. 4a EStG umfasst **Verschmelzungen, Aufspaltungen und qualifizierte Anteilstauschvorgänge, die im Ausland stattfinden** (Details siehe BMF vom 9.10.2012 a.a.O. Rz. 100 ff.). Diese Regelung war mit dem Jahressteuergesetz 2009 eingeführt worden. Danach erfolgen Kapitalmaßnahmen, bei denen die Erträge nicht als Geldzahlungen, sondern in Form von Anteilen an Kapitalgesellschaften zufließen, bei Auslandsbeteiligungen steuerneutral. Die durch die im Ausland stattfindende Kapitalmaßnahme erhaltenen Anteile treten steuerlich an die Stelle der bisherigen Anteile. Dadurch bleiben die stillen Reserven dauerhaft verstrickt und werden bei einer zukünftigen Veräußerung der erhaltenen Anteile realisiert. Ausweislich der Begründung zum Jahressteuergesetz 2009 erfasst die Regelung des § 20 Abs. 4a Satz 1 EStG Verschmelzungen, Aufspaltungen und qualifizierte Anteilstauschvorgänge. Bei Verschmelzungen, Aufspaltungen und qualifizierten Anteilstauschvorgängen, die im Ausland stattfinden, gelten damit die Anschaffungskosten der hingegebenen Anteile als Veräußerungspreis und als Anschaffungskosten der erhaltenen Anteile. Damit werden die Anschaffungskosten der hingegebenen Anteile in den neuen Anteilen fortgeführt. Der Anteilstausch stellt damit keine Veräußerung nach § 20 Abs. 2 EStG dar. Im Zusammenhang mit dem Anteilstausch anfallende Transaktionskosten bleiben steuerrechtlich unberücksichtigt. Hintergrund der Regelung war, dass das inländische Kreditinstitut bei Auslandsfällen nicht in der Lage ist, kurzfristig zu erkennen, ob dem Anteilstausch ein abgeltungssteuerpflichtiger Vorgang zugrunde liegt. Außerdem können die Kreditinstitute grundsätzlich nicht den konkreten Veräußerungszeitpunkt sowie den Veräußerungspreis erkennen. Voraussetzung der Anschaffungskostenfortführung ist, dass das Besteuerungsrecht der Bundesrepublik Deutschland hinsichtlich des Gewinns aus der Veräußerung der erhaltenen Anteile nicht ausgeschlossen oder beschränkt ist oder die EU-Mitgliedstaaten bei einer Verschmelzung Art. 8 der EG-Fusionsrichtlinie anzuwenden haben. Für die Zwecke des Kapitalertragsteuerabzugs ist davon auszugehen, dass das Besteuerungsrecht Deutschlands hinsichtlich der erlangten Anteile nicht beschränkt oder ausgeschlossen ist (vgl. § 43 Abs. 1a EStG).

Mit dem Jahressteuergesetz 2010 wurde dann in § 20 Abs. 4a Satz 1 EStG diese Regelung auf Inlandsfälle erweitert, da die Ermittlung eines Veräußerungsgewinns auch in Inlandsfällen unpraktikabel ist. Gleichzeitig wurde die damit entbehrlich gewordene Regelung des § 43 Abs. 1a EStG gestrichen.

Mit der durch das Amtshilferichtlinienumsetzungsgesetz eingeführten Regelung des § 20 Abs. 4a Satz 7 EStG wird der Anwendungsbereich von § 20 Abs. 4a Satz 1 EStG nunmehr auf Abspaltungen erweitert. Die Regelung findet ab dem 01.01.2013 Anwendung.

21.3.2 Verluste aus Kapitalvermögen

Bis zum Veranlagungszeitraum 2008 waren **Verluste aus Kapitalvermögen** im Rahmen des vertikalen Verlustausgleichs berücksichtigungsfähig. Diese Verlustberücksichtigung ist durch Einführung der Abgeltungsteuer stark eingeschränkt.

21.3.2.1 Verlustberücksichtigung (§ 20 Abs. 6 EStG)

In einem ersten Schritt ist zu beachten, dass nach § 20 Abs. 6 EStG Verluste aus Kapitalvermögen nicht mit Einkünften aus anderen Einkunftsarten ausgeglichen werden dürfen. Dies hängt insbesondere mit den unterschiedlichen Steuersätzen zusammen. Der umgekehrte Fall ist aber zulässig.

Beispiel 1:

Ein Anleger erzielt in 2015 aus einer Aktienanleihe einen Verlust i.H.v. 5.000 €. Im Übrigen hat er Einkünfte aus selbständiger Arbeit i.H.v. 200.000 €.

Lösung:

Es findet keine Verrechnung der Einkünfte wegen § 20 Abs. 6 EStG statt.

Beispiel 2:

Ein Anleger erzielt in 2015 aus einer Aktienanleihe einen Gewinn i.H.v. 5.000 €. Im Übrigen hat er Einkünfte aus selbständiger Arbeit i.H.v. ./. 200.000 €.

Lösung:

§ 20 Abs. 6 EStG verbietet nicht die Verrechnung von sonstigen Verlusten mit positiven Einkünften aus Kapitalvermögen. Dies ist nur im Rahmen der Veranlagung (vgl. § 32d Abs. 4 EStG) möglich.

Verluste, die aus der Veräußerung von Aktien (nicht: Investmentfonds oder Anteilen an einer GmbH) entstehen, dürfen nur mit Gewinnen aus der Veräußerung von Aktien verrechnet werden. Auch hier ist der umgekehrte Fall zulässig.

Beispiel 1:

Der Anleger erzielt aus der Veräußerung von Aktien einen Verlust i.H.v. 15.000 €. Gleichzeitig fließen ihm aus einer Festgeldanlage Zinsen i.H.v. 40.000 € zu.

Lösung:

Es ist keine Verrechnung zulässig. Auf die Zinsen entfällt eine Steuer i.H.v. 10.000 €. Der Aktienverlust kann auf künftige Jahre vorgetragen werden.

Beispiel 2:

Der Anleger erzielt aus der Veräußerung von Aktien einen Gewinn i.H.v. 15.000 €. Gleichzeitig erzielt er aus einer Festgeldanlage einen Verlust i.H.v. 40.000 € (z.B. durch Stückzinsen).

> **Lösung:**
>
> Die Verrechnung ist möglich. Auf den Veräußerungsgewinn entfällt keine Steuer. Der restliche Verlust i.H.v. 25.000 € ist vorzutragen.

Nach der Grundidee des Gesetzgebers sollen die Verluste bereits bei der Kapitalertragsteuer berücksichtigt werden, sodass auch in diesen Fällen eine Veranlagung nicht nötig ist. Dies funktioniert aber (leider) nicht immer.

21.3.3 Gewinn und Verlust bei derselben Bank

Fallen Gewinne und Verluste bei derselben Bank an, hat die auszahlende Bank nach **§ 43a Abs. 3 EStG** die **negativen Einnahmen** unter Berücksichtigung des **§ 20 Abs. 6 Satz 5 EStG** bereits bei der Abführung der Kapitalertragsteuer zu berücksichtigen.

> **Beispiel:**
>
> Anleger A bekommt am 1.2.2015 Zinsen aus einer Festgeldanlage bei der B-Bank i.H.v. 25.000 €. Aus der Veräußerung von Aktienfonds erzielt er im November 2015 einen Verlust i.H.v. 60.000 €.

> **Lösung:**
>
> Der Verlust aus der Veräußerung des Aktienfonds fällt nicht unter die „Verrechnungssperre" des § 20 Abs. 6 EStG, da hier ausdrücklich nur Aktien aufgeführt sind. Damit muss die Bank den Verlust nach § 43a Abs. 3 Satz 2 EStG berücksichtigen. Dabei spielt es keine Rolle, dass der Verlust erst später im Jahr entsteht. Die Bank wird daher keine Kapitalertragsteuer abführen. Der nicht ausgenutzte Verlust i.H.v. 35.000 € ist grundsätzlich bankinternen vorzutragen (siehe unten).

Kann der Verlust im selben Jahr bei derselben Bank nicht vollständig verrechnet werden, so bleibt der Verlust grundsätzlich im **bankinternen Verrechnungspool** des Anlegers (vgl. **§ 43a Abs. 3 Satz 3 EStG**).

> **Beispiel:**
>
> Der Sachverhalt des Beispiels oben wird weitergeführt: Der Anleger erzielt bei der B-Bank in den Jahren 2016 Zinseinnahmen i.H.v. 15.000 € und in 2017 i.H.v. 70.000 €.

> **Lösung:**
>
> Die Bank verrechnet in 2016 die Zinseinnahmen mit den restlichen Verlusten aus 2015; damit ist keine Kapitalertragsteuer abzuführen.
> In 2017 ist noch ein Verlustvolumen i.H.v. 20.000 € vorhanden. Die Bank führt dann für die verbleibenden 50.000 € die Kapitalertragsteuer ab.

Möchte der Steuerpflichtige die Verluste für Kapitalanlagen bei anderen Banken nutzen, muss er eine **Verlustbescheinigung** bis zum 15.12. des laufenden Jahres beantragen (**§ 43a Abs. 3 Satz 4 EStG**). Er kann dann die Verluste noch im selben Jahr verrechnen, muss hierzu aber in die Veranlagung gehen (**§ 32d Abs. 4 EStG**).

> **Beispiel:**
>
> Der Sachverhalt entspricht obigem Beispiel. In 2016 hat der Anleger bei der C-Bank Zinseinnahmen i.H.v. 12.000 €.

Lösung:

Nach Verrechnung bleibt bei der B-Bank noch ein Verlust i.H.v. 25.000 €. Stellt der Anleger einen Antrag auf Verlustbescheinigung und legt diese dem Finanzamt bei der Veranlagung vor, so fällt auf die 12.000 € keine Abgeltungsteuer an. Der restliche Verlust i.H.v. 13.000 € wird auf das nächste Jahr vorgetragen und kann (nur) im Wege der Veranlagung berücksichtigt werden.

21.3.4   Gewinn und Verlust bei verschiedenen Banken

In diesem Fall kann die Bank den Verlust, der bei einer anderen Bank entsteht, bei der Kapitalertragsteuer nicht berücksichtigen. Stellt der Anleger keinen Antrag auf Verlustbescheinigung, so wird der Verlust innerhalb der Bank auf künftige Jahre vorgetragen. Stellt der Anleger einen **Antrag auf Verlustbescheinigung**, so kann er den Verlust noch im selben Jahr berücksichtigen, muss aber die Einkünfte aus Kapitalvermögen im Rahmen der Einkommensteuererklärung (Anlage KAP) erklären (§ 32d Abs. 4 EStG).

21.3.5   Sonderproblem: Alte „Spekulationsverluste" (§ 23 EStG)

Verluste aus der Veräußerung von Wertpapieren, Aktien u.ä. fielen bis zum Veranlagungszeitraum 2008 unter § 23 Abs. 1 Nr. 2 EStG a.F. Diese Verluste konnten nur mit Spekulationsgewinnen im vorangegangenen, im selben oder in späteren Jahren verrechnet werden (§ 23 Abs. 3 Satz 7 EStG). Da seit 2009 Gewinne aus der Veräußerung von Wertpapieren, Aktien u.ä. ausschließlich nach § 20 Abs. 2 EStG besteuert werden, wäre ein Ausgleich der bis zum Veranlagungszeitraum 2008 entstanden Verluste technisch nicht möglich.

Aus diesem Grund sieht § 23 Abs. 3 Satz 9 EStG vor, dass (**alte**) **Spekulationsverluste** mit Veräußerungsgewinnen i.S.d. **§ 20 Abs. 2 EStG** verrechnet werden können. Die Verrechnung war längstens bis zum Veranlagungszeitraum 2013 möglich.

Beispiel 1:

Ein Anleger erwirbt im März 2008 Aktien für 20.000 €. Er veräußert diese im November 2008 für 10.000 €. In 2009 erzielt er aus einer Festgeldanlage Zinseinnahmen i.H.v. 30.000 €.

Lösung:

Der Veräußerungsverlust fällt unter § 23 Abs. 1 Nr. 2 EStG a.F., da die Aktien vor dem 1.1.2009 erworben wurden (§§ 3 Nr. 40 j) und § 3c Abs. 2 EStG sind anzuwenden vgl. dazu oben); damit beträgt der Verlust 5.000 €. Grundsätzlich kann der Verlust nach § 23 Abs. 3 Satz 9 EStG bei den Kapitaleinkünften der Jahre 2009 bis 2013 berücksichtigt werden. Da es sich aber bei den Zinseinnahmen nicht um Veräußerungsgewinne i.S.d. § 20 Abs. 2 EStG handelt, ist eine Verrechnung in 2009 nicht möglich.

Beispiel 2:

Der Sachverhalt entspricht Beispiel 1. Die Einnahmen i.H.v. 30.000 € stammen aus der Veräußerung einer Unternehmensanleihe, die in 2009 erworben wurde.

Lösung:

Die Verrechnung ist möglich, da der Gewinn aus der Veräußerung der Unternehmensanleihe unter § 20 Abs. 2 Nr. 7 EStG fällt.

21.3.6 Zurechnung von Einkünften (§ 20 Abs. 5 EStG)

Einkünfte aus Kapitalvermögen i.S.d. § 20 Abs. 1 Nr. 1 EStG sind dem Anteilseigner zuzurechnen. Anteilseigner ist derjenige, dem die Anteile im Zeitpunkt des Gewinnverteilungsbeschlusses zuzurechnen sind.

Beispiel:

Gesellschafter G ist zu 75 % an der X-GmbH beteiligt. Zum 31.12.2015 veräußert er die Anteile an der GmbH an E. Im März 2016 beschließt die Gesellschafterversammlung für das abgelaufene Wirtschaftsjahr 2015 eine Dividende i.H.v. 100.000 €.

Lösung:

Die Dividende ist nach § 20 Abs. 5 EStG von E zu versteuern. Es spielt keine Rolle, dass G das ganze Wirtschaftsjahr 2015 Gesellschafter war. E erzielt somit Einnahmen i.H.v. (100.000 € × 75 % =) 75.000 €.

Variante:

Der Sachverhalt entspricht obigem Beispiel. G und E vereinbaren im Kaufvertrag, dass die Dividende für das Wirtschaftsjahr 2015 dem G zustehen soll. Dementsprechend überweist E im März 2016 75.000 € an G.

Lösung:

Unabhängig davon, was die Parteien im Kaufvertrag vereinbarten, muss der Erwerber die Dividende versteuern. Die Zahlung an den Veräußerer stellt letztlich eine Erhöhung des Kaufpreises dar. Daher ist der Gewinn des Veräußerers nach § 17 EStG entsprechend zu erhöhen. Spiegelbildlich erhöhen sich auch die Anschaffungskosten des Erwerbers.

21.3.7 Werbungskosten

Mit Wirkung ab dem Veranlagungszeitraum 2009 können im Rahmen der Einkünfte aus Kapitalvermögen nach § 20 Abs. 9 EStG **keine Werbungskosten** mehr berücksichtigt werden. Abzugsfähig ist lediglich der **Sparerpauschbetrag** i.H.v. **801 €** bzw. **1.602 €**.

Beispiel:

Ein Anleger unterhält bei einer Bank ein Depot i.H.v. 200.000 €. Für die Verwaltung des Depots verlangt die Bank 3.000 € im Jahr.

Lösung:

Die Depotgebühren können ab dem Veranlagungszeitraum 2009 steuerlich nicht mehr berücksichtigt werden.

Zu prüfen ist in diesen Fällen allerdings, ob die Gebühren ganz oder teilweise als Anschaffungsnebenkosten zu berücksichtigen sind (vgl. BFH vom 28.10.2009, VIII R 22/07, BStBl II 2010, 469). Damit wirken sich die Gebühren zumindest bei der Berechnung des Veräußerungsgewinns nach § 20 Abs. 2 i.V.m. § 20 Abs. 4 EStG oder § 17 Abs. 1 i.V.m. § 17 Abs. 2 und § 3c Abs. 2 EStG aus.

§ 20 Abs. 9 EStG ist auch anzuwenden, wenn die Einkünfte aus Kapitalvermögen im Rahmen der Einkommensteuerveranlagung nach § 32d Abs. 3 EStG oder nach § 32d Abs. 4 oder 6 EStG zu berücksichtigen sind.

Lediglich in den Fällen des § 32d Abs. 2 Nr. 1 und Nr. 3 EStG findet § 20 Abs. 9 EStG keine Anwendung.

21.3.8 Besteuerung von Dividenden

21.3.8.1 Allgemeines

Nach § 29 GmbHG hat die Gesellschafterversammlung einer GmbH nach Ablauf des Wirtschaftsjahres über die **Verwendung des Jahresergebnisses** zu entscheiden (eine entsprechende Regelung findet sich in § 58 AktG für die Hauptversammlung der Aktionäre). Der Gewinn kann ganz oder teilweise thesauriert werden (= nicht Ausschütten also z.B. auf die nächsten Jahre vortragen) oder ganz oder teilweise ausgeschüttet werden.

Auch **Dividenden, die von ausländischen Kapitalgesellschaften ausgeschüttet werden**, unterliegen der deutschen Besteuerung, wenn der Gesellschafter unbeschränkt steuerpflichtig ist. Dividenden ausländischer Kapitalgesellschaften werden nach den dem OECD-MA entsprechenden Regelungen grundsätzlich in dem Staat besteuert, in dem der Gesellschafter ansässig ist (= **Wohnsitzstaat**; vgl. Art. 10 OECD-Musterabkommen). Der ausländische Staat (= **Sitzstaat der Gesellschaft**) hat regelmäßig das Recht, eine **Quellensteuer** zu erheben. Die Quellensteuer kann über den Verweis des einschlägigen Methodenartikels des DBA auf die nationalen Regelungen der Steueranrechnung bis zur Höhe des Abgeltungsteuersatzes nach § 32d Abs. 5 EStG auf die deutsche Steuer angerechnet werden.

Grundsätzlich orientiert sich die Höhe der Dividende an der Beteiligung am Stammkapital. Ausnahmsweise lässt die Finanzverwaltung eine **disquotale (oder inkongruente) Gewinnausschüttung** zu, vgl. dazu BMF vom 17.12.2013, BStBl I 2014, 63.

Dividenden können auch für den laufenden Jahresgewinn beschlossen werden. Stellt sich allerdings später heraus, dass die Vorabausschüttung zu hoch war (weil der Jahresüberschuss nicht wie geplant erreicht wird), so hat dies auf die Besteuerung nach § 20 Abs. 1 Nr. 1 EStG keinen Einfluss. Die **Rückzahlung der Dividende** stellt eine **verdeckte Einlage** dar (H 20.2 EStH „Rückgängigmachung einer Gewinnausschüttung").

Dividenden werden grundsätzlich in dem Veranlagungszeitraum besteuert, in dem die Dividende zufließt. Eine Ausnahme gilt für **beherrschende Gesellschafter** (Beteiligung > 50 %). Hier liegt ein Zufluss bereits mit Beschluss der Gesellschafterversammlung vor, da der beherrschende Gesellschafter aufgrund seiner Einflussmöglichkeiten auf die Verwaltung eine jederzeitige Auszahlung der Dividende veranlassen kann (H 20.2 EStH „Zuflusszeitpunkt bei Gewinnausschüttungen").

Befindet sich die **Beteiligung in einem Betriebsvermögen**, so muss bei bilanzierenden Steuerpflichtigen der Gewinn bereits mit Beschluss der Gesellschafterversammlung aktiviert werden. Bei Einnahmeüberschussrechner gilt dagegen das Zuflussprinzip, § 11 Abs. 1 EStG.

Die Dividende wird in aller Regel in Geld bar ausbezahlt. Dies ist aber nicht zwingend. Denkbar ist auch die Leistung einer **Sachdividende** (z.B. Gratis-Aktien). Sachdividenden werden gemäß § 20 Abs. 3 EStG wie **Bardividenden** nach § 20 Abs. 1 Nr. 1 EStG besteuert.

21.3.8.2 Besteuerung

Bis einschließlich Veranlagungszeitraum 2008 wurden Dividenden im **Halbeinkünfteverfahren** besteuert (§ 3 Nr. 40 d) EStG i.V.m. § 3c Abs. 2 EStG). Dies bedeutete, dass die Hälfte der Dividenden steuerpflichtig war. Die im Zusammenhang mit den Einnahmen stehenden Aufwendungen konnten nach § 3c Abs. 2 EStG auch nur zu 50 % berücksichtigt werden. Die Anwendung des Halbeinkünfteverfahrens galt unabhängig davon ob die Beteiligung im Privat- oder in einem Betriebsvermögen gehalten wurde.

Mit Wirkung ab dem Veranlagungszeitraum 2009 wurde der Prozentsatz der Steuerfreiheit von 50 % auf 40 % gesenkt (= **Teileinkünfteverfahren**) und war grundsätzlich nur noch für im Betriebsvermögen gehaltene Beteiligungen anwendbar. Im Privatvermögen bezogene Dividenden wurden ab 2009 in das System der Abgeltungsbesteuerung überführt (vgl. § 3 Nr. 40 S. 2 EStG).

Das Teileinkünfteverfahren ist nur noch anzuwenden, wenn der Antrag nach § 32d Abs. 2 Nr. 3 EStG wirksam gestellt wurde.

Beispiel:

Gesellschafter G ist im Privatvermögen zu 5 % an der A-AG beteiligt. Für das Wirtschaftsjahr 2007 schüttet die AG eine Dividende i.H.v. 1 Mio. € aufgrund eines Beschlusses der Hauptversammlung vom März 2008 aus. Die Auszahlung erfolgt im April 2008.

Lösung:

Die Dividende ist nach §§ 20 Abs. 1 Nr. 1, 3 Nr. 40 Buchst. d) a.F., 3c Abs. 2 a.F. EStG im Halbein-künfteverfahren zu versteuern, da die Dividende in 2008 zufließt (§ 11 Abs. 1 EStG). Gesellschafter G erzielt Einnahmen i.H.v. (1 Mio. € × 5 % × 50 % =) 25.000 €. Im Gegenzug kann er Werbungskosten geltend machen, allerdings ebenfalls nur i.H.v. 50 %.

Variante 1:

Für das Wirtschaftsjahr 2008 schüttet die AG die Dividende im März 2009 aus.

Lösung:

Die Dividende unterliegt nach §§ 20 Abs. 1 Nr. 1, 32d Abs. 1 EStG dem Abgeltungsteuersatz. G ver-steuert (1 Mio. € × 5 % =) **50.000 €**. Die Geltendmachung von Werbungskosten ist nach § 20 Abs. 9 EStG ausgeschlossen.

Variante 2:

Gesellschafter G ist Gesellschafter-Geschäftsführer (mit mindestens 1 % am Kapital der Gesellschaft beteiligt) der A-AG und stellt einen Antrag nach § 32d Abs. 2 Nr. 3 b) EStG.

Lösung:

Aufgrund des Antrags ist die Anwendung des Abgeltungsteuersatzes ausgeschlossen. G versteuert nach §§ 20 Abs. 1 Nr. 1, 3 Nr. 40 d) EStG (1 Mio. € × 5 % × 60 % =) 30.000 € mit seinem persön-lichen Steuersatz. Die Geltendmachung von Werbungskosten ist möglich, allerdings nur i.H.v. 60 %, vgl. § 3c Abs. 2 EStG.

Variante 3:

Gesellschafter G hält die Beteiligung im Betriebsvermögen seines Einzelunternehmens.

Lösung:

Nach § 20 Abs. 8 EStG sind die Dividenden als gewerbliche Einkünfte nach § 15 EStG zu besteuern. Die Dividende wird im Teileinkünfteverfahren besteuert (= wie Variante 2).

21.3.8.3 Verdeckte Gewinnausschüttungen

Unter einer verdeckten Gewinnausschüttung (vGA) i.S.d. § 8 Abs. 3 Satz 2 KStG ist bei einer Kapitalge-sellschaft eine Vermögensminderung oder verhinderte Vermögensmehrung zu verstehen, die durch das

Gesellschaftsverhältnis (mit-)veranlasst ist, sich auf das Einkommen der Kapitalgesellschaft auswirkt und in keinem Zusammenhang zu einer offenen Ausschüttung steht (vgl. im Einzelnen KStR 36). Für den größten Teil der entschiedenen Fälle hat der BFH die Veranlassung durch das Gesellschaftsverhältnis angenommen, wenn die Kapitalgesellschaft ihrem Gesellschafter oder einer diesem nahe stehenden Person einen Vermögensvorteil zuwendet, den sie bei der Sorgfalt eines ordentlichen und gewissenhaften Geschäftsleiters einem Nichtgesellschafter nicht gewährt hätte (ständige Rechtsprechung; vgl. z.B. BFH vom 23.01.2008, I R 8/06, BFH/NV 2008, 1057). Der Begriff der „nahestehenden Person" i.S.d. KStR 36 wird durch die Rechtsprechung zu § 32d Abs. 2 Nr. 1 EStG nicht berührt.

Verdeckte Gewinnausschüttungen sind beim Gesellschafter wie **offene Gewinnausschüttungen** zu versteuern (§ 20 Abs. 1 Nr. 1 Satz 2 EStG).

Beispiel:

Eine Kapitalgesellschaft gewährt ihrem Gesellschafter ein zinsloses Darlehen i.H.v. 500.000 €. Unter Berücksichtigung von Sicherheiten, Laufzeit und Marktlage wäre ein Zinssatz i.H.v. 6 % angemessen gewesen.

Lösung:

Hätte die Kapitalgesellschaft den Marktzins verlangt, den sie jedem Dritten in Rechnung gestellt hätte, hätte sie pro Jahr Einnahmen i.H.v. 30.000 € erzielt. Damit ist das Einkommen der Kapitalgesellschaft außerbilanziell nach § 8 Abs. 3 Satz 2 KStG um 30.000 € zu erhöhen. Auf der Ebene des Gesellschafters liegt eine verdeckte Gewinnausschüttung nach § 20 Abs. 1 Nr. 1 Satz 2 EStG vor. Der Gesellschafter erzielt damit steuerpflichtige Einnahmen i.H.v. 30.000 €.

Verdeckte Gewinnausschüttungen unterliegen ab dem Veranlagungszeitraum 2011 – soweit sie das Einkommen der leistenden Körperschaft gemindert haben – nicht der Abgeltungsteuer (vgl. § 32d Abs. 2 Nr. 4 EStG; Details s. Kap. 21.2.3.6). Sie sind nach § 3 Nr. 40 d) EStG im **Teileinkünfteverfahren** zu versteuern.

Dabei ist streng zwischen der Ebene der Kapitalgesellschaft (§ 8 Abs. 3 Satz 2 KStG) und der Ebene des Gesellschafters zu differenzieren. Nicht jede verdeckte Gewinnausschüttung führt beim Gesellschafter automatisch sofort zu einem steuerpflichtigen Zufluss.

Beispiel:

Der Gesellschafter-Geschäftsführer einer GmbH erhält eine Pensionszusage. Die Zuführung zur Pensionsrückstellung zum 31.12.2015 i.H.v. 50.000 € wird vom Betriebsprüfer zu Recht als verdeckte Gewinnausschüttung beurteilt. Dementsprechend erhöht der Betriebsprüfer außerbilanziell das Einkommen der GmbH um 50.000 €. Da der Gesellschafter eine Pensionszusage erst mit Eintritt des Ruhestands versteuern muss (nachgelagerte Versteuerung), entstehen beim Gesellschafter in 2015 keine steuerpflichtigen Kapitaleinnahmen. Allerdings muss der Gesellschafter sein späteres Ruhegehalt, soweit es auf einer verdeckten Gewinnausschüttung beruht, nach § 20 Abs. 1 Nr. 1 Satz 2 EStG versteuern.

Zum Verhältnis zwischen Körperschaftsteuerbescheid und Einkommensteuerbescheid s. **§ 32a KStG**.

21.3.8.4 Ausschüttungen aus dem Einlagekonto

Ausschüttungen aus dem Einlagekonto einer Körperschaft (sog. „Einlagenrückgewähr") führen beim Anteilseigner nicht zu steuerpflichtigen Kapitalerträgen (§ 20 Abs. 1 Nr. 1 Satz 3 EStG); sie vermindern lediglich die Anschaffungskosten bzw. den Buchwert seiner Beteiligung. Das steuerliche Einlagekonto, das nach § 27 KStG bei der Körperschaft geführt wird, hat also **positive Wirkungen** für die Steuerpflichtigen.

Zugänge in das steuerliche Einlagekonto ergeben sich vor allem bei Gründung einer Kapitalgesellschaft (Aufgeld über die Stammeinlage hinaus), bei Einbringungen nach §§ 20, 21 UmwStG (Gutschrift des Buchwerts des eingebrachten Betriebs über das Stammkapital hinaus), bei verdeckten Einlagen (z.B. bei einem Pensionsverzicht) und bei Umwandlungen (vgl. § 29 KStG). Sie sind jeweils im Jahr des Zuflusses zu erfassen (obwohl es sich um bilanzierende Steuerpflichtige handelt!).

Abgänge können sich bei allen Arten von Ausschüttungen ergeben. Zu einer Verwendung des steuerlichen Einlagekontos kommt es aber nur, soweit am Ende des Vorjahres kein ausschüttbarer Gewinn vorhanden war (§ 27 Abs. 1 Satz 3 und 5 KStG; ausschüttbarer sind die übrigen Teile des Eigenkapitals außerhalb von Stammkapital und Bestand im steuerlichen Einlagekonto). Ein Wahlrecht zur Verwendung des Einlagekontos besteht nicht. Dies gilt auch bei Auflösung und Auskehrung einer Kapitalrücklage.

Zum Einlagekonto und seinen Folgen vgl. auch BMF-Schreiben vom 04.06.2003, BStBl I 2003, 366 und Vfg. der OFD Frankfurt am Main vom 04.02.2014, DStR 2014, 903.

Die **Verwendung des Einlagekontos** ist gesetzlich genau definiert. Eine **Ausschüttung aus dem Einlagekonto** erfolgt nach § 27 KStG erst, wenn die Dividende größer ist als der ausschüttbare Gewinn, der auf den Schluss des vorangegangenen Wirtschaftsjahrs zu ermitteln ist. Der ausschüttbare Gewinn berechnet sich aus dem Eigenkapital der Gesellschaft (Jahresüberschuss, Gewinnvortrag, Gewinnrücklagen, Kapitalrücklage) abzüglich des Stammkapitals (das ja nicht ausgeschüttet werden kann) und abzüglich des Bestands des steuerlichen Einlagekontos (vgl. dazu sehr eingängig BFH vom 28.01.2015, I R 70/13).

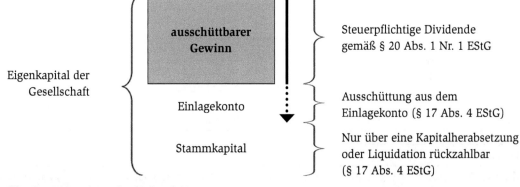

Abb. 10: Verwendung des Einlagekontos

Beispiel:

Die X-GmbH weist zum 31.12.2015 folgendes Eigenkapital aus. Jahresüberschuss 80.000 €, Gewinnrücklagen 20.000 €, Kapitalrücklage 30.000 €. Das Stammkapital beträgt 25.000 €. Das Einlagekonto wurde mit 50.000 € festgestellt. Am 15.03.2016 wird eine Ausschüttung von 100.000 € beschlossen.

Lösung:

Das Eigenkapital beläuft sich auf (80.000 € + 20.000 € + 30.000 € + 25.000 € =) 155.000 €. Der Betrag des ausschüttbaren Gewinns ist wie folgt zu ermitteln:

Eigenkapital	155.000 €
Stammkapital	./. 25.000 €
Einlagekonto	./. 50.000 €
Ausschüttbarer Gewinn	**80.000 €**

Soweit die Dividende aus dem ausschüttbaren Gewinn erfolgt (= 80.000 €) liegen bei den Gesellschaftern steuerpflichtige Dividenden i.S.v. § 20 Abs. 1 Nr. 1 S. 1 EStG vor. Soweit die Dividende den ausschüttbaren Gewinn übersteigt (= 20.000 €), liegt eine Ausschüttung aus dem Einlagekonto vor. Diese ist nach § 20 Abs. 1 Nr. 1 S. 3 EStG nicht steuerbar. Ein Gewinn nach § 17 Abs. 4 EStG wird in der Regel nicht entstehen, da Zuführungen zum Einlagekonto zu nachträglichen Anschaffungskosten i.S.v. § 17 Abs. 4 EStG führen.

Die Gesellschaft hat den **Anteil der Ausschüttungen aus dem Einlagekonto nach § 27 Abs. 3 KStG** nach amtlich vorgeschriebenem Muster zu bescheinigen (BMF vom 05.11.2002, BStBl I 2002, 1338).

Ist für die Leistung der Kapitalgesellschaft die **Minderung des Einlagekontos** bescheinigt worden, bleibt die der Bescheinigung zugrunde gelegte Verwendung nach § 27 Abs. 1 Satz 5 KStG unverändert. Dies gilt z.B. auch dann, wenn sich in einer späteren Betriebsprüfung herausstellt, dass die Bescheinigung unrichtig war.

21.3.8.5 Kapitalherabsetzung/Liquidation

Da bei einer **Liquidation** das gesamte Eigenkapital der Gesellschaft an die Gesellschafter ausbezahlt wird, enthält dieses auch Beträge, die bei einer regulären offenen Gewinnausschüttung als Dividende besteuert worden wären (Details s. Kap. 18.8). Da bei einer Liquidation kein förmlicher Ausschüttungsbeschluss gefasst wird, erfasst § 20 Abs. 1 Nr. 2 EStG die Besteuerung der Bezüge (= Dividende). Letztlich besteht zwischen der Nr. 1 und der Nr. 2 kein Unterschied. Soweit bei einer Liquidation das Stammkapital zurückgezahlt wird bzw. die Ausschüttung aus dem Einlagekonto erfolgt, liegen Einnahmen nach § 17 Abs. 4 EStG vor.

Beispiel:

Der Gesellschafter G ist seit 1990 zu 20 % an der Y-GmbH beteiligt (Anschaffungskosten: 100.000 €). Die GmbH weist zum 31.12.2015 folgendes Eigenkapital aus: Stammkapital 25.000 €, Jahresüberschuss 20.000 €, Gewinnrücklagen 100.000 €; das steuerliche Einlagekonto beträgt 0 €. Zum 31.12.2015 wird die GmbH liquidiert und das gesamte Eigenkapital an die Gesellschafter ausbezahlt.

Lösung:

G erzielt Einnahmen nach § 20 Abs. 1 Nr. 2 EStG i.H.v. ((20.000 € + 100.000 €) × 20 % =) 24.000 €. Diese unterliegen der Abgeltungsteuer. Im Übrigen erzielt G einen Gewinn nach § 17 Abs. 4 EStG (Teileinkünfteverfahren, § 3 Nr. 40 c) EStG, § 3c Abs. 2 EStG).

Erlös (25.000 € × 20 % × 60 % =)	3.000 €
Anschaffungskosten (100.000 € × 60 % =)	./. 60.000 €
Verlust	**./. 57.000 €**

Bei einer **Kapitalherabsetzung** ist regelmäßig § 17 Abs. 4 EStG anwendbar, da nur Stammkapital an die Gesellschafter zurückbezahlt wird. Lediglich in dem Sonderfall des § 28 KStG führt die Rückzahlung des Sonderausweises zu Kapitaleinnahmen nach § 20 Abs. 1 Nr. 2 EStG (Details s. Kap. 18.9).

21.3.8.6 Kapitalertragsteuer und Solidaritätszuschlag

Die ausschüttende Kapitalgesellschaft hat nach §§ 43 Abs. 1 Nr. 1, 43a Abs. 1 Nr. 1 EStG Kapitalertragsteuer i.H.v. 25 % zuzüglich 5,5 % Solidaritätszuschlag einzubehalten und an das Finanzamt abzuführen. Ggf. muss die Kapitalgesellschaft auch Kirchensteuer abführen. Eine **Freistellungsbescheinigung nach § 44a EStG** ist für Gewinnausschüttungen nicht möglich.

Die Kapitalertragsteuer ist nach § 36 Abs. 2 EStG i.V.m. § 32d Abs. 1 EStG auf die Einkommensteuer (Abgeltungsteuer) des Gesellschafters anzurechnen. Aus diesem Grund hat die Kapitalgesellschaft nach § 45a EStG die einbehaltene Kapitalertragsteuer zu bescheinigen.

Übungsfall 1:

Die X-GmbH schüttet am 20.2.2015 an den alleinstehenden konfessionslosen Gesellschafter G (Beteiligung am Stammkapital 20 % und nicht für die GmbH tätig) eine Dividende i.H.v. 4.000 € für das Wirtschaftsjahr 2014 aus.
Wie hoch ist die steuerpflichtige Dividende für G? Wie hoch ist der Auszahlungsbetrag? Welche Formalien hat die GmbH zu beachten?

Übungsfall 2:

A (ledig und konfessionslos) erwirbt am 2.1.2014 45 % der Anteile an der Blech-GmbH für 25.000 €. A finanziert den Kaufpreis über einen Kredit, für den er 2.100 € Zinsen jährlich bezahlt (jeweils am 31.12.). Im März 2015 beschließt die Gesellschafterversammlung eine Ausschüttung für das laufende Wirtschaftsjahr 2015 i.H.v. insgesamt 100.000 €. Die Dividende wird im April an die Gesellschafter überwiesen. Die Dividende stammt i.H.v. 80.000 € aus dem ausschüttbaren Gewinn und i.H.v. 20.000 € aus dem Einlagekonto.

Im Dezember 2015 zeichnet sich ab, dass der Gewinn des Jahres 2015 nicht den Erwartungen entspricht. Auf Druck der Hausbank entschließen sich die Gesellschafter, die Ausschüttung vom März rückgängig zu machen. A überweist seinen Dividendenanteil noch in 2015 auf das Konto der GmbH.

a) **Wie hoch sind die Einkünfte des A im Veranlagungszeitraum 2015? Gehen Sie davon aus, dass A keine außer der ggf. oben beschriebenen weiteren Kapitaleinkünfte hat.**
b) **A möchte die Finanzierungszinsen geltend machen. Ist dies möglich?**
c) **Wie erfolgt die Besteuerung, wenn A die Beteiligung an der Blech-GmbH im Betriebsvermögen hält?**
d) **A hat seinen Wohnsitz in Österreich. Welche steuerlichen Probleme entstehen?**

Übungsfall 3:

G ist beherrschender Gesellschafter-Geschäftsführer der Alpha GmbH. Er erhält ein (angemessenes) Gehalt i.H.v. 80.000 € p.a. Am 15.10.2015 findet die jährlich stattfindende Gesellschafterversammlung statt. Da das Ergebnis des Jahres 2014 weit über den Erwartungen lag, beschließt die Gesellschafterversammlung dem G für das Jahr 2014 zusätzlich zum Gehalt eine Tantieme i.H.v. 50.000 € zu gewähren, die ihm im Dezember 2015 überwiesen wird.
Wie muss G das Gehalt und die Tantieme versteuern?

21.4 Investmentfonds

Investmentfonds sind beispielsweise Kapitalgesellschaften, an denen sich Anleger beteiligen können und die das Geld der Anleger auf vielfältige Art und Weise investieren (Aktien, Rentenpapiere, Unternehmensbeteiligungen, Immobilien etc.).

Die auf Investmentanteile ausgeschütteten Erträge gehören nach § 2 Investmentsteuergesetz (InvStG) zu den Einkünften aus Kapitalvermögen i.S.d. § 20 Abs. 1 Nr. 1 EStG. Im Gegensatz zu „gewöhnlichen" Dividenden unterliegen nach § 1 Abs. 3 InvStG auch nicht zur Ausschüttung verwendete Erträge (sog. **ausschüttungsgleiche Erträge**) der Besteuerung nach § 20 Abs. 1 Nr. 1 EStG. Derzeit wird der Entwurf zum Investmentsteuerreformgesetz diskutiert. Das geplante Gesetzesvorhaben wird zu grundlegenden

Änderungen im Bereich der Besteuerung von sog. Investmentfonds führen. Die nachfolgenden Ausführungen beziehen sich lediglich auf die derzeit (März 2016) gültige Rechtslage.

Werden Investmentanteile veräußert, so werden die Erträge, die bis zur Veräußerung entstanden sind, aber noch nicht ausgeschüttet wurden, als sog. **Zwischengewinne** dem Käufer in Rechnung gestellt. Für den Verkäufer liegen insoweit nach § 2 InvStG Einnahmen nach § 20 Abs. 1 Nr. 1 EStG vor. Der Käufer kann die gezahlten Zwischengewinne als negative Einnahmen geltend machen. Solche Zwischengewinne sind damit Stückzinsen vergleichbar.

Im Übrigen unterliegt der Verkauf der Investmentanteile § 20 Abs. 2 Nr. 1 EStG.

Investmentanteile (sog. **offene Fonds**) dürfen nicht mit **geschlossenen Investmentfonds** verwechselt werden; die Besteuerung ist unterschiedlich:

Offene Fonds	Geschlossene Fonds
Beispiel: Investmentfonds gemäß InvStG	**Beispiel:** Geschlossene Immobilienfonds-Fonds, Fotovoltaik-Fonds, Leasing-Fonds, Schiffsbeteiligungen, Container-Leasing-Fonds.
Es werden beliebig viele Anleger aufgenommen und je nach vorhandenem Kapital Investitionen getätigt.	Es gibt in der Regel nur einen festen Kreis von Anlegern. Das Kapital wird in der Regel nur in ein Objekt investiert.
Gesellschaft ist regelmäßig eine Aktiengesellschaft (AG) oder eine societas europaea (SE).	Gesellschaft ist regelmäßig eine Gesellschaft bürgerlichen Rechts (GbR) oder eine GmbH & Co. KG.
Der Anleger erzielt Einkünfte nach § 2 InvStG, §§ 20 Abs. 1 Nr. 1, 32d Abs. 1 EStG.	Ist die Gesellschaft ausschließlich vermögensverwaltend tätig (z.B. geschlossene Immobilienfonds – R 15.7 Abs. 1 EStR) so erzielen die Anleger Einkünfte nach § 21 EStG. In seltenen Fällen erzielen die Anleger Einkünfte nach § 22 Nr. 3 EStG (z.B. bei Container-Leasing). Ist die Gesellschaft gewerblich tätig oder gewerblich geprägt (§ 15 Abs. 3 Nr. 2 EStG), so erzielen die Anleger Einkünfte nach § 15 Abs. 1 Nr. 2 EStG. In beiden Fällen können den Anlegern Verluste zugewiesen werden, wobei die Vorschriften der §§ 15a und 15b EStG zu beachten sind.
Veräußerungsgewinne sind nach § 8 Abs. 5 InvStG i.V.m. §§ 20 Abs. 2 Nr. 1, 32d Abs. 1 EStG zu versteuern, wenn die Anteile nach dem 31.12.2008 erworben wurden (§ 52a Abs. 10 EStG). Wurden die Anteile vor dem 01.01.2009 erworben, so sind sie nach § 23 Abs. 1 Nr. 2 EStG a.F. zu versteuern, wobei im Regelfall der Veräußerung die einjährige Spekulationsfrist abgelaufen ist.	Veräußerungsgewinne unterliegen grundsätzlich § 23 Abs. 1 Nr. 2 EStG, wenn die Anleger keine gewerblichen Einkünfte erzielen. Erzielen die Anleger gewerbliche Einkünfte, so ist ein Veräußerungsgewinn nach §§ 15, 16 Abs. 1 Nr. 2 EStG zu versteuern.

21.5 Typisch stille Beteiligungen (§ 20 Abs. 1 Nr. 4 EStG)

21.5.1 Allgemeines

Bei der typisch stillen Beteiligung beteiligt sich der Anleger nach § 230 HGB an einem Handelsgewerbe mit einer Vermögenseinlage, die in das Vermögen des Inhabers des Handelsgeschäfts übergeht.

Eine stille Beteiligung ist sowohl an einem Einzelunternehmen als auch an einer Personengesellschaft oder einer **Kapitalgesellschaft** möglich.

Im Gegensatz zu einer Unternehmensanleihe o.ä. erhält der stille Gesellschafter keinen festen Zinssatz. Der Zins orientierte sich vielmehr am Gewinn und Verlust des Handelsgeschäfts (§ 231 HGB). Am Schluss jedes Geschäftsjahrs wird der Gewinn und Verlust berechnet und der auf den stillen Gesellschafter entfallende Gewinn an ihn ausbezahlt (§ 232 HGB). Der stille Gesellschafter hat grundsätzlich lediglich das Recht, eine Kopie des Jahresabschlusses zu verlangen und dessen Richtigkeit unter Einsicht der Bücher und Papiere zu prüfen (§ 233 HGB). Bezüglich der Kontrollrechte können die Parteien abweichende Regelungen treffen.

Die stille Gesellschaft ist eine reine **Innengesellschaft**. Sie tritt im Wirtschaftsleben nach außen hin nicht in Erscheinung. Sie weist deshalb auch keine Kaufmannseigenschaft auf. **Kaufmann** ist lediglich der Inhaber des Handelsgeschäfts.

Bei einer stillen Gesellschaft liegt kein **gesamthänderisch gebundenes Gesellschaftsvermögen** vor. Die Einlage des stillen Gesellschafters geht nach § 230 Abs. 1 HGB in das Vermögen des Geschäftsinhabers über.

Die Einlage des still Beteiligten ist beim Geschäftsinhaber als Verbindlichkeit auszuweisen (Details siehe BFH vom 27.03.2012, I R 62/08). Der Gewinnanteil des still Beteiligten ist handelsrechtlich als Betriebsausgabe zu buchen und mindert daher den Gewinn des Geschäftsinhabers. Ist der still Beteiligte am Verlust beteiligt, so ist der Verlustanteil des Stillen spiegelbildlich als Ertrag zu buchen.

Beispiel:

An der Y-GmbH hat sich der Gesellschafter G zum 31.12.2015 mit einer Einlage von 100.000 € als stiller Gesellschafter beteiligt (die Frage, ob es sich dabei um eine typisch stille oder eine atypisch stille Beteiligung handelt, hat nur steuerliche Bedeutung und kann hier insoweit außer Betracht bleiben). Der Gewinnanteil des G soll (angemessene) 5 % betragen. G soll sowohl am Gewinn als auch am Verlust beteiligt sein. Im Wirtschaftsjahr 2016 (identisch mit dem Kalenderjahr) erzielt die GmbH einen (vorläufigen) Jahresüberschuss von 300.000 €, bei dem der Gewinnanteil des Stillen noch nicht berücksichtigt ist.

Lösung:

Grundsätzlich kann sich auch der Gesellschafter einer GmbH zusätzlich still beteiligen. Der Vorteil einer derartigen stillen Beteiligung kann z.B. darin liegen, dass Verluste der GmbH in die Sphäre des Gesellschafters transferiert werden können. Zum 31.12.2015 bucht die GmbH: Geld 100.000 € an sonstige Verbindlichkeit 100.000 €. Im Wirtschaftsjahr 2016 mindert der Gewinnanteil des Stillen den Jahresüberschuss; somit beträgt dieser nach Berücksichtigung der stillen Beteiligung (300.000 € ./. 15.000 € =) 285.000 €. Die 15.000 € sind (bis zur Auszahlung) als sonstige Verbindlichkeit auszuweisen.

Die stille Gesellschaft selbst ist weder nach Handels- noch nach Steuerrecht buchführungspflichtig.

21.5.2 Abgrenzung typische und atypisch stille Gesellschaft

Das Handelsrecht kennt keine **Unterscheidung zwischen typischer und atypisch stiller Gesellschaft**. Diese Unterscheidung gibt es insoweit nur im Steuerrecht.

Unterscheidung zwischen typischer und atypisch stiller Gesellschaft

Eine atypisch stille Gesellschaft liegt vor, wenn der stille Gesellschafter Mitunternehmerinitiative ausüben kann und ein Mitunternehmerrisiko trägt (= § 15 Abs. 1 Nr. 2 EStG).	Eine typisch stille Gesellschaft liegt vor, wenn der Stille kein Mitunternehmer ist (§ 20 Abs. 1 Nr. 4 EStG).

Abb. 11: Unterscheidung zwischen typischer und atypisch stiller Gesellschaft

Zur Prüfung der Mitunternehmerschaft s. Kap. 15.

21.5.3 Besteuerung typisch stiller Gesellschaften

Die typisch stille Gesellschaft stellt im Ergebnis eine bloße Kapitalüberlassung dar. Sie führt deshalb beim stillen Gesellschafter im Zeitpunkt des Zuflusses grundsätzlich zu Einkünften aus Kapitalvermögen i.S.v. **§ 20 Abs. 1 Nr. 4 EStG**.

Die Einnahmen des typisch Stillen unterliegen nach § 32d Abs. 1 EStG grundsätzlich der Abgeltungsteuer; beachte die Ausnahme in § 32d Abs. 2 Nr. 1 EStG.

Beispiel 1:

Die Mutter ist selbstständige Rechtsanwältin. Sie schenkt ihrer minderjährigen Tochter formwirksam 50.000 €. Mit diesem Betrag beteiligt sich die Tochter formwirksam typisch still an der Kanzlei der Mutter. Im ersten Jahr ergibt sich ein Gewinnanteil von (angemessenen) 5.000 €.

Lösung:

Die Mutter kann die Zahlung des Gewinnanteils an das minderjährige Kind grundsätzlich als Betriebsausgaben in der Anwaltskanzlei verbuchen. Da die typisch stille Gesellschaft nach Ansicht der Finanzverwaltung bis zu den Entscheidungen des BFH vom 29.04.2014 (vgl. oben) zwischen einander nahe stehenden Personen besteht, kann die Tochter die Erträge nicht mit dem Abgeltungsteuersatz besteuern (§ 32d Abs. 2 Nr. 1 Buchst. a) EStG). Sie muss die Einnahmen nach Tarif (Grundtabelle) versteuern. Dies dürfte hier kein Nachteil sein, da die Einnahmen unter dem Grundfreibetrag liegen. Es ist jedoch zu beachten, dass die Tochter den Sparerpauschbetrag nicht berücksichtigen kann, da auch die Regelung des § 20 Abs. 9 EStG keine Anwendung findet.

Beispiel 2:

Gesellschafter G ist zu 20 % an der X-GmbH beteiligt. Er beteiligt sich darüber hinaus mit 1,2 Mio. als typisch stiller Gesellschafter (GmbH & typisch Still).

Lösung:

Da G zu mindestens 10 % an der Kapitalgesellschaft X-GmbH (= Inhaber des Handelsgeschäfts) beteiligt ist, ist die Anwendung der Abgeltungsteuer nach § 32d Abs. 2 Nr. 1 b) EStG ausgeschlossen. G muss die Einnahmen aus der stillen Beteiligung nach Tarif versteuern. Dies betrifft natürlich nicht die Dividende (beachte, dass die Einkünfte nach § 20 Abs. 1 Nr. 1 EStG in § 32d Abs. 2 Nr. 1 nicht aufgeführt sind). Damit unterliegt die Dividende dem Abgeltungsteuersatz. Die Voraussetzungen des § 32d Abs. 2 Nr. 3 EStG liegen bei einer 20 % igen Beteiligung nicht vor. Sofern G für die Gesellschaft beruflich tätig ist, ergäbe sich mit dem Antrag ein anderes Ergebnis. Bzgl. der Dividende käme das Teileinkünfteverfahren (§ 3 Nr. 40 d), § 3c Abs. 2 EStG) und der persönliche Steuersatz zur Anwendung.

21.5.4 Angemessenheit der Gewinnbeteiligung

Hinsichtlich der Angemessenheit der Gewinnbeteiligung ist H 15.9 Abs. 5 EStH zu beachten. Danach ist die Höhe der Gewinnbeteiligung steuerlich nur anzuerkennen, soweit sie **wirtschaftlich angemessen** ist. Hierfür hat die Rechtsprechung Grundsätze erarbeitet:

Angemessenheit der Gewinnbeteiligung			
Die Kapitalbeteiligung des stillen Gesellschafters stammt nicht aus der Schenkung des Unternehmers, sondern wurde aus eigenen Mitteln des stillen Gesellschafters geleistet.		Die Kapitalbeteiligung stammt in vollem Umfang aus einer Schenkung des Unternehmers.	
Der typisch stille Gesellschafter ist nicht am Verlust beteiligt	Der typisch stille Gesellschafter ist am Gewinn und Verlust beteiligt	Der typisch stille Gesellschafter ist nicht am Verlust beteiligt	Der typisch stille Gesellschafter ist am Gewinn und Verlust beteiligt
Maximal 25 % der Einlage (geringere Anteile sind unschädlich)	Maximal 35 % der Einlage (geringere Anteile sind unschädlich)	Maximal 12 % der Einlage (geringere Anteile sind unschädlich)	Maximal 15 % der Einlage (geringere Anteile sind unschädlich)

21.5.5 Zufluss (§ 11 EStG)

Der **Zufluss der Gewinn- oder Verlustanteile** erfolgt erst mit Buchung auf dem Einlagekonto (§ 11 Abs. 1 EStG). Da das Wirtschaftsjahr beendet sein muss, um den Gewinnanteil des Stillen feststellen zu können, erfolgt der Zufluss stets im folgenden Jahr.

Beispiel:

S ist mit einer Einlage i.H.v. 100.000 € typisch still an dem Einzelunternehmen U beteiligt. Sein Gewinnanteil beträgt (angemessene) 5 %. U ermittelt zum 31.12.2015 (Wirtschaftsjahr = Kalenderjahr):
a) einen Gewinn i.H.v. 200.000 €;
b) einen Verlust i.H.v. 200.000 €.

Lösung:

Sowohl in der Variante a) als auch in der Variante b) kann der Gewinnanteil des S frühestens am 01.01.2016 dem Einlagekonto gutgeschrieben bzw. vom Einlagekonto abgebucht werden. Somit erfolgt die Besteuerung im Veranlagungszeitraum 2016.

Der **Verlust der stillen Beteiligung durch Insolvenz des Inhabers des Handelsgeschäfts** ist grundsätzlich nicht steuerbar (privater nicht steuerbarer Vermögensbereich). Etwas anderes gilt, wenn sich die typisch stille Beteiligung im Betriebsvermögen des Stillen befindet.

Übungsfall 4:

S ist seit dem Veranlagungszeitraum 2006 typisch stiller Gesellschafter der X-KG mit einer Einlage von 500.000 €. S hält die Beteiligung im Privatvermögen. Da S mit der Geschäftspolitik der KG nicht mehr einverstanden ist, veräußert er in 2015 seine Beteiligung an E für 575.000 €.

Muss S den Veräußerungsgewinn versteuern?

Übungsfall 5:

S hat sich im Veranlagungszeitraum 2007 für die Dauer von 15 Jahren als typisch stiller Gesellschafter mit einer Einlage von 100.000 € an der Fortuna-Reisen-KG beteiligt. Er hält die Beteiligung im Privatvermögen. Im Einvernehmen mit den Gesellschaftern scheidet S bereits in 2015 wieder aus. Die KG zahlt an S 125.000 €.

Muss S die 125.000 € versteuern?

Übungsfall 6:

S beteiligt sich in 2005 als typisch stiller Gesellschafter an der X-KG mit einer Einlage von 100.000 €. Am 01.01.2015 ist sein Kapital aufgrund andauernder Verluste auf 20.000 € gemindert. Für das Wirtschaftsjahr (= Kalenderjahr) 2015 wird S ein Verlust i.H.v. 60.000 € zugewiesen und vereinbarungsgemäß am 01.05.2016 vom Kapitalkonto abgebucht.

Kann S den Verlust steuerlich geltend machen?

Übungsfall 7:

Der minderjährige M verfügt aus einer Schenkung seiner Großeltern über einen Betrag von 50.000 €. Im Januar 2015 beteiligt er sich mit 50.000 € als typisch stiller Gesellschafter unter Einschaltung eines Ergänzungspflegers und mit Genehmigung des Familiengerichtes an der V-GbR. Gesellschafter der GbR sind die Eltern des M.

Der Gewinn der GbR beträgt in den Folgejahren durchschnittlich 800.000 €. M, der am Gewinn und Verlust beteiligt ist, erhält nach dem Beteiligungsvertrag 8 % des Gewinnes. Im Veranlagungszeitraum 2015 beträgt der Gewinn aufgrund einer günstigen Konjunktur 1,1 Mio. €.

In welcher Höhe erzielt M Einnahmen und wie muss er diese versteuern?

21.6 Erträge aus Lebensversicherungen

Lebensversicherungen kommen in zahlreichen Varianten vor; vor allem bedeutsam ist die Einteilung in:

- **Risikolebensversicherungen** (= Lebensversicherungen, die nur für den Todesfall eine Leistung vorsehen);
- **Kapitallebensversicherungen** (= Lebensversicherungen, die neben der Absicherung im Todesfall einen Sparanteil enthalten; die Auszahlung kann in Form einer Einmalzahlung, in Raten oder als Rente (zeitlich begrenzt oder lebenslang) erfolgen);
- **Direktversicherungen** (= eine Form der betrieblichen Altersversorgung, bei der der Vertrag auf den Arbeitnehmer lautet, die Versicherungsbeiträge aber vom Lohn abgezogen und direkt vom Arbeitgeber in den Vertrag einbezahlt werden).

Vergleiche zum Ganzen das BMF-Schreiben vom 1.10.2009, BStBl I 2009, 1172 und BMF-Schreiben vom 26.7.2011, DStR 2011, 2001 und 16.07.2012.

Die **Beiträge für Risikolebensversicherungen** können dem Grunde nach gemäß § 10 Abs. 1 Nr. 3a EStG unabhängig davon als Sonderausgaben steuerlich berücksichtigt werden, wann der Vertrag abgeschlossen wurde. Die Auszahlung der Versicherungssumme im Todesfall unterliegt keiner Besteuerung (vgl. § 20 Abs. 1 Nr. 6 Satz 1 EStG „... im Erlebensfall ...").

Bei den **Kapitallebensversicherungen** ist zu unterscheiden, ob die Lebensversicherung **vor dem 1.1.2005 oder nach dem 31.12.2004 abgeschlossen** wurde.

Im ersten Fall sind die Beiträge grundsätzlich nach § 10 Abs. 1 Nr. 3a EStG i.V.m. § 10 Abs. 1 Nr. 2 Buchstabe b Doppelbuchstabe bb bis dd in der am 31.12.2004 geltenden Fassung als dem Grunde nach als Sonderausgaben abzugsfähig. Voraussetzung ist aber des Weiteren, dass neben dem Datum des Vertragsschlusses vor dem 1.1.2005 auch noch mindestens ein Versicherungsbeitrag im Jahr 2004 geleistet wurde. Abzugsfähig sind meist lediglich 88 % der Beiträge und eine steuerliche Auswirkung ist wegen der Regelung des § 10 Abs. 4 EStG meist nicht gegeben. Die Erträge sind nicht nach § 20 Abs. 1 Nr. 6 EStG steuerbar, da diese Regelung nur für nach dem 31.12.2004 abgeschlossene Verträge zur Anwendung kommt. Somit sind die Erträge in der Regel nicht steuerbar.

Im zweiten Fall können die Beiträge nicht als Sonderausgabe abgezogen werden. Die Erträge müssen nach § 20 Abs. 1 Nr. 6 EStG besteuert werden. Wird die Versicherungsleistung nach Vollendung des 60. Lebensjahres des Steuerpflichtigen und nach Ablauf von zwölf Jahren seit dem Vertragsabschluss ausgezahlt, sind die Erträge nur zur Hälfte zu versteuern. In diesem Fall ist aber die Anwendung der Abgeltungsteuer ausgeschlossen (§ 32d Abs. 2 Nr. 2 EStG).

Bei den sog. **Direktversicherungen** hat der Arbeitnehmer den Vorteil, dass er bis zu 4 % der Beitragsbemessungsgrenze in der allgemeinen Rentenversicherung sowohl lohnsteuerfrei als auch sozialversicherungsfrei einzahlen kann (§ 3 Nr. 63 EStG i.V.m. § 1 Abs. 1 Nr. 9 Sozialversicherungsentgeltverordnung (SvEV)).

Der Höchstbetrag von 4 % erhöht sich um 1.800 €, wenn die Versorgungszusage nach dem 31.12.2004 erfolgt ist. Im Fall der Auflösung eines Dienstverhältnisses können weitere 1.800 € pro Jahr der Betriebszugehörigkeit steuerfrei einbezahlt werden. Kalenderjahre vor 2005 sind dabei aber nicht zu berücksichtigen. Die 1.800 € sind zwar lohnsteuerfrei, unterliegen aber der Sozialversicherung (§ 1 Abs. 1 Nr. 9 SvEV verweist nur auf die 4 %). Wird die Direktversicherung später ausbezahlt, sind die Erträge nach § 22 Nr. 5 EStG zu versteuern (weitere Details s. Kap. 23.2.8).

Lebensversicherungen (Abzugsfähigkeit der Beiträge und Versteuerung der Auszahlung)			
Risikolebensversicherung	**Kapitallebensversicherung**		
	Private Kapitallebensversicherung		**Direktversicherung**
	Vertrag wurde vor dem 01.01.2005 geschlossen und ein Beitrag wurde noch in 2004 geleistet.	Vertrag wurde nach dem 31.12.2004 geschlossen.	

Lebensversicherungen (Abzugsfähigkeit der Beiträge und Versteuerung der Auszahlung)					
Risikolebens-versicherung	Kapitallebensversicherung				
	Private Kapitallebensversicherung				Direktversicherung
Beiträge sind abzugsfähig als Sonder-ausgabe nach § 10 Nr. 3a EStG im Rahmen der Höchst-beträge nach § 10 Abs. 4 EStG.	Beiträge sind abzugsfähig nach § 10 Abs. 1 Nr. 3a EStG n.F. i.V.m. § 10 Abs. 1 Nr. 2 Buchstabe b Doppelbuchstabe bb bis dd EStG in der am 31.12.2004 geltenden Fassung im Rahmen der Höchstbeträge nach § 10 Abs. 4 EStG.		Beiträge sind steuerlich nicht abzugsfähig.		Beiträge sind steuer-lich nicht abzugsfähig, können aber bis zu 4 % der Beitragsbe-messungsgrenze in der Rentenversiche-rung lohnsteuerfrei und sozialversiche-rungsfrei einbezahlt werden; zusätzlich sind weitere 1.800 € lohnsteuerfrei wenn die Zusage nach dem 31.12.2004 erteilt wurde (§ 3 Nr. 63 EStG i.V.m. § 1 Abs. 1 Nr. 9 SvEV).
Auszahlung als Einmalbe-trag/in Raten/ als Rente	Auszahlung als Einmal-betrag/Rate	Auszahlung in Form einer Rente	Auszahlung als Einmalbetrag/ Rate	Auszahlung in Form einer Rente	Nur Auszahlung in Form einer Rente möglich
Nicht steuerbar	Wenn die Beiträge als Sonder-ausgabe abzugsfä-hig waren, ist die Auszahlung vollständig steuer-frei (§ 20 Abs. 1 Nr. 6 EStG a.F.).	Versteu-erung mit dem Ertragsan-teil nach § 22 Nr. 1 Satz 3 a) bb) EStG; bei abge-kürzten Leibrenten nach § 55 EStDV.	Erträge (Aus-zahlungssumme abzüglich geleis-tete Beiträge) sind nach § 20 Abs. 1 Nr. 6 EStG grundsätz-lich voll steuer-pflichtig; erfolgt die Auszahlung nach Vollen-dung des 60. Lebensjahres, so wird nur die Hälfte besteuert, dann aber keine Abgeltungsteuer gewährt (§ 32d Abs. 2 Nr. 2 EStG).	Versteu-erung mit dem Ertragsan-teil nach § 22 Nr. 1 Satz 3 a) bb) EStG; bei abge-kürzten Leibrenten nach § 55 EStDV.	Nachgelagerte Ver-steuerung nach § 22 Nr. 5 EStG; Rente ist sozialversicherungs-pflichtig.

> **Übungsfall 8:**
>
> 1. Unternehmerin Elsa Unstet hat am 12.05.1986 eine Kapitallebensversicherung bei der Vita-Lebensversicherung abgeschlossen. Die Versicherungssumme beträgt 200.000 €.
> 2. Im November 2008 schloss Unstet bei einer englischen Lebensversicherungsgesellschaft eine Risikolebensversicherung über 250.000 € ab. Die Beiträge werden monatlich erhoben. Die Laufzeit der Versicherung beträgt 20 Jahre (entspricht 62. Lebensjahr der Elsa Unstet).
>
> **Können die Beiträge zu den beiden Lebensversicherungen in 2015 als Sonderausgaben abgezogen werden? Wie ist die Auszahlung der beiden Versicherungssummen steuerlich zu beurteilen?**

Der Erwerb von „gebrauchten" Lebensversicherungen profitiert aufgrund einer entsprechenden Gesetzesänderung durch Gesetz zur Anpassung des nationalen Steuerrechts an den Beitritt Kroatiens zur EU und zur Änderung weiterer steuerlicher Vorschriften (StAnpG Kroatien) vom 25.07.2014, BGBl I 2014, 1266 nicht länger von der hälftigen Steuerfreiheit. Auf Versicherungsleistungen, die aufgrund eines nach dem 31.12.2014 eingetretenen Versicherungsfalls ausgezahlt werden (§ 52 Abs. 28 Satz 10 EStG) wird nach einem Erwerb auch die Auszahlung aus einer reinen Risikolebensversicherung oder aus einer „dread desease"-Versicherung (= Leistung bei Eintritt einer schweren Krankheit) steuerpflichtig. Hier steht nicht der Vermögensaufbau und die Absicherung biometrischer Risiken – welche die hälftige Steuerfreiheit begünstigen möchte – im Vordergrund. Es geht vielmehr nur um eine rentierliche Kapitalanlage, für die der Gesetzgeber keine Fördergründe sieht.

Ausgenommen ist aber der Erwerb von Versicherungsansprüchen durch die versicherte Person von einem Dritten (z.B. bei Beendigung eines Arbeitsverhältnisses). Entsprechendes gilt dann, wenn die Übertragung der Tilgung von Abfindungs- und Ausgleichsansprüchen arbeits-, erb- bzw. familienrechtlicher Art dient.

Im Beschluss des BFH vom 17.08.2015, VIII B 151/14 war die Rechtsfrage zu klären, ob Versicherungsansprüche gemäß § 10 Abs. 2 Satz 2 c) EStG (in der am 31.12.2004 geltenden Fassung) mehr als drei Jahre der Sicherung eines betrieblichen Kredits gedient haben, ihre Nichtssteuerbarkeit behalten, wenn später die Abtretung der Ansprüche und die Sicherungsabrede rückwirkend erfolgreich angefochten werden.

Nach der Rechtsprechung des BFH im Urteil vom 12.10.2011, VIII R 6/10 (BFH/NV 2012, 716) haben Ansprüche aus Versicherungsverträgen länger als drei Jahre der Sicherung eines betrieblichen Darlehens gedient, wenn die objektiven Umstände des Einzelfalls erkennen lassen, dass der Steuerpflichtige den Versicherungsanspruch tatsächlich zur Tilgung oder Sicherung eines Kredits „eingesetzt" hat. In dieser Entscheidung hat der BFH ausdrücklich darauf abgehoben, es komme auf die tatsächliche Verwendung der Ansprüche und nicht auf die rechtliche Wirksamkeit zugrunde liegender Abreden an (Rz. 19 des BFH-Urteils in BFH/NV 2012, 716). Von dieser Rechtsprechung ist damit offenkundig auch der im Streitfall verwirklichte Sachverhalt erfasst, dass die Abtretungs- und Sicherungsabrede nach Ablauf der Dreijahresfrist mit Rückwirkung gemäß § 142 Abs. 1 BGB angefochten werden und sich nachträglich von Beginn an zivilrechtlich als nichtig darstellen.

Damit ist die Auszahlung der Versicherungssumme zu versteuern.

21.7 Sonstige Zinserträge

Nach § 20 Abs.1 Nr. 7 sind **Erträge aus sonstigen Kapitalforderungen** jeder Art steuerpflichtig, wenn die Rückzahlung des Kapitalvermögens oder ein Entgelt für die Überlassung des Kapitalvermögens zur Nutzung zugesagt oder geleistet worden ist, auch wenn die Höhe der Rückzahlung oder des Entgelts von einem ungewissen Ereignis abhängt. Dies gilt unabhängig von der Bezeichnung und der zivilrechtlichen Ausgestaltung der Kapitalanlage.

Die Regelung des § 20 Abs. 1 Nr. 7 ist weit gefasst und gleichsam eine Art Auffangtatbestand, um sämtliche Formen von Kapitalanlagen (sog. Finanzinnovationen) erfassen zu können.

Beispiel:

Eine Bank bringt ein Wertpapier heraus, das sie als „Aktien-Wette" bezeichnet. Der Anleger zahlt pro Wertpapier 100 €. Steht der DAX (Aktienindex) zum 31.12.2015 über 7.000 Punkten, erhält der Anleger eine Rückzahlung i.h.v. 120 €. Steht der DAX unter diesem Schwellenwert, bekommt der Anleger lediglich sein Kapital zurück.

Lösung:

Derartige Wertpapiere werden als sog. Zertifikate in großem Umfang gehandelt. Hier handelt es sich um ein sog. Garantie-Zertifikat, da die Rückzahlung des Kapitals sicher ist. Wie die Bank das Wertpapier nennt, hat steuerlich keinerlei Bedeutung. Da die Bank ein Entgelt gewährt hat, handelt es sich um einen Anwendungsfall des § 20 Abs. 1 Nr. 7 EStG. Es spielt dabei keine Rolle, dass das Entgelt von einem ungewissen Ereignis (= Kurs des DAX) abhängig ist.

Unter dem Begriff der **„Kapitalforderung" i.S.v. § 20 Abs. 1 Nr. 7 EStG** ist jede auf eine Geldleistung gerichtete Forderung, ohne Rücksicht auf die Dauer der Kapitalüberlassung oder den Rechtsgrund des Anspruchs zu verstehen. Die Forderung kann sowohl vertraglicher als auch gesetzlicher, sowohl öffentlich-rechtlicher als auch privatrechtlicher Natur sein. Damit fallen z.B. folgende Erträge unter § 20 Abs. 1 Nr. 7 EStG:

- Zinsen aus Sparbriefen, Bundesschatzbriefen, Tagegeld, Festgeld, Sparbüchern, Girokonten etc.;
- Zinsen aus Unternehmensanleihen und Staatsanleihen;
- Zinsen aus Darlehen zwischen Privatpersonen;
- Verzugszinsen (z.B. verspätete Zahlung einer privaten Schadensersatzforderung);
- Prozesszinsen;
- Erstattungszinsen i.S.d. § 233a AO (vgl. § 20 Abs. 1 Nr. 7 Satz 3 EStG);
- Zinsen auf verspätete Zahlungen durch die öffentliche Hand (z.B. Rückzahlung von rechtswidrig erhobenen Anliegerbeiträgen).

Die Vorschrift des § 20 Abs. 1 Nr. 7 EStG ist im Kontext mit **§ 20 Abs. 2 Nr. 7 EStG** zu sehen. Danach gehört auch der **Gewinn aus der Veräußerung von sonstigen Kapitalforderungen jeder Art** i.S.d. Abs. 1 Nr. 7 zu den Einkünften aus Kapitalvermögen, wenn die Kapitalanlage nach dem 31.12.2008 erworben wurde (§ 52 Abs. 28 S. 16 ff. EStG). Als Veräußerung gilt nach § 20 Abs. 2 Satz 2 EStG auch die Einlösung, Rückzahlung, Abtretung oder verdeckte Einlage in eine Kapitalgesellschaft vgl. dazu BMF-Schreiben vom 09.12.2014. Zur Berechnung des Veräußerungsgewinns s. § 20 Abs. 4 EStG. Ein **Veräußerungsverlust** kann nach § 20 Abs. 6 EStG entweder bankintern bei der Berechnung der Abgeltungsteuer (vgl. § 43a Abs. 3 Satz 2 EStG) oder im Wege der Veranlagung (§ 32d Abs. 4 EStG) mit anderen Einnahmen aus Kapitalvermögen verrechnet werden (Details s. Kap. 21.3.2.1).

Die Abgrenzung zwischen Abs. 1 Nr. 7 und Abs. 2 Nr. 7 kann mitunter schwierig sein. Letztlich werden aber beide Tatbestände vergleichbar besteuert.

Beispiel:

Ein Anleger erwirbt im Januar 2012 ein Zertifikat für 10.000 €. Sollte der Rohölpreis am 31.12.2015 über 100 $ je Barrel liegen, erhält der Anleger 12.000 €. Sollte der Rohölpreis unter 100 $ je Barrel liegen, bekommt er die Rückzahlung mit den Betrag, um den der Rohölpreis die Marke von 100 $ unterschreitet; auf jeden Fall bekommt der Anleger das eingesetzte Kapital mit 4 % p.a. verzinst. Folgende Varianten sind gegeben:

a) der Rohölpreis liegt bei 120 $ (Rückzahlung 12.000 € + Zinsen 800 €),

b) der Rohölpreis liegt bei 80 $ (Rückzahlung 8.000 € + Zinsen 800 €).

> **Lösung:**
>
> Da sowohl ein Entgelt für die Überlassung des Kapitals zugesagt wurde als auch eine (zumindest teilweise) Rückzahlung des Kapitals erfolgt, fällt das Wertpapier unter die Vorschrift des § 20 Abs. 1 Nr. 7 EStG. Damit sind in beiden Varianten die Zinserträge nach § 20 Abs. 1 Nr. 7 EStG zu versteuern (Abgeltungsteuer).
>
> Die Einlösung des Wertpapiers fällt unter die Vorschrift des § 20 Abs. 2 Nr. 7 EStG. In der Variante a) erzielt der Anleger einen Veräußerungsgewinn i.H.v. (12.000 € ./. 10.000 € =) 2.000 €, der nach § 32d Abs. 1 EStG der Abgeltungsteuer unterliegt. In der Variante b) erzielt der Veräußerer einen Verlust i.H.v. (8.000 € ./. 10.000 € =) ./. 2.000 €, der unter Berücksichtigung des § 20 Abs. 6 EStG mit anderen Einnahmen aus Kapitalvermögen berechenbar ist.

Unter die Vorschrift des § 20 Abs. 2 Nr. 7 EStG fallen auch sog. **Stückzinsen**. Dies sind Zinsen, die bis zur Veräußerung wirtschaftlich entstanden aber noch nicht fällig sind und dem Erwerber gesondert in Rechnung gestellt werden können. Nach der Neufassung des § 20 Abs. 2 sind die Stückzinsen nicht mehr ausdrücklich gesetzlich geregelt. Da aber eine Veräußerung vorliegt, liegen Einkünfte nach § 20 Abs. 2 Nr. 7 EStG vor.

> **Beispiel:**
>
> Ein Anleger erwirbt am 01.01.2015 eine Schuldverschreibung für 100 € mit einem Zinssatz i.H.v. 4 % p.a. Am 30.09.2015 veräußert der Anleger das Papier für:
> a) 100 € zuzüglich gesondert ausgewiesener Stückzinsen i.H.v. (100 € × 4 % × 9 Monate/12 Monate =) 3 €;
> b) für 103 € ohne gesonderten Ausweis von Stückzinsen;
> c) für 110 €, weil der Kurswert des Wertpapiers gestiegen ist;
> d) für 98 €, weil der Kurswert des Wertpapiers gefallen ist.

> **Lösung:**
>
> Sowohl in der Variante a) als auch in der Variante b) ist der Veräußerungsgewinn nach § 20 Abs. 2 Nr. 7 EStG zu versteuern; er beläuft sich auf (103 € ./. 100 € =) 3 €.
>
> Nach der Neuregelung des § 20 Abs. 2 Nr. 7 EStG spielt es keine Rolle mehr, ob der Veräußerungsgewinn auf anteilig entstandene Zinsen oder auf einem gestiegenen/gesunkenen Kurswert beruht. Der Anleger erzielt daher in der Variante c) einen Veräußerungsgewinn i.H.v. (110 € ./. 100 € =) 10 €, der der Abgeltungsteuer unterliegt. In der Variante d) entsteht ein Veräußerungsverlust i.H.v. (98 € ./. 100 € =) ./. 2 €, der nach den allgemeinen Grundsätzen (§ 20 Abs. 6 EStG) zu behandeln ist.

Unter die Vorschrift des § 20 Abs. 1 Nr. 7 bzw. Abs. 2 Nr. 7 EStG fallen auch **Erträge ausländischer Wertpapiere**, die von unbeschränkt Steuerpflichtigen erzielt werden. Bei beschränkt Steuerpflichtigen gilt dies nur, wenn die Voraussetzungen des § 49 Abs. 1 Nr. 5 Buchstabe c) EStG erfüllt ist. Es spielt dabei keine Rolle, ob der Anleger die Wertpapiere im Depot einer deutschen oder einer ausländischen Bank hält oder die Zinsen (z.B. bei einer ausländischen Unternehmensanleihe) direkt vom Schuldner erhält. Eine ausländische Quellensteuer kann nach § 32d Abs. 5 EStG bis zur Höhe des deutschen Abgeltungsteuersatzes anzurechnen sein.

Nach Art. 11 des OECD-Musterabkommens werden Zinsen grundsätzlich im sog. DBA-Ansässigkeitsstaat (vgl. Art. 4 OECD-MA) besteuert. Der ausländische Staat darf grundsätzlich eine Quellensteuer erheben, die vom Ansässigkeitsstaat anzurechnen ist (Details s. Kap. 21.2.7).

Für **Darlehensverträge unter Familienangehörigen** gelten besonders strenge Anforderungen, da hier die Missbrauchsgefahr größer ist als unter fremden Dritten. Die Grundsätze dazu sind dem BMF-Schreiben vom 29.04.2014 und insbesondere der BFH Entscheidung vom 22.10.2013, X R 26/11 zu entnehmen.

Übungsfall 9:

Am 31.12.2013 schließen K und V einen Kaufvertrag über ein Mehrfamilienhaus. Bezüglich des Kaufpreises vereinbaren Sie, dass der Käufer am 31.12.2015 1 Mio. € zu bezahlen hat. Die Übereignung des Gebäudes erfolgt zum 01.01.2016.

Welche Folgen hat diese Vereinbarung für V?

Übungsfall 10:

Anleger A erwirbt am 01.01.2015 ein Zertifikat bei der XY-Bank für 1.000 €. Die Rückzahlung zum 31.12.2016 erfolgt in Abhängigkeit von der Ölpreisentwicklung. Stichtage sind der 01.01.2015 und der 31.12.2016.

a) A veräußert das Zertifikat am 15.08.2015 für 1.100 €.

b) Am 31.12.2016 erhält A von der XY-Bank 810 €.

Liegen steuerpflichtige Einnahmen vor? Wie kann A einen evtl. Verlust steuerlich geltend machen?

Übungsfall 11:

Anleger B zeichnet eine französische Unternehmensanleihe über 100.000 € mit einer Verzinsung von 4 % p.a. Am 13.07.2015 werden die ersten Zinsen i.H.v. 4.000 € fällig. Die französische Bank überweist die Zinsen an B und zieht dabei eine Quellensteuer i.H.v. 1.200 € ab.

Muss B die Zinsen in Deutschland versteuern und kann er ggf. die ausländische Quellensteuer angerechnet bekommen?

Übungsfall 12:

A veräußert an B am 01.07.2015 eine Anleihe im Nominalbetrag von 10.000 €, Nominalverzinsung 7 % für 10.600 €. B bezahlt an A 350 € gesondert ausgewiesene Stückzinsen. Am 31.12.2015 erhält B 700 € Zinsen für die Anleihe.

Wie sind die Stückzinsen beim Veräußerer und beim Erwerber zu behandeln?

Übungsfall 13:

Die Eltern der K schenken dieser zur Konfirmation 100 T€. Unter Einschaltung eines Ergänzungspflegers schließen die Eltern mit dem Kind einen Darlehensvertrag ab, wonach K das Darlehen dem Betrieb der Mutter gegen einen Zins i.H.v. (angemessenen) 7 % p.a. zur Verfügung stellt. Im Übrigen werden die Regeln des BGB für anwendbar erklärt. Das Darlehen wird über eine werthaltige Bürgschaft des Vaters abgesichert.

Zum 31.12.2015 zahlt die Mutter Zinsen i.H.v. 7.000 € auf das Girokonto von K und bucht die Zinsen als Aufwand ein.

Wie ist der Vorgang bei K und M zu behandeln?

22. Einkünfte aus Vermietung und Verpachtung
22.1 Überschusserzielungsabsicht (Liebhaberei)

Eine einkommensteuerrechtlich relevante Betätigung im Bereich der Vermietung und Verpachtung setzt – wie bei anderen Überschusseinkünften – die Absicht voraus, auf Dauer gesehen Überschüsse zu erzielen (vgl. BMF vom 08.10.2004, BStBl I 2004, 933). Dabei kommt es nicht darauf an, ob in einem einzelnen Jahr z.B. aufgrund Leerstands, Mietausfalls oder außergewöhnlich hoher Reparaturaufwendungen ein Verlust entsteht. Entscheidend ist, dass über die gesamte Vermietungszeit ein **Totalüberschuss** angestrebt wird (vgl. H 15.3 EStH m.w.N.). Typisierend wird dabei auf einen Zeitraum von 30 Jahren abgestellt (BMF a.a.O., Rz. 34). Entscheidend ist insofern lediglich die **Absicht** des Steuerpflichtigen, Überschüsse zu erzielen. Besteht diese Absicht, spielt es keine Rolle, ob sich später herausstellt, dass die Immobilieninvestition nicht rentabel war (BFH vom 25.06.1984, BStBl II 1984, 751).

Die Überschusserzielungsabsicht ist nur innerhalb der **relevanten Einkunftsart** zu prüfen. So dürfen bei der Frage der Überschusserzielungsabsicht im Rahmen des § 21 EStG z.B. geplante Spekulationsgewinne (§ 23 Abs. 1 S. 1 Nr. 1 EStG) nicht berücksichtigt werden (BFH vom 13.06.2005, VIII B 67/04, BFH/NV 2005, 2181).

Grundsätzlich kann davon ausgegangen werden, dass der Erwerber einer Immobilie bei einer **auf Dauer angelegten Vermietungstätigkeit** die Absicht hat, einen Überschuss der Einnahmen über die Werbungskosten zu erzielen. Daher muss z.B. der Erwerber einer Eigentumswohnung, die er vermieten möchte, dem Finanzamt nicht nachweisen, dass er die Wohnung über einen langen Zeitraum behalten möchte und einen Überschuss der Einnahmen über die Werbungskosten anstrebt.

Anders liegt es, wenn Beweisanzeichen vorhanden sind, die gegen eine Überschusserzielungsabsicht sprechen. Dies kann z.B. bei einer **Ferienwohnung** der Fall sein, die nur zeitweise vermietet, im Übrigen aber selbst genutzt wird (Details s. Kap. 22.12).

Ein Beweisanzeichen dafür, dass von Anfang an eine Überschusserzielungsabsicht nicht gegeben war, liegt auch dann vor, wenn der Steuerpflichtige innerhalb **kurzer Zeit** (bis zu fünf Jahre) seit Erwerb die Immobilie wieder veräußert oder selbst nutzt. Der Steuerpflichtige kann die Vermutung entkräften, wenn er nachweist, dass ein unerwartetes Ereignis (z.B. Finanzierungsschwierigkeiten, Ehescheidung) die Veräußerung bzw. die Selbstnutzung erzwungen hat (BMF a.a.O., Rz. 7, BFH vom 09.03.2011, IX R 50/10, BStBl II 2011, 704).

Besteht die Vermutung, dass eine Überschusserzielungsabsicht nicht vorhanden ist, wird das Finanzamt in der Regel für einen repräsentativen Zeitpunkt nur vorläufig veranlagen, bis eine endgültige Entscheidung getroffen werden kann.

Bei **verbilligter Überlassung** einer Wohnung ist nach § 21 Abs. 2 EStG bei einer Miete von weniger als 66 % der ortsüblichen Miete die Nutzungsüberlassung in einen entgeltlichen und in einen unentgeltlichen Teil aufzuteilen; hingegen gilt bei einer Miete von mindestens 66 % des ortsüblichen Niveaus die Vermietung insgesamt als entgeltlich, was zu einem vollen Werbungskostenabzug führt.

Beispiel:

Die Eltern erwerben ein Apartment. Die Werbungskosten (inklusive AfA) betragen 3.600 € pro Jahr. Sie vermieten das Apartment an ihre Tochter
a) für 160 € monatlich,
b) für 320 € monatlich.

Die ortsübliche Miete beträgt 400 € monatlich.

Lösung:
a) Die Miete beträgt 40 % des ortsüblichen Niveaus. Daher ist die Vermietung in einen entgeltlichen Teil (40 %) und einen unentgeltlichen Teil (60 %) aufzuteilen, § 21 Abs. 2 S. 1 EStG. Von den Einnahmen i.H.v. (160 € × 12 =) 1.920 € können nur 40 % der Werbungskosten, also (3.600 € × 40 % =) 1.440 € abgezogen werden. Die Vermietungseinkünfte betragen also 480 €.
b) Die Miete beträgt 80 % des ortsüblichen Niveaus. Die Vermietung gilt daher als (voll) entgeltlich, § 21 Abs. 2 S. 2 EStG. Von den Einnahmen i.H.v. (320 € × 12 =) 3.840 € können die vollen Werbungskosten i.H.v. 3.600 € abgezogen werden. Die Vermietungseinkünfte betragen also 240 €.

Ein längerer **Leerstand** einer Immobilie kann zahlreiche Ursachen haben. Es kann sein, dass der Steuerpflichtige das Objekt veräußern will, er kann die Absicht haben, die Immobilie für Familienangehörige vorzuhalten, oder es kann sein, dass er keinen geeigneten Mieter findet. Daher muss der Steuerpflichtige bei längerem Leerstand nachweisen, dass er sich ernsthaft und intensiv um eine Vermietung bemüht (z.B. Beauftragung eines Maklers, BMF a.a.O., Rz. 26; Zugeständnisse bei der Miethöhe und der Auswahl der als Mieter in Frage kommenden Personen, BFH vom 11.12.2012, BFH/NV 2013, 467). Zeigt sich, dass für das Objekt, so wie es baulich gestaltet ist, kein Markt besteht und es deshalb nicht vermietbar ist, so muss der Steuerpflichtige – will er seine fortbestehende Vermietungsabsicht belegen – zielgerichtet darauf hinwirken, unter Umständen auch durch bauliche Umgestaltungen einen vermietbaren Zustand des Objekts zu erreichen. Bleibt er untätig und nimmt den Leerstand auch künftig hin, spricht dies gegen eine Überschusserzielungsabsicht (BFH vom 25.06.2009, IX R 54/08, BStBl II 2010, 124; BFH vom 26.07.2010, IX R 49/09, BStBl II 2010, 1038).

Vermietet der Steuerpflichtige eine **Luxuswohnung**, die aufgrund ihres Zuschnitts, ihrer Ausstattung, ihrer Größe etc. nicht marktgerecht mit Gewinn vermietet werden kann, spricht dies gegen eine Überschusserzielungsabsicht (BFH vom 06.10.2004, IX R 30/03, BStBl II 2005, 386).

Übungsfall 1:		
Liegt in den folgenden Fällen Liebhaberei vor?		
	Ja	**Nein**
a) Der Steuerpflichtige erwirbt in 2016 eine Wohnung zum Kaufpreis von 200.000 €, den er in voller Höhe über einen Kredit (Zins: 1,8 % p.a.) finanziert. Für Grunderwerbsteuer, Maklergebühren und Kreditzinsen wendet er in 2016 insgesamt 20.000 € auf. Die Tilgung des Kredits dauert 30 Jahre. Die Kaltmiete in 2016 beträgt insgesamt 12.000 €.		
b) Der Steuerpflichtige erwirbt in 2013 ein unsaniertes Baudenkmal. In 2014 erfolgt eine umfangreiche Sanierung. Die Abschreibung erfolgt nach § 7i EStG. In 2016 veräußert er das Gebäude, da er anderweitige Investitionen vornimmt. Er erzielt einen erheblichen Spekulationsgewinn.		
c) Der Steuerpflichtige erwirbt in 2014 ein Mehrfamilienhaus. Fünf von acht Wohnungen konnten bis heute noch nicht vermietet werden (sog. struktureller Leerstand). Für eine Wohnung zahlt der Mieter seit Jahren keine Miete (Räumungsklage läuft).		
d) Der Steuerpflichtige erwirbt in 2015 ein Reihenhaus. Die ortsübliche Miete würde 1.000 € monatlich betragen. Er vermietet das Gebäude an seine Tochter für 450 € monatlich.		

Liegt in den folgenden Fällen Liebhaberei vor?		
	Ja	**Nein**
e) Der Steuerpflichtige gründet zusammen mit seiner Ehefrau eine OHG, deren einziger Zweck die Vermietung eines Einfamilienhauses ist. Das Einfamilienhaus wird von der OHG für 2 Mio. € erworben. Die Finanzierung erfolgt über ein Darlehen. Das Gebäude ist u.a. mit Schwimmbad, teuren Marmorböden und exklusivem Parkett ausgestattet; das Grundstück ist 12 Ar groß. Die OHG vermietet das Gebäude an den Steuerpflichtigen und seine Ehefrau für 5.000 € monatlich.		

22.2 Einkunftsart

§ 21 EStG ist **subsidiär** gegenüber anderen Einkunftsarten (§ 21 Abs. 3 EStG). Von großer praktischer Bedeutung ist vor allem der Vorrang der Einkünfte nach § 15 EStG. Vermietungseinkünfte fallen insbesondere dann unter § 15 EStG, wenn:
- ein gewerblicher Grundstückshandel vorliegt (vgl. Kap. 13.6),
- die Voraussetzungen einer Betriebsaufspaltung vorliegen (vgl. R 15.7 Abs. 5 ff. EStR),
- das Gebäude notwendiges Betriebsvermögen darstellt (R 4.2 Abs. 7 EStR sowie z.B. H 4.2 Abs. 7 „Vermietung an Arbeitnehmer"),
- die Vermietung im Rahmen einer Betriebsverpachtung erfolgt (R 16 Abs. 5 EStR) oder
- ein Mitunternehmer ein Gebäude an die Gesamthand vermietet (Sonderbetriebsvermögen – § 15 Abs. 1 Nr. 2 EStG).

Die Vermietung beweglicher Wirtschaftsgüter fällt unter § 22 Nr. 3 EStG, wobei auch diese Vorschrift wiederum subsidiär gegenüber § 15 EStG ist (vgl. § 22 Nr. 3 EStG „... soweit sie weder..."). Der Unterschied zwischen § 21 EStG und § 22 Nr. 3 EStG besteht insbesondere darin, dass Verluste im Rahmen des § 22 Nr. 3 EStG nicht mit positiven Einkünften aus anderen Einkunftsarten ausgeglichen werden dürfen (vgl. Kap. 24).

Übungsfall 2:
Irina Müller ist Zahnärztin. In 2016 errichtet sie ein Zweifamilienhaus. Das Erdgeschoss nutzt sie als Praxis. Das 1. Obergeschoss vermietet sie an eine Arzthelferin. Diese hatte von dem Neubau gehört und war begeistert, unmittelbar in der Nähe ihres Arbeitsplatzes zu wohnen. Die Vermietung erfolgt zu ortsüblichen Konditionen. Irina Müller hatte die Wohnung nur errichtet, weil nach dem gemeindlichen Bebauungsplan eine zweigeschossige Bauweise vorgesehen war und sie die Wohnung als Altersversorgung betrachtete.
Variante: Irina Müller ist Kardiologin. Sie vermietet die Wohnung an ihre Sprechstundenhilfe, damit diese in Notfällen und während des Bereitschaftsdienstes zur Verfügung steht, um die Praxis aufzuschließen und Behandlungsmaßnahmen vorzubereiten. **Welche Art von Einkünften erzielt Irina Müller? Bitte gehen Sie davon aus, dass die Steuerpflichtige die Wohnung als Privatvermögen behandeln will.**

22.3 Zufluss-/Abflussprinzip (§ 11 EStG)

Bei den Einkünften aus Vermietung und Verpachtung ist das Zufluss- und Abflussprinzip (§ 11 EStG) zu beachten (Details s. Kap. 4.). Wird die Miete innerhalb von zehn Tagen nach Ablauf eines Jahres gezahlt, greift die Zehntageregel des § 11 Abs. 1 S. 2 EStG grundsätzlich nicht, da die Miete regelmäßig jeweils zum dritten Werktag eines Monats fällig ist und somit die Fälligkeit nicht in den Zehntageszeitraum fällt (vgl. Kap. 4.1.1).

Beispiel:
Die Miete ist nach dem Mietvertrag zum dritten Werktag eines jeden Monats fällig. Der Mieter zahlt die Miete für den Monat Dezember 2015 erst am 08.01.2016.

Lösung:
Da die Miete für den Dezember bereits am 03.12.2015 fällig war, greift die Zehntageregel des § 11 Abs. 1 S. 2 EStG nicht. Der Vermieter muss die Miete im Veranlagungszeitraum 2016 versteuern.

Zahlt der Mieter die Miete für mehrere Jahre im Voraus, kann der Vermieter die Einnahmen nach § 11 Abs. 1 S. 3 EStG auf den Zeitraum gleichmäßig verteilen, für den die Vorauszahlungen geleistet werden. Dies hat insbesondere Bedeutung, wenn der Vermieter **Zuschüsse** vom Mieter oder von dritter Seite bekommt (Details s. R 21.5 EStR).

Behandlung von Zuschüssen zu einem ...	Bezuschusste Aufwendungen sind Erhaltungsaufwendungen	Bezuschusste Aufwendungen sind Anschaffungskosten/Herstellungskosten
Wirtschaftsgut des **Betriebsvermögens**	Die Erhaltungsaufwendungen sind Betriebsausgabe. Der Zuschuss stellt eine Betriebseinnahme dar.	Wahlrecht nach R 6.5 Abs. 2 EStR: Entweder Behandlung der Zuschüsse als Betriebseinnahme und Abschreibung aus den ungeminderten Anschaffungs-/Herstellungskosten. Oder erfolgsneutrale Behandlung der Zuschüsse, dann Abschreibung nur aus den um den Zuschuss verminderten Anschaffungs-/Herstellungskosten.
Wirtschaftsgut des **Privatvermögens** – Zuschuss aus öffentlichen oder privaten Mitteln (keine Mieterzuschüsse)	Die Erhaltungsaufwendungen sind nur vermindert um den Zuschuss als Werbungskosten abziehbar. Es gilt § 11 EStG. Bei Zahlung des Zuschusses in dem Jahr, in dem der Erhaltungsaufwand geleistet wird, erfolgt eine Saldierung. Bei Zahlung in einem anderen Jahr rechnet der Zuschuss im Jahr der Zahlung zu den Einnahmen nach § 21 EStG (R 21.5 Abs. 1 EStR).	Kein Wahlrecht wie beim Betriebsvermögen. Die Anschaffungs-/Herstellungskosten sind um den Zuschuss zu mindern. § 11 EStG ist nicht anzuwenden (R 21.5 EStR).

Behandlung von Zuschüssen zu einem ...	Bezuschusste Aufwendungen sind Erhaltungsaufwendungen	Bezuschusste Aufwendungen sind Anschaffungskosten/Herstellungskosten
Wirtschaftsgut des **Privatvermögens** – Mieterzuschüsse	Aus Vereinfachungsgründen sind nur die eigenen Kosten des Vermieters als Werbungskosten zu berücksichtigen (R 21.5 Abs. 3 S. 6 EStR).	Grundsätzlich Behandlung wie eine Mietvorauszahlung, da der Zuschuss i.d.R. mit der Miete verrechnet wird (R 21.5 Abs. 3 S. 1 EStR). Erfolgt die Verrechnung über einen Zeitraum von mehr als fünf Jahren, so kann (kein Zwang) der Steuerpflichtige nach § 11 Abs. 1 S. 3 EStG die Einnahmen insgesamt auf den Zeitraum gleichmäßig verteilen.
Wirtschaftsgut des **Privatvermögens** – Gegenleistung für eine Mietpreisbindung	Einnahmen nach § 21 EStG im Kalenderjahr des Zuflusses (§ 11 EStG). Verteilung nach § 11 Abs. 1 S. 3 EStG auf den Zeitraum der Bindung möglich.	

Übungsfall 3:

Alfons Pfiffig errichtet im Jahr 2016 insgesamt 40 Studentenwohnungen. Die Gemeinde G bewilligt ihm mit Bescheid vom 02.03.2016 einen Zuschuss von 15.000 € je Wohnung. Die Auszahlung erfolgt noch im selben Monat. Im Gegenzug verpflichtet sich Pfiffig, die Wohnungen für 30 Jahre ausschließlich an Studenten günstig zu vermieten. Die Wohnungen werden im November 2016 fertiggestellt (Herstellungskosten: je 80.000 €).
Wie ist der Zuschuss zu behandeln?

Werbungskosten sind grundsätzlich in dem Veranlagungszeitraum zu versteuern, in dem sie geleistet werden (§ 11 Abs. 2 EStG). Allerdings ist die **AfA** unabhängig von der Bezahlung der Anschaffungs- oder Herstellungskosten vorzunehmen, da im Bereich der Anschaffungs-/Herstellungskosten § 11 EStG nicht gilt.

Auch bei den Werbungskosten gilt nach § 11 Abs. 2 S. 2 EStG die Zehntageregel. Dies hat z.B. Bedeutung für die Zahlung von Finanzierungszinsen, da diese in der Regel mit Ablauf des Monats fällig werden. Werden Ausgaben für eine Nutzungsüberlassung von mehr als fünf Jahren im Voraus geleistet, müssen sie insgesamt auf den Zeitraum gleichmäßig verteilt werden, für den die Vorauszahlungen geleistet werden (§ 11 Abs. 2 S. 3 EStG).

Beispiel:

Ein Steuerpflichtiger schließt einen Vertrag über ein Erbbaurecht mit einer Laufzeit von 30 Jahren. Er zahlt die Erbbauzinsen für die 30 Jahre (150.000 €) in einem Betrag im Voraus. Auf dem Erbbaurechtsgrundstück errichtet der Steuerpflichtige ein Mehrfamilienhaus, das er zu Wohnzwecken vermietet.

Lösung:

Die Erbbauzinsen sind Werbungskosten, da sie gezahlt werden, um das Gebäude errichten zu können und künftig Mieteinnahmen zu erzielen. Die Vorauszahlung muss auf die Nutzungsdauer verteilt werden. Somit kann der Steuerpflichtige pro Jahr lediglich (150.000 €/30 Jahre =) 5.000 € als Werbungskosten ansetzen.

Das Gebot der Verteilung von Vorauszahlungen auf die Nutzungsdauer gilt nicht für ein **Damnum** (= Disagio), soweit dieses marktüblich ist. Als marktüblich gilt ein Damnum von nicht mehr als 5 % (siehe Kap. 4.2.2).

Übungsfall 4:

Ein Investor baut auf einem der Kirche gehörenden Grundstück zehn Reihenhäuser. Er hat mit der Kirche ein Erbbaurecht über 30 Jahre vereinbart. Den Erbbauzins für die 30 Jahre i.H.v. 1,2 Mio. € zahlt der Investor in einem Betrag am 01.01.2016. Den Erbbauzins und die Baukosten finanziert der Investor über ein Bankdarlehen (Laufzeit: zehn Jahre) i.H.v. 2,7 Mio. €. Bei der Auszahlung (01.01.2016) behält die Bank vereinbarungsgemäß ein Damnum i.H.v. 3,5 % ein.
In welcher Höhe liegen im Veranlagungszeitraum 2016 Werbungskosten vor?

22.4 Werbungskosten (allgemein)

Werbungskosten sind Aufwendungen zur Erwerbung, Sicherung und Erhaltung der Einnahmen, § 9 Abs. 1 S. 1 EStG (vgl. auch Kap. 20.8.1). Zu den Werbungskosten rechnen **insbesondere**:

- AfA für das vermietete Gebäude,
- AfA für Maschinen und Geräte (z.B. Rasenmäher),
- Finanzierungskosten (§ 9 Abs. 1 S. 3 Nr. 1 EStG):
  - Zinsen,
  - Kosten für die Eintragung einer Hypothek oder Grundschuld in das Grundbuch,
  - Damnum (maximal 5 %, im Übrigen Verteilung auf die Kreditlaufzeit, s. Kap. 22.3),
  - Bankgebühren (z.B. für Kreditprüfung, Kontoführung),
  - Erbbauzinsen.
- Erhaltungsaufwendungen (Reparaturen, Wartung etc.; zur Verteilung der Aufwendungen auf mehrere Jahre s. **§ 82b EStDV**),
- Verwaltungskosten (z.B. Hausverwaltung bei Eigentumswohnungsanlagen),
- Fahrtkosten zur Überwachung des Objekts,
- Kosten eines Inserats zur Suche eines Mieters,
- Nebenkosten, soweit sie vom Vermieter gezahlt werden (z.B. Heizung, Versicherungen, Strom, Müll, Gartenpflege; Erstattungen durch den Mieter sind als Einnahmen zu erfassen),
- Kosten eines Arbeitszimmers, in dem die Verwaltung von Immobilien erfolgt, unter den Voraussetzungen des § 9 Abs. 5 S. 1 i.V.m. § 4 Abs. 5 Nr. 6b EStG,
- Kosten für Rechtsberatung, Prozesskosten, Vermieter-Rechtsschutz, Mitgliedschaft in einem Grundbesitzer-Verein u.ä.,
- Grundsteuer (bei Umlage auf den Mieter ist die Umlage als Einnahme zu erfassen),
- Umsatzsteuer im Fall einer Option nach § 9 UStG (Vermietung an einen Unternehmer).

Werbungskosten werden nach § 9b EStG **brutto** (inklusive Umsatzsteuer) angesetzt, wenn der Steuerpflichtige keinen Vorsteuerabzug geltend machen kann.

Übungsfall 5:

Hans Murks, der keinen Vorsteuerabzug geltend machen kann, ist Eigentümer eines Mehrfamilienhauses. Im Jahr 2016 erwirbt er einen Betonmischer (betriebsgewöhnliche Nutzungsdauer: sechs Jahre), um die Außenanlagen neu zu gestalten. Am 12.05.2016 bezahlt er für das Gerät 199 € inklusive Umsatzsteuer. Außerdem erwirbt er am 20.12.2016 einen Rasenmäher (betriebsgewöhnliche Nutzungsdauer: neun Jahre) für 756 € inklusive Umsatzsteuer.
Wie hoch sind die Werbungskosten in 2016?

Werden **Renovierungsaufwendungen** während der Vermietung getätigt, so sind diese auch dann als Werbungskosten anzuerkennen, wenn der Vermieter eine Selbstnutzung der Wohnung plant (BMF vom 26.11.2001, BStBl I 2001, 868, Beck'sche Erlasse § 21/12). Wird eine Wohnung während einer Selbstnutzung renoviert und erfolgt die Renovierung im Hinblick auf eine geplante Vermietung, können die Aufwendungen regelmäßig als (vorweggenommene) Werbungskosten anerkannt werden.

Renovierungsaufwendungen, die im Hinblick auf die Veräußerung eines Gebäudes getätigt werden (z.B. Streichen der Außenfassade), können nicht als Werbungskosten im Rahmen des § 21 EStG geltend gemacht werden (BFH vom 14.12.2004, IX R 34/03, BStBl II 2005, 343). Diese Aufwendungen können allenfalls bei der Berechnung eines Spekulationsgewinns (§ 23 Abs. 1 S. 1 Nr. 1 EStG) berücksichtigt werden.

Errichtet der Steuerpflichtige **ein gemischt genutztes Gebäude** (z.B. ein Gebäude mit einer Wohnung für eigene Wohnzwecke und einer Wohnung zur Vermietung), kann er die Finanzierung des Gebäudes frei gestalten. Er kann z.B. die Aufwendungen für die selbst genutzte Wohnung mit Eigenkapital und die Aufwendungen für die vermietete Wohnung mit einem Kredit finanzieren (vgl. BMF vom 16.04.2004, BStBl I 2004, 464, Beck'sche Erlasse § 21/6). Dies ist aber mit steuerlicher Wirkung nur möglich, soweit die Baukosten der Herstellung einer bestimmten Wohnung konkret zugeordnet werden können (z.B. Innenausstattung). Die Verwaltung verlangt in diesem Fall eine gesonderte Abrechnung und die gesonderte Zahlung über ein Kreditkonto (BMF a.a.O.).

Übungsfall 6:

Die Steuerpflichtigen errichten auf einem ihnen gehörenden Grundstück ein Zweifamilienhaus. Das Gebäude wird am 01.01.2016 fertiggestellt. Wohnung 1 (78 qm) wird ab diesem Zeitpunkt selbst genutzt, Wohnung 2 (67 qm) vermietet. Die Baukosten belaufen sich auf insgesamt 756.000 €. Hierin enthalten sind Kosten für:

Erdaushub	12.000 €
Rohbau	342.000 €
Dach	53.000 €
Architekt	43.000 €
Dachrinnen etc.	9.000 €
Summe	**459.000 €**

Die 459.000 € werden über einen Kredit (Zinsen 2016: 7.180 €) sowie Eigenkapital finanziert.
Die Kosten des Innenausbaus (Türen, Fliesen, Elektriker, Installateur etc.) werden für jede Wohnung getrennt abgerechnet. Für die Wohnung 2 liegen Rechnungen über 187.000 € vor, die über ein kreditgespeistes Baufinanzierungskonto abgewickelt wurden. Für diesen Kredit fallen in 2016 Zinsen i.H.v. 3.850 € an.
Die übrigen Baukosten werden aus Eigenmitteln bestritten.
Wie hoch sind die im Rahmen des § 21 EStG abzugsfähigen Zinsen in 2016?

Die getrennte Finanzierung kann auch im Fall der Anschaffung eines Gebäudes stattfinden (BMF a.a.O.). In diesem Fall müssen aber die Anschaffungskosten im Notarvertrag aufgeteilt und separat über ein eigenständiges Darlehenskonto gezahlt werden.

Beispiel:

Der Steuerpflichtige erwirbt ein Gebäude für 300.000 €. Das Gebäude besteht aus zwei Wohnungen. Wohnung 1 ist 100 qm groß und soll zu eigenen Wohnzwecken dienen. Wohnung 2 hat eine Fläche von 50 qm und soll als Arbeitszimmer genutzt werden (§ 9 Abs. 5 S. 1, § 4 Abs. 5 Nr. 6b EStG – Mittelpunkt der gesamten betrieblichen und beruflichen Tätigkeit). Der Steuerpflichtige verfügt über

Eigenkapital i.H.v. 200.000 €. Im Übrigen soll der Kaufpreis über Kredit finanziert werden. Im notariellen Kaufvertrag wird der Gesamtkaufpreis i.H.v. 200.000 € auf Wohnung 1 und i.H.v. 100.000 € auf Wohnung 2 aufgeteilt. Die Bezahlung des Kaufpreises erfolgt zum einen über das Girokonto des Steuerpflichtigen (200.000 €) und zum anderen über ein separates Darlehenskonto (100.000 €).

Lösung:

Da die Kosten der beiden Wohnungen separat ausgewiesen werden und die Zahlungen getrennt erfolgen, kann der Steuerpflichtige das Darlehen vollständig für die Finanzierung der Wohnung 2 verwenden. Damit können die gesamten Zinsaufwendungen als Werbungskosten geltend gemacht werden.

Schuldzinsen für ein Darlehen, das zur Finanzierung einer zur Vermietung bestimmten Immobilie aufgenommen wurde, bleiben auch **nach der Veräußerung der Immobilie** als Werbungskosten bei § 21 EStG abzugsfähig, wenn und soweit der Veräußerungserlös nicht zur Tilgung der Darlehensverbindlichkeit ausreicht (z.B. bei Zwangsversteigerung) und die Absicht, Vermietungseinkünfte zu erzielen, nicht zuvor aufgegeben worden war (BMF vom 27.07.2015, BStBl I 2015, 581).

22.5 Abschreibung
22.5.1 Allgemeines
Für Zwecke der Abschreibung ist ein Gebäude in **einzelne Wirtschaftsgüter** zu zerlegen (R 4.2 Abs. 4 EStR). Denkbar sind maximal vier Wirtschaftsgüter, die sich jeweils auf eine der folgenden Nutzungsarten beziehen:
* Nutzung zu eigenen Wohnzwecken,
* Nutzung zu fremden Wohnzwecken,
* Nutzung zu eigenbetrieblichen Zwecken und
* Nutzung zu fremdbetrieblichen Zwecken.

Beispiel:

Ein Gebäude besteht aus sechs vermieteten Wohnungen sowie zwei Büro-Etagen. In der einen Etage befindet sich die Rechtsanwaltskanzlei des Vermieters, die andere Etage ist an einen Arzt vermietet.

Lösung:

Das Gebäude ist in drei Wirtschaftsgüter aufzuteilen, die (aus Sicht des Vermieters) verschiedenartig genutzt werden: Wirtschaftsgut 1 sind die sechs Wohnungen, die zu fremden Wohnzwecken dienen. Wirtschaftsgut 2 ist die Rechtsanwaltskanzlei, die eigenbetrieblich genutzt wird. Wirtschaftsgut 3 ist die Arztpraxis, die fremdbetrieblich genutzt wird. Die Unterscheidung hat insbesondere Bedeutung für die Anwendung der unterschiedlichen Abschreibungsregelungen.

Die Abschreibung **beginnt**, sobald im Fall der Anschaffung Nutzen und Lasten übergegangen sind (R 7.4 Abs. 1 EStR). Der Zeitpunkt des Übergangs von Nutzen und Lasten wird regelmäßig im Kaufvertrag festgelegt. Der Übergang von Nutzen und Lasten kann auch schon vor der Eintragung des Käufers im Grundbuch erfolgen. Im Fall der Herstellung beginnt die Abschreibung mit dem Monat, in dem das Gebäude fertiggestellt ist. Ein Gebäude ist fertiggestellt, sobald es seiner Zweckbestimmung entsprechend genutzt werden kann (H 7.4 EStH „Fertigstellung"). Eine Wohnung kann bereits dann fertiggestellt sein, wenn noch kleinere Arbeiten ausstehen (z.B. Tapeten, Lichtschalter u.ä., die der Mieter aussuchen kann).

Nach § 7 Abs. 1 S. 4 EStG ist die Abschreibung im Jahr der Anschaffung oder Herstellung zu zwölfteln (AfA pro rata temporis).

Die Abschreibung **endet**, wenn das Gebäude veräußert oder abgerissen wird (R 7.4 Abs. 8 EStR).

Erwirbt ein Steuerpflichtiger ein Gebäude **unentgeltlich** (Schenkung), kann er die AfA des Schenkers weiterführen (§ 11d EStDV). Im Fall einer Erbschaft ergibt sich dasselbe aus dem Prinzip der Gesamtrechtsnachfolge (§ 1922 BGB).

Wird in einem oder in mehreren Jahren die Geltendmachung der AfA **vergessen**, so kann diese nicht mehr nachgeholt werden (vgl. BFH vom 22.06.2010, VIII R 3/08, BStBl II 2010, 1035).

Beispiel:

Ein Steuerpflichtiger erbt von seiner Mutter eine Eigentumswohnung (Anschaffungskosten 200.000 €). Die Wohnung wurde von der Mutter bis zu deren Tod am 30.11.2014 zu eigenen Wohnzwecken genutzt. Nach dem Erbfall versucht der Steuerpflichtige die Wohnung zu vermieten. Dies gelingt ihm aber erst zum 01.02.2016. Da der Steuerpflichtige in 2014 und 2015 keine Mieteinnahmen erzielt, vergisst er, die Abschreibung der Wohnung steuerlich geltend zu machen. Die Veranlagungen 2014 und 2015 werden bestandskräftig.

Lösung:

Die Abschreibungen für 2014 und 2015 können nicht mehr nachgeholt werden. Das AfA-Volumen ist verloren (unklar insoweit H 7.4 EStH „Unterlassene oder überhöhte AfA"). In 2016 schreibt der Steuerpflichtige (200.000 € × 2 % =) 4.000 € ab.

22.5.2 AfA-Satz

Die Abschreibung kann – je nach Nutzung – nach unterschiedlichen Vorschriften erfolgen. Die Grundvorschrift ist § 7 Abs. 4 EStG. Jeder Steuerpflichtige muss mindestens die lineare AfA nach § 7 Abs. 4 EStG vornehmen (§ 7a Abs. 3 EStG). § 7 Abs. 4 EStG beinhaltet vier Tatbestände:

* **§ 7 Abs. 4 S. 1 Nr. 1 EStG** (Gebäude im Betriebsvermögen, keine Wohnzwecke, Bauantrag nach dem 31.03.1985); wurde der Kaufvertrag vor dem 01.01.2001 geschlossen bzw. im Fall der Herstellung der Bauantrag vor dem 01.01.2001 gestellt, beträgt die AfA 4 % p.a. über die gesamte Abschreibungsdauer (§ 52 Abs. 15 EStG); für die übrigen Gebäude beträgt die AfA 3 % p.a.
* **§ 7 Abs. 4 S. 1 Nr. 2 EStG** (alle Gebäude, die nicht unter § 7 Abs. 4 Nr. 1 EStG fallen); wurde das Gebäude vor dem 01.01.1925 fertiggestellt, beträgt die AfA 2,5 % p.a. über die gesamte Abschreibungsdauer; für die übrigen Gebäude beträgt die AfA 2 % p.a.
* **§ 7 Abs. 4 S. 2 EStG** (alle Gebäude mit einer kürzeren Nutzungsdauer als in § 7 Abs. 4 Nr. 1 und Nr. 2 EStG vorgesehen).
* **§ 7 Abs. 1 S. 7 i.V.m. Abs. 4 S. 3 EStG** und **§ 11c Abs. 2 EStDV** (AfaA); z.B. im Fall einer Zerstörung durch Brand, Erdbeben, Hochwasser u.ä.; nicht bei normalem Verschleiß.

Wurde das Gebäude vom Steuerpflichtigen hergestellt oder im Jahr der Fertigstellung angeschafft (= Neubauten), so kommt die degressive AfA nach § 7 Abs. 5 EStG infrage (Wahlrecht – kein Zwang), wenn die zeitlichen Voraussetzungen gegeben sind:

* **§ 7 Abs. 5 S. 1 Nr. 1 EStG** (Gebäude, die grundsätzlich die Voraussetzungen des § 7 Abs. 4 S. 1 Nr. 1 EStG erfüllen, wenn im Fall der Herstellung der Bauantrag vor dem 01.01.1994 gestellt wurde bzw. im Fall der Anschaffung der Kaufvertrag vor dem 01.01.1994 geschlossen wurde);
* **§ 7 Abs. 5 S. 1 Nr. 2 EStG** (Gebäude, die grundsätzlich die Voraussetzungen des § 7 Abs. 4 S. 1 Nr. 2 EStG erfüllen und nicht Wohnzwecken dienen, wenn im Fall der Herstellung der Bauantrag vor dem 01.01.1995 gestellt wurde bzw. im Fall der Anschaffung der Kaufvertrag vor dem 01.01.1995 geschlossen wurde);
* **§ 7 Abs. 5 S. 1 Nr. 3 EStG** (Gebäude, die grundsätzlich die Voraussetzungen des § 7 Abs. 4 S. 1 Nr. 2 EStG erfüllen und Wohnzwecken dienen, wenn im Fall der Herstellung der Bauantrag nach dem 28.02.1989 und vor dem 01.01.2006 gestellt wurde bzw. im Fall der Anschaffung der Kaufvertrag nach

dem 28.02.1989 und vor dem 01.01.2006 geschlossen wurde; je nach Datum des Bauantrags bzw. Kaufvertrags sieht das Gesetz unterschiedliche Abschreibungssätze vor (Buchstaben a) bis c)).

Als Sonderabschreibungen kommen infrage:

- § 7h EStG (Herstellungskosten für die Sanierung von Gebäuden im Sanierungsgebiet; die Anschaffungskosten des unsanierten Gebäudes sind nach § 7 Abs. 4 EStG abzuschreiben; vgl. R 7h EStR);
- § 7i EStG (Herstellungskosten für die Sanierung von Baudenkmalen; die Anschaffungskosten des unsanierten Gebäudes sind nach § 7 Abs. 4 EStG abzuschreiben; vgl. R 7i EStR).

Übungsfall 7:		
Wie hoch ist die Abschreibung in 2016?		
	§	%
1. Erwerb einer Eigentumswohnung Baujahr 1970 am 01.02.2016.		
2. Erwerb einer Eigentumswohnung Baujahr 1915 am 01.02.2016.		
3. Erwerb einer Eigentumswohnung; Fertigstellung 01.12.2004. Kaufvertrag am 05.12.2004.		
4. Erwerb einer Eigentumswohnung; Fertigstellung 01.12.2004. Kaufvertrag am 05.01.2005.		
5. Erwerb einer Eigentumswohnung; Fertigstellung 01.07.2007; Kaufvertrag 01.08.2007.		
6. Herstellung eines Bürogebäudes (Privatvermögen). Bauantrag 1993. Fertigstellung 01.12.1994.		
7. Herstellung eines Bürogebäudes (Privatvermögen). Bauantrag 2002. Fertigstellung 01.12.2003.		
8. Erwerb eines Fabrikationsgebäudes Baujahr 1876 am 01.01.2007. Bilanzierung im Betriebsvermögen.		
9. Arbeitszimmer im eigenen Einfamilienhaus. Fertigstellung und Kaufvertrag 2005.		
10. Mehrfamilienhaus: Fünf Wohnungen in 1980 errichtet; Aufstockung in 2006 um weitere zwei Wohnungen.		
11. Errichtung eines Musterhauses in einem Fertighauszentrum im Mai 2014; es steht bereits fest, dass das Gebäude im Mai 2017 abgerissen wird (Neugestaltung des Ausstellungsgeländes).		
12. Sanierung eines in 2015 erworbenen Geschäftshauses (Baujahr 1965) in einem förmlich festgelegten Sanierungsgebiet. Herstellungskosten 800.000 €. Fertigstellung Mai 2016.		

Übungsfall 8:
Versicherungsmakler A erwirbt am 30.11.2015 ein Bürogebäude (Baujahr 1890) für 200.000 € (zuzüglich 10.000 € Anschaffungsnebenkosten; die Umsatzsteuer für die Anschaffungsnebenkosten ist aus Vereinfachungsgründen außer Acht zu lassen), das über Jahrzehnte hinweg nicht mehr renoviert

worden war. Das Gebäude, das er komplett im Betriebsvermögen hält, hat eine gesamte Nutzfläche von 350 qm. Es ist als Baudenkmal förmlich ausgewiesen. Sämtliche öffentlich-rechtlichen Bescheinigungen liegen vor. In 2016 saniert A das Gebäude umfassend für 700.000 € zuzüglich Umsatzsteuer (Fertigstellung 01.12.2016; Beurteilung als Herstellungskosten). Dabei werden unter Berücksichtigung denkmalschützerischer Aspekte Fenster, Türen, Böden etc. renoviert, um das Gebäude wieder für eine künftige Büronutzung herzurichten. Außerdem wird außen am Gebäude ein Personenaufzug angebaut.

Das Erdgeschoss (150 qm) vermietet A ab 01.12.2016 für monatlich 1.500 € zuzüglich Umsatzsteuer an eine Modeboutique. Er versieht die Boutique nach den Wünschen des Mieters für 50.000 € zuzüglich Umsatzsteuer mit modischen Ladeneinbauten (Fertigstellung 01.12.2016). A und der Mieter sind sich darüber einig, dass durch den schnellen Modewechsel die Einrichtung nur fünf Jahre nutzbar sei und dann wieder erneuert werden müsse.

Das 1. Obergeschoss (150 qm) nutzt A für die Versicherungsagentur. Er lässt für 15.000 € zuzüglich Umsatzsteuer am 01.07.2016 in dem Büro eine Klimaanlage einbauen, die nach Ansicht der Hersteller eine Lebenserwartung von 15 Jahren hat.

Das Dachgeschoss (50 qm) vermietet A ab 01.12.2016 für 250 € monatlich an einen seiner Mitarbeiter, damit dieser auch außerhalb der Geschäftszeiten nach dem Büro schauen kann (Überprüfung der EDV-Anlage, Entgegennahme von Telefaxen etc.).

Wie hoch sind die Betriebseinnahmen/Betriebsausgaben des A in 2016?

22.5.3 AfA-Bemessungsgrundlage

Der Kaufvertrag über eine Immobilie muss nach § 311b BGB notariell beurkundet werden. Der Übergang des Eigentums erfolgt durch Auflassung und Eintragung im Grundbuch, §§ 873, 925 BGB (Details s. Grundbuchordnung).

Nutzt der Steuerpflichtige die Immobilie zur Erzielung von Einkünften, so sind die Anschaffungskosten die Basis (**Bemessungsgrundlage**) für die Abschreibung. Als **Anschaffungskosten** kommen insbesondere in Betracht:

- Kaufpreis
- Anschaffungsnebenkosten
  - Kosten für den Kaufvertrag (Notar),
  - Kosten (Gebühren) für die Eintragung in das Grundbuch,
  - Grunderwerbsteuer (je nach Bundesland 3,5 % bis 6,5 % des Kaufpreises),
  - Maklergebühren (regional verschieden zwischen 3 % und 6 % des Kaufpreises zuzüglich Umsatzsteuer),
  - Fahrtkosten zur Besichtigung des Objekts.

Um die Bemessungsgrundlage für die Abschreibung zu ermitteln, müssen zuerst die gesamten Anschaffungskosten berechnet werden. In einem zweiten Schritt sind dann die Anschaffungskosten auf das Gebäude und den Grund/Boden aufzuteilen.

Beispiel:

In 2016 wird in Baden-Württemberg ein Mehrfamilienhaus verkauft. Der Kaufpreis beträgt 400.000 €. Davon entfallen auf den Grund und Boden 80.000 €. Für die Vermittlung der Immobilie hat der Käufer eine Maklerprovision i.H.v. 14.280 € (inklusive Umsatzsteuer) entrichtet. Für den Kaufvertrag und die Eintragung der Eigentumsänderung ins Grundbuch fallen Gebühren i.H.v. 8.000 € an. Der Übergang von Nutzen und Lasten erfolgt zum 01.04.2016.

Lösung:

Das Gebäude ist nach § 7 Abs. 4 S. 1 Nr. 2 a) EStG mit 2 % pro rata temporis abzuschreiben. Die Bemessungsgrundlage für die AfA beträgt:

Kaufpreis	400.000 €
Makler	14.280 €
Kaufvertrag, Grundbucheintragung	8.000 €
Grunderwerbsteuer (400.000 € × 5 % =)	20.000 €
Summe	**442.280 €**
Anteil Gebäude (320/400)	353.824 €
AfA 2016 (353.824 € × 2 % × $^9/_{12}$ =)	**5.307 €**

Ist im Kaufvertrag eine Aufteilung des Kaufpreises auf das Gebäude und den Grund/Boden nicht getroffen worden oder ist die Aufteilung nicht glaubhaft, so ist zum einen der Wert des Grundstücks anhand der sog. **Bodenrichtwertkartei** der jeweiligen Gemeinde zu bestimmen. Zum anderen müssen die Gebäudeherstellungskosten anhand der **Wertermittlungsverordnung** auf das Jahr der Herstellung ermittelt und anhand des jährlich veröffentlichten Baupreisindexes auf das Anschaffungsjahr hochgerechnet werden. Im letzten Schritt sind dann die Anschaffungskosten im Verhältnis des Grundstückswerts zum Wert des Gebäudes aufzuteilen.

Vergebliche Aufwendungen (z.B. Fahrten zur Besichtigung eines Objekts, das dann nicht gekauft wird) können als Werbungskosten geltend gemacht werden (dies gilt aber z.B. nicht für einen verlorenen Kaufpreis für die Anschaffung von Grund und Boden, vgl. BFH vom 28.09.2010, IX R 37/09, BFH/NV 2011, 36).

Übungsfall 9:

Anton Gärtner erwirbt in 2016 für 160.000 € eine Eigentumswohnung mit 80 qm Wohnfläche in der Wohnungsanlage „Fliederweg" in Frankfurt. Die anteilige Grundstücksfläche beträgt 100 qm. Der Bodenwert laut Richtwertkartei beträgt 250 €/qm. Die indexierten Gebäudeherstellungskosten betragen 2.000 €/qm.

Wie hoch sind die Anschaffungskosten des Gebäudes?

Die **Herstellungskosten** (ausführlich: H 6.4 EStH) sind analog § 255 HGB zu ermitteln. Danach sind Herstellungskosten die Aufwendungen für die:

- erstmalige Herstellung,
- Erweiterung oder
- über den ursprünglichen Zustand hinausgehende wesentliche Verbesserung.

Aufwendungen für **Außenanlagen** können unter Umständen zu den Herstellungskosten eines Gebäudes rechnen:

Art der Außenanlage	Steuerliche Behandlung
Parkplatz etc. bei Gebäuden im Betriebsvermögen	H 7.1 EStH; Eigenes Wirtschaftsgut
Anlagen zur Gebäudeerschließung (Gehweg zum Haus u.ä.)	Herstellungskosten des Gebäudes
Umzäunung	H 4.2 Abs. 5 EStH; Herstellungskosten des Gebäudes
Gartenanlagen	R 21.1 Abs. 3 EStR; Eigenes Wirtschaftsgut; Abschreibung linear auf 10 Jahre

Art der Außenanlage	Steuerliche Behandlung
Sonstige Anlagen **(z.B. Hangstützmauer)**	Grundstückskosten

Vergebliche Aufwendungen können als Werbungskosten geltend gemacht werden, wenn es nicht zur Herstellung des Gebäudes kommt (z.B. Planungskosten eines Architekten) oder die Aufwendungen nicht zum Herstellungserfolg beitragen (z.B. Fehlkäufe).

Übungsfall 10:

Die Eheleute N haben im Dezember 2015 ein Dreifamilienhaus fertiggestellt, das sie vermieten wollen. Während der ganzen Bauphase (2011 bis 2015) kam es zu zahlreichen Pannen.

Architekt 1 plante 2011 ein Niedrigenergiehaus mit extrem geringer Wohnfläche. Da das Projekt nie rentabel hätte vermietet werden können, kündigten die N den Architektenvertrag und einigten sich auf eine Abstandszahlung i.H.v. 10.000 €, die sie in 2015 leisteten.

In 2012 beauftragten sie den Architekten 2, der eine völlig neue Planung erstellte, die dann auch aufgrund einer im November 2012 erteilten Baugenehmigung realisiert wurde (konventionelle Bauweise/Dreifamilienhaus). In 2014 leisteten die N an den Bauunternehmer eine Anzahlung i.H.v. 12.500 €. Bevor der Bauunternehmer mit den Arbeiten beginnen konnte, wurde über sein Vermögen das Insolvenzverfahren beantragt, das aber mangels Masse abgewiesen wurde.

Nachdem der neue Bauunternehmer in 2014 den Rohbau errichtet hatte, wurde das Kellergeschoss während eines Unwetters überflutet. Da die Baugrube noch nicht aufgefüllt war, wurden Teile der Fundamente unterspült. Die Reparatur durch Betonverpressung kostete 10.000 €. Der Schaden wurde von keiner Versicherung ersetzt.

Im Dezember 2014 erwirkte der Nachbar beim Verwaltungsgericht eine einstweilige Einstellung des Bauvorhabens wegen angeblichen Verstoßes gegen Bauvorschriften. Um einem langwierigen Prozess zu entgehen, zahlten die N an den Nachbarn 5.000 € zur Abgeltung aller Ansprüche.

Im Übrigen betrugen die Baukosten 350.000 €, in denen u.a. folgende Posten enthalten sind:

1. Architektenhonorar 2   22.500 €
2. Garage   8.000 €
3. Garagenzufahrt mit Pflastersteinen   3.000 €
4. Einbauküche (Nutzungsdauer fünf Jahre)   8.000 €
5. Kanalanschlussgebühren für den erstmaligen Anschluss an die gemeindliche Abwasserbeseitigungsanlage   2.500 €
6. Tapeten (nach Wunsch des Mieters)   3.500 €
7. Kreditvermittlungsprovision   2.000 €
8. Zimmerarbeiten (der Auftrag wurde von der S-KG, an der Herr N zu 90 % beteiligt ist, zu üblichen Preisen durchgeführt)   17.500 €
9. Fahrten zur Baustellenüberwachung (2.000 km × 0,30 €)   600 €
10. Aufwendungen für die Gartenanlage (Fertigstellung im Dezember 2015)   12.500 €

Bitte ermitteln Sie die Einkünfte für die Veranlagungszeiträume 2014 und 2015.

22.6 Anschaffungsnahe Aufwendungen (§ 6 Abs. 1 Nr. 1a EStG)

Beispiel:

Ein Steuerpflichtiger ist seit Jahrzehnten Eigentümer eines Mehrfamilienhauses. Das Gebäude wurde seit Jahren nicht mehr renoviert und befindet sich nun in einem schlechten Zustand. Der aktuelle Wert beträgt 200.000 €. Der Steuerpflichtige möchte das Gebäude veräußern. Im Hinblick auf die Veräußerung saniert er das Gebäude für 150.000 € (neue Heizung, neue Fenster, neues Dach etc.). Es gelingt ihm nun, das Gebäude für 350.000 € zu veräußern.

Lösung:

Grundsätzlich könnte der Steuerpflichtige die Sanierungsaufwendungen als Werbungskosten geltend machen. Da er bereits seit Jahrzehnten Eigentümer des Gebäudes ist, spielt die Höhe der Aufwendungen keine Rolle. Allerdings liegen Werbungskosten bei § 21 EStG nur dann vor, wenn der Steuerpflichtige die Aufwendungen tätigt, um Vermietungseinnahmen zu erzielen. Dies ist hier aber gerade nicht der Fall, da ja der Steuerpflichtige die Aufwendungen tätigt, um das Gebäude besser verkaufen zu können. Aufwendungen, die im Hinblick auf die Verwertung der Vermögenssubstanz getätigt werden, können nicht als Werbungskosten geltend gemacht werden. Auch der Erwerber kann die Renovierungsaufwendungen steuerlich nur über die AfA geltend machen, da die Sanierungskosten Teil des Kaufpreises sind.

Im Ausgangsfall könnte der Steuerpflichtige alternativ auch das Gebäude unsaniert veräußern. In diesem Fall könnte der Erwerber die Sanierungskosten als Werbungskosten geltend machen. Hier befürchtete der Gesetzgeber ein Steuersparmodell und schuf als Gegenmaßnahme die Vorschrift des § 6 Abs. 1 Nr. 1a EStG, der sowohl für Wohn- als auch für Geschäftsgebäude, sowohl für Gebäude im Privatvermögen als auch für Gebäude im Betriebsvermögen gilt.

Danach wird **Erhaltungsaufwand**, der innerhalb von **drei Jahren** nach der Anschaffung des Gebäudes anfällt, zu **Herstellungskosten** wenn (nicht: soweit) die Aufwendungen (ohne Umsatzsteuer) in diesen drei Jahren **15 % der Anschaffungskosten** übersteigen. Die Berechnung der Dreijahresfrist erfolgt nach § 108 AO i.V.m. §§ 187–193 BGB. Es kommt dabei auf die Durchführung der Arbeiten, nicht auf die Bezahlung der Handwerkerrechnung an. Basis für die 15 %-Grenze ist nach dem ausdrücklichen Gesetzeswortlaut nicht der Kaufpreis, sondern die Anschaffungskosten. Dabei ist auf die Anschaffungskosten des Gebäudes und nicht auf die Anschaffungskosten einer einzelnen Wohnung abzustellen.

Grundsätzlich werden Veranlagungen im Dreijahreszeitraum vorläufig durchgeführt. Aber selbst dann, wenn die Veranlagung im Anschaffungsjahr oder im folgenden Jahr bestandskräftig ist, können bisher anerkannte Werbungskosten rückwirkend berichtigt werden, wenn sich herausstellt, dass innerhalb des Dreijahreszeitraums die Grenze von 15 % überschritten wird.

Beispiel:

Der Steuerpflichtige erwirbt im April 2013 (= Übergang von Nutzen und Lasten) ein Gebäude für 220.000 € (gesamte Anschaffungskosten ohne Grundstück). Er tauscht in 2014 für 20.000 € ohne Umsatzsteuer die Fenster aus.
a) Im März 2016 saniert er das Dach für 25.000 € (ohne Umsatzsteuer),
b) im September 2016 saniert er das Dach für 25.000 € (ohne Umsatzsteuer).

Lösung:

Die Grenze für die anschaffungsnahen Aufwendungen liegt bei (220.000 € × 15 % =) 33.000 €. Liegt der Steuerpflichtige mit seinen Renovierungsaufwendungen innerhalb der Dreijahresfrist unter 33.000 €, so kann er die Aufwendungen als Werbungskosten geltend machen. Liegt er darüber, so müssen sämtliche Erhaltungsaufwendungen, die im Dreijahreszeitraum getätigt wurden, als Herstellungskosten behandelt werden.

a) Der Steuerpflichtige tätigt im Dreijahreszeitraum Aufwendungen i.H.v. insgesamt 45.000 € (ohne Umsatzsteuer). Dieser Betrag ist größer als 15 % der Anschaffungskosten (= 33.000 €). Damit müssen die Renovierungsmaßnahmen als Herstellungskosten behandelt werden. Sie werden nach R 7.4 Abs. 9 S. 3 EStR aus Vereinfachungsgründen so behandelt, als seien sie zu Anfang des Jahres entstanden. Damit ergibt sich folgende Abschreibung:

- Veranlagungszeitraum 2013:
  $(220.000 \ € \times 2 \ \% \times {}^{9}/_{12} =)$ 3.300 €
- Veranlagungszeitraum 2014:
  $(220.000 \ € + 20.000 \ € + 3.800 \ € \ \text{Umsatzsteuer} = 243.800 \ € \times 2 \ \% =)$ 4.876 €
- Veranlagungszeitraum 2015:
  dito   4.876 €
- Veranlagungszeitraum 2016:
  $(243.800 \ € + 25.000 \ € + 4.750 \ € \ \text{Umsatzsteuer} = 273.550 \ € \times 2 \ \% =)$ 5.471 €

b) Da der Steuerpflichtige die Grenze von 15 % nicht überschreitet, kann er in 2014 die Kosten für die neuen Fenster i.H.v. (20.000 € + 3.800 € Umsatzsteuer =) 23.800 € als Werbungskosten geltend machen. Er kann die Aufwendungen nach § 82b EStDV gleichmäßig auf bis zu 5 Jahre verteilen. Die Kosten für die Renovierung des Daches in 2016 kann er ebenfalls als Werbungskosten geltend machen. Er kann die (25.000 € + 4.750 € Umsatzsteuer =) 29.750 € wieder nach § 82b EStDV gleichmäßig auf bis zu 5 Jahre verteilen.

In die 15 %-Grenze werden nur solche Aufwendungen einbezogen, die – ohne die Vorschrift des § 6 Abs. 1 Nr. 1a EStG – als Erhaltungsaufwendungen sofort abzugsfähig wären. Aufwendungen für **Erweiterungen, Aufstockungen und Anbauten** sind stets als **Herstellungskosten** zu beurteilen (vgl. BMF vom 18.07.2003, BStBl I 2003, 386, Beck'sche Erlasse § 21/8 Rz. 17 ff.). Derartige (nachträgliche) Herstellungskosten sind im Rahmen des § 6 Abs. 1 Nr. 1a EStG nicht zu berücksichtigen.

Beispiel:

Der Steuerpflichtige erwirbt ein Gebäude für 200.000 € (Anschaffungskosten). Er baut im Jahr der Anschaffung einen Wintergarten an (50.000 € zuzüglich Umsatzsteuer) und renoviert das Gebäude im Jahr der Anschaffung für 18.000 € zuzüglich Umsatzsteuer. Weitere Renovierungsmaßnahmen werden im Dreijahreszeitraum seit Anschaffung nicht getätigt.

Lösung:

Basis für die Berechnung der 15 %-Grenze sind die Anschaffungskosten, also die 200.000 €. Bezogen auf diese Anschaffungskosten liegen die Renovierungsaufwendungen unter der Grenze von 15 %, da der Wintergarten nicht in die Grenze eingerechnet wird. Die Kosten für die Renovierung i.H.v. 18.000 € können daher im Jahr der Bezahlung (§ 11 Abs. 2 EStG) als Werbungskosten geltend gemacht werden.

Werbungskosten insoweit	**18.000 €**
Es ergibt sich im Jahr der Anschaffung folgende Abschreibung:	
Anschaffungskosten	200.000 €
nachträgliche Anschaffungskosten (50.000 € + 9.500 € Umsatzsteuer =)	59.500 €
Bemessungsgrundlage	**259.500 €**
Werbungskosten AfA (2 % × 259.500 € =)	**5.190 €**

Aufwendungen zur Beseitigung **versteckter Mängel** (z.B. feuchte Kellerwände) gehören zu den Erhaltungsaufwendungen i.S.v. § 6 Abs. 1 Nr. 1a EStG und sind daher in die 15 %-Grenze einzubeziehen (BFH vom 22.01.2003, X R 20/01, BFH/NV 2003, 763).

Lediglich **kleinere Schönheitsreparaturen**, die üblicherweise auch auf die Mieter umgelegt werden können (z.B. Streichen der Wände) werden bei der Berechnung der anschaffungsnahen Aufwendungen nicht berücksichtigt (BFH vom 25.08.2009, IX R 20/08, BStBl II 2010, 125).

22.7 Abgrenzung Erhaltungsaufwand – Herstellungsaufwand

Saniert ein Steuerpflichtiger ein Gebäude, das er innerhalb der letzten drei Jahre erworben hat, so gilt grundsätzlich für die Frage der Abgrenzung von Erhaltungsaufwand und Herstellungsaufwand die 15 %-Grenze des § 6 Abs. 1 Nr. 1a EStG (siehe oben).

Schwierig sind die Fälle, in denen der Steuerpflichtige bereits seit **vielen Jahren** Eigentümer eines Gebäudes ist und dieses umfassend saniert. In diesem Fall können die Sanierungsaufwendungen unter Umständen dazu führen, dass sie in ihrer Gesamtheit als Herstellungskosten zu beurteilen sind (ausführlich: BMF vom 18.07.2003, BStBl I 2003, 386). Dabei sind mehrere unterschiedliche Probleme zu berücksichtigen.

22.7.1 Herstellung der Funktionstüchtigkeit

Anschaffungskosten eines Gebäudes sind grundsätzlich nach § 255 HGB (analog) zu beurteilen (BMF a.a.O., Rz. 1). Zu den **Anschaffungskosten** rechnen grundsätzlich alle Aufwendungen, die erforderlich sind, um das Gebäude in einen funktionstüchtigen Zustand zu versetzen. Soweit also ein Gebäude beim Erwerb funktionsuntüchtig ist, sind die Aufwendungen zur Herstellung der Betriebsbereitschaft kein Erhaltungsaufwand.

Die Verwaltung differenziert bei der Frage der Funktionsuntüchtigkeit zwischen **objektiver** und **subjektiver** Funktionsuntüchtigkeit (BMF a.a.O., Rz. 5 ff.). Ein Gebäude ist **objektiv funktionsuntüchtig**, wenn es als solches nicht genutzt werden kann.

Beispiel:

Der Steuerpflichtige erwirbt für 160.000 € ein Gebäude, bei dem die Fenster teilweise eingeworfen wurden (Vandalismus). Außerdem ist das Dach undicht. Um das Gebäude überhaupt für Wohnzwecke nutzen zu können, muss er für 10.000 € inklusive Umsatzsteuer die Fenster teilweise austauschen lassen. Außerdem ist es erforderlich, das Dach instand zu setzen; die Kosten hierfür betragen 20.000 € inklusive Umsatzsteuer.

Lösung:

Die Baumaßnahmen waren erforderlich, um das Gebäude überhaupt in einen objektiv funktionstüchtigen Zustand zu versetzen. Sie rechnen daher zu den originären Anschaffungskosten (keine nachträglichen Anschaffungskosten); diese betragen damit (160.000 € + 10.000 € + 20.000 € =) 190.000 €.

Ein Gebäude ist **subjektiv funktionsuntüchtig**, wenn es für die konkrete Zweckbestimmung des Erwerbers nicht nutzbar ist.

Beispiel:

Ein Arzt erwirbt ein Einfamilienhaus (Anschaffungskosten 300.000 €), um dort seine Praxis einzurichten. Das Einfamilienhaus ist zwanzig Jahre alt, wurde bis zum Verkauf zu Wohnzwecken genutzt und ständig instand gesetzt. Es könnte ohne irgendwelche Reparaturen sofort als Wohnhaus genutzt werden. Da der Arzt das Gebäude aber als Praxis nutzen will, ist es für seine Zwecke im jetzigen Zustand nicht nutzbar. Der Arzt baut in das bisherige Badezimmer Toiletten für die Patienten. Die bisherigen Parkettböden werden durch einen Kunststoffboden ersetzt. Die Holzdecken werden gegen Rasterdecken mit integrierter Beleuchtung ausgetauscht etc. Die Kosten der Baumaßnahme belaufen sich auf 80.000 € inklusive Umsatzsteuer.

Lösung:

Das Gebäude war unstreitig objektiv funktionstüchtig, da es sich in einem gepflegten und technisch einwandfreien Zustand befand. Die Baumaßnahmen dienten ausschließlich dazu, das Gebäude für die Zwecke des Arztes herzurichten (subjektive Funktionsuntüchtigkeit). Daher sind die Umbaukosten als originäre Anschaffungskosten i.S.v. § 255 HGB zu beurteilen. Die Anschaffungskosten des Gebäudes belaufen sich damit auf (300.000 € + 80.000 € =) 380.000 €. Die AfA beträgt nach § 7 Abs. 4 S. 1 Nr. 1 EStG (380.000 € × 3 % =) 11.400 €.

Problematisch ist das Verhältnis zwischen den Aufwendungen zur Herstellung der Funktionstüchtigkeit und § 6 Abs. 1 Nr. 1a EStG. Da die Aufwendungen zur Herstellung der Funktionstüchtigkeit zu den originären Anschaffungskosten rechnen (keine nachträglichen Anschaffungskosten), sind sie nicht am Maßstab der 15 %-Grenze zu prüfen, denn diese bezieht sich nur auf Erhaltungsaufwendungen.

Fortsetzung des Beispiels:

Innerhalb von drei Jahren seit der Anschaffung tauscht der Arzt einige Fenster aus, da diese energetisch nicht mehr auf dem aktuellen Stand sind. Weitere Erhaltungsmaßnahmen werden in diesen drei Jahren nicht getätigt. Die Kosten für den Austausch der Fenster belaufen sich auf 20.000 € zuzüglich Umsatzsteuer.

Lösung:

Die 15 %-Grenze liegt bei (380.000 € × 15 % =) 57.000 €. Damit überschreiten die Erhaltungsaufwendungen i.H.v. 20.000 € in den ersten drei Jahren die Grenze des § 6 Abs. 1 Nr. 1a EStG nicht. Der Arzt kann daher die Aufwendungen für den Austausch der Fenster als Betriebsausgaben geltend machen. Eine Verteilung des Erhaltungsaufwands nach § 82b EStDV ist nicht möglich, da sich diese Vorschrift nur auf Wohngebäude im Privatvermögen bezieht.

22.7.2 Hebung des Standards

Führt die Sanierung eines Gebäudes dazu, dass neben der Erhaltung der Bausubstanz das Gebäude in seinem Standard erheblich verbessert wird, so führt dies nach Ansicht der Verwaltung dazu, dass die Erhaltungsaufwendungen als **(nachträgliche) Herstellungskosten** behandelt werden (BMF vom 18.07.2003 a.a.O., Rz. 9 ff.). Die Verwaltung bildet dabei drei Kategorien des Gebäude-Standards (sehr einfacher Standard, mittlerer Standard, sehr anspruchsvoller Standard).

Diese Charakterisierung stammt aus einer Zeit, in der es die gesetzliche Regelung der 15 %-Grenze in § 6 Abs. 1 Nr. 1a EStG noch nicht gab. Durch die Einführung dieser Regelung hat die Problematik der Standardhebung erheblich an Bedeutung verloren. Liegen die Aufwendungen innerhalb der ersten drei Jahre über 15 % der Anschaffungskosten, braucht die Frage der Standardhebung nicht geprüft zu werden, da dann auf jeden Fall Herstellungskosten (§ 6 Abs. 1 Nr. 1a EStG) gegeben sind. Liegen die Aufwendungen innerhalb der ersten drei Jahre unter 15 % der Anschaffungskosten, dürfte dies in aller Regel nicht ausreichen, um zu einer Standardhebung (BMF a.a.O.) zu führen.

Die Frage der Standardhebung hat daher nur noch Bedeutung für Sanierungsmaßnahmen an Gebäuden, die nicht unter § 6 Abs. 1 Nr. 1a EStG fallen, also außerhalb des Dreijahreszeitraums durchgeführt werden (siehe unten).

22.7.3 Herstellungskosten bei Gebäuden im Bestand

Bei Gebäuden, die dem Steuerpflichtigen schon mehr als drei Jahre lang gehören, führen **Erhaltungsmaßnahmen** grundsätzlich – ohne Rücksicht auf die Höhe der Aufwendungen – zu **sofort abzugsfähigen Werbungskosten** (BMF a.a.O., Rz. 27).

Beispiel:

Der Steuerpflichtige hat von seinen Großeltern ein Mehrfamilienhaus geerbt (Baujahr 1970), das über viele Jahre hinweg nicht mehr instand gesetzt wurde (Sanierungsstau). Die Herstellungskosten des Gebäudes betrugen seinerzeit (umgerechnet) 100.000 €. Das Gebäude hat heute einen Wert von 300.000 €. Der Enkel renoviert das Gebäude umfassend (neue Fassadendämmung, neues Dach, neue Fenster, neue Niedertemperatur-Heizung). Die Kosten hierfür belaufen sich auf 90.000 €.

Lösung:

Da hier die Generalüberholung des Gebäudes lediglich dazu führt, dass das Gebäude zeitgemäß nutzbar ist, kann der Enkel die 90.000 € sofort als Erhaltungsaufwand geltend machen, bzw. die Aufwendungen nach § 82b EStDV gleichmäßig auf bis zu fünf Jahre verteilen.

Herstellungskosten liegen dagegen vor, wenn das Gebäude **erweitert** wird (§ 255 Abs. 2 S. 1 HGB und BMF a.a.O., Rz. 19). Eine Erweiterung liegt in folgenden Fällen vor:

- Aufstockung oder Anbau,
- Vergrößerung der nutzbaren Fläche,
- Vermehrung der Substanz.

Im Fall nachträglicher Herstellungskosten ist zu differenzieren, ob es sich um ein Gebäude mit standardisierter Nutzungsdauer (§ 7 Abs. 4 S. 1 Nr. 1 und Nr. 2 EStG), um ein Gebäude mit kürzerer Nutzungsdauer (§ 7 Abs. 4 S. 2 EStG) oder um ein bewegliches Wirtschaftsgut handelt (vgl. R 7.4 Abs. 9 EStR sowie H 7.4 EStH „Nachträgliche Anschaffungs- oder Herstellungskosten"); die folgende Tabelle zeigt die verschiedenen Möglichkeiten:

Behandlung nachträglicher Anschaffungs- oder Herstellungskosten	
Gebäude	Die nachträglichen Anschaffungs-/Herstellungskosten werden auf die Bemessungsgrundlage (= Anschaffungskosten) aufgeschlagen; die AfA erfolgt weiter mit den standardisierten Sätzen (2 %, 2,5 %, 3 %, 4 % etc.).
Gebäude mit kürzerer Nutzungsdauer	Die nachträglichen Anschaffungs-/Herstellungskosten werden auf den Restbuchwert (= restliches AfA-Volumen) aufgeschlagen und auf die Restnutzungsdauer verteilt.
Maschinen, Betriebsvorrichtungen u.Ä.	Die nachträglichen Anschaffungs-/Herstellungskosten werden auf den Restbuchwert (= restliches AfA-Volumen) aufgeschlagen und auf die Restnutzungsdauer verteilt.

Fortführung des Beispiels:

Der Enkel baut an das Gebäude einen Wintergarten an. Dadurch entsteht in der Erdgeschosswohnung eine zusätzliche Wohnfläche von 20 qm. Die Kosten für den Anbau belaufen sich auf 50.000 € inklusive Umsatzsteuer.

> **Lösung:**
>
> Da diese Baumaßnahme zu einer Vergrößerung der nutzbaren Fläche führt, liegen (nachträgliche) Herstellungskosten vor. Damit beläuft sich die künftige AfA auf (100.000 € + 50.000 €) × 2 % = 3.000 €.

Treffen nachträgliche Herstellungskosten mit Erhaltungsaufwendungen zusammen, so sind die Erhaltungsaufwendungen (ggf. anteilig) den Herstellungskosten zuzurechnen, wenn die einzelnen Maßnahmen **bautechnisch ineinandergreifen** (BMF a.a.O., Rz. 33 ff.).

> **Fortführung des Beispiels:**
>
> Durch den Anbau des Wintergartens müssen die Regenfallrohre und Dachrinnen erneuert werden. Diese waren völlig verrostet und hätten sowieso ausgetauscht werden müssen.

> **Lösung:**
>
> Auch wenn die Regenfallrohre und Dachrinnen auch ohne den Anbau des Wintergartens hätten erneuert werden müssen, stellen die Kosten für deren Erneuerung keinen Erhaltungsaufwand dar, weil die Erneuerung bautechnisch mit dem Anbau des Wintergartens zusammenhängt. Daher müssen die Kosten für diese Reparatur den Herstellungskosten des Wintergartens zugeschlagen werden.

Herstellungskosten können ausnahmsweise auch vorliegen, wenn das **Gebäude** über den ursprünglichen Zustand hinausgehend **wesentlich verbessert** wird (§ 255 Abs. 2 HGB analog und BMF a.a.O., Rz. 25 ff.). Eine derartige wesentliche Verbesserung ist aber nur dann gegeben, wenn das Gebäude nicht nur generalüberholt wird (siehe Beispiel oben), sondern die Sanierung über eine zeitgemäße substanzerhaltende Erneuerung hinausgeht und sich damit der Gebrauchswert des Gebäudes insgesamt deutlich erhöht und für die Zukunft eine erweiterte Nutzungsmöglichkeit geschaffen wird. Dies dürfte nur bei wenigen Sanierungen der Fall sein.

> **Beispiel:**
>
> Im Betriebsvermögen eines Unternehmens befindet sich ein Bürogebäude Baujahr 1960, das seit dieser Zeit so gut wie nicht erneuert wurde. Die Büros und die Haustechnik sind technisch völlig veraltet. Das Gebäude wird völlig entkernt. Die gesamte Haustechnik wird auf den neuesten Stand gebracht (Einbau von Kabelkanälen, Einbau einer Klimaanlage, Einbau von Rasterdecken mit integrierter Beleuchtung etc.). Der gesamte Eingangsbereich wird mit hochwertigem Marmor verkleidet, sodass sich ein neuer repräsentativer Gesamteindruck ergibt.

> **Lösung:**
>
> Obwohl es sich auch in diesem Fall um die Beseitigung eines Sanierungsstaus handelt, führt die Generalüberholung doch dazu, dass aus einem bisher recht einfachen ein repräsentatives Bürogebäude mit neuestem technischem Standard entstanden ist. Damit sind die Erhaltungsaufwendungen nicht sofort abzugsfähig, sondern müssen als nachträgliche Herstellungskosten aktiviert und abgeschrieben werden. Die Grenzziehung wird hierbei in der Praxis häufig schwierig sein.

Zum Abschluss dieses Themas eine Gesamtübersicht:

Der Steuerpflichtige hat das Gebäude hergestellt oder es vor mehr als drei Jahren angeschafft:	
Baukosten liegen bei maximal 4.000 € ohne Umsatzsteuer (z.B. Einbau einer Markise)	Auf Antrag des Steuerpflichtigen stets als Erhaltungsaufwand zu behandeln (R 21.1 Abs. 2 EStR).
Das Gebäude wird erweitert	Herstellungskosten (BMF vom 18.07.2003, BStBl I 2003, 386, Rz. 19 ff.); bei bautechnischem Ineinandergreifen wird Erhaltungsaufwand ebenfalls zu Herstellungskosten (BMF a.a.O., Rz. 33 ff.).
Das Gebäude wird generalüberholt (Sanierungsstau)	Grundsätzlich Erhaltungsaufwand (BMF a.a.O., Rz. 25 ff.); bei wesentlicher Verbesserung kann ausnahmsweise Herstellungsaufwand vorliegen.
Der Steuerpflichtige hat das Gebäude innerhalb der letzten drei Jahre angeschafft:	
Reparaturaufwendungen bei einem objektiv oder subjektiv funktionsuntüchtigen Gebäude	Anschaffungskosten (BMF a.a.O., Rz. 1 ff.); dies gilt auch, wenn die Aufwendungen innerhalb von drei Jahren nach Anschaffung unter 15 % der Anschaffungskosten liegen.
Reparaturaufwendungen innerhalb von drei Jahren nach Anschaffung über 15 % der Anschaffungskosten	Herstellungskosten gemäß § 6 Abs. 1 Nr. 1a EStG. Ausgenommen sind jährlich wiederkehrende Maßnahmen (z.B. Heizungswartung).
Reparaturaufwendungen innerhalb von drei Jahren nach Anschaffung unter 15 % der Anschaffungskosten	Grundsätzlich keine Prüfung, ob Hebung des Standards vorliegt (BMF a.a.O., Rz. 38); dies gilt aber nicht für Herstellung der Funktionstüchtigkeit. Aufwendungen sind Erhaltungsaufwand.
Das Gebäude wird erweitert	Herstellungskosten.

Übungsfall 11:

Architekt Aribert Alt erwirbt im Januar 2015 ein altes Zweifamilienhaus für 140.000 € (reine Gebäudekosten inklusive Anschaffungsnebenkosten), um es zu Wohnzwecken zu vermieten. Der Vorbesitzer hatte bereits mit der Renovierung begonnen und in den Bädern die Fliesen abgeklopft sowie die Badewanne und die Waschbecken abmontiert.

In 2015 erneuert er die Fenster (18.000 € zuzüglich Umsatzsteuer) und die Bäder (13.000 € zuzüglich Umsatzsteuer).

In 2016 erneuert er die Böden und Türen für 20.000 € zuzüglich Umsatzsteuer. Außerdem bricht er in 2016 die Zwischenwand zwischen Küche und Wohnzimmer heraus (2.000 € zuzüglich Umsatzsteuer). Im Zuge dieser Maßnahme wird es notwendig, im Erdgeschoss die Wände neu zu verputzen (1.800 € zuzüglich Umsatzsteuer). An das 1. Obergeschoss baut A außerdem einen Balkon an (6.000 € zuzüglich Umsatzsteuer).
Wie sind die Kosten zu charakterisieren?

Übungsfall 12:

Alfons Glücklich (A) bekommt im August 2014 von seinen Eltern ein Dreifamilienhaus (Baujahr 1970, Herstellungskosten 150.000 €, Wohnfläche drei Wohnungen je 70 qm) mit der Auflage geschenkt, die auf dem Gebäude lastende Hypothek i.H.v. 200.000 € zu übernehmen. Der Wert des Gebäudes wurde zutreffend von einem Gutachter auf 500.000 €, der Wert des Grundstücks auf 50.000 € taxiert. Für die Übertragung fallen Anschaffungsnebenkosten (Notar etc.) i.H.v. 7.000 € (inklusive Umsatzsteuer) an. Da das Gebäude seit Jahren nur mangelhaft instand gesetzt wurde, besteht ein erheblicher Renovierungsstau. A investiert in 2014 45.000 € zuzüglich Umsatzsteuer (neue Fenster, Türen, Böden etc. für die Wohnung im Erdgeschoss), in 2015 18.000 € zuzüglich Umsatzsteuer (neue Gastherme für die Wohnung im Erdgeschoss + 1. Obergeschoss) und im Mai 2016 22.000 € zuzüglich Umsatzsteuer (neues Badezimmer für die Wohnungen Erdgeschoss + Dachgeschoss).

Bitte beurteilen Sie die einzelnen Baumaßnahmen und ermitteln Sie die AfA für A in 2016. Klären Sie bitte außerdem, ob der Vorgang grunderwerbsteuerpflichtig ist; die Grunderwerbsteuer ist bisher in den Anschaffungsnebenkosten nicht enthalten.

22.8 Ausbau von Dachgeschossen

Bei Umbau, Ausbau oder Sanierung von Dachgeschossen sind folgende Fälle zu unterscheiden (vgl. BMF vom 10.07.1996, BStBl I 1996, 689, Beck'sche Erlasse § 7/7):

Ausbau eines Dachgeschosses zu einer Wohnung	
Umbau eines bereits ausgebauten Dachgeschosses	Herstellungskosten liegen nur vor, wenn eine Hebung des Standards vorliegt (BMF vom 18.07.2003, BStBl I 2003, 386, Beck'sche Erlasse § 21/8, s. Kap. 22.7).
Ausbau eines unausgebauten Dachgeschosses (sog. Dachboden)	Es liegen Herstellungskosten vor. Wird kein neues Wirtschaftsgut i.S.v. R 4.2 Abs. 4 EStR geschaffen, erfolgt die Behandlung als nachträgliche Anschaffungskosten. Wird ein neues Wirtschaftsgut geschaffen, liegt insoweit ein Neubau vor. Für die Bemessungsgrundlage des neuen Wirtschaftsguts ist der bisherige Buchwert anteilig (nach Fläche) dem neuen Wirtschaftsgut zuzurechnen und den Ausbaukosten zuzuschlagen.
Aufstockung (z.B. bisheriges Flachdach)	Herstellungskosten; im Übrigen s. Ausbau eines unausgebauten Dachgeschosses.

Beispiel:

Der Steuerpflichtige ist Eigentümer eines Mehrfamilienhauses, das bisher ausschließlich zu fremden Wohnzwecken genutzt wurde. Das Dachgeschoss ist bisher nicht ausgebaut und wurde von den Mietern als Trockenraum genutzt (Dachboden). Der Steuerpflichtige baut den Dachboden zu einem Büro aus und nutzt die Räume künftig für seine freiberufliche Tätigkeit als Architekt.

Lösung:

Das Gebäude bestand bisher aus einem Wirtschaftsgut (fremde Wohnzwecke). Mit dem Ausbau des Dachbodens entsteht ein neues Wirtschaftsgut (eigene betriebliche Zwecke). Während das Wirtschaftsgut fremde Wohnzwecke nach § 7 Abs. 4 S. 1 Nr. 2 EStG abgeschrieben wurde, wird das neue Wirtschaftsgut nach § 7 Abs. 4 S. 1 Nr. 1 EStG mit 3 % pro Jahr abgeschrieben. Die Bemessungsgrundlage setzt sich aus den Herstellungskosten für den Ausbau des Dachbodens zuzüglich des anteiligen Buchwerts (Restwerts der Abschreibung) zusammen (vgl. BMF vom 18.07.2003 a.a.O., Rz. 9).

22.9 Neubau

Die Frage, ob bei umfassenden Baumaßnahmen an einem bestehenden Gebäude ein Neubau entsteht oder ob die Kosten als nachträgliche Herstellungskosten zu behandeln sind, hat nach Abschaffung der degressiven Gebäude-AfA (§ 7 Abs. 5 EStG) keine allzu große Bedeutung mehr. Bei Gebäuden, die nach § 7 Abs. 4 S. 1 Nr. 1 EStG a.F. mit 4 % p.a. abgeschrieben werden, kann die Entstehung eines Neubaus aufgrund von Umbau- und Sanierungsmaßnahmen dazu führen, dass die Abschreibung nach dem jetzigen § 7 Abs. 4 S. 1 Nr. 1 EStG mit 3 % p.a. erfolgen muss.

Im Bereich der §§ 7h und 7i EStG spielt diese Frage aber immer noch eine große Rolle.

Beispiel:
Ein Steuerpflichtiger erwirbt ein Gebäude (Baujahr 1750). Das Gebäude wird schon seit Jahrzehnten nicht mehr bewohnt. Das Dach ist undicht, die Dachbalken zum großen Teil verfault. Einige Geschossdecken sind durchgebrochen. Die Fenster sind bis auf wenige Ausnahmen herausgebrochen und lediglich mit Brettern vernagelt. Von der Haustechnik (Heizung etc.) ist überhaupt nichts mehr vorhanden. Ein Teil der Fassade ist bereits eingebrochen. Der Steuerpflichtige bezahlte für dieses Gebäude 20.000 € und möchte es nun umfassend für 300.000 € sanieren.

Lösung:
Die Frage ist hier, ob die Sanierung des Gebäudes unter die Vorschrift des § 7i EStG fällt. Dann müssten „Herstellungskosten für Baumaßnahmen, die nach Art und Umfang zur Erhaltung des Gebäudes als Baudenkmal oder zu seiner sinnvollen Nutzung erforderlich sind" gegeben sein. Da das Gebäude beim Erwerb so sehr abgenutzt war, das es praktisch als Gebäude nicht mehr genutzt werden konnte (Ruine, Vollverschleiß... vgl. BMF vom 18.07.2003, BStBl I 2003, 386, Beck'sche Erlasse § 21/8 Rz. 18), führen die Baumaßnahmen zu einem Neubau, der lediglich nach § 7 Abs. 4 S. 1 Nr. 2 a) EStG mit 2 % p.a. abgeschrieben werden kann. Damit ist eine Abschreibung nach § 7i EStG ausgeschlossen.

Nach BMF vom 18.07.2003 a.a.O. sowie H 7.4 EStH „Neubau" sind folgende Fallgruppen zu differenzieren:

Wann entsteht bei Sanierungsmaßnahmen ein Neubau?	
Vollverschleiß	Das Gebäude ist so sehr abgenutzt, das es unbrauchbar geworden ist. Dies ist nur der Fall, wenn das Gebäude praktisch eine Ruine ist (BFH vom 17.12.1997, X R 54/96, BFH/NV 1998, 841). Die bloße Verwahrlosung reicht hierfür nicht aus (BFH vom 13.10.1998, IX R 61/95, BStBl II 1999, 282).
Umbau, Ausbau und Modernisierung	Bei der umfassenden Sanierung eines Gebäudes kommt es nur in seltenen Fällen zur Entstehung eines Neubaus. Die Rechtsprechung (grundlegend: „Mühlenurteil", BFH vom 31.03.1992, IX R 175/87, BStBl II 1992, 808) geht nur dann von einem Neubau aus, wenn tragende Gebäudeteile (z.B. Fundamente, tragende Außen- und Innenwände, Geschossdecken und die Dachkonstruktionen) in überwiegendem Umfang ersetzt werden. Dies kann z.B. der Fall sein, wenn von einem Gebäude aus Denkmalschutzgründen lediglich die historische Fassade erhalten bleibt, die übrigen Teile aber komplett abgerissen und neu aufgebaut werden.

Anbau	Im Falle einer Aufstockung oder eines Anbaus liegt ein Neubau vor, wenn die Neubauteile mit dem bestehenden Gebäude verschachtelt sind und die Neubauteile dem Gesamtgebäude das Gepräge geben. Hierfür sind regelmäßig die Größen- und Wertverhältnisse der Alt- und Neubauteile maßgebend. Wird zum Beispiel an eine bestehende Halle mit einer Fläche von 500 qm eine weitere Halle mit 2.000 qm angebaut und werden die beiden Hallen bautechnisch zu einer Halle vereinigt, so ist insgesamt von einem Neubau auszugehen, da der Erweiterungsbau dem Gebäude das Gepräge eines Neubaus gibt (BFH vom 25.01.2007, III R 49/06, BStBl II 2007, 506 und 80).
	Ein Neubau kann auch entstehen, wenn durch den Anbau oder die Aufstockung ein neues selbständiges Wirtschaftsgut i.S.d. R 4.2 EStR geschaffen wird. Wird z.B. auf ein bisher als Werkstatt genutztes Gebäude (eigenbetriebliche Zwecke) eine Wohnung aufgesetzt (eigene Wohnzwecke), so ist die Wohnung als Neubau zu beurteilen.

Übungsfall 13:
Im Gewerbegebiet einer Großstadt steht eine alte Tabakfabrik (Baujahr 1845). Das Gebäude wird seit 30 Jahren nicht mehr zur Produktion genutzt. In 2015 erwirbt eine Baugesellschaft das stark heruntergekommene Gebäude. Die historische Ziegelfassade bleibt in Abstimmung mit dem Denkmalamt erhalten. Die Holzbalkendecken werden komplett entfernt und durch Betondecken ersetzt. An drei Seiten werden die Fundamente und die Außenwände entfernt und neu aufgebaut. Es entstehen sieben loftartige Wohnungen in einer gesuchten Industriearchitektur.   Die Baugesellschaft wirbt damit, dass die gesondert ausgewiesenen Sanierungskosten nach § 7i EStG abgezogen werden können.   Anleger A erwirbt in 2016 eine Wohnung von 80 qm für 90.000 €. Außerdem schließt er einen Werkvertrag über eine schlüsselfertige Sanierung zu einem Festpreis von 210.000 € inklusive Umsatzsteuer ab. **Nach welcher Vorschrift ist die Eigentumswohnung abzuschreiben?**

22.10 Abbruchkosten

Abbruchkosten können sofort abzugsfähiger **Aufwand** (Werbungskosten oder Betriebsausgaben) sein oder zu den **Herstellungskosten** eines Neubaus oder zu den Anschaffungskosten eines Grundstücks gehören (vgl. H 6.4 EStH „Abbruchkosten"); die einzelnen Fallvariationen zeigt die folgende Übersicht:

Steuerliche Behandlung der Abbruchkosten	
Gebäude wurde vom Steuerpflichtigen **hergestellt**	Abbruchkosten sind nachträgliche Werbungskosten bzw. Betriebsausgaben.
Gebäude wurde vom Steuerpflichtigen **erworben ohne Abbruchabsicht**	Abbruchkosten sind nachträgliche Werbungskosten bzw. Betriebsausgaben.

Gebäude wurde vom Steuerpflichtigen erworben **mit Abbruchabsicht**	Abbruchkosten stehen in engem wirtschaftlichem Zusammenhang mit der Herstellung eines neuen Wirtschaftsguts: Herstellungskosten des neuen Gebäudes. Ein solcher enger wirtschaftlicher Zusammenhang fehlt: Anschaffungskosten des Grund und Bodens.	
	Gebäude **wirtschaftlich nicht verbraucht**	Buchwert (Restwert) gehört zu den Herstellungskosten des neuen Gebäudes, wenn ein enger wirtschaftlicher Zusammenhang mit der Herstellung des neuen Gebäudes besteht.
	Gebäude **objektiv wertlos** (Ruine)	Anschaffungskosten des Grund und Bodens.

Im Falle eines **Teilabbruchs** mindert sich nach § 11c Abs. 2 EStDV die Bemessungsgrundlage erst für das folgende Wirtschaftsjahr oder Kalenderjahr.

Übungsfall 14:

M ist Eigentümer eines Mietwohngrundstücks. Am 01.01.2015 wird das Gebäude durch einen Brand völlig zerstört. Das Gebäude hatte noch einen Restwert (Buchwert) von 100.000 €. Anfang 2016 ersetzt die Gebäudebrandversicherung den ortsüblichen Neubauwert, nämlich 500.000 €. Zusätzlich leistet die Versicherung 10.000 € als Ersatz für entgangene Miete der Jahre 2015 und 2016, außerdem 25.000 € für den in 2015 erfolgten Abbruch des abgebrannten Gebäudes (Ersatz der tatsächlichen Kosten). Das Gebäude wird im Dezember 2016 fertiggestellt (Herstellungskosten 530.000 €; Bauantrag Januar 2016). In 2016 erfolgt noch keine Vermietung.
Wie hoch sind die Einkünfte der Jahre 2015 und 2016?

22.11 Vermietung an Angehörige

Bei einer Vermietung an Angehörige prüft die Verwaltung regelmäßig, ob die Vereinbarungen im Mietvertrag einem Drittvergleich standhalten und ob das Mietverhältnis auch tatsächlich wie vereinbart durchgeführt wird. Hierzu gehört insbesondere die pünktliche Zahlung der Miete und der Nebenkostenabschläge (vgl. R 21.4 EStR).

Vereinbaren Angehörige, dass die **Miete unter dem ortsüblichen Niveau** liegt, kann dies allein nicht als Indiz für einen fehlenden Fremdvergleich herangezogen werden, da für diese Fälle die ausdrückliche Regelung in § 21 Abs. 2 EStG getroffen wurde (vgl. Kap. 22.1). Es kann Angehörigen nicht zum Nachteil gereichen, wenn sie sich dem Gesetz entsprechend verhalten.

Die Grenze des § 21 Abs. 2 EStG ist auf der Basis der Warmmiete (= Kaltmiete zuzüglich der nach der Betriebskostenverordnung umlagefähigen Nebenkosten) zu ermitteln (R 21.3 EStR).

Übungsfall 15:

Die Eltern sind Eigentümer eines Apartments. Die Tochter studiert Jura. Sie erhält von den Eltern einen monatlichen Unterhalt i.H.v. 650 €. In 2016 schließen die Eltern mit der Tochter einen Mietvertrag ab. Die monatliche Miete beträgt 150 € zuzüglich 50 € Nebenkostenpauschale (Heizung, Wasser, Müll etc.). Die ortsübliche Miete beträgt laut Mietspiegel 290 €. Die umlagefähigen Kosten nach der Betriebskostenverordnung sind mit 120 € anzusetzen. Die Eltern verrechnen die Miete mit dem Unterhalt und überweisen monatlich nur noch 450 €.
Sind die Werbungskosten zu kürzen?

22.12 Vermietung von Ferienwohnungen

Bei der Vermietung von Ferienwohnungen müssen die Werbungskosten grundsätzlich auf die Zeit der Selbstnutzung und auf die Zeit der Vermietung aufgeteilt werden. Problematisch ist die Behandlung von Leerstandszeiten (vgl. BMF vom 08.10.2004, BStBl I 2004, 933, Rz. 16 ff.). Der Steuerpflichtige kann Werbungskosten für **Leerstandszeiten** nur dann geltend machen, wenn er nachweist, dass er für diese Zeit eine unbedingte Vermietungsabsicht hatte. Hierzu reicht es nicht aus, wenn er lediglich Inserate aufgibt oder die Immobilie im Internet anbietet. Ausreichend ist aber z.B., wenn er die Ferienimmobilie über einen Vermittler im Markt anbietet und die Eigennutzung für den fraglichen Zeitraum ausgeschlossen ist (BMF a.a.O.).

Übungsfall 16:

Die Steuerpflichtigen erwerben im Januar 2016 eine neu errichtete 50 qm große Ferienwohnung im Schwarzwald (Fertigstellung Januar 2016; Bauantrag März 2015). Die Anschaffungskosten des Gebäudes belaufen sich auf 100.000 €. Die Vermietung übernimmt ein örtliches Reisebüro. In 2016 verbringen die Steuerpflichtigen insgesamt sechs Wochen in der Wohnung. Für die Monate Juli und August behalten sie sich gegenüber dem Reisebüro die Selbstnutzung vor, da die Tochter mit Familie in dieser Zeit die Wohnung nutzen will. Die Tochter entscheidet sich dann aber für einen Urlaub im sonnigen Spanien. Die restliche Zeit des Jahres steht die Wohnung zur freien Vermietung, d.h. das Reisebüro kann jedem Feriengast die Wohnung anbieten. Die Wohnung lässt sich jedoch nur für insgesamt sieben Wochen vermieten (Einnahmen: 3.500 €).

In 2016 fallen folgende Aufwendungen an: Disagio 15.000 € (Kreditsumme 115.000 €; Auszahlungsbetrag 100.000 €; Laufzeit zehn Jahre; in 2016 noch keine Zinszahlung), Hausverwaltung, Heizung, Müll etc. 800 € sowie Zuführung zur Instandhaltungsrücklage 300 €.

Wie hoch sind die Einkünfte aus § 21 EStG in 2016?

Ferienwohnungen im **Ausland** werden nach den Doppelbesteuerungsabkommen regelmäßig im Belegenheitsstaat besteuert (Art. 6 OECD-Musterabkommen). Nach § 32b Abs. 1 S. 1 Nr. 3 i.V.m. Abs. 1 S. 2 Nr. 3 EStG unterliegen die Einkünfte aus der Vermietung von Immobilien im Ausland grundsätzlich dem **Progressionsvorbehalt**, soweit die Immobilie nicht in einem EU-Staat belegen ist.

22.13 Wechsel der Nutzungsart

22.13.1 Abschreibung nach Entnahme eines Gebäudes

Wird ein Gebäude aus einem Betriebsvermögen entnommen, ist ein **Entnahmegewinn** zu versteuern. Die Entnahme ist nach § 6 Abs. 1 Nr. 4 EStG mit dem Teilwert anzusetzen.

Beispiel:

Ein Gewerbetreibender erwirbt am 01.01.2007 ein Bürogebäude für 500.000 € und schreibt es in der Folgezeit nach § 7 Abs. 4 S. 1 Nr. 1 EStG mit 3 % p.a. ab. Der Buchwert beträgt zum 31.12.2016 (500.000 € abzüglich 10 Jahre × 3 % =) 350.000 €. Er entnimmt das Gebäude zum 31.12.2016 in sein Privatvermögen; der Teilwert beträgt zu diesem Zeitpunkt 450.000 €.

Lösung:

Es entsteht ein laufender Gewinn nach § 15 EStG i.V.m. § 6 Abs. 1 Nr. 4 EStG von (450.000 € ./. 350.000 € =) 100.000 €.

Die **weitere AfA** ist nach dem Teilwert (§ 6 Abs. 1 Nr. 4 EStG) oder im Fall der Betriebsaufgabe nach dem gemeinen Wert (§ 16 Abs. 3 S. 6 ff. EStG) zu bemessen (R 7.3 Abs. 6 EStR).

Fortsetzung des Beispiels:

Der Steuerpflichtige schreibt das Gebäude nach der Entnahme nach § 7 Abs. 4 S. 1 Nr. 2 a) EStG mit 2 % p.a. aus 450.000 € ab. Das AfA-Volumen beträgt 450.000 €, da die Entnahme insoweit wie eine „Veräußerung an sich selbst" zu beurteilen ist.

22.13.2 Abschreibung nach Einlage eines Gebäudes in ein Betriebsvermögen

Bei der Einlage eines Gebäudes in ein Betriebsvermögen ist zwischen dem **Einlagewert** und der **AfA-Bemessungsgrundlage** zu unterscheiden.

Einlagewert ist nach § 6 Abs. 1 Nr. 5 EStG der Teilwert. Mit diesem Wert ist das Wirtschaftsgut in der Bilanz zu aktivieren.

Die weitere **AfA** richtet sich nach § 7 Abs. 1 S. 5 EStG. **AfA-Bemessungsgrundlage** ist danach der **Einlagewert**, der sich um die bisher im Privatvermögen in Anspruch genommenen AfA, höchstens aber bis zu den fortgeführten Anschaffungs-/Herstellungskosten **mindert**; ist der Einlagewert niedriger als dieser Wert, bemisst sich die weitere AfA vom Einlagewert.

Beispiel:

Ein Steuerpflichtiger erwirbt am 01.01.2006 eine Eigentumswohnung für 100.000 € und vermietet sie zu Wohnzwecken. Er schreibt das Gebäude nach § 7 Abs. 4 S. 1 Nr. 2 a) EStG mit 2 % p.a. ab. Ab dem 01.01.2016 nutzt er die Eigentumswohnung für seine freiberufliche Tätigkeit als Architekt. Der Teilwert zu diesem Zeitpunkt wird von einem Gutachter zutreffend mit 90.000 € ermittelt (der Grundstücksanteil soll aus Vereinfachungsgründen außer Betracht bleiben).

Lösung:

Die Eigentumswohnung ist mit 90.000 € zu aktivieren. Die Abschreibung erfolgt nach § 7 Abs. 4 S. 1 Nr. 1 EStG mit 3 % p.a. Bemessungsgrundlage ist der Einlagewert (90.000 €), vermindert um die bis zum Zeitpunkt der Einlage in Anspruch genommene AfA i.H.v. (10 Jahre × 2 % × 100.000 € =) 20.000 €, aber höchstens bis zu den fortgeführten Anschaffungskosten i.H.v. (100.000 € ./. 20.000 € =) 80.000 €; anzusetzen sind hier also 80.000 €. Somit beläuft sich die Abschreibung in 2016 auf (80.000 € × 3 % =) 2.400 €.

22.13.3 Wechsel von der Selbstnutzung zur Vermietung

Nutzt der Steuerpflichtige das Gebäude zu eigenen Wohnzwecken, so kommt eine Abschreibung nicht infrage. Wechselt er zur Vermietung, so kann ab diesem Zeitpunkt AfA als Werbungskosten geltend gemacht werden. Bemessungsgrundlage sind dabei die Anschaffungskosten. Das **AfA-Volumen** während der Zeit der **Selbstnutzung** ist **verloren**. Die Abschreibung richtet sich nach den Vorschriften, die zum Zeitpunkt der Anschaffung gegolten haben.

Beispiel:

Der Steuerpflichtige erwirbt am 31.01.2003 ein in 2003 fertiggestelltes Reihenhaus für 200.000 € und nutzt es bis zum 31.12.2015 zu eigenen Wohnzwecken. Ab dem 01.01.2016 wird das Reihenhaus vermietet.

Lösung:

Der Steuerpflichtige kann ab dem 01.01.2016 AfA nach § 7 Abs. 4 S. 1 Nr. 2 a) EStG i.H.v. (200.000 €
× 2 % =) 4.000 € p.a. geltend machen. Das restliche AfA-Volumen beträgt:

Anschaffungskosten	200.000 €
verlorene AfA für die Zeit der Selbstnutzung (13 Jahre × 2 %)	./. 52.000 €
restliches AfA-Volumen	**148.000 €**

Wahlweise kann der Steuerpflichtige auch die degressive AfA in Anspruch nehmen, wenn im Zeitpunkt
der Anschaffung die Voraussetzungen des § 7 Abs. 5 EStG gegeben waren (H 7.4 EStH „AfA nach Einlage..." Beispiel 1).

Variation des obigen Beispiels:

Der Steuerpflichtige möchte nach dem Wechsel zur Vermietung das Reihenhaus degressiv abschreiben.

Lösung:

Da das Gebäude vor dem 01.01.2004 erworben wurde, kommt eine degressive AfA nach § 7 Abs. 5 S. 1
Nr. 3 b) EStG in Frage. Nach dieser Vorschrift erfolgt die Abschreibung die ersten acht Jahre mit jeweils
5 % und die darauf folgenden sechs Jahre mit jeweils 2,5 %. Damit ergibt sich für 2016 eine Abschreibung von (200.000 € × 2,5 % =) 5.000 €. Ob sich die Wahl der degressiven AfA lohnt, ist hier fraglich,
da der Steuerpflichtige für die Jahre der Selbstnutzung mehr AfA verliert als bei der linearen AfA.

22.13.4 Wechsel von der Vermietung zur Selbstnutzung

In diesem Fall entstehen keine besonderen Probleme, da die Selbstnutzung steuerlich ohne Bedeutung
ist (sog. Konsumgutlösung).

22.14 Miteigentum an einem Gebäude

Vermieten Miteigentümer ein Gebäude, so sind die Einkünfte nach §§ 179 ff. AO **einheitlich und gesondert festzustellen**. Die Einkünfte sind dabei entsprechend den Miteigentumsanteilen auf die Miteigentümer aufzuteilen. Einer anderen Aufteilung durch die Miteigentümer kann steuerlich nicht gefolgt werden
(BFH vom 18.05.2004, IX R 49/02, BStBl II 2004, 929).

Übungsfall 17:

Dr. Irina Tschekil (T) betreibt seit Jahren eine Praxis für Allgemeinmedizin. Sie lebt in eheähnlicher
Gemeinschaft mit Dr. Alexander Haid (H). Im Januar 2016 erwerben T und H ein Mehrfamilienhaus
(Baujahr 1970) mit drei Etagen zu je 100 qm für 300.000 € (Anschaffungskosten Gebäude).

T und H einigen sich folgendermaßen über die Nutzung: Im Erdgeschoss betreibt T ihre Praxis. Die
ortsübliche Miete dafür würde 700 € im Monat betragen.

Das 1. Obergeschoss wird an eine Familie für 620 € monatlich vermietet. Die Miete soll ausschließlich
dem H zustehen. Dafür darf T die Praxis unentgeltlich nutzen.

Im 2. Obergeschoss wohnen T und H. Sie haben ihre Miteigentumsanteile jeweils an den anderen
Partner für 300 € monatlich vermietet.

Bitte beurteilen Sie den Sachverhalt.

22.15 Mietereinbauten

Bei diesem Thema geht es vorwiegend um das Problem, ob Mietereinbauten dem Vermieter oder dem Mieter **wirtschaftlich zuzurechnen** sind. Die Verwaltung hat diese Frage in einem Erlass geregelt (BMF vom 15.01.1976, BStBl I 1976, 66, Beck'sche Erlasse § 7/1). Folgende Varianten sind zu unterscheiden:

Mietereinbauten		
Art des Einbaus	**Zurechnung**	**Abschreibung**
Scheinbestandteil	Mieter	Bewegliches Wirtschaftsgut
Betriebsvorrichtung	Mieter	Bewegliches Wirtschaftsgut
Sonstige Einbauten	Mieter, wenn wirtschaftlicher Eigentümer. Dies ist der Fall, wenn der Einbau während der Mietdauer wirtschaftlich verbraucht wird oder bei Beendigung ein Anspruch auf Erstattung des Wertes des Einbaus besteht.	wie Gebäude
Einbau dient unmittelbar betrieblichen Zwecken des Mieters	Mieter	wie Gebäude

22.16 Sonderthema: Geschlossene Immobilienfonds

Immobilienfonds sind Gesellschaften, an denen sich Anleger beteiligen, um in Immobilien zu investieren. Dabei ist zwischen offenen Immobilienfonds und geschlossenen Immobilienfonds zu unterscheiden.

Offene Immobilienfonds werden in der Regel in der Form einer Aktiengesellschaft geführt. Der Fonds erwirbt mit den Geldern der Anleger beliebig viele Immobilien. Die Anleger erzielen **Kapitaleinkünfte** in Form von Dividenden (§ 20 Abs. 1 Nr. 1 EStG). Der offene Immobilienfonds ist letztlich ein normaler Investmentfonds, der lediglich ganz oder überwiegend in Immobilien (statt z.B. in Aktien oder Wertpapiere) investiert (vgl. Kap. 21.4).

Dagegen handelt es sich bei einem **geschlossenen Immobilienfonds** regelmäßig um eine Personengesellschaft in der Rechtsform einer GbR, einer KG oder einer nicht gewerblich geprägten GmbH & Co. KG (§ 15 Abs. 3 Nr. 2 EStG). Bei einem geschlossenen Immobilienfonds wird in der Regel nur eine Immobilie erworben oder hergestellt und anschließend für eine gewisse Zeit vermietet. Es werden nur so viele Gesellschafter aufgenommen, wie nötig sind, um das Projekt zu finanzieren (geschlossener Kreis von Gesellschaftern). Die Gesellschafter erzielen **Vermietungseinkünfte** (§ 21 EStG), da sie lediglich vermögensverwaltend tätig werden (R 15.7 Abs. 1 EStR). Sie können auch Verluste erzielen (insbesondere in der Anfangsphase). Die Einkünfte werden auf der Ebene des Immobilienfonds ermittelt (Überschuss der Einnahmen über die Werbungskosten). Die Gesellschafter können eigene Werbungskosten als sog. Sonderwerbungskosten geltend machen (z.B. Finanzierungszinsen für den Erwerb des Immobilienfonds). Grundsätzlich muss der Fonds darlegen und ggf. beweisen, dass über die gesamte Laufzeit des Fonds ein **Totalüberschuss** erzielt werden kann (H 15.3 EStH „Verlustzuweisungsgesellschaft"). Auch wenn keine Liebhaberei gegeben ist, können die Verluste unter die Vorschrift des **§ 15b EStG** fallen (Details s. BMF vom 17.07.2007, BStBl I 2007, 542, Beck'sche Erlasse § 15b/1). Danach dürfen Verluste im Zusammenhang mit einem Steuerstundungsmodell (und ein solches ist der geschlossene Immobilienfonds) weder mit Einkünften aus Gewerbebetrieb noch mit Einkünften aus anderen Einkunftsarten ausgeglichen werden, wenn innerhalb der Anfangsphase die Summe der prognostizierten Verluste größer ist als 10 % des Eigenkapitals (§ 15b Abs. 3 EStG).

Übungsfall 18:

Das Hotel „Strandperle" am Müritzsee wurde zu DDR-Zeiten jahrzehntelang vernachlässigt. Die historische Gebäudesubstanz im Stil der sog. Bäderarchitektur war beinahe unrettbar verloren. Zuletzt diente das Haus als Erholungsheim der Nationalen Volksarmee der DDR.

In 2015 erwarb die „Strandperle GmbH & Co. KG" das Gebäude für 800.000 €. Komplementärin der KG ist eine Verwaltungs-GmbH. Kommanditisten sind die Architektin A zu 1 % und zahlreiche Kommanditisten (K2 bis K20) zu unterschiedlichen Anteilen. Einziger Geschäftszweck der KG ist die Sanierung und spätere Vermietung des Gebäudes. Die Geschäftsführung der KG teilen sich A und die GmbH. Die Laufzeit des Fonds beträgt 25 Jahre und kann verlängert werden.

In 2015 und 2016 wird das Hotel für 8 Mio. € grundlegend saniert.

Steuerberaterin S ist der KG im Januar 2015 mit einem Kapitalanteil von 100.000 € beigetreten. Das Kapital wurde voll einbezahlt. S hat die Beteiligung mittels eines Kredits finanziert.

Nach der einheitlichen und gesonderten Feststellung beträgt der Anteil der S in 2015 ./. 17.500 € und in 2016 ./. 1.500 €. Ab dem Veranlagungszeitraum 2017 ist wegen der Vermietung an eine namhafte Hotelkette mit jährlichen Überschüssen zu rechnen.

Wie hoch sind die Einkünfte der S in 2015 und 2016?

22.17 Nießbrauch (Vermietung und Verpachtung)

22.17.1 Einführung

Nach § 1030 BGB kann eine Sache in der Weise belastet werden, dass derjenige, zu dessen Gunsten die Belastung erfolgt, berechtigt ist, die **Nutzungen** der Sache zu ziehen (Nießbrauch). Der Nießbrauch kann sowohl an Sachen (z.B. Immobilien) als auch an Rechten (z.B. an Kapitalgesellschaften, Wertpapieren) bestellt werden.

Bei der Bestellung eines Nießbrauchs wird steuerlich – im Gegensatz zur Abtretung – die Einkunftsquelle übertragen.

Beispiel:

Ein Steuerpflichtiger ist Eigentümer einer vermieteten Immobilie; er

a) tritt die Mieteinnahmen ab,

b) bestellt einen Nießbrauch in Bezug auf die Mieteinnahmen.

Lösung:

a) Der Steuerpflichtige versteuert die Mieteinnahmen weiterhin. Die Abtretung stellt eine steuerlich unbeachtliche Verwendung von Einkommen dar.

b) Der Nießbraucher versteuert die Mieteinnahmen. Dadurch findet eine Verlagerung der Steuerpflicht auf den Nießbraucher statt.

Ein Nießbrauch an einer beweglichen Sache entsteht grundsätzlich durch **Einigung** und **Übergabe**, ein Nießbrauch an einem Grundstück durch **Einigung** und **Eintragung** im Grundbuch; er wirkt auch gegenüber Dritten (z.B. bleibt im Fall der Veräußerung oder Zwangsversteigerung des Grundstücks der Nießbrauch bestehen und wirksam gegenüber dem neuen Eigentümer).

22.18   Die einzelnen Nießbrauchsarten

Man unterscheidet drei Arten von Nießbrauch (vgl. BMF vom 24.07.1998, BStBl I 1998, 914, Beck'sche Erlasse § 21/2):
1. Zuwendungsnießbrauch,
2. Vorbehaltsnießbrauch sowie
3. Vermächtnisnießbrauch.

Beim **Zuwendungsnießbrauch** wird lediglich ein Nießbrauchsrecht bestellt. An den Eigentumsverhältnissen ändert sich nichts.

Beispiel:
Im Rahmen einer Ehescheidung soll der Ehemann an die Ehefrau Unterhalt i.H.v. 500 € monatlich leisten. Die Parteien einigen sich dahingehend, dass der Ehemann der Ehefrau einen Nießbrauch an einer ihm gehörenden Eigentumswohnung bestellt.

Beim **Vorbehaltsnießbrauch** wird das Eigentum an der Sache übertragen und dem bisherigen Eigentümer das Recht eingeräumt, die Früchte der Sache zu ziehen.

Beispiel:
Die Eltern übertragen im Wege der vorweggenommenen Erbfolge eine vermietete Eigentumswohnung auf ihr Kind. Das Kind räumt den Eltern im Rahmen der Übertragung einen Nießbrauch hinsichtlich der Mieterträge ein.

Der **Vermächtnisnießbrauch** ist mit dem Zuwendungsnießbrauch verwandt. Hier wird in einem Testament einem Dritten ein Nießbrauch durch die Erben eingeräumt.

Eine besondere Form des Nießbrauchs ist das **Wohnrecht**. Hier erhält der Nießbraucher das Recht, die Immobilie zu eigenen Wohnzwecken zu nutzen.

22.19   Die steuerlichen Folgen einer Nießbrauchbestellung

Steuerlich sind insbesondere vier Fragen von Bedeutung:
1. Wem sind die Einnahmen aus der Immobilie zuzurechnen?
2. Wer kann Werbungskosten geltend machen?
3. Wer kann AfA geltend machen?
4. Wie sind Ablöseleistungen zu behandeln?

Schnellübersicht Nießbrauch (BMF vom 24.07.1998 a.a.O.)		
Art des Nieß-brauchs	Problem	steuerliche Behandlung
Zuwendungsnieß-brauch	Mieteinnahmen	Der Nießbraucher versteuert die Mieteinnahmen (Rz. 14).
	AfA	Der Nießbraucher darf keine AfA abziehen, da er keine Anschaffungs-/Herstellungskosten getragen hat (Rz. 19). Der Eigentümer kann keine AfA geltend machen, da er keine Einnahmen erzielt.
	Sonstige Werbungskosten	Der Nießbraucher darf sonstige Werbungskosten abziehen, soweit er sie vertraglich oder gesetzlich (§ 1041 BGB) zu tragen hat (Rz. 21).

Art des Nieß-brauchs	Problem	steuerliche Behandlung
	Ablösung	Der Nießbraucher hat Zahlungen zur Ablösung des Nießbrauchs nicht zu versteuern. Der Eigentümer kann sie nicht als Werbungskosten abziehen; sie erhöhen auch nicht seine Anschaffungskosten (Rz. 61).
Vorbehaltsnieß-brauch	Mieteinnahmen	Der Nießbraucher erzielt Einkünfte aus Vermietung und Verpachtung (Rz. 41).
	AfA	Der Nießbraucher darf die AfA geltend machen, da er die Anschaffungs-/Herstellungskosten getragen hat (als früherer Eigentümer) und Einnahmen erzielt (Rz. 42).
	Sonstige Werbungskosten	Der Nießbraucher kann sonstige Werbungskosten nach den Grundsätzen, die für den Zuwendungsnießbrauch gelten (s.o. – Rz. 21), abziehen (Rz. 43).
	Ablösung	Zahlungen zur Ablösung des Nießbrauchs führen zu nachträglichen Anschaffungskosten des Eigentümers auf das Gebäude (Rz. 57). Veräußerungsrenten führen in Höhe ihres Barwerts zu nachträglichen Anschaffungskosten (BMF vom 11.03.2010, BStBl I 2010, 227, Beck'sche Erlasse § 10/5 Rz. 65 ff.). Der Ertragsanteil der Veräußerungsrenten kann nach § 9 Abs. 1 Nr. 1 EStG als Werbungskosten geltend gemacht werden. Die Ablösung des Nießbrauchs gegen Einmalzahlung ist beim Nießbraucher eine nicht steuerbare Vermögensumschichtung (Rz. 58). Erhält der Nießbraucher eine Veräußerungsrente als Gegenleistung für die Ablösung, muss er den Ertragsanteil nach § 22 Nr. 1 S. 3 a) bb) EStG versteuern.
Vermächtnisnieß-brauch	Mieteinnahmen	Der Nießbraucher hat die Mieteinnahmen zu versteuern (Rz. 32, 18).
	AfA	Der Nießbraucher kann keine AfA geltend machen, da er keine Anschaffungs-/Herstellungskosten getragen hat (Rz. 32).
	Sonstige Werbungskosten	Der Nießbraucher kann sonstige Werbungskosten nach den gleichen Grundsätzen wie beim Zuwendungsnießbrauch geltend machen (Rz. 32, 21).

Art des Nieß-brauchs	Problem	steuerliche Behandlung
	Ablösung	Aufwendungen zur Ablösung des Nießbrauchs sind nachträgliche Anschaffungskosten des Eigentümers (Rz. 65). Zur Behandlung von Veräußerungsrenten s.o. zum Vorbehaltsnießbrauch. Einmalzahlungen stellen beim Nießbraucher eine nicht steuerbare Vermögensumschichtung dar (Rz. 65).

Dingliche Wohnrechte werden grundsätzlich wie Nießbrauchsrechte behandelt (Rz. 33: Zuwendungswohnrecht; Rz. 49: Vorbehaltswohnrecht).

Ein obligatorischer Nießbrauchsvertrag **zwischen nahen Angehörigen** bedarf zu seiner steuerlichen Anerkennung der Schriftform (Rz. 7; bestätigt durch BFH vom 15.09.2010, X R 13/09, BStBl II 2011, 641).

Übungsfall 19:

Die Eheleute E übertragen in 2016 unentgeltlich ein vermietetes Reihenhaus auf ihre Tochter T. Gleichzeitig vereinbaren E und T die Bestellung eines Nießbrauchs zugunsten der Eltern. Das Reihenhaus (Baujahr 1963) wurde im Januar 2014 von den Eltern für 400.000 € (Gebäudekosten) erworben. In 2016 zahlen die Mieter 12.000 € Miete. Folgende Werbungskosten werden geltend gemacht: Hypothekenzinsen 4.000 €, Austausch der Heizungsanlage 20.000 €, Hausverwaltung sowie sonstige Wartung und Reparaturen 5.000 €. Sämtliche Beträge wurden von den Eltern gezahlt.
Wie ist der Sachverhalt bezüglich E und T im Jahr 2016 zu würdigen?

Übungsfall 20:

M, Vater der T, überträgt dieser im Dezember 2016 im Wege der vorweggenommenen Erbfolge ein ihm gehörendes, bisher im Rahmen seines Gewerbebetriebs (Kunststoffproduktion) genutztes Grundstück samt aufstehendem Produktionsgebäude. Das Gebäude wurde in 2012 vom Vater errichtet (Baukosten 2 Mio. €; Fertigstellung im Januar 2012; Anschaffungskosten des Grundstücks 200.000 €). M und T vereinbaren einen Nießbrauch, wonach M Grundstück und Gebäude weiterhin unentgeltlich für den Betrieb nutzen darf. Der Teilwert des Gebäudes beläuft sich in 2016 auf 2,4 Mio. €, der des Grundstücks auf 200.000 €.
Welche Folge hat die Übertragung/Nießbrauchsbestellung?

Übungsfall 21:

Die Mutter (M) schenkte in 1979 ihrer Tochter (T) eine vermietete Eigentumswohnung unter Vorbehaltsnießbrauch. M hatte die Wohnung im Januar 1974 für 110.000 € erworben (Grundstück 10.000 €, Gebäude 100.000 €) und seitdem mit 2 % jährlich abgeschrieben. Im Januar 2016 verzichtet M auf das Nießbrauchsrecht. Zu diesem Zeitpunkt ist die Wohnung 155.000 € wert (Grundstück 15.000 €, Gebäude 140.000 €). Die monatliche Miete beträgt 450 €. Im Gegenzug verpflichtet sich T, ab Januar 2016 eine Veräußerungsrente (so die ausdrückliche Vereinbarung) von monatlich 620 € an M (70. Lebensjahr vollendet) zu zahlen.
Stellen Sie bitte die Folgen für T dar.

23. Sonstige Einkünfte (§ 22 EStG)

23.1 Wiederkehrende Bezüge (§ 22 Nr. 1 EStG)

In der „letzten" Einkunftsart des EStG zusammengefasst enthalten die Regelungen der § 22 und § 23 EStG sehr unterschiedliche private Besteuerungstatbestände.

§ 22 Nr. 1, Nr. 1 a) und Nr. 5 EStG enthalten den „Kern" der wiederkehrenden Bezüge, § 22 Nr. 2 EStG regelt durch Verweis auf § 23 EStG die privaten Veräußerungsgeschäfte, Nr. 3 regelt die sonstigen Leistungen und Nr. 4 die Abgeordnetenbezüge. Nicht jeder Zufluss von regelmäßig wiederkehrenden Einnahmen führt zu steuerpflichtigen Einkünften i.S.v. § 22 Nr. 1 EStG. Es ist stets zu prüfen, ob die Einnahmen nicht ihrem Wesen nach dem nicht steuerbaren Bereich zuzuordnen sind. So sind zum Beispiel **Schadensersatzrenten** zum Ausgleich vermehrter Bedürfnisse (§ 843 BGB) weder als Leibrenten noch als sonstige wiederkehrende Bezüge steuerbar, obwohl sie ihrer äußeren Form nach wiederkehrende Leistungen sind (BMF vom 15.07.2009, BStBl II 2009, 651, Beck'sche Erlasse § 22/4).

Beispiel 1:

Der Steuerpflichtige wird bei einem Verkehrsunfall schwer verletzt. Bis zu dem Verkehrsunfall war er als freiberuflicher Arzt tätig. Von der Versicherung des Unfallgegners erhält er eine monatliche Zahlung von 3.000 €, die in Höhe von 2.500 € den Verdienstausfall ersetzt und im Übrigen zum Ausgleich vermehrter Bedürfnisse nach § 843 BGB dient.

Lösung:

Es liegen zwei unterschiedlich zu beurteilende Renten vor. Soweit die Rente den Verdienstausfall ersetzt, liegt eine Schadensersatzleistung vor, die nach § 24 Nr. 1 a) i.V.m. § 18 EStG zu versteuern ist. Soweit die Rente dem Ausgleich vermehrter Bedürfnisse nach § 843 BGB dient, ist sie nicht steuerbar (BMF vom 15.07.2009 a.a.O. mit Hinweisen auf die Rechtsprechung).

Beispiel 2:

Der Ehemann der Steuerpflichtigen ist an den Folgen eines ärztlichen Fehlers im April 2015 verstorben. Die Versicherung des Arbeitgebers des behandelnden Arztes zahlte der Klägerin aufgrund eines im Oktober 2015 geschlossenen Vergleichs ab dem Todestag des Ehemannes eine Schadensersatzrente nach § 844 Abs. 2 des BGB i.H.v. 1.022,58 €. Von der monatlichen Zahlung entfiel ein Betrag in Höhe von 664,68 € auf den materiellen Unterhaltsschaden und 357,90 € auf den Haushaltsführungsschaden. Sind die laufenden Einnahmen steuerbar?

Lösung:

Nach BFH vom 26.11.2008, X R 31/07 zur Frage, ob eine Schadensersatzrente nach § 844 Abs. 2 BGB, die den durch den Tod des Ehegatten eingetretenen materiellen Unterhaltsschaden ausgleicht der Einkommensteuerpflicht nach § 22 Nr. 1 EStG unterliegt sind die Zahlungen nicht steuerbar. Der Besteuerungstatbestand des § 22 Nr. 1 EStG ist nur dann erfüllt, wenn die Leistungen andere steuerbare Einnahmen ersetzen, im Falle der Korrespondenz (Realsplitting, dauernde Last) unabhängig von der Geltung eines allgemeinen Prinzips, sowie in Fällen, in denen die Zahlungen einen Zinsanteil enthalten. Eine Steuerbarkeit wegen der äußeren Form kennt das Einkommensteuerrecht nicht. Ist eine Leistung als Einmalzahlung nicht steuerbar, wird sie es nicht dadurch, dass sie als zeitlich gestreckt vereinbart wird. Die Unterhaltsrente nach § 844 Abs. 2 BGB ist nicht steuerbar, da sie lediglich den durch das schädigende Ereignis entfallenden, nicht steuerbaren Unterhaltsanspruch ausgleicht (§ 12 Nr. 1 und 2 EStG) und nicht Ersatz für entgangene oder entgehende Einnahmen i.S.d. in § 2 Abs. 1 Satz 1 Nr. 1 bis 7 EStG genannten Einkunftsarten gewährt (vgl. § 24 Nr. 1 Buchst. a EStG).

Nicht steuerbar sind z.B. auch wiederkehrende Bezüge, die im Rahmen des § 33a Abs. 1 EStG als **Unterhalt** gezahlt werden.

> **Beispiel:**
>
> Im Rahmen einer Ehescheidung verpflichtet sich M, an F einen Unterhalt i.H.v. monatlich 800 € zu bezahlen. F weigert sich die Zustimmung zum Realsplitting (§ 10 Abs. 1a Nr. 1 EStG) zu erteilen.

> **Lösung:**
>
> Unabhängig davon, ob M die Unterhaltsleistungen nach § 33a Abs. 1 EStG abziehen kann (dies kann z.B. aufgrund eines Vermögens der F von > 15.500 € bzw. Einkünften von > 624 € ganz oder teilweise ausgeschlossen sein), muss F die Unterhaltsleistungen nicht versteuern.

Insbesondere im Bereich der Sozialversicherung sind Bezüge zwar steuerbar, unter Umständen aber nach § 3 EStG steuerfrei (z.B. Leistungen der Pflegeversicherung nach § 3 Nr. 1 a) EStG oder bestimmte Leistungen des Arbeitgebers an bestimmte Dienstleister vgl. § 3 Nr. 34a EStG).

23.2   Einkünfte aus Leibrenten

Nach § 22 Nr. 1 Satz 3 a) EStG sind Einkünfte aus Leibrenten grundsätzlich steuerbar. Dabei ist aber aus historischen Gründen zu differenzieren.

23.2.1   Sozialversicherung etc.

Bis zum Veranlagungszeitraum 2004 wurde zwischen privaten Leibrenten (z.B. aus einer Kapitallebensversicherung) und Renten aus der gesetzlichen Sozialversicherung grundsätzlich nicht differenziert. Beide wurden mit dem sog. Ertragsanteil besteuert. Die Beamtenpension wurde hingegen – abgesehen von der Berücksichtigung eines Versorgungsfreibetrags – nahezu voll besteuert. Nachdem das BVerfG in der Grundsatzentscheidung vom 06.03.2002 dieses System für verfassungswidrig erklärte, wurden durch die Regelungen des Alterseinkünftegesetzes die Regeln zur Besteuerung der Alterseinkünfte des EStG mit Wirkung ab dem Veranlagungszeitraum 2005 völlig neu gestaltet (ausführlich: BMF vom 13.09.2010, BStBl I 2010, 681, geändert durch BMF vom 19.08.2013, BStBl I 2013, 1087 und BMF vom 10.01.2014, BStBl I 2014, 70, insgesamt derzeit Beck'sche Erlasse § 10/9).

Nach § 22 Nr. 1 Satz 3 a) aa) EStG werden ab dem Veranlagungszeitraum 2005:

- Renten aus der gesetzlichen Sozialversicherung,
- Renten aus landwirtschaftlichen Alterskassen,
- Renten aus berufsständischen Versorgungseinrichtungen (z.B. Versorgungswerke der Architekten, Rechtsanwälte, Steuerberater oder Ärzte) sowie
- Renten aus sog. Rürup-Verträgen (§ 10 Abs. 1 Nr. 2b) EStG)

grundsätzlich (wie Beamtenpensionen) voll besteuert. Um eine erneute Verfassungswidrigkeit zu vermeiden, konnte die volle sog. nachgelagerte Besteuerung nicht sofort beginnen mit dem Veranlagungszeitraum 2005 eingeführt werden. Der Besteuerungsanteil der Rente wird nun im Veranlagungszeitraum 2005 beginnend mit 50 % besteuert. Beim Beginn der Rente 2006 beträgt der Besteuerungsanteil 52 %, beim Beginn der Rente im Jahr 2007 dann 54 % usw. bis schließlich die Rente, die im Jahr 2040 beginnt, voll nachgelagert also zu 100 % besteuert wird (vgl. Tabelle in § 22 Nr. 3 S. 1 a) aa) EStG). Dieses Prinzip wird als sog. **Kohortenprinzip** bezeichnet, da bis 2039 jede Rentnergeneration einen eigenen Besteuerungsanteil hat. Der **steuerpflichtige Teil einer Rente** wird in drei Stufen ermittelt:

1. Im Jahr des Beginns der Rente wird der steuerfreie Anteil der Rente nach der Tabelle in § 22 Nr. 1 Satz 3a) aa) EStG ermittelt (z.B. Rentenbeginn in 2015: Besteuerungsanteil 70 % – steuerfreier Anteil 30 %);

2. in dem Jahr, das auf den Beginn der Rente folgt, wird der steuerfreie Anteil im Wege eines Freibetrages ermittelt (§ 22 Nr. 1 Satz 3a) aa) Satz 4 ff. EStG);

3. ab dem folgenden Jahr wird der festzuschreibende Freibetrag von dem vollen Betrag der Rente abgezogen.

Dieses dreistufige Verfahren führt dazu, dass künftige Rentenerhöhungen voll versteuert werden. Der steuerfreie Teil der Rente ändert sich bei regulären (also inflationsbedingten) Rentenerhöhungen nicht (vgl. Satz 7). Ändert sich das Rentenrecht (z.B. Tod des Ehegatten), so wird der Freibetrag verhältnismäßig angepasst.

Beispiel:

Der Rentner B (geb. 20.08.1939) erhält seit dem 01.09.2002 von der LVA (gesetzlich) eine monatliche Altersrente von 1.000 €.

Lösung:

Bis zum Veranlagungszeitraum 2004 richtete sich die Besteuerung mit dem Ertragsanteil nach dem Lebensalter bei Beginn der Rente im Jahr 2002. Dieser betrug nach der damaligen Rechtslage hier 29 %. Somit musste er 29 % von 12.000 € im Veranlagungszeitraum 2004 mithin 3.480 € abzüglich eines Werbungskostenpauschbetrags i.H.v. 102 € der Besteuerung unterwerfen. Seit dem Veranlagungszeitraum 2005 ist der Besteuerungsanteil zu ermitteln. Dieser beträgt bei einem Rentenbeginn bis 2005 also auch hier 50 %. Somit beträgt der steuerfreie Teil auch 50 %. Es bleiben bei den sog. Bestandsrentnern (Rentner deren Rentenbeginn vor 2005 lag) stets 50 % der Rente des Jahres 2005 steuerfrei. Hier somit 50 % von 6.000 €. Nach Berücksichtigung des Werbungskostenpauschbetrags i.H.v. 102 € unterliegen somit seit 2005 bei ihm 5.898 € der Besteuerung.

Bis zum Veranlagungszeitraum 2004 wurde bei der Besteuerung differenziert, wenn z.B. einer Rente wegen teilweiser Erwerbsminderung eine Altersrente folgte. Ab dem Veranlagungszeitraum 2005 spielt dies grundsätzlich keine Rolle mehr. Entscheidend ist lediglich, dass die Rente aus derselben Versicherung (z.B. gesetzliche Sozialversicherung) gezahlt wird. Zum Rentenbeginn bei Erwerbsminderungsrenten nach vorherigem Bezug erstattungspflichtigen Krankengeldes vgl. BFH vom 09.12.2015, X R 30/14.

23.2.2 Private Leibrenten

Alle Leibrenten, die nicht unter die Regelung in § 22 Nr. 1 Satz 3 a) aa) EStG fallen, werden nach § 22 Nr. 1 Satz 3 a) bb) EStG (weiterhin) mit dem **Ertragsanteil** besteuert. Der Ertragsanteil ergibt sich aus der gesetzlichen Tabelle. Handelt es sich nicht um eine lebenslange Rente (Leibrente), sondern um eine zeitlich begrenzte Rente (**abgekürzte Leibrente**), so ist der Ertragsanteil nach **§ 55 EStDV** zu ermitteln.

Unter die Vorschrift des § 22 Nr. 1 Satz 3 a) bb) EStG fallen insbesondere **Leibrenten aus klassischen Rentenversicherungen oder auch Renten aus einer (Kapital-)Lebensversicherung** (unabhängig davon, ob es sich um eine Kapitallebensversicherung mit Rentenwahlrecht oder um eine reine Rentenversicherung handelt und unabhängig davon, wann die Rentenversicherung abgeschlossen wurde (Details s. Kap. 21.6)).

Riester-Renten sowie **Renten aus einer betrieblichen Altersversorgung** fallen nicht unter § 22 Nr. 1 Satz 3 a) bb) EStG, sondern werden nachgelagert in vollem Umfang versteuert (§ 22 Nr. 5 EStG – s. Kap. 23.2.8).

Übungsfall 1:

Eckhardt Blau (B) war 40 Jahre bei der Firma Sanitär Röhrich als Geselle angestellt. Im September 2009 geht er mit Vollendung des 65. Lebensjahres in Rente. Er bekommt eine Sozialversicherungsrente i.H.v. 986 € monatlich. Zusätzlich bekommt er aus einer betrieblichen Zusage monatlich 112 €.

Bereits im Juli war eine Lebensversicherung fällig, die Eckhardt 1980 abgeschlossen hatte und mit privaten Beiträgen auffüllte (keine betriebliche Altersversorgung). Aus dieser Lebensversicherung erhält er ab Juli 2009 monatlich 230 €.

Ab August 2010 steigt die Rente auf 1.004 €. Ab Januar 2011 steigt die Rente auf 1.025 €.

Wie sind die Renten in 2009, 2010, 2011, 2014 und 2015 zu versteuern?

Übungsfall 2:

Dieter Schnell ist seit Jahrzehnten als Lkw-Fahrer tätig. Im Jahr 2008 wird er berufsunfähig und bekommt ab Januar 2008 eine Rente wegen verminderter Erwerbsfähigkeit i.H.v. 1.000 € monatlich. Diese Rente fällt ab dem Jahr 2010 weg.

Ab Januar 2010 bekommt Schnell statt dessen eine Altersrente i.H.v. 1.200 € monatlich. Ab Januar 2011 steigt die Rente aufgrund einer allgemeinen Erhöhung auf 1.230 €.

Wie ist die Rente im Veranlagungszeitraum 2008–2012 und 2015 zu versteuern?

23.2.3 Veräußerungsrenten

Ein weiterer wichtiger Anwendungsfall des § 22 Nr. 1 Satz 3 a) bb) EStG sind die **Veräußerungsrenten** (ausführlich: BMF vom 11.03.2010, BStBl I 2010, 227, Beck'sche Erlasse § 10/5 Rz. 65 ff.).

Bei der **Abgrenzung der Veräußerungsrente von den Versorgungsrenten/Versorgungsleistungen** ist stets große Sorgfalt geboten (Details s. Kap. 6.3). Grundsätzlich kann bei der Übertragung von Wirtschaftsgütern gegen wiederkehrende Zahlungen unter Fremden von einem Veräußerungsgeschäft und somit von einer Veräußerungsrente ausgegangen werden.

Beispiel:

Eine Ärztin schreibt ihre Arztpraxis in einer Fachzeitschrift aus. Es meldet sich eine junge Kollegin, die Interesse hat, die Praxis zu übernehmen. Die beiden Ärztinnen einigen sich dahin gehend, dass die Praxis gegen eine lebenslange Zahlung von monatlich 1.000 € übertragen wird.

Lösung:

Eine Versorgungsleistung nach § 10 Abs. 1a Nr. 2 EStG kann hier nicht vorliegen, da eine Versorgungsleistung stets zu einer unentgeltlichen Übertragung (§ 6 Abs. 3 EStG) führt. Zwar kann grundsätzlich auch unter Personen, die keine Angehörige sind, eine Versorgungsleistung vereinbart werden (BMF vom 11.03.2010 a.a.O. Rz. 4). Dies würde aber erfordern, dass zwischen diesen – nicht verwandten – Personen ein familienähnliches Band besteht (z.B. eheähnliche Gemeinschaft, langjährige Freundschaft etc.). Bei Personen, zwischen denen keinerlei Beziehungen bestehen, ist die Vereinbarung einer Versorgungsleistung nicht denkbar. Aus diesem Grund kann im vorliegenden Fall nur eine Veräußerungsrente vorliegen.

Auch unter einander nahestehenden Personen ist eine **Veräußerungsrente** immer dann gegeben, wenn die Personen dies ausdrücklich vereinbaren.

Beispiel:

Ein Vater ist Inhaber einer Autowerkstatt. Er überträgt die Werkstatt gegen eine monatliche Zahlung von 800 € auf seinen Sohn. Vater und Sohn vereinbaren in dem Übertragungsvertrag ausdrücklich eine „Veräußerungsrente", da der Vater den Freibetrag nach § 16 Abs. 4 EStG und den Tarifvorteil des § 34 Abs. 3 EStG ausnutzen möchte.

Lösung:

Grundsätzlich kann davon ausgegangen werden, dass bei einer Übertragung auf Abkömmlinge eine Versorgungsleistung und damit Unentgeltlichkeit vereinbart wird (BMF vom 11.03.2010 Beck'sche Erlasse § 10/5 Rz. 5). Diese Vermutung kann aber durch eine ausdrückliche Parteivereinbarung widerlegt werden. Dabei darf nicht nur auf die formale Bezeichnung „Veräußerungsrente" abgestellt werden (wirtschaftliche Betrachtungsweise im Steuerrecht). Da die Parteien hier aber einen nachvollziehbaren Grund für die Vereinbarung einer Veräußerungsrente haben, ist der Wille der Parteien maßgeblich. Der Vater veräußert daher seine Autowerkstatt gemäß § 16 Abs. 1 Nr. 1 EStG. Kaufpreis ist der Barwert der Rente.

Von einer Veräußerungsrente ist auch auszugehen, wenn die Parteien zwar eine Versorgungsleistung wollen, die speziellen Voraussetzungen des § 10 Abs. 1a Nr. 2 EStG aber nicht erfüllen (sog. **verunglückte Übergabeverträge** – BMF vom 11.03.2010 a.a.O. Rz. 57).

Beispiel:

Eine Steuerpflichtige möchte gerne im Wege der vorweggenommenen Erbfolge eine Eigentumswohnung im Jahr 2008 oder später auf ihren Neffen übertragen. Sie vereinbart mit ihm einen notariell beglaubigten „Übergabevertrag", wonach der Neffe lebenslang eine Versorgungsleistung in Höhe von 300 € zahlen soll. Der Notar verweist darauf, dass er keine steuerliche Beratung leiste.

Lösung:

Die von den Parteien ins Auge gefasste Versorgungsleistung nach § 10 Abs. 1a Nr. 2 EStG ist seit dem Veranlagungszeitraum 2008 bei der Übertragung von Immobilien nicht mehr möglich (letztmals möglich bis 31.12.2007). Nach Ansicht der Verwaltung (BMF vom 11.03.2010 a.a.O. Rz. 58) ist zu prüfen, ob nicht abziehbare Unterhaltsleistungen nach § 12 Nr. 2 EStG oder wiederkehrende Leistungen im Austausch mit einer Gegenleistung (= Veräußerungsrenten) vorliegen. Da die Parteien die Übertragung im Wege der vorweggenommenen Erbfolge anstreben, kann davon ausgegangen werden, dass sie eine Veräußerungsrente nicht vereinbaren wollten.

Liegt eine **Veräußerungsrente** vor, so ist die Rente in einen **Zins- und Tilgungsanteil zu zerlegen** (BMF vom 11.03.2010 a.a.O. Rz. 65). Der Tilgungsanteil ist entweder versicherungsmathematisch oder nach Bewertungsrecht zu ermitteln (vgl. Anlage zu § 14 Abs. 1 BewG, Beck'sche Erlasse 200 § 14/1 bzw. das für die entsprechende Jahre jeweils geltende BMF-Schreiben). Die Abzinsungstabellen werden auf der Basis der durchschnittlichen Lebenserwartung mit einem durchschnittlichen Zinssatz von 5,5 % und mittelschüssiger Zahlung (nahezu) **jährlich neu** ermittelt.

Der Tilgungsanteil stellt für den Veräußerer Veräußerungserlös und für den Erwerber Anschaffungskosten dar.

Der **Zinsanteil** berechnet sich im **Privatvermögen** nach der **Ertragswerttabelle** in § 22 Nr. 1 Satz 3 a) bb) EStG i.V.m. § 9 Abs. 1 Nr. 1 EStG. Der Zinsanteil ist vom Veräußerer grundsätzlich als Leibrente zu versteuern. Beim Erwerber stellen die Zahlungen Werbungskosten dar, wenn die Voraussetzungen des § 9 Abs. 1 Nr. 1 EStG erfüllt sind, also wenn er beispielsweise das erworbene Wirtschaftsgut zur Erzielung von Überschusseinkunftsarten (z.B. Vermietung des Hauses) einsetzt.

Beispiel:

Ein Steuerpflichtiger veräußert am 01.01.2015 einen Bauplatz gegen eine Leibrente von 400 € monatlich, zahlbar ab Januar 2015. Er hat zu diesem Zeitpunkt das 70. Lebensjahr vollendet. Den Bauplatz hat er in 2009 für 30.000 € erworben.

Lösung:

Hier liegt ein privates Veräußerungsgeschäft nach § 23 Abs. 1 Nr. 1 EStG vor.

Einen Gewinn nach § 23 EStG muss S aber erst versteuern, wenn die Summe der zugeflossenen Tilgungsanteile seine Anschaffungskosten übersteigen. Beim 70-jährigen S beträgt der Ertragsanteil = Zinsanteil laut der Tabelle im § 22 Nr. 1 S. 3 a) bb) EStG 15 %. Somit sind 85 % der monatlichen 400 € mithin 340 € Tilgung. Erst wenn so viele Monate vergangen sind, dass 340 × X-Monate die Anschaffungskosten von 30.000 € übersteigen, ist ein Gewinn nach § 23 EStG zu versteuern. Der Zinsanteil ist ab der ersten Zahlung nach § 22 Nr. 1 S. 3 a) bb) ESG zu versteuern, vgl. dazu auch Rn. 74 BMF-Schreiben vom 11.3.2010, a.a.O.

Soweit der Erwerber das Grundstück veräußert wird der Barwert als seine Anschaffungskosten angesetzt. Dies ist auch der Fall soweit eine AfA-Bemessungsgrundlage zu ermitteln wäre (hier nicht, da das Grundstück nicht bebaut ist). Der Barwert ist nach Anlage 1 zu § 14 Abs. 1 BewG zu ermitteln; für das Jahr 2015 ergibt sich für einen Mann, der das 70. Lebensjahr vollendet hat, ein Vervielfältiger von 9,801. Der Barwert der Veräußerungsrente beträgt daher (400 € × 12 Monate × 9,801 =) 47.044,80 €. Für den Erwerber betragen die Anschaffungskosten somit 47.044,80 € (dies kann z.B. auch wichtig sein für die Berechnung der Grunderwerbsteuer).

Fortsetzung des Beispiels:

Der Erwerber hat das Grundstück gekauft, um darauf ein Mehrfamilienhaus zu errichten.

Lösung:

Der Verkäufer versteuert die monatlichen Rentenzahlungen nach § 22 Nr. 1 Satz 3 a) bb) EStG i.H.v. (12 Monate × 400 € × 15 % =) 720 €. Nach § 9 Nr. 3 EStG kann er einen Pauschbetrag i.H.v. 102 € abziehen.

Der Erwerber kann die monatlichen Rentenzahlungen als (vorweggenommene) Werbungskosten geltend machen (§ 9 Abs. 1 Nr. 1 EStG), da er mit dem zu errichtenden Gebäude Einnahmen erzielen möchte. Seine Werbungskosten betragen spiegelbildlich 720 €.

Aktiviert der Erwerber das Wirtschaftsgut in einem **Betriebsvermögen**, so ist der **Barwert zu passivieren**. Der Barwert ist nach Bewertungsrecht jährlich neu zu bestimmen und vermindert sich in der Regel, da der Rentenempfänger zu jedem neuen Bilanzstichtag eine geringere (Rest-)Lebenserwartung hat. Der Barwertrückgang führt zu einem betrieblichen Ertrag. Die monatlichen Rentenzahlungen sind als Finanzierungsaufwand zu verbuchen. Der Saldo aus Barwertrückgang und Rentenzahlungen stellt letztlich den abzugsfähigen Zinsaufwand dar.

Beispiel:

Der Sachverhalt entspricht obigem Beispiel mit folgender Variante: Der Erwerber beabsichtigt, auf dem Grundstück ein Bürogebäude zu errichten (Betriebsvermögen).

Lösung:

Der Barwert zum 1.1.2015 stellt die Anschaffungskosten des Grundstücks dar. Der Erwerber bucht daher: Grundstück 47.044 € an Rentenverbindlichkeit 47.044 €. Die monatlichen Rentenzahlungen werden als Finanzierungsaufwand verbucht: Finanzierungsaufwand 4.800 € an Bank 4.800 €. Zum 31.12.2016 (Bilanzstichtag) ist der Barwert neu zu berechnen. Der Veräußerer hat nun das 71. Lebensjahr vollendet. Damit ergibt sich ein Barwert von (400 € × 12 Monate × 9,467 =) 45.441 €. Der Barwertrückgang (47.044 € ./. 45.441 € = 1.703 €) ist ertragswirksam zu buchen: Rentenverbindlichkeit 1.703 € an Erträge 1.703 €. Damit beträgt der gewinnwirksame Finanzierungsaufwand (4.800 € ./. 1.703 € =) 3.097 €.

Bezüglich der gewerbesteuerlichen Auswirkung ist hier ggf. § 8 Nr. 1 Buchst. b GewStG zu beachten.

Es spielt grundsätzlich keine Rolle, ob der Erwerber seinen Gewinn durch Bilanzierung (§ 4 Abs. 1 EStG) oder mittels Einnahmeüberschussrechnung (§ 4 Abs. 3 EStG) ermittelt (vgl. R 4.5 Abs. 4 EStR).

Zum Wahlrecht bei Veräußerung eines Betriebs, Teilbetriebs oder Mitunternehmeranteils gegen Leibrente s. R 16 Abs. 11 EStR sowie Kap. 17.5.7.

Übungsfall 3:

Joseph Alt (A) hat das 70.Lebensjahr vollendet. Er errichtete 1987 ein Sechsfamilienhaus (360 m² Wohnfläche) auf einem Erbbaupachtgrundstück. Am 1.4.2015 (= Übergang von Nutzen und Lasten) veräußert er das Gebäude an Franz Jung (J). Die Mieteinnahmen betragen im Monat 4.800 €.

Alt und Jung vereinbaren als Kaufpreis die Zahlung einer lebenslangen monatlichen Rente i.H.v. 9.985 € ab Juli 2015. Sollte die Inflation in einem Jahr mehr als 3 % betragen, erhöht sich die monatliche Rente um den Betrag, der die Inflation von 3 % übersteigt.

Wie hoch sind die Einkünfte von Alt und Jung in 2015?

Variante: Alt und Jung vereinbaren eine Ratenzahlung. Die erste Rate i.H.v. 540.000 € ist am 01.04.2015 fällig. Die restlichen 4 Raten von je 100.000 € sind jeweils am 1.4. eines jeden Jahres zu bezahlen. Eine Verzinsung wird nicht vereinbart.

Übungsfall 4:

Max U erwirbt von Erna P (60 Jahre alt) ein Fabrikgebäude, Baujahr 1995 (Gebäudewert 600.000 €; Grundstück 100.000 €), das die P im Privatvermögen hielt. Der Übergang von Nutzen und Lasten erfolgt zum 1.7.2015. Zur Finanzierung des Kaufpreises vereinbaren U und P die Zahlung einer monatlichen Rente i.H.v. 6.300 €. Die Rente soll lebenslang, aber maximal 15 Jahre lang ab Juli 2015 gezahlt werden. Die Rente ist spätestens bis zum dritten Werktag eines jeden Monats fällig. U verwendet das Gebäude ausschließlich für betriebliche Zwecke.

Bitte erstellen Sie die Bilanz zum 31.12.2015. Welche Folgen hat der Verkauf für Erna P (ohne Spekulationsgewinn)?

Variante: Wie wäre der Fall zu beurteilen, wenn Max U seinen Gewinn nach § 4 Abs. 3 EStG ermittelt?

23.2.4 Realsplitting

Zum Realsplitting s. ausführlich Kap. 6.2 (mit Übungsfall).

Unterhaltsleistungen an den geschiedenen oder dauernd getrennt lebenden unbeschränkt steuerpflichtigen Ehegatten können nach § 10 Abs. 1a Nr. 1 EStG als Sonderausgaben abgezogen werden (Realsplitting), wenn der Geber dies mit Zustimmung des Empfängers beantragt.

Die Zustimmung ist erforderlich, da der Empfänger der Unterhaltsleistungen diese nach **§ 22 Nr. 1a EStG** versteuern muss, **soweit** sie nach § 10 Abs. 1a Nr. 1 EStG vom Geber abgezogen werden können.

Abzugsfähig sind nach § 10 Abs. 1a Nr. 1 EStG **maximal 13.805 €** im Kalenderjahr pro Ex-Ehegatten. Ab dem Veranlagungszeitraum 2010 erhöht sich dieser Betrag um den **Basis-Krankenversicherungsschutz** (vgl. § 10 Abs. 1 Nr. 3 EStG), wenn der Unterhaltsleistende entsprechende Beträge zur Verfügung stellt. Dabei ist es nicht erforderlich, dass der Unterhaltsleistende die Beträge direkt an die Krankenversicherung leistet. Es reicht aus, wenn der Unterhaltsleistende Zahlungen über die 13.805 € hinaus leistet und diese Zahlungen vom Unterhaltsempfänger für die Basis-Krankenversicherung verwendet werden.

23.2.5 Übergabeverträge

Zur ausführlichen Darstellung des Themas Übergabeverträge s. Kap. 6.3.

Versorgungsleistungen im Rahmen eines sog. Übergabevertrags können nach § 10 Abs. 1a Nr. 2 EStG als Sonderausgaben abgezogen werden. Spiegelbildlich muss der Empfänger der Versorgungsleistungen diese nach **§ 22 Nr. 1a EStG** versteuern.

Beispiel:

Die Mutter ist Inhaberin eines Gewerbebetriebs (Einzelunternehmen). In 2015 überträgt sie den Gewerbebetrieb auf ihre Tochter mit der Auflage, dass diese an ihre Mutter lebenslang eine monatliche Versorgung i.H.v. 800 € zu bezahlen hat.

Lösung:

Die Tochter kann die Versorgungsleistungen nach § 10 Abs. 1a Nr. 2 EStG als Sonderausgabe i.H.v. (12 Monate × 800 € =) 9.600 € geltend machen.

Die Mutter muss spiegelbildlich (12 Monate × 800 € =) 9. 600 € nach § 22 Nr. 1 a) EStG versteuern. Sie kann nach § 9a Nr. 3 EStG einen Pauschbetrag i.H.v. 102 € in Anspruch nehmen.

23.2.6 Versorgungsausgleich

Wird eine Ehe geschieden, so muss grundsätzlich nach **§ 1587 BGB** ein **Versorgungsausgleich** durchgeführt werden. Dabei werden die in der Ehezeit erworbenen Ansprüche aus der gesetzlichen Rentenversicherung, aus anderen Regelsicherungssystemen wie der Beamtenversorgung oder der berufsständischen Versorgung, aus der betrieblichen Altersversorgung oder aus der privaten Alters- und Invaliditätsvorsorge gegenseitig ausgeglichen. Der Versorgungsausgleich darf nicht mit dem Unterhalt verwechselt werden.

Mit dem **Gesetz zur Strukturreform des Versorgungsausgleichs** wurde der Versorgungsausgleich mit Wirkung zum 01.09.2009 grundlegend neu geregelt. Es gilt künftig für alle ausgleichsreifen Anrechte auf Altersversorgung nach § 10 VersAusglG der **Grundsatz der internen Teilung**. Danach werden die von dem einen Ehegatten erworbenen Anrechte innerhalb des jeweiligen Systems (z.B. innerhalb der gesetzlichen Rentenversicherung) geteilt und für den ausgleichsberechtigten Ehegatten eigenständige Versorgungsanrechte geschaffen.

Intern geteilt werden:

- Renten aus der gesetzlichen Rentenversicherung, Renten aus landwirtschaftlichen Alterskassen, Renten aus berufsständischen Versorgungseinrichtungen,
- Renten aus betrieblicher Altersversorgung (Direktzusage, Gehaltsumwandlung nach § 3 Nr. 63 EStG s. Kap. 23.2.8,
- Renten aus Riester- und Rürup-Verträgen sowie
- Renten aus privaten Rentenversicherungen.

Nach der **internen Teilung** versteuert jeder Ehegatte die Rente so, wie sie der ausgleichspflichtige Ehegatte versteuert hätte (BMF vom 31.03.2010, BStBl I 2010, 270, Beck'sche Erlasse § 79/1 Rz. 356 ff.).

Beispiel:

Die Ehe von M und F wird geschieden. Aufgrund der Kindererziehungszeiten etc. hat die F während der Ehezeit keine Rentenansprüche erworben. Im Wege der internen Teilung werden die Rentenansprüche des M zur Hälfte auf die F übertragen. In 2015 geht die F mit Vollendung des 63. Lebensjahres in Rente. Sie erhält eine Rente aus der gesetzlichen Sozialversicherung i.H.v. 1.200 € monatlich.

Lösung:

Durch die interne Teilung wurden eigenständige Ansprüche der F in der gesetzlichen Rentenversicherung begründet. Die F versteuert die Rente wie eine originär selbst begründete Rente nach § 22 Nr. 1 Satz 3 a) aa) EStG. Bei Beginn der Rente im Veranlagungszeitraum 2015 beträgt der Besteuerungsanteil 70 %. Somit versteuert die F in 2015 (1.200 € × 12 Monate × 70 % =) 10.080 € abzüglich eines Pauschbetrags nach § 9a Nr. 3 EStG i.H.v. 102 €.

Lassen sich die Ansprüche auf Altersversorgung nicht intern teilen (z.B. bei Beamtenpensionen), so werden zulasten des Anrechts der ausgleichspflichtigen Person Anrechte bei einem **anderen Versorgungsträger** begründet (**externe Teilung**, § 14 Abs. 1 VersAusglG).

Beispiel:

Die Ehe von M und F wird geschieden. Die F ist Beamtin. Nach dem Beamtenrecht können Beamtenpensionen nicht auf andere Personen übertragen werden (Ausnahmen z.B. für Bundesbeamte möglich). Daher mindert das Landesbesoldungsamt auf Anweisung des Familiengerichts die Pensionsansprüche der F um 50 %. Im Gegenzug zahlt das Landesbesoldungsamt einen Betrag in die gesetzliche Sozialversicherung ein, der der halben Pension entspricht und begründet für M einen neuen Rentenanspruch in der gesetzlichen Sozialversicherung.

Lösung:

Die F versteuert ihre Beamtenpension mit Eintritt in den Ruhestand nach § 19 EStG. M versteuert seine Rente nach § 22 Nr. 1 Satz 3 a) aa) EStG.

Kommt weder ein interner Ausgleich noch ein externer Ausgleich infrage (z.B. weil die Ehegatten eine Vereinbarung über den Versorgungsausgleich geschlossen haben – vgl. §§ 6 ff. VersAusglG), erfolgt ein **schuldrechtlicher Versorgungsausgleich** (vgl. §§ 20 ff. VersAusglG). Ausgleichszahlungen im Rahmen des schuldrechtlichen Versorgungsausgleichs können in Form einer **Ausgleichsrente** (§ 20 VersAusglG), durch **Abtretung von Versorgungsansprüchen** (§ 21 VersAusglG) oder durch eine **Kapitalzahlung** (§ 22 VersAusglG) erfolgen (BMF vom 09.04.2010, BStBl I 2010, 323, Beck'sche Erlasse § 10/7).

Unterliegen die dem schuldrechtlichen Versorgungsausgleich zugrunde liegenden Einnahmen bei der ausgleichspflichtigen Person der Besteuerung, so kann die ausgleichspflichtige Person die Ausgleichszahlungen nach § 10 Abs. 1a Nr. 4 EStG als Sonderausgaben abziehen. Spiegelbildlich müssen die Einkünfte aus Ausgleichszahlungen von der ausgleichspflichtigen Person nach **§ 22 Nr. 1a EStG** besteuert werden. Diese Regelung hat überwiegend Bedeutung, wenn im Rahmen des schuldrechtlichen Versorgungsausgleichs Ansprüche auf eine private Rentenversicherung abgetreten werden.

Beispiel:

Die Ehe von M und F wurde geschieden. Die Eheleute haben über den Versorgungsausgleich eine schuldrechtliche Vereinbarung getroffen, wonach M verpflichtet ist, die Hälfte seiner Ansprüche aus einer privaten Rentenversicherung an die F abzutreten. Mit Vollendung des 65. Lebensjahres erhält

M eine private Rente i.H.v. 4.000 € pro Monat. Vereinbarungsgemäß überweist M monatlich 2.000 € an die F.

Lösung:

Da die Abtretung nicht zur Übertragung der Einkunftsquelle führt, muss M die Rente nach § 22 Nr. 1 Satz 3 a) bb) EStG mit dem Ertragsanteil versteuern; dies sind (12 Monate × 4.000 € × 18 % =) 8.640 €. Allerdings kann M die Zahlungen an die F insoweit nach § 10 Abs. 1 Nr. 1b EStG als Sonderausgaben abziehen, als sie bei ihm der Besteuerung unterliegen; also (8.640 € × ½ =) 4.320 €. Spiegelbildlich muss die F 4.320 € nach § 22 Nr. 1c EStG versteuern.

Mit Wirkung ab dem VZ 2015 ist gesetzlich in § 10 Abs. 1a Nr. 3 EStG geregelt, dass im Rahmen des Versorgungsausgleichs bei der Ehescheidung bzw. Auflösung einer eingetragenen Lebenspartnerschaft, zukünftig Abfindungszahlungen neben oder statt einer internen oder externen Teilung von Versorgungsanwartschaften als Sonderausgaben abgezogen werden können (§ 10 Abs. 1a Nr. 3 EStG).

Damit sind ab dem VZ 2015 Abfindungszahlungen zur Vermeidung eines Versorgungsausgleichs als Sonderausgaben grundsätzlich abziehbar. Nötig ist hierfür ein Antrag des Ausgleichsverpflichteten (regelmäßig mit der Einkommensteuer-Erklärung) und die Zustimmung des Ausgleichsberechtigten. Es gelten damit die formalen Regelungen zum Realsplitting entsprechend (§ 10 Abs. 1a Nr. 3 Satz 2 EStG).

Die Rechtsfolge für den Ausgleichsberechtigten: Er muss die Abfindungszahlung nach § 22 Nr. 1a EStG versteuern, soweit sie der Zahlende als Sonderausgaben abziehen kann (sog. Korrespondenzprinzip).

Übungsfall 5:

M ist Beamter, die F Angestellte. In 2005 wurde die Ehe geschieden. Aufgrund des Versorgungsausgleichs wurden Pensionsansprüche des M auf die F übertragen. Zum 1.1.2011 gehen M und F in Pension bzw. Rente.

M hätte ohne die Scheidung 2.000 € Pension bekommen, die F eine Rente i.H.v. 600 €. Nach dem Versorgungsausgleich erhält M nun 1.300 € Pension und die F 1.300 € Rente.

Wie sind die Pension und die Rente zu versteuern?

Übungsfall 6:

Die Ehe von M und F wurde in 2002 geschieden. M war jahrelang arbeitslos und hatte im Laufe seines Lebens keine Rentenansprüche erworben. Die F hatte einen Gewerbebetrieb. Ihre einzige Altersversorgung bestand aus einer privaten Rentenversicherung.

Im Rahmen eines schuldrechtlichen Versorgungsausgleichs trat die F die Hälfte der Ansprüche gegen die Versicherungsgesellschaft an M ab.

Ab Januar 2012 zahlte die Versicherungsgesellschaft weisungsgemäß je 1.200 € monatlich an M und F. Beide haben zu diesem Zeitpunkt das 65. Lebensjahr vollendet.

Wie müssen M und F die Renten versteuern?

23.2.7 Einkünfte aus Leistungen (§ 22 Nr. 3 EStG)

Die Vorschrift des § 22 Nr. 3 EStG ist eine einkommensteuerrechtliche Grundnorm. Sie schließt das System der Einkunftsarten. Dabei versteht man unter einer **Leistung** i.S.d. § 22 Nr. 3 EStG jedes Tun, Dulden oder Unterlassen gegen Entgelt (vgl. die umfassende Übersicht in H 22.8 EStH).

> **Beispiel:**
>
> Der Mieter einer Wohnanlage erklärt sich dazu bereit, den Garten der Wohnanlage zu pflegen. Er erhält dafür von der Eigentümergemeinschaft 30 € monatlich.

> **Lösung:**
>
> In der Regel wird hier kein Arbeitsvertrag vorliegen, da zwischen dem Mieter und der Eigentümergemeinschaft kein Arbeitsverhältnis i.S.v. § 1 LStDV existiert. Da der Mieter sicherlich auch nicht als gewerblicher Gärtner auftritt, muss er die monatlichen Zahlungen grundsätzlich nach § 22 Nr. 3 EStG versteuern.

§ 22 Nr. 3 EStG enthält eine **Freigrenze** (kein Freibetrag) i.H.v. **256 €** im Kalenderjahr.

> **Fortsetzung des Beispiels:**
>
> Da der Mieter die Freigrenze von 256 € im Kalenderjahr überschreitet, muss er die 360 € in vollem Umfang versteuern.

Auch im Rahmen des § 22 Nr. 3 EStG kann ein Steuerpflichtiger Werbungskosten (§ 9 EStG) geltend machen.

> **Fortsetzung des Beispiels:**
>
> Der Mieter erwirbt in 2015 Sicherheitsschuhe (80 €) sowie eine Latzhose (60 €), um die Gartenarbeit besser erledigen zu können.

> **Lösung:**
>
> Die Einkünfte des Mieters betragen nun (360 € ./. 140 € =) 240 €. Damit liegt er unter der Freigrenze von 256 €. Er muss somit keine Einkünfte nach § 22 Nr. 3 EStG versteuern.

Verluste, die im Rahmen des § 22 Nr. 3 EStG entstehen, können nicht mit anderen Einkunftsarten ausgeglichen werden. Sie können auch nicht nach § 10d EStG zurück- oder vorgetragen werden.

> **Beispiel:**
>
> Ein Steuerpflichtiger ist Eigentümer eines Wohnmobils. Er vermietet dieses gelegentlich (keine gewerbliche Tätigkeit). In 2015 betragen die Einnahmen 2.000 €. Für AfA, Versicherung, Steuer, Wartung etc. entstehen anteilig für die Vermietungszeit Werbungskosten i.H.v. 3.800 €. In 2015 erzielt der Steuerpflichtige im Übrigen Einkünfte nach § 19 EStG i.H.v. 48.000 €.

> **Lösung:**
>
> Der Steuerpflichtige erzielt nach § 22 Nr. 3 EStG einen Verlust i.H.v. (2.000 € ./. 3.800 € =) ./. 1.800 €. Diesen Verlust kann er nicht mit den Einkünften nach § 19 EStG verrechnen. Er kann den Verlust lediglich auf künftige Jahre vortragen und mit künftigen Überschüssen nach § 22 Nr. 3 EStG verrechnen.

23.2.8 Betriebliche Altersversorgung etc. (§ 22 Nr. 5 EStG)

Neben dem System der gesetzlichen Rentenversicherung, das künftig noch mehr denn je z.B. aufgrund des demografischen Wandels größeren Problemen ausgesetzt sein wird und da die gesetzlichen Renten ggf. nicht ausreichen, um das „Leben im Alter" angemessen bestreiten zu können, hat der Gesetzgeber zahlreiche Möglichkeiten geschaffen, um neben der gesetzlichen Sozialversicherung privat eine

Altersversorgung aufzubauen (ausführlich: BMF vom 31.03.2010, BStBl I 2010, 270 und vom 24.07.2013, Beck'sche Erlasse § 79/1). Die verschiedenen „Säulen der Altersversorgung" sind:

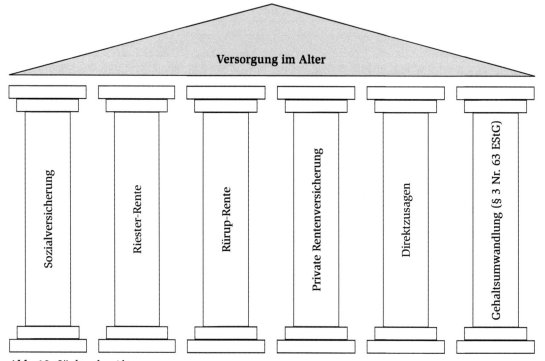

Abb. 12: Säulen der Altersversorgung

23.2.8.1 Renten aus der gesetzlichen Sozialversicherung

Beiträge zur gesetzlichen Rentenversicherung sind nach § 10 Abs. 1 Nr. 2 a) EStG als Sonderausgaben (Vorsorgeaufwendungen) abzugsfähig. Die Versteuerung erfolgt nach § 22 Nr. 1 Satz 3 a) aa) EStG (Details s. Kap. 23.2.1).

23.2.8.2 Riester-Rente

In der gesetzlichen Rentenversicherung Pflichtversicherte können für Riester-Verträge Zulagen nach **§§ 79 ff. EStG** beanspruchen. Dies gilt auch für Beamte.

Diese bestehen aus:

*   einer **Grundzulage** i.H.v. jährlich 154 €. Für Zulageberechtigte nach § 79 Satz 1 EStG, die zu Beginn des Beitragsjahres das 25. Lebensjahr noch nicht vollendet haben erhöht sich die Grundzulage nach Satz 1 um einmalig 200 €.
*   einer **Kinderzulage** die für jedes Kind, für das dem Zulageberechtigten Kindergeld ausgezahlt wird, jährlich 185 € beträgt. Für nach dem 31.12.2007 geborene Kinder erhöht sich die Kinderzulage auf 300 €.

Alternativ (Günstigerprüfung) können sie die Beiträge zu einem Riester-Vertrag nach **§ 10a EStG** als Sonderausgaben geltend machen.

Die spätere Auszahlung der Riester-Rente wird nach **§ 22 Nr. 5 EStG** nachgelagert versteuert.

23.2.8.3 Rürup-Rente

Beiträge zu einer sog. Rürup-Rente können nach § 10 Abs. 1 Nr. 2 b) EStG im Rahmen der Vorsorge-höchstbeträge des § 10 Abs. 3 EStG bis maximal 20.000 € (ab VZ 2015 erhöht sich dieser Betrag) (bzw. 40.000 € bei Verheirateten bzw. ab 2015 den entsprechend erhöhten Betrag) im Jahr als Sonderausgaben abgezogen werden. Der Sonderausgabenabzug nach § 10 Abs. 1 Nr. 2 b) EStG steht allen Steuerpflichtigen zu (Freiberufler, Gewerbetreibende, Arbeitnehmer etc.).

Die späteren Rentenzahlungen sind nach **§ 22 Nr. 1 Satz 3 a) aa) EStG** nach gelagert zu versteuern.

23.2.8.4 Private Rentenversicherungen

Beiträge zu privaten Rentenversicherungen (= Kapital-Lebensversicherungen) sind nach § 10 Abs. 1 Nr. 3a EStG als Sonderausgaben im Rahmen der Höchstbeträge nach § 10 Abs. 4 EStG abziehbar, wenn der Vertrag vor dem 01.01.2005 geschlossen wurde. Es spielt dabei keine Rolle, ob es sich um eine Kapital-Lebensversicherung mit Rentenwahlrecht oder um eine reine Rentenversicherung handelt.

Unabhängig davon, ob die Beiträge als Sonderausgaben abzugsfähig sind, wird die spätere Rente nach **§ 22 Nr. 1 Satz 3 a) bb) EStG** mit dem Ertragsanteil besteuert.

23.2.8.5 Direktzusagen

Verpflichtet sich der Arbeitgeber gegenüber seinem Arbeitnehmer, diesem eine Altersrente zu gewähren (Direktzusage), so muss der Arbeitgeber in seiner Bilanz eine **Pensionsrückstellung** bilden (§ 249 HGB, § 6a EStG). Die Höhe der Rückstellung ist jährlich neu zu berechnen. Die Zuführung zur Rückstellung ist als Personalaufwand gewinnwirksam. Die Rückstellung muss auch dann gebildet werden, wenn die Altersversorgung einem Gesellschafter (einer Kapitalgesellschaft oder einer Personengesellschaft) zugesagt wurde.

Wird die Altersversorgung einem **Gesellschafter-Geschäftsführer einer Kapitalgesellschaft** zugesagt, so ist stets zu prüfen, ob insoweit eine **verdeckte Gewinnausschüttung** vorliegt (§ 8 Abs. 3 Satz 2 KStG). Liegt eine verdeckte Gewinnausschüttung vor, hat dies auf die Bilanzierung der Rückstellung keine Auswirkung. Das Einkommen der Kapitalgesellschaft ist außerbilanziell gem. § 8 Abs. 3 S. 2 KStG entsprechend zu erhöhen (BMF vom 28.05.2002, BStBl I 2002, 603, Beck'sche Erlasse 100 § 8/13). Der Arbeitnehmer muss während seines aktiven Erwerbslebens die Direktzusage nicht versteuern. Die Auszahlung der betrieblichen Rente erfolgt nachgelagert nach § 19 Abs. 1 Nr. 2 i.V.m. Abs. 2 EStG. **Gesellschafter-Geschäftsführer einer Personengesellschaft** müssen korrespondierend zur Pensionsrückstellung in der Gesamthandsbilanz eine **Pensionsforderung in ihrer Sonderbilanz** aktivieren (§ 15 Abs. 1 Nr. 2 EStG).

Eine Direktzusage kann vom Arbeitgeber über eine **Rückdeckungsversicherung** finanziert werden. Eine Rückdeckungsversicherung ist eine besondere Form der Kapital-Lebensversicherung, deren Bezugsberechtigter der Arbeitgeber ist und die dazu dient, die späteren Rentenzahlungen abzusichern. Beiträge zur Rückdeckungsversicherung kann der Arbeitgeber in voller Höhe als Personalaufwand geltend machen. Im Gegenzug muss er die angesparten Beträge in seiner Bilanz aktivieren. Da der Arbeitnehmer keine direkten Ansprüche gegen die Rückdeckungsversicherung hat, hat der Abschluss einer Rückdeckungsversicherung für ihn keine steuerliche Bedeutung.

Der Arbeitgeber kann die Pensionsverpflichtung auch auf eine **Unterstützungskasse** auslagern. Unterstützungskassen sind nach § 1b Abs. 4 des Gesetzes zur Verbesserung der betrieblichen Altersversorgung (BetrAVG) rechtsfähige Versorgungseinrichtungen, die auf ihre Leistungen keinen Rechtsanspruch gewähren. Unterstützungskassen können für ein einzelnes Unternehmen oder für mehrere Unternehmen gemeinsam eingerichtet werden (Gruppenunterstützungskassen). Unterstützungskassen können als Verein, als GmbH oder (selten) in der Rechtsform einer Stiftung errichtet werden.

Bei der Finanzierung der Direktzusagen über eine Unterstützungskasse zahlt der Arbeitgeber monatliche Beiträge, die er sofort als Lohnaufwand geltend machen kann. Im Gegenzug bildet er in seiner Bilanz keine Pensionsrückstellung. Er aktiviert auch keine Ansprüche gegen die Unterstützungskasse.

Der Arbeitnehmer behält seine Ansprüche auf Altersversorgung gegen seinen Arbeitgeber. Der Durchführungsweg über eine Unterstützungskasse hat somit für ihn keine anderen Folgen als bei der Direktzusage. Die Rente wird später von der Unterstützungskasse direkt an den Arbeitnehmer gezahlt.

Lagert ein Arbeitgeber die Verpflichtung aus Direktzusagen aus, so führt dies nach § 19 Abs. 1 Nr. 3 EStG insoweit zu steuerpflichtigem Arbeitslohn, da der Arbeitnehmer neue Ansprüche gegen einen externen Versorgungsträger erlangt. Für diesen Fall sieht **§ 3 Nr. 66 EStG** vor, dass die Auslagerung für den Arbeitnehmer steuerfrei ist, wenn der Arbeitgeber einen Antrag nach § 4e Abs. 3 EStG stellt.

Beispiel:

Ein Arbeitgeber hat für Direktzusagen an seine Arbeitnehmer eine Pensionsrückstellung i.H.v. 200.000 € in der Steuerbilanz gebildet. Er lagert die Pensionsverpflichtung gegen Zahlung von 300.000 € an einen Pensionsfonds aus. Der Arbeitgeber stellt einen Antrag nach § 4e Abs. 3 EStG.

Lösung:

Die Auslagerung führt zum einen zu einer Ausbuchung der Pensionsrückstellung (= Ertrag i.H.v. 200.000 €) und zum anderen zu einem Personalaufwand i.H.v. 300.000 €; saldiert also zu einem Aufwand i.H.v. 100.000 €. Aufgrund des Antrags nach § 4e Abs. 3 EStG hat der Arbeitgeber den saldierten Aufwand aus der Auslagerung auf 10 Jahre zu verteilen. Im Gegenzug führt die Auslagerung bei den Arbeitnehmern nicht zu steuerpflichtigem Arbeitslohn (§ 3 Nr. 66 EStG).

Die gleichen Regeln gelten nach § 4d Abs. 3 EStG, wenn die **Auslagerung durch eine Unterstützungskasse** erfolgt.

Erfolgt die **Auslagerung aufgrund einer Insolvenz des Arbeitgebers,** so führt dies ebenfalls zur Steuerfreiheit (§ 3 Nr. 65 EStG).

23.2.8.6 Gehaltsumwandlung (§ 3 Nr. 63 EStG)

Zahlt der Arbeitgeber Teile des Gehalts in einen **Pensionsfonds,** eine **Pensionskasse** oder eine **Direktversicherung** für eine betriebliche Altersversorgung, so liegt insoweit steuerpflichtiger Arbeitslohn nach § 19 Abs. 1 Nr. 3 EStG vor, da der Arbeitnehmer (im Gegensatz zur Direktzusage) direkte Ansprüche gegen die externen Träger der Altersversorgung erwirbt.

Pensionsfonds sind rechtlich selbstständige Versorgungseinrichtungen, die in Deutschland erst seit 2002 zugelassen sind. Der Pensionsfonds kann die Gelder der Arbeitnehmer auch in Aktien investieren. Pensionsfonds werden von der Bundesanstalt für Finanzdienstleistungsaufsicht überwacht.

Pensionskassen sind eine Mischung aus Pensionsfonds und Unterstützungskasse. Es handelt sich hier – wie bei der Unterstützungskasse – um rechtlich selbstständige Unternehmen, die von einem oder mehreren Arbeitgebern finanziert werden. Im Gegensatz zu Unterstützungskasse werden sie jedoch von der Bundesanstalt für Finanzdienstleistungsaufsicht überwacht. Deshalb besteht hier keine Pflichtabsicherung durch den Pensionssicherungsverein.

Direktversicherungen sind eine besondere Form der Kapital-Lebensversicherung. Sie müssen vom Arbeitgeber für den Arbeitnehmer abgeschlossen werden. Der Arbeitgeber tritt als Versicherungsnehmer und Beitragszahler auf, Begünstigter aus der Versicherungsleistung ist aber der Arbeitnehmer. Auch Direktversicherungen unterliegen der Aufsicht der Bundesanstalt für Finanzdienstleistungsaufsicht. Nach § 1a BetrAVG hat der Arbeitnehmer lediglich Anspruch darauf, dass der Arbeitgeber die betriebliche Altersversorgung über eine Direktversicherung durchführt. Die Durchführung über einen Pensionsfonds oder eine Pensionskasse bedarf der einvernehmlichen Regelung.

Die Steuerfreiheit des § 3 Nr. 63 EStG gilt für alle Arbeitnehmer (auch für Beamte, beherrschende Gesellschafter-Geschäftsführer, geringfügig Beschäftigte etc.). Es spielt dabei keine Rolle, ob die Zahlungen in den Pensionsfonds, die Pensionskasse oder die Direktversicherung vom Arbeitnehmer allein getragen werden (Gehaltsumwandlung), zwischen Arbeitgeber und Arbeitnehmer geteilt werden oder komplett vom Arbeitgeber zusätzlich zum Gehalt geleistet werden.

Beispiel:

Ein Arbeitnehmer hat ein Gehalt i.H.v. 4.000 € im Monat. Arbeitgeber und Arbeitnehmer einigen sich wie folgt:

a) Der Arbeitgeber zahlt zusätzlich zum vereinbarten Gehalt monatlich 200 € in eine Direktversicherung ein;

b) der Arbeitnehmer übernimmt 100 €, der Arbeitgeber schießt weitere 100 € zu;

c) der Arbeitnehmer übernimmt sämtliche Beiträge zur Direktversicherung.

Lösung:

In allen drei Varianten ist die Einzahlung in die Direktversicherung nach § 3 Nr. 63 EStG steuer- und sozialversicherungsfrei.

Nach § 3 Nr. 63 EStG sind die **Einzahlungen bis zu 4 % der Beitragsbemessungsgrenze in der allgemeinen Rentenversicherung** steuer- und sozialversicherungsfrei (§ 1 Abs. 1 Nr. 9 SvEV). Die Beitragsbemessungsgrenze beträgt im Veranlagungszeitraum 2013 für die alten Bundesländer 69.600 € und für den neuen Bundesländer 58.800 €.

Wurde die **Versorgungszusage nach dem 31.12.2004 erteilt,** so erhöht sich der Höchstbetrag um 1.800 €; insoweit besteht aber keine Sozialversicherungsfreiheit (Umkehrschluss aus § 1 Abs. 1 Nr. 9 SvEV).

Wird bei der **Auflösung eines Arbeitsvertrags eine Abfindung gezahlt,** so kann darüber hinaus für jedes Kalenderjahr (nicht zwingend volle Jahre) der Betriebszugehörigkeit 1.800 € steuerfrei in einen Vertrag nach § 3 Nr. 63 EStG einbezahlt werden. Der vervielfältigte Betrag vermindert sich aber um die nach § 3 Nr. 63 Satz 1 und 3 EStG steuerfreien Beträge, die der Arbeitgeber in dem Kalenderjahr, in dem das Dienstverhältnis beendet wird und in den 6 vorangegangenen Kalenderjahren erbracht hat. Kalenderjahre vor 2005 sind dabei jeweils nicht zu berücksichtigen.

Beispiel:

Ein Arbeitnehmer hat bisher noch keine Steuerfreiheit nach § 3 Nr. 63 EStG in Anspruch genommen. Er arbeitet seit 1990 bei der Firma X-AG in Stuttgart. Im Mai 2013 wird der Arbeitsvertrag einvernehmlich aufgehoben; der Arbeitgeber erklärt sich bereit, eine Abfindung i.H.v. 100.000 € zu bezahlen. Der Arbeitnehmer möchte die Abfindung – soweit dies steuerfrei möglich ist, in eine Direktversicherung einzahlen, die der Arbeitgeber im Mai 2013 abschließt.

Lösung:

Der Arbeitgeber kann für den Arbeitnehmer zuerst einmal bis zu 4 % der Beitragsbemessungsgrenze in der gesetzlichen Rentenversicherung (Veranlagungszeitraum 2013: 69.600 €), also 2.784 € steuer- und sozialversicherungsfrei in die Direktversicherung einbezahlen. Darüber hinaus kann er pro Jahr der Betriebszugehörigkeit weitere 1.800 € steuerfrei aber nicht sozialversicherungsfrei in die Direktversicherung einbezahlen. Kalenderjahre vor 2005 sind dabei aber nicht zu berücksichtigen. Somit sind dies im vorliegenden Fall die Jahre 2005–2013 und es ergibt sich eine weitere steuerfreie Einzahlung i.H.v. (1.800 € × 9 Jahre =) 16.200 €. Die restliche Abfindung (100.000 € abzüglich 2.784 € abzüglich 16.200 € =) 81.016 € muss der Arbeitnehmer versteuern, wobei er nach § 24 Nr. 1 EStG i.V.m. § 34 Abs. 1 EStG die Fünftelregelung in Anspruch nehmen kann, wenn die Voraussetzungen hierfür gegeben sind (Zusammenballung in einem Veranlagungszeitraum). Wegen Details s. Kap. 20.7.7.

Variante des Beispiels:

Der Arbeitgeber zahlt bereits seit 2005 im Rahmen der Höchstbeträge des § 3 Nr. 63 EStG Teile des Arbeitslohns steuerfrei in einen Pensionsfonds ein.

Lösung:

Die bereits in Anspruch genommenen Beträge nach § 3 Nr. 63 EStG vermindern die im Rahmen der Vervielfältigungsregelung bei Auflösung des Arbeitsverhältnisses steuerfreien Beträge. Da der Arbeitnehmer § 3 Nr. 63 EStG in der Vergangenheit voll ausgeschöpft hat, bleibt für weitere steuerfreie Beträge kein Raum mehr.

Die spätere Versteuerung der Renten erfolgt nach **§ 22 Nr. 5 EStG** (= **volle nachgelagerte Versteuerung**). Hat der Arbeitnehmer über die Grenzen des § 3 Nr. 63 EStG hinaus freiwillig Beiträge geleistet, so ist die spätere Rente aufzusplitten: Soweit die Rente auf Beiträgen nach § 3 Nr. 63 EStG beruht, erfolgt die Besteuerung nach § 22 Nr. 5 EStG, im Übrigen nach § 22 Nr. 1 Satz 3 a) bb) EStG mit dem Ertragsanteil.

23.2.8.7 Umlagefinanzierte Pensionskassen

Die Regelung des § 3 Nr. 63 EStG umfasst nur Versorgungsträger, die eine kapitalgedeckte Versorgung anbieten. D.h., der Versorgungsträger baut ein Kapital auf, aus dem die späteren Renten gezahlt werden.

Demgegenüber sieht § 3 Nr. 56 EStG die Steuerfreiheit von Zuwendungen des Arbeitgebers an eine Pensionskasse zum Aufbau einer nicht kapitalgedeckten (= umlagefinanzierten) betrieblichen Altersversorgung vor. Derartige **umlagefinanzierte Pensionskassen** gibt es in der Regel nur für Arbeitnehmer im öffentlichen Dienst (insbesondere Kommunen). Die Versteuerung der Renten erfolgt nachgelagert nach § 22 Nr. 5 EStG.

23.2.8.8 Direktversicherungen nach altem Recht

Beiträge zu Direktversicherungen, die vor dem 01.01.2005 abgeschlossen wurden, konnten mit einem Pauschalsteuersatz von 20 % besteuert werden. Derartige Verträge mussten nicht zwingend auf eine Rentenzahlung gerichtet sein. Erfolgt die Auszahlung in Form einer Einmalzahlung, so ist der Ertrag nach § 20 Abs. 1 Nr. 6 EStG a.F. steuerfrei. Erfolgt die Auszahlung in Form einer Rente, wird diese nach § 22 Satz 3 a) bb) EStG nur mit dem Ertragsanteil besteuert, da ja – im Gegensatz zu § 3 Nr. 63 EStG – die Beiträge aus (wenn auch pauschal) versteuertem Einkommen stammen.

Erfüllen diese alten Direktversicherungsverträge die Voraussetzungen des § 3 Nr. 63 EStG, so wird ab dem Veranlagungszeitraum 2005 § 3 Nr. 63 EStG auf diese Verträge automatisch angewandt (Überleitung in das neue Recht), wenn der Arbeitnehmer nicht bis zum 30.06.2005 ausdrücklich auf die Überleitung verzichtete. Hat der Arbeitnehmer auf die Überleitung verzichtet, gilt weiterhin § 40b EStG a.F.

Wurde der Vertrag in das neue Recht übergeleitet, so stammt später im Alter ein Teil der Rente aus pauschal versteuerten und der andere Teil aus steuerfreien Beiträgen. Die Rente ist daher für steuerliche Zwecke aufzusplitten: § 22 Nr. 5 EStG für den Teil, der auf Beiträgen nach § 3 Nr. 63 EStG beruht und § 22 Nr. 1 Satz 3 a) bb) EStG für den Teil, der auf steuerfreien Beiträgen beruht.

23.2.8.9 Lohnsteuerpauschalierung nach § 40b Abs. 1 EStG n.F.

Neben § 3 Nr. 63 EStG kann der Arbeitnehmer Beiträge zu einer Pensionskasse weiterhin pauschal mit 20 % besteuern. Da es sich hier um umlagefinanzierte Pensionskassen handelt, die in der Regel nur von der öffentlichen Hand errichtet werden (s. Kap. 23.2.8.7), hat die Vorschrift nur eine geringe Bedeutung.

Die Renten aus dieser Pensionskasse sind später nach § 22 Satz 3 a) bb) EStG nur mit dem Ertragsanteil zu besteuern.

Übungsfall 7:

Gerald Groß (G) war zunächst zu 80 % an der Groß Autohandel GmbH mit Sitz in Stuttgart beteiligt. Er ist Alleingeschäftsführer seit 1981. Die GmbH hat ihm bereits vor 15 Jahren eine Pension i.H.v. 75 % seiner letzten Bezüge erteilt. Außerdem soll G im Falle einer Invalidität ebenfalls 75 % seiner aktuellen Bezüge erhalten. Die Zusage wurde in der letzten Betriebsprüfung (1995) als angemessen, erdienbar und finanzierbar beurteilt.

Die GmbH hat zur Finanzierung der Pensionszusage eine Rückdeckungsversicherung bei der Victoria Leben AG abgeschlossen. Zum Bilanzstichtag 31.12.2015 stellt die GmbH folgende Bilanz auf:

Diverse Aktiva 100.000 €	Stammkapital 25.000 €
	Pensionsrückstellung 75.000 €

Bei den Aktiva ist die Rückdeckungsversicherung mit 30.000 € aktiviert.

Im Wirtschaftsjahr 2015 kann die GmbH zwar alle Zahlungsverpflichtungen zu 100 % erfüllen. Die Hausbank fordert aber eine Verbesserung des Kreditratings. Daraufhin erklärt sich G bereit, auf 50 % seines Pensionsanspruchs ersatzlos zu verzichten. Der gesamte Pensionsanspruch ist zu diesem Zeitpunkt noch voll werthaltig (= 75.000 €).

Zum Ausgleich der Minderung seiner Pensionsansprüche verlangt G von der GmbH, dass diese monatlich 300 € seines Gehalts in einen Pensionsfonds einzahlt (Gehaltsumwandlung).

Bitte beurteilen Sie die Pensionszusage und die Gehaltsumwandlung aus Sicht des G und der GmbH.

Variante: Wie wäre der Verzicht zu beurteilen, wenn G nur auf einen weiteren Zuwachs seiner Ansprüche verzichtet (Einfrieren der erworbenen Ansprüche – sog. „future service")?

Übungsfall 8:

Die Metallwerke-GmbH hat ihren Arbeitnehmern eine betriebliche Altersversorgung zugesagt, für die sie zum 31.3.2015 eine Pensionsrückstellung von 2 Mio. € bildete.

Mit Wirkung ab 1.4.2015 soll die Versorgungslast auf einen Pensionsfonds übertragen werden, der für die Übernahme 3 Mio. € verlangt.

Stellen Sie die Folgen für die Arbeitnehmer und die Metallwerke dar, wenn der Antrag gestellt oder nicht gestellt wird.

24. Spekulationsgewinne (§ 23 EStG)

Zu den sonstigen Einkünften gehören nach § 22 Abs. 1 Nr. 2 EStG **Einkünfte aus privaten Veräußerungsgeschäften** (sog. Spekulationsgewinne) i.S.d. § 23 EStG. Auch im Rahmen des § 23 EStG ist zu beachten, dass die sonstigen Einkünfte nachrangig gegenüber den anderen Einkunftsarten sind (vgl. § 23 Abs. 2 EStG).

Beispiel:

Ein selbständiger Handwerker hält im Betriebsvermögen ein Werkstattgebäude (Buchwert: 100.000 €). Er veräußert das Gebäude für 270.000 €.

Lösung:

Der Veräußerungsgewinn i.H.v. 170.000 € fällt unter § 15 EStG und § 7 GewStG. Hingegen ist § 23 Abs. 1 S. 1 Nr. 1 EStG als nachrangige Vorschrift nicht einschlägig.

Beispiel:

Ein Steuerpflichtiger erwirbt in 2012 fünf Eigentumswohnungen. Er veräußert die Wohnungen in 2014, 2015 und 2016.

Lösung:

Der Steuerpflichtige veräußert innerhalb von fünf Jahren mehr als drei Immobilien, bei denen zwischen Anschaffung und Veräußerung weniger als fünf Jahre liegen. Der Veräußerungsgewinn ist nach § 15 EStG zu versteuern, da in diesem Fall ein sog. gewerblicher Grundstückshandel vorliegt (vgl. Kap. 13.6). § 23 EStG ist daher nicht anzuwenden.

Für den Zeitpunkt der Versteuerung gilt grundsätzlich das **Zufluss- und Abflussprinzip** (§ 11 EStG). Dies gilt aber nicht für die Berechnung der Spekulationsfrist; hier kommt es auf das Datum des obligatorischen Kaufvertrags an; die Zahlung des Kaufpreises ist insoweit ohne Bedeutung (s. Kap. 24.1).

Beispiel:

Der Steuerpflichtige erwirbt im Dezember 2005 ein Haus. Er veräußert es am 31.08.2015 (Datum des Kaufvertrags). Der Kaufpreis wird vereinbarungsgemäß am 31.01.2016 bezahlt.

Lösung:

Der Spekulationsgewinn nach § 23 Abs. 1 S. 1 Nr. 1 EStG ist in 2016 zu versteuern.

Eine Sonderregelung gilt nach § 23 Abs. 3 S. 6 EStG (**Veräußerung nach verdeckter Einlage in eine Kapitalgesellschaft**). Hier ist das Kalenderjahr der verdeckten Einlage maßgeblich.

Wird der **Kaufpreis in Raten** gezahlt, so entsteht ein Veräußerungsgewinn erst in dem Jahr, in dem die Summe der Raten die Anschaffungskosten übersteigt (vgl. H 23 EStH). **Zinszahlungen** sind nach § 20 Abs. 1 Nr. 7 EStG zu versteuern.

Beispiel:

Der Steuerpflichtige erwirbt in 2010 ein Grundstück für 100.000 €. Er veräußert es am 01.07.2016 für 150.000 €. Der Kaufpreis soll wie folgt entrichtet werden: 1. Rate i.H.v. 90.000 € am 01.07.2016, 2. Rate i.H.v. 60.000 € am 01.07.2017. Der ausstehende Kaufpreis ist marktüblich zu verzinsen.

Lösung:

In 2016 entsteht noch kein Veräußerungsgewinn, da die Rate unter den Anschaffungskosten liegt. In 2017 entsteht ein Veräußerungsgewinn i.H.v. (150.000 € ./. 100.000 € =) 50.000 €.

Wird eine Verzinsung nicht vereinbart, so sind die Raten nach Bewertungsrecht **abzuzinsen**. Als Veräußerungspreis ist lediglich der abgezinste Betrag zu erfassen. Der durch die Abzinsung ermittelte Zinsanteil ist als Kapitalertrag i.S.v. § 20 Abs. 1 Nr. 7 EStG zu behandeln.

Beispiel:

Der Steuerpflichtige erwirbt in 2010 ein Grundstück für 100.000 €. Er veräußert es am 01.07.2016. Der Kaufpreis soll wie folgt entrichtet werden: 1. Rate i.H.v. 90.000 € am 01.07.2016, 2. Rate i.H.v. 60.000 € am 01.07.2018. Der Kaufpreis wird zinslos gestundet.

Lösung:

Die 1. Rate ist mit dem Nominalbetrag anzusetzen. Damit entsteht in 2016 noch kein Gewinn nach § 23 Abs. 1 S. 1 Nr. 1 EStG. Die 2. Rate ist nach Bewertungsrecht abzuzinsen (vgl. Tabelle 1 zu § 12 Abs. 3 BewG, Beck'sche Erlasse 200 § 12/1). Danach ergibt sich ein Barwert i.H.v. (60.000 € × 0,898 =) 53.880 €. Der Spekulationsgewinn ist in 2018 zu versteuern und beläuft sich auf (143.880 € ./. 100.000 € =) 43.880 €. I.H.v. (60.000 € ./. 53.880 € =) 6.120 € erzielt der Veräußerer Zinseinnahmen nach § 20 Abs. 1 Nr. 7 EStG.

Wird der Kaufpreis in Form einer **Rente** bezahlt, so ist die Rente in einen **Tilgungsanteil** und einen **Zinsanteil** aufzuspalten (vgl. Kap. 23.2.3). Bezüglich des Tilgungsanteils gilt für die Ermittlung des Spekulationsgewinns das Gleiche wie bei der Ratenzahlung. Neben einem sich aus dem Tilgungsanteil ergebenden Spekulationsgewinn muss der Veräußerer den Ertragsanteil der Rente nach § 22 Nr. 1 S. 3 a) bb) EStG versteuern.

Beispiel:

Der Steuerpflichtige, der am 01.04.1956 geboren ist, erwirbt in 2010 ein Grundstück für 100.000 €. Er veräußert es am 01.07.2016 gegen eine vom Erwerber ab dem 01.07.2016 zu zahlende Leibrente i.H.v. 920 € monatlich.

Lösung:

In 2016 werden (6 monatliche Renten i.H.v. je 920 € =) 5.520 € gezahlt. Da der rentenberechtigte Steuerpflichtige bei Beginn der Rente das 60. Lebensjahr vollendet hat, beträgt der Ertragsanteil nach § 22 Nr. 1 S. 3 a) bb) EStG (5.520 € × 22 % =) 1.214 €. Der Tilgungsanteil beläuft sich auf (5.520 € ./. 1.214 € =) 4.306 €. Da dieser Betrag die Anschaffungskosten nicht überschreitet, entsteht in 2016 noch kein Spekulationsgewinn nach § 23 Abs. 1 S. 1 Nr. 1 EStG. Der Veräußerer hat steuerpflichtige Renteneinnahmen nach § 22 Nr. 1 S. 3 a) bb) EStG i.H.v. 1.214 €, von denen er nach § 9a S. 1 Nr. 3 EStG einen Pauschbetrag i.H.v. 102 € absetzen kann. Der Erwerber kann den Ertragsanteil der Leibrente i.H.v. 1.214 € unter den Voraussetzungen des § 9 Abs. 1 S. 3 Nr. 1 EStG als Werbungskosten geltend machen.

Bei der Berechnung des Spekulationsgewinns (§ 23 Abs. 3 EStG) ist eine **Freigrenze** zu berücksichtigen: Gewinne aus privaten Veräußerungsgeschäften bleiben steuerfrei, wenn sie im Kalenderjahr insgesamt **weniger als 600 €** betragen haben (§ 23 Abs. 3 S. 5 EStG).

Spekulationsverluste dürfen nur mit Spekulationsgewinnen, die im selben Kalenderjahr erzielt werden, ausgeglichen werden; sie dürfen nicht nach § 10d EStG abgezogen werden (§ 23 Abs. 3 S. 7 ff.

EStG). Sie mindern allerdings nach Maßgabe des § 10d EStG die Einkünfte, die der Steuerpflichtige im unmittelbar vorangegangenen Veranlagungszeitraum oder in den folgenden Veranlagungszeiträumen aus privaten Veräußerungsgeschäften erzielt hat oder erzielt (§ 23 Abs. 3 S. 8 EStG).

Beispiel:

Ein Steuerpflichtiger erzielt in 2015 einen Spekulationsgewinn i.H.v. 15.000 € aus der Veräußerung eines Grundstücks. In 2016 veräußert er ein Gebäude und erzielt einen Spekulationsverlust i.H.v. 60.000 €.

Lösung:

Der Spekulationsverlust des Jahres 2016 ist zurückzutragen, soweit der Steuerpflichtige nichts anderes beantragt. Damit beläuft sich der Spekulationsgewinn 2015 auf 0 €. Der restliche Spekulationsverlust von 45.000 € wird in die Jahre 2017 ff. vorgetragen.

Zur besonderen Behandlung von Spekulationsgewinnen bei der Veräußerung von Wertpapieren nach altem Recht (§ 23 Abs. 3 S. 9 EStG) siehe Kap. 21.3.5.

24.1 Veräußerung von Grundstücken

Die Veräußerung eines im **Privatvermögen** gehaltenen **Grundstücks** löst einen Spekulationsgewinn i.S.d. § 23 Abs. 1 S. 1 Nr. 1 EStG aus, wenn zwischen Anschaffung und Veräußerung des Grundstücks nicht mehr als zehn Jahre liegen. Maßgebend für die Berechnung der **Spekulationsfrist** ist jeweils das Datum des obligatorischen Vertrags (= Kaufvertrag; vgl. BFH vom 13.12.2005, IX R 14/03, BStBl II 2006, 513); bei einem formungültigen Vertrag kommt es auf den Zeitpunkt der Beseitigung des Formmangels bzw. der Heilung durch Vollziehung (vgl. § 311b BGB) an. Für die Berechnung der Spekulationsfrist gelten § 108 AO i.V.m. §§ 187 bis 193 BGB.

Beispiel:

Der Steuerpflichtige erwirbt mit Kaufvertrag vom 01.03.2006 ein Grundstück. Er veräußert das Grundstück mit Kaufvertrag vom 01.03.2016. Die Eintragung der Eigentumsänderung ins Grundbuch erfolgt am 15.06.2016.

Lösung:

Nach § 108 AO i.V.m. § 187 Abs. 1 BGB und § 188 Abs. 2 BGB erstreckt sich die Zehnjahresfrist bis zum Ablauf des 01.03.2016. D.h. erst eine Veräußerung ab dem 02.03.2016 läge außerhalb der Spekulationsfrist. Daher muss der Steuerpflichtige einen Spekulationsgewinn nach § 23 Abs. 1 S. 1 Nr. 1 EStG versteuern.

Unter § 23 Abs. 1 S. 1 Nr. 1 EStG fallen auch **Gebäude** und **Außenanlagen**, die sich auf einem angeschafften Grundstück befinden. Gebäude und Außenanlagen, die innerhalb der Spekulationsfrist errichtet, ausgebaut oder erweitert werden, sind (quasi als Bewertungsfaktor) in die Besteuerung der Grundstücksveräußerung einzubeziehen (Entsprechendes gilt u.a. auch für Eigentumswohnungen und Teileigentum), § 23 Abs. 1 S. 1 Nr. 1 S. 2 EStG.

Bei **unentgeltlichem Erwerb** im Wege der Einzelrechtsnachfolge (z.B. Vermächtnis, Schenkung) ist dem Rechtsnachfolger die Anschaffung durch den Rechtsvorgänger zuzurechnen, § 23 Abs. 1 S. 3 EStG. Gleiches gilt bei Gesamtrechtsnachfolge (z.B. Erbschaft), sog. „Fußstapfentheorie".

Beispiel:

Der Steuerpflichtige erhält im Jahr 2013 von seinen Eltern ein Baugrundstück geschenkt, das diese:
a) in 1998,
b) in 2007 erworben hatten.

Die Anschaffungskosten der Eltern beliefen sich auf 100.000 €. Der Steuerpflichtige bebaut das Grundstück im Jahr 2014 mit einem Zweifamilienhaus, das er zu Wohnzwecken vermietet. In 2016 veräußert der Steuerpflichtige das Hausgrundstück.

Lösung:

a) Bei unentgeltlichem Erwerb im Wege der Einzelrechtsnachfolge (hier: Schenkung) ist dem Rechtsnachfolger die Anschaffung durch den Rechtsvorgänger zuzurechnen, § 23 Abs. 1 S. 3 EStG. Daher beträgt der Zeitraum zwischen Anschaffung und Veräußerung des Grundstücks mehr als zehn Jahre. Somit liegt kein Spekulationsgewinn i.S.d. § 23 Abs. 1 S. 1 Nr. 1 EStG vor.
b) Der Zeitraum zwischen Anschaffung und Veräußerung des Grundstücks beträgt weniger als zehn Jahre, der Tatbestand des § 23 Abs. 1 S. 1 Nr. 1 EStG ist also verwirklicht. In den zu versteuernden Spekulationsgewinn ist auch der Gewinn aus der Veräußerung des Gebäudes (= Differenz zwischen Herstellungskosten und Veräußerungserlös) einzubeziehen.

Bei der Berechnung des Spekulationsgewinns sind die Anschaffungs- bzw. Herstellungskosten um die **AfA** zu **mindern**, soweit diese bei der Ermittlung der Einkünfte abgezogen worden ist, § 23 Abs. 3 S. 4 EStG.

Beispiel:

Der Steuerpflichtige erwirbt am 15.02.2011 ein Grundstück für 80.000 €. Er errichtet dort ein Dreifamilienhaus, das am 20.11.2012 fertiggestellt wird (Herstellungskosten: 200.000 €). Das Gebäude wird für fremde Wohnzwecke vermietet. Am 11.04.2016 (Übergang von Nutzen und Lasten) veräußert er die Immobilie für 300.000 €.

Lösung:

Da die Veräußerung des Grundstücks innerhalb von zehn Jahren seit der Anschaffung erfolgte, ist ein Gewinn nach § 23 Abs. 1 S. 1 Nr. 1 EStG zu ermitteln. Die Herstellungskosten des Gebäudes sind um die Abschreibung nach § 7 Abs. 4 S. 1 Nr. 2 a) EStG zu vermindern.

Herstellungskosten	200.000 €
AfA 2012 (2 % × $^2/_{12}$ =)	./. 667 €
AfA 2013, 2014, 2015 (je 2 % = insgesamt:)	./. 12.000 €
AfA 2016 (2 % × $^4/_{12}$ =)	./. 1.333 €
ergibt	**186.000 €**

Damit betragen die Anschaffungskosten von Grundstück und Gebäude (80.000 € + 186.000 € =) 266.000 €. Der zu versteuernde Spekulationsgewinn beträgt (300.000 € ./. 266.000 € =) 34.000 €.

Ein Spekulationsgewinn entsteht nicht, wenn das Gebäude im Zeitraum zwischen Anschaffung/Fertigstellung und Veräußerung ausschließlich zu **eigenen Wohnzwecken** oder im Jahr der Veräußerung und in den beiden vorangegangenen Jahren zu eigenen Wohnzwecken genutzt wurde, § 23 Abs. 1 S. 1 Nr. 1 S. 3 EStG (vgl. BMF vom 05.10.2000, BStBl I 2000, 1383, Rz. 22).

Beispiel:

Die Steuerpflichtigen (zusammen veranlagte Ehegatten) erwerben am 01.09.2014 eine gebrauchte Eigentumswohnung für 100.000 €. Zum Zeitpunkt des Erwerbs ist die Wohnung vermietet. Die Steuerpflichtigen kündigen nach dem Erwerb wegen Eigenbedarfs und nutzen die Wohnung nach dem Auszug der Mieter zu eigenen Wohnzwecken. Die Mieter ziehen zum:

a) 15.12.2014,

b) 15.12.2015 aus.

Im Februar 2016 muss die Wohnung veräußert werden, da sich die Eheleute scheiden lassen.

Lösung:

Grundsätzlich entsteht ein Veräußerungsgewinn nach § 23 Abs. 1 S. 1 Nr. 1 EStG, da die Eheleute die Wohnung innerhalb der Spekulationsfrist wieder veräußerten. Anderes könnte nach § 23 Abs. 1 S. 1 Nr. 1 S. 3 Alternative 1 EStG gelten, wenn die Eheleute die Wohnung zwischen Anschaffung und Veräußerung ausschließlich für eigene Wohnzwecke nutzten. Dies ist aber nicht der Fall, da die Wohnung (wenn auch unfreiwillig) auch zu fremden Wohnzwecken genutzt wurde.

Damit ist § 23 Abs. 1 S. 1 Nr. 1 S. 3 Alternative 2 EStG zu prüfen:

a) Es liegt kein zu versteuernder Spekulationsgewinn vor, denn die Wohnung wurde im Jahr der Veräußerung (2016) und in den beiden vorangegangenen Jahren (2015, 2014) zu eigenen Wohnzwecken genutzt.

b) Die Eheleute müssen einen Spekulationsgewinn versteuern, da die Wohnung zwar im Jahr der Veräußerung, aber nicht in den beiden vorangegangenen Jahren zu eigenen Wohnzwecken genutzt wurde.

Bei **unentgeltlichem Erwerb** (Gesamtrechtsnachfolge oder unentgeltliche Einzelrechtsnachfolge) ist dem Rechtsnachfolger die Nutzung der Immobilie zu eigenen Wohnzwecken durch den Rechtsvorgänger **zuzurechnen**. Dabei ist ein Leerstand unschädlich, wenn der Steuerpflichtige die Veräußerungsabsicht nachweist (BMF vom 05.02.2000, a.a.O., Rz. 25, 26).

Beispiel:

Die Erblasserin hat

a) in 2000

b) in 2008

ein Reihenhaus erworben und dieses bis zu ihrem Tod im Mai 2016 zu eigenen Wohnzwecken genutzt. Erbe ist der Sohn der Erblasserin. Dieser beabsichtigt, das Gebäude zu veräußern. Seit dem Tod der Mutter steht das Gebäude leer. Es kann erst im Oktober 2016 veräußert werden.

Lösung:

a) Der Erbe muss keinen Spekulationsgewinn versteuern, da ihm die Anschaffung durch die Erblasserin zugerechnet wird. Damit liegt die Veräußerung außerhalb der Spekulationsfrist.

b) Der Erbe muss keinen Spekulationsgewinn versteuern, da zwar die Veräußerung innerhalb der Spekulationsfrist liegt, aber dem Erben die Nutzung der Immobilie zu eigenen Wohnzwecken durch die Erblasserin zugerechnet wird. Der zwischenzeitlich eingetretene Leerstand ist unschädlich, da ab dem Erbfall eine Veräußerungsabsicht des Erben bestand.

24.2 Veräußerung von sonstigen Wirtschaftsgütern

Der Tatbestand des § 23 Abs. 1 S. 1 Nr. 2 EStG hat mit Einführung der Abgeltungsteuer (s. Kap. 21) wesentlich an Bedeutung verloren. Die Veräußerung von **Wertpapieren** u.ä. fällt seit dem Veranlagungszeitraum 2009 grundsätzlich unter die Vorschrift des § 20 Abs. 2 EStG, nach der die Veräußerungsgewinne ohne zeitliche Grenze besteuert werden.

Für Wertpapiere, die vor dem 01.01.2009 erworben wurden, gilt noch § 23 Abs. 1 S. 1 Nr. 2 a.F. (§ 52 Abs. 31 S. 2 EStG; Details s. Kap. 21.3.1).

Beispiel:

Der Steuerpflichtige erwirbt:

a) am 01.02.2008,

b) am 01.02.2009

500 Aktien der A-AG für 18.000 €. Er veräußert die Aktien am 01.10.2016 für 30.000 €. Der Sparer-Pauschbetrag ist bereits ausgeschöpft.

Lösung:

a) Die Veräußerung fällt noch unter § 23 Abs. 1 S. 1 Nr. 2 EStG a.F. Da die hiernach geltende einjährige Spekulationsfrist zum Zeitpunkt der Veräußerung abgelaufen war, ist die Veräußerung der Aktien nicht steuerbar.

b) Die Veräußerung fällt unter § 20 Abs. 2 Nr. 1 EStG. Hiernach spielt die Haltedauer keine Rolle. Es ist ein Veräußerungsgewinn i.H.v. 12.000 € zu versteuern, der der Abgeltungsteuer unterliegt (§ 32d Abs. 1 S. 1, § 43 Abs. 1 S. 1 Nr. 1 S. 1, Abs. 5 S. 1 EStG).

Die Veräußerung von **Wirtschaftsgütern des täglichen Gebrauchs** führt nicht zu einem Spekulationsgewinn bzw. -verlust, § 23 Abs. 1 S. 1 Nr. 2 S. 2 EStG.

Beispiel:

Ein Steuerpflichtiger erwirbt im April 2016 ein gebrauchtes, sieben Jahre altes BMW-Cabrio für 12.000 €. Im Oktober 2016 veräußert er das Cabrio für 11.000 €.

Lösung:

Obwohl der Pkw ein Wirtschaftsgut ist und zwischen Anschaffung und Veräußerung weniger als ein Jahr liegt, kann ein Spekulationsverlust i.H.v. 1.000 € steuerlich nicht geltend gemacht werden. (Anmerkung: Nach h.M. ist sogar ein Brautkleid zu den Wirtschaftsgütern des täglichen Gebrauchs zu rechnen und damit vom Anwendungsbereich des § 23 EStG ausgenommen.)

Für bestimmte Wirtschaftsgüter, aus deren Nutzung als **Einkunftsquelle** zumindest in einem Kalenderjahr Einkünfte erzielt werden, erhöht sich der **Spekulationszeitraum** auf **10 Jahre** (§ 23 Abs. 1 S. 1 Nr. 2 S. 3 EStG). Diese Regelung wurde geschaffen, um Steuersparmodelle z.B. mit Containerleasing zu unterbinden.

Beispiel:

Ein Steuerpflichtiger beteiligt sich an einer Kommanditgesellschaft, deren Zweck es ist, Schiffscontainer zu erwerben und nach einer Vermietungszeit von drei Jahren wieder zu veräußern.

Lösung:

Derartige geschlossene Fonds erzielen keine gewerblichen Einkünfte, da sie lediglich eigenes Vermögen (= Schiffscontainer) verwalten (R 15.7 Abs. 1 EStR). Die Vermietung fällt daher unter § 22 Nr. 3 EStG. Vor Einführung der zehnjährigen Spekulationsfrist für derartige Wirtschaftsgüter konnten Container, die innerhalb von 3 Jahren vollständig abgeschrieben wurden (= Werbungskosten im Rahmen des § 22 Nr. 3 EStG) ohne Versteuerung eines Spekulationsgewinns veräußert werden. Im Rahmen des § 23 Abs. 1 S. 1 Nr. 2 S. 3 EStG ist die Veräußerung der Schiffscontainer steuerbar.

24.3 Veräußerung nach Entnahme

Als **Anschaffung** gilt auch die Überführung eines Wirtschaftsguts in das Privatvermögen des Steuerpflichtigen durch **Entnahme** oder **Betriebsaufgabe** (§ 23 Abs. 1 S. 2 EStG). Als Anschaffungskosten gelten in diesem Fall die nach § 6 Abs. 1 Nr. 4 bzw. § 16 Abs. 3 EStG angesetzten Werte (§ 23 Abs. 3 S. 3 EStG).

Beispiel:

Der Steuerpflichtige gibt im Jahr 2011 seinen Gewerbebetrieb, zu dessen Betriebsvermögen ein Grundstück mit einem Buchwert i.H.v. 100.000 € gehört, auf. Bei der Betriebsaufgabe setzt der Steuerpflichtige das Grundstück nach § 16 Abs. 3 S. 7 EStG mit 300.000 € (= gemeiner Wert) an und versteuert stille Reserven i.H.v. 200.000 €. In 2016 veräußert der Steuerpflichtige das Grundstück für 400.000 €.

Lösung:

Die Überführung des Grundstücks in das Privatvermögen des Steuerpflichtigen im Rahmen der Betriebsaufgabe gilt nach § 23 Abs. 1 S. 2 EStG als Anschaffung. Dies hat eine zehnjährige Steuerverhaftung des Grundstücks zur Folge. Der Steuerpflichtige muss in 2016 einen weiteren Veräußerungsgewinn i.H.v. (400.000 € ./. 300.000 € =) 100.000 € versteuern.

24.4 Einlage von Wirtschaftsgütern

Als **Veräußerung** i.S.d. § 23 Abs. 1 S. 1 Nr. 1 EStG gilt auch die **Einlage** eines Wirtschaftsguts **in ein Betriebsvermögen**, wenn die Veräußerung aus dem Betriebsvermögen innerhalb eines Zeitraums von zehn Jahren seit Anschaffung des Wirtschaftsguts erfolgt, § 23 Abs. 1 S. 5 Nr. 1 EStG. Diese Regelung soll vermeiden, dass die Besteuerung stiller Reserven durch eine Einlage (die als solche keine Veräußerung darstellt, vgl. § 6 Abs. 1 Nr. 5 EStG) umgangen wird. Die Regelung gilt nach der ausdrücklichen Verweisung auf § 23 Abs. 1 S. 1 Nr. 1 EStG **nur** für **Grundstücke** und **grundstücksgleiche Rechte**.

Beispiel:

Der Steuerpflichtige schafft sich im Juli 2007 im Privatvermögen ein Grundstück für 400.000 € an. Am 31.12.2015 legt er das Grundstück, das zu diesem Zeitpunkt 600.000 € wert ist, in sein Betriebsvermögen ein (§ 6 Abs. 1 Nr. 5 EStG). Im Februar 2016 veräußert er das Grundstück für 600.000 €. Der Kaufpreis fließt ihm im März 2016 zu.

Lösung:

Ohne die Regelung in § 23 Abs. 1 S. 5 EStG würden die stillen Reserven des Grundstücks steuerlich nicht erfasst. Die Einlage löst grundsätzlich keinen Veräußerungsgewinn aus. Die Veräußerung aus dem Betriebsvermögen ist zwar an sich steuerpflichtig nach § 15 EStG; es entsteht aber kein Gewinn, da der Veräußerungspreis dem Einlagewert entspricht (600.000 €). Hier greift § 23 Abs. 1 S. 5 EStG.

Die Einlage selbst führt noch nicht zu einem Veräußerungsgewinn. Erst die spätere Veräußerung löst einen Spekulationsgewinn nach § 23 Abs. 1 S. 1 Nr. 1 EStG aus, da die Veräußerung innerhalb von zehn Jahren seit der Anschaffung des Grundstücks erfolgt. Es entsteht ein Spekulationsgewinn i.H.v. 200.000 €. Diesen muss der Steuerpflichtige im Jahr 2016 versteuern (vgl. § 23 Abs. 3 S. 6 EStG).

Entstehen nach einer Einlage i.S.d. § 23 Abs. 1 S. 5 Nr. 1 EStG weitere stille Reserven, so sind diese bei ihrer Aufdeckung als gewerblicher Gewinn zu versteuern.

Ein Veräußerungsgewinn gemäß § 23 EStG liegt auch dann vor, wenn ein Grundstück im Lauf des Zehnjahreszeitraums aus dem Privatvermögen in ein Betriebsvermögen **eingelegt**, aus diesem **wieder entnommen** und dann **veräußert** wird (BFH vom 23.08.2011, IX R 66/10, BFH/NV 2012, 94). In diesem Fall ist der Veräußerungsgewinn i.S.d. § 23 EStG um einen ggf. im Zeitpunkt der Entnahme aus dem Betriebsvermögen realisierten gewerblichen Gewinn zu korrigieren.

Variation des Beispiels:

Wie das vorgenannte Beispiel, aber der Steuerpflichtige veräußert das Grundstück im November 2016 aus dem Betriebsvermögen heraus für 625.000 €.

Lösung:

Die stillen Reserven i.H.v. 200.000 €, die im Privatvermögen entstanden sind, müssen nach § 23 Abs. 1 S. 1 Nr. 1 i.V.m. § 23 Abs. 1 S. 5 EStG im Jahr 2016 (vgl. § 23 Abs. 3 S. 6 EStG) versteuert werden. Die weiteren stillen Reserven i.H.v. 25.000 €, die im Betriebsvermögen entstanden sind, unterliegen der Besteuerung nach § 15 EStG, § 7 Abs. 1 GewStG im Jahr 2016.

Die gleiche Regelung gilt nach § 23 Abs. 1 S. 5 Nr. 2 EStG im Fall der **verdeckten Einlage in eine Kapitalgesellschaft**. Ein solcher Fall liegt vor, soweit ein Gesellschafter einer Kapitalgesellschaft einen vermögensfähigen Vorteil zuwendet und dafür keine Gesellschaftsrechte erhält (vgl. Kap. 18.4 und 18.7.2). Auch hier ist zu beachten, dass sich § 23 Abs. 1 S. 5 Nr. 2 EStG nur auf die Einlage von **Grundstücken** und **grundstücksgleichen Rechten** i.S.v. § 23 Abs. 1 S. 1 Nr. 1 EStG bezieht.

Beispiel:

Der Steuerpflichtige erwirbt im Januar 2014 im Privatvermögen ein Mehrfamilienhaus für 400.000 € und vermietet es bis Dezember 2016 zu fremden Wohnzwecken. Die Abschreibung erfolgt nach § 7 Abs. 4 S. 1 Nr. 2 a) EStG mit 2 % pro Jahr. Im Dezember 2016 legt der Steuerpflichtige das Gebäude verdeckt in die X-AG ein. Der Wert des Mehrfamilienhauses beträgt 360.000 €.

Lösung:

Zwischen der Anschaffung im Privatvermögen und der verdeckten Einlage in die Kapitalgesellschaft liegen weniger als zehn Jahre. Die verdeckte Einlage löst nach § 23 Abs. 1 S. 5 Nr. 2 EStG den Tatbestand des § 23 Abs. 1 S. 1 Nr. 1 EStG aus. Nach § 23 Abs. 3 S. 1, S. 4 EStG sind dem Veräußerungserlös (= Einlagewert) die um die in Anspruch genommene AfA geminderten Anschaffungskosten gegenüberzustellen:

Veräußerungserlös = Einlagewert	360.000 €
Anschaffungskosten (400.000 €) ./. AfA (2 % × 3 = 24.000 €)	./. 376.000 €
Spekulationsverlust	**./. 16.000 €**

Übungsfall:

Der Steuerpflichtige erwirbt für jeweils 50.000 €:

a) in 2007 ein Grundstück,

b) in 2008 diverse Aktien (Beteiligung weniger als ein Prozent),

c) in 2010 diverse Aktien (Beteiligung weniger als ein Prozent),

d) in 2011 eine 20 %ige Beteiligung an der Alpha-GmbH

Im März 2016 legt er alle vier Wirtschaftsgüter offen in die Beta-GmbH ein; der Wert beträgt jeweils 70.000 € (Buchungssatz: Diverse Wirtschaftsgüter 280.000 € an Stammkapital 280.000 €).

Variante des Ausgangsfalls: Der Steuerpflichtige überführt die Wirtschaftsgüter im Wege der verdeckten Einlage in die Beta-GmbH.

24.5 Beteiligung an einer Personengesellschaft

Die Anschaffung oder Veräußerung einer unmittelbaren oder mittelbaren **Beteiligung an einer Personengesellschaft** gilt als Anschaffung oder Veräußerung der **anteiligen Wirtschaftsgüter**, § 23 Abs. 1 S. 4 EStG.

Diese Regelung gilt nur für **vermögensverwaltende** Personengesellschaften mit Privatvermögen (vgl. Kap. 15.11). Damit soll vermieden werden, dass durch Zwischenschaltung einer Personengesellschaft die Vorschrift des § 23 Abs. 1 S. 1 Nr. 1 EStG umgangen werden kann.

Beispiel:

Einziger Geschäftszweck der X-GmbH & Co. KG ist die Errichtung und Vermietung eines Einkaufszentrums. Geschäftsführerin der KG ist die Kommanditistin K. Anleger A erwirbt in 2014 Kommanditanteile an der X-GmbH & Co. KG, die er in 2016 mit Gewinn veräußert.

Lösung:

Die X-GmbH & Co. KG erzielt Einkünfte aus Vermietung und Verpachtung, da sie ausschließlich vermögensverwaltend tätig ist (R 15.7 Abs. 1 EStR). Eine gewerbliche Prägung nach § 15 Abs. 3 Nr. 2 EStG liegt nicht vor, da nicht ausschließlich Komplementäre oder fremde Dritte zur Geschäftsführung berufen sind. Die Veräußerung eines gesamten Mitunternehmeranteils an einer gewerblich tätigen Personengesellschaft fällt unter § 16 Abs. 1 Nr. 2 EStG. Für die Veräußerung einer Beteiligung an einer vermögensverwaltenden Gesellschaft greift § 23 Abs. 1 S. 4 EStG. Hiernach wird der Anleger A so behandelt, als habe er einen Anteil an dem Einkaufszentrum (Immobilie) angeschafft und (innerhalb von zwei Jahren) wieder veräußert. Der Veräußerungsgewinn unterliegt somit der Spekulationsgewinnbesteuerung.

25. Sonderthema: Vorweggenommene Erbfolge
25.1 Einführung
Die vorweggenommene Erbfolge wird in einem eigenen Kapitel behandelt, da dieses Thema von der Vermietung und Verpachtung über die Einkünfte aus Kapitalvermögen, Betriebsveräußerung, Veräußerung von Beteiligungen etc. übergreifend alle Themen betrifft (ausführlich: BMF vom 13.1.1993, BStBl I 1993, 80, Beck'sche Erlasse § 7/3 – leider ist dieser Erlass in weiten Bereichen überholt).

Das BGB stellt für die vorweggenommene Erbfolge kein gesetzliches Rechtsinstitut oder einen besonders ausgestalteten Vertragstyp zur Verfügung.

Unter vorweggenommener Erbfolge sind **Vermögensübertragungen unter Lebenden** mit Rücksicht auf die künftige Erbfolge zu verstehen. Der Übernehmer soll nach dem Willen der Beteiligten wenigstens teilweise eine unentgeltliche Zuwendung erhalten (Beschluss des Großen Senats des BFH vom 5.7.1990, GrS 4–6/89, BStBl II 1990, 847). Der Vermögensübergang tritt nicht kraft Gesetzes, sondern aufgrund einzelvertraglicher Regelungen ein (sog. **Einzelrechtsnachfolge** im Gegensatz zur Gesamtrechtsnachfolge bei Erbfällen).

Übertragungen im Wege der vorweggenommenen Erbfolge können:
* unentgeltlich
* teilentgeltlich oder
* vollentgeltlich

erfolgen.

Außerdem ist zu differenzieren zwischen der:
* Übertragung von Privatvermögen und der
* Übertragung von Betriebsvermögen.

25.2 Übertragung von Privatvermögen
Je nach Art der anlässlich der Vermögensübertragung durch vorweggenommene Erbfolge vereinbarten Leistungen liegt eine voll unentgeltliche oder eine teilentgeltliche Übertragung vor.

25.2.1 Voll unentgeltliche Übertragung
Die Schenkung von Wirtschaftsgütern des Privatvermögens hat regelmäßig keine steuerlichen Folgen. Wird ein Grundstück geschenkt, so ist dem Beschenkten die maßgebliche Besitzzeit des § 23 Abs. 1 Nr. 1 EStG nach **§ 23 Abs. 1 Satz 3 EStG** zuzurechnen. Bei der Schenkung von Wertpapieren und anderen Kapitalanlagen tritt der Beschenkte nach § 20 Abs. 4 S. 6 EStG in die „Fußstapfen" des Schenkers.

Im Rahmen des § 17 EStG sind ebenfalls sowohl die Anschaffungskosten als auch die Beteiligungsgrenzen nach **§ 17 Abs. 1 S. 4 EStG** des Schenkers maßgebend.

Beispiel:

Die Mutter erwarb 1992 1,5 % des Stammkapitals der Alpha-GmbH für 10.000 €. In 2014 schenkt die Mutter ihrem Sohn die Hälfte ihres Anteils (= 0,75 % Anteil an der Alpha-GmbH). In 2015 veräußert der Sohn die Beteiligung für 50.000 €.

Lösung:

Der Sohn ist zwar nicht mindestens zu einem Prozent i.S.v. § 17 Abs. 1 S. 1 EStG beteiligt. Ihm wird aber die Beteiligungshöhe der Mutter nach § 17 Abs. 1 Satz 4 EStG zugerechnet (steuerverhaftete Anteile). Damit muss er einen Veräußerungsgewinn nach § 17 Abs. 1 S. 1 EStG i.V.m. § 3 Nr. 40 c) EStG im Teileinkünfteverfahren versteuern (auf die Problematik der Verfassungswidrigkeit soll in diesem Zusammenhang aus Vereinfachungsgründen nicht eingegangen werden; vgl. BMF vom 20.12.2010, BStBl I 2011, 16, Beck'sche Erlasse § 17/2):

Erlös (50.000 € × 60 % =)	30.000 €
Anschaffungskosten (10.000 € × 1/2 × 60 % =)	./. 3.000 €
Gewinn	**27.000 €**

Variante:

Die Beteiligung wird dem Sohn in 2005 geschenkt.

Lösung:

Da der Sohn die Beteiligung nicht innerhalb der letzten 5 Jahre vor der Veräußerung unentgeltlich erwarb (so die ausdrückliche Voraussetzung des § 17 Abs. 1 Satz 4 EStG), ist die Beteiligungshöhe der Mutter nicht mehr relevant. Da der Sohn innerhalb der letzten 5 Jahre vor der Veräußerung zu weniger als einem Prozent an der Alpha-GmbH beteiligt war, ist die Veräußerung nicht nach § 17 Abs. 1 Satz 1 EStG steuerbar.

Allerdings greift hier § 23 Abs. 1 Nr. 2 EStG a.F., da die Beteiligung vor dem 01.01.2009 erworben wurde (§ 52 Abs. 31 EStG) und der Erwerb durch die Mutter nach § 23 Abs. 1 Satz 3 EStG dem Sohn zuzurechnen ist. Da allerdings die einjährige Spekulationsfrist bei der Veräußerung abgelaufen ist, entfällt auch eine Steuerbarkeit nach § 23 Abs. 1 Nr. 2 EStG a.F.

Bei **unentgeltlicher Übertragung vermieteter Immobilien** führt der Einzelrechtsnachfolger die AfA des Rechtsvorgängers nach **§ 11d EStDV** fort.

Beispiel:

Der Enkel bekommt von seinem Großvater ein Reihenhaus, das dieser:
a) im Januar 1958,
b) im Januar 1968
für (umgerechnet) 60.000 € erwarb.
Der Großvater nutzte das Reihenhaus bis zur Schenkung im Oktober 2015 zu eigenen Wohnzwecken.
Der Enkel vermietet das Reihenhaus ab November 2015.

Lösung:

Grundsätzlich kann der Enkel die AfA nach § 7 Abs. 4 Nr. 2 a) EStG i.V.m. § 11d EStDV bei den Einkünften aus Vermietung und Verpachtung als Werbungskosten geltend machen. Die Abschreibungsdauer beträgt bei 2 % p.a. 50 Jahre.

Damit endet in der Variante a) die Abschreibung des Reihenhauses im Jahre 2007. Somit kann der Enkel nach der Schenkung keine Abschreibung mehr geltend machen.

In der Variante b) kann der Enkel im Veranlagungszeitraum 2015 eine AfA i.H.v. (60.000 € × 2 % × $\frac{3}{12}$ =) 300 € als Werbungskosten geltend machen. Die AfA beginnt ab dem Monat der Schenkung (= Oktober).

Eine unentgeltliche Übertragung kann auch dann vorliegen, wenn die Übertragung im Wege eines **Übergabevertrags gegen eine Versorgungsrente** erfolgt. Für Wirtschaftsgüter des Privatvermögens ist die Vereinbarung einer Versorgungsleistung nach § 10 Abs. 1a Nr. 2 EStG aber nicht mehr möglich, wenn die Übertragung nach dem 31.12.2007 erfolgt (vgl. § 52 Abs. 18 EStG sowie die Besprechung der Übergabeverträge s. Kap 6.3).

25.2.2 Teilentgeltliche Übertragung

25.2.2.1 Entgelt

Ein Veräußerungs- und Anschaffungsgeschäft liegt vor, soweit der Übernehmer Zahlungen an den Übertragenden oder an Dritte (z.B. Angehörige) leistet (BMF vom 13.1.1993 a.a.O., Rz. 7 ff.). Im Falle der **teilentgeltlichen Übertragung von Wirtschaftsgütern des Privatvermögens** ist der Vorgang in einen entgeltlichen und einen unentgeltlichen Teil aufzuteilen (BMF vom 13.1.1993 a.a.O., Rz. 14).

Beispiel:

Der Vater überträgt auf seine Tochter eine Eigentumswohnung (Wert 200 T€) mit der Auflage, an den Bruder einen Ausgleich i.H.v. 50 T€ zu leisten.

Lösung:

Die Übertragung erfolgt zu 50/200 entgeltlich und zu 150/200 unentgeltlich. Soweit die Eigentumswohnung entgeltlich erworben wird, richtet sich die AfA nach § 7 Abs. 4 Nr. 2 a) EStG. Soweit die Eigentumswohnung unentgeltlich erworben wird, ist die AfA des Rechtsvorgängers nach § 11d EStDV fortzuführen.

Die **Übernahme von Verbindlichkeiten** des Übergebers durch den Übernehmer führt zu einem Veräußerungsentgelt und zu Anschaffungskosten. Hierbei macht es keinen Unterschied, ob die Verbindlichkeiten im wirtschaftlichen oder rechtlichen Zusammenhang mit dem übernommenen Wirtschaftsgut stehen oder ob es sich um Verbindlichkeiten handelt, die nicht mit einer Einkunftsart in Zusammenhang stehen.

Beispiel 1:

Der Vater überträgt auf seine Tochter eine Eigentumswohnung (Wert 200 T€) mit der Auflage, eine Hypothek i.H.v. 50 T€, die auf der Wohnung lastet zu übernehmen.

Lösung:

Die Übertragung erfolgt zu 50/200 entgeltlich, da die Übernahme der Schulden einer Zahlung gleichgestellt wird.

Beispiel 2:

Der Vater überträgt auf seine Tochter eine Eigentumswohnung (Wert 200 T€) mit der Auflage, private Schulden des Vaters aus einem Autokauf zu übernehmen.

Lösung:

Es ergibt sich die gleiche Lösung wie im Beispiel 1.

Behält sich der Übergeber ein **dingliches oder obligatorisches Nutzungsrecht** (z.B. Nießbrauch, Wohnrecht; Details s. Kap. 22.17) an übertragenen Wirtschaftsgütern vor oder verpflichtet er den Übernehmer, ihm oder einem Dritten ein solches Nutzungsrecht einzuräumen, wird das bereits mit dem Nutzungsrecht belastete Vermögen erworben. Ein entgeltlicher Erwerb liegt insoweit nicht vor.

Beispiel:

Die Eltern schenken ihrem Kind ein Zweifamilienhaus (Wert: 300 T€). Das Kind verpflichtet sich, den Eltern einen lebenslangen Nießbrauch einzuräumen (Wert 70 T€).

Lösung:

Die Übertragung erfolgt zu 100 % unentgeltlich.

25.2.3 Höhe der Anschaffungskosten

Erfolgt die **Übertragung gegen eine Veräußerungsrente** so liegen in Höhe des Barwerts Anschaffungskosten vor (siehe BMF vom 11.3.2010, BStBl I 2010, 227, Beck'sche Erlasse § 10/5 Rz. 65 ff. und Kap. 22.2.3).

Erfolgt die Übertragung gegen einen Zahlung, die länger als ein Jahr unverzinslich gestundet wird, so ist der **Nominalbetrag nach Bewertungsrecht** abzuzinsen (§ 12 Abs. 3 BewG).

Beispiel:

Die Eltern übertragen am 1.1.02 eine Eigentumswohnung (Wert 150 T€) auf das Kind. Dieses verpflichtet sich, am 1.1.04 70 T€ an die geschiedene Ehefrau des Vaters zu bezahlen. Die Ausgleichszahlung wird zinslos gestundet.

Lösung:

Die Kaufpreisforderung ist abzuzinsen (vgl. Tabelle 1 zu § 12 Abs. 3 BewG); der Kaufpreis beläuft sich auf (70 T€ × 0,898 =) 62.860 €. Die Übertragung erfolgt daher zu 62.860 €/150.000 € entgeltlich, im Übrigen unentgeltlich.

Ist der Übernehmer verpflichtet, **Leistungen in Sachwerten** zu erbringen, entstehen Anschaffungskosten i.H.d. gemeinen Werts der hingegebenen Wirtschaftsgüter (§ 6 Abs. 6 EStG).

Beispiel:

Die Eltern übertragen auf das Kind Wertpapiere im Wert von 200 T€. Das Kind verpflichtet sich, im Gegenzug einen Pkw (Wert 12 T€) auf die Eltern zu übertragen.

Lösung:

Die Übertragung erfolgt zu 12 T€/200 T€ entgeltlich, im Übrigen unentgeltlich.

Im Rahmen eines teilentgeltlichen Erwerbs aufgewandte **Anschaffungsnebenkosten** (z.B. Notar-, Gerichtsgebühren) werden in voller Höhe den Anschaffungskosten zugerechnet (BMF vom 13.01.1993 a.a.O., Rz. 13). **Nebenkosten eines in vollem Umfang unentgeltlichen Erwerbs** führen weder zu Anschaffungskosten noch zu Werbungskosten. Nicht zu den Anschaffungskosten gehört die Schenkungsteuer (§ 12 Nr. 3 EStG).

Werden **mehrere Wirtschaftsgüter** teilentgeltlich übertragen, sind die Anschaffungskosten nach dem Verhältnis der Verkehrswerte den einzelnen Wirtschaftsgütern anteilig zuzurechnen.

Beispiel:

Die Eltern übertragen Wertpapiere (Wert: 200 T€) und eine Eigentumswohnung (Wert 100 T€) auf das Kind. Dieses verpflichtet sich, eine Ausgleichszahlung i.H.v. 75 T€ zu leisten.

Lösung:

Auf die Wertpapiere entfallen 200/300 der Ausgleichszahlung, somit 50 T€. Auf die Eigentumswohnung entfallen 100/300, somit 25 T€.

Die Parteien können aber eine andere Zuordnung vornehmen (BMF vom 13.1.1993 a.a.O., Rz. 14).

Beispiel:

Die Eltern übertragen Wertpapiere (Wert: 200 T€) und eine Eigentumswohnung (Wert 100 T€) auf das Kind. Dieses verpflichtet sich, eine Ausgleichszahlung i.H.v. 75 T€ zu leisten. Eltern und Kind sind sich einig, dass die Ausgleichszahlung ausschließlich auf die Eigentumswohnung entfallen soll.

Lösung:

Dem Aufteilungswunsch ist nach Verwaltungsansicht zu folgen. Die Übertragung der Wertpapiere erfolgt zu 100 % unentgeltlich. Die Eigentumswohnung wird teilentgeltlich übertragen (75/100).

Hat sich der Übergeber ein **Nutzungsrecht** an dem übertragenen Wirtschaftsgut vorbehalten, ist bei Aufteilung des Rechtsgeschäfts in den entgeltlichen und den unentgeltlichen Teil dem Entgelt der um den Kapitalwert des Nutzungsrechts geminderte Wert des Wirtschaftsguts gegenüberzustellen.

Beispiel:

Die Eltern übertragen unter Nießbrauchsvorbehalt eine Eigentumswohnung. Der Wert der Eigentumswohnung beträgt (ohne Berücksichtigung des Nießbrauchs) 200 T€. Der Wert des Nießbrauchsrechts beläuft sich auf 80 T€ (Lebenserwartung × Miete × Abzinsungsfaktor). Das Kind verpflichtet sich, an die Eltern 20 T€ zu bezahlen.

Lösung:

Die Übertragung erfolgt zu 20 T€/(200 T€ ./. 80 T€) entgeltlich; im Übrigen unentgeltlich.

25.3 Entgeltliche Übertragung von Privatvermögen

Dieser Fall weist gegenüber der Übertragung unter Fremden keine Besonderheiten auf. Sie müssen insbesondere an die **§§ 17, 20 Abs. 2** und **23 EStG** denken.

Übungsfall 1:

Die Mutter erwarb am 1.7.2008 Aktien der X-AG für 100.000 € (Beteiligung < 1 %). Am 1.5.2012 schenkt sie der Tochter die Aktien, die zu diesem Zeitpunkt 150.000 € wert sind mit der Auflage, an den Bruder ein Ausgleichsgeld i.H.v. 70.000 € zu leisten.
Am 1.2.2015 veräußert die T die Anteile für 260.000 € an einen familienfremden Dritten.
Bitte beurteilen Sie die Übertragung der Anteile in 2012 und die Veräußerung in 2015.

Übungsfall 2:

A und B sind Eigentümer einer Eigentumswohnung, die sie in 2006 für 100.000 € (Anteil Grund und Boden 5 %) erwarben. Die Wohnung ist für monatlich 400 € vermietet und wird nach § 7 Abs. 4 Nr. 2 a) EStG abgeschrieben. Die Wohnung hat aktuell einen Wert von 80.000 €. Auf ihr lastet eine Hypothek i.H.v. 30.000 €. Die Übertragungskosten (inklusive Grunderwerbsteuer) belaufen sich auf 5.600 €.
A und B erwarben außerdem 1994 ein Reihenhaus, das sie bisher zu eigenen Wohnzwecken nutzten. Zum 1.1.2015 ziehen A und B in eine altengerechte Wohnung und übertragen daher sowohl die Eigentumswohnung als auch das Reihenhaus auf den Neffen N. N soll die Hypothek übernehmen. Die Parteien sind sich einig, dass das Reihenhaus unentgeltlich übergehen soll. N möchte das Reihenhaus zu eigenen Wohnzwecken nutzen.

> Wie hoch sind die Einkünfte des N aus Vermietung + Verpachtung im Veranlagungszeitraum 2015?

25.4 Übertragung von Betriebsvermögen

Für die **Übertragung von Betriebsvermögen im Wege der vorweggenommenen Erbfolge** gelten die in Kap 25.2 dargestellten Grundsätze entsprechend. Zusätzlich sind aber folgende Besonderheiten zu beachten.

25.4.1 Unentgeltliche Übertragung

25.4.1.1 Unentgeltliche Übertragung von Einzelwirtschaftsgütern

Die **unentgeltliche Übertragung einzelner Wirtschaftsgüter des Betriebsvermögens** stellt beim Übergeber regelmäßig eine Entnahme des Wirtschaftsguts dar. Bemessungsgrundlage für die weitere AfA ist der Entnahmewert (R 7.4 Abs. 10 EStR).

> **Beispiel:**
>
> Die Mutter hält im Betriebsvermögen ein Gebäude (Buchwert 100 T€, Teilwert 500 T€). Sie schenkt das Gebäude ihrer Tochter, die es anschließend im Privatvermögen hält.

> **Lösung:**
>
> Die Mutter muss das Gebäude entnehmen (Entnahmegewinn: 400 T€). Die anschließende Schenkung erfolgt im Privatvermögen. Die Tochter schreibt das Gebäude nach §§ 7 Abs. 4 Nr. 2 EStG, 11d EStDV aus dem Entnahmewert ab.

Nutzt der Empfänger das Wirtschaftsgut betrieblich, so kommt es darauf an, ob die Voraussetzungen des **§ 6 Abs. 5 EStG** erfüllt sind (siehe hierzu ausführlich BMF vom 8.12.2011, BStBl I 2011, 1279, Beck'sche Erlasse § 6/15).

> **Beispiel:**
>
> Die Mutter hält im Betriebsvermögen ein Gebäude (Buchwert 100 T€, Teilwert 500 T€). Sie schenkt das Gebäude ihrer Tochter, die es ebenfalls für betriebliche Zwecke nutzt.

> **Lösung:**
>
> § 6 Abs. 5 EStG lässt die Buchwertübertragung zwischen zwei Personen zum Buchwert grundsätzlich nicht zu. Die Mutter muss das Grundstück entnehmen, die Tochter es anschließend wieder einlegen.

Beachte insbesondere die **Sperrfrist** des § 6 Abs. 5 Satz 4 EStG.

> **Beispiel:**
>
> Mutter und Tochter sind Gesellschafter der A-GbR. Die Mutter vermietet an die GbR ein Gebäude (= Sonderbetriebsvermögen; Buchwert 50.000 €/Teilwert 120.000 €). Sie überträgt das Gebäude in 01 auf die Tochter, die es anschließend an die GbR vermietet (= Sonderbetriebsvermögen). In 02 veräußert die Tochter das Gebäude.

> **Lösung:**
>
> Die Übertragung erfolgt nach § 6 Abs. 5 Satz 3 Nr. 3 EStG zwingend zum Buchwert. Da die Tochter das Gebäude aber innerhalb der Sperrfrist von drei Jahren (beginnend ab Abgabe der Steuererklärung für das Übertragungsjahr) wieder veräußert, muss bei der Mutter rückwirkend auf das Jahr 01 der Teilwert angesetzt werden. Damit erzielt die Mutter rückwirkend einen Veräußerungsgewinn (120.000 € ./. 50.000 € =) 70.000 €.

25.4.1.2 Unentgeltliche Übertragung von Betrieben, Teilbetrieben und Mitunternehmeranteilen

Hier greift **§ 6 Abs. 3 EStG** (dazu ausführlich BMF vom 3.3.2005, BStBl I 2005, 458; Beck'sche Erlasse § 6/18). Begünstigt ist die Übertragung eines Betriebs, Teilbetriebs oder Mitunternehmeranteils.

Die Übertragung eines Betriebs erfordert die **Übertragung aller wesentlicher Betriebsgrundlagen** (vgl. H 16 Abs. 6 „Übertragung der wesentlichen Betriebsgrundlagen" EStH). Wird auch nur eine wesentliche Betriebsgrundlage (vgl. H 16 Abs. 8 EStH) nicht übertragen, so liegt eine **Betriebsaufgabe** vor. Nach § 16 Abs. 3 EStG sind dann die stillen Reserven aufzudecken (Details s. Kap. 17.5.1).

> **Beispiel:**
>
> Der Vater ist Inhaber eines Betriebs. In 02 überträgt er den Betrieb (Kapital 100 T€, Teilwert 500 T€) unentgeltlich auf den Sohn. Von der Übertragung ausgenommen ist ein Bürogebäude, das der Vater künftig an den Sohn vermieten will.

> **Lösung:**
>
> Die Voraussetzungen des § 6 Abs. 3 EStG sind nicht erfüllt. Der Vater muss nach § 16 Abs. 3 EStG alle stillen Reserven aufdecken (= Gewinn 400 T€). Der Sohn muss anschließend alle Wirtschaftsgüter wieder in das Betriebsvermögen seines neuen Betriebs einlegen.

Bei der Übertragung eines Mitunternehmeranteils muss das **Sonderbetriebsvermögen** mit übertragen werden, wenn es eine **wesentliche Betriebsgrundlage** darstellt (BMF vom 3.3.2005, a.a.O., Rz. 4).

> **Beispiel:**
>
> Der Vater ist als Anwalt an der X-GbR beteiligt. Er vermietet an die GbR ein Bürogebäude. In 02 überträgt er den Mitunternehmeranteil auf die Tochter. Das Bürogebäude wird von der Übertragung ausgenommen und soll künftig weiterhin durch V an die GbR vermietet werden.

> **Lösung:**
>
> Eine Buchwertübertragung ist nicht möglich, da nicht alle wesentlichen Betriebsgrundlagen übergehen. Der Vater muss alle stillen Reserven aufdecken (§§ 18 Abs. 3, 16 Abs. 3 EStG).

Während **§ 16 EStG** nur greift, wenn der **ganze Gewerbebetrieb** bzw. der **ganze Mitunternehmeranteil** übertragen wird, macht § 6 Abs. 3 Satz 1, 2. HS EStG davon eine **Ausnahme**. Es ist auch möglich, eine weitere Person in ein Einzelunternehmen unentgeltlich aufzunehmen (= Übertragung eines Teils eines Betriebs).

> **Beispiel 1:**
>
> Der Vater ist Inhaber eines Betriebs. Er verkauft die Hälfte des Betriebs an die Tochter.

> **Lösung:**
>
> Der Vater kann § 16 EStG nicht in Anspruch nehmen. Die Veräußerung eines halben Gewerbebetriebs fällt unter § 15 EStG.

> **Beispiel 2:**
>
> Der Vater ist Inhaber eines Betriebs. Er verschenkt die Hälfte des Betriebs an die Tochter.

> **Lösung:**
>
> Der halbe Betrieb geht nach § 6 Abs. 3 S. 1, 2. HS EStG zwingend zum Buchwert auf die Tochter über. Es entsteht eine GbR/OHG.

Im Gegensatz zu § 16 EStG ist es auch möglich, einen **Teil eines Mitunternehmeranteils zum Buchwert zu übertragen**.

> **Beispiel 1:**
>
> Der Vater ist zu 50 % an der X-GbR beteiligt. Er verkauft ⅓ seines Mitunternehmeranteils an seine Tochter.

> **Lösung:**
>
> § 16 Abs. 1 Nr. 2 EStG ist nicht anwendbar, da er nicht den ganzen Mitunternehmeranteil veräußert.

> **Beispiel 2:**
>
> Der Vater ist zu 50 % an der X-GbR beteiligt. Er verschenkt ⅓ seines Mitunternehmeranteils an seine Tochter.

> **Lösung:**
>
> Die Übertragung eines Teils eines Mitunternehmeranteils im Wege der vorweggenommenen Erbfolge ist nach § 6 Abs. 3 S. 1, 2. HS. EStG begünstigt. Die stillen Reserven werden nicht aufgedeckt.

Wie oben dargestellt, muss bei der Übertragung eines Mitunternehmeranteils auch das **Sonderbetriebsvermögen** mit übertragen werden, wenn es eine **wesentliche Betriebsgrundlage** darstellt.

Auch hier macht **§ 6 Abs. 3 Satz 2 EStG** eine Ausnahme. Unschädlich ist die **unterquotale Übertragung**, wenn der Schenkende weiterhin an der Mitunternehmerschaft beteiligt bleibt und das Wirtschaftsgut weiterhin an die Mitunternehmerschaft vermietet (BMF vom 3.3.2005 a.a.O., Rz. 10).

> **Beispiel:**
>
> Der Vater ist zu 50 % an der A-GbR beteiligt. Er vermietet an die GbR ein Bürogebäude. In 02 schenkt er seiner Tochter ⅓ seines Mitunternehmeranteils. Das Bürogebäude wird von der Schenkung ausgenommen und weiterhin durch V an die GbR vermietet.

> **Lösung:**
>
> Die unterquotale Übertragung des Bürogebäudes ist nach § 6 Abs. 3 Satz 2 EStG unschädlich, da das Bürogebäude weiterhin Sonderbetriebsvermögen der GbR bleibt.

Die **überquotale Übertragung** ist im Gesetz nicht geregelt. Die Verwaltung will hier eine Aufteilung in § 6 Abs. 3 EStG (soweit quotal) und § 6 Abs. 5 EStG (soweit überquotal) vornehmen (BMF vom 3.3.2005 a.a.O., Rz. 16).

Beispiel:

Der Vater ist zu 50 % an der A-GbR beteiligt. Er vermietet an die GbR ein Bürogebäude. In 02 schenkt er seiner Tochter $\frac{1}{3}$ seines Mitunternehmeranteils und das gesamte Bürogebäude. Die Tochter vermietet dieses weiterhin an die GbR.

Lösung:

Nach Verwaltungsansicht erfolgt die Übertragung des Bürogebäudes zu $\frac{1}{3}$ nach § 6 Abs. 3 EStG und zu $\frac{2}{3}$ nach § 6 Abs. 5 EStG.

Der Unterschied zwischen § 6 Abs. 3 EStG und § 6 Abs. 5 EStG zeigt sich z.B. dann, wenn auf dem Sonderbetriebsvermögen Schulden lasten. Im Zusammenhang mit der Übertragung nach § 6 Abs. 3 EStG führt die Übernahme von Schulden nicht zu einem Entgelt (vgl. BMF vom 13.1.1993, BStBl I 1993, 464, Beck'sche Erlasse § 7/3 Rz. 29). Dagegen stellt die Übernahme von Schulden im Zusammenhang mit der Übertragung eines einzelnen Wirtschaftsguts ein (sonstiges) Entgelt dar und führt zu einer Aufspaltung in einen (voll) entgeltlichen und einen (voll) unentgeltlichen Teil (sog. Trennungstheorie; vgl. BMF vom 8.12.2011, BStBl I 2011, 1279, Beck'sche Erlasse § 6/15 Rz. 15).

Mit Urteil vom 2.8.2012, IV R 41/11 stellt sich der BFH nunmehr gegen die Behandlung der überquotalen Übertragung durch die Verwaltung (s. BMF vom 3.3.2005 a.a.O.). Er geht in diesen Fällen insgesamt von einer Übertragung nach § 6 Abs. 3 EStG aus. Eine Reaktion der Finanzverwaltung lag zum Zeitpunkt der Drucklegung noch nicht vor.

25.4.2 Teilentgeltliche Übertragung

25.4.2.1 Teilentgeltliche Übertragung von Einzelwirtschaftsgütern des Betriebsvermögens

Bei teilentgeltlicher Übertragung eines Einzelwirtschaftsguts ist der Vorgang in einen voll **unentgeltlichen** (= § 6 Abs. 5 Satz 3 EStG) und einen voll **entgeltlichen** Teil (= laufender Gewinn durch Aufdeckung stiller Reserven) aufzuspalten (sog. Trennungstheorie; BMF vom 8.12.2011, BStBl I 2011, 1279, Beck'sche Erlasse § 6/15 Rz. 15 und BMF vom 12.9.2013, BStBl I 2013, 1164, Beck'sche Erlasse § 6/32).

Beispiel:

Die Mutter ist zusammen mit ihrer Tochter Gesellschafterin einer GbR. Die Mutter hat bisher an die GbR ein Grundstück vermietet (= Sonderbetriebsvermögen, Buchwert 100.000 €). In 02 überträgt sie das Grundstück (Teilwert 500.000 €) auf ihre Tochter, die es weiterhin an die GbR vermietet. Die Tochter zahlt ein Ausgleichsgeld i.H.v. 200 T€.

Lösung:

I.H.v. 200/500 liegt ein voll entgeltliches Geschäft, i.H.v. 300/500 eine unentgeltliche Übertragung vor. Somit sind die Buchwerte nach § 6 Abs. 5 Satz 3 Nr. 3 EStG i.H.v. (100.000 € × 300/500 =) 60.000 € durch die Tochter fortzuführen.

Soweit das Grundstück entgeltlich veräußert wurde, erzielt die Mutter einen Veräußerungsgewinn:	
Erlös	200.000 €
Buchwert (100.000 € × 200/500 =)	./. 40.000 €
Gewinn	**160.000 €**
Der Gewinn kann von der Mutter grundsätzlich in eine Rücklage nach § 6b EStG eingestellt werden.	

Mit Urteil vom 19.9.2012, IV R 11/12 gab der BFH die Trennungstheorie zumindest für die Fälle auf, in denen das Entgelt geringer als der Buchwert ist. Für diese Fälle geht der BFH nunmehr insgesamt von einer unentgeltlichen Übertragung aus. Lt. BMF vom 12.9.2013, BStBl I 2013, 1164, Beck'sche Erlasse § 6/32, stellt die Finanzverwaltung die Veröffentlichung dieses Urteils im BStBl II zunächst zurück, da sie den Ausgang eines weiteren Verfahrens abwarten möchte.

25.4.2.2 Teilentgeltliche Übertragung von Betrieben, Teilbetrieben und Mitunternehmeranteilen

Führen die vom Vermögensübernehmer zu erbringenden Leistungen bei Erwerb eines Betriebs, Teilbetriebs oder Mitunternehmeranteils zu einem Veräußerungspreis, der **über** dem steuerlichen Kapitalkonto des Übergebers liegt, ist **insgesamt** von einem entgeltlichen Erwerb des Betriebs, Teilbetriebs oder Mitunternehmeranteils auszugehen (BMF vom 13.1.1993 a.a.O., Rz. 35; sog. **Einheitstheorie**).

Es findet also keine Aufteilung in einen entgeltlichen und einen unentgeltlichen Teil statt.

Liegt das Entgelt über dem Kapitalkonto, so sind die **stillen Reserven anteilig** aufzudecken. Dies ist letztlich der gleiche Vorgang wie der Zwischenwertansatz im Rahmen des § 24 UmwStG. Zur Ermittlung der aktivierungspflichtigen Beträge muss zunächst festgestellt werden, in welchen Buchwerten stille Reserven enthalten sind und wie viel sie insgesamt betragen. Diese stillen Reserven sind dann **gleichmäßig** um den Prozentsatz aufzulösen, der dem Verhältnis des aufzustockenden Betrags (Unterschied zwischen dem Buchwert des übertragenen Betriebsvermögens und dem Veräußerungspreis) zum Gesamtbetrag der vorhandenen stillen Reserven des beim Veräußerer ausgewiesenen Betriebsvermögens entspricht.

Beispiel:
Der Betrieb besteht aus zwei Wirtschaftsgütern: Wirtschaftsgut 1 (Buchwert 100 T€, Teilwert 300 T€) und Wirtschaftsgut 2 (Buchwert 300 T€, Teilwert 700 T€). Es wird eine Ausgleichszahlung von 500 T€ vereinbart.

Lösung:
Da die Zahlung über dem Kapitalkonto liegt, ist eine entgeltliche Übertragung anzunehmen. Insgesamt werden stille Reserven i.H.v. (500 T€ ./. 400 T€ =) 100 T€ aufgedeckt. Insgesamt sind stille Reserven i.H.v. 600 T€ vorhanden. Damit sind 100/600 der stillen Reserven aufzudecken. Beim Wirtschaftsgut 1 sind dies (200 T€ × 100/600 =) 33.333 €. Beim Wirtschaftsgut 2 sind dies (400 T€ × 100/600 =) 66.667 €.

Die Verwaltung (BMF vom 13.1.1993 a.a.O., Rz. 35, 2. Abs.) geht bisher davon aus, dass der selbst geschaffene Firmenwert erst dann aufgedeckt werden dürfe, wenn die stillen Reserven der übrigen Wirtschaftsgüter vollständig aufgedeckt sind. Diese Ansicht stammt aus dem alten Umwandlungssteuererlass und findet sich im neuen Umwandlugssteuererlass (BMF vom 11.11.2011, BStBl I 2011, 1314) nicht mehr. Die Lösung widersprach § 6 Abs. 1 Nr. 7 EStG und § 5 Abs. 2 EStG, wonach entgeltlich erworbene immaterielle Wirtschaftsgüter aktiviert werden müssen. Man muss daher davon ausgehen, dass das BMF-Schreiben vom 13.1.1993 a.a.O., Rz. 35 insoweit überholt ist. Die stillen Reserven des Firmenwerts müssen daher – wie die anderen Wirtschaftsgüter auch – anteilig aufgedeckt werden.

Aus Vereinfachungsgründen können die Aufstockungsbeträge wie **nachträgliche Anschaffungskosten** behandelt werden (BMF vom 13.1.1993 a.a.O., Rz. 37). Diese Regelung entspricht dem Rechtsgedanken des § 23 Abs. 3 UmwStG.

25.4.2.3 Entgeltliche Übertragung von Betrieben, Teilbetrieben und Mitunternehmeranteilen

Auch unter Angehörigen kommt es vor, dass Betriebe, Teilbetriebe oder Mitunternehmeranteile voll entgeltlich übertragen werden (z.B. um den Freibetrag des § 16 Abs. 4 EStG oder den besonderen Steuertarif des § 34 Abs. 3 EStG auszunutzen). Gegenüber der Veräußerung unter Fremden besteht hier keine Besonderheit.

Übungsfall 3:

Der Vater ist Inhaber des Weinguts „Oechsle" in Weinstadt. In Kürze will er den Betrieb an die Tochter (T1) übergeben. Die zweite Tochter (T2) hat vor einigen Jahren einen Weingärtner geheiratet und betreibt mit ihm zusammen das Weingut in Form einer GbR („Trollinger GbR").
Im Weingut des Vaters befindet sich ein größerer Weinberg (Teilwert 200.000 €, Buchwert 10.000 €). Diesen Weinberg soll die Tochter T2 als Ausgleich unentgeltlich bekommen. T2 möchte den Weinberg in das Gesamthandsvermögen der „Trollinger-GbR" überführen.

Variante 1: T2 ist seit Jahren am Weingut des Vaters („Oechsle-GbR") mit 5 % beteiligt. Der Weinberg wird von V an die GbR vermietet. T2 möchte den Weinberg nach der Übertragung bis zur Lese an die Oechsle-GbR vermieten und anschließend in die Trollinger-GbR einlegen.

Variante 2: Der Sachverhalt entspricht Variante 1. T2 soll dem Vater aber eine Ausgleichszahlung i.H.v. 50.000 € leisten.

Variante 3: Der Sachverhalt entspricht Variante 1. Die Übertragung erfolgt in 02. In 04 veräußert die T2 den Weinberg für 200.000 €.

Müssen bei der Übertragung stille Reserven aufgedeckt werden?

Übungsfall 4:

Ernst Viel (V) ist seit vielen Jahren zu 50 % an der Möbel KG als Kommanditist beteiligt. Am 31.12.02 steht sein Kapitalkonto auf 100.000 €.
Die Bilanz der KG sieht wie folgt aus:

Gesamthandsbilanz KG 31.12.02			
Grundstück	300.000 €	Kapital A	100.000 €
Gebäude	500.000 €	Kapital V	100.000 €
Maschinen	20.000 €	Verbindlichkeiten	700.000 €
Bank	80.000 €		

Die Teilwerte betragen: Grundstück 500.000 €, Gebäude 800.000 € und Firmenwert 1,2 Mio. €.
Am 1.1.03 schenkt er 10 % seines Gesellschaftsanteils seinem Neffen (N).

Variante 1: N zahlt ein Ausgleichsgeld i.H.v. 7.000 €.

Variante 2: N zahlt ein Ausgleichsgeld i.H.v. 7.000 €; zusätzlich verpflichtet er sich, seinem Onkel eine lebenslange Versorgung i.H.v. 200 € monatlich zu bezahlen.

Variante 3: N zahlt ein Ausgleichsgeld i.H.v. 30.000 €.
In allen Fällen finanziert N das Ausgleichsgeld über einen Bankkredit.

Kann der Gesellschaftsanteil zum Buchwert übertragen werden? Wie ist der Kredit bei N zu behandeln? Welche bilanziellen Folgen hat die Übertragung?

Übungsfall 5:

Juwelier Gold (70 Jahre alt) betreibt seit 20 Jahren in Heilbronn ein angesehenes Juweliergeschäft zusammen mit seiner Lebensgefährtin in der Rechtsform einer OHG (Kapitalkonto Gesamthand 20.000 €/Teilwert Mitunternehmeranteil Gesamthand 80.000 €). Das Geschäftshaus (Buchwert 100.000 €/Teilwert 675.000 €), das in einer belebten Einkaufsstraße liegt, gehört Gold alleine und wird an die OHG vermietet. Es befindet sich auf einem Erbbaupachtgrundstück.

Variante 1: Gold überträgt in 02 seinen gesamten Anteil auf die Tochter. Das Geschäftshaus wird von der Schenkung ausgenommen und von Gold künftig an die OHG vermietet.

Variante 2: Wie Variante 1; Gold ist Kommanditist der Gold Vermögensverwaltung GmbH & Co. KG. Einzige Geschäftsführerin der KG ist die Gold Verwaltungs-GmbH. Einige Tage vor der Schenkung überführt Gold das Geschäftshaus in das Gesamthandsvermögen der Gold Vermögensverwaltung GmbH & Co. KG. Die KG bucht den Vorgang wie folgt: Gebäude 100.000 € an Kapital Gold 100.000 €.

Variante 3: Gold überträgt in 02 75 % seines Mitunternehmeranteils auf die Tochter. Das Geschäftshaus wird von der Übertragung ausgenommen und von Gold künftig weiterhin an die OHG vermietet.

Variante 4: Gold überträgt in 02 75 % seines Anteils auf die Tochter. Im Zuge dessen schenkt er der Tochter auch das ganze Geschäftshaus, auf dem eine Hypothek von 225.000 € lastet. Die T übernimmt diese Darlehensverbindlichkeit und die Verpflichtungen aus dem Erbbaupachtvertrag.

Variante 5: Wie Variante 4; die Hypothek beträgt aber lediglich 80.000 €.

Welche Folgen hat die Übertragung?

Übungsfall 6:

Vater (V) ist Inhaber eines Betriebs, der seit Jahren schlecht geht. Am 1.1.03 überträgt er ihn auf Kind 1. Kind 1 übernimmt alle betrieblichen Verbindlichkeiten und verpflichtet sich außerdem, aus eigenen privaten Mitteln 100.000 € an Kind 2 zu bezahlen.

V stellt zum 31.12.02 folgende Bilanz auf:

Grundstück A-Straße	10.000 €	Darlehen B-Bank	500.000 €
Grundstück B-Straße	50.000 €	Rückstellung	41.000 €
Gebäude B-Straße	400.000 €		
Pkw	10.000 €		
Maschinen	20.000 €		
Forderungen	1000 €		
Kapital	50.000 €		

Die Teilwerte betragen: Grundstück A-Straße (100.000 €), B-Straße (200.000 €), Gebäude B-Straße (800.000 €) und Firmenwert (500.000 €).

Das Gebäude wird linear mit 2 % aus Anschaffungskosten von 500.000 € abgeschrieben. Der Pkw wurde im Januar 02 für 15.000 € erworben und linear auf drei Jahre abgeschrieben. Die Anschaffungskosten der Maschinen betrugen im Januar 01 25.000 €. Die Abschreibung wird linear mit 10 % p.a. vorgenommen.

Bitte erstellen Sie die Bilanz zum 1.1.03 und zum 31.12.03 und zeigen Sie die steuerlichen Konsequenzen der Übertragung für den Vater auf.

26.   Sonderthema: Erbfall und Erbauseinandersetzung

Bei der steuerlichen Betrachtung der Erbfolge und der Erbauseinandersetzung müssen zum einen das Zivilrecht (BGB) zum anderen das Einkommensteuerrecht und das Erbschaftsteuerrecht beachtet werden. Daher soll in einem ersten Schritt ein kurzer Überblick über die zivilrechtliche Regelung gegeben werden.

26.1   Zivilrecht

Nach **§ 1922 BGB** treten der oder die Erben in die „Fußstapfen" des Erblassers (sog. **Gesamtrechtsnachfolge**). Im Gegensatz zur Einzelrechtsnachfolge (bei der vorweggenommenen Erbfolge) gehen im Rahmen der Gesamtrechtsnachfolge alle Aktiva und Passiva des Erblassers zwingend auf den oder die Erben über.

Bestimmt der Erblasser keinen Erben, so gilt die **gesetzliche Erbfolge**. Danach werden die gesetzlichen Erben in mehrere Ordnungen eingeteilt (§§ 1924 ff. BGB). Ein Verwandter ist nicht berufen, solange ein Verwandter einer vorhergehenden Ordnung vorhanden ist (§ 1930 BGB).

Beispiel:

Der Vater von 2 Kindern ist gestorben, ohne ein Testament zu hinterlassen. Neben den Kindern sind noch Neffen vorhanden.

Lösung:

Die Kinder sind nach § 1924 BGB als Abkömmlinge des Erblassers gesetzliche Erben der ersten Ordnung. Damit werden die beiden Kinder Erben des Erblassers.

Eine besondere Regelung besteht für Ehegatten/Lebenspartner. Diese sind neben **Verwandten der ersten Ordnung** nach § 1931 BGB zu einem Viertel, neben **Verwandten der zweiten Ordnung** oder neben Eltern zur Hälfte der Erbschaft als gesetzliche Erben berufen. Nach § 1371 BGB erhöht sich der gesetzliche Erbteil um ¼, wenn die Ehegatten/Lebenspartner vor dem Tod des Erblassers den Güterstand der Zugewinngemeinschaft innehatten.

Beispiel:

Der Sachverhalt entspricht obigem Beispiel. Der Vater war verheiratet und lebte im Güterstand der Zugewinngemeinschaft.

Lösung:

Die Ehefrau erbt nach § 1931 BGB ¼ und zusätzlich nach § 1371 BGB ¼, somit insgesamt ½. Die beiden Kinder erben jeweils ¼.

Nach § 1937 BGB kann der Erblasser durch einseitige Verfügung von Todes wegen (**Testament, letztwillige Verfügung**) den Erben bestimmen. Ehegatten/Lebenspartner können auch ein **gemeinschaftliches Testament** errichten (§ 2265 BGB) oder einen **Erbvertrag** schließen (§ 2274 BGB). Erbvertrag und gemeinschaftliches Testament können nur einvernehmlich aufgehoben werden.

Der Erblasser kann durch Testament einem anderen, ohne ihn als Erben einzusetzen, einen Vermögensvorteil zuwenden (**Vermächtnis**). Der **Vermächtnisnehmer** hat lediglich einen schuldrechtlichen Anspruch gegen die Erbmasse. Das Vermächtnis darf nicht mit einer Teilungsanordnung verwechselt werden.

Beispiel 1:

Die Erblasserin verfügt in ihrem Testament, dass ihre beiden Kinder zu gleichen Teilen Erben werden sollen. Die Tochter soll das Einfamilienhaus bekommen und einen Mehrerwerb ggf. ausgleichen.

Lösung:

Die Tochter ist als Erbin berufen. Ihr Anteil an der Erbschaft beträgt ½. Die Zuweisung des Einfamilienhauses an die Tochter stellt lediglich eine Teilungsanordnung, also eine Bitte des Erblassers an die Erben dar.

Beispiel 2:

Der Erblasser verfügt in seinem Testament, dass seine Tochter alleinige Erbin werden soll. Seine Lebenspartnerin solle das bisher gemeinsam bewohnte Einfamilienhaus bekommen.

Lösung:

Die Lebenspartnerin wurde nicht als Erbin berufen. Sie hat lediglich einen schuldrechtlichen Anspruch gegen die Tochter auf Übertragung des Einfamilienhauses (= Vermächtnis).

Die Erbschaft geht nach § 1922 BGB mit allen Aktiva und Passiva auf den Erben über. Dies bedeutet für ihn, dass er ohne Einschränkung für die Schulden des Erblassers einstehen muss (§ 1967 BGB). Der Erbe kann aber die **Erbschaft ausschlagen** (§ 1942 BGB). Die Ausschlagung kann nur binnen 6 Wochen seit Kenntnis von der Erbschaft erfolgen.

Hinterlässt der Erblasser mehrere Erben, so wird der Nachlass **gemeinschaftliches Vermögen der Erben** (§ 2032 BGB). Die Verwaltung des Nachlasses steht den Erben gemeinschaftlich zu (§ 2038 BGB). Die Erbengemeinschaft ist eine **Gesamthandsgemeinschaft** (vergleichbar der GbR). Jeder Miterbe kann jederzeit die Auseinandersetzung verlangen (§ 2042 BGB).

Ist ein Abkömmling des Erblassers durch Verfügung von Todes wegen von der Erbfolge ausgeschlossen, so kann er nach § 2303 BGB von dem Erben den sog. **Pflichtteil** verlangen. Das gleiche Recht steht den Eltern und dem Ehegatten/Lebenspartner des Erblassers zu. Der Pflichtteil besteht in der Hälfte des Wertes des gesetzlichen Erbteils.

Beispiel:

Der Erblasser hat 2 Kinder. Im Testament hat er Kind 1 von der Erbfolge ausgeschlossen (Enterbung).

Lösung:

Kind 2 wird Alleinerbe (§ 1922 BGB). Kind 1 hat nach § 2303 BGB einen schuldrechtlichen Anspruch gegen Kind 1. Der Geldanspruch beläuft sich auf ¼ der Erbschaft (= die Hälfte des gesetzlichen Erbteils).

Verwandte, sowie der Ehegatte/Lebenspartner des Erblassers können durch Vertrag mit dem Erblasser auf ihr gesetzliches Erbrecht verzichten (§ 2346 BGB). Ein **Erbverzicht** wird häufig im Rahmen einer vorweggenommenen Erbfolge vereinbart.

> **Beispiel:**
>
> Der Vater hat 2 Kinder. Noch zu seinen Lebzeiten soll Kind 1 das Unternehmen des Erblassers erhalten. Kind 2 soll auf seinen Erbteil verzichten, da eine spätere Auszahlung des Erbteils das Unternehmen wirtschaftlich zu stark beeinträchtigen würde. Im Gegenzug für den Verzicht erhält Kind 2 ein Baugrundstück sowie 100.000 €.

26.2   Steuerliche Folgen

26.2.1   Allgemeines

Bis zum Tod werden alle Einkünfte dem Erblasser zugerechnet. Die Erben müssen für das Todesjahr eine **Steuererklärung für den Erben** abgeben. Im Bereich des Privatvermögens und bei § 4 Abs. 3-Rechnern gilt dabei § 11 EStG.

> **Beispiel:**
>
> Der Vater war Rechtsanwalt. Er ermittelte seinen Gewinn nach § 4 Abs. 3 EStG. Im November 01 stirbt der Vater. Im Januar 02 gehen noch Honorare ein, für die der Vater eine Rechnung schrieb.

> **Lösung:**
>
> Die Honorare des Jahres 02 müssen von den Erben versteuert werden (§ 24 Nr. 2 i.V.m. § 18 EStG). Diese Honorare unterliegen aber auch der Erbschaftsteuer. Zur Vermeidung der Doppelbelastung s. § 35b EStG.

Im Bereich des Betriebsvermögens muss in der Regel auf den Todestag der Gewinn ermittelt werden.

26.2.2   Erbengemeinschaft

Besteht eine **Erbengemeinschaft**, so müssen die Erben ihre Einkünfte einheitlich und gesondert feststellen (§ 180 AO).

26.2.3   Erbauseinandersetzung

Besonders interessant ist die **Auseinandersetzung der Erbengemeinschaft** (ausführlich: BMF vom 14.03.2006, BStBl I 2006, 253, Beck'sche Erlasse § 7/2). Die gegenständliche Auseinandersetzung wird als **Realteilung** bezeichnet. Dabei ist zwischen der:

- Realteilung **ohne** Ausgleichszahlung und der
- Realteilung **mit** Ausgleichszahlung

zu unterscheiden. Dies gilt sowohl für Privatvermögen als auch für Betriebsvermögen oder Mischvermögen. Bei der Realteilung ändern die Erben die Eigentumsverhältnisse an den einzelnen Gegenständen.

> **Beispiel:**
>
> Erben werden die Kinder S und T zu je ½. Im Nachlass befindet sich eine Immobilie und ein Betrieb. Die Kinder einigen sich dahin gehend, dass S den Betrieb und T die Immobilie bekommt.

> **Lösung:**
>
> In der Sekunde des Todes werden beide Kinder je zur Hälfte Inhaber des Betriebs. Diese Eigentumsverhältnisse ändern sich aber durch die Realteilung. Nach der Realteilung ist S zu 100 % Inhaber des Betriebs und T zu 100 % Eigentümerin der Immobilie.

> Tipp! Lösen Sie sich von den Eigentumsverhältnissen im Zeitpunkt des Todes. Bei der Realteilung werden diese Eigentumsverhältnisse von den Erben einvernehmlich geändert. Für die steuerliche Betrachtung nach der Realteilung sind immer nur die Ergebnisse der Realteilung maßgeblich.

26.2.4 Realteilung ohne Ausgleichszahlung

Wird der **Nachlass ohne Zahlung von Abfindungen geteilt**, so erlangen die Erben den einzelnen Vermögensgegenstand ohne weitere Anschaffungskosten als Gesamtrechtsnachfolger und somit unentgeltlich.

Beispiel:

Erben der Mutter werden die beiden Kinder K1 und K2 je zur Hälfte. Die beiden Geschwister einigen sich dahin gehend, dass K1 eine vermietete Eigentumswohnung (Wert 130.000 €) sowie einen Pkw (Wert 20.000 €) und K2 ein Wertpapierdepot (Wert 110.000 €) sowie den Hausrat (Wert nicht bestimmbar) erhält.

Lösung:

Es spielt für steuerliche Zwecke keine Rolle, ob die Auseinandersetzung wertmäßig „gerecht" ist. Möglicherweise erhält K2 weniger Vermögen, weil der Hausrat nicht 40.000 € wert ist. Entscheidend ist im vorliegenden Beispiel lediglich, dass zwischen den Erben keine Ausgleichszahlungen geleistet werden. Daher übernimmt K1 die Eigentumswohnung voll unentgeltlich und schreibt sie nach § 11d EStDV ab. Das Gleiche gilt für das Wertpapierdepot. Bei einer späteren Veräußerung sind z.B. die Anschaffungskosten und der Zeitpunkt des Erwerbs durch den Erblasser maßgebend.

Da die Erben bei der Realteilung ohne Ausgleichszahlung keine Anschaffungskosten haben, schreiben sie z.B. die Anschaffungskosten einer Immobilie nach § 11d EStDV ab. Bei Wertpapieren ist der Zeitpunkt des Erwerbs durch den Erblasser maßgebend. Wird ein Betrieb vererbt, so müssen nach § 1922 BGB die Buchwerte fortgeführt werden (§ 6 Abs. 3 EStG ist – streng genommen – nicht anwendbar, da diese Vorschrift von der Übertragung eines Betriebs im Wege der vorweggenommenen Erbfolge ausgeht).

Übungsfall 1:

Erben der am 1.7.02 verstorbenen Dr. M sind die Kinder T und S zu je ½. Im Nachlass befinden sich eine Arztpraxis (Wert 200.000 €) sowie diverses Privatvermögen (Wert 230.000 €). Die Erblasserin hat im Testament den ausdrücklichen Wunsch geäußert, dass T die Arztpraxis übernehmen solle, da sie über eine entsprechende Ausbildung verfüge.

Wegen diverser Bewertungsschwierigkeiten einigen sich T und S im November 02, dass T die Praxis und S das Privatvermögen übernimmt. Ausgleichszahlungen werden nicht geleistet.
Bitte beurteilen Sie die Erbauseinandersetzung.

Wird ein **einzelner Betrieb real geteilt**, so führt dies grundsätzlich zur Betriebsaufgabe (BMF vom 14.3.2006 a.a.O., Rz. 11 ff.). Übernehmen einzelne Erben Wirtschaftsgüter des Betriebsvermögens in ihre jeweiligen eigenen Betriebsvermögen, so ist die Vorschrift des § 16 Abs. 3 Satz 2 EStG zu beachten (**Realteilung**; s. Kap. 17.12 sowie BMF vom 28.2.2006, BStBl I 2006, 228, Beck'sche Erlasse § 16/3).

Übungsfall 2:

Der Vater betrieb eine Bauunternehmung. Erben sind die Kinder S1, S2 und T je zu gleichen Teilen. S1 und S2 betreiben zusammen eine Landschaftsgärtnerei OHG.

Bei der Erbauseinandersetzung stellt sich heraus, dass die Bauunternehmung das einzige Vermögen darstellt. Die Erben einigen sich dahin gehend, dass S1 und S2 diverse Baumaschinen bekommen, die sie künftig an ihre OHG vermieten wollen.

T bekommt ein Grundstück (Buchwert 20.000 €, Teilwert 70.000 €), das sie künftig als privaten Parkplatz nutzen will.

Bitte beurteilen Sie die Auseinandersetzung.

Übungsfall 3:

Die Erblasserin E erwarb in 05 eine Eigentumswohnung für 200.000 € (Anteil Grund und Boden 50.000 €). Sie vermietet in der Folgezeit die Wohnung für 600 € monatlich (jeweils fällig zum Ersten eines Monats). Die Abschreibung erfolgt mit 2 % p.a. Für ein Hypothekendarlehen zahlte die E monatlich 400 € Zinsen an eine Bank.

Außerdem hat die Erblasserin 100.000 € in Sparbriefen angelegt. Die Zinsen i.H.v. 4,8 % sind jeweils zum 31.12. fällig.

Am 24.2.14 stirbt E. Erbin wird die Tochter T. Im Testament findet sich die Auflage, einem Neffen der Erblasserin 5 Jahre lang monatlich 300 € als Zuschuss zu dessen Studium zu bezahlen. Außerdem soll der Tierschutzverein in H-Stadt im Wege des Vermächtnisses ein Grundstück der Erblasserin im Wert von 40.000 € übertragen bekommen.

In welcher Höhe versteuert T die Einnahmen aus der Eigentumswohnung? Kann T die Zahlungen an den Neffen steuerlich geltend machen? Kann sie die Übertragung des Grundstücks als Spende abziehen (eine entsprechende Spendenbescheinigung soll vorliegen).

26.2.5 Realteilung mit Ausgleichszahlung

Wird im Rahmen einer **Erbauseinandersetzung ein Nachlass real geteilt** und erhält ein Miterbe wertmäßig mehr, als ihm nach seiner Quote zusteht und zahlt er für dieses „Mehr" an seine Miterben einen **Spitzen- oder Wertausgleich**, liegt insoweit ein Anschaffungs- und Veräußerungsgeschäft vor, das einen Veräußerungsgewinn auslösen kann (§§ 15, 16, 17, 18 Abs. 3, 20 Abs. 2, 23 EStG). In Höhe der Abfindungszahlungen liegen Anschaffungskosten vor.

Beispiel:

Die Erben setzen sich wie folgt auseinander: S bekommt ein Einfamilienhaus (Wert 100) und einen Pkw (Wert 20); T bekommt einen Betrieb (Wert 200). Sie zahlt zum Ausgleich an S 40.

Lösung:

In der Sekunde des Todes werden die beiden Erben je zur Hälfte Eigentümer des Einfamilienhauses, des Pkw und des Betriebs. Im Wege der Realteilung ändern Sie nun die eigentumsmäßigen Zuordnungen der einzelnen Wirtschaftsgüter. Würde T den Betrieb (Wert 200) bekommen, so entspräche dies wertmäßig nicht der Hälfte der Erbschaft. Daher ist der Vorgang – in einem gedanklichen Zwischenschritt – so zu sehen, als ob Erbe S das Einfamilienhaus, den Pkw und 40/200 des Betriebs bekommt (also insgesamt 160 Werte und damit die Hälfte der Erbschaft). Erbin T erhält nur 160/200 des Betriebs und somit ebenfalls wertmäßig die Hälfte der Erbschaft.

Erbe S könnte nun die 40/200 des Betriebs behalten (aus dem Einzelunternehmen würde dann eine Mitunternehmerschaft). Erbe S könnte die 40/200 des Betriebs auch an einen fremden Dritten veräußern. Wenn im Ergebnis die T den ganzen Betrieb erhält, muss sie die 40/200 von ihrem Bruder S entgeltlich erworben haben. Damit wird die T i.H.v. 160/200 Gesamtrechtsnachfolgerin und i.H.v. 40/200

Erwerberin des Betriebs. Sie muss folglich 40/200 der stillen Reserven aktivieren. S erzielt einen Veräußerungsgewinn i.H.d. Differenz zwischen der Ausgleichszahlung (= Kaufpreis) und seinem Anteil am Kapital (40/200).

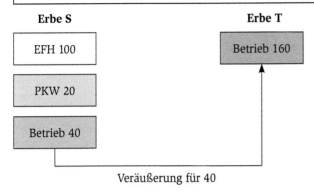

Erbe S   **Erbe T**

EFH 100   Betrieb 160

PKW 20

Betrieb 40

Veräußerung für 40

Übungsfall 4:

Egon Ernst (E) hinterlässt im Juli 14 seinen zwei Kindern S und T je zu gleichen Teilen eine Eigentumswohnung auf einem Erbbaupachtgrundstück (Anschaffungskosten Gebäude im Januar 12 130.000 €, Wert 14 110.000 €; Abschreibung 2 %), ein zu eigenen Wohnzwecken genutztes Einfamilienhaus (Herstellungskosten in 07 300.000 € inklusive Grund und Boden, Wert 14 380.000 €) und diverse Aktien und Bundesschatzbriefe (Wert 290.000 €).

Die Erben setzen sich wie folgt auseinander: S erhält die Eigentumswohnung und das Einfamilienhaus (bisher zu eigenen Wohnzwecken genutzt). Er nutzt das Einfamilienhaus ab 14 zu eigenen Wohnzwecken. Die Eigentumswohnung vermietet er wie bisher für 350 € monatlich. T erhält die Aktien und Wertpapiere. Zum Ausgleich des Mehrerwerbs zahlt S an T einen Ausgleich 100.000 €.
Zeigen Sie die steuerlichen Konsequenzen für beide Erben auf.

Übungsfall 5:

S und T sind Erben des im Dezember 13 verstorbenen V zu je ½. S übernimmt im Januar 14 ein Mehrfamilienhaus (Baujahr 07 Herstellungskosten 500.000 €; Wert Gebäude 720.000 €, Grundstück 80.000 €) Aktien (Wert 125.000 €) und eine Münzsammlung (Wert 15.000 €). T übernimmt das Einzelunternehmen des Erblassers (Wert 2,1 Mio. €; Kapital 300.000 €). T zahlt an S 580.000 € Ausgleich. T nimmt den Betrag als Kredit auf.

Die Bilanz des Unternehmens sieht zum Todeszeitpunkt wie folgt aus:

Grundstück	20.000 €	Verbindlichkeiten	160.000 €
Gebäude	280.000 €	Kapital	300.000 €
Maschinen	10.000 €		
Vorräte	50.000 €		
Beteiligung	100.000 €		
Summe	**460.000 €**	**Summe**	**460.000 €**

Die Teilwerte betragen: Grundstück 100.000 €, Gebäude 500.000 €, Maschinen 10.000 €, Vorräte 50.000 €, Beteiligung 1 Mio. € und Firmenwert 600.000 €. Herstellungskosten des Gebäudes im Januar 01 466.667 € (AfA 4 %).

> **Erstellen Sie die Bilanz nach Auseinandersetzung und zeigen Sie die Konsequenzen für S auf. Wie hoch ist die AfA für das Gebäude in 14?**

26.2.6 Erbauseinandersetzung über Mitunternehmeranteile

Grundsätzlich folgen die Erben als **Gesamtrechtsnachfolger** dem Erblasser in dessen Gesellschaftsanteil nach (§ 1922 BGB). Dabei ist aber zu beachten, dass durch ein Testament nicht ein Gesellschaftsvertrag mit unbeteiligten Dritten gestaltet werden kann. Daher muss **primär die Regelung des Gesellschaftsvertrags** beachtet werden (vgl. BMF vom 14.3.2006 a.a.O., Rz. 69 ff.). Denkbar sind vier Varianten:

Erbfolge in einen Mitunternehmeranteil		
1. **Fortsetzungsklausel** (Rz. 69)	Die Gesellschaft wird unter den übrigen Gesellschaftern fortgeführt. Dies entspricht der Regelung in **§ 131 Abs. 3 HGB**. Achtung: nach **§ 727 BGB** muss die GbR beim Tod eines Gesellschafters aufgelöst werden, wenn nichts anderes vereinbart ist.	Die Erben werden zu keinem Zeitpunkt Mitunternehmer der Gesellschaft. Sie erlangen lediglich einen Abfindungsanspruch. Der Erblasser realisiert einen Aufgabegewinn nach § 16 Abs. 3 EStG.
2. **Eintrittsklausel** (Rz. 70)	Ein oder mehrere Erben haben das Recht, in die Gesellschaft einzutreten. Dieses Recht kann auch dergestalt vereinbart sein, dass die übrigen Gesellschafter dem Beitritt eines Erben zustimmen müssen. Diese Klausel wird häufig bei Freiberuflerpraxen vereinbart, da es die übrigen Gesellschafter in der Hand haben, die Erben aufzunehmen oder nicht.	Treten der oder die Erben innerhalb von 6 Monaten ein, so werden sie so behandelt, als sei eine einfache Nachfolgeklausel oder eine qualifizierte Nachfolgeklausel vereinbart. Treten sie nicht ein, so gelten die Grundsätze der Fortsetzungsklausel.
3. **Einfache Nachfolgeklausel** (Rz. 71)	Alle Erben werden Mitunternehmer (vgl. BMF a.a.O., Rz. 3).	Sämtliche Miterben folgen zum Buchwert nach (§ 1922 BGB). Eine spätere Realteilung (mit oder ohne Ausgleichszahlung) ist möglich.
4. **Qualifizierte Nachfolgeklausel** (Rz. 72)	Nur ein Erbe wird Gesellschafter; die anderen Erben sind in der Nachfolge in die Personengesellschaft ausgeschlossen.	Der nachfolgende Erbe übernimmt das Kapitalkonto zum Buchwert (§ 1922 BGB). Eventuelle Ausgleichszahlungen stellen keine Anschaffungskosten dar, da der Erbe schon aufgrund des Gesellschaftsvertrags zu 100 % in den Gesellschaftsanteil nachrückt.

> **Übungsfall 6:**
>
> Der Erblasser war zusammen mit K1 und K2 zu je einem Drittel an der Import-OHG beteiligt (Wert Beteiligung 1 Mio. €; Kapital E 400.000 €). Im Nachlass befindet sich ein Grundstück (Wert 400.000 €; Buchwert 100.000 €), das E an die OHG vermietet hatte. Erben werden S und T zu je ½. Im Gesellschaftsvertrag ist vereinbart, dass nur die T Gesellschafterin wird. Die T zahlt deshalb an S 500.000 € Ausgleichsgeld. Sie finanziert den Betrag über ein Bankdarlehen Das Grundstück bleibt in der Erbengemeinschaft und wird weiterhin an die OHG vermietet.
>
> **Zeigen Sie die steuerlichen Konsequenzen für S und T auf.**

26.2.7 Teilerbauseinandersetzung

In der Regel wird es den Erben nicht gelingen, sich innerhalb eines Jahres auseinanderzusetzen. In diesem Fall wird jeder einzelne Übertragungsakt so beurteilt, als stelle er die endgültige Auseinandersetzung dar (BMF vom 14.3.2006 a.a.O., Rz. 56 ff.).

Werden innerhalb **von 5 Jahren umgekehrte Abfindungen** geleistet, so werden diese saldiert. Es kommt dann zu einer rückwirkenden Änderung der vorhergehenden Übertragungsakte.

> **Übungsfall 7:**
>
> S und T sind die Erben der im Veranlagungszeitraum 02 verstorbenen E. In 02 erhält S aus der Erbmasse ein Einfamilienhaus (Wert: 600.000 €). Er zahlt dafür einen Ausgleich i.H.v. 300.000 € an T. In 04 einigen sich S und T, dass T den Einzelbetrieb der E (Kapital 200.000 €, Teilwert 1,6 Mio. €) gegen Zahlung von 800.000 € an S bekommt. Über die übrigen Erbschaftsgegenstände sind die Erben weiterhin im Streit.
>
> **Zu welchem Betrag erwirbt T den Betrieb. Wie viele stille Reserven muss sie aktivieren? Welche Konsequenzen hat dies für S.**

26.2.8 Übernahme von Schulden

Die **Übernahme von Schulden über die Erbenquote hinaus** führt nicht zu Anschaffungskosten, da die Schulden lediglich ein negatives Wirtschaftsgut der Erbmasse darstellen. Bei der Realteilung verteilen die Erben die positiven und negativen Wirtschaftsgüter entsprechend den Erbquoten auf die einzelnen Erben (BMF vom 14.3.2006 a.a.O., Rz. 23). Bitte nicht mit der vorweggenommenen Erbfolge verwechseln; hier führt die Übernahme von Verbindlichkeiten zu einem Veräußerungsentgelt und zu Anschaffungskosten (BMF vom 13.1.1993, BStBl I 1993, 80, Beck'sche Erlasse § 7/3 Rz. 9).

> **Übungsfall 8:**
>
> S, T1 und T2 sind je zu einem Drittel Erben der M. In der Erbmasse befinden sich ein Einfamilienhaus (Wert 800.000 €, Belastung mit einer Hypothek i.H.v. 200.000 €), diverse Wertpapiere (Wert 300.000 €) sowie eine Eigentumswohnung (Wert 300.000 €, Belastung mit einer Hypothek i.H.v. 300.000 €). S, T1 und T2 setzen sich in 02 dahingehend auseinander, dass S das Einfamilienhaus erhält, die auf dem Einfamilienhaus und der Eigentumswohnung lastenden Hypotheken übernimmt, T1 die Wertpapiere und T2 die Eigentumswohnung bekommt.
>
> **Liegt hier eine Realteilung mit Ausgleichszahlungen vor?**

26.2.9 Vermächtnis

Wie bereits in Kap. 26.1 dargestellt, kann der Erblasser einer Person, die nicht Erbe wird, einen einzelnen Vermögensgegenstand oder Geld zuwenden. Der Vermächtnisnehmer wird nicht automatisch mit dem Tod Eigentümer des Gegenstandes. Er hat vielmehr lediglich einen **schuldrechtlichen Anspruch** gegen die Erben auf Erfüllung des Vermächtnisses. Die Leistung des Vermächtnisses spielt sich auf der **nicht steuerbaren privaten Vermögensebene** ab (BMF vom 14.03.2006 a.a.O. Rz. 60 ff.). Die Leistung eines Vermächtnisses führt daher beim Erben nicht zu Anschaffungskosten. Im Falle der **Finanzierung eines Vermächtnisses** können die Zinsen nicht als Werbungskosten abgezogen werden (vergleichbar der Finanzierung eines Zugewinnausgleichs).

26.2.10 Pflichtteil

Wie bereits in Kap 26.1 dargestellt, kann der von der gesetzlichen Erbfolge ausgeschlossene Erbe die Hälfte seines gesetzlichen Erbteils in Form einer Geldforderung gegen die Erbmasse verlangen (**Pflichtteil**). Auch die Erfüllung des Pflichtteils spielt sich auf der **nicht steuerbaren Vermögensebene** ab, führt also bei den Erben nicht zu Anschaffungskosten (vgl. BFH vom 20.11.2012, VIII R 57/10). Zinsen für die Finanzierung von Pflichtteilsansprüchen können nicht als Werbungskosten geltend gemacht werden.

Übungsfall 9:

Der Erblasser hinterlässt drei Kinder, K1, K2 und K3. Schon vor vielen Jahren hatte er nach einem heftigen Streit K3 von der Erbfolge ausgeschlossen.

Als E im Veranlagungszeitraum 04 stirbt, hinterlässt er im Wesentlichen ein Mietwohngrundstück (Wert: 900.000 €). K1 und K2 einigen sich dahin gehend, dass K1 das Mietwohngrundstück übernimmt und an K2 einen Ausgleich von 450.000 € leistet. K1 finanziert die Ausgleichszahlung durch einen Hypothekenkredit.

Als K3 seinen gesetzlichen Pflichtteil verlangt, zahlen K1 und K2 je 75.000 € an K3. K1 muss auch diese Zahlung durch einen Kredit finanzieren.

Kann K1 die Zinsen für die Kredite steuerlich geltend machen?

26.2.11 Verlustvorträge

Es war lange Zeit umstritten, ob **Verlustvorträge des Erblassers** (§ 10d EStG) auf den Erben übergehen. Seit dem Beschluss des Großen Senats des BFH vom 17.12.2007, GrS 2/04, BStBl II 2008, 608 steht nun fest, dass die Verluste des Erblassers mit dem Tode untergehen. Man wird diese Rechtsprechung auch auf Verluste des Erblassers aus privaten Veräußerungsgeschäften (§ 23 Abs. 3 Sätze 6–8 EStG), Verluste aus Kapitalvermögen (§ 20 Abs. 6 EStG) sowie auf Verluste aus sonstigen Leistungen (§ 22 Nr. 3 EStG) übertragen müssen, da diese Verluste lediglich besondere Anwendungsfälle des § 10d EStG darstellen.

Verrechenbare Verluste nach § 15a Abs. 2 EStG gehen nicht verloren, da diese Verluste lediglich ein Rechenposten innerhalb des Mitunternehmeranteils sind und ein negatives Kapitalkonto des Erblassers vom Erben wieder mit Gewinnanteilen oder Einlagen aufgefüllt werden muss (R 10d Abs. 9 Satz 12 EStR).

26.2.12 Anrechnung der Erbschaftsteuer auf die Einkommensteuer

In bestimmten Fällen unterliegen Einkünfte sowohl der Erbschaftsteuer als auch der Einkommensteuer.

Beispiel:

Ein Architekt stirbt im Dezember. Er hat seinen Gewinn nach § 4 Abs. 3 EStG ermittelt. Kurz vor seinem Tod hat er eine Rechnung über 20.000 € gestellt. Nach dem Tod des Architekten zahlt der Bauherr das Honorar an die Erben.

Lösung:

Die Honorarforderung ist bei der Erbschaftsteuer als Vermögensgegenstand anzusetzen. Gleichzeitig müssen die Erben nach § 24 Nr. 2 EStG das Honorar versteuern. Damit wird das Honorar doppelt belastet.

Zur teilweisen Vermeidung einer solchen Doppelbesteuerung gab es früher eine Regelung in § 35 EStG, die aber mit Wirkung ab dem Veranlagungszeitraum 1999 abgeschafft wurde. Mit dem neuen **§ 35b EStG** (zur Anwendung: § 52 Abs. 50c EStG – erstmals für den Veranlagungszeitraum 2009) wurde wieder eine nahezu wortgleiche Anrechnungsmöglichkeit eingeführt. Danach ist die tarifliche Einkommensteuer für Einkünfte, die im laufenden oder in den vier vorangegangenen Veranlagungszeiträumen als Erwerb von Todes wegen der Erbschaftsteuer unterlegen haben, auf Antrag um die Erbschaftsteuer zu mindern, die auf diese Einkünfte entfällt.

Die Anrechnungsmöglichkeit entfällt bei Einkünften aus Kapitalvermögen, die der Abgeltungsteuer unterliegen, da **§ 2 Abs. 5b EStG** diese Kapitaleinkünfte ausdrücklich ausnimmt.

27.   Lösungen
27.1   Kapitel 1: Einführung

Übung 1:	
Ein Steuerpflichtiger arbeitet in einem Unternehmen als Angestellter	§ 19 EStG
Ein Rentner vermietet eine Eigentumswohnung an eine Familie	§ 21 EStG
Ein Steuerpflichtiger hat bei einer Bank 50.000 € als Festgeld angelegt; er bekommt 1.000 € Zinsen	§ 20 Abs. 1 Nr. 7 EStG
Ein Arzt hat sich selbständig gemacht und betreibt eine Praxis für Allgemeinmedizin	§ 18 EStG
Ein Architekt ist in einem Planungsbüro angestellt	§ 19 EStG
Ein Handwerker ist Inhaber eines Maurerbetriebs	§ 15 EStG
Ein Landwirt betreibt einen landwirtschaftlichen Betrieb	§ 13 EStG
Ein Steuerpflichtiger ist im Rahmen eines sog. Minijobs in einem Großhandel angestellt	§ 19 EStG
Ein Steuerpflichtiger erwirbt im Jahr 2011 ein Mehrfamilienhaus für 300.000 €; er veräußert es im Jahr 2016 für 330.000 €	§ 22 Nr. 2 i.V.m. § 23 Abs. 1 Nr. 1 EStG
Die Inhaberin eines Nagelstudios veräußert ein Notebook, das sie vor zwei Jahren für die Verwendung im Nagelstudio erwarb	§ 15 EStG
Ein Beamter erhält mit Eintritt in den Ruhestand eine Pension	§ 19 EStG
Eine Angestellte in einem Konzern unterrichtet mit Zustimmung ihres Arbeitgebers an einer Hochschule (kein Arbeitsvertrag)	§ 18 EStG
Ein Steuerpflichtiger besitzt 500 Aktien eines börsennotierten Unternehmens; er bekommt 1.000 € Dividende	§ 20 Abs. 1 Nr. 1 EStG
Ein Ehepaar ist Eigentümer eines Wohnmobils und vermietet dieses gelegentlich an fremde Personen	§ 22 Nr. 3 EStG
Ein Steuerpflichtiger betreibt eine Pension und vermietet Zimmer inklusive Bereitstellung von Bettwäsche und Handtüchern sowie Gewährung von Frühstück	§ 15 EStG
Ein Arbeitnehmer bekommt von seinem Arbeitgeber ein Firmenfahrzeug zur privaten Nutzung überlassen	§ 19 EStG
Ein Rentner bekommt eine Leibrente von der Deutschen Rentenversicherung	§ 22 Nr. 1 S. 3 a) aa) EStG
Ein Mieter pflegt in einer Wohnanlage den Garten und bekommt dafür 50 € im Monat; es besteht kein Arbeitsvertrag	§ 22 Nr. 3 EStG
Ein Vater beschäftigt in seinem Betrieb die volljährige Tochter als Auszubildende	§ 19 EStG
Ein Ingenieur erstellt freiberuflich die Planung einer Fabrikanlage	§ 18 EStG
Drei Freunde haben sich zusammengeschlossen und betreiben einen Internethandel für Tauchzubehör	§ 15 EStG

Übung 2:	
	Steuerbar oder nicht?
Ein Vater schenkt seiner Tochter 200.000 € mit der Auflage, von diesem Geld eine Wohnung zu kaufen.	Nein
Eine Angestellte erwirbt mit ihrem Arbeitslohn ein Los einer Lotterie und gewinnt 25.000 €.	Nein
Ein Arbeitnehmer hat vor fünf Jahren einen PC erworben und die Kosten dafür als Werbungskosten geltend gemacht. Er veräußert den PC an einen Freund für 100 €.	Nein
Ein freiberuflich tätiger Arzt betreibt seine Praxis in einem ihm gehörenden Gebäude, das er zurecht als Betriebsvermögen behandelt. Er veräußert das Gebäude für 500.000 €.	Ja (§ 18 EStG)
Ein Unternehmer hat einem Freund aus privaten Gründen 5.000 € unverzinst geliehen und erhält den Betrag vollständig zurück.	Nein
Ein Rentner veräußert seinen privaten Pkw.	Nein
Ein Mieter bekommt bei der Abrechnung der Nebenkosten (Heizung etc.) 179 € zurückerstattet.	Nein

---

Übung 3:

1. Der Arbeitnehmer erzielt im Jahr 2016 Einkünfte nach § 19 EStG (Überschuss der Einnahmen über die Werbungskosten) i.H.v. (40.000 € ./. 3.000 € =) 37.000 €. Der Werbungskostenpauschbetrag nach § 9a S. 1 Nr. 1 a) EStG ist nicht zu gewähren, da die nachgewiesenen Werbungskosten höher als 1.000 € sind.

2. Die Inhaberin der Boutique erzielt Einkünfte nach § 15, § 4 Abs. 1 EStG (Gewinn) i.H.v. (400.000 € ./. 330.000 € =) 70.000 €.

Übung 4:

Einnahmen aus nichtselbständiger Arbeit (§ 19 EStG)	25.000 €	
Werbungskosten (§ 9 EStG > § 9a EStG)	./. 2.000 €	
Einkünfte (Überschuss der Einnahmen über die Werbungskosten)		**23.000 €**
Betriebseinnahmen (§ 15 EStG)	7.000 €	
Betriebsausgaben	./. 3.000 €	
= Einkünfte (Gewinn)		**4.000 €**
Summe der Einkünfte = Gesamtbetrag der Einkünfte		**27.000 €**
Sonderausgaben (§ 10 EStG)	./. 4.500 €	
Außergewöhnliche Belastungen (§ 33 EStG)	./. 1.500 €	
Einkommen = zu versteuerndes Einkommen		**21.000 €**

(Der Sonderausgabenpauschbetrag nach § 10c EStG ist nicht anzusetzen, da die nachgewiesenen Sonderausgaben höher als 36 € sind.)

27.2 Kapitel 2: Persönliche Steuerpflicht

Übung 1:

1. Der Arbeitnehmer ist in Deutschland nach § 1 Abs. 1 EStG i.V.m. § 8 AO unbeschränkt steuerpflichtig, da er seinen Wohnsitz in Deutschland hat. Die Staatsbürgerschaft spielt dabei keine Rolle. Ebenfalls ohne Bedeutung ist, dass der Steuerpflichtige für ein amerikanisches Unternehmen arbeitet.

2. Eine unbeschränkte Steuerpflicht ist zu verneinen, da der Steuerpflichtige in Deutschland weder einen Wohnsitz (§ 8 AO) noch seinen gewöhnlichen Aufenthalt (§ 9 AO) hat. Der Steuerpflichtige ist allerdings mit seinen inländischen Einkünften nach § 49 Abs. 1 Nr. 6 EStG beschränkt steuerpflichtig (§ 1 Abs. 4 EStG). Somit greift für die Besteuerung der deutschen Einkünfte § 50 EStG. Es spielt auch in diesem Fall keine Rolle, dass der Steuerpflichtige die deutsche Staatsbürgerschaft hat.

3. Der Arbeitnehmer ist in Deutschland unbeschränkt steuerpflichtig i.S.v. § 1 Abs. 1 EStG, da er über einen Wohnsitz (§ 8 AO) in Deutschland verfügt. Auch eine Wohngemeinschaft stellt einen Wohnsitz i.S.d. § 8 AO dar. Daran ändert auch nichts die Tatsache, dass der Steuerpflichtige auch noch in Polen einen Wohnsitz hat. Eine Person kann über Wohnsitze in mehreren Staaten verfügen und auch in mehreren Staaten unbeschränkt steuerpflichtig sein. Sollten sich hieraus Konflikte ergeben, können internationale Verträge (z.B. sog. Doppelbesteuerungsabkommen), die Verteilung der Besteuerungsrechte zwischen den beteiligten Staaten regeln.

4. Die Unterkunft in einem Hotel führt grundsätzlich nicht zu einem Wohnsitz i.S.v. § 8 AO. Allerdings liegt hier ein gewöhnlicher Aufenthalt i.S.v. § 9 AO vor, da der Arbeitnehmer in der Absicht nach Deutschland gereist ist, nicht nur vorübergehend in Deutschland zu verweilen. Dies zeigt die Tatsache, dass er einen entsprechenden Arbeitsvertrag abgeschlossen hat. Dass der Steuerpflichtige sich nicht mehr als 6 Monate in Deutschland aufhielt, spielt keine Rolle, da er eindeutig erkennen lässt, dass er nicht nur vorübergehend in Deutschland verweilen möchte. Wäre er länger als 6 Monate in Deutschland gewesen, hätte die unwiderlegliche Vermutung bestanden, dass ein gewöhnlicher Aufenthalt vorliegt. Der Steuerpflichtige ist demnach in Deutschland unbeschränkt steuerpflichtig.

5. Der Arbeitnehmer hat keinen Wohnsitz in Deutschland (§ 8 AO). Fraglich könnte sein, ob er einen gewöhnlichen Aufenthalt i.S.v. § 9 AO hat. Dies ist aber zu verneinen, da er arbeitstäglich nach Holland zurückkehrt. Somit hält er sich jeweils nur vorübergehend in Deutschland auf.

Übung 2:

1. Da der Arbeitnehmer in Deutschland über einen Wohnsitz (§ 8 AO) verfügt, ist die unbeschränkte Steuerpflicht bereits nach § 1 Abs. 1 EStG zu bejahen. Eine Prüfung des § 1 Abs. 3 EStG erübrigt sich daher.

2. Eine unbeschränkte Steuerpflicht nach § 1 Abs. 1 EStG ist zu verneinen, da der Arbeitnehmer in Deutschland über keinen Wohnsitz (§ 8 AO) verfügt. Seinen gewöhnlichen Aufenthalt i.S.v. § 9 AO hat der Arbeitnehmer auch nicht in Deutschland, da er arbeitstäglich nach Österreich zurückkehrt und sich damit nicht zeitlich zusammenhängend in Deutschland aufhält. Somit ist zu prüfen, ob die unbeschränkte Steuerpflicht gemäß § 1 Abs. 3 EStG beantragt werden kann. Dies ist hier zu bejahen, da die Welteinkünfte (= 73.000 €) zu mehr als 90 % der deutschen Einkommensteuer unterliegen (70.000 €/73.000 € × 100 = 95,89 %). Damit ist eine unbeschränkte Steuerpflicht nach § 1 Abs. 3 EStG zu bejahen. Auf die Frage, ob die Einkünfte aus Österreich den Grundfreibetrag nicht überschreiten, kommt es dann nicht mehr an.

3. Da der Rentner weder über einen Wohnsitz noch über einen gewöhnlichen Aufenthalt in Deutschland verfügt, kommt zunächst die Regelung des § 1 Abs. 3 EStG infrage. Dabei spielt die Nationalität des Steuerpflichtigen keine Rolle. Es ist insbesondere nicht erforderlich, dass der Steuerpflichtige Staatsangehöriger eines EU-/EWR-Staats ist, wobei dies hier bei Ungarn ohnehin auch kein Problem wäre. Das Welteinkommen des Rentners beträgt (12 Monate × 1.500 € = 18.000 € zuzüglich 12 Monate × 400 € = 4.800 € somit) 22.800 €. Damit werden in Deutschland nicht mindestens 90 % des Welteinkommens (das wären 22.800 € × 90 % = 20.520 €) versteuert. Alternativ kommt die unbeschränkte Steuerpflicht nach § 1 Abs. 3 EStG infrage, wenn die ausländischen Einkünfte den Grundfreibetrag nach § 32a Abs. 1 EStG (EStG (ab VZ 2015: 8.472 €) nicht übersteigen. Dies ist hier der Fall, da die ausländischen Einkünfte lediglich 4.800 € betragen. Im Übrigen könnte ohnehin noch zu beachten sein, dass dieser Betrag zu mindern ist auf 5.875,50 €, 3.917 € oder auf 1.958,50 €, soweit es nach den Verhältnissen im Wohnsitzstaat notwendig und angemessen ist (Osteuropa, BStBl I 2008, 936). Der Rentner kann daher nach § 1 Abs. 3 EStG auf Antrag als unbeschränkt steuerpflichtig behandelt werden. Dies bringt ihm den Vorteil, dass er z.B. den Splittingtarif in Anspruch nehmen kann sowie Sonderausgaben, außergewöhnliche Belastungen etc. geltend machen kann. Ohne den Antrag wäre § 1 Abs. 4 i.V.m. § 49 Abs. 1 Nr. 7 EStG zu prüfen. Das (neue) DBA-Ungarn lässt das deutsche Besteuerungsrecht, dann im Übrigen bestehen.

Übung 3:

Grundsätzlich kann F die Unterhaltsleistungen nach § 10 Abs. 1a Nr. 1 EStG als Sonderausgaben geltend machen. Voraussetzung ist allerdings, dass M unbeschränkt steuerpflichtig ist. Da M weder einen Wohnsitz noch seinen gewöhnlichen Aufenthalt in Deutschland hat, sind die Voraussetzungen des § 1 Abs. 1 EStG nicht erfüllt. Da M über keine weiteren Einkünfte in Deutschland verfügt, können auch die Voraussetzungen des § 1 Abs. 3 EStG nicht vorliegen.

Da die F Staatsbürgerin eines Staates der Europäischen Union ist und M in der Variante a) seinen Wohnsitz in einem europäischen Staat hat, gilt M für Zwecke des Realsplittings als unbeschränkt steuerpflichtig.

In der Variante b) ist die fiktive unbeschränkte Steuerpflicht nicht gegeben, da M seinen Wohnsitz in einem sog. Drittstaat hat.

In der Variante c) erfüllt zwar M die Voraussetzungen des § 1a EStG; die F hat aber keine europäische (EU bzw. EWR) Staatsbürgerschaft. Damit sind die Voraussetzungen für den Abzug der Unterhaltsleistungen als Sonderausgaben nicht gegeben.

In den Varianten b) und c) kann die F die Unterhaltsleistungen lediglich als außergewöhnliche Belastung nach § 33a Abs. 1 EStG geltend machen. In diesem Rahmen spielt es keine Rolle, in welchem Land M wohnt.

27.3 Kapitel 3: Steuertarif, Veranlagung etc.

Übung 1:

Die Höhe der Einkommensteuer ergibt sich aus der Formel in § 32a Abs. 1 EStG:

Zu versteuerndes Einkommen	Einkommensteuer ohne Solidaritätszuschlag	durchschnittl. Belastung	Einkommensteuer mit Solidaritätszuschlag (5,5 %)	durchschnittl. Belastung
5.000 €	§ 32a Abs. 1 S. 2 Nr. 1 EStG: 0 €	0 %	0 €	0 %
15.000 €	§ 32a Abs. 1 S. 2 Nr. 3 i.V.m. S. 4 EStG: (225,40 * 0,1331 + 2.397) * 0,1331 + 952,48 = 1.275 €	8,50 %	1.335,60 €	8,90 %
50.000 €	§ 32a Abs. 1 S. 2 Nr. 3 i.V.m. S. 4 EStG: (225,40 * 3,6331 + 2.397) * 3,6331 + 952,48 = 12.636 €	25,27 %	13.330,98 €	26,66 %
300.000 €	§ 32a Abs. 1 S. 2 Nr. 5 i.V.m. S. 5 EStG: 0,45 * 300.000 ./. 16.027,52 = 118.972 €	39,66 %	125.515,46 €	41,84 %

Übung 2:

Nach § 32a Abs. 5 EStG i.V.m. § 32a Abs. 1 EStG (vgl. oben) ergeben sich folgende Werte:

Zu versteuerndes Einkommen	Einkommensteuer ohne Solidaritätszuschlag	durchschnittl. Belastung	Einkommensteuer mit Solidaritätszuschlag (5,5 %)	durchschnittl. Belastung
5.000 €	0 €	0 %	0 €	0 %
15.000 €	0 €	0 %	0 €	0 %
50.000 €	7.914 €	15,83 %	8.349,27 €	16,70 %
300.000 €	109.210 €	36,40 %	115.216,55 €	38,40 %

Wie man sieht, wird der Vorteil des Splittingtarifs immer geringer, je höher das gemeinsame zu versteuernde Einkommen ist.

Übung 3:

Die Zusammenveranlagung kann nach § 26 Abs. 1 EStG gewählt werden, wenn beide Ehegatten unbeschränkt einkommensteuerpflichtig sind und nicht dauernd getrennt leben. Sind diese Voraussetzungen erfüllt, erfolgt eine Zusammenveranlagung, wenn beide Ehegatten diese Veranlagungsart wählen oder von dem Wahlrecht kein Gebrauch gemacht wird, § 26 Abs. 2 S. 2, Abs. 3 EStG.

1. Da die Einkommensteuer eine Jahressteuer ist (vgl. § 25 EStG), genügt es, wenn die Voraussetzungen für die Zusammenveranlagung an wenigstens einem Tag im Jahr gegeben sind. Da die Eheleute M und F im Laufe des Veranlagungszeitraums 2016 heiraten, erfüllen sie die Voraussetzungen des § 26 Abs. 1 EStG und können (nicht müssen) die Zusammenveranlagung wählen. In diesem Fall erhalten die Ehegatten nach § 32a Abs. 5 EStG den Splittingtarif.

2. Die Ehegatten haben im Jahr 2016 zumindest an einem Tag zusammengelebt. Es spielt keine Rolle, dass F im Februar die Wohnung verlässt. Eine Zusammenveranlagung ist möglich. (Keine Zusammenveranlagung wäre möglich, wenn die Ehegatten während des gesamten Jahrs 2016 dauernd getrennt gelebt hätten.)

3. Für die Frage der Zusammenveranlagung sind für jeden einzelnen Veranlagungszeitraum die Voraussetzungen zu prüfen. Da die Eheleute in 2016 für 20 Tage „Tisch und Bett geteilt" (so eine gängige Formulierung der Familiengerichte) haben, haben sie in 2016 nicht dauernd getrennt gelebt. Aus diesem Grund können sie in 2016 zusammen veranlagt werden, auch wenn die Ehe im selben Jahr noch geschieden wird.

4. § 26 EStG beschränkt das Recht zur Wahl der Zusammenveranlagung auf „Ehegatten". Dies sind Personen, die i.S.d. Eherechts (§§ 1303 ff. BGB) verheiratet sind. Entsprechendes gilt für gleichgeschlechtliche Lebenspartner nach dem LPartG, vgl. § 2 Abs. 8 EStG. Daher ist für M1 und M2 eine Zusammenveranlagung möglich.

5. Nach dem unter 4. Gesagten ist für M und F als Partner einer bloßen eheähnlichen Lebensgemeinschaft keine Zusammenveranlagung möglich.

27.4 Kapitel 4: Zufluss- und Abflussprinzip

Übung:

1. Die Zinsen sind nach § 11 Abs. 1 S. 1 EStG in 2015 zugeflossen; entscheidend ist die Wertstellung = der Zeitpunkt, ab dem der Anleger über die Zinsen verfügen kann. Die Zehntageregel (§ 11 Abs. 1 S. 2 EStG) ist nicht einschlägig.

2. Zinsen werden nicht automatisch jedes Jahr fällig. Entscheidend ist die Vereinbarung zwischen Kunde und Bank. Hiernach fließen dem Anleger die gesamten Zinsen i.H.v. 2.000 € nach § 11 Abs. 1 S. 1 EStG in 2015 zu. Die Zehntageregel ist nicht einschlägig.

3. a) Die Miete ist nach § 11 Abs. 1 S. 1 EStG in 2016 zugeflossen. Die Zehntageregel ist nicht anzuwenden, da die Fälligkeit der Miete nicht innerhalb des Zehntagezeitraums liegt.
   b) Zufluss ebenfalls in 2016 (Begründung s. a)).

4. a) Die Abschläge werden jeden Monat fällig und sind somit regelmäßig wiederkehrende Ausgaben. Sie fallen unter die Zehntageregel (§ 11 Abs. 2 S. 2 i.V.m. Abs. 1 S. 2 EStG). Die Abschläge sind in 2015 abgeflossen.
   b) Grundsätzlich wie a). Allerdings liegt die Zahlung außerhalb des Zehntagezeitraums. Daher sind die Abschläge erst in 2016 abgeflossen.

5. Grundsätzlich gilt nach § 11 Abs. 1 S. 1 EStG das Zuflussprinzip. Danach müsste der Vermieter in 2016 Einnahmen i.H.v. 100.000 € versteuern. § 11 Abs. 1 S. 3 EStG erlaubt aber, die Zahlungen auf den Zeitraum gleichmäßig zu verteilen, für den die Vorauszahlungen geleistet werden. Danach kann der Vermieter wahlweise in 2016 Einnahmen i.H.v. (100.000 €/8 Jahre × $^6/_{12}$ =) 6.250 € versteuern.

6. Da der Rechtsanwalt seinen Gewinn nach § 4 Abs. 3 EStG ermittelt, ist bei ihm § 11 EStG anzuwenden. Nach § 11 Abs. 2 S. 3 EStG müssen Ausgaben für eine Nutzungsüberlassung von mehr als fünf Jahren auf den Zeitraum gleichmäßig verteilt werden, für den die Vorauszahlungen geleistet werden. Somit kann der Rechtsanwalt in 2016 nur (100.000 €/8 Jahre × $^{6}/_{12}$ =) 6.250 € als Betriebsausgabe geltend machen.

7. Der Handwerker ermittelt seinen Gewinn durch Bilanzierung (§ 4 Abs. 1 EStG). Daher ist § 11 EStG nicht anzuwenden. Er muss für das Damnum einen aktiven Ausgleichsposten bilden. Somit sind in der Bilanz zum 31.12.2016 (1.500 € × 9/10 Jahre Restlaufzeit =) 1.350 € zu aktivieren. Soweit das Damnum anteilig auf das Jahr 2016 entfällt (= 150 €) ist es als Betriebsausgabe anzusetzen.

8. a) Für Arbeitslöhne gilt die Sonderregelung des § 38a Abs. 1 EStG. Danach gilt laufender Arbeitslohn als im Lohnzahlungszeitraum bezogen. Insoweit ist die Zehntageregel nicht anwendbar. Laufender Arbeitslohn ist allerdings nach R 39b.2 LStR u.a. nur Lohn, der innerhalb von drei Wochen nach Ende des Lohnzahlungszeitraums (= Kalenderjahr) gezahlt wird. Bei Zahlung am 15.01.2016 gilt der Arbeitslohn für Dezember 2015 als in 2015 zugeflossen.

    b) Nach dem unter a) Gesagten liegt hier kein laufender Arbeitslohn mehr vor. In diesem Fall gilt wieder § 11 Abs. 1 S. 1 EStG. Damit ist der Arbeitslohn in 2016 zu versteuern.

27.5 Kapitel 6: Sonderausgaben

Übung 1:

a) Nach § 10 Abs. 1a Nr. 1 EStG kann M Unterhalt bis zur Höhe von 13.805 € im Jahr als Sonderausgabe abziehen (Realsplitting). Da im Sachverhalt keine gegenteiligen Angaben enthalten sind, kann davon ausgegangen werden, dass sowohl M als auch F in Deutschland wohnen und somit beide unbeschränkt steuerpflichtig sind. M kann zusätzlich die Beiträge für den Basis-Kranken- und -Pflegeversicherungsschutz in unbegrenzter Höhe geltend machen, soweit F insoweit ebenfalls zustimmt. Diese Voraussetzung liegt laut Sachverhalt vor. Somit kann M insgesamt (13.805 € zuzüglich 12 Monate × 400 € =) 18.605 € als Sonderausgaben abziehen.
    Im Gegenzug muss F den Unterhalt nach § 22 Nr. 1a EStG versteuern; somit also 18.605 €. Da F auch die Beiträge zum Basis-Kranken- und -Pflegeversicherungsschutz versteuert, kann sie diese Beiträge nach § 10 Abs. 1 Nr. 3 a) und b) EStG bei ihrer Einkommensteuer-Veranlagung als Sonderausgaben geltend machen.

b) Wie unter a) dargestellt, müssen beide Ehegatten unbeschränkt steuerpflichtig sein, um die Voraussetzungen des § 10 Abs. 1a Nr. 1 EStG zu erfüllen. Grundsätzlich kann der Unterhaltsempfänger auch im Ausland leben, wenn die Voraussetzungen des § 1a Abs. 1 Nr. 1 EStG erfüllt sind. Dies ist hier aber nicht der Fall, da die F in der Türkei und somit nicht in einem Mitgliedstaat der Europäischen Union wohnt. M kann somit den Unterhalt allenfalls nach § 33a Abs. 1 EStG (außergewöhnliche Belastung) geltend machen.

c) Die Zustimmung des Unterhaltsempfängers ist im Rahmen des § 10 Abs. 1a Nr. 1 EStG unabdingbar. Somit kann M die Unterhaltsleistungen nur nach § 33a Abs. 1 EStG als außergewöhnliche Belastung geltend machen. Der Höchstbetrag beläuft sich grundsätzlich auf 8.652 €. Er erhöht sich aber auch hier um die Beiträge für einen Basis-Kranken-/Pflegeversicherungsschutz, d.h. um (12 Monate × 400 € =) 4.800 €, und beträgt somit insgesamt 13.452 €. F muss in dieser Variante die Unterhaltsleistungen nicht versteuern.

Übungsfall 2:

Übertragung der Gaststätte

Es könnte ein Übergabevertrag i.S.v. § 10 Abs. 1a Nr. 2 EStG vorliegen. Die genannte Vorschrift verlangt, dass ein Betrieb, Teilbetrieb, Mitunternehmeranteil oder eine mindestens 50 %ige Beteiligung an einer GmbH übertragen wird. Hier liegt die Übertragung eines Betriebs vor, da die ganze Gaststätte mit allen wesentlichen Betriebsgrundlagen übergeht. Die Versorgung wird auch lebenslang gewährt und der Versorgungsempfänger ist unbeschränkt steuerpflichtig.

Es fragt sich, ob eine ausreichend Ertrag bringende Wirtschaftseinheit übertragen wurde (BMF vom 11.3.2010, BStBl I 2010, 227, Rz. 26), denn der Betrieb wirft keine stabilen Gewinne ab. Allerdings besteht bei der Übertragung von Betrieben, die vom Übernehmer fortgeführt werden, eine widerlegbare Vermutung, dass die Erträge ausreichen, um die Versorgung zu finanzieren (BMF a.a.O., Rz. 29). Damit kann der Sohn die Versorgungsleistungen an seinen Vater i.H.v. (12 Monate × 500 € =) 6.000 € pro Jahr als Sonderausgaben nach § 10 Abs. 1a Nr. 2 EStG abziehen (BMF a.a.O., Rz. 47).

Der Vater muss nach § 22 Nr. 1a, § 9a S. 1 Nr. 3 EStG (6.000 € ./. 102 € =) 5.898 € pro Jahr als sonstige Einkünfte versteuern.

Veräußerung der Gaststätte

Grundsätzlich führt ein Verkauf des übertragenen Wirtschaftsguts dazu, dass die Versorgung ab diesem Zeitpunkt eine Unterhaltsleistung i.S.d. § 12 Nr. 2 EStG darstellt (BMF a.a.O., Rz. 37).

Dies gilt aber nicht, wenn die Erträge zeitnah in eine andere existenzsichernde und ausreichend Ertrag bringende Wirtschaftseinheit reinvestiert werden (BMF a.a.O., Rz. 41). Dabei ist unschädlich, dass Manfred Schluck nicht den gesamten Erlös für den Erwerb der Imbissbude einsetzt. Er kann damit auch in 2016 die Versorgung steuerlich geltend machen.

Übungsfall 3:

Die unentgeltliche Übertragung eines Teils eines Mitunternehmeranteils ist zum Buchwert vorzunehmen (§ 6 Abs. 3 S. 1, 2. Hs. EStG). Erfolgt die Übertragung im Wege eines Übergabevertrags, liegt insoweit eine unentgeltliche Übertragung vor.

Zu prüfen ist, ob ein Übergabevertrag i.S.d. § 10 Abs. 1a Nr. 2 EStG vorliegt. Die Voraussetzungen der Vorschrift können auch dann erfüllt sein, wenn nur ein Teil eines Mitunternehmeranteils übertragen wird. Allerdings verlangt die Verwaltung, dass das Sonderbetriebsvermögen quotal mit übertragen wird (BMF vom 11.03.2010, BStBl I 2010, 227, Rz. 8). Daran fehlt es hier, sodass nach der Verwaltungsauffassung die Voraussetzungen eines Übergabevertrags nicht gegeben sind und eine entgeltliche Übertragung vorliegt (BMF a.a.O., Rz. 57).

Die Zahlungen sind damit als Veräußerungsrente zu behandeln. Der Barwert der Rente ist der Kaufpreis. Der Vater kann keinen Freibetrag nach § 16 Abs. 1 Nr. 2 EStG in Anspruch nehmen, da er nur einen Teil eines Mitunternehmeranteils übertragen hat. Der Veräußerungsgewinn ist als laufender Gewinn zu versteuern.

Übungsfall 4:

Fraglich ist auch in diesem Fall, ob die Voraussetzungen eines Übergabevertrags vorliegen (§ 10 Abs. 1a Nr. 2 EStG).

Grundsätzlich verlangt § 10 Abs. 1a Nr. 2 EStG ausdrücklich die Übertragung von mindestens 50 % der Anteile an einer GmbH. Aus europarechtlichen Gründen dehnt die Verwaltung den Anwendungsbereich auf alle europäischen Gesellschaftsformen aus, die der deutschen GmbH vergleichbar sind (BMF vom 11.03.2010, BStBl I 2010, 227, Rz. 15). Damit ist im vorliegenden Fall auch die Übertragung der Anteile an der französischen Kapitalgesellschaft SARL begünstigt.

Zu prüfen ist, ob der Anteil an der SARL ausreicht, um die Versorgung an den Vater zu finanzieren. Dies könnte problematisch sein, weil die französische Gesellschaft seit Jahren keine Dividende ausschüttete. Bei der Ermittlung der Erträge einer Kapitalgesellschaft ist aber nicht auf die tatsächlich ausgeschütteten, sondern auf die ausschüttungsfähigen Gewinne abzustellen (BMF a.a.O., Rz. 32). Da die ausschüttungsfähigen Gewinne für den halben Anteil des Sohns im Jahr 25.000 € betragen, kann die Versorgung (12 Monate × 1.500 €) aus den Erträgen finanziert werden.

Die Tatsache, dass eine Anpassung der Versorgung über die Inflationsrate hinaus ausgeschlossen wurde, ist ohne Bedeutung (vgl. BMF a.a.O., Rz. 52).

Weiterhin ist zu prüfen, ob der Vater in Deutschland unbeschränkt steuerpflichtig ist. Da der Vater in Frankreich wohnt, kommt eine unbeschränkte Steuerpflicht nach § 1 Abs. 1 EStG nicht in Frage. Allerdings sieht § 1a Abs. 1 Nr. 1 EStG eine Sonderregelung vor, wenn der Empfänger der Versorgungsleistungen seinen Wohnsitz in der Europäischen Union hat. Die weiteren Voraussetzungen sind erfüllt, da der Vater die Unterhaltsleistungen in Frankreich versteuert und dies auch belegen kann.

Mit der Veräußerung der Anteile endet der Zusammenhang zwischen der Übertragung des Vermögens und der Zahlung von Versorgungsleistungen. Eine steuerunschädliche Umschichtung ist bei einer Investition in Investmentfonds nicht möglich (kein begünstigtes Wirtschaftsgut i.S.d. § 10 Abs. 1a Nr. 2 EStG). Damit sind die Versorgungsleistungen ab der Veräußerung als Unterhaltsleistungen i.S.d. § 12 Nr. 2 EStG zu behandeln (BMF a.a.O., Rz. 37).

27.6 Kapitel 7: Spenden

Übungsfall:

In einem ersten Schritt ist zu prüfen, ob die Spenden und Mitgliedsbeiträge dem Grunde nach anzuerkennen sind. Bei der Spende an die Piratenpartei handelt es sich um eine Zuwendung an eine politische Partei i.S.v. §§ 34g und 10b Abs. 2 EStG.

Der Mitgliedsbeitrag an den Tennisclub kann nicht abgezogen werden, da nach § 10b Abs. 1 Satz 8 EStG bei Sportvereinen nur Spenden anerkannt werden.

Die Spende an die Jägervereinigung fällt unter § 52 Abs. 2 Nr. 8 AO.

Bei der Spende an die Hochschule handelt es sich um eine wissenschaftliche Spende (§ 10b Abs. 1 EStG). Einer besonderen Anerkennung – wie bei den Spenden für gemeinnützige Zwecke – bedarf es daher nicht.

Die Spende an das DRK fällt zwar unter § 52 Abs. 2 Nr. 11 AO. Allerdings ist die Spendenbescheinigung falsch. Nach § 10b Abs. 4 EStG darf zwar der Steuerpflichtige grundsätzlich auf die Richtigkeit einer Spendenbescheinigung vertrauen. Dies gilt aber nicht, wenn ihm die Unrichtigkeit bekannt oder aus grober Fahrlässigkeit nicht bekannt war. Dass alte Kleidung in Deutschland keinen Wert besitzt, ist allgemein bekannt. Es war daher für S leicht erkennbar, dass die Spendenbescheinigung völlig überhöht ist. Die Spende ist daher nicht abzugsfähig – auch nicht i.H.v. 10 €, da es insoweit an einer Spendenbescheinigung fehlt.

In einem zweiten Schritt ist nun zu prüfen, ob die Spenden und Mitgliedsbeiträge der Höhe nach abzugsfähig sind. Für die Parteispenden ist vorrangig § 34 g EStG anzuwenden. Im Rahmen dieser Vorschrift kann bei einem Alleinstehenden maximal eine Spende i.H.v. 1.650 € berücksichtigt werden. Daraus resultiert dann eine **Steuerersparnis = Steuererstattung von 825 €.**

Soweit die Spende die Grenze des § 34g EStG übersteigt, kann sie nach § 10b EStG bis maximal 1.650 € angesetzt werden. Hier bleiben für den Sonderausgabenabzug somit 4.000 € ./. 1.650 € = 2.350 € übrig. Da der Sonderausgabenabzug beim Alleinstehenden auf 1.650 € begrenzt ist, verfällt der Rest der Spende (2.350 € ./. 1.650 € = 700 €) aus verfassungsrechtlichen Gründen.

Die übrigen Spenden (1.000 € Hochschule und 160 € Jägervereinigung) sind daraufhin zu prüfen, ob sie 20 % des Gesamtbetrags der Einkünfte übersteigen. Dies ist hier nicht der Fall.

Damit sind die übrigen Spenden in voller Höhe abzugsfähig.

27.7 Kapitel 8: Außergewöhnliche Belastungen

Übungsfall:

Die Aufwendungen für den Treppenlift sind zwangsläufig solche i.S.v. § 33 Abs. 2 EStG, da sie durch die Krankheit unabwendbar entstanden sind. Die Gegenwertlehre ist bei Aufwendungen, die unmittelbar durch Krankheiten verursacht wurden, nicht anzuwenden. Nach der Rechtsprechung (BFH vom 24.2.2011, VI R 16/10, BStBl II 2011, 713) können auch die Kosten für den Umbau des Badezimmers als außergewöhnliche Belastung geltend gemacht werden, da für den Steuerpflichtigen aufgrund des Schlaganfalls der Umbau unabwendbar war.

Der Zuschuss der Krankenkasse ist aber bereits in 03 zu berücksichtigen, da S mit einer Erstattung rechnen konnte und der Ersatz sonst nicht berücksichtigt werden könnte. § 11 Abs. 2 EStG gilt insoweit nicht (vgl. H 33.1–33.4 EStH „Ersatz von dritter Seite"). Da S einen Behindertengrad von mindestens 80 % hat, kann er neben den Pauschbeträgen (s.u.) pauschale Fahrtkosten i.H.v. (3.000 km × 0,30 € =) 900 € als außergewöhnliche Belastung geltend machen. Auf Nachweis ist eine Fahrleistung von bis zu 15.000 km/Jahr möglich (H 33.1–33.4 „Fahrtkosten" EStH).

Damit betragen die Aufwendungen für außergewöhnliche Belastungen im Jahr 03 (12.000 € + 9.000 € + 900 € ./. 2.000 € =) 19.900 €. Die zumutbare Eigenbelastung beträgt (6 % von 18.000 € =) 1.080 €. Damit erfolgt im Rahmen des § 33 EStG ein Ansatz von (19.900 € ./. 1.080 € =) 18.820 €.

Für die Haushaltshilfe kann er nach **§ 35a Abs. 1 EStG** einen Steuerabzugsbetrag i.H.v. (3.600 € × 20 % =) 720 €, maximal **510 €** geltend machen. Ein Vorrang des § 33 EStG (vgl. § 35a Abs. 5 EStG) ist hier nicht gegeben, da es sich bei den Kosten für die Haushaltshilfe um allgemeine Kosten der Lebensführung handelt (es ist ja daneben noch eine weitere Pflegekraft vorhanden).

Da S keine laufenden, für seine Behinderung typischen Aufwendungen geltend macht, kann er einen Behinderten-Pauschbetrag nach **§ 33b EStG** geltend machen. Da er aufgrund der Lähmung hilflos ist (vgl. § 33b Abs. 6 EStG), erhält er den Höchstbetrag von **3.700 €** (§ 33b Abs. 3 Satz 3 EStG).

Neben dem Behinderten-Pauschbetrag kann S allerdings keine Pflege- und Betreuungsleistungen i.S.v. § 35a Abs. 2 EStG geltend machen (vgl. § 35a Abs. 5 EStG). Dies ist hier kein Problem, da die Aufwendungen für die Haushälterin allgemeiner Natur sind und ein Abzug als Pflege- und Betreuungsleistungen sowieso nicht infrage kommt (siehe oben).

Der Einbau des Treppenliftes und der Umbau des Badezimmers hindern die Geltendmachung des Behinderten-Pauschbetrags nicht, da es sich hier um eine einmalige Aufwendung handelte (vgl. ausdrücklichen Wortlaut von § 33b Abs. 1 EStG).

I.H.d. zumutbaren Eigenbelastung (hier: 1.080 €) kann S. den Abzug von Handwerkerleistungen nach § 35a Abs. 3 EStG in Anspruch nehmen, da insoweit kein Vorrang außergewöhnlicher Belastungen gegeben ist (BMF vom 10.01.2014, BStBl I 2014, 75 Rz. 32, Beck'sche Erlasse § 35a/1).

Somit könnte S (20 % von 1.080 € =) 216 € als Steuerabzugsbetrag geltend machen.

Verzichtet S bezüglich des Treppenlifts und des Badezimmers auf den Ansatz als außergewöhnliche Belastungen (ob dies möglich ist, ist strittig; angesichts des Wortlauts des § 33 EStG „... so wird auf Antrag..." wohl aber zu bejahen), so könnte er Handwerkerleistungen i.H.v. (20 % aus 21.000 € aber maximal) 1.200 € als Steuerermäßigung beanspruchen. Die Entscheidung hängt letztlich von seinem Spitzensteuersatz ab.

27.8 Kapitel 14: Methoden der Gewinnermittlung

Übungsfall 1:	
Können die Steuerpflichtigen die Gewinnermittlung nach § 4 Abs. 3 EStG wählen? Bitte begründen Sie Ihr Ergebnis.	
Ein Arzt hat sieben Angestellte; sein Umsatz beläuft sich auf 600.000 € im Jahr.	Der Arzt ist Freiberufler (§ 18 EStG); da er kein Kaufmann ist, finden § 238 HGB i.V.m. § 140 AO keine Anwendung; sein Umsatz liegt zwar über der Grenze des § 141 AO; diese Vorschrift ist aber im Rahmen des § 18 EStG nicht anwendbar; der Arzt kann daher seinen Gewinn durch Einnahmeüberschussrechnung ermitteln. Wahlweise kann er (freiwillig) bilanzieren, er muss es aber nicht.
Ein Handelsvertreter erzielt Einkünfte nach § 15 EStG; er arbeitet nur für ein Unternehmen; ein in kaufmännischer Weise einge- richteten Geschäftsbetrieb ist daher nicht erforderlich; sein Umsatz beträgt im Jahr 170.000 €.	Der Handelsvertreter ist zwar Gewerbetreibender i.S.d. § 1 Abs. 2 HGB; da er aber keinen in kaufmännischer Weise eingerichteten Geschäftsbetrieb benötigt, ist er kein Kaufmann; damit sind die § 238 HGB, § 140 AO nicht anwendbar; die Grenze des § 141 Abs. 1 Nr. 1 AO wird nicht überschritten; somit kann der Handels- vertreter – wenn er möchte – seinen Gewinn nach § 4 Abs. 3 EStG ermitteln.
Wie oben; der Handelsvertreter hat seine Firma im Handelsregister eintragen lassen (sog. eingetragener Kaufmann).	Der Handelsvertreter fällt nun unter die Vorschrift des § 2 HGB; er ist somit Kaufmann i.S.d. § 1 HGB; somit muss er seine Gewinn durch Bilanzierung ermittelt.
Ein Steuerpflichtiger betreibt einen Friseur- salon mit 15 Angestellten; sein Gewinn beträgt 120.000 €.	Der Steuerpflichtige beschäftigt zahlreiche Arbeitneh- mer; bei dieser Geschäftsart ist ein in kaufmännischer Weise eingerichteter Geschäftsbetrieb unerlässlich; somit ist der Friseur Kaufmann i.S.d. § 1 HGB; er muss seinen Gewinn durch Bilanzierung ermitteln.
Eine Kommanditgesellschaft (KG) betreibt eine kleine Tankstelle; ein in kaufmän- nischer Weise eingerichteten Geschäfts- betrieb ist nicht vorhanden; der Gewinn beträgt 40.000 € im Jahr.	Eine Kommanditgesellschaft bedarf nach § 162 HGB der Eintragung ins Handelsregister; somit ist die KG stets Formkaufmann nach § 6 HGB und muss ihren Gewinn durch Bilanzierung ermitteln.

Übungsfall 2:

a) Grundfall

Nach § 4 Abs. 3 S. 3 EStG wird das Abflussprinzip nach § 11 Abs. 2 EStG durchbrochen! Aus der Behandlung des „Aufwands über die AfA" ergibt sich, dass auch Vorauszahlungen, Abschlagszahlungen oder andere Teilleistungen nicht bei Bezahlung aufwandswirksam behandelt werden dürfen. Die Anschaffungskosten des Notebooks betragen 2.000 €, da die Vorsteuer nach § 9b EStG nicht zu den Anschaffungskosten gehört. Die betriebsgewöhnliche Nutzungsdauer beträgt 3 Jahre. Die Nutzung beginnt aber erst im Dezember somit ist nach § 7 Abs. 1 S. 4 EStG nur $\frac{1}{12}$ der Jahres-AfA i.H.v. 666,67 € also 55,56 € als Betriebsausgabe anzusetzen.

Die Umsatzsteuer gilt erst bei Bezahlung also im Veranlagungszeitraum 2016 als Betriebsausgabe.

b) Abwandlung

Der Arzt tätigt umsatzsteuerfreie Leistungen § 4 Nr. 14 UStG. Die bezahlte (bzw. hier die zu zahlende) Umsatzsteuer gehört zu den Anschaffungskosten nach § 9b EStG.

Die AfA-Bemessungsgrundlage beträgt somit 2.380 €.

Im Jahr 2015 damit: 2.380 × $\frac{1}{3}$ × $\frac{1}{12}$ = 66,11 € Betriebsausgaben durch diese Anschaffung eines abnutzbaren Wirtschaftsguts des Anlagevermögens.

Übungsfall 3:

Die Tätigkeit als Sachverständiger fällt unter § 18 EStG. Die Berechnung des Gewinns nach § 4 Abs. 3 EStG ist zulässig, da A als Freiberufler nicht unter die Buchführungspflicht fällt (vgl. § 238 HGB).

Gewinn vorläufig 18.000 €

1. Die Fahrten mit dem privaten Pkw kann A als Betriebsausgaben geltend machen. Grundsätzlich muss er hierzu die tatsächlichen Kosten nachweisen. Es ist aber allgemein anerkannt, dass bei einem privaten Pkw in Anlehnung an die Regelung in H 9.5 LStH „pauschale Kilometersätze" ohne Nachweis 0,30 € je Fahrtkilometer angesetzt werden können (sog. Aufwandseinlage). Im Gegenzug muss A die Erstattungen als Betriebseinnahme erfassen.

   Betriebseinnahmen: (5.000 km × 0,50 € =) 2.500 €

   Betriebsausgaben: (5.000 km × 0,30 € =) 1.500 €

2. Im Rahmen seiner freiberuflichen Tätigkeit kann A die Lohnaufwendungen i.H.v. **3.800 €** als **Betriebsausgaben** ansetzen.

3. Fraglich ist, ob A das Honorar als Betriebseinnahme erfassen muss. Da er seinen Gewinn nach § 4 Abs. 3 EStG ermittelt, gilt das Zuflussprinzip des § 11 Abs. 1 S. 1 EStG. Da A niemals über die 5.000 € wirtschaftlich verfügen konnte, muss er sie auch nicht als Einnahme ansetzen.

4. Die Kosten für das Büromaterial (Umlaufvermögen) können grundsätzlich als Betriebsausgaben geltend gemacht werden. Da die Zahlung aber erst in 2016 erfolgt, ist eine Berücksichtigung in 2015 nach § 11 Abs. 2 S. 1 EStG nicht möglich. Die „Zehntageregel" des § 11 Abs. 2 S. 2 i.V.m. § 11 Abs. 1 S. 2 EStG ist nicht anzuwenden, da es sich nicht um regelmäßig wiederkehrende Ausgaben handelt.

5. Das Kopiergerät ist nach § 7 Abs. 1 EStG linear abzuschreiben. Der Zeitpunkt der Bezahlung der Rechnung ist insoweit ohne Bedeutung. Somit AfA 2014: (600 € : 3 Jahre × $\frac{1}{12}$ = gerundet) 17 €.

6. Die Beiträge zu der betrieblichen Haftpflichtversicherung stellen Betriebsausgaben dar. Nach § 11 Abs. 2 S. 1 EStG kann A die Beiträge aber erst in 2016 geltend machen. Die Zehntageregel ist nicht anzuwenden, da die Fälligkeit der Beiträge nicht im Zehntagezeitraum liegt.

7. Der Erlös aus der Veräußerung von Betriebsvermögen ist als Einnahme zu erfassen. Im Gegenzug ist der Restbuchwert als Betriebsausgabe aufzuzeichnen (vgl. H 4.5 Abs. 3 EStH „Veräußerung abnutzbare Wirtschaftsgüter").

   Somit Betriebseinnahme: 250 €

   Betriebsausgabe: 100 €

8. Die Zahlung an den Kollegen ist grundsätzlich i.H.v. 200 € als Betriebsausgabe zu erfassen. Die Hingabe des Handys ist wie ein Tausch zu beurteilen (vgl. § 8 Abs. 1 i.V.m. § 6 Abs. 6 EStG). Da das Handy aber als GWG bereits den Gewinn um 380 € vermindert hat, dürfen die 200 € den Gewinn nicht noch einmal mindern. Somit ist der Vorgang steuerlich neutral. Es sind weder Betriebseinnahmen noch Betriebsausgaben zu erfassen.

9. **Zusammenfassung**

Vorläufiger Gewinn	18.000 €
Tz. 1	+ 2.500 €
	./. 1.500 €
Tz. 2	./. 3.800 €
Tz. 5	./. 17 €
Tz. 7	+ 250 €
	./. 100 €
Summe	**15.333 €**

Übungsfall 4:

P erzielt Einkünfte nach § 18 EStG. Da die Praxis veräußert wird, muss P von der 4 Abs. 3-Rechnung zur Bilanzierung übergehen, um den Veräußerungsgewinn berechnen zu können (vgl. § 18 Abs. 3 S. 2 i.V.m. § 16 Abs. 2 EStG i.V.m. R 4.5 Abs. 6 EStR). Im Einzelnen ergeben sich folgende Gewinnauswirkungen:

1. **Verbrauchsmaterial:** Der Restbestand an Verbrauchsmaterial muss aktiviert werden (7.200 € × 40 % =) 2.880 €. Über den Verbrauch des Umlaufvermögens werden die 2.880 € nach Wechsel zur Bilanzierung als Aufwand erfasst. Da das Verbrauchsmaterial aber nach § 11 Abs. 2 EStG bereits im Dezember 2014 mit der Bezahlung gewinnwirksam erfasst wurde, würde eine doppelte Erfassung vorliegen. Daher ist eine Hinzurechnung zum Gewinn i.H.v. 2.880 € vorzunehmen.

   Gewinn   **+ 2.880 €**

2. **PC:** Da Anlagevermögen bei 4 Abs. 3-Rechnung und bei Bilanzierung gleich behandelt wird (bei der Abschreibung ist § 11 EStG nicht anzuwenden), ergeben sich keine Korrekturen.

3. **Rechnungen:** Die Einnahmen aus der Behandlung der Privatpatienten wurden bisher noch nicht erfasst, da sie nicht zugeflossen sind (§ 11 Abs. 1 EStG). Aktiviert man den Rechnungsbetrag, so wirkt sich die Zahlung der Rechnungen auf den Gewinn nach Wechsel zur Bilanzierung nicht aus (Buchungssatz: Bank an Forderungen). Daher muss der Betrag der Rechnungen grundsätzlich als Gewinn erfasst werden. Anzusetzen sind aber nur 22.000 €, da die uneinbringlichen 2.000 € einzelwertberichtigt werden müssen.

   Da die Bezahlung der Forderungen bei Bilanzierenden ohne Gewinnauswirkung ist (Buchungssatz: Bank an Forderung), müssen die Honorare im Wege der Gewinnkorrektur erfasst werden.

   Gewinn   **+ 22.000 €**

4. **Schmerzensgeld:** Da das Schmerzensgeld von P noch nicht anerkannt wurde, liegt noch keine Verbindlichkeit vor. Es ist aber eine Rückstellung zu bilden, da die fehlerhafte Behandlung mit an Sicherheit grenzender Wahrscheinlichkeit zum Entstehen einer Schadensersatzforderung führen wird. Die Bezahlung des Schmerzensgeldes wird sich bei Bilanzierung nicht auswirken (**Buchungssatz:** Rückstellung an Bank). Daher muss beim Wechsel der Gewinnermittlung der Aufwand Gewinn mindernd berücksichtigt werden.

Gewinn ./. **3.000 €**

5. **Röntgengerät:** Das Röntgengerät kann in der Bilanz nur mit 1 € angesetzt werden. Da das Röntgengerät einwandfrei funktioniert, kommt eine AfaA (§ 7 Abs. 1 Satz 7 EStG) nicht infrage. Damit kann sich die Wertminderung des Geräts gewinnmäßig nicht auswirken. Wäre das Gerät bereits bei Anschaffung in einer Bilanz aktiviert worden, so hätte mit Ergehen der neuen Richtlinie eine Teilwertberichtigung vorgenommen werden müssen. Dies war aber bei § 4 Abs. 3-Rechnung nicht möglich. Damit würde sich die Wertminderung überhaupt nicht auswirken. Folglich ist aus Anlass des Wechsels der Gewinnermittlung eine Korrektur vorzunehmen.

Gewinn ./. **24.166 €**

Damit ergibt sich eine Gewinnkorrektur von insgesamt ./. **2.286 €** und für den Veranlagungszeitraum 2015 folgender laufende Gewinn:

Vorläufig	220.000 €
Wechsel der Gewinnermittlung	./. 2.286 €
=	**217.714 €**

Im Übrigen sei angemerkt, dass der Übergangsgewinn nicht zum nach §§ 16, 34 EStG begünstigten Gewinn zählt, sondern als laufender Gewinn zu erfassen ist.

27.9   Kapitel 15: Besteuerung der Mitunternehmer

Übungsfall:

Bei der Besteuerung der Gewinnanteile der Gesellschafter einer Personengesellschaft ist zwischen der gesellschaftsrechtlichen Beteiligung und der steuerlichen Mitunternehmerschaft zu differenzieren. Für die Frage, ob ein Gesellschafter seinen Gewinnanteil nach § 15 Abs. 1 Nr. 2 EStG zu versteuern hat, ist ausschließlich darauf abzustellen, ob er Mitunternehmer ist. Der Begriff der Mitunternehmerschaft ist nicht deckungsgleich mit dem Begriff des Gesellschafters. Es gibt Gesellschafter, die keine Mitunternehmer sind (z.B. minderjährige Kinder, bei denen die Gestaltung des Gesellschaftsvertrags einem Drittvergleich nicht standhält). Es gibt aber auch Mitunternehmer, die keine Gesellschafter sind (z.B. verdeckte Mitunternehmer).

Ist ein Gesellschafter nicht als Mitunternehmer zu beurteilen, so können die Einkünfte des Mitunternehmers z.B. als Einkünfte aus Kapitalvermögen bzw. nichtselbständiger Arbeit zu werten oder aber steuerlich ohne Bedeutung sein (§ 12 EStG).

Die Frage der Mitunternehmerschaft sollte in Klausuren grundsätzlich nur kurz erörtert werden, da hier erfahrungsgemäß nur wenige Punkte vergeben werden. Anders sieht dies aus, wenn – wie in der vorliegenden Klausur – umfassende Probleme dargestellt werden.

Mitunternehmer i.S.d. § 15 Abs. 1 Nr. 2 EStG ist, wer eine einem Gesellschafter vergleichbare Stellung hat und eine gewisse unternehmerische Initiative entfalten kann, sowie unternehmerisches Risiko trägt. Beide Merkmale können im Einzelfall mehr oder weniger stark ausgeprägt sein (H 15.8 Abs. 1 „Allgemeines" und „Gesellschafter" EStH).

Mitunternehmerinitiative bedeutet vor allem Teilhabe an den unternehmerischen Entscheidungen, wie sie Gesellschaftern oder diesen vergleichbaren Personen als Geschäftsführer, Prokuristen oder anderen leitenden Angestellten obliegen (H 15.8 Abs. 1 „Mitunternehmerinitiative" EStH). Hier gibt es kein festes Schema. Man muss diese Frage jeweils anhand des konkreten Einzelfalles prüfen und erörtern. Mitunternehmerrisiko trägt im Regelfall, wer am Gewinn und Verlust des Unternehmens und an den stillen Reserven beteiligt ist (H 15.8 Abs. 1 „Mitunternehmerrisiko" EStH). Auch hier verbietet sich jede schematische Betrachtung. Da das Recht der Personengesellschaften (BGB und HGB) weitgehend disponibel ist, sind vielfältige Gestaltungen denkbar, die alle zur Bejahung des Mitunternehmerrisikos führen können.

Im Einzelnen sind nun die einzelnen Gesellschafter auf ihre Mitunternehmerstellung hin zu überprüfen:

1. Die Mitunternehmerinitiative ist bei A nur sehr schwach ausgeprägt, da er im Innenverhältnis den Weisungen der übrigen Gesellschafter unterworfen ist. Er kann nicht wie ein Unternehmer selbständig Entscheidungen von einigem Gewicht treffen.

   Auch das Mitunternehmerrisiko ist ungewöhnlich ausgestaltet, da er nicht am Verlust beteiligt ist und bei einem Ausscheiden auf eigenen Wunsch keinen Anteil an den stillen Reserven erhält. Letzterer Punkt führt isoliert betrachtet noch nicht zur Verneinung eines Mitunternehmerrisikos. Zumindest für den Fall, dass der Mitunternehmer auf eigenen Wunsch ausscheidet, kann eine Buchwertklausel durchaus vereinbart werden (vgl. Umkehrschluss aus H 15.9 Abs. 1 „Buchwertabfindung" EStH).

   A haftet aber unbeschränkt und mit seinem gesamten Vermögen für die Verbindlichkeiten der KG (§ 128 HGB). Dieses Risiko ist derart hoch, dass es typischerweise nur von einem Mitunternehmer übernommen wird. Ein Arbeitnehmer wird sich auf eine derartige Haftungsregelung auch unter größtem wirtschaftlichem Druck nicht einlassen. Damit trägt letztlich A mehr Mitunternehmerrisiko als alle übrigen Gesellschafter. Daran ändert auch die Freistellungsklausel nichts. Sollten die Gläubiger der KG die Erfüllung ihrer Forderungen von A verlangen, muss er sein Vermögen einsetzen und kann lediglich einen Rückgriff bei den anderen Gesellschaftern nehmen. Dies wird ihm aber nur solange etwas nützen, als diese selbst zahlungsfähig sind.

   Diese persönliche Haftung wiegt so schwer, dass sie alle anderen Vertragsregelungen überwiegt. A ist damit Mitunternehmer (H 15.8 Abs. 1 „angestellter Komplementär" EStH).

2. B trägt über die Beteiligung am Gewinn und Verlust sowie an den stillen Reserven ein durchaus übliches Mitunternehmerrisiko. Er hat zwar auf die Geschäftsführung keine direkte Einwirkungsmöglichkeit. Bei einem Kommanditisten genügen aber bereits die in § 166 HGB vorgesehenen Einsichts- und Kontrollrechte für die Mitunternehmerinitiative (H 15.8 (1) „Mitunternehmerinitiative" EStH). Es spielt dabei keine Rolle, ob der Gesellschafter seine Kontrollrechte auch tatsächlich ausübt. Es genügt bereits die Möglichkeit, dass er eine Mitunternehmerinitiative ausüben kann. Danach ist B als Mitunternehmer zu beurteilen.

3. Nach § 705 BGB, der aufgrund der Verweisung in § 105 HGB auch für die Handelsgesellschaften gilt, muss der Gesellschafter den Zweck der Gesellschaft durch seinen Gesellschafterbeitrag fördern. Dieser Beitrag besteht in der Regel in der Zahlung einer Geldeinlage.

   Eine Beteiligung am Gesellschaftszweck kann ausnahmsweise aber auch durch die Einbringung der eigenen Arbeitskraft erfolgen (BFH vom 5.8.1965, IV 1381/65 U, BStBl III 1965, 560). Dies kann für die Gesellschaft insbesondere dann von großem Interesse sein, wenn der Gesellschafter über besondere Kenntnisse, Fähigkeiten oder Beziehungen verfügt.

Da im Übrigen die für Kommanditisten geltenden Regelungen eingehalten wurden, ist C als Mitunternehmer zu behandeln.

Zwischen einem Gesellschafter und der Personengesellschaft können Verträge wie unter fremden Dritten geschlossen werden (vgl. §§ 124, 161 HGB). Der Gesellschafter kann damit für die Gesellschaft auch als Arbeitnehmer aufgrund eines Dienstvertrages tätig werden. Die Gesellschaft verbucht die Gehaltszahlungen in der Gesamthandsbilanz wie bei jedem anderen Arbeitnehmer (Buchungssatz: Personalaufwand an Bank). Grundsätzlich unterliegt der Gesellschafter als Arbeitnehmer auch der Sozialversicherung. Auch der Arbeitgeberanteil zur Sozialversicherung stellt auf der Ebene der Gesamthand Personalaufwand dar.

Steuerlich sieht allerdings § 15 Abs. 1 Nr. 2 EStG vor, dass der Arbeitslohn beim Gesellschafter nicht nach § 19 EStG, sondern als Gewinnanteil (Sonderbetriebseinnahme) zu versteuern ist. Die Steuerfreiheit des Arbeitgeberanteils zur Sozialversicherung nach § 3 Nr. 62 EStG kann C nicht in Anspruch nehmen, da er steuerlich nicht als Arbeitnehmer behandelt wird.

Damit erzielt C Sonderbetriebseinnahmen i.H.v. (40.000 € + 8.000 € =) 48.000 €. Diese sind ihm im Rahmen der einheitlichen und gesonderten Gewinnfeststellung zuzurechnen.

4. Gesellschafter einer Personengesellschaft kann auch eine andere Personengesellschaft sein, wenn diese selbst Verträge schließen kann (doppelstöckige Personengesellschaft). Für die KG regelt diese Frage §§ 124, 161 HGB (sog. partielle Rechtsfähigkeit). Für die beteiligte Personengesellschaft wird ein Kapitalkonto geführt. Insoweit besteht kein Unterschied zu Gesellschaftern, die natürliche Personen sind. Die beteiligte Personengesellschaft (hier: die D-KG) bilanziert die Beteiligung (hier: an der A-KG) in der Handelsbilanz mit den Anschaffungskosten. In ihrer Steuerbilanz weist sie spiegelbildlich das Kapitalkonto ihrer Beteiligung aus.

Ein besonderes Problem entsteht im vorliegenden Fall dadurch, dass die D-KG als einzigen Geschäftszweck die Vermietung einer Immobilie betreibt. Nach R 15.7 Abs. 1 EStR liegen bei ausschließlicher Vermögensverwaltung keine gewerblichen Einkünfte vor. Die D-KG würde demnach aus der Vermietung der Halle Einkünfte nach § 21 EStG erzielen.

Nach **§ 15 Abs. 3 Nr. 1 EStG** erzielt aber eine Personengesellschaft insgesamt gewerbliche Einkünfte, wenn sie zumindest „auch" Einkünfte hat, die unter § 15 EStG fallen („**Abfärbetheorie**"). Da die Anteile am Gewinn der gewerblich tätigen A-KG zwingend unter § 15 Abs. 1 Nr. 2 EStG fallen, erzielt die D-KG insgesamt und ausschließlich gewerbliche Einkünfte.

Damit stellt sich die Frage, ob die Produktionshalle in der Gesamthandsbilanz der D-KG zu bilanzieren ist. Wirtschaftsgüter, die ein Mitunternehmer der Gesellschaft überlässt, stellen aber kraft ausdrücklicher Gesetzesverweisung in § 15 Abs. 1 Nr. 2 EStG Sonderbetriebsvermögen dar. Damit hat die D-KG als Mitunternehmerin der A-KG eine Sonderbilanz zu erstellen und die Sonderbetriebseinnahmen und -ausgaben im Rahmen der einheitlichen und gesonderten Gewinnfeststellung bei der A-KG zu erfassen.

5. Y ist über die D-KG an der A-KG beteiligt. Damit stellt sich die Frage, wie er das Produktionsgrundstück steuerlich zu behandeln hat. Sonderbetriebsvermögen im Verhältnis zur D-KG liegt nicht vor, da Y das Grundstück weder der D-KG überlässt, noch ersichtlich ist, inwieweit die Überlassung des Grundstücks der Beteiligung an der D-KG förderlich ist.

Nach **§ 15 Abs. 1 Nr. 2 Satz 2 EStG** wird aber ein Mitunternehmer (hier: Y), der über eine andere Mitunternehmerschaft (hier: D-KG) an einer Personengesellschaft beteiligt ist (hier: A-KG) so behandelt, als sei er Mitunternehmer beider Gesellschaften (sog. mittelbare Mitunternehmerschaft). Voraussetzung dafür ist, dass zwischen der natürlichen Person und der Untergesellschaft eine ununterbrochene Kette von Mitunternehmerschaften besteht. Dies ist hier der Fall, da Y Mitunternehmer der D-KG und diese wiederum Mitunternehmerin der A-KG ist.

Y ist daher Mitunternehmer der A-KG. Damit ist das Grundstück als Sonderbetriebsvermögen bei der A-KG zu bilanzieren. Die Mieteinnahmen sind in die einheitliche und gesonderte Gewinnfeststellung der A-KG einzubeziehen.

Dieser Fall zeigt, dass ein Mitunternehmer nicht zwingend auch Gesellschafter sein muss.

6. Z hat als Geschäftsführer erhebliche Einflussmöglichkeiten auf die Geschäftsführung, auch wenn er nicht Gesellschafter ist. Wegen der Tantieme ist er auch am Erfolg der A-KG beteiligt. Damit wären eigentlich die Voraussetzungen einer Mitunternehmerschaft gegeben und beinahe jeder Fremdgeschäftsführer einer Personengesellschaft müsste unter die Regelung des § 15 Abs. 1 Nr. 2 EStG fallen.

Ein Geschäftsführer wird aber nur dann zum (verdeckten) Mitunternehmer, wenn Mitunternehmerinitiative und -risiko nicht lediglich auf einzelne Schuldverhältnisse (hier: Geschäftsführervertrag und Darlehen) zurückzuführen sind. Die Bündelung von Risiken aus derartigen Austauschverhältnissen unter Vereinbarung angemessener und leistungsbezogener Entgelte begründet noch kein gesellschaftsrechtliches Risiko (H 15.8 Abs. 1 „Verdeckte Mitunternehmerschaft" EStH).

Mit anderen Worten: Nur wenn z.B. das Gehalt des Z so hoch wäre, dass dies zu einer sog. Gewinnabsaugung führen würde oder das Darlehen unverzinslich überlassen würde, könnte man von einer verdeckten Mitunternehmerschaft des Z ausgehen. Z erzielt damit Einkünfte nach § 19 EStG.

7. Ein Mitunternehmer kann an seinem Mitunternehmeranteil andere Personen unterbeteiligen. Diese Unterbeteiligung kann typisch still (§ 20 Abs. 1 Nr. 4 EStG) oder atypisch still sein. Atypisch still ist sie dann, wenn der Unterbeteiligte bezüglich des Gesellschaftsanteils, an dem er beteiligt ist, Mitunternehmerinitiative entfalten kann und ein Mitunternehmerrisiko trägt (insbesondere an den stillen Reserven des Gesellschaftsanteils beteiligt ist). Der atypisch still Unterbeteiligte wird letztlich wie ein mittelbar beteiligter Gesellschafter behandelt (§ 15 Abs. 1 Nr. 2 Satz 2 EStG).

Der Gewinnanteil des E ist damit auf E und EF je hälftig zu verteilen. In der Regel wird der atypisch still Unterbeteiligte in die einheitliche und gesonderte Gewinnfeststellung aufgenommen, wenn nicht ein Bedürfnis auf Geheimhaltung der stillen Beteiligung dem entgegensteht.

8. **Gewinnverteilung**

Nach § 121 HGB gebührt jedem Gesellschafter vom Jahresgewinn zunächst ein Anteil von 4 % seines Kapitalanteils. Der restliche Gewinn wird nach Köpfen verteilt. Diese Regelung ist aber dispositiv. In der Regel treffen die Gesellschafter eine von § 121 HGB abweichende Vereinbarung (hier: Verteilung im Verhältnis der Kapitalanteile).

Nach §§ 179, 180 AO ist der Gewinn der A-KG auf die einzelnen Gesellschafter einheitlich und gesondert aufzuteilen. Anhand dieses Aufteilungsbescheides versteuert dann jeder Mitunternehmer seinen Gewinnanteil im Rahmen seiner Einkommensteuererklärung (Anlage G). Die einheitliche und gesonderte Gewinnfeststellung der A-KG für das Wirtschaftsjahr 01 sieht wie folgt aus:

	A	B	C	D-KG	Y	Herr E	Frau E	Summe
Gewinn	100.000	250.000	300.000	50.000	0	150.000	150.000	1.000.000
SBE	0	0	48.000	240.000	36.000	0	0	324.000
SBA	0	0	0	./. 60.000	0	0	0	./. 60.000
Summe	100.000	250.000	348.000	230.000	36.000	150.000	150.000	1.264.000

27.10 Kapitel 17: Betriebsveräußerung/Betriebsaufgabe

Übungsfall 1:
Veräußerer
Veranlagungszeitraum 02

Die Betriebsveräußerung könnte unter **§ 16 Abs. 1 Nr. 1 EStG** fallen, wenn V einen ganzen „Betrieb" veräußert. Eine Veräußerung des ganzen Gewerbebetriebs liegt vor, wenn der Betrieb mit allen seinen **wesentlichen Betriebsgrundlagen** gegen Entgelt in der Weise auf einen Erwerber übertragen wird, dass der Betrieb als geschäftlicher Organismus fortgeführt werden kann (R 16 Abs. 1 EStR). Damit ist zu prüfen, ob der zurückbehaltene Pkw oder die Forderung eine wesentliche Betriebsgrundlage darstellt. Wesentliche Betriebsgrundlagen sind Wirtschaftsgüter vor allem des Anlagevermögens, die zur Erreichung des Betriebszwecks erforderlich sind und ein besonderes wirtschaftliches Gewicht für die Betriebsführung haben (H 15.7 Abs. 5 EStH i.V.m. H 16 (8) EStH).

Damit stellt die Forderung schon deshalb keine wesentliche Betriebsgrundlage dar, weil sie Umlaufvermögen ist. Der Pkw ist auch keine wesentliche Betriebsgrundlage, da er nicht auf den Betrieb zugeschnitten ist und auch jederzeit als Serienfabrikat wieder beschafft werden kann (BFH vom 17.4.1997, VIII R 2/95, BStBl II 1998, 388 m.w.N.).

Da sonach alle wesentlichen Betriebsgrundlagen übergehen, liegen die Voraussetzungen einer Betriebsveräußerung nach § 16 Abs. 1 Nr. 1 EStG grundsätzlich vor. Damit ist nun im nächsten Schritt zu prüfen, ob alle Vorgänge unter § 16 EStG fallen oder zum Teil laufender Gewinn vorliegt.

Ist der Gewinn aus dem **Schlussverkauf** zum begünstigten Veräußerungsgewinn zu rechnen? Gewinne, die während und nach der Aufgabe bzw. Veräußerung eines Betriebs aus normalen Geschäften und ihrer Abwicklung anfallen, gehören grundsätzlich nicht zum begünstigten Gewinn (H 16 Abs. 9 „Abwicklungsgewinne" und „Räumungsverkauf" EStH).

Hier liegt aber die Besonderheit vor, dass die Ware an einen Restpostenverwerter veräußert wurde und somit kein normales Geschäft mit üblichen Kunden vorliegt. Damit ist der Gewinn ausnahmsweise dem begünstigten Veräußerungsgewinn zuzurechnen.

Vor der Berechnung des Veräußerungsgewinns ist noch zu prüfen, welche Folgen die Nichtveräußerung der bestrittenen **Versicherungsforderung** hat. Die Abschreibung der Forderung hat sich im Unternehmen des V in voller Höhe gewinnmindernd ausgewirkt. Würde V die Forderung (gemeiner Wert laut Sachverhalt 0 €) entnehmen, entstünde kein Entnahmegewinn. Die spätere Zahlung würde aber dem nicht steuerbaren privaten Vermögensbereich zugerechnet werden. Aus diesem Grund hat die Rechtsprechung (BFH vom 10.2.1994, IV R 37/92, BStBl II 1994, 564) eine derartige Forderung als nicht entnahmefähig beurteilt. Sie muss als **Zwangsrestbetriebsvermögen** auch nach der Veräußerung bestehen bleiben.

Damit kann nun der Veräußerungsgewinn nach § 16 Abs. 2 EStG auf den 31.12.02 berechnet werden (in €):

Kaufpreis (die Auszahlung am 1.1.03 spielt keine Rolle, da Bilanzierungsgrundsätze gelten)	1.000.000
Entnahme Pkw. Ansatz mit dem gemeinen Wert nach dem Gedanken des § 16 Abs. 3 Satz 7 EStG; der gemeine Wert = Marktwert enthält die Umsatzsteuer	+ 47.600
Entnahme des Darlehens. Da das Darlehen ein negatives Wirtschaftsgut darstellt, mindert dies den Veräußerungserlös; ohne Entnahme hätte der Käufer weniger bezahlt	./. 20.000
Vom Veräußerer getragene Veräußerungskosten gemäß § 16 Abs. 2 Satz 1 EStG	./. 10.000
Da die Umsatzsteuer bei einem Unternehmer gewinnneutral sein muss, ist die Umsatzsteuer des Pkw wie Veräußerungskosten gewinnmindernd zu berücksichtigen	./. 7.600
Kapitalkonto	./. 65.001
Gewinn	**944.999**
Hinzurechnung des Gewinns aus dem Restpostenverkauf (s.o.), der bisher im laufenden Gewinn enthalten ist (s. Sachverhalt); entsprechend ist der laufende Gewinn zu kürzen	+ 15.000
Begünstigter Veräußerungsgewinn	**959.999**

Ein **Freibetrag** nach § 16 Abs. 4 EStG kommt hier nicht infrage, da der Grenzbetrag von 136.000 € bei Weitem überschritten ist.

Eine **Tarifbegünstigung** nach § 34 Abs. 3 EStG steht V zu, da er das 55. Lebensjahr vollendet hat. Da der Sachverhalt nicht anderes hergibt, kann davon ausgegangen werden, dass es die erste Betriebsveräußerung des V ist. Erforderliche Anträge gelten in den Klausuren regelmäßig als gestellt.

Der laufende Gewinn des Wirtschaftsjahrs 02 ist wie folgt zu korrigieren (in €):

Ausgangswert laut Sachverhalt	50.000
Restpostenverkauf (s.o.)	./. 15.000
Summe	**35.000**

Veranlagungszeitraum 03

Die Zahlung für das **Wettbewerbsverbot** rechnet nicht zum Veräußerungsgewinn, da das Wettbewerbsverbot erst in Kraft tritt, nachdem V den Betrieb veräußert hat. Die Einnahmen sind vielmehr als sonstige Einkünfte nach **§ 22 Nr. 3 EStG** zu versteuern (H 22.6 „Einnahmen … sind" EStH), da sie dem V als Privatperson zufließen. Die Einnahmen sind in 03 zu erfassen (§ 11 EStG).

Zinsen für ein betriebliches Darlehen, das nach einer Betriebsveräußerung oder Betriebsaufgabe weiter besteht, können nachträgliche Betriebsausgaben sein, da die Darlehensaufnahme ursprünglich betrieblich veranlasst war (H 24.2 „Nachträgliche Betriebsausgaben" EStH). Dies gilt aber nur, wenn die Erlöse aus der Veräußerung der Wirtschaftsgüter bzw. die Summe der Entnahmen nicht ausreichen, um die Darlehen (hypothetisch) zu tilgen. Da das Darlehen (20.000 €) aus dem Erlös (1 Mio. €) problemlos hätte getilgt werden können, kann V insoweit keine nachträglichen BA geltend machen.

Veranlagungszeitraum 04

Da die Versicherungsforderung weiterhin Betriebsvermögen ist (s.o.) ist die Zahlung als laufende Betriebseinnahme (§§ 15, 24 Nr. 2 EStG) zu versteuern. Eine rückwirkende Änderung des Veräußerungsgewinns (vgl. H 16 Abs. 10 EStH) kommt hier nicht infrage, da die Versicherungsleistung mit dem Verkauf im Prinzip nichts zu tun hat.

Erwerber

Der Erwerber hat in seiner Bilanz zum 1.1.03 seine Anschaffungskosten (Buchwert + stille Reserven) zu aktivieren (§ 6 Abs. 1 Nr. 7 EStG). Da das Wettbewerbsverbot ein entgeltlich erworbenes immaterielles Wirtschaftsgut darstellt, ist es ebenfalls zu bilanzieren und auf die Nutzungsdauer abzuschreiben (§ 5 Abs. 2 EStG). Der Firmenwert errechnet sich aus der Differenz zwischen Kaufpreis (1 Mio. €) und den Teilwerten der übrigen Wirtschaftsgüter (Aktiva und Passiva); s. § 246 Abs. 1 S. 4 HGB.
Damit ergibt sich folgende Bilanz (in €):

Grundstück	220.000	Kapital	300.000
Gebäude	500.000	Kaufpreisdarlehen	700.000
BGA	50.000	Verbindlichkeit Wettbewerbsverbot	75.000
Waren	30.000	Rückstellung	80.000
Forderungen	5.000		
Wettbewerbsverbot	75.000		
Firmenwert	275.000		
Summe	**1.155.000**	**Summe**	**1.155.000**

Übungsfall 2:

§ 7 Abs. 1 Satz 2 GewStG regelt, dass der Gewinn aus der Veräußerung eines Betriebes oder Mitunternehmeranteils (= § 16 EStG) nur insoweit der Gewerbesteuer unterliegt, als er **nicht** auf eine natürliche Person entfällt. Im Umkehrschluss ist der Gewinn aus einer Betriebsveräußerung gewerbesteuerfrei, soweit er auf eine natürliche Person entfällt (hier: Gesellschafter A). Grundsätzlich ist der Gewinn aus der Veräußerung eines Mitunternehmeranteils nach § 16 Abs. 1 Nr. 2 EStG zu versteuern (Details später).
Soweit aber auf der Seite des Veräußerers und auf der Seite des Erwerbers dieselben Personen Mitunternehmer sind, gilt der Gewinn als laufender Gewinn (**§ 16 Abs. 2 Satz 3 EStG**) und ist damit auch gewerbesteuerpflichtig.
Da Gesellschafter A zu 70 % an der Beton GmbH & Co. KG und zu 50 % an der Abriss GmbH & Co. KG beteiligt ist, ist der Veräußerungsgewinn i.H.v. 50 % als laufender Gewinn zu behandeln (BFH vom 15.06.2004, VIII R 7/01, BStBl II 2004, 754).
Somit ergibt sich folgender **gewerbesteuerfreie** Veräußerungsgewinn nach § 16 Abs. 1 Nr. 2 EStG:

Erlös (280.000 € × ½ =)	140.000 €
Kapital (200.000 € × ½ =)	./. 100.000 €
Gewinn	**40.000 €**

Ein Freibetrag kommt wegen des Alters nicht infrage. Die Vergünstigung nach § 34 Abs. 1 (nicht Abs. 3) EStG kann in Anspruch genommen werden.
I.H.v. ebenfalls 40.000 € liegt **laufender Gewinn** vor. Die Gewerbesteuer für diesen Gewinn ist von der Personengesellschaft aufzubringen (BFH a.a.O.).

Abwandlung: Es ist zu prüfen, ob der Gewinn aus der Veräußerung nach dem österreichischen DBA in Deutschland zu versteuern ist. Personengesellschaften gelten nach internationalem Steuerrecht als Betriebsstätte des Mitunternehmers. Da die Beton KG ihren Sitz in Deutschland hat, muss A die Gewinne aus der Mitunternehmerschaft in Deutschland versteuern (Art. 5 und 7 DBA Österreich). Er ist insoweit beschränkt steuerpflichtig nach § 49 Abs. 1 Nr. 2a EStG.

Die Veräußerung fällt wieder zur Hälfte unter § 16 Abs. 1 Nr. 2 EStG, da diese Vorschrift grundsätzlich auch für Kapitalgesellschaften anwendbar ist (vgl. R 32 Abs. 1 KStR). Allerdings steht der AG kein Freibetrag zu. Auch die Tarifvergünstigung des § 34 EStG gilt nicht für die Körperschaftsteuer (keine Erwähnung in R 32 Abs. 1 KStR).

Für Zwecke der Gewerbesteuer greift nun aber § 7 Abs. 1 Satz 2 GewStG. Danach ist der gesamte Gewinn (= 80.000 €) gewerbesteuerpflichtig, da er auf eine Kapitalgesellschaft entfällt.

Übungsfall 3:

Die Erben können als Gesamtrechtsnachfolger (§ 1922 BGB) alle Gestaltungsrechte des Erblassers ausüben. Sie haben in seinem Namen eine Steuererklärung für die Zeit bis zu seinem Tod abzugeben. Da der Erblasser bezüglich der Rente sein Wahlrecht (R 16 Abs. 11 EStR) noch nicht ausgeübt hat, steht es den Erben zu. Diese haben folgende Möglichkeiten:

Sofortversteuerung

In diesem Fall entsteht in 2014 ein Gewinn nach § 16 Abs. 1 Nr. 1 EStG, da mangels anderer Angaben davon ausgegangen werden kann, dass V seinen gesamten Gewerbebetrieb mit allen wesentlichen Betriebsgrundlagen veräußert hat. Die Rente stellt eine Veräußerungsrente dar, da unter Fremden unterstellt werden kann, dass die Rente nach kaufmännischen Gesichtspunkten abgewogen wurde.

Die Rente stellt in Höhe ihres (abgezinsten) Barwertes Kaufpreis dar. Der Barwert einer Veräußerungsrente ist nach der jährlich sich ändernden Barwerttabelle des BMF (für 2014 siehe BMF vom 26.10.2012, BStBl I 2012, 950 und BMF vom 13.12.2013, BStBl I 2013, 1609) zu ermitteln. Der Barwert beläuft sich in 2014 auf: (2.000 € × 12 Monate × 9,801 =) 235.224 €.

Da der Kaufpreis aus Sofortzahlung und Rente besteht, errechnet sich folgender Veräußerungsgewinn:

Sofortzahlung	400.000 €
Rentenbarwert	235.224 €
Summe	**635.224 €**
Kapitalkonto	./. 500.000 €
Gewinn	**135.244 €**

Da der Erblasser das 55. Lebensjahr überschritten hat, kann er grundsätzlich einen Freibetrag nach § 16 Abs. 4 EStG i.H.v. 45.000 € beanspruchen. Da der Grenzbetrag von 136.000 € nicht überschritten wird, beträgt der steuerpflichtige Gewinn (135.224 € ./. 45.000 € =) 90.224 €.

Die Rentenzahlungen sind in den Jahren 2014 und 2015 nach § 22 Nr. 1 Satz 3a) bb) EStG mit dem Ertragsanteil zu versteuern:

Einnahmen (12 Monate × 2.000 € × **15 %** =)	3.600 €
Pauschbetrag gem. § 9a Nr. 3 EStG	./. 102 €
Einkünfte	**3.498 €**

Mit dem Tod erlischt die Rentenforderung. Da diese aber Privatvermögen darstellt, hat dies steuerlich keine Folgen (nicht steuerbares Privatvermögen). Es wird auch nicht rückwirkend der Veräußerungsgewinn geändert, da der Tod bei einer Leibrente bewusst in die Kalkulation eingerechnet wird (H 16 Abs. 11 „Tod des Rentenberechtigten" EStH).

Laufende Versteuerung

In diesem Fall sind die Renteneinnahmen nach §§ 15, 24 Nr. 2 EStG zu versteuern. Die Versteuerung beginnt aber erst, wenn der Barwert (= Tilgungsanteil) der Renten höher ist als der Buchwert des Betriebs. Erst ab diesem Zeitpunkt werden die stillen Reserven aufgedeckt (R 16 Abs. 11 EStR).

Somit ist der Tilgungsanteil der Renten für den Veranlagungszeitraum 2014 zu berechnen. Der Barwert ergibt sich als Differenz zwischen Rentenzahlung und Barwertveränderung vom 1.1.2014 bis 31.12.2014:

Barwert am 1.1.2014 (70 Jahre) s.o.	235.224 €
Barwert am 31.12.2014 (71 Jahre; 9,467)	227.208 €
Barwertveränderung (Tilgung)	**8.016 €**
Rentenzahlung (12 Monate × 2.000 € =)	24.000 €
Zinsanteil	**15.984 €**
Barwert am 31.12.2014 s.o.	227.208 €
Barwert am 31.12.2015 (72 Jahre; 9,125)	219.000 €
Barwertveränderung (Tilgung)	**8.208 €**
Rentenzahlung	24.000 €
Zinsanteil	**15.792 €**

Es ist nun zu prüfen, ob die Tilgungsanteile (8.016 € + 8.208 €) zusammen mit der Einmalzahlung (400.000 €) das Kapitalkonto (500.000 €) übersteigen. Dies ist nicht der Fall. Damit entfällt für die Jahre 2014 und 2015 eine Besteuerung.

Allerdings müssen die in den Renten enthaltenen Zinsanteile nach §§ 15, 24 Nr. 2 EStG versteuert werden (15.984 € in 2014 und 15.792 € in 2015).

Durch den Tod erlischt die Rentenforderung, die aber bei dieser Variante noch dem Betriebsvermögensbereich zuzuordnen ist. Durch den Tod erleidet Vogel somit einen laufenden Veräußerungsverlust in Höhe von (400.000 € + 8.016 € + 8.208 € ./. 500.000 € =) ./. 83.776 €. Damit dürfte den Erben die zweite Alternative zu empfehlen sein.

Übungsfall 4:

Veräußerer

Der Tatbestand des § 16 Abs. 1 Nr. 2 EStG liegt nur dann vor, wenn Geist seinen gesamten Mitunternehmeranteil inklusive aller Wirtschaftsgüter des Sonderbetriebsvermögens, die eine wesentliche Betriebsgrundlage darstellen veräußert. Dies ist im vorliegenden Fall geschehen.

Der Veräußerungsgewinn (§ 16 Abs. 2 EStG) ist wie folgt zu ermitteln (das Kapitalkonto ist aus den Buchwerten der in der Aufgabe angegebenen Buchwerte zu errechnen):

Erlös	500.000 €
Kapitalkonto	./. 200.000 €
Gewinn	**300.000 €**

Das Kapitalkonto des Mitunternehmers setzt sich dabei aus dem Kapitalkonto der Gesamthandsbilanz zuzüglich etwaiger Ergänzungsbilanzen (hier nicht vorhanden) zusammen.

Ein Freibetrag kommt nach § 16 Abs. 4 EStG wegen Überschreitens des Grenzbetrags (136.000 €) nicht infrage. Die Tarifvergünstigung nach § 34 Abs. 3 EStG kann Geist in Anspruch nehmen, da er das 55. Lebensjahr vollendet hat und der Sachverhalt keine Angaben dazu enthält, dass Geist in früheren Jahren bereits schon einmal einen Veräußerungsgewinn nach § 16 EStG erzielt hat. Der Antrag gilt als gestellt (Klausurregel).

Sehr viel interessanter sind die Probleme beim Erwerber:

Der Erwerber ist steuerlich so zu behandeln, als habe er Anteile an einzelnen Wirtschaftsgütern erworben (es gibt steuerlich kein Wirtschaftsgut „Mitunternehmeranteil"). Der Erwerber aktiviert seine Anschaffungskosten (anteilige Buchwerte + anteilige stille Reserven) nach § 253 HGB i.V.m. § 5 Abs. 1 EStG und § 6 Abs. 1 Nr. 7 EStG. Eine Aktivierung in der Gesamthandsbilanz würde das Gefüge der Kapitalkonten durcheinanderbringen (Christ hat ja nichts veräußert und will seine Wirtschaftsgüter wie bisher bilanzieren). Aus diesem Grund kann (nicht muss!) der Erwerber eine **Ergänzungsbilanz** bilden, die dann zusammen mit der Gesamthandsbilanz eine Einheit bildet.

In der Ergänzungsbilanz muss der Erwerber auch die Anschaffungsnebenkosten aktivieren (§ 255 HGB; BFH vom 19.06.1997, IV R 16/95, BStBl II 1997, 808). Diese sind im Verhältnis der Teilwerte auf die Wirtschaftsgüter zu verteilen. Insgesamt hat Schluck Wirtschaftsgüter mit einem Teilwert von 500.000 € erworben (= Kaufpreis).

Der Firmenwert ergibt sich aus der Differenz zwischen dem Kaufpreis (500.000 €) und dem Teilwert der übrigen Wirtschaftsgüter (= 410.000 €) und ist sonach mit 90.000 € anzusetzen.

Damit ergibt sich folgende Aufteilung der 12.000 € **Anschaffungsnebenkosten:**

Gebäude (350/500 × 12.000 € =)	8.400 €
Maschine (25/500 × 12.000 € =)	600 €
Forderung (35/500 × 12.000 € =)	840 €
Firmenwert (90/500 × 12.000 € =)	2.160 €
Summe	**12.000 €**

Bei der Aufstellung der Ergänzungsbilanz ist zu beachten, dass die Forderung nicht über ihren Nennwert hinaus aktiviert werden darf (wie z.B. auch Position Bank u.ä.). Die Anschaffungsnebenkosten der Forderung stellen sofort abzugsfähige Betriebsausgaben dar (BFH vom 19.6.1997 a.a.O.).

Damit ist die Ergänzungsbilanz zum 1.1.08 wie folgt anzusetzen (aktiviert sind jeweils die stillen Reserven zuzüglich der Anschaffungsnebenkosten):

Gebäude	208.400	Mehrkapital	311.160
Maschine	10.600		
Firmenwert	92.160		
Summe	**311.160**	**Summe**	**311.160**

Bei der Abschreibung in 08 ist nun zu beachten, dass Schluck grundsätzlich aus seinen Anschaffungskosten abschreibt. Seine Abschreibung ist damit nicht identisch mit der Abschreibung in der Gesamthandsbilanz, die ja von den Anschaffungskosten der Personengesellschaft ausgeht. Es muss daher zuerst die AfA aus den Anschaffungskosten des Erwerbers ermittelt werden (mit Rechtsstand des Erwerbs). Diese AfA ist dann mit der tatsächlich vorgenommenen und auf den Erwerber entfallenden Gesamthands-AfA zu vergleichen. Die Differenz ergibt eine **Mehr- oder Minder-AfA**, die dann in die Ergänzungsbilanz zu übernehmen ist. Es ist nicht zulässig, einfach die Werte der Ergänzungsbilanz abzuschreiben (diese enthält ja die stillen Reserven und nicht die Anschaffungskosten). Im Einzelnen sieht dies wie folgt aus:

AfA Gebäude nach § 7 Abs. 4 Nr. 1 EStG aus Anschaffungskosten S (358.400 € × 3 % =)	10.752 €
AfA Gesamthand nach § 7 Abs. 4 Nr. 1 EStG a.F. (s. § 52 Abs. 15 EStG) aus Anschaffungskosten Gesamthand (500.000 € × ½ × 4 % =)	10.000 €
Mehr-AfA	**752 €**

Die Maschine kann nur nach § 7 Abs. 1 EStG und damit wie
in der Gesamthandsbilanz angeschrieben werden;
ab Kauf beträgt die Rest-Nutzungsdauer 3 Jahre; 25.600 €/3 Jahre =   8.533 €
In der Gesamthandsbilanz erfolgt die AfA nach § 7 Abs. 1 EStG aus Anschaffungskosten
von (100.000 € × ½) auf 10 Jahre Nutzungsdauer   5.000 €

Mehr-AfA   **3.533 €**

Der Firmenwert wird nur in der Ergänzungsbilanz
abgeschrieben nach § 7 Abs. 1 Satz 3 EStG;
Anschaffungskosten 92.160 €/15 Jahre =   **6.144 €**

Damit kann nun die Ergänzungsbilanz zum 31.12.08 erstellt werden (in €):

Gebäude	207.648	Mehrkapital	300.731
Maschine	7.067		
Firmenwert	86.016		
Summe	**300.731**	**Summe**	**300.731**

Die Anschaffungsnebenkosten der Forderung können in 08 als Betriebsausgabe geltend gemacht werden (s.o.).

Übungsfall 5:

Die Veräußerung des Mitunternehmeranteils (KG-Anteil) fällt unter § 16 Abs. 1 Nr. 2 EStG. Der Gewinn aus der Veräußerung des Sonderbetriebsvermögens (Anteil an der Komplementär-GmbH) ist Teil des Veräußerungsgewinnes (BFH vom 10.11.2005, BStBl II 2006, 176). Soweit allerdings die Anteile an der Komplementär-GmbH veräußert werden, ist das Teileinkünfteverfahren anzuwenden (§§ 3 Nr. 40 b, 3c Abs. 2 EStG). Der Freibetrag ist vorrangig mit dem Veräußerungsgewinn zu verrechnen, auf den das Teileinkünfteverfahren anzuwenden ist (H 16 Abs. 13 „Teileinkünfteverfahren" EStH unter Hinweis auf BFH vom 14.7.2010, X R 61/08, BStBl II 2010, 1011).
Die Veräußerung der GmbH-Anteile (= Sonderbetriebsvermögen) ergibt folgenden Gewinn (Teileinkünfteverfahren; § 3 Nr. 40 Buchst. b) i.V.m. § 3c Abs. 2 EStG):

Erlös (30.000 € × 60 % =)	18.000 €
Buchwert (25.000 € × 60 % =)	./. 15.000 €
Gewinn	**3.000 €**
Freibetrag	./. 3.000 €
Steuerpflichtiger Gewinn	**0 €**

Der Gewinn aus der Veräußerung des Anteils am Gesamthandsvermögen beträgt:

Erlös	120.000 €
Kapital Gesamthand	./. 20.000 €
Gewinn	**100.000 €**
Rest Freibetrag	./. 42.000 €
Steuerpflichtiger Gewinn	**58.000 €**

Auf diesen Gewinn kann Fidelis § 34 Abs. 3 EStG anwenden (Antrag ist zu unterstellen).

Übungsfall 6:

Der Fall ist zuerst in mehrere Einzelakte zu zerlegen.

Übergabe der Gaststätte an den Sohn

Eine Betriebsübertragung nach **§ 6 Abs. 3 EStG** liegt hier nicht vor, da laut Sachverhalt die Mutter den Betrieb eben gerade nicht übergeben wollte. Infrage kommt eine Betriebsverpachtung (R 16 Abs. 5 EStR). Die Grundsätze der Betriebsverpachtung gelten auch dann, wenn kein Pachtentgelt verlangt wird (so ausdrücklich BFH vom 19.8.1998, X R 176/96 (NV), BFH/NV 1999, 454).

Die Voraussetzungen einer Betriebsverpachtung sind im Übrigen erfüllt, da dem Sohn das gesamte Inventar zur Bewirtschaftung überlassen wird und der Betrieb als geschäftlicher Organismus weiter existiert. Die Mutter hat ihr Verpächterwahlrecht nicht ausdrücklich ausgeübt. Solange die Aufgabe nicht erklärt wird, gilt der Betrieb – bei Erfüllung der Voraussetzungen für eine Betriebsverpachtung – erst dann als aufgegeben, wenn eine ausdrückliche Aufgabeerklärung erfolgt.

Erbfall

Mit dem Tod der Mutter geht der Betrieb auf den Sohn als Gesamtrechtsnachfolger über (§ 1922 BGB). Dabei sind zwingend die Buchwerte fortzuführen.

Vermietung an die Pension

Die Vermietung der Räume an die Pension könnte ebenfalls eine Betriebsverpachtung sein. Dann hätte der Sohn das Verpächterwahlrecht. Eine Betriebsverpachtung erfordert aber die Überlassung aller wesentlichen Betriebsgrundlagen. Damit stellt sich die Frage, ob die Kücheneinrichtung die wesentliche Betriebsgrundlage einer Gaststätte ist.

Man könnte die gesamte Einrichtung (Geschirr, Kochgeräte, Pfannen, Töpfe etc.) als eine Einheit sehen, die für das Betreiben einer Gaststätte notwendig ist und selbst bei starker Abnutzung ein wirtschaftliches Gewicht hat (vgl. H 15.7 Abs. 5 „Wesentliche Betriebsgrundlage" EStH). Realistischer dürfte es aber sein, die Kücheneinrichtung nicht als wesentliche Betriebsgrundlage zu sehen, da sie problemlos und jederzeit ersetzbar ist. Letztlich könnte der Sohn die Gaststätte nach einer Kündigung des Mietverhältnisses jederzeit wieder aufnehmen.

Solange somit keine eindeutige Aufgabeerklärung abgegeben wird, liegt ein ruhender Gewerbebetrieb vor. In diesem Sinne entschied auch der BFH in einem Fall, in dem eine ländliche Gaststätte an einen Bordellbetreiber verpachtet wurde (BFH vom 20.12.2000, XI R 26/00 (NV), BFH/NV 2001, 1106).

Übungsfall 7:

Verpachtung 02

Mit der Gründung der GmbH entsteht eine Betriebsaufspaltung. Voraussetzung hierfür ist die personelle und sachliche Verflechtung zwischen Besitz- und Betriebsunternehmen (H 15.7 (4) „Allgemeines" EStH). Eine personelle Verflechtung liegt vor, da die Personengruppe Max und Otto das Besitzunternehmen zu 100 % und das Betriebsunternehmen zu 80 % beherrschen (H 15.7 „Personengruppentheorie" EStH). Eine sachliche Verflechtung liegt vor, da die KG das gesamte Anlagevermögen an die GmbH verpachtet. Ausreichend wäre es bereits, wenn die KG nur eine wesentliche Betriebsgrundlage verpachtet (H 15.7 Abs. 5 EStH).

Damit erzielt die KG gewerbliche Einkünfte, obwohl sie nur noch vermögensverwaltend tätig ist. Die Anteile von Max und Otto an der GmbH stellen notwendiges Sonderbetriebsvermögen II dar (H 4.2 Abs. 2 „Anteile an Kapitalgesellschaften – Einzelfälle" EStH) und sind in den jeweiligen Sonderbilanzen der Mitunternehmer Max und Otto in der KG zu aktivieren. Die Anteile von Amalie sind Privatvermögen, da sie an der Besitzgesellschaft nicht beteiligt ist (wegen Details s. Kap. 16.).

Veräußerung 14

Der Verkauf der GmbH-Anteile führt dazu, dass die personelle Verflechtung entfällt. Nach bisheriger Ansicht (H 16 Abs. 2 „Beendigung einer Betriebsaufspaltung" EStH) führte dies grundsätzlich zu einer Betriebsaufgabe nach § 16 EStG. Davon weicht nun das Urteil des BFH vom 14.3.2006 (VIII R 80/03, BStBl II 2006, 591) ab.

Danach führt die Beendigung der Betriebsaufspaltung nicht zwingend zu einer Betriebsaufgabe, sondern zu einer Betriebsunterbrechung, wenn die Fortsetzung des gewerblichen Betriebes objektiv möglich ist und eine Aufgabeerklärung nicht abgegeben wurde.

Dies ist hier vorliegend der Fall. Die KG braucht nur den Pachtvertrag mit der GmbH zu kündigen, um den Fabrikationsbetrieb wieder aufzunehmen.

Die Frage kann letztlich aber offenbleiben, da hier gleichzeitig die Voraussetzungen einer **Betriebsverpachtung** im Ganzen gegeben sind (R 16 Abs. 5 EStR). Max und Otto haben nämlich 02 das gesamte Anlagevermögen und somit alle wesentlichen Betriebsgrundlagen an die GmbH verpachtet.

Während des Bestehens der Betriebsaufspaltung ruhte das Verpächterwahlrecht (H 16 Abs. 2 „Beendigung einer Betriebsaufspaltung" 2. Spiegelstrich EStH), da eine Betriebsaufspaltung zwingend zu gewerblichen Einkünften führt. Mit Ende der Betriebsaufspaltung lebt aber das Verpächterwahlrecht wieder auf (BFH vom 14.3.2006 a.a.O.).

Zur Vermeidung der Aufdeckung stiller Reserven können Max und Otto daher die Alternative „ruhender Gewerbebetrieb" wählen.

Die Veräußerung der GmbH-Anteile fällt nicht unter § 17 EStG, da im Zeitpunkt der Veräußerung die Anteile notwendiges **Sonderbetriebsvermögen II** waren (s.o.) und § 17 EStG nur für Privatvermögen gilt.

Es ist auch nicht § 16 Abs. 1 Nr. 1 Satz 2 EStG anwendbar, wonach die das gesamte Nennkapital umfassende Beteiligung als Teilbetrieb gilt. § 16 Abs. 1 Nr. 1 Satz 2 EStG ist zwar für Beteiligungen im Betriebsvermögen anwendbar. Max und Otto haben aber zusammen lediglich 80 % der Beteiligung veräußert.

Der Gewinn ist daher als laufender Gewinn (§ 15 EStG) zu erfassen. Allerdings greift nach § 3 Nr. 40 Buchst. a) i.V.m. § 3c Abs. 2 EStG das Teileinkünfteverfahren.

Gewinn Max/Otto

Erlös (200.000 € × 60 % =)	120.000 €
Buchwert (= Anteil am Stammkapital = 50.000 € × 40 % × 60 % =)	./. 12.000 €
Gewinn	**108.000 €**

Übungsfall 8:

Die Tatsache, dass die Komplementärin der KG eine englische Ltd. ist, hat für das Bestehen der KG keine Bedeutung, da auch die Ltd. in Deutschland als Kapitalgesellschaft anerkannt ist (vgl. Beck'sche Erlasse 800 § 12/1 Tabelle 1 sowie Centros-Urteil, EuGH vom 30.09.2003, ZIP 2003, 1885). Da die Ltd. ihre Geschäftsführung in Deutschland hat, ist sie nach § 1 KStG in Deutschland unbeschränkt steuerpflichtig.

Für die weitere Lösung des Falles ist es entscheidend, welche Einkunftsart die KG hat. Grundsätzlich führt die ausschließliche Verwaltung eigenen Vermögens zu Einkünften nach § 21 EStG mit der Folge von Privatvermögen (R 15.7 Abs. 1 EStR). Davon könnte aber eine Ausnahme gelten, wenn die Voraussetzungen einer gewerblichen Prägung nach **§ 15 Abs. 3 Nr. 2 EStG** vorlägen. Danach wird eine vermögensverwaltende Tätigkeit gewerblich, wenn ausschließlich eine oder mehrere Kapitalgesellschaften die Komplementärstellung innehaben und nur die Kapitalgesellschaften oder fremde Dritte zur

Geschäftsführung berufen sind. Die gewerbliche Prägung führt auch dazu, dass aus Einkünften nach
§ 13 EStG gewerbliche Einkünfte werden (FG Brandenburg vom 12.12.2001, 1 K 455/98). Die Voraussetzungen des § 15 Abs. 3 Nr. 2 EStG waren bis zur Geschäftsführerbestellung gegeben. Damit erzielte
die KG gewerbliche Einkünfte.

Durch die Bestellung des L (natürliche Person) endet die gewerbliche Prägung (FG Brandenburg vom
12.12.2001 a.a.O.).

Da die KG nunmehr ausschließlich Flächen verpachtet, ist sie nur noch vermögensverwaltend tätig. Es
liegt auch kein Betrieb einer Landwirtschaft i.S.v. § 13 EStG vor. Das Urteil des BFH vom 15.10.1987,
IV R 66/86, BStBl II 1988, 260 wonach bei Verpachtung aller landwirtschaftlicher Flächen eines Hofes
eine Betriebsverpachtung vorliegt, ist hier nicht einschlägig; in dem entschiedenen Fall wurde die
Hofstelle aufrechterhalten und es war die Weiterführung der Landwirtschaft durch den Sohn geplant.
Damit liegt eine zwingende Betriebsaufgabe nach § 16 Abs. 1 Nr. 2 i.V.m. Abs. 3 EStG vor. Einer aus-
drücklichen Aufgabeerklärung bedarf es somit nicht.

Übungsfall 9:

Die Betriebsaufgabe (§ 16 Abs. 3 EStG) muss nicht innerhalb eines Veranlagungszeitraums abgeschlossen sein. Entscheidend ist, dass der Wille besteht, alle stillen Reserven aufzudecken und den Betrieb
als wirtschaftlichen Organismus zu beenden.

Der Gewinn muss aber mittels einer einheitlichen Aufgabebilanz auf einen einheitlichen Zeitpunkt
ermittelt werden (H 16 Abs. 2 „Zeitlich gestreckte Betriebsaufgabe" EStH). Er wird aber in dem Veranlagungszeitraum versteuert, dem er wirtschaftlich zuzurechnen ist.

Gewinn Veranlagungszeitraum 01	35.000 €
Gewinn Veranlagungszeitraum 02	50.000 €
Aufgabegewinn insgesamt	**85.000 €**

Eder kann den Freibetrag nach § 16 Abs. 4 EStG in Anspruch nehmen, da er das 55. Lebensjahr vollendet hat und davon ausgegangen werden kann, dass dies seine erste Betriebsveräußerung/Betriebs-
aufgabe im Leben ist. Der Antrag kann unterstellt werden.

Der Freibetrag ist nun verhältnismäßig aufzuteilen:

Gewinn 01	35.000 €
Freibetrag (45.000 € × 35/85 =)	./. 18.529 €
steuerpflichtiger Gewinn	**16.471 €**

Auf den Gewinn kann er § 34 Abs. 3 EStG anwenden, auch wenn der Gewinn auf mehrere Jahre verteilt
ist (BFH vom 4.5.2006, VI R 33/03, BStBl II 2006, 911 zur Frage einer Abfindung).

Gewinn 02	50.000 €
Freibetrag (45.000 € × 50/85 =)	./. 26.471 €
steuerpflichtiger Gewinn	**23.529 €**

Auch auf diesen Gewinn ist § 34 Abs. 3 EStG anwendbar (s.o.).

Variante:

Da Eder ein Wirtschaftsgut aus seinem Einzelunternehmen in sein Sonderbetriebsvermögen überführt,
ist zwingend der Buchwert anzusetzen (§ 6 Abs. 5 Satz 2 EStG). Damit deckt Eder aber nicht mehr
alle stillen Reserven seines Einzelunternehmens auf. Dies wäre aber zwingende Voraussetzung für die
Inanspruchnahme des § 16 EStG (H 16 Abs. 4 „Sonderbetriebsvermögen" EStH; BFH vom 6.9.2000,
IV R 18/99, BStBl II 2001, 229). Mit Urteil vom 2.8.2012, IV R 41/11 hat der BFH die vorherige Auslage-

rung von Betriebsvermögen nach § 6 Abs. 5 EStG im Falle einer anschließenden Übertragung nach § 6 Abs. 3 EStG für unschädlich erachtet; diese Rechtsprechung ist aber auf § 16 EStG nicht übertragbar. Der Gewinn aus der Veräußerung der Maschinen ist daher als laufender Gewinn (§ 15 EStG) zu versteuern.

Übungsfall 10:

Für Freiberufler sind die Grundsätze des § 16 EStG über die Norm des **§ 18 Abs. 3 EStG** grundsätzlich anwendbar.

Der Begriff des Teilbetriebs (§ 16 Abs. 1 Nr. 1 EStG Satz 1 EStG) gilt über § 16 Abs. 3 EStG auch im Bereich der Betriebsaufgabe. Damit ist zu prüfen, ob R mit der Steuerberatungspraxis einen Teilbetrieb aufgegeben hat. Nach den grundlegenden Aussagen im Tierarzturteil (BFH vom 29.10.1992, IV R 16/91, BStBl II 1993, 182; H 18.3 „Teilbetrieb" EStH) kann ein Freiberufler grundsätzlich keine Teilbetriebe unterhalten, da bei ihm die persönliche Tätigkeit im Vordergrund steht. Eine Ausnahme gilt bei örtlicher oder fachlicher Trennung der verschiedenen Tätigkeiten.

Da hier die Praxen sowohl an zwei Orten als auch mit deutlich unterschiedlichen Fachrichtungen betrieben werden, kann (ausnahmsweise) von Teilbetrieben ausgegangen werden. Es kann auch aufgrund der örtlichen Trennung unterstellt werden, dass die beiden Praxen aufgrund eigenen Personals, Mandantenstamms etc. organisatorisch selbständig geführt wurden.

Damit ist des Weiteren zu fragen, ob der Ludwigsburger Teilbetrieb aufgegeben wurde.

Bei einem Freiberufler liegt – im Gegensatz zu einem Gewerbetreibenden – nur dann eine Aufgabe seiner Praxis i.S.v. § 18 Abs. 3 EStG vor, wenn die Tätigkeit im örtlichen Wirkungskreis (je nach Einzelfall) für eine gewisse Zeit (mindestens ca. 3 Jahre) aufgegeben wird (H 18.3 „Veräußerung" EStH m.w.N.). Diese strengere Regelung hängt damit zusammen, dass ein Freiberufler nach einer Veräußerung oder Aufgabe einer Praxis jederzeit wieder eine neue Praxis eröffnen und den alten Mandanten-/Patientenstamm jederzeit wieder reaktivieren kann.

Da R in Stuttgart die Mandate weiter bearbeitet, kann von einer Aufgabe des Teilbetriebs „Ludwigsburg" nicht ausgegangen werden. Der BFH hat es zwar für unschädlich erachtet, wenn der Freiberufler in geringem Umfang Mandate weiter bearbeitet (BFH vom 29.10.1992 a.a.O.). Er hat hier aber die Grenze bei 10 % des Umsatzes der letzten drei Jahre gezogen. R bearbeitet aber (75.000 €/200.000 € =) 37,5 % der Mandate weiter.

Damit sind die §§ 18 Abs. 3, 16 EStG nicht anwendbar.

Damit stellt sich die Frage, was mit dem Ludwigsburger Gebäude geschieht. Notwendiges Betriebsvermögen ist es nicht mehr, da es nicht mehr für die Kanzlei genutzt wird. Unabhängig davon, ob das Gebäude nun leer steht oder vermietet wird, kann es von R als gewillkürtes Betriebsvermögen behandelt werden, da auch § 4 Abs. 3-Rechner gewillkürtes Betriebsvermögen bilden können (H 4.2 Abs. 1 „gewillkürtes Betriebsvermögen" EStH). R muss sonach die stillen Reserven nicht aufdecken.

Übungsfall 11:

Da die OHG als Organismus des Wirtschaftslebens aufhört zu existieren und die Wirtschaftsgüter an die Gesellschafter verteilt werden, liegt eine Realteilung mit Ausgleichszahlungen vor (§ 16 Abs. 3 S. 2 EStG). Insoweit Ausgleichszahlungen geleistet werden, liegen entgeltliche Veräußerungs- bzw. Anschaffungsvorgänge vor (BMF vom 28.2.2006, BStBl I 2006, 228).

Die Verteilung ist somit so zu beurteilen, als ob X 700/1200 und Z 500/1200 des Gebäudes erhalten und anschließend Z seine 500/1200 für 500.000 € veräußert.

Daraus resultiert folgender laufender Gewinn des Z:	
Erlös	500.000 €
Buchwert (300.000 € × 500/1.200 =)	./. 125.000 €
Gewinn	**375.000 €**

X erwirbt das Gebäude zu 700/1.200 unentgeltlich (§ 16 Abs. 3 Satz 2 EStG) und muss insoweit die Buchwerte fortführen.

Buchwert 300.000 € × 700/1.200	175.000 €
AfA gem. § 7 Abs. 4 Nr. 1 EStG (400.000 € × 3 % × 700/1.200 =)	./. 7.000 €
Buchwert 31.12.05	**168.000 €**

Zusätzliche Anschaffungskosten	500.000 €
AfA gem. § 7 Abs. 4 Nr. 1 EStG 3 %	./. 15.000 €
Buchwert 31.12.05	**485.000 €**

Bei der Maschine beträgt der Veräußerungsgewinn des Z:	
Erlös	200.000 €
Buchwert (600.000 € × 200/900 =)	./. 133.333 €
Gewinn	**66.667 €**

Im Gegensatz zum Gebäude kann Y die Anschaffungskosten und den übernommenen Buchwert auf die Rest-Nutzungsdauer abschreiben:

Buchwert (600.000 € × 700/900 =)	466.667 €
Anschaffungskosten	200.000 €
neue Bemessungsgrundlage	**666.667 €**
§ 7 Abs. 1 EStG; Restnutzungsdauer 6 Jahre	./. 111.111 €
Buchwert 31.12.05	**555.556 €**

27.11   Kapitel 18: Veräußerung von Beteiligungen

Übungsfall 1:

G hat seine Beteiligung an der AG sowohl offen als auch verdeckt eingelegt. Soweit er Stammkapital erhält (= Gesellschaftsrechte), liegt somit der Tatbestand des § 17 Abs. 1 Satz 1 EStG vor (= Tausch Wirtschaftsgut gegen Gesellschaftsrechte).

Erlös (§§ 17 Abs. 1 **Satz 1**, 3 Nr. 40 c) EStG); (25.000 € × 60 %)	15.000 €
Anschaffungskosten gem. § 3c Abs. 2 EStG (100 T€ × 25/200 × 60 %)	./. 7.500 €
Gewinn	**7.500 €**

Insoweit ist auch die Buchung der GmbH richtig.

Im Übrigen liegt eine verdeckte Einlage vor:

Erlös (§§ 17 Abs. 1 **Satz 2**, 3 Nr. 40 c) EStG); 175.000 € × 60 %	105.000 €
Anschaffungskosten (100 T€ × 175/200 × 60 %)	./. 52.500 €
Gewinn	**52.500 €**

Insoweit war die Buchung der GmbH falsch und muss korrigiert werden; der Ertrag beträgt 175.000 €. Dieser ist außerbilanziell wieder zu kürzen, da eine verdeckte Einlage vorliegt (§ 8 Abs. 3 Satz 3 KStG). Im Übrigen ist ein Zugang im steuerlichen Einlagekonto (§ 27 KStG) i.H.v. 175.000 € zu erfassen.

Übungsfall 2:

Die Problematik des Falles besteht in der Differenzierung zwischen Tausch (= entgeltlicher Vorgang) und Einlage (= § 6 Abs. 1 Nr. 5 EStG). Zur Problematik s. BMF vom 29.03.2000 BStBl I 2000, 462 Beck'sche Erlasse § 4/13.

a) G hat seine Beteiligung gegen Gesellschaftsrechte an der KG getauscht (§ 6 Abs. 6 EStG), da die Buchung auf dem Kapitalkonto erfolgt. Dieser Vorgang ist wie eine entgeltliche Veräußerung nach § 17 Abs. 1 Satz 1 EStG zu behandeln. G erzielt einen Veräußerungsgewinn i.H.v.:

(120.000 € × 60 %)	72.000 €
(50.000 € × 60 %)	./. 30.000 €
Gewinn	**42.000 €**

b) G hat die Beteiligung eingelegt (§ 6 Abs. 1 Nr. 5 EStG), da ihm keine Gesellschaftsrechte als Gegenleistung gewährt wurden. Die Einlage darf aber nach § 6 Abs. 1 Nr. 5 Buchst. b) EStG maximal mit den Anschaffungskosten bewertet werden. Die KG muss die Beteiligung somit mit 50.000 € aktivieren. Die Einlage löst keinen Veräußerungsgewinn nach § 17 EStG aus. Die stillen Reserven der Beteiligung gehen auf die KG über.

c) Nach bisheriger Verwaltungsmeinung wurde der Vorgang in einen entgeltlichen und einen unentgeltlichen Vorgang geteilt (BMF vom 29.3.2000 a.a.O. § 4/13 Tz. 1c). Mit BMF-Schreiben vom 11.7.2011, BStBl I 2011, 713, Beck'sche Erlasse § 4/15 Tz. II 2. a) folgt die Verwaltung nun dem BFH (zuletzt BFH vom 17.7.2008, BStBl II 2009, 464). Danach liegt **insgesamt** ein entgeltlicher Vorgang vor, wenn zumindest auch über Kapitalkonto gebucht wird. Damit ergibt sich die gleiche Lösung wie bei a).

Übungsfall 3:

a) Die Einlage ist mit den Anschaffungskosten zu bewerten (§ 6 Abs. 1 Nr. 5 Buchst. b) EStG), d.h. mit 75.000 €. § 17 EStG ist nicht anwendbar, da die Einlage keine Veräußerung in diesem Sinne ist. Der Veräußerungsgewinn (§ 15 EStG) unterliegt dem Teileinkünfteverfahren (§§ 3 Nr. 40 Buchst. a) und 3c Abs. 2 EStG) und beträgt:

Erlös (150.000 € × 60 %)	90.000 €
Buchwert (75.000 € × 60 %)	./. 45.000 €
Gewinn	**45.000 €**

Er unterliegt als laufender Gewinn der Einkommen- und Gewerbesteuer.

b) Die Einlage wäre grundsätzlich mit dem niedrigeren Teilwert von 50.000 € anzusetzen (§ 6 Abs. 1 Nr. 5 EStG). Dem steht aber H 17 Abs. 8 „Einlage einer wertgeminderten Beteiligung" EStH mit Hinweis auf BFH vom 2.9.2008, X R 48/02, BStBl II 2010, 162 entgegen. Danach sind bei der Einlage einer wertgeminderten Beteiligung die Anschaffungskosten anzusetzen, da im Privatvermögen eine Teilwertberichtigung nicht möglich ist und sich damit der Wertverlust steuerlich nicht auswirken kann.

Damit ergibt sich die gleiche Lösung wie in der Alternative a). § 17 EStG ist im Übrigen nicht anwendbar, da die Beteiligung im Zeitpunkt der Veräußerung nicht (mehr) Privatvermögen ist.

Übungsfall 4:

R 17 Abs. 7 EStR i.V.m. R 16 Abs. 11 EStR gewähren dem Veräußerer ein Wahlrecht.

a) Bei der laufenden Versteuerung entsteht erst dann ein Veräußerungsgewinn, wenn der Kapitalanteil der Rente die Anschaffungskosten übersteigt. Die Verwaltung (BMF vom 3.8.2004, BStBl I 2004, 1187, Beck'sche Erlasse § 16/1 Tz. 1.2) will hier – im Gegensatz zu § 16 EStG – den Kapitalanteil als Differenz zwischen Rentenzahlung und Zinsanteil ermitteln. Dabei soll der Zinsanteil aus der Tabelle des § 22 Nr. 1 Satz 3 a) bb) EStG entnommen werden.

Der Zinsanteil der Veräußerungsrente beträgt (12.000 € × 15 % =) 1.800 €. Dieser Betrag muss vom Veräußerer auf jeden Fall versteuert werden.

Der Tilgungsanteil beträgt (12.000 € ./. 1.800 € =) 10.200 €. Dieser ist nach §§ 17, 15, 24 Nr. 2 EStG zu versteuern, soweit er die Anschaffungskosten übersteigt.

Tilgungsanteil (10.200 € × 60 %)	6.120 €
Anschaffungskosten (20.000 € × 60 %)	./. 12.000 €
Differenz	**./. 5.880 €**

Damit erfolgt in 14 noch keine Versteuerung des Tilgungsanteils.

b) Bei der Sofortversteuerung ist einem ersten Schritt der Barwert der Rente zum 1.1.14 zu ermitteln:

(12.000 € × 9,801 =)	**117.612 €**

Die Veräußerung fällt unter § 17 Abs. 1 Satz 1 EStG. Der Veräußerungsgewinn beträgt:

Erlös (117.612 € × 60 % =); s.o.	70.567 €
Anschaffungskosten (20.000 € × 60 % =)	./. 12.000 €
Gewinn	**58.567 €**

Der Ertragsanteil der Rente ist nach § 22 Nr. 1 Satz 3 a) bb) EStG in 14 zu versteuern. Dieser beträgt (12 Monate × 1.000 € × 15 % =) 1.800 €.

Übungsfall 5:

Ausgangsnorm des Falles ist **§ 17 Abs. 4 EStG**. Danach ist die Auflösung einer Kapitalgesellschaft wie eine Veräußerung der Anteile zu behandeln. Dabei ist fraglich, in welchem VZ der Tatbestand des § 17 Abs. 4 EStG verwirklicht wird. Die Rechtsprechung nimmt eine Verwirklichung des Tatbestands des § 17 Abs. 4 EStG grundsätzlich in dem Jahr an, in dem die Kapitalgesellschaft im Handelsregister gelöscht wird (Abschluss der Liquidation; H 17 Abs. 7 „Auflösung und Kapitalherabsetzung" EStH). Eine Ausnahme gilt aber, wenn bereits zu einem früheren Zeitpunkt feststeht, dass die Gesellschafter mit einer Rückzahlung des Stammkapitals nicht mehr rechnen können und die Höhe der nachträglichen Anschaffungskosten feststeht (H 17 Abs. 7 EStH a.a.O.).

Da im vorliegenden Fall in 13 das Insolvenzverfahren mangels Masse abgelehnt wird, kann bereits zu diesem Zeitpunkt davon ausgegangen werden, dass die Gesellschafter ihre Einlagen vollständig verloren haben.

Die nächste Frage ist, ob die Gesellschafter nach **§ 17 Abs. 2 Satz 6 EStG** einen **Veräußerungsverlust** steuerlich geltend machen können. Da alle Gesellschafter innerhalb der gesamten letzten 5 Jahre seit 13 eine Beteiligung von mindestens 1 % (= Beteiligung i.S.v. § 17 Abs. 1 Satz 1 EStG) hielten, ist der Tatbestand des § 17 Abs. 2 Satz 6 Buchstabe b) EStG erfüllt und Veräußerungsverluste grundsätzlich steuerlich anzuerkennen.

Im Einzelnen ergeben sich im VZ 13 folgende Verluste der einzelnen Gesellschafter:

Gesellschafter A: Da die GmbH wegen Vermögenslosigkeit im Handelsregister gelöscht wird, beträgt der Rückzahlungsbetrag i.S.v. § 17 Abs. 2 EStG 0 €. Die Anschaffungskosten (= Einzahlung des Stammkapitals) belaufen sich im Teileinkünfteverfahren gemäß § 3 Nr. 40 Buchstabe c) EStG auf (100.000 € × 30 % × 60 % =) 18.000 €.

Nachträgliche Anschaffungskosten liegen bei Gesellschafter A in Gestalt einer **verdeckten Einlage** vor, da A aus gesellschaftsrechtlichen Gründen auf seine Ansprüche verzichtete und sich dadurch das Betriebsvermögen der GmbH erhöhte (§ 8 Abs. 3 Satz 3 KStG i.V.m. H 40 „Forderungsverzicht" KStH). Da die Darlehensforderung im Zeitpunkt des Verzichts voll werthaltig war, ist die verdeckte Einlage mit 100.000 € zu bewerten. Der Zeitpunkt der verdeckten Einlage spielt im Rahmen des § 17 EStG keine Rolle.

Im Teileinkünfteverfahren ergeben sich damit nachträgliche Anschaffungskosten i.H.v. (100.000 € × 60 % =) 60.000 €.

Damit beträgt der Veräußerungsverlust des A insgesamt (18.000 € + 60.000 € =) 78.000 €.

Gesellschafter B: Der Verlust der Stammeinlage wirkt sich bei B i.H.v. (100.000 € × 30 % × 60 % =) 18.000 € aus. Fraglich ist, ob der Verlust der Darlehensansprüche der Ehefrau im Rahmen des § 17 Abs. 4 EStG zu berücksichtigen ist. Die Rechtsprechung verneint dies unter Hinweis auf sog. **Drittaufwand** (H 17 Abs. 5 „Drittaufwand" EStH). Das Darlehen kann dem Gesellschafter B nicht zugerechnet werden. Es liegt insoweit auch keine verdeckte Einlage vor, die grundsätzlich auch durch eine dem Gesellschafter nahe stehende Person erfolgen kann, da eine verdeckte Einlage stets eine bilanzmäßige Erhöhung des Vermögens der GmbH erfordert (vgl. R 40 KStR). Das Darlehen der Ehefrau bestand aber bis zur Löschung der GmbH.

Somit erzielt Gesellschafter B lediglich einen Auflösungsverlust i.H.v. 18.000 €.

Gesellschafter C: Die Inanspruchnahme aus einer Bürgschaft für Verbindlichkeiten der GmbH führt zu nachträglichen Anschaffungskosten, wenn die Rückgriffsforderung des Bürgen (§ 774 BGB) wertlos ist. Letzteres ist im vorliegenden Fall aufgrund der Vermögenslosigkeit der GmbH unbestritten gegeben. Es spielt grundsätzlich auch keine Rolle, wann die Bürgschaft erfüllt wird, da für (nachträgliche) Anschaffungskosten das Zuflussprinzip des § 11 EStG nicht gilt. Allerdings können im Rahmen des § 17 Abs. 4 EStG Bürgschaftsverpflichtungen nur insoweit berücksichtigt werden, als sie der Gesellschafter zumindest hypothetisch erfüllen kann (vgl. H 17 Abs. 5 „Bürgschaft" EStH). Da Gesellschafter C selbst vermögenslos ist und in absehbarer Zeit keine Zahlungen leisten kann, führt die Bürgschaft nicht zu nachträglichen Anschaffungskosten.

Gesellschafter C erzielt daher nur einen Auflösungsverlust nach § 17 Abs. 4 EStG in Höhe seiner Stammeinlage (100.000 € × 30 % × 60 % =) 18.000 €.

Gesellschafter D: Auch dieser Gesellschafter erzielt in Höhe seiner Anschaffungskosten einen Verlust nach § 17 Abs. 4 EStG i.H.v. (100.000 € × 10 % × 60 % =) 6.000 €. Zu prüfen ist auch bei diesem Gesellschafter, inwieweit nachträgliche Anschaffungskosten vorliegen. Das im Jahr 06 gewährte Darlehen ist als **krisenbestimmtes Darlehen** aufgrund der gesetzlichen Neuregelungen in §§ 39, 135 InsO sowie § 6 AnfG zu beurteilen (vgl. BMF vom 21.10.2010, BStBl I 2010, 832 Tz. 3 Buchstabe d) bb)).

Da der Anfechtungszeitraum gemäß § 6 AnfG 10 Jahre seit Eintritt der Krise beträgt (Anmerkung: BMF a.a.O. spricht nur von „Beginn des Anfechtungszeitraums"; gemeint sind damit die 10 Jahre des § 6 AnfG), ist für die Beurteilung der Höhe der nachträglichen Anschaffungskosten der Wert des Darlehensanspruchs bei Hingabe anzusetzen. Zu diesem Zeitpunkt war laut Sachverhalt das Darlehen voll werthaltig. Damit entstehen durch den Ausfall dieses Darlehens nachträgliche Anschaffungskosten i.H.v. (100.000 € × 60 % =) 60.000 €. Dass dieses Darlehen aufgrund der Nichtausübung der Kündigung bei Eintritt der Krise gleichzeitig auch als stehen gelassenes Darlehen (vgl. BMF a.a.O. Tz. 3 Buchstabe b)) charakterisiert werden kann, spielt für den Fall keine weitere Rolle und braucht daher auch nicht weiter geprüft zu werden.

Problematisch könnte sein, dass Gesellschafter D nur zu 10 % an der GmbH beteiligt ist. Nach BMF a.a.O. Tz. 5 sind für sog. Kleinanleger (Gesellschafter die i.S.v. § 39 Abs. 5 InsO mit 10 % oder weniger an der GmbH beteiligt sind) die Grundsätze des Ausfalls eigenkapitalersetzender Darlehen nicht anzuwenden. Daher führt der Ausfall des Darlehens nicht zu nachträglichen Anschaffungskosten i.S.v. § 17 EStG (ob diese Regelung im Hinblick auf Art. 3 GG verfassungsgemäß ist, mag dahinstehen).

Somit kann Gesellschafter D in 13 lediglich einen Verlust i.H.v. (100.000 € × 10 % × 60 % =) 6.000 € steuerlich geltend machen.

Übungsfall 6:

Soweit das Stammkapital an den Gesellschafter zurückgezahlt wird, fällt dieser Vorgang unter § 17 Abs. 4 i.V.m. §§ 3 Nr. 40 Buchst. c), 3c Abs. 2 EStG.

Einnahmen (25.000 € × 60 % =)	15.000 €
Anschaffungskosten = Einzahlung des Stammkapitals (25.000 € × 60 % =)	./. 15.000 €
Gewinn	**0 €**

Soweit Ausschüttungen aus dem steuerlichen Einlagekonto erfolgen, sind diese nach § 20 Abs. 1 Nr. 1 S. 3 und Nr. 2 S. 1, 2. HS. EStG nicht als Einkünfte aus Kapitalvermögen, sondern nach § 17 Abs. 4 EStG zu erfassen. Somit:

Einnahmen (100.000 € × 60 % =)	60.000 €
Anschaffungskosten = verdeckte Einlage (100.000 € × 60 % =)	./. 60.000 €
Gewinn	**0 €**

Soweit Gewinnrücklagen ausgeschüttet werden, fallen diese Beträge unter die Vorschrift des § 20 Abs. 1 Nr. 2 EStG. Somit betragen die Einnahmen aus Kapitalvermögen (10.000 € + 400.000 € ./. 100.000 € =) 310.000 €. Nach Abzug des Sparerpauschbetrags (§ 20 Abs. 9 EStG; 801 €) unterliegen die Einnahmen grundsätzlich der Abgeltungsteuer nach § 32d Abs. 1 EStG i.H.v. 25 %.

Soweit das Stammkapital an den Gesellschafter zurückgezahlt wird, fällt dieser Vorgang unter § 17 Abs. 4 i.V.m.§§ 3 Nr. 40c, 3c Abs. 2 EStG.

Abwandlung:

Hier ändert sich die Berechnung des Gewinns nach § 17 Abs. 4 EStG:

Erlös (s.o.)	15.000 €
Anschaffungskosten (1 € × 60 %, aufgerundet)	./. 1 €
Gewinn	**14.999 €**

Übungsfall 7:

Der Wegzug löst einen fiktiven Veräußerungsgewinn nach §§ 6 AStG, 17 Abs. 1 Satz 1 EStG aus:

Fiktiver Erlös (1,2 Mio. € × 60 % =)	720.000 €
Anschaffungskosten (20.000 € × 60 % =)	./. 12.000 €
fiktiver Gewinn	**708.000 €**

Die Steuer auf den Gewinn ist nach § 6 Abs. 5 AStG zinslos bis auf Weiteres zu stunden.

Übungsfall 8:

Die Veräußerung fällt unter § 17 Abs. 1 Satz 1 EStG, da der Steuerpflichtige innerhalb der letzten fünf Jahre vor der Veräußerung mindestens zu 1 % an der Y-GmbH beteiligt war. An dieser Betrachtungsweise hat auch das BVerfG vom 7.7.2010 a.a.O. nichts auszusetzen, da der Steuerpflichtige bei der Veräußerung weiß, dass die Grenze bei 1 % liegt.

Allerdings ist der Teil des Gewinns, der bis zur Verkündung des StEntlG (26.10.2000) angefallen ist, aus verfassungsrechtlichen Gründen nicht steuerbar. Das Datum 26.10.2000 ist hier maßgebend, da der Steuerpflichtige bei einer Beteiligung von 8 % auch noch am 31.3.1999 darauf vertrauen durfte, die Beteiligung ohne Versteuerung des Veräußerungsgewinns veräußern zu können.

Nach BMF vom 20.12.2010, BStBl I 2011, 16, Beck'sche Erlasse § 17/2 ist aus Vereinfachungsgründen der Gewinn für die gesamte Besitzzeit zu ermitteln und linear auf die Zeiten der Nichtsteuerbarkeit und der Steuerbarkeit zu verteilen.

Nach BMF vom 20.12.2010 a.a.O. ist in einem ersten Schritt die Gesamtbesitzzeit für die Anteile zur ermitteln. Dabei ist die Anzahl der Monate aus Vereinfachungsgründen und zugunsten des Steuerpflichtigen aufzurunden; hier: 162 Monate.

In einem zweiten Schritt sind die Monate zwischen der Verkündung des StEntlG (26.10.2000) und der Veräußerung zu ermitteln (= steuerpflichtiger Zeitraum). Der steuerpflichtige Zeitraum ist aus Vereinfachungsgründen und zugunsten des Steuerpflichtigen abzurunden. Somit ergeben sich hier 128 Monate.

Der Gewinn für den gesamten Zeitraum beträgt:

Erlös (800.000 € × 60 % =)	480.000 €
Anschaffungskosten (100.000 € × 60 % =)	./. 60.000 €
Gewinn	**420.000 €**

Davon entfallen auf den steuerpflichtigen Teil der Haltedauer (420.000 € × 128 Monate/162 Monate =) 331.852 €. Somit ergibt sich ein Gewinn nach § 17 Abs. 1 Satz 1 EStG i.H.v. 331.852 €.

27.12 Kapitel 20: Einkünfte aus nichtselbständiger Arbeit

Übungsfall 1:

Das zu versteuernde Einkommen ergibt sich, wenn vom Überschuss der Einnahmen über die Werbungskosten (= Einkünfte) die Sonderausgaben abgezogen werden, § 2 Abs. 1 bis Abs. 5 EStG.

Als Arbeitnehmer erzielt A Einkünfte nach § 19 EStG.

Einnahmen: Die Einnahmen belaufen sich in 2016 auf (4.000 € × 12 Monate =) 48.000 €. Der Abzug der Lohnsteuer und der Sozialversicherungsbeiträge hat keinen Einfluss auf die Höhe der steuerlichen Einnahmen.

Werbungskosten:

Tagung: Bei der Tagung handelt es sich um eine Auswärtstätigkeit. A unternimmt die Reise zu der Tagung sowohl aus beruflichen als auch aus privaten Gründen. Also liegen sog. gemischte Aufwendungen vor. Solche können in beruflich veranlasste Aufwendungen und privat veranlasste Aufwendungen aufgeteilt werden, wenn für die Aufteilung ein objektives Kriterium gegeben ist (vgl. BMF vom 06.07.2010, BStBl I 2010, 614). Ein solches Kriterium können die Zeitanteile einer Reise sein. Die An- und Abreisetage können weder für berufliche noch für private Zwecke genutzt werden; sie sind daher als „neutrale" Tage zu behandeln (vgl. BFH vom 21.04.2010, VI R 5/07, BStBl II 2010, 687), die Aufwendungen sind zu je ½ der beruflichen und der privaten Sphäre zuzuordnen. Es können folgende Werbungskosten angesetzt werden:

Die **Fahrtkosten** für die Benutzung des privaten PKW sind nach § 9 Abs. 1 S. 3 Nr. 4a EStG pauschal mit 0,30 € je gefahrenem Kilometer anzusetzen. Somit ergeben sich (1.300 km × 0,30 € =) 390 €. Davon werden nach den o.g. Grundsätzen (½ =) **195 €** zum Ansatz zugelassen.

Nach § 9 Abs. 4a EStG kann A folgende **Verpflegungsmehraufwendungen** geltend machen:

17.11.2016: Anreisetag	12 €
18.11.2016: 24 Std. Abwesenheit von Wohnung und erster Tätigkeitsstätte (Stuttgart)	24 €
19.11.2016: 24 Std. Abwesenheit von Wohnung und erster Tätigkeitsstätte (Stuttgart)	24 €
20.11.2016: Abreisetag	12 €
Summe	**72 € × ½ = 36 €**

(Anmerkung: Das angeführte BMF-Schreiben enthält keine Regelungen zur Aufteilung der Verpflegungsmehraufwendungen. Hier wird der o.g. Aufteilungsmaßstab verwendet. Andere Lösungen können ebenfalls vertretbar sein.)

Hotelübernachtungen: Die Übernachtungen vom 17.11.2016 auf den 18.11.2016 und vom 18.11.2016 auf den 19.11.2016 sind ausschließlich beruflich veranlasst; die Kosten hierfür können daher als Werbungskosten geltend gemacht werden. Somit können ((90 € + 6,30 € Umsatzsteuer) × 2 Nächte =) **192,60 €** als Werbungskosten angesetzt werden (Anmerkung: Hier kann auch eine Aufteilung der gesamten Hotelübernachtungskosten im Verhältnis ½:½ vertretbar sein).

Unabhängig von der Behandlung der Übernachtungskosten können die Kosten für das **Frühstück** nicht als Werbungskosten angesetzt werden, da die Verpflegungskosten mit der Verpflegungspauschale bereits abgedeckt sind.

Die Übernachtungskosten sind nach § 11 Abs. 2 S. 1 EStG im Veranlagungszeitraum 2016 zu berücksichtigen, da eine Zahlung mit Kreditkarte im Zeitpunkt der Hingabe als abgeflossen gilt. Wie bei einer EC-Karte kommt es nicht darauf an, wann die Belastung durch das Kreditkarteninstitut erfolgt.

Tagungsgebühr: Die Zahlung der Tagungsgebühr ist ausschließlich beruflich veranlasst. Daher können die vollen Kosten i.H.v. (200 € zzgl. 19 % Umsatzsteuer =) **238 €** als Werbungskosten abgezogen werden.

Wege Wohnung–erste Tätigkeitsstätte: A kann nach § 9 Abs. 1 S. 3 Nr. 4 EStG Aufwendungen für Wege zwischen Wohnung und Arbeit als Werbungskosten geltend machen. Das Büro des A bei seinem Arbeitgeber ist seine erste Tätigkeitsstätte. Abziehbar sind (120 Tage × 27 km × 0,30 €/km =) **972 €**.

Berufs-Haftpflichtversicherung: Da die Versicherung zu 100 % beruflichen Zwecken dient, kann A die jährliche Prämie i.H.v. **183 €** als Werbungskosten ansetzen.

Sprachkurs: Die Geltendmachung von Kosten für Sprachkurse als Werbungskosten bzw. Betriebsausgaben kann problematisch sein, da die Abgrenzung zum nicht steuerbaren privaten Bereich nicht immer einfach ist. Im vorliegenden Fall besucht A den Kurs, um mit den Kunden seines Arbeitgebers in englischer Fachsprache verhandeln zu können. Damit ist ein eindeutiger beruflicher Bezug gegeben. Der private Vorteil des Sprachkurses ist von untergeordneter Bedeutung. Die Kosten i.H.v. **3.000 €**

können daher als Werbungskosten geltend gemacht werden (vgl. BFH vom 15.03.2007, VI R 61/04, BFH/NV 2007, 1132).

Die Kostenerstattung durch den Arbeitgeber ist erst im Jahr 2017 zu erfassen, da es sich weder um laufenden Arbeitslohn (vgl. § 38a EStG) noch um regelmäßig wiederkehrende Einnahmen (vgl. § 11 Abs. 1 S. 2 EStG) handelt.

Zusammenfassung

Einnahmen	48.000,00 €
Tagung (195 € + 36 € + 192,60 € + 238 € =)	./. 661,60 €
Wege Wohnung–erste Arbeitsstätte	./. 972,00 €
Berufs-Haftpflichtversicherung	./. 183,00 €
Sprachkurs	./. 3.000,00 €
Summe Einkünfte	**43.183,40 €**

Sonderausgaben:

Von den Einkünften sind die Sonderausgaben abzuziehen (ausführlich siehe Kap. 6). Es sind folgende Sonderausgaben anzusetzen:

Beiträge zur Rentenversicherung, § 10 Abs. 1 Nr. 2 a) EStG (s. Kap. 6.5.1)	
((4.488 € + 4.488 €) × 82 %) ./. 4.488 € =)	./. 2.872,32 €
Basis-Krankenversicherung, § 10 Abs. 1 Nr. 3 a) EStG (s. Kap. 6.5.5)	./. 3.984,00 €
Beiträge zur gesetzl. Pflegeversicherung, § 10 Abs. 1 Nr. 3 b) EStG (s. Kap. 6.5.5)	./. 684,00 €
(Beiträge zur Arbeitslosenversicherung: nicht abziehbar, § 10 Abs. 4 S. 4 EStG)	
Summe Sonderausgaben	**./. 7.540,32 €**
zu versteuerndes Einkommen	**35.643,08 €**

Übungsfall 2:

1. B erzielt als Arbeitnehmer Einkünfte nach § 19 EStG. Nach § 11 Abs. 1 S. 4, § 38a Abs. 1 EStG gilt der Lohn für den Monat Dezember 2016 als im Jahr 2016 bezogen (keine Anwendung der 10-Tage-Regelung; s. auch R 39b.2 LStR). Einnahmen somit (12 Monate × 5.000 € =) 60.000 €.

2. Die Fahrten zwischen Wohnung und erster Tätigkeitsstätte kann B nach § 9 Abs. 1 S. 3 Nr. 4 EStG geltend machen. Für die Bestimmung der Entfernung ist grundsätzlich die kürzeste Straßenverbindung zwischen Wohnung und erster Tätigkeitsstätte maßgebend; hier: 80 km. Allerdings kann eine andere Straßenverbindung zugrunde gelegt werden, wenn diese offensichtlich verkehrsgünstiger ist. Durch die Umfahrung der Innenstadt von Ludwigsburg spart B im Berufsverkehr erheblich Zeit. Daher können die 87 km angesetzt werden.

   Die Tatsache, dass B an 20 Tagen mit dem Kollegen fährt, ist grundsätzlich ohne Bedeutung, da die Entfernungspauschale (0,30 € je Entfernungskilometer) nach § 9 Abs. 1 S. 3 Nr. 4 EStG unabhängig vom Verkehrsmittel gewährt wird. Die Zahlung der 0,20 € je Fahrtkilometer an den Kollegen kann B nicht als Werbungskosten geltend machen, da mit der Regelung in § 9 Abs. 1 S. 3 Nr. 4 EStG alle Aufwendungen abgegolten sind.

   Ebenfalls ohne Bedeutung ist, dass B für die letzten 9 km die S-Bahn benutzt, da die Gesamtkosten hierfür (380 €) unter der sich insgesamt für das Kalenderjahr 2016 ergebenden Entfernungspauschale (siehe unten) liegen.

   Somit ergeben sich in 2016 Werbungskosten i.H.v. (220 Tage × 87 km × 0,30 € =) 5.742 €.

3. Da B das Notebook überwiegend für berufliche Zwecke verwendet, ist dieses als Arbeitsmittel i.S.d. § 9 Abs. 1 S. 3 Nr. 6 EStG anzuerkennen. Die GWG-Regelung des § 6 Abs. 2 S. 1 EStG ist über die Verweisung in § 9 Abs. 1 S. 3 Nr. 7 EStG auch für Arbeitnehmer anwendbar. Daher kann B in 2016 die vollen 300 € (< 410 € netto) sofort als Werbungskosten geltend machen. Hinzu kommt nach § 9b EStG die Umsatzsteuer i.H.v. 57 €, da B als Arbeitnehmer nicht vorsteuerabzugsberechtigt ist. Der Ersatz durch den Arbeitgeber ist nach § 11 Abs. 1 S. 1 EStG erst mit Zahlung in 2017 als Einnahme zu erfassen. Werbungskosten in 2016 somit: (300 € + 57 € =) 357 €.

4. Die Übersendung des Fachbuchs stellt keine Einnahme dar, da das Buch nicht im Rahmen des Arbeitsverhältnisses überlassen wurde. (Anmerkung: Es wäre auch vertretbar, das Buch nach § 8 Abs. 1 EStG als Einnahme zu erfassen. Dann müssten aber im Gegenzug die 150 € als Werbungskosten abgerechnet werden.)

5. Der Abzug von Kosten eines Sprachkurses als Werbungskosten ist problematisch, da hier i.d.R. eine private (Mit-)Veranlassung nicht auszuschließen ist. Bei Kursen zum Erlernen von Grundkenntnissen in einer gängigen Fremdsprache besteht grundsätzlich keine berufliche Veranlassung. Davon ist aber eine Ausnahme zu machen, wenn ein konkreter enger Zusammenhang mit der Berufstätigkeit besteht (H 9.2 LStH „Fremdsprachenunterricht"). Da B offensichtlich bereits über Grundkenntnisse der englischen Sprache verfügt und es sich um einen Spezial-Kurs „Business-Englisch" handelt, sind die Kosten ausnahmsweise anzuerkennen. Dass der Arbeitgeber sich an den Kurs-Kosten nicht beteiligt, kann B nicht zur Last gelegt werden, da hierfür Sparmaßnahmen die Ursache sind. Weitere Werbungskosten in 2016 somit: 700 €.

6. Fraglich ist, ob B die Kosten für den Füller geltend machen kann, bei dem es sich um ein Luxusprodukt handelt. Die Verwaltung hat grundsätzlich die Angemessenheit von Werbungskosten nicht zu prüfen (Ausnahme: extreme Fälle). Da der Füller ausschließlich für berufliche Zwecke genutzt wird und der Erwerb eines Füllers in dieser Preisklasse nicht völlig ungewöhnlich ist, sind die Kosten anzuerkennen. Die Ansicht des Arbeitgebers ist insoweit ohne Bedeutung. Damit kann B die Anschaffungskosten nach § 9 Abs. 1 S. 3 Nr. 6, Nr. 7, § 7 Abs. 1 S. 1 EStG pro rata temporis auf die betriebsgewöhnliche Nutzungsdauer abschreiben. Werbungskosten in 2016 somit: (600 €/5 Jahre × $^2/_{12}$ =) 20 €.

7. Der Erwerb der Aktien hat für B im Rahmen des § 19 EStG keine Bedeutung. Es liegt kein Aufwand vor, da B jeweils eine vollwertige Gegenleistung erhält. Im Übrigen fehlt ein Zusammenhang mit der beruflichen Tätigkeit. Der Erwerb der Aktien erfolgt ausschließlich zum Zwecke der Geldanlage. Dass die Bezahlung durch Abzug vom Lohn erfolgt, ist ebenfalls steuerlich ohne Bedeutung. Es handelt sich hier um eine bloße Einkommensverwendung.

Zusammenfassung

Einnahmen Tz. 1	60.000 €
Werbungskosten Tz. 2	./. 5.742 €
Werbungskosten Tz. 3	./. 357 €
Werbungskosten Tz. 5	./. 700 €
Werbungskosten Tz. 6	./. 20 €
Summe	**53.181 €**

27.13 Kapitel 21: Einkünfte aus Kapitalvermögen

Übungsfall 1:

Da der Zufluss der Dividende im Veranlagungszeitraum 2015 erfolgt (§ 11 Abs. 1 Satz 1 EStG), ist der Fall nach (ab 2009 geltendem) Recht zu lösen (§ 52 Abs. 28 EStG).

G erzielt nach § 20 Abs. 1 Nr. 1 EStG Einnahmen i.H.v. 4.000 €. Abzüglich des Sparerpauschbetrags i.H.v. 801 € (vgl. § 20 Abs. 9 EStG) ergeben sich damit Einkünfte i.H.v. 3.199 €.

Dieser Betrag unterliegt dem Abgeltungssteuersatz nach § 32d Abs. 1 EStG i.H.v. 25 % zuzüglich 5,5 % Solidaritätszuschlag; somit (3.199 € × 25 % =) 800 € Einkommensteuer zuzüglich 44 € Solidaritätszuschlag.

Davon zu unterscheiden ist die Berechnung des Auszahlungsbetrags.

Die GmbH hat nach §§ 43 Abs. 1 Nr. 1, 43a Abs. 1 Nr. 1 EStG eine Kapitalertragsteuer i.H.v. 25 % zuzüglich 5,5 % Solidaritätszuschlag einzubehalten. Es ergibt sich folgender Auszahlungsbetrag:

Dividende	4.000 €
Kapitalertragsteuer 25 %	./. 1.000 €
Solidaritätszuschlag 5,5 %	./. 55 €
Zahlung	**2.945 €**

Die GmbH hat nach § 44 EStG die Kapitalertragsteuer abzuführen. Zur Fälligkeit bei Dividenden beachte § 44 Abs. 2 EStG. Die GmbH hat nach **§ 45a Abs. 2 EStG** die Höhe der Kapitalertragsteuer zu bescheinigen.

Ein Antrag nach § 32d Abs. 2 Nr. 3 EStG kommt nicht infrage, da der Gesellschafter nicht zu mindestens 25 % an der Kapitalgesellschaft beteiligt ist. Er ist zwar zu 20 % beteiligt aber laut Sachverhalt nicht für die GmbH tätig.

Übungsfall 2:

a) Die Dividende fällt nicht unter § 20 Abs. 1 Nr. 1 EStG, soweit sie aus dem Einlagekonto stammt (s. § 20 Abs. 1 Nr. 1 Satz 3 EStG i.V.m. § 17 Abs. 4 EStG).

Soweit ausschüttbarer Gewinn gegeben ist (**§ 27 Abs. 1 S. 4 KStG**), liegen steuerpflichtige Einnahmen vor.

Die Rückgängigmachung der Gewinnausschüttung ändert nichts daran, dass die Vorabausschüttung zugeflossen ist (§ 11 EStG i.V.m. H 20.2 EStH „Rückgängigmachung einer Gewinnausschüttung"). Die Rückzahlung der Dividende ist als verdeckte Einlage des Gesellschafters zu behandeln (Zugang beim Einlagekonto § 27 EStG und Erhöhung der Anschaffungskosten i.R.d. § 17 EStG).

Die Kapitalertragsteuer ist anrechenbar (§ 36 Abs. 2 Nr. 2 EStG i.V.m. § 43 Abs. 1 Nr. 1 und § 43a Abs. 1 Nr. 1 EStG).

Damit ergeben sich folgende Einkünfte:

Einnahmen (80.000 € × 45 % =)	36.000 €
Sparerpauschbetrag	./. 801 €
Einkünfte	**35.199 €**

Die tatsächlichen Werbungskosten können nicht geltend gemacht werden (§ 20 Abs. 9 EStG). Versteuerung nach § 32d Abs. 1 EStG (Abgeltungssteuersatz) pauschal mit 25 % zuzüglich 5,5 % Solidaritätszuschlag. Die Ausschüttung aus dem Einlasskonto führt zu keinem Gewinn i.S.v. § 17 Abs. 4 EStG, da die Zuführung zum Einlagekonto (= verdeckte Einlage) die Anschaffungskosten der Beteiligung entsprechend erhöht hat.

b) Der Gesellschafter kann einen Antrag nach **§ 32d Abs. 2 Nr. 3 EStG** stellen. In diesem Fall unterliegen die Dividenden dem Teileinkünfteverfahren und die tatsächlichen Werbungskosten können nach Maßgabe des § 3c Abs. 2 EStG Berücksichtigung finden; vgl. § 32d Abs. 2 Nr. 3 S. 2 EStG, der die Anwendung des § 20 Abs. 9 EStG ausschließt; es ergibt sich folgende Lösung:

§ 20 Abs. 1 Nr. 1, § 3 Nr. 40 Buchst. d) EStG 80.000 € × 45 % × **60 %**		21.600 €
Werbungskosten, § 3c Abs. 2 EStG; 2.100 € × **60 %**		./. 1.260 €
Einkünfte		**20.340 €**

Ein Sparerpauschbetrag kann in diesem Fall nicht gewährt werden – so ausdrücklich § 32d Abs. 2 Nr. 3 Satz 2 EStG, denn die Anwendung des § 20 Abs. 9 EStG ist ausgeschlossen. Aus diesem Grund können tatsächliche Werbungskosten – soweit vorhanden – berücksichtigt werden. Die Versteuerung erfolgt nach dem allgemeinen Einkommensteuertarif.

c) Hält der Gesellschafter die Beteiligung im Betriebsvermögen, so kann er die Abgeltungsteuer nicht in Anspruch nehmen (§ 32d Abs. 1 EStG unter Hinweis auf **§ 20 Abs. 8 EStG**). Zur Höhe der Einkünfte s. Lösung b).

Zur Gewerbesteuer beachte das Schachtelprivileg der §§ 8 Nr. 5, 9 Nr. 2a GewStG. Da G zu mehr als 15 % zu Beginn des Erhebungszeitraums beteiligt ist, fällt keine Gewerbesteuer auf die Dividenden an.

d) Ist der Gesellschafter im Ausland ansässig, so ist nach DBA zu prüfen, ob Deutschland das Besteuerungsrecht hat. Nach Art. 10 des DBA Österreich liegt das Besteuerungsrecht für Dividenden beim Ansässigkeitsstaat.

Dennoch muss die GmbH die Kapitalertragsteuer nach §§ 43 Abs. 1 Nr. 1, 43a Abs. 1 Nr. 1 EStG i.H.v. 25 % einbehalten und abführen.

Da das österreichische DBA aber nur eine Quellensteuer i.H.v. 15 % erlaubt, muss der Gesellschafter eine Reduktion der deutschen Quellensteuer beim Bundeszentralamt für Steuern beantragen.

Übungsfall 3:

Das Gehalt versteuert G nach § 19 EStG. Grundsätzlich rechnet hierzu auch die Tantieme. Da die Tantieme aber nicht klar, eindeutig und im Voraus vereinbart wurde, liegt eine verdeckte Gewinnausschüttung vor (vgl. R 36 Abs. 2 KStR).

Damit versteuert G die Tantieme nach § 20 Abs. 1 Nr. 1 Satz 2 EStG. Dies hat für ihn den Vorteil, dass die Tantieme der Abgeltungsteuer nach § 32d EStG unterliegt. Bitte beachten Sie hier unbedingt, dass § 32d Abs. 2 Nr. 1b EStG nicht greift. Bei der vgA handelt es sich um Einkünfte nach § 20 Abs. 1 Nr. 1 EStG und nicht um solche nach § 20 Abs. 1 oder Abs. 2 Nr. 4 oder 7 EStG.

Übungsfall 4:

Wird die typisch stille Beteiligung veräußert, so war bis zum Veranlagungszeitraum 2008 der Gewinn lediglich im Rahmen des § 23 Abs. 1 Nr. 2 EStG zu erfassen. Ab dem Veranlagungszeitraum 2009 greift hier die Regelung des § 20 Abs. 2 Nr. 4 EStG. Allerdings gilt diese Regelung des § 20 Abs. 2 Nr. 4 EStG nach § 52 Abs. 28 EStG nur für Wirtschaftsgüter, die nach dem 31.12.2008 erworben wurden. Hier wurde die typisch stille Beteiligung bereits 2006 erworben. § 20 Abs. 2 Nr. 4 EStG greift somit nicht. Die Veräußerung würde unter § 23 Abs. 1 Nr. 2 EStG a.F. fallen, da hier die einjährige „Spekulationsfrist" aber abgelaufen ist, ist der Veräußerungsgewinn nicht steuerbar.

Übungsfall 5:

Hier sind die 25.000 € nicht Kaufpreis, sondern Agio (Aufgeld) auf die Einlage. Damit sind die 25.000 € wie ein Ersatz für entgangene Einnahmen (Abfindung) zu beurteilen. Die Einnahmen betragen nach:

§ 20 Abs. 1 Nr. 4 und § 24 Nr. 1b EStG   **25.000 €**

Wegen der Anwendung der Abgeltungsteuer kommt der besondere Steuersatz nach § 34 Abs. 2 Nr. 2 EStG nicht zur Anwendung.

Übungsfall 6:

Der typisch still Beteiligte kann vereinbarungsgemäß auch an den Verlusten beteiligt werden. Die Verluste werden dann von seinem Einlagekonto abgebucht. Dadurch kann das Einlagekonto auch negativ werden. Es muss dann mit Gewinnen wieder aufgefüllt werden.

Der Verlust ist abgeflossen (§ 11 EStG), wenn die Abbuchung vom Einlagekonto erfolgt (hier: 2016). Im Rahmen des § 20 Abs. 1 Nr. 4 EStG ist aber **§ 15a EStG** zu beachten (s. ausdrückliche Verweisung). S kann nur bis zur Höhe seiner Einlage ausgleichsfähige Verluste bekommen. Soweit die Verluste die Einlage übersteigen, sind sie lediglich verrechenbar (§ 15a Abs. 2 EStG). Somit:

§ 20 Abs. 1 Nr. 4, § 15a Abs. 1 Satz 1 EStG   ./. 20.000 €

(§ 15a Abs. 2 EStG)   ./. 40.000 €

Die 40.000 € können nach § 15a Abs. 2 EStG nur mit künftigen Gewinnanteilen aus dieser stillen Beteiligung verrechnet werden. § 20 Abs. 6 EStG ist insoweit nicht einschlägig.

Übungsfall 7:

Die Gewinnverteilung wird steuerlich nur anerkannt, soweit sie angemessen ist (H 15.9 Abs. 5 EStH). Vereinbart sind 8 % von 800.000 € = 64.000 €. Im Verhältnis zur Einlage sind dies 64.000 €/50.000 € = 128 %. Damit ist die Gewinnbeteiligung unangemessen und muss durch eine angemessene ersetzt werden (so: BFH vom 19.2.2009, IV R 83/06, BStBl II 2009, 798); 35 % der Beteiligung = 17.500 €. In Bezug auf den durchschnittlich zu erwartenden Gewinn sind dies: 17.500 €/800.000 € = **2,19 %**. Damit beträgt der angemessene Gewinnanteil in 2015:

1,1 Mio. € × 2,19 %   **24.090 €**

§ 32d EStG ist nicht anwendbar, da Gläubiger und Schuldner einander nahe stehende Personen sind und die Eltern die Zinsen als Betriebsausgaben abziehen (§ 32d Abs. 2 Nr. 1 Buchst. a) EStG).

Übungsfall 8:

§ 22 Nr. 3 S. 1 a) aa)

Die Auszahlung der Risikolebensversicherung führt nicht zu steuerbaren Einnahmen. § 20 Abs. 1 Nr. 6 EStG regelt nur die Besteuerung von nach dem 31.12.2004 abgeschlossenen Lebensversicherungen. Die Beiträge für beide Versicherungen können allerdings nach § 10 Abs. 4 EStG nur im Rahmen der Höchstbeträge (1.900 €/2.800 €) geltend gemacht werden.

Übungsfall 9:

Nach § 12 Abs. 3 BewG sind Kapitalforderungen mit einer Laufzeit von mehr als einem Jahr abzuzinsen, vgl. BFH vom 14.2.1984, BStBl II 1984, 550.

Die Differenz zwischen dem Nominalbetrag und dem abgezinsten Betrag stellt eine Zinsforderung dar, die vorliegend V nach § 20 Abs. 1 Nr. 7 EStG im Veranlagungszeitraum 2015 mit Zufluss des Kaufpreises steuerbar ist.

Die Abzinsung berechnet sich nach Tabelle 1 zu § 12 Abs. 3 BewG; bei einer Laufzeit von 2 Jahren sind dies:

1 Mio. € × 0,898 =	898.000 €
Nominal	1.000.000 €
steuerpflichtiger Zinsanteil	**102.000 €**

Kapitalertragsteuer muss K nach § 43 Abs. 1 Nr. 7b EStG nicht abführen.

Daher muss V die Zinseinnahmen zwingend im Rahmen einer Veranlagung besteuern (**§ 32d Abs. 3 EStG**). Im Bereich des § 23 Abs. 3 EStG (oder bei Beteiligungen i.S.d. § 17 EStG bzw. Veräußerungen im Bereich des § 20 Abs. 2 EStG oder auch im Bereich des § 16 EStG) ist darauf zu achten, dass der abgezinste Betrag als Veräußerungserlös anzusetzen ist.

Übungsfall 10:

Es spielt letztlich keine Rolle, ob dem Anleger ein fester Ertrag zugesagt wurde oder nicht. Entscheidend ist lediglich, dass Zinsen wirtschaftlich vorliegen (vgl. Wortlaut § 20 Abs. 1 Nr. 7 EStG). Damit gelten für sog. Risikopapiere oder sog. Finanzinnovationen keine besonderen Regeln mehr.

a) Da die Papiere veräußert werden, fällt der Vorgang unter § 20 Abs. 2 Nr. 7 EStG. Dies kann für die Verrechnung von Altverlusten i.S.d. § 23 Abs. 3 S. 9 EStG bedeutsam sein. A erzielt in 2015 einen Ertrag i.H.v. 100 €. Dieser unterliegt der Abgeltungsteuer (§ 32d EStG).

b) A erzielt in 2016 einen Verlust i.H.v. 190 €. Dieser ist nach § 20 Abs. 2 Nr. 7 i.V.m. § 20 Abs. 2 Satz 2 EStG zu versteuern, da die Einlösung bei Fälligkeit der Veräußerung gleichgestellt wird.

Nach **§ 43a Abs. 3 EStG** kann A wählen, ob er den Verlust mit anderen Erträgen bei derselben Bank ausgleichen will oder ob er den Verlust auf spätere Jahre vorträgt.

Möchte er den Verlust im Rahmen seiner Steuererklärung geltend machen und z.B. mit Zinserträgen von anderen Banken ausgleichen, muss er bis spätestens 15.12. des laufenden Jahres einen unwiderruflichen Antrag auf Verlustbescheinigung stellen.

Eine Verrechnung des Verlustes mit anderen Einkunftsarten scheidet aus (**§ 20 Abs. 6 EStG**).

Übungsfall 11:

Nach Artikel 10 des DBA Frankreich steht Deutschland für die Zinseinnahmen ein Besteuerungsrecht zu. Die Zinsen sind nach § 20 Abs. 1 Nr. 7 EStG zu erfassen. Nach § 32d Abs. 3 EStG muss B die Zinsen bei seiner Steuererklärung angeben, da sie bisher nicht in Deutschland besteuert wurden und auch in Deutschland noch nicht mit Kapitalertragsteuer belastet sind. Trotz der Veranlagung unterliegen die Zinsen dem Abgeltungsteuersatz von 25 %. Der Anleger muss i.R.d. § 32d Abs. 3 EStG nur die ausländischen Zinsen „punktuell" angeben. Hat er noch andere Zinsen, die mit Kapitalertragsteuer belastet sind und der Abgeltungsteuer unterliegen, so müssen diese bei der Steuererklärung nicht angegeben werden. Insoweit besteht ein wesentlicher Unterschied zu der Regelung des § 32d Abs. 6 EStG.

Die ausländische Quellensteuer wird nach § 32d Abs. 5 EStG angerechnet, allerdings nur i.H.d. deutschen Abgeltungsteuersatzes (= 1.000 €). § 34c EStG ist insoweit nicht anzuwenden, vgl. § 34c Abs. 1 S. 1, 2. HS EStG.

B kann ggf. in Frankreich einen Antrag auf Erstattung der zu viel gezahlten Quellensteuer stellen.

Übungsfall 12:	
Veräußerer	
Beim Veräußerer unterliegt der Verkaufserlös nach §§ 20 Abs. 2 Nr. 7 und Abs. 4, 32d EStG der Abgeltungsteuer. Die Tatsache, dass der Erwerber Stückzinsen bezahlt, spielt nach neuem Recht keine Rolle mehr. Die Stückzinsen sind Teil des Veräußerungserlöses.	
Erlös	10.600 €
Anschaffungskosten	./. 10.000 €
steuerpflichtiger Ertrag	**600 €**
Erwerber	
Der Erwerber versteuert die Zinsen i.H.v. 700 € nach §§ 20 Abs. 1 Nr. 7, 32d EStG. Er kann die gezahlten Stückzinsen als negative Einnahmen gegenrechnen (§ 20 Abs. 6 EStG). Die gezahlten Stückzinsen werden nicht zuletzt deshalb als negative Einnahmen und nicht als Werbungskosten bezeichnet. Würden sie als Werbungskosten angesehen werden, ergäbe sich für den Erwerber das Problem, dass die Regelung des § 20 Abs. 9 EStG dies nicht ausschließt. § 20 Abs. 9 EStG schließt den Abzug von Werbungskosten aus nicht aber den Abzug negativer Einnahmen.	

Übungsfall 13:
Das Darlehen wurde zivilrechtlich wirksam vereinbart. Die Trennung der Vermögenssphären zwischen Schenker und Beschenktem ist gewahrt. Die Sicherheiten entsprechen einem Drittvergleich (bankübliche Sicherung). Damit versteuert K nach § 20 Abs. 1 Nr. 7 EStG i.V.m. § 11 Abs. 1 Satz 1 EStG in 2015 7.000 € Zinsen. Die Buchung auf dem Darlehenskonto führt zu einem Zufluss, da K jederzeit über den Betrag verfügen kann. Grundsätzlich wäre hier die Abgeltungssteuerregelung des § 32d Abs. 1 EStG anwendbar. Diese gilt aber nach § 32d Abs. 2 Nr. 1 Buchst. a) EStG nicht für Darlehensgewährung unter einander nahe stehenden Personen. Bei M sind die Zinsen als Betriebsausgaben zu berücksichtigen. Damit muss K die Zinsen mit seinem persönlichen Steuersatz und ohne Berücksichtigung des Sparerpauschbetrages berücksichtigen, vgl. § 32d Abs. 2 Nr. 1 S. 2 EStG. Nach § 32d Abs. 3 EStG muss K eine Steuererklärung abgeben, es sei denn, sein zu versteuerndes Einkommen liegt unter dem Grundfreibetrag. Bei M sind die Zinsen als Betriebsausgaben zu berücksichtigen.

27.14 Kapitel 22: Einkünfte aus Vermietung und Verpachtung

Übung 1:		Ja	Nein
a)	Es handelt sich um eine klassische Kapitalanlage. Für Immobilienanlagen sind Anlaufverluste typisch. Obwohl die Tilgung 30 Jahre dauert, muss hier Einkunftserzielungsabsicht angenommen werden.		X
b)	Bei einer Veräußerung innerhalb von fünf Jahren geht die Verwaltung davon aus, dass bei Erwerb keine Absicht bestand, einen Totalüberschuss anzustreben. Der Steuerpflichtige kann aber den Gegenbeweis antreten.	X	

c) Soweit keine Anzeichen dafür vorliegen, dass der Steuerpflichtige die Vermietung nicht vorhat, kann ein struktureller Leerstand dem Steuerpflichtigen nicht angelastet werden.		X
d) Die bloße Vermietung unter der Marktmiete kann dem Steuerpflichtigen nicht als schädlich angelastet werden, da § 21 Abs. 2 EStG diese Möglichkeit ausdrücklich vorsieht.		X
e) Es liegt hier eine sog. vermögensverwaltende Personengesellschaft mit Einkünften nach § 21 EStG vor. Gegen die Vermietung an die Gesellschafter ist grundsätzlich nichts einzuwenden. Allerdings handelt es sich hier um ein nicht marktgängiges Luxusobjekt, das regelmäßig nicht der Geldanlage, sondern der Befriedigung privater Bedürfnisse dient (BFH vom 06.10.2004, IX R 30/03, BStBl II 2005, 386).	X	

Übungsfall 2:

Wenn die Vermietung an die Arzthelferin aus betrieblichen Gründen erfolgen würde, läge notwendiges Betriebsvermögen vor. Die Mieteinnahmen wären nach § 18 EStG zu behandeln (vgl. R 4.2 Abs. 4 EStR). Dies ist hier aber nicht der Fall. Die Vermietung erfolgt nur zufällig an eine Arbeitnehmerin. Die Wohnung könnte damit zwar als gewillkürtes Betriebsvermögen behandelt werden. Dies ist hier aber laut Sachverhalt nicht gewünscht. Es liegen Einnahmen nach § 21 EStG vor.

Variante:

Hier sind betriebliche Gründe für die Vermietung an einen Arbeitnehmer ausschlaggebend. Die Wohnung stellt notwendiges Betriebsvermögen dar. Die Einnahmen sind nach § 18 EStG zu erfassen.

Übungsfall 3:

Es handelt sich hier um einen Zuschuss von dritter Seite zu den Herstellungskosten. Nach R 21.5 EStR sind die Herstellungskosten ab Bewilligung um den Zuschuss zu vermindern. Dies gilt auch, wenn der Zuschuss über mehrere Jahre ausbezahlt wird. Aber: Stellt der Zuschuss eine Gegenleistung für die Gebrauchsüberlassung des Grundstücks dar (z.B. Zuschuss als Gegenleistung für eine Mietpreisbindung), handelt es sich nach R 21.5 Abs. 2 EStR um Einnahmen. Nach § 11 Abs. 1 S. 3 EStG kann Pfiffig den Zuschuss auf den Zeitraum verteilen, für den er gewährt wird; damit liegen pro Jahr je Wohnung Einnahmen i.H.v. (15.000 € : 30 Jahre =) 500 € vor.

Übungsfall 4:

Der Erbbauzins und die Kreditzinsen sind Werbungskosten nach § 21 EStG i.V.m. § 9 Abs. 1 S. 3 Nr. 1 EStG. Damit gilt das Abflussprinzip gemäß § 11 Abs. 2 EStG. Die Erbbauzinsen können nach § 11 Abs. 2 S. 3 EStG nur zeitanteilig geltend gemacht werden. Da die 1,2 Mio. € für einen Nutzungszeitraum von 30 Jahren gezahlt wurden, sind in 2016 lediglich 40.000 € anzusetzen. Das Damnum kann nach § 11 Abs. 2 S. 4 EStG in voller Höhe abgezogen werden, soweit es marktüblich ist. Als marktüblich ist ein Damnum von bis zu 5 % der Kreditsumme anzusehen (BMF vom 20.12.2003, BStBl I 2003, 546 Rz. 15, Beck'sche Erlasse § 21/4 Rz. 15). Das hier vorliegende Damnum i.H.v. 3,5 % kann also in voller Höhe in 2016 abgezogen werden.

Übungsfall 5:

Betonmischer: Nach § 9 Abs. 1 S. 3 Nr. 7 i.V.m. § 6 Abs. 2 S. 1 bis 3 EStG ist die GWG-Regelung mit der Maßgabe anzuwenden, dass die Grenze bei 410 € netto liegt. Die Umsatzsteuer gehört nach § 9b EStG zu den Anschaffungskosten. Damit liegen Werbungskosten in 2016 i.H.v. 199 € vor.

Rasenmäher: Bezüglich des Rasenmähers ist zu beachten, dass die Sammelpostenregelung des § 6 Abs. 2a EStG nur für Anlagevermögen (Betriebsvermögen) gilt, das hier nicht vorliegt. Damit ist der Rasenmäher nach § 7 Abs. 1 EStG abzuschreiben. Dies führt zu Werbungskosten 2016 i.H.v. (756 € : 9 Jahre × $^1/_{12}$ =) 7 €.

Übungsfall 6:

Soweit Baukosten einer Wohnung separat zugerechnet und über ein separates Kreditkonto bezahlt werden, sind die Finanzierungszinsen nicht nach der Fläche zu verteilen, sondern können direkt zugeordnet werden (BMF vom 16.04.2004, BStBl I 2004, 464, Beck'sche Erlasse § 21/6). Bei Gewerken, die nicht einer Wohnung zugeordnet werden können, müssen die Finanzierungsaufwendungen anteilig angesetzt werden.

Direkt zuzuordnen (zu Wohnung 2)	./. 3.850 €
Nicht zuzuordnen (zu Wohnung 2): anteilig (7.180 € × $^{67}/_{145}$ =)	./. 3.318 €
Werbungskosten	**./. 7.168 €**

Übungsfall 7:

Wie hoch ist die Abschreibung in 2016?

1. Nach § 7 Abs. 4 S. 1 Nr. 2 a) EStG beträgt die Abschreibung 2 % × $^{11}/_{12}$

2. Nach § 7 Abs. 4 S. 1 Nr. 2 b) EStG beträgt die Abschreibung 2,5 % × $^{11}/_{12}$

3. Nach § 7 Abs. 5 S. 1 Nr. 3 c) EStG beträgt die Abschreibung 2,5 %

4. Nach § 7 Abs. 4 S. 1 Nr. 2 a) EStG beträgt die Abschreibung 2 %

5. Nach § 7 Abs. 4 S. 1 Nr. 2 a) EStG beträgt die Abschreibung 2 %

6. Nach § 7 Abs. 5 S. 1 Nr. 2 EStG beträgt die Abschreibung 1,25 %

7. Nach § 7 Abs. 4 S. 1 Nr. 2 a) EStG beträgt die Abschreibung 2 %

8. Nach § 7 Abs. 4 S. 1 Nr. 2 b) EStG beträgt die Abschreibung 2,5 %

9. Nach § 7 Abs. 4 S. 1 Nr. 2 a) EStG beträgt die Abschreibung 2 %

10. Nach § 7 Abs. 4 S. 1 Nr. 2 a) EStG beträgt die Abschreibung 2 %

11. Nach § 7 Abs. 4 S. 2 beträgt die Abschreibung 33 $^1/_3$ %

12. Nach § 7h beträgt die Abschreibung 9 %

Übungsfall 8:

Das Gebäude ist in verschiedene Wirtschaftsgüter aufzuteilen (R 4.2 Abs. 4 EStR), nämlich:

• Erdgeschoss (fremdbetriebliche Nutzung)
• Ladeneinbauten (s. später)
• 1. Obergeschoss und Dachgeschoss (eigenbetriebliche Nutzung)

Grundsätzlich können die Sanierungskosten nach § 7i EStG abgeschrieben werden, da es sich um ein förmlich festgestelltes Baudenkmal handelt (Bescheid der Denkmalbehörde).

Die Sanierungsmaßnahmen müssen grundsätzlich der Erhaltung des Gebäudes als Baudenkmal dienen. Dies ist beim Austausch der Fenster und Türen der Fall. Auch der Anbau des Personenaufzugs fällt unter § 7i EStG, da er zur sinnvollen Nutzung des Gebäudes erforderlich ist.

Die Anschaffungskosten (210.000 €) entsprechen einem Kaufpreis von 600 € pro qm.

Die Sanierungskosten (700.000 €) entsprechen einem Aufwand von netto 2.000 € je qm.

Erdgeschoss (ohne Ladeneinbauten)

Mieteinnahmen **1.500 €**

(Der Vermieter hat zur Umsatzsteuer optiert: § 4 Nr. 12a und § 9 UStG.)

§ 7i EStG ist zu prüfen (s. R 7i EStR): Das Gebäude ist als Denkmal förmlich ausgewiesen. Die Baumaßnahmen sind zur Erhaltung des Gebäudes erforderlich (Fenster, Türen etc.). Im Übrigen erfolgt die Sanierung, um das Gebäude sinnvoll zu nutzen. Damit sind die Voraussetzungen für § 7i EStG erfüllt. § 7i EStG bezieht sich nur auf „Herstellungskosten" für die Sanierungsmaßnahme, nicht auf die Anschaffungskosten des Gebäudes, die daher linear abzuschreiben sind.

AfA nach § 7i EStG: 2.000 € × 150 qm × 9 % = **./. 27.000 €**

AfA nach § 7 Abs. 4 Nr. 2b) EStG: 600 € × 150 qm × 2,5 % **./. 2.250 €**

Ladeneinbauten

Die Ladeneinbauten sind ein selbständiger Gebäudeteil (R 4.2 Abs. 3 EStR). Sie sind keine Betriebsvorrichtung. Herstellungskosten 50.000 €.

AfA nach § 7 Abs. 4 S. 2 EStG: 50.000 € × 20 % × $\frac{1}{12}$ **./. 833 €**

1. Obergeschoss

Die Klimaanlage ist Gebäudebestandteil (H 4.2 Abs. 5 EStH). Da das Gebäude bereits in 2015 erworben wurde und bisher keine Klimaanlage vorhanden war, sind die Aufwendungen für die Anlage als nachträgliche Anschaffungskosten zu behandeln (R 7.4 Abs. 9 EStR).

Bei Gebäuden, die nach § 7 Abs. 4 S. 1 Nr. 1 oder Nr. 2 EStG abgeschrieben werden, werden die nachträglichen Anschaffungskosten zu den ursprünglichen Anschaffungskosten (= Bemessungsgrundlage) addiert. Diese neue Bemessungsgrundlage wird dann mit den standardisierten Prozentsätzen abgeschrieben. Dadurch verlängert sich die Abschreibungsdauer.

Anschaffungskosten Gebäude: Bemessungsgrundlage 90.000 €, Klimaanlage 15.000 €, Umsatzsteuer (§ 9b EStG i.V.m. § 4 Nr. 11 UStG) für Klimaanlage 2.850 €; Bemessungsgrundlage 107.850 €

AfA nach § 7 Abs. 4 Nr. 2 b) EStG: 107.850 € × 2,5 % **./. 2.696 €**

Sanierung 300.000 €, Umsatzsteuer 57.000 €, Summe 357.000 €

AfA nach § 7i EStG: 357.000 € × 9 % **./. 32.130 €**

Anmerkung: Es ist auch vertretbar, die Klimaanlage insgesamt zu den gesamten Anschaffungskosten des Gebäudes zu rechnen oder sie als Teil der Sanierung zu behandeln (sinnvolle Nutzung als Büro).

Dachgeschoss

Da die Vermietung im betrieblichen Interesse liegt, ist die Wohnung notwendiges Betriebsvermögen (R 4.2 Abs. 4 EStR). Dies hat aber für die Abschreibung keine weitere Bedeutung.

AfA nach § 7 Abs. 4 Nr. 2 b) EStG: 30.000 € × 2,5 % = **./. 750 €**

Herstellungskosten (50 qm × 2.000 € =) 100.000 €, Umsatzsteuer 19.000 €, Summe 119.000 €

AfA nach § 7i EStG: 119.000 € × 9 % **./. 10.710 €**

Übungsfall 9:

Die Anschaffungskosten sind auf das Gebäude und das Grundstück aufzuteilen (H 7.3 EStH „Anschaffungskosten").	
Kosten Grundstück: 100 qm × 250 € =	25.000 €
Kosten Gebäude: 80 qm × 2.000 € =	160.000 €
Die Beträge sind ins Verhältnis zu setzen:	
Anschaffungskosten Grundstück: $^{25}/_{185}$ × 160.000 € =	**21.622 €**
Anschaffungskosten Gebäude: $^{160}/_{185}$ × 160.000 € =	**138.378 €**

Übungsfall 10:

Veranlagungszeitraum 2014

Die verlorene Anzahlung an den Bauunternehmer ist als Werbungskosten zu behandeln (H 6.4 EStH „Vorauszahlung auf Herstellungskosten"), somit: ./. 12.500 €

Die Abstandszahlung an den Nachbarn (H 6.4 EStH „Ablöse- und Abstandszahlungen") gehört zu den Herstellungskosten.

Veranlagungszeitraum 2015

Bemessungsgrundlage (Ausgangswert): 350.000 €

Fundamentreparatur; eigentlich Erhaltungsaufwand, da aber während Bauphase eingetreten, sind Herstellungskosten anzunehmen (s. H 6.4 EStH „Baumängelbeseitigung").

Da in den 350.000 € bisher noch nicht erhalten, muss der Betrag hinzugerechnet werden: + 10.000 €

Abstandszahlung an Nachbar (H 6.4 EStH „Ablöse- und Abstandszahlungen"): + 5.000 €

Es müssen nun die Einzelpositionen geprüft werden:

1. Die Kosten für den zweiten Architekten gehören zu den Herstellungskosten, da die Planungsleistung im Gebäude verwirklicht ist (H 6.4 EStH „Bauplanungskosten"); Zu den Kosten Architekt 1 s. später.

2. Die Kosten für die Garage gehören zu den Herstellungskosten des Gebäudes, da sie zur Nutzung unerlässlich sind (s. H 4.2 Abs. 5 EStH).

3. Dies gilt auch für die Garagenzufahrt (= Gebäudeerschließung).

4. Wenn es sich um echte Einbauten handelt, dann liegen Herstellungskosten des Gebäudes vor (s. H 6.4 EStH „Einbauten als unselbständige Gebäudeteile"). Keine Einbauten liegen vor, wenn lediglich Möbel passgenau eingebaut werden. Dies ist bei Einbauküchen regelmäßig der Fall. Damit müssen die Kosten für die Küche herausgerechnet werden; somit ./. 8.000 €

5. Zum Kanalanschluss s. H 6.4 EStH „Hausanschlusskosten". Da es sich um eine Anlage außerhalb des Grundstücks handelt und eine Ersterschließung vorliegt, sind die Anschlussgebühren aus den Herstellungskosten herauszurechnen; somit ./. 2.500 €

6. Die Tapeten gehören zur Grundausstattung und damit zu den Herstellungskosten des Gebäudes.

7. § 9 Abs. 1 S. 3 Nr. 1 EStG; Werbungskosten, daher Korrektur ./. 2.000 €

8. Zimmerarbeiten sind keine Eigenleistung (H 6.4 EStH „Arbeitsleistung"), da ein Werkvertrag mit der S-KG vorliegt. Es handelt sich um einen Vertrag wie unter fremden Dritten. Dies gilt selbst dann, wenn der Werklohn unangemessen hoch oder niedrig ist.

9. Die Fahrtkosten stecken in Form von Überwachungsleistung im Gebäude = Herstellungskosten (H 6.4 EStH „Fahrtkosten"). Zur Höhe s. H 9.5 LStH analog.

10. Die Gartenanlage ist separat abzuschreiben (R 21.1 Abs. 3 EStR); somit Korrektur ./. 12.500 €

Somit ergeben sich korrigierte Herstellungskosten von 340.000 €.

AfA Gebäude gem. § 7 Abs. 4 S. 1 Nr. 2 a) EStG (340.000 € × 2 % × $\frac{1}{12}$ =)	./.	**567 €**
AfA Küche gem. § 7 Abs. 1 EStG (8.000 € × 20 % × $\frac{1}{12}$ =)	./.	**133 €**
AfA Gartenanlage gem. § 7 Abs. 4 S. 2 EStG; (12.500 € × 10 % × $\frac{1}{12}$ =)	./.	**104 €**
Finanzierungskosten (s.o.)	./.	**2.000 €**

Vergebliche Planungskosten Architekt 1 sind Werbungskosten, da das Bauvorhaben völlig anders realisiert wurde. (H 6.4 „Bauplanungskosten" ist nicht einschlägig; in dem dort zitierten BFH-Fall wurde ein ähnliches Gebäude errichtet.)

Berücksichtigung aber erst in 2015 (§ 11 EStG)	**./. 10.000 €**
Einkünfte aus Vermietung und Verpachtung	**./. 12.804 €**

Übungsfall 11:

Veranlagungszeitraum 2015

Im ersten Schritt ist zu prüfen, ob das Haus funktionstüchtig (betriebsbereit) ist. Dies ist hier nicht der Fall, da die Bäder nicht benutzt werden können. Daher liegen insoweit nachträgliche Anschaffungskosten vor (BMF vom 18.07.2003, BStBl I 2003, 386, § 21/8, Rz. 4). Nach § 9b EStG rechnet die Umsatzsteuer zu den Anschaffungskosten.

Anschaffungskosten Gebäude	140.000 €
Bäder	13.000 €
Umsatzsteuer Bäder	2.470 €
Summe	**155.470 €**

An Reparaturen wurden durchgeführt:

Fenster (ohne Umsatzsteuer)	18.000 €
Böden und Türen (ohne Umsatzsteuer)	20.000 €
Summe	**38.000 €**

Damit sind die Reparaturen als (nachträgliche) Anschaffungskosten zu behandeln.

Anschaffungskosten bisher	155.470 €
Fenster (netto)	18.000 €
Umsatzsteuer Fenster	3.420 €
Neue Bemessungsgrundlage 2015	**176.890 €**

Veranlagungszeitraum 2016

Im nächsten Schritt ist das Herausbrechen der Zwischenwand zu prüfen. Da neue Wohnfläche entsteht (vgl. BMF a.a.O., Rz. 21), liegt eine Erweiterung i.S.v. 255 HGB vor. Hierzu rechnet auch das Verputzen der Wände (BMF a.a.O., Rz. 35), da die Maßnahmen bautechnisch ineinandergreifen. Die Bagatellregelung in R 21.1 Abs. 2 EStR (4.000 €) ist nicht anwendbar, da das Herausbrechen Teil einer einheitlichen Sanierung ist. Wäre die Bagatellregelung anwendbar, wäre dennoch die Regelung über den anschaffungsnahen Aufwand vorrangig. Im Ergebnis liegen Herstellungskosten vor.

Bei dem Anbau des Balkons handelt es sich ebenfalls um eine Erweiterung i.S.v. § 255 HGB. Insoweit liegen Herstellungskosten vor.

Damit ergibt sich die Bemessungsgrundlage 2016:	
Anschaffungskosten bisher	176.890 €
Zwischenwand (inklusive Umsatzsteuer)	2.380 €
Verputzen (inklusive Umsatzsteuer)	2.142 €
Balkon (inklusive Umsatzsteuer)	7.140 €
Böden/Türen (inklusive Umsatzsteuer)	23.800 €
Bemessungsgrundlage 2016	**212.352 €**

Übungsfall 12:

A bekommt das Gebäude teilentgeltlich übertragen. Nach dem BMF-Schreiben zur vorweggenommenen Erbfolge (BMF vom 13.01.1993 BStBl I 1993, 80, Beck'sche Erlasse § 7/3) führt die Übernahme von Verbindlichkeiten zu einem Veräußerungsentgelt und zu Anschaffungskosten (BMF a.a.O., Rz. 9). Damit muss die Übertragung des Gebäudes in einen entgeltlichen und einen unentgeltlichen Teil aufgeteilt werden (BMF a.a.O., Rz. 14). Bezogen auf den Wert des gesamten Objekts (500.000 € + 50.000 €) beträgt der entgeltliche Teil (200.000 €/550.000 € =) 36,36 %. 63,64 % des Objekts werden unentgeltlich übertragen. Bei dieser Berechnung dürfen die Anschaffungsnebenkosten nicht berücksichtigt werden, da diese kein Entgelt darstellen.

Im nächsten Schritt sind die Anschaffungskosten des Gebäudes zu ermitteln. Hierzu ist das Teilentgelt (200.000 €) auf Gebäude und Grund/Boden aufzuteilen. Auf das Gebäude entfallen (200.000 € × 500/550 =) 181.818 €. Nach BMF a.a.O., Rz. 13 sind die Anschaffungsnebenkosten aus Vereinfachungsgründen in voller Höhe dem entgeltlichen Teil zuzuschlagen. Hierzu muss geklärt werden, ob der Vorgang grunderwerbsteuerpflichtig ist. Nach § 3 Nr. 6 GrEStG ist der Erwerb eines Grundstücks durch Personen, die mit dem Veräußerer in gerader Linie verwandt sind, von der Besteuerung ausgenommen. Kinder sind mit ihren Eltern in gerader Linie verwandt. Die Anschaffungsnebenkosten müssen auf Gebäude und Grund/Boden aufgeteilt werden; auf das Gebäude entfallen somit (7.000 € × 500/550 =) 6.364 €. Damit ergeben sich die Anschaffungskosten des entgeltlichen Teils des Gebäudes mit (181.818 € + 6.364 € =) 188.182 €.

Des Weiteren ist zu prüfen, ob die Renovierungsaufwendungen zu anschaffungsnahem Herstellungsaufwand (§ 6 Abs. 1 Nr. 1a EStG) führen. Dabei sind nur die Renovierungsmaßnahmen zu berücksichtigen, die auf den entgeltlichen Teil entfallen, da für den unentgeltlichen Teil die Besitzzeit der Eltern maßgeblich ist (länger als drei Jahre). Die gesamten Renovierungsaufwendungen belaufen sich netto auf (45.000 € + 18.000 € + 22.000 € =) 85.000 €. Davon entfallen auf den entgeltlichen Teil (85.000 € × 36,36 % =) 30.906 €. Die 15 %-Grenze ist nach dem eindeutigen Wortlaut des § 6 Abs. 1 Nr. 1a EStG nicht bezogen auf die einzelne Wohnung, sondern bezogen auf das gesamte Gebäude zu ermitteln (so auch LfSt Bayern vom 24.11.2005, DB 2005, 2718). Bezogen auf die (Gebäude-)Anschaffungskosten belaufen sich die Renovierungsaufwendungen auf (30.906 €/188.182 € =) 16,42 %. Damit ist die Grenze von 15 % überschritten. Die Renovierungsaufwendungen, die auf den entgeltlichen Teil entfallen, müssen damit als (nachträgliche) Herstellungskosten behandelt werden. Damit ergibt sich für den Veranlagungszeitraum 2016:

Soweit die Renovierungsaufwendungen auf den unentgeltlichen Teil entfallen, können sie als Werbungskosten geltend gemacht werden:

(22.000 € × 63,64 % =)	14.000 €
Umsatzsteuer gemäß § 9b EStG	2.660 €
Summe	**16.660 €**

Für den unentgeltlich erworbenen Teil muss A das Gebäude nach § 11d EStDV abschreiben. (Bemessungsgrundlage = Herstellungskosten der Eltern):

AfA: (150.000 € × 63,64 % × 2 % =)   **1.909 €**

Die Anschaffungskosten des entgeltlich erworbenen Teils muss A nach § 7 Abs. 4 Nr. 2 a) EStG abschreiben.

Anschaffungskosten	188.182 €
nachträgliche Herstellungskosten 2014: (45.000 € × 36,36 % zzgl. Umsatzsteuer =)	19.471 €
nachträgliche Herstellungskosten 2015: (18.000 € × 36,36 % zzgl. Umsatzsteuer =)	7.789 €
nachträgliche Herstellungskosten 2016: (22.000 € × 36,36 % zzgl. Umsatzsteuer =)	9.519 €
Bemessungsgrundlage 2016	224.961 €
AfA: (224.961 € × 2 % =)	**4.499 €**

Übungsfall 13:

Eine AfA nach § 7i EStG wäre nur möglich, wenn der Erwerber Herstellungskosten auf das Gebäude aufgewendet hätte, die im Übrigen die Voraussetzungen des § 7i EStG erfüllen müssten. Dies ist hier schon deshalb nicht der Fall, weil der Anleger eine bereits fertig sanierte Wohnung erwarb.

Hilfsweise ist zu prüfen, ob überhaupt die Voraussetzungen des § 7i EStG gegeben wären. Hier ist problematisch, ob durch die umfassenden Baumaßnahmen ein Neubau entstanden ist. Nach dem „Mühlenurteil" liegt bei der Sanierung eines bereits vorhandenen Gebäudes ein Neubau vor, wenn das Gebäude „bautechnisch" neu ist. Hierzu ist eine Gesamtbetrachtung vorzunehmen. Vorliegend wurden alle tragenden Teile erneuert. Letztlich blieb vom alten Gebäude lediglich die historische Fassade übrig. Man kann daher technisch nicht mehr von der Sanierung eines Gebäudes reden.

Da somit ein Neubau vorliegt, kommt nur noch eine AfA nach § 7 Abs. 4 S. 1 Nr. 2 a) EStG aus den Anschaffungskosten infrage.

Übungsfall 14:

Veranlagungszeitraum 2015

Vermietungseinnahmen: 0 €

Werbungskosten: Der Restwert des Gebäudes ist durch AfaA gem. § 7 Abs. 1 S. 7 EStG abzuschreiben, somit: ./. 100.000 €

Zu prüfen ist, ob die Abbruchkosten als Werbungskosten angesetzt werden können (H 6.4 EStH „Abbruchkosten"). Der Steuerpflichtige hat das Gebäude hergestellt oder angeschafft, um es zu vermieten (Fallgruppe 1 oder 2). Damit sind die Abbruchkosten sofort abziehbare Werbungskosten.

Werbungskosten:	./. 25.000 €
Einkünfte:	**./. 125.000 €**

Veranlagungszeitraum 2016

Der Ersatz für die entgangenen Vermietungseinnahmen der Jahre 2015/2016 ist zu versteuern nach § 24 Nr. 1 a) i.V.m. § 21 EStG. Die Vorschrift des § 34 Abs. 1 EStG (Fünftelregelung) ist anwendbar, da es zu einer Zusammenballung von Einkünften in einem Veranlagungszeitraum – hier: Veranlagungszeitraum 2016 – kommt (H 34.3 EStH „Zusammenballung von Einkünften").

Daher: Einnahmen   **10.000 €**

Ersatz Abbruchkosten: Versicherungsleistungen sind dann den Vermietungseinnahmen zuzurechnen, wenn sie geleistet werden, um Werbungskosten zu ersetzen. Die Abbruchkosten sind Werbungskosten (s.o.). Daher: Einnahmen   25.000 €
Ersatz Gebäude: Soweit Ersatz von Werbungskosten, ist die Einnahme steuerbar. Der Verlust des Gebäudes ist ein nicht steuerbarer privater Vermögensverlust; aber: soweit AfaA (s.o.), lagen Werbungskosten vor. Daher: Einnahmen   100.000 €
Die AfA-Bemessungsgrundlage ist nicht um die Versicherungsleistung zu kürzen, da diese als Ersatz für das alte Gebäude und nicht als Zuschuss für das neue gezahlt wurde.
AfA erfolgt nach § 7 Abs. 4 S. 1 Nr. 2 a) EStG; somit (530.000 € × 2 % × $^1/_{12}$ =)   883 €
Einkünfte: **134.117 €**

Übungsfall 15:

Nach den Grundsätzen von H 21.4 EStH ist zu prüfen, ob ein wirksamer Mietvertrag vorliegt. Dies kann bejaht werden. Die Verrechnung mit den Unterhaltsleistungen ist grundsätzlich unschädlich (H 21.4 EStH „Vermietung an Unterhaltsberechtigte"). Zu prüfen ist des Weiteren § 21 Abs. 2 EStG. Zu vergleichen ist die Warmmiete (R 21.3 EStR) mit der ortsüblichen Miete zuzüglich Umlagen nach BetriebskostenVO:

vereinbarte Miete	150 €
vereinbarte Nebenkosten	50 €
Summe	**200 €**
Ortsübliche Miete	290 €
Nebenkosten nach BetriebskostenVO	120 €
Summe	**410 €**

Damit liegt die vereinbarte Miete unter 66 % der ortsüblichen Miete (§ 21 Abs. 2 EStG). Es können nur $^{200}/_{410}$ der Werbungskosten geltend gemacht werden. Die Frage der Überschusserzielungsabsicht ist nicht zu prüfen.

Übungsfall 16:

Zu prüfen ist, ob Liebhaberei vorliegt (vgl. BMF vom 08.10.2004, BStBl I 2004, 933, Beck'sche Erlasse § 21/5 Rz. 16). Hier: intensive Vermietungstätigkeit, daher Absicht der Erzielung von Überschüssen. Die Werbungskosten sind aufzuteilen in Zeiten der Selbstnutzung (= 14 Wochen) und Vermietungstätigkeit (= 38 Wochen).
Nach BMF vom 20.10.2003, BStBl I 2003, 546, Beck'sche Erlasse § 21/4, Rz. 15, 50 ist ein Disagio (= Damnum) bis zur Höhe von 5 % der Darlehenssumme im Jahr der Verausgabung voll abziehbar. Das diesen Betrag übersteigende Disagio ist auf die Kreditlaufzeit zu verteilen. Folgende Werbungskosten sind damit anzusetzen.

AfA gem. § 7 Abs. 4 S. 1 Nr. 2 a) EStG; 100.000 € × 2 % (R 7.2 EStR)	./. 2.000 €
Disagio (5 % × 115.000 €)	./. 5.750 €
Restliches Disagio (15.000 € abzüglich 5.750 € = 9.250 € : 10 Jahre Kreditlaufzeit =)	./. 925 €
Sonstige Werbungskosten (H 21.2 EStH ohne Rücklage)	./. 800 €
Summe	**./. 9.475 €**

Die Werbungskosten sind nun auf $^{38}/_{52}$ (= Vermietungszeit) zu kürzen.	
Damit ergeben sich folgende Einkünfte:	
Einnahmen	3.500 €
Werbungskosten (9.475 € × $^{38}/_{52}$ =)	./. 6.924 €
Einkünfte	**./. 3.424 €**

Übungsfall 17:

Das Gebäude ist entsprechend der einzelnen Wirtschaftsgüter gesondert zu betrachten.

Erdgeschoss:

Das EG ist der T zur Hälfte zuzurechnen und bildet notwendiges Betriebsvermögen. Die AfA berechnet sich nach § 7 Abs. 4 S. 1 Nr. 1 EStG wie folgt:

Anschaffungskosten 100.000 € × ½ × 3 % =	**1.500 €**

H kann bezüglich seiner Hälfte keine AfA geltend machen, da er keine Mieteinnahmen erzielt.

1. Obergeschoss:

Die Mieteinnahmen sind T und H je zu 50 % zuzurechnen. Es spielt keine Rolle, dass intern die Miete ausschließlich dem H zustehen soll (reine Frage der privaten Vermögensebene; keine Übertragung der Einkunftsquelle).

Einnahmen (12 × 620 € =)	7.440 €
AfA gem. § 7 Abs. 4 S. 1 Nr. 2 a) EStG; 100.000 € × 2 %	./. 2.000 €
Einkünfte	**5.440 €**

Davon T und H je 50 %: 2.720 €

Anmerkung: Es wäre auch vertretbar, eine konkludente Vermietung des EG von H an T bezüglich seiner Hälfte anzunehmen; Als Mietzahlung wäre die Miete für das 1. OG anzusehen, die ja die T nicht bekommen soll. Am steuerlichen Ergebnis für das 1. OG würde dies aber nichts ändern.

2. Obergeschoss:

Bei einer eheähnlichen Gemeinschaft wird die Überkreuzvermietung nicht anerkannt, da ein gemeinsamer Haushalt geführt wird (vgl. H 21.4 EStH „Nichteheliche Lebensgemeinschaft").

Übungsfall 18:

Bei derartigen Kapitalanlagemodellen sind mehrere verschiedene Probleme zu bearbeiten:

Einkunftsart: Ausschließlich vermögensverwaltende Personengesellschaften erzielen grundsätzlich keine gewerblichen Einkünfte. Eine gewerbliche Prägung nach § 15 Abs. 3 Nr. 2 EStG liegt nicht vor. Zwar ist Komplementärin ausschließlich eine Kapitalgesellschaft. Da aber die Kommanditistin an der Geschäftsführung beteiligt ist, sind die Voraussetzungen der Vorschrift nicht erfüllt. Es liegen somit Einkünfte nach § 21 EStG vor.

Liebhaberei: Bei sog. Verlustzuweisungsmodellen unterstellt die Verwaltung grundsätzlich Liebhaberei. Der Fonds muss seine Überschusserzielungsabsicht beweisen (H 15.3 EStH „Verlustzuweisungsgesellschaft"). Dies dürfte hier angesichts der Vermietung an eine Hotelkette und der langen Laufzeit des Fonds kein Problem sein, zumal bereits ab 2017 Überschüsse erzielt werden. Allerdings sind bei der Prüfung der Liebhaberei die sog. **Sonderwerbungskosten** zu berücksichtigen. S wird darlegen müssen, ob angesichts der Finanzierungsaufwendungen ein Totalüberschuss erzielt werden kann. Die Verwaltung wird die Veranlagung in der Regel vorläufig vornehmen.

Verlustzuweisung § 15b EStG: Da es sich bei einem geschlossenen Immobilienfonds stets um ein „Modell" im Sinne der Vorschrift handelt, ist § 15b EStG zu prüfen. Da innerhalb der Anfangsphase 19 % Verluste entstehen (bezogen auf das Beteiligungskapital) liegt ein Steuerstundungsmodell vor, § 15b Abs. 3 EStG. Die Verluste der Jahre 2015 und 2016 können daher nach § 15b Abs. 1 EStG nur vorgetragen und mit künftigen positiven Einkünften verrechnet werden.

Übungsfall 19:

Es liegt eine unentgeltliche Eigentumsübertragung unter Nießbrauchsvorbehalt im Wege der vorweggenommenen Erbfolge vor (BMF vom 24.07.1998, BStBl I 1998, 914, Beck'sche Erlasse § 21/2, Rz. 39 ff.). Die Vorbehaltsnießbraucher E müssen die Mieteinnahmen versteuern (BMF a.a.O., Rz. 41). Sie können weiterhin AfA geltend machen (BMF a.a.O., Rz. 42). Sonstige Aufwendungen können sie als Werbungskosten geltend machen, wenn sie zu deren Vornahme verpflichtet sind und sie auch tatsächlich getragen haben (BMF a.a.O., Rz. 43).

Mieteinnahmen	12.000 €
AfA gem. § 7 Abs. 4 S. 1 Nr. 2 a) EStG; 400.000 € × 2 %	./. 8.000 €
Hypothekenzinsen (vgl. § 1047 BGB)	./. 4.000 €
Hausverwaltung, sonstige Wartung, Reparaturen	./. 5.000 €
Heizung (§ 1041 BGB)	0 €
Einkünfte der Eltern E aus Vermietung und Verpachtung	**./. 5.000 €**

Übungsfall 20:

BMF vom 13.01.1993, BStBl I 1993, 80, Beck'sche Erlasse § 7/3, Rz. 33: Die Schenkung führt zu einer Entnahme durch den Vater; Entnahmegewinn:

Herstellungskosten Gebäude	2.000.000 €
AfA gem. § 7 Abs. 4 S. 1 Nr. 1 EStG; 2012 bis 2016 (5 × 3 %)	./. 300.000 €
Buchwert	1.700.000 €
Teilwert	2.400.000 €
Entnahmegewinn	**700.000 €**

Beim Grundstück entsteht kein Entnahmegewinn, da der Entnahmewert den Anschaffungskosten entspricht (200.000 €).

Da der Vater das Grundstück weiterhin betrieblich nutzt, kommt eine sog. Aufwandseinlage in Frage (H 4.7 EStH „Unentgeltliche Übertragung").

AfA 2016 gem. § 7 Abs. 4 S. 1 Nr. 2 a) EStG (nicht Nr. 1, da kein Betriebsvermögen) (2,4 Mio. € × 2 % × $^1/_{12}$ =); Betriebsausgaben Vater	**./. 4.000 €**

Für den Monat Dezember kann somit eine doppelte AfA in Anspruch genommen werden; dies ist aber auch bei Verkäufen stets der Fall. Die Tochter kann keine Werbungskosten geltend machen, da sie mit dem Produktionsgrundstück keine Einnahmen erzielt.

Übungsfall 21:

Die entgeltliche Ablösung des Vorbehaltsnießbrauchs führt zu nachträglichen Anschaffungskosten der Eigentümerin T auf das Gebäude (BMF vom 24.07.1998, BStBl I 1998, 914, Beck'sche Erlasse § 21/2, Rz. 57). Der Barwert der Rente beträgt hier (BMF vom 02.12.2015, IV C 7 - S 3104/09/10001, DOK 2015/1103277: 620 € × 12 × 11,005 =) 81.877 €. Damit ergibt sich für T folgende neue AfA-Bemessungsgrundlage: (§ 11d EStDV 100.000 € + 81.677 € =) 181.677 €.

Der Zinsanteil der Veräußerungsrente beträgt gem. § 22 Nr. 1 S. 3 a) bb) EStG (620 € × 12 × 15 % =)
1.116 € und ist als Werbungskosten abziehbar (§ 9 Abs. 1 S. 3 Nr. 1 EStG).
Die Einkünfte aus Vermietung und Verpachtung betragen daher:

Einnahmen (12 × 450 €)	5.400 €
AfA (181.677 € × 2 %)	./. 3.633 €
Zinsen gem. § 9 Abs. 1 S. 3 Nr. 1 EStG	./. 1.116 €
Einkünfte	**651 €**

27.15   Kapitel 23: Sonstige Einkünfte gem. § 22 EStG

Übungsfall 1:

1. Sozialversicherungsrente

Die Besteuerung der Sozialversicherungsrenten wurde mit Wirkung ab dem Veranlagungszeitraum
2005 neu geregelt. Nach § 22 Nr. 1 Satz 3 a) aa) EStG gilt bei einem Rentenbeginn in 2009 lebenslang
ein Besteuerungsanteil von **58 %**. Auf dieser Basis ist ein individueller steuerfreier Teil für B zu errechnen (§ 22 Nr. 1 Satz 3 a) aa), Satz 4 EStG).
Der steuerfreie Teil ist aber nach dem gesetzlichen Wortlaut aus dem Jahresbetrag der Rente zu ermitteln. Bei der Ermittlung des steuerfreien Teils ist auf das Jahr abzustellen, das dem Jahr des Rentenbeginns folgt, vgl. § 22 Nr. 1 S. 3 a) aa) Satz 5 EStG; hier: Veranlagungszeitraum 2010. Damit ergibt
sich folgende Besteuerung:

Veranlagungszeitraum 2009:

986 € × 4 Monate × 58 %	2.288 €
abzüglich Werbungskosten-Pauschbetrag (§ 9a Nr. 3 EStG)	./. 102 €
Einkünfte	**2.186 €**

Veranlagungszeitraum 2010:

Einnahmen: 986 € × 7 Monate und 1.004 € × 5 Monate =	11.922 €
steuerpflichtiger Teil der Rente bei Rentenbeginn 2009 – 58 % somit	**6.915 €**
abzüglich Werbungskostenpauschbetrag	./. 102 €
ergibt Einkünfte i.H.v.	**6.813 €**

Die Festschreibung eines steuerfreien Teils ist erst im Veranlagungszeitraum 2011 bedeutsam.

Veranlagungszeiträume 2011, 2012, 2014 und 2015:

Einnahmen: 1.025 € × 12 Monate =	12.300 €
abzüglich steuerfreier Teil: Der steuerfreie Teil ist mit dem Prozentsatz aus 2009 zu ermitteln. In diesem Jahr unterliegen 58 % der Besteuerung mithin sind 42 % der steuerfreie Teil. 42 % dessen, was B im Veranlagungszeitraum 2010 (nämlich dem Jahr, das dem Jahr des Rentenbeginns folgt) erhalten hat. Somit 42 % von 11.922 € sind:	./. 5.007 €
Ergibt: 12.300 € ./. 5.007 € =	./. 7.293 €
abzüglich des Werbungskostenpauschbetrags i.H.v.	./. 102 €
somit	**7.191 €**

Daran ändert sich im Veranlagungszeitraum 2012 und in den folgenden Jahren (also auch 2014) nun
nichts mehr.

2. Betriebsrente

Die Betriebsrente ist nach **§§ 24 Nr. 2, 19 Nr. 2 EStG** als nachträglicher Arbeitslohn zu versteuern. Da B das 63. Lebensjahr vollendet hat, steht ihm ein Versorgungsfreibetrag zu (§ 19 Abs. 2 EStG).

Der Freibetrag beträgt bei einem Versorgungsbeginn in 2009 33,6 % der Versorgungsbezüge aber maximal 2.520 € zuzüglich eines Zuschlags von 756 € (§ 19 Abs. 2 Satz 3 EStG). Er ist grundsätzlich auf der Basis eines Rentenjahresbetrags zu berechnen (§ 19 Abs. 2 Satz 4 b) EStG. Somit im vorliegenden Fall:

112 € × 12 Monate × 33,6 %	452 €
Zuschlag	756 €
Freibetrag	**1.208 €**

Da B aber in 2009 erst ab September die Betriebsrente erhält, ist der Freibetrag nur anteilig zu gewähren (§ 19 Abs. 2 Satz 12 EStG); hier: 1.208 € × $^4/_{12}$ = 403 €.

Veranlagungszeitraum 2009:

4 × 112 €	448 €
Freibetrag	./. 403 €
Einkünfte	**45 €**
Pauschbetrag gem. § 9a Nr. 1b EStG	./. 45 €
steuerpflichtige Einkünfte	**0 €**

Veranlagungszeitraum 2010:

12 × 112 €	1.344 €
Freibetrag s.o.	./. 1.208 €
Einkünfte	**136 €**
§ 9a Nr. 1 b) EStG	./. 102 €
steuerpflichtige Einkünfte	**34 €**

Veranlagungszeiträume 2011, 2012, 2014 und 2015:

Die Lösung entspricht dem Veranlagungszeitraum 2010.

3. Private Rentenversicherung

Die Rente aus der privaten Lebensversicherung ist nach § 22 Nr. 1 Satz 3 bb) EStG zu versteuern; hier ist zu berücksichtigen, dass Röhrich das 64. Lebensjahr vollendet hat.

Veranlagungszeitraum 2009:

230 € × 6 Monate × 19 %	**262 €**

Der Werbungskosten-Pauschbetrag (§ 9a Nr. 3 EStG) wurde bereits für die Sozialversicherungsrente in Anspruch genommen.

Veranlagungszeitraum 2010:

230 € × 12 Monate × 19 %	**524 €**

Veranlagungszeiträume 2011, 2012, 2014 und 2015:

Die Lösung entspricht dem Veranlagungszeitraum 2010.

Übungsfall 2:

Nach § 22 Nr. 1 S. 3 a) aa) EStG kommt es nur darauf an, dass die Rente von der Deutschen Rentenversicherung gezahlt wird; die bis zum Veranlagungszeitraum 2004 geltende Unterscheidung zwischen Berufsunfähigkeitsrente und Altersrente wurde aufgegeben. Somit (§ 22 Nr. 1 Satz 3 a) aa) EStG); bei einem Beginn der Rente in 2008 beträgt der steuerpflichtige Anteil 56 %.

Veranlagungszeitraum 2008:

12 × 1.000 € × 56 %	6.720 €
§ 9a Nr. 2 EStG	./. 102 €
steuerpflichtige Einkünfte	**6.618 €**

Veranlagungszeitraum 2009:

12 × 1.000 € × 56 %	6.720 €
§ 9a Nr. 2 EStG	./. 102 €
steuerpflichtige Einkünfte	**6.618 €**

Bezüglich der Berechnung des steuerfreien Teils der Rente, der ab den folgenden Veranlagungszeiträumen von den Einnahmen abzuziehen wäre, ergäbe sich Folgendes:

Rente	12.000 €
zugeflossen im Veranlagungszeitraum 2009 davon steuerfrei 44 % ergibt	**5.280 €**
festzuschreibender steuerfreier Teil der Rente.	

Veranlagungszeitraum 2010:

Reguläre Rentenerhöhungen (z.B. gesetzliche Rentenanhebungen) haben keinen Einfluss auf den festgeschriebenen steuerfreien Teil der Rente, vgl. § 22 Nr. 1 S. 3 a) aa) S. 7 EStG. Wird aber die Rente dem Grunde nach geändert (z.B. weil der Ehepartner verstorben ist oder bei einem Wechsel von der Berufsunfähigkeits- zur Altersrente), so ist der steuerfreie Teil der Rente relativ anzupassen. Da die Rente um 20 % steigt, erhöht sich auch der steuerfreie Teil der Rente um 20 %; somit:

Einnahmen: 12 × 1.200 € =	14.400 €

Steuerfreier Teil: Rentenbeginn war 2008, zugeflossen im Veranlagungszeitraum 2009 waren 12.000 € davon bleiben steuerfrei 44 % mithin 5.280 €. Dieser Betrag ist dann aber ab Veranlagungszeitraum 2010 zu erhöhen auf 6.336:

Steuerfreier Teil (5.280 € × **120 % =**)	./. 6.336 €
Freibetrag gem. § 9a Nr. 2 EStG	./. 102 €
steuerpflichtige Einkünfte	**7.962 €**

Veranlagungszeiträume 2011, 2012, 2014 und 2015:

12 × 1.230 €	14.760 €
abzüglich steuerfreier Teil der Rente (s.o.)	./. 6.336 €
Werbungskostenpauschbetrag gem. § 9a Nr. 2 EStG	./. 102 €
steuerpflichtige Einkünfte	**8.322 €**
(Die Erhöhung wird damit zu 100 % besteuert.)	

Übungsfall 3:

Da der Verkauf unter Fremden erfolgte, kann nur eine Veräußerungsrente gegeben sein. Da eine Veräußerungsleibrente vereinbart wurde (= gleich bleibende Leistungen) ist der Barwert nach BMF vom 26.10.2012 zu ermitteln; da Alt das 70. Lebensjahr vollendet hat, beträgt der Vervielfältiger 9,801.

Einkünfte J:

Einnahmen (4.800 € × 9 Monate =)	43.200 €
Rentenbarwert: (9.985 € × 12 × 9,801 =) 1.174.356 €	
AfA gem. § 7 Abs. 4 Nr. 2 EStG × 2 % × $^9/_{12}$	./. 17.615 €
Zinsen gem. § 9 Abs. 1 Nr. 1 und § 22 Nr. 1 Satz 3 a) bb) EStG:	
(9.985 € × 6 Monate × 15 % =)	./. 8.987 €
Einkünfte	**16.598 €**

Einkünfte A:

§ 22 Nr. 1 Satz 3 a) bb) EStG (s.o.)	8.987 €
§ 9a Nr. 3 EStG	./. 102 €
Einkünfte	**8.885 €**

Die Wertsicherungsklausel hat für die Lösung keine Bedeutung; die Rente ist dennoch eine Leibrente (H 22.3 EStH) ist.

§ 23 Abs. 1 Nr. 1 EStG spielt keine Rolle, da die 10-Jahresfrist hier weit überschritten ist.

Variante:

Der Barwert der Raten ist nach Tabelle 2 zu § 12 Abs. 1 BewG zu ermitteln; der Kaufpreis errechnet sich nun wie folgt:

Sofortzahlung	540.000 €
Raten (Laufzeit 4 Jahre; 100 T€ × 3,602 =)	360.200 €
Summe	**900.200 €**

Die Höhe der Zinsen muss aus den Barwertveränderungen errechnet werden:

Barwert 01.04.2015	360.200 €
Barwert 01.04.2016 (100 T€ × 2,772 € =)	277.200 €
Tilgung	**83.000 €**
Nominalbetrag der 1. Rate (Zahlung 2015)	100.000 €
Tilgung	./. 83.000 €
Zins	**17.000 €**

Der Zins fließt gemäß § 11 Abs. 2 Satz 2 EStG erst in 2016 ab und kann erst in diesem Jahr als Werbungskosten berücksichtigt werden.

Die Zinsen stellen bei Alt Einkünfte nach **§ 20 Abs. 1 Nr. 7 EStG** dar und unterliegen dem Abgeltungssteuersatz (§ 32d EStG).

Übungsfall 4:

Auf der Seite des Erwerbers ergibt sich folgende Besonderheit: I.H.d. Barwerts sind Anschaffungskosten zu aktivieren und ggf. abzuschreiben. Die Rentenschuld ist zu passivieren und jährlich neu zu bestimmen.

Da im vorliegenden Fall eine sog. abgekürzte Leibrente vorliegt, ist zu prüfen, ob die Leibrententabelle oder die Zeitrententabelle zur Anwendung kommt. Dies richtet sich danach, ob statistisch die Rente durch Tod oder durch Zeitablauf endet. Nach BMF vom 26.10.2012, BStBl I 2010, 1288 hat die Verkäuferin eine Lebenserwartung von noch 24,96 Jahren. Da sonach die Rente durch Zeitablauf (und nicht durch den Tod des Rentenempfängers) enden wird ist Tabelle 7 zu § 13 Abs. 1 BewG anzuwenden.

Da die Laufzeit am 31.12.2015 noch 14 ½ Jahre beträgt, muss interpoliert (d.h. nach Monaten aufgeteilt) werden:	
15 Jahre Laufzeit (6.300 € × 12 × 10,314 =)	779.738 €
14 Jahre Laufzeit (6.300 € × 12 × 9,853 =)	744.886 €
Differenz	**34.852 €**
x $^6/_{12}$	17.426 €
14 ½ Jahre Laufzeit (744.886 € + 17.426 € =)	**762.312 €**

Bilanzansatz des Gebäudes zum 31.12.2015:

Anschaffungskosten Gebäude (= Barwert 01.07.)	779.738 €
x $^6/_7$ = Gebäudeanteil	668.347 €
AfA gemäß § 7 Abs. 4 Nr. 1 EStG = 668.347 € × 3 % × $^6/_{12}$	./. 10.025 €
Bilanzansatz	**658.322 €**

Folgen für Erna P:

Unabhängig von der Frage der Bilanzierung durch den Erwerber versteuert Erna P ihre Einnahmen als Privatperson.

§§ 22 Nr. 1 Satz 3 a) bb) EStG, 55 EStDV: (6.300 € × 6 Monate × 16 % =) 6.048 €. Abzuziehen ist der Pauschbetrag nach § 9a Nr. 3 EStG i.H.v. 102 €.

Variante:

Nach R 4.5 Abs. 4 EStR ergeben sich für die Berechnung der Anschaffungskosten und der Betriebsausgaben grundsätzlich keine Veränderungen gegenüber dem Grundfall (Bilanzierung).

Allerdings sieht R 4.5 Abs. 4 Satz 4 EStR eine **Vereinfachungsregelung** vor. Danach wäre die Zahlung in 2014 (6 Monate × 6.300 € =) 37.800 € mit dem Barwert (= 779.738 €) zu verrechnen. Erst wenn die Summe der Rentenzahlungen den Barwert übersteigt, könnte der Zinsanteil als Betriebsausgaben abgezogen werden; dann aber bis zum Ende der Laufzeit in voller Höhe.

Dies dürfte in vorliegendem Fall nicht interessant sein (Finanzierungseffekt).

Übungsfall 5:

Werden im Rahmen des Versorgungsausgleichs einem Beamten Pensionsansprüche entzogen, so begründet der Dienstherr für den geschiedenen Partner Rentenansprüche in der gesetzlichen Rentenversicherung, da nur ein Beamter eine Pension bekommen kann (sog. externer Versorgungsausgleich). Damit versteuert M seine Pension nach § 19 Abs. 2 EStG; der Versorgungsfreibetrag richtet sich nach § 19 Abs. 2 Satz 3 EStG bei einem Versorgungsbeginn in 2011 30,4 % der Bezüge (= 4.680 €) aber nicht mehr als 2.280 €. Hinzuzurechnen ist noch der Zuschlag i.H.v. 684 €.

(1.300 € × 12 Monate =)	15.600 €
Versorgungsfreibetrag (2.280 € + 684 € =)	./. 2.964 €
Summe	**12.636 €**
§ 9a Nr. 1 b) EStG	./. 102 €
Einkünfte	**12.534 €**

Die F erhält nach dem Versorgungsausgleich zusammen mit ihrer selbst erworbenen Rente eine einheitliche Sozialversicherungsrente, die sie nach § 22 Nr. 1 Satz 3 a) aa) EStG versteuern muss. Da die Rente erstmals in 2011 gezahlt wird, beträgt der Besteuerungsanteil 62 %.

In 2011 versteuert die F sonach (1.300 € × 12 Monate × 62 % =) 9.672 €. Abzuziehen ist noch der Werbungskosten-Pauschbetrag nach § 9a Nr. 3 EStG i.H.v. 102 €.

Zur weiteren Behandlung der Sozialversicherung dann in den VZ 2011 ff. wird auf die Fälle 1 und 2 verwiesen.

Übungsfall 6:

Da durch eine Abtretung nicht die Einkunftsquelle übertragen wird, muss die F nach § 22 Nr. 1 Satz 3 a) bb) EStG die gesamte private Rente versteuern.

Somit Einnahmen (2.400 € × 12 Monate × 18 % EA =)	5.184 €
§ 9a Nr. 3 EStG	./. 102 €
Einkünfte	**5.082 €**

Nach **§ 10 Abs. 1a Nr. 4 EStG** darf die F die Zahlungen an den M insoweit abziehen, als diese bei ihr der Besteuerung unterlagen.

Somit Sonderausgaben (1.200 € × 12 Monate × 18 % =)	./. **2.592 €**

M erlangt grundsätzlich durch die Abtretung einen nicht steuerbaren privaten Vermögensvorteil. Dem steht aber die Regelung in **§ 22 Nr. 1a) EStG** entgegen. Danach muss M die Rente insoweit versteuern, als sie bei F als Sonderausgaben abzugsfähig war;

Einnahmen	+ 2.592 €
§ 9a Nr. 3 EStG	./. 102 €
Einkünfte	**2.490 €**

Übungsfall 7:

Die bloße Gewährung einer Pensionszusage führt bei einem Arbeitnehmer noch nicht zu Einkünften aus § 19 EStG (sog. nachgelagerte Versteuerung).

Die Pensionszusage könnte aber eine **verdeckte Gewinnausschüttung** darstellen, wenn sie nicht finanzierbar ist. Bisher hat die Verwaltung verlangt, dass die Zusage zu jedem Zeitpunkt finanzierbar sein muss (BMF vom 14.5.1999, BStBl I 1999, 512). Dabei war bei einer Invaliditätszusage der Eintritt des Invaliditätsfalls anzunehmen. Die Rechtsprechung widersprach dem und prüfte die Finanzierbarkeit nur im Zeitpunkt der Zusage (BFH vom 4.9.2002, BStBl II 2005, 662). Dem folgt nun auch die Verwaltung (BMF vom 6.9.2005, Beck 100 § 8/18).

Damit wäre die Pensionszusage im Fall der Groß-GmbH nach alter Verwaltungsansicht nicht finanzierbar gewesen (lediglich 30.000 € Rückdeckungsversicherung). Nach neuer Ansicht liegt keine vGA vor, da laut Betriebsprüfung die Finanzierbarkeit gegeben war.

Im nächsten Schritt ist der **Pensionsverzicht** zu beurteilen. Da ein fremder Dritter auf die Pension nicht verzichtet hätte, liegt die Ursache für den Verzicht im Gesellschaftsverhältnis (BFH vom 3.12.2003, BFH/NV 2004, 1225). Daher ist der Verzicht als Zufluss einer Pension zu versteuern (§§ 11, 19 EStG), da ein Verzicht logisch den vorherigen Zufluss erfordert (BFH vom 3.12.2003 a.a.O.). Da der Pensionsanspruch laut Sachverhalt voll werthaltig war (vgl. § 8 EStG), liegt i.H.v. 37.500 € **steuerpflichtiger Arbeitslohn (§ 19 EStG)** vor.

Auf Ebene der GmbH hat der Verzicht folgende Auswirkungen:

Die Pensionsrückstellung ist um 50 % zu ermäßigen (Gewinn + 37.500 €). Da der Verzicht eine verdeckte Einlage darstellt, ist der Gewinn außerbilanziell **gem. § 8 Abs. 3 Satz 3 KStG** um 37.500 € zu ermäßigen, sodass der Vorgang neutral ist (BFH vom 9.6.1997, BStBl II 1998, 307 und R 40 Abs. 4 KStR). Gleichzeitig ist ein Zugang im steuerlichen Einlagekonto (**§ 27 KStG**) i.H.v. 37.500 € zu buchen. Für G erhöhen sich im Übrigen die Anschaffungskosten seiner Beteiligung um 37.500 € (wichtig für § 17 EStG). Des Weiteren ist die Gehaltsumwandlung zu prüfen. Infrage kommt eine Steuerfreiheit nach **§ 3 Nr. 63 EStG**.

Zahlungen in einen Pensionsfonds sind grundsätzlich nach § 3 Nr. 63 EStG begünstigt. Fraglich ist, ob G den § 3 Nr. 63 EStG in Anspruch nehmen kann, da er als beherrschender Gesellschafter-Geschäftsführer nicht sozialversicherungspflichtig ist. § 3 Nr. 63 EStG verweist zwar bezüglich der Höchstgrenze auf die Beitragsbemessungsgrenze in der Rentenversicherung. Die **Rentenversicherungspflicht** wird aber nicht als Voraussetzung genannt.

Damit ergeben sich folgende Maximalwerte:

4 % der Beitragsbemessungsgrenze West (66.000 €)	2.640 €
Da die Zusage nach dem 31.12.2004 erteilt wurde, Erhöhung um	1.800 €
Maximal	**4.440 €**

Damit können die 3.600 € komplett steuerfrei in den Pensionsfonds eingezahlt werden, müssen aber später bei Rentenbezug nach **§ 22 Nr. 5 EStG** versteuert werden.

Variante:

Verzichtet der Gesellschafter-Geschäftsführer lediglich für die Zukunft auf einen weiteren Zuwachs seiner Ansprüche, so liegt kein Zufluss von Arbeitslohn zu, da sich der Wert der Rentenanwartschaft nicht verändert, zum ganzen Thema vgl. die BMF-Schreiben vom 31.3.2010, BStBl I 2010, 270 zur steuerlichen Förderung der privaten Altersvorsorge und betrieblichen Altersversorgung und BMF-Schreiben vom 9.12.2011, BStBl I 2011, 1247 zur betrieblichen Altersversorgung; Bewertung von Pensionsverpflichtungen nach § 6a EStG, Anerkennung unternehmensspezifischer und modifizierter biometrischer Rechnungsgrundlagen und BMF-Schreiben vom 14.8.2012, BStBl I 2012, 874 zum **Verzicht des Gesellschafter-Geschäftsführers einer Kapitalgesellschaft auf eine Pensionsanwartschaft als verdeckte Einlage** (§ 8 Abs. 3 Satz 3 KStG); Verzicht auf künftig noch zu erdienende Pensionsanwartschaften (**sog. Future Service**).

Übungsfall 8:

Aufgrund der Auslagerung muss die Pensionsrückstellung aufgelöst werden. Dies führt zu einem Ertrag i.H.v. 2 Mio. €. Im Gegenzug stellt die Zahlung an den Pensionsfonds Personalaufwand i.H.v. 3 Mio. € dar.

Die Metallwerke können den Aufwand, der den Ertrag aus der Ausbuchung übersteigt, nach **§ 4e Abs. 3 EStG** linear auf 10 Jahre verteilen.

Dies hat zur Folge:

Wegfall Pensionsrückstellung	+ 2 Mio. €
Zahlung an den Fonds	./. 3 Mio. €
Gewinnauswirkung	**1 Mio. €**
Gewinnwirksame Aktivierung des Verteilungsbetrags	1.000.000 €
Verteilung auf 10 Jahre; jährliche Auflösung ab 2014 = Betriebsausgaben	**./. 100.000 €**

Bei den Arbeitnehmern ist die Übertragung nach **§ 3 Nr. 66 EStG** steuerfrei, weil die Metallwerke einen Antrag nach § 4e Abs. 3 EStG gestellt haben.

27.16 Kapitel 24: Spekulationsgewinne (§ 23 EStG)

Übungsfall:

Im Fall einer offenen Einlage erhält der Gesellschafter als Gegenleistung für die Hingabe eines Wirtschaftsguts Gesellschaftsrechte (= Anteile am Stammkapital; vgl. Kap. 18.4). Eine offene Einlage ist daher grundsätzlich als Veräußerung zu beurteilen (vgl. § 6 Abs. 6 EStG). Die Vorschrift des § 23 Abs. 1 S. 5 Nr. 2 EStG ist somit nicht einschlägig.

Im Fall a) entsteht ein steuerpflichtiger Spekulationsgewinn nach § 23 Abs. 1 S. 1 Nr. 1 EStG i.H.v. (70.000 € ./. 50.000 € =) 20.000 €.

Im Fall b) fällt die Veräußerung der Aktien unter § 23 Abs. 1 Nr. 2 EStG a.F., da die Aktien vor dem 01.01.2009 erworben wurden (vgl. § 52 Abs. 31 S. 2 EStG). Weil die einjährige Spekulationsfrist abgelaufen ist, ist der Gewinn nicht steuerbar.

Im Fall c) muss der Veräußerungsgewinn i.H.v. 20.000 € aus der Veräußerung der Aktien nach § 20 Abs. 2 Nr. 1 EStG versteuert werden, da die Aktien nach dem 31.12.2008 erworben wurden (§ 52 Abs. 31 EStG). Der Veräußerungsgewinn unterliegt der Abgeltungsteuer (§ 32d Abs. 1 S. 1, § 43 Abs. 1 S. 1 Nr. 1 S. 1, Abs. 5 S. 1 EStG).

Im Fall d) muss ein Veräußerungsgewinn nach § 17, § 3 Nr. 40 c) EStG versteuert werden, da der Steuerpflichtige an der Alpha-GmbH mindestens zu 1 % beteiligt war. Der steuerpflichtige Gewinn beträgt im Teileinkünfteverfahren (20.000 € × 60 % =) 12.000 €.

Die Buchung bei der Beta-GmbH war in allen Fällen korrekt (Anschaffungskosten = 70.000 € je Wirtschaftsgut).

Variante:

Die **verdeckte Einlage** löst grundsätzlich keinen Veräußerungsgewinn aus, es sei denn, eine spezielle Regelung sieht dies vor.

Im Fall a) greift § 23 Abs. 1 S. 5 Nr. 2 EStG i.V.m. § 23 Abs. 1 S. 1 Nr. 1 EStG; die verdeckte Einlage eines Grundstücks wird danach der Veräußerung des Grundstücks gleichgestellt. Der steuerpflichtige Spekulationsgewinn beträgt – wie im Grundfall – 20.000 €.

Im Fall b) ist § 23 Abs. 1 S. 5 Nr. 2 EStG nicht anwendbar, da sich die Vorschrift wegen der ausdrücklichen Verweisung auf § 23 Abs. 1 S. 1 Nr. 1 EStG nur auf Grundstücke und grundstücksgleiche Rechte bezieht. Dass die einjährige Spekulationsfrist des § 23 Abs. 1 Nr. 2 EStG a.F. abgelaufen ist, spielt insoweit keine Rolle.

Im Fall c) setzt § 20 Abs. 2 S. 2 EStG die verdeckte Einlage eines Wertpapiers in eine Kapitalgesellschaft der Veräußerung des Wertpapiers gleich. Der Veräußerungsgewinn i.H.v. 20.000 € unterliegt der Abgeltungsteuer (§ 32d Abs. 1 S. 1, § 43 Abs. 1 S. 1 Nr. 1 S. 1, Abs. 5 S. 1 EStG).

Im Fall d) setzt § 17 Abs. 1 S. 2 EStG die verdeckte Einlage einer Beteiligung an einer Kapitalgesellschaft in eine andere Kapitalgesellschaft der Veräußerung gleich. Der steuerpflichtige Gewinn beträgt (20.000 € × 60 % =) 12.000 € (Teileinkünfteverfahren).

27.17 Kapitel 25: Vorweggenommene Erbfolge

Übungsfall 1:

Veranlagungszeitraum 2012

Die Übertragung erfolgt zu 70/150 entgeltlich und zu 80/150 unentgeltlich (BMF vom 13.1.1993, BStBl I 1993, 80, Beck'sche Erlasse § 7/3 – künftig BMF a.a.O. – Rz. 14). Das Ausgleichsgeld ist als Zahlung an die Mutter zu werten (BMF Rz. 7).

Soweit die Übertragung entgeltlich erfolgt, liegt bei der Mutter grundsätzlich der Tatbestand des § 23 Abs. 1 Nr. 2 a.F. i.V.m. §§ 3 Nr. 40 j und 3c Abs. 2 EStG vor. Da die Aktien vor dem 1.1.2009 erworben wurden, gilt nach § 52 Abs. 31 EStG weiterhin § 23 Abs. 1 Nr. 2 EStG a.F. Allerdings ist die einjährige Spekulationsfrist abgelaufen, sodass die Veräußerung nicht steuerbar ist.

Veranlagungszeitraum 2015 (Tochter)

Soweit T die Aktien entgeltlich erwarb, gilt § 20 Abs. 2 Nr. 1 EStG.

Erlös (260.000 € × 70/150)	121.333 €
Anschaffungskosten = Ausgleichsgeld	./. 70.000 €
Gewinn	**51.333 €**

Dieser Gewinn unterliegt der Abgeltungsteuer nach § 32d EStG.

Soweit T die Aktien unentgeltlich erwarb, ist § 23 Abs. 1 Nr. 2 EStG a.F. weiterhin anzuwenden (§ 52 Abs. 31 EStG i.V.m. § 23 Abs. 1 Satz 3 EStG).

Da für diese Aktien aber die einjährige Spekulationsfrist abgelaufen ist (Erwerb durch Mutter in 2008) unterliegt der Veräußerungsgewinn keiner Besteuerung.

Übungsfall 2:

In einem ersten Schritt ist zu prüfen, ob Anschaffungskosten vorliegen. Die Übernahme der Hypothek führt nach BMF a.a.O. Rz. 9 zu Anschaffungskosten.

Im nächsten Schritt ist zu prüfen, inwieweit Anschaffungskosten der Eigentumswohnung zuzurechnen sind. Nach BMF a.a.O. Rz. 14 können die Parteien bestimmen, inwieweit Ausgleichszahlungen auf bestimmte Wirtschaftsgüter entfallen. Dies ist hier geschehen.

Damit zahlt N für die Eigentumswohnung 30.000 € und erwirbt diese zu 30.000 €/80.000 € = 37,5 % entgeltlich und zu 62,5 % unentgeltlich.

Soweit er die Wohnung unentgeltlich erwirbt, führt er die AfA nach § 11d EStDV weiter. Die Anschaffungsnebenkosten sind nach BMF a.a.O. Rz. 13 dem entgeltlichen Teil zuzurechnen. Damit ergeben sich folgende Einkünfte:

Einnahmen gem. § 21 EStG (12 Monate × 400 € =)	4.800 €
AfA gem. §§ 11d EStDV, 7 Abs. 4 Nr. 2 a) EStG; (95.000 € × 2 % × 62,5 % =)	./. 1.188 €
AfA gem. § 7 Abs. 4 Nr. 2a) EStG; 35.600 € × 95/100 × 2 %	./. 676 €
Einkünfte	**2.936 €**

Übungsfall 3:

Fraglich ist, ob eine Übertragung zum Buchwert möglich ist. Die Prüfung ist anhand § 6 Abs. 5 EStG durchzuführen.

Eine Übertragung von Betriebsvermögen aus einem Einzelunternehmen in das Einzelunternehmen einer anderen Person ist nicht zum Buchwert möglich. Dies gilt selbst dann, wenn die Übertragung familiäre Gründe hat.

Der Entnahmegewinn des Vaters beträgt 190.000 €. § 13 Abs. 5 EStG greift nicht, da es sich nicht um ein Wohngrundstück handelt.

Die Tochter legt den Weinberg anschließend in das Betriebsvermögen der Trollinger-GbR ein (§ 6 Abs. 1 Nr. 5 EStG).

Variante 1:
Nach § 6 Abs. 5 Satz 3 Nr. 3 EStG erfolgt die Übertragung vom Sonderbetriebsvermögen des V in das Sonderbetriebsvermögen der T2 innerhalb derselben Mitunternehmerschaft zwingend zum Buchwert. Bei der anschließenden Übertragung in die Trollinger GbR werden ebenfalls keine stillen Reserven aufgedeckt (§ 6 Abs. 5 Satz 3 Nr. 2 EStG).
Variante 2:
Im Fall einer teilentgeltlichen Übertragung ist der Vorgang in einen voll entgeltlichen und einen voll unentgeltlichen Teil aufzuspalten (BMF vom 8.12.2011 a.a.O., Rz. 15). Insofern muss V ¼ der stillen Reserven aufdecken (= 47.500 €).
Variante 3:
Da das Wirtschaftsgut innerhalb der dreijährigen Sperrfrist veräußert wird, muss rückwirkend auf den Übertragungszeitpunkt der Teilwert angesetzt werden (vgl. § 6 Abs. 5 Satz 4 EStG). Entnahmegewinn des V in 02: 190.000 €.

Übungsfall 4:
Variante 1:
Fraglich ist, ob die Übertragung zum Buchwert nach § 6 Abs. 3 Satz 1 EStG möglich ist. Nach § 6 Abs. 3 S. 1, 2. HS. EStG kann – im Gegensatz zu § 16 Abs. 1 Nr. 2 EStG – auch ein Teil eines Mitunternehmeranteils zum Buchwert übertragen werden.

Fraglich könnte aber sein, ob die Übertragung **„unentgeltlich"** erfolgt. Da das Ausgleichsgeld aber unter dem anteiligen Kapital (= 10.000 €) liegt, werden durch die Zahlung keine stillen Reserven aufgedeckt. Daher geht die Verwaltung (BMF Beck'sche Erlasse § 7/3 Rz. 35) in diesem Fall insgesamt von einer unentgeltlichen Übertragung aus. Damit sind lediglich **steuerneutral** 10 % des Kapitalkontos von V auf N umzuschreiben.

Gesamthandsbilanz KG 1.1.03

Grundstück	300.000 €	Kapital A	100.000 €
Gebäude	500.000 €	Kapital V	90.000 €
Maschinen	20.000 €	Kapital N	10.000 €
Bank	80.000 €	Verbindlichkeiten	700.000 €

Obwohl aber keine stillen Reserven aufgedeckt werden, liegen bei N Anschaffungskosten vor. Damit ist das Darlehen als Sonderbetriebsvermögen II zu bilanzieren.

Sonderbilanz N 1.1.03

Kapital	7.000 €	Darlehen	7.000 €

Variante 2:
Die Versorgungsleistung fällt unter § 10 Abs. 1a Nr. 2 Buchstabe a) EStG, da davon ausgegangen werden kann, dass der Onkel den anteiligen Mitunternehmeranteil im Wege der vorweggenommenen Erbfolge übertragen will.

Dem steht die Vereinbarung des Teilentgelts nicht entgegen.
Somit kann N die Zahlung der Versorgungsleistung nach § 10 Abs. 1a Nr. 2 EStG i.H.v. 2.400 € jährlich als Sonderausgaben abziehen. Spiegelbildlich muss V die Versorgungsleistung nach § 22 Nr. 1a EStG versteuern.

Die Verpflichtung zur Zahlung der Versorgungsleistung ist privater Natur und kann bzw. darf nicht passiviert werden. Da im Übrigen das Entgelt unter dem Kapitalkonto liegt, ist der Vorgang als voll unentgeltlich (wie Variante 1) zu behandeln.

Variante 3:

Da die Ausgleichszahlung das Kapitalkonto (10 % von 100.000 €) übersteigt, muss insgesamt von einem **entgeltlichen** Vorgang ausgegangen werden (sog. **Einheitstheorie**; BMF a.a.O., Rz. 35).

§ 16 Abs. 1 Nr. 2 EStG ist nicht anzuwenden, da nicht der gesamte Mitunternehmeranteil übertragen wird. Somit entsteht für V ein laufender Gewinn (§ 15 EStG) i.H.v. (30.000 € ./. 10.000 € =) 20.000 €. Der Gewinn unterliegt bei der KG nach § 7 GewStG der Gewerbesteuer.

N muss seine Anschaffungskosten aktivieren. Dies erfolgt über eine **Ergänzungsbilanz**. Da die Buchwerte bereits in der Gesamthandsbilanz enthalten sind, muss N nur noch die stillen Reserven aktivieren (= 20.000 €). Diese muss er **verhältnismäßig** auf die Wirtschaftsgüter verteilen, in denen stille Reserven stecken (BMF a.a.O., Rz. 35).

Problematisch ist die Aktivierung des **Firmenwerts**. Die teilentgeltliche Übertragung eines Mitunternehmeranteils entspricht in ihren steuerlichen Auswirkungen grundsätzlich der Einbringung eines Mitunternehmeranteils nach **§ 24 UmwStG** mit Ansatz eines **Zwischenwerts**. In beiden Fällen wird ein Teil der stillen Reserven aktiviert. Aus diesem Grund folgt die Rz. 35 des BMF-Schreibens vom 13.1.1993 auch den Regeln des Umwandlungssteuerrechts.

In einem 1. Schritt sind danach die stillen Reserven aller Wirtschaftsgüter zu ermitteln. In einem 2. Schritt sind die stillen Reserven zu ermitteln, die sich aus der Gegenüberstellung des Teilentgelts und der Buchwerte der Wirtschaftsgüter ergeben. In einem 3. Schritt sind nun alle stillen Reserven in dem Maßstab aufzudecken, der sich aus dem Verhältnis der aufgedeckten stillen Reserven zu den insgesamt aufzudeckenden stillen Reserven ergibt (BMF vom 13.1.1993, a.a.O.).

Die Verwaltung ging in ihrem Schreiben von 1993 (analog dem **alten** Umwandlungssteuererlass) davon aus, dass die stillen Reserven die in einem **selbst geschaffenen Geschäfts- oder Firmenwert** stecken, erst dann aufgedeckt werden dürfen, wenn die stillen Reserven der übrigen Wirtschaftsgüter vollständig aufgedeckt sind. Diese Ansicht verstieß schon damals gegen die Vorschrift des § 5 Abs. 2 EStG, wonach entgeltlich erworbene immaterielle Wirtschaftsgüter aktiviert werden müssen.

Aus diesem Grund ist die Sonderbehandlung des Geschäfts- oder Firmenwerts im neuen Umwandlungssteuererlass (zu Recht) nicht mehr enthalten. Es ist daher davon auszugehen, dass damit auch die Regelung der Rz. 35 insoweit überholt ist. Dies ist für den Erwerber insbesondere deshalb von Bedeutung, da der Geschäfts- oder Firmenwert (bzw. der Praxiswert einer freiberuflichen Praxis) relativ schnell abgeschrieben werden kann.

Damit ergibt sich folgende Lösung: In dem übertragenen Mitunternehmeranteil stecken folgende stille Reserven:

Wirtschaftsgut	Buchwert	Teilwert	Stille Reserven
Grundstück	300.000 €	500.000 €	200.000 €
Gebäude	500.000 €	800.000 €	300.000 €
Maschinen	20.000 €	20.000 €	0 €
Bank	80.000 €	80.000 €	0 €
Firmenwert	0 €	1.200.000 €	1.200.000 €
Summe	**900.000 €**	**2.600.000 €**	**1.700.000 €**

Auf die übertragenen 5 % (= 10 % des Gesellschaftsanteils von V) entfallen sonach stille Reserven i.H.v. 85.000 €.

Durch die entgeltliche Übertragung werden stille Reserven i.H.v. (30.000 € ./. 10.000 € =) 20.000 € aufgedeckt. Dieser Betrag entspricht auch dem Veräußerungsgewinn, den N zu versteuern hat.

Somit sind die stillen Reserven in jedem Wirtschaftsgut i.H.v. (20.000 €/85.000 €) aufzudecken (vgl. BMF, a.a.O.).

Damit sind in der Ergänzungsbilanz folgende Beträge zu aktivieren:

Wirtschaftsgut	Stille Reserven	Davon 5 %	Aktivierung 20/85
Grundstück	200.000 €	10.000 €	2.353 €
Gebäude	300.000 €	15.000 €	3.529 €
Maschinen	0 €	0 €	
Bank	0 €	0 €	
Firmenwert	1.200.000 €	60.000 €	14.118 €
Summe	**1.700.000 €**	**85.000 €**	**20.000 €**

Bezüglich der weiteren Abschreibung beachte BMF a.a.O. Rz. 37 i.V.m. § 23 Abs. 3 UmwStG. Danach sind die aufgedeckten stillen Reserven als nachträgliche Anschaffungskosten zu behandeln. Dies bedeutet, dass das Gebäude weiterhin mit den AfA-Sätzen der Gesamthandsbilanz abgeschrieben wird. Die Abschreibung des Firmenwerts erfolgt ausschließlich in der Ergänzungsbilanz nach den Grundsätzen des § 7 Abs. 1 Satz 3 EStG.

Das Darlehen ist in der Sonderbilanz zu passivieren.

Sonderbilanz N 1.1.03

Kapital	30.000 €	Darlehen	30.000 €

Übungsfall 5:

Variante 1:

Die Übertragung eines Mitunternehmeranteils erfordert im Rahmen des § 6 Abs. 3 Satz 1 EStG – wie auch bei § 16 Abs. 1 Nr. 2 EStG – die Übertragung des Anteils am Gesamthandsvermögen (inklusive Ergänzungen durch eine Ergänzungsbilanz) sowie die Übertragung des funktional wesentlichen Sonderbetriebsvermögens (vgl. BMF vom 3.3.2005, BStBl I 2005, 458, Beck'sche Erlasse § 6/18 Rz. 4 ff. sowie BFH vom 2.8.2012, IV R 41/11). Das Geschäftsgebäude stellt unzweifelhaft **funktional wesentliches Sonderbetriebsvermögen** dar (vgl. H 15.7 Abs. 5 „Wesentliche Betriebsgrundlage" EStH).

Wird funktional wesentliches Sonderbetriebsvermögen von der Übertragung ausgenommen, führt dies zu einer zwingenden **Aufdeckung der stillen Reserven** (Betriebsaufgabe nach § 16 Abs. 3 EStG; vgl. BMF, a.a.O.; BFH, a.a.O.). Zum Entnahmegewinn rechnet nach § 16 Abs. 3 S. 7 EStG auch der Gewinn aus der Entnahme des Gebäudes.

Somit ergibt sich nach § 16 Abs. 2 EStG folgender Aufgabegewinn:

Gemeiner Wert Wirtschaftsgüter Gesamthand	80.000 €
Gemeiner Wert Sonderbetriebsvermögen	675.000 €
Buchwert Gesamthandsvermögen	./. 20.000 €
Buchwert Sonderbetriebsvermögen	./. 100.000 €
Aufgabegewinn	**635.000 €**

Ein Freibetrag nach **§ 16 Abs. 4 EStG** wäre zwar grundsätzlich möglich, da Gold das 55. Lebensjahr vollendet hat. Der Freibetrag beträgt grundsätzlich 45.000 €. Da der Aufgabegewinn aber den Grenzbetrag von 136.000 € um (635.000 € ./. 136.000 € =) 499.000 € übersteigt, entfällt die Gewährung des Freibetrags.

Gold kann aber auf Antrag den begünstigten Steuersatz nach **§ 34 Abs. 3 EStG** in Anspruch nehmen. Der Aufgabegewinn kann nicht in eine Rücklage nach § 6b EStG eingestellt werden, da Gold seinen Mitunternehmeranteil nicht veräußert (vgl. R 6b.2 Abs. 10 EStR).

Die Tochter übernimmt die Wirtschaftsgüter zum gemeinen Wert. Insoweit hat sie die Werte der Gesamthandsbilanz durch eine Ergänzungsbilanz zu korrigieren.

Variante 2:

Grundsätzlich fällt auch hier die Übertragung des Mitunternehmeranteils unter die Regelung des § 6 Abs. 3 Satz 1 EStG. Fraglich ist aber, ob die zeitgleiche Überführung des Geschäftshauses zu einem Ausschluss von § 6 Abs. 3 Satz 1 EStG führt.

Grundsätzlich kann ein Wirtschaftsgut des Betriebsvermögens (hier: Sonderbetriebsvermögen) nach **§ 6 Abs. 5 Satz 3 Nr. 2 EStG** ohne Aufdeckung der stillen Reserven (also zum Buchwert) aus dem Sonderbetriebsvermögen eines Mitunternehmers in das Gesamthandsvermögen einer anderen Mitunternehmerschaft übertragen werden.

Dabei ist zu beachten, dass die Vermögensverwaltung GmbH & Co. KG gewerblich geprägt ist (**§ 15 Abs. 3 Nr. 2 EStG**), da sie zwar vermögensverwaltend tätig ist (vgl. R 15.7 Abs. 1 EStR), ausschließliche Komplementärin aber eine Kapitalgesellschaft ist, der nach § 164 HGB die Geschäftsführung obliegt.

Die Buchung erfolgt zwar in das Kapitalkonto des Gesellschafters. Insoweit werden ihm im Gegenzug für die Übertragung des Wirtschaftsguts **Gesellschaftsrechte** eingeräumt. Dies führt aber nicht zu einem Entgelt (vgl. BMF vom 29.3.2000, BStBl I 2000, 462, Beck'sche Erlasse § 4/13), da nach dem ausdrücklichen Wortlaut des § 6 Abs. 5 S. 3 Nr. 2 EStG die Gewährung von Gesellschaftsrechten unschädlich ist.

Die Verwaltung ging bisher nach den Grundsätzen der **Gesamtplan-Rechtsprechung** (H 16 Abs. 4 „Sonderbetriebsvermögen" EStH m.w.N.) davon aus, dass bei zeitgleicher Ausgliederung von funktional wesentlichem Sonderbetriebsvermögen eine Buchwertübertragung nach § 6 Abs. 3 Satz 1 EStG ausgeschlossen sei.

Dem **widerspricht** nun die Entscheidung BFH vom 2.8.2012, a.a.O. Danach stehen § 6 Abs. 5 und § 6 Abs. 3 EStG gleichwertig nebeneinander. Im Rahmen des § 6 Abs. 3 EStG ist der Mitunternehmeranteil im Zeitpunkt der Übertragung maßgebend. Wurde vor der Übertragung funktional wesentliches Sonderbetriebsvermögen nach § 6 Abs. 5 EStG ausgegliedert, so ist dieses im Zeitpunkt der Übertragung nicht mehr vorhanden und kann daher einer Buchwertübertragung nach § 6 Abs. 3 Satz 1 EStG nicht im Wege stehen.

Löst man den Fall nach der bisherigen Verwaltungsansicht, so ergibt sich ein Aufgabegewinn i.H.v. 60.000 €, der jedoch nicht nach § 16 Abs. 1 Nr. 2, Abs. 3 EStG begünstigt ist, da nicht alle stillen Reserven der funktional wesentlichen Wirtschaftsgüter aufgedeckt werden (vgl. H 16 Abs. 4 „Sonderbetriebsvermögen" EStH).

Folgt man der neuen Rechtsprechung, geht der Mitunternehmeranteil zum Buchwert auf die Tochter über.

Variante 3:

Die Schenkung des Mitunternehmeranteils fällt unter § 6 Abs. 3 Satz 1, 2. HS. EStG. Im Gegensatz zu § 16 Abs. 1 Nr. 2 EStG muss im Rahmen des § 6 Abs. 3 EStG nicht der „gesamte" Mitunternehmeranteil übertragen werden (Möglichkeit der gleitenden Übergabe).

Problematisch ist, ob Gold das funktional wesentliche Sonderbetriebsvermögen von der Übertragung ausnehmen kann. Diese Möglichkeit gewährt § 6 Abs. 3 Satz 2 EStG ausdrücklich (sog. **unterquotale Übertragung**; vgl. BMF vom 03.03.2005 a.a.O., Rz. 10 ff.).

Variante 4:

Die Schenkung des Mitunternehmeranteils fällt unter § 6 Abs. 3 Satz 1, 2. HS. EStG.

Problematisch ist aber in diesem Zusammenhang, dass das Sonderbetriebsvermögen **überquotal** übertragen wird. Dieser Fall ist in § 6 Abs. 3 Satz 2 EStG nicht geregelt. Die **Verwaltung** geht bei dieser Fallgestaltung davon aus, dass die Übertragung – soweit quotal – unter § 6 Abs. 3 EStG fällt. Soweit überquotal übertragen wird, geht die Verwaltung (BMF, a.a.O.) von einer Übertragung nach § 6 Abs. 5 EStG aus.

Dies hat Auswirkungen auf die Übernahme der Hypothek. Die Übernahme betrieblicher Schulden führt bei der Schenkung eines Mitunternehmeranteils nach BMF vom 13.1.1993, BStBl I 1993, 80, Beck'sche Erlasse § 7/3 Rz. 29 nicht zu einem Veräußerungsentgelt.

Werden aber im Rahmen des § 6 Abs. 5 EStG betriebliche Schulden übernommen, führt dies insoweit zu einem Entgelt (BMF vom 8.12.2011, BStBl I 2011, 1279, Beck'sche Erlasse § 6/15 Rz. 15).

Dies führt zu folgendem weiteren Problem: Die Hypothek beträgt nur $\frac{1}{3}$ des Wertes des Geschäftsgebäudes. Insoweit liegt lediglich ein Teilentgelt vor.

Werden im Rahmen des § 6 Abs. 5 EStG Teilentgelte geleistet, so ist der Vorgang in einen voll **entgeltlichen** und einen voll **unentgeltlichen** Vorgang zu zerlegen (sog. **Trennungstheorie**; BMF § 6/15, a.a.O., Tz. 4).

Vorliegend liegt eine Ausgleichszahlung i.H.d. Hypothekenübernahme vor; damit erfolgt die Übertragung von $\frac{1}{4}$ des Grundstücks i.H.v. (225.000 €/675.000 € =) zu $\frac{1}{3}$ voll entgeltlich.

Soweit die Übertragung entgeltlich erfolgt, sind die stillen Reserven aufzudecken (insoweit laufender Gewinn § 15 EStG; keine Anwendung des § 6 Abs. 5 EStG):

Auf die überquotale Übertragung entfallen von der Hypothek (225.000 € × $\frac{1}{4}$ =) 56.250 €. Da das Viertel zu einem Drittel entgeltlich übertragen wird, entfällt auf ($\frac{1}{4}$ × $\frac{1}{3}$ =) $\frac{1}{12}$ ein Buchwert von (100.000 € × $\frac{1}{12}$ =) 8.333 €. Somit ergibt sich für den entgeltlichen Teil der überquotalen Übertragung ein laufender Gewinn von:

Erlös	56.250 €
Buchwert	./. 8.333 €
Gewinn	**47.917 €**

(dies entspricht $\frac{1}{12}$ der stillen Reserven i.H.v. 575.000 €).

In Höhe von $\frac{2}{3}$ des überquotalen Teiles ist der Buchwert fortzuführen (§ 6 Abs. 5 EStG; = 16.667 €). Damit aktiviert die Tochter das Gebäude mit:

Buchwert 75 % = § 6 Abs. 3 EStG	75.000 €
Buchwert 25 % × $\frac{2}{3}$ = § 6 Abs. 5 EStG	16.667 €
Anschaffungskosten für $\frac{1}{12}$	56.250 €
Neuer Buchwert	**147.917 €**

Aus Vereinfachungsgründen können bei vorweggenommener Erbfolge die Teilentgelte wie **nachträgliche Anschaffungskosten** behandelt werden; damit müssen keine zwei AfA-Reihen gebildet werden (BMF, § 7/3 Rz. 37 am Ende).

Variante 5:

Auch bei dieser Variante gehen 3/4 des Gebäudes nach § 6 Abs. 3 EStG zum Buchwert über. $\frac{1}{4}$ des Gebäudes unterliegt den Bestimmungen des § 6 Abs. 5 EStG (vgl. aber BFH vom 2.8.2012 a.a.O. und die Lösung von Variante 4). Nach der Trennungstheorie ist die Übertragung i.H.v. 80/675 entgeltlich, in Übrigen unentgeltlich. Sonach sind stille Reserven i.H.v. ($\frac{1}{4}$ × 80/675 =) 80/2.700 aufzudecken.

Übungsfall 6:

Hier liegt eine teilentgeltliche Übertragung vor, da neben dem Übergang des negativen Kapitalkontos auch noch eine Ausgleichszahlung geleistet wird (BMF, a.a.O., Rz. 31).

Der Vater erzielt einen Veräußerungsgewinn (§ 16 EStG).

Gleichstellungsgeld			100.000 €
Kapital			./. 50.000 €
Gewinn			**150.000 €**
Freibetrag		45.000 €	
Gewinn	150.000 €		
Grenzbetrag	./. 136.000 €		
Schädlich		./. 14.000 €	
Freibetrag			./. 31.000 €
steuerpflichtiger Gewinn			**119.000 €**

K 1 muss die aufgedeckten stillen Reserven auf (= 150.000 €) aktivieren.

Die gesamten stillen Reserven betragen: (90.000 € + 150.000 € + 400.000 € + 500.000 € =) 1.140.000 €.

Im Verhältnis sind daher (150.000 €/1.140.000 € =) aller stillen Reserven aufzudecken.

Wirtschaftsgut	Buchwert	Teilwert	Stille Reserven	aufzudecken
A-Straße	10.000 €	100.000 €	90.000 €	11.842 €
B-Straße	50.000 €	200.000 €	150.000 €	19.737 €
Gebäude	400.000 €	800.000 €	400.000 €	52.632 €
PKW	10.000 €	10.000 €	0 €	0 €
Maschinen	20.000 €	20.000 €	0 €	0 €
Forderungen	1000 €	1000 €	0 €	0 €
Firmenwert	0 €	500.000 €	500.000 €	65.789 €
Summe				**150.000 €**

Bilanz nach Übertragung			
A-Straße	21.842 €	Darlehen	500.000 €
B-Straße	69.737 €	Rückstellungen	41.000 €
Gebäude	452.632 €	Kapital	100.000 €
Pkw	10.000 €		
Maschinen	20.000 €		
Forderungen	1000 €		
Firmenwert	65.789 €		
Summe	**641.000 €**	**Summe**	**641.000 €**

Grundsätzlich müssten für das Gebäude zwei AfA-Reihen gebildet werden; Aus Vereinfachungsgründen können aber die Aufstockungsbeträge wie nachträgliche Anschaffungskosten behandelt werden (BMF a.a.O., Rz. 37).

Damit ergibt sich der Bilanzansatz des Gebäudes zum 31.12.03:

Buchwert 1.1.03	452.632 €
AfA 2 % × (500.000 € + 52.632 €)	./. 11.053 €
Buchwert 31.12.03	**441.579 €**

Bilanzansatz der Maschinen:

Buchwert 1.1.03	20.000 €
Abschreibung 10 % aus 25.000 €	./. 2.500 €
Buchwert 31.12.03	**17.500 €**

Bilanzansatz Pkw:

Buchwert 1.1.03	10.000 €
Abschreibung 15.000 € : 3 Jahre	./. 5.000 €
Buchwert 31.12.03	**5.000 €**

Bilanzansatz Firmenwert:

Buchwert 1.1.03	65.789 €
Abschreibung $\frac{1}{15}$	./. 4.386 €
Buchwert 31.12.03	**61.403 €**

Bilanz 31.12.03			
A-Straße	21.842 €	Darlehen	500.000 €
B-Straße	69.737 €	Rückstellungen	41.000 €
Gebäude	441.579 €	Kapital	77.061 €
Pkw	5.000 €		
Maschinen	17.500 €		
Forderungen	1.000 €		
Firmenwert	61.403 €		
Summe	**618.061 €**	**Summe**	**618.061 €**

27.18 Kapitel 26: Erbfall und Erbauseinandersetzung

Übungsfall 1:

Die Kinder T und S sind in der Sekunde des Todes Gesamtrechtsnachfolger in das Vermögen der Dr. M geworden (§ 1922 BGB). Das Vermögen der Erblasserin ging dabei gesamthänderisch gebunden auf S und T über. Einigen sich die Erben, das Vermögen ohne Ausgleichszahlungen zu verteilen, so führt dies jeweils zu einem unentgeltlichen Erwerb. T muss daher nach **§ 1922 BGB** als Gesamtrechtsnachfolgerin die Buchwerte der Praxis weiterführen.

Grundsätzlich können **Einkünfte** rückwirkend bis zu **sechs Monate** dem Erben zugerechnet werden, der die Einkunftsquelle übernimmt (BMF vom 14.3.2006, BStBl I 2006, 253 Beck'sche Erlasse § 7/2 – künftig BMF a.a.O. – Rz. 8). Ausnahmsweise ist auch eine längere Zurechnung möglich (z.B. bei Vorliegen einer Teilungsanordnung). T versteuert daher ab dem Todestag die Einkünfte aus der Praxis nach § 18 EStG. Es ist insoweit unschädlich, dass S berufsfremd ist.

S übernimmt die Gegenstände des Privatvermögens unentgeltlich. Dies kann z.B. für die Anwendung des § 23 EStG von Bedeutung sein.

Übungsfall 2:

Es handelt sich hier um die Realteilung eines Unternehmens. Nach **§ 16 Abs. 3 Satz 2 EStG** müssen S1 und S2 die Buchwerte der Maschinen weiterführen, da sie die Wirtschaftsgüter in ihr jeweiliges Betriebsvermögen überführen (= Sonderbetriebsvermögen der OHG).

Soweit T das Grundstück in ihr Privatvermögen überführt, soll nach BMF vom 28.2.2006, BStBl I 2006, 228, Beck'sche Erlasse § 16/3 Tz. I die Vorschrift des § 16 Abs. 3 Satz 7 EStG nicht anwendbar sein. Vielmehr handelt es sich nach Verwaltungsansicht um eine Entnahme des Grundstücks durch die Gesellschafter der OHG. Der Gewinn (50.000 €) ist von den Gesellschaftern als laufender Gewinn zu versteuern. Die Gesellschafter können aber eine davon abweichende Vereinbarung treffen. Dies ist aber laut Sachverhalt nicht geschehen.

Übungsfall 3:

Mit dem Erbfall ist die Tochter Gesamtrechtsnachfolgerin geworden (§ 1922 BGB). Die Auflagen sind keine Gegenleistung für die Überlassung der Vermögensgegenstände und führen damit nicht zu einem entgeltlichen Erwerb (BMF a.a.O. Rz. 60).

Eigentumswohnung

Die Mieteinnahmen sind der Erbin ab März zuzurechnen. Die AfA ist nach §§ 11d EStDV, 7 Abs. 4 Nr. 2 EStG fortzuführen. Somit:

Einnahmen gem. § 21 EStG (10 Monate × 600 € =)	6.000 €
AfA (150.000 € × 2 % × $^{10}/_{12}$ =)	./. 2.500 €
Zinsen als Gesamtrechtsnachfolgerin; (§ 9 Abs. 1 Nr. 1 EStG)	./. 4.000 €
Einkünfte	**./. 500 €**

Sparbriefe

Bei Fälligkeit der Zinsen ist die T Inhaberin der Sparbriefe; somit hat sie die Zinsen nach §§ 20 Abs. 1 Nr. 7, 32d EStG zu versteuern (auch wenn ein Teil der Zinsen wirtschaftlich auf die Zeit entfällt, in der die Erblasserin noch lebte).

Einnahmen	4.800 €
Sparerpauschbetrag gem. § 20 Abs. 9 EStG	./. 801 €
Einkünfte	**3.999 €**

Die Versteuerung erfolgt im Wege der Abgeltungsteuer mit 25 % + Solidaritätszuschlag.

Da bei der Erbschaftsteuer die Zinsforderung im Zeitpunkt des Erbfalls als Vermögensgegenstand besteuert wird, ist der Erbe doppelt belastet. Ab dem Veranlagungszeitraum 2009 kann grundsätzlich nach **§ 35b EStG** die Erbschaftsteuer, soweit sie auf Einkünfte entfällt, die der Erbe als Gesamtrechtsnachfolger versteuern muss, bei der Einkommensteuer angerechnet werden.

§ 35b EStG greift hier aber nicht, da Zinsen der Abgeltungsteuer unterliegen (§ 32d EStG) und somit nicht als Einkünfte i.S.d. § 35b EStG gelten (vgl. **§ 2 Abs. 5b EStG**).

Zahlung an den Neffen

Ein Abzug als Sonderausgabe nach **§ 10 Abs. 1a Nr. 2 EStG** kommt nicht infrage, da diese Vorschrift nur für sog. Übergabeverträge gilt. Ein solcher kann schon deshalb nicht vorliegen, weil die Zahlungen zeitlich befristet sind.

Ein Abzug nach **§ 33a Abs. 1 EStG** scheitert daran, dass der Neffe keinen gesetzlichen Unterhaltsanspruch gegen die T hat. Ein Abzug nach § 33 EStG scheitert daran, dass § 33a Abs. 1 EStG lex specialis zu § 33 EStG ist (vgl. § 33a Abs. 4 EStG).

Der Neffe muss die Unterhaltsleistungen nicht versteuern; die T kann sie steuerlich nicht geltend machen (**§ 12 Nr. 2 EStG**; s. auch BFH vom 7.3.2006, X R 12/05, BStBl II 2006, 797).

Spende

Grundsätzlich kann nach **§ 10b Abs. 3 EStG** auch eine Sachspende anerkannt werden. Eine Spende muss aber freiwillig erfolgen. Die T wurde aber hier durch das Vermächtnis „rechtlich gezwungen". Im Übrigen kann auch die Erblasserin die Spende nicht ansetzen, da sie keinen Aufwand hatte. Im Zeitpunkt der Zahlung war ja bereits die Erbin Eigentümerin des Grundstücks (so auch BFH vom 23.10.1996, X R 75/94, BStBl II 1997, 239).

Übungsfall 4:

Erbe S:

Die Ausgleichszahlung ist auf die übernommenen Wirtschaftsgüter dem Wert entsprechend zu verteilen (BMF vom 14.3.2006 a.a.O. Rz. 28):

Eigentumswohnung (110/490 × 100.000 € =)	22.449 €
Einfamilienhaus (380/490 × 100.000 € =)	77.551 €

Entsprechend erwirbt er zu 22.449 €/110.000 € = 20,41 % entgeltlich und zu 79,59 % unentgeltlich. Bezüglich der Eigentumswohnung erzielt S weiterhin Einkünfte aus Vermietung und Verpachtung (§ 21 EStG). Die AfA ist aufzuteilen:

Einnahmen (5 Monate × 350 €)	1.750 €
AfA gem. § 11d EStDV i.V.m. § 7 Abs. 4 Nr. 2 EStG (130.000 € × 2 % × $^5/_{12}$ × 79,59 %)	./. 862 €
AfA gem. § 7 Abs. 4 Nr. 2 EStG (22.449 € × 2 % × 5/12)	./. 187 €
Einkünfte	**701 €**

Erbe T:

Bei T ist zu prüfen, ob § 23 EStG bezüglich der Eigentumswohnung und des Einfamilienhauses greifen. Die Übertragung des Anteils an dem Einfamilienhaus löst keinen § 23 EStG aus, da der Erblasser das Gebäude ausschließlich zu eigenen Wohnzwecken nutzte (§ 23 Abs. 1 Nr. 1 Satz 3 und Abs. 1 Satz 3 EStG).

Für die Eigentumswohnung entsteht ein Veräußerungsgewinn, da der Erblasser die Wohnung innerhalb der letzten Jahre 10 Jahre erwarb.

T veräußert 20,41 % (= entgeltlicher Anteil S) der Wohnung für 22.449 €. Die Anschaffungskosten betrugen für diesen Teil:

(130.000 € × 20,41 % =)	26.533 €
Die Anschaffungskosten sind um die AfA zu kürzen	
(§ 23 Abs. 3 Satz 4 EStG). Für 12 und 13 je 2 %	./. 1.061 €
Für 14 um 2 % pro rata $^7/_{12}$	./. 310 €
=	**25.162 €**

Veräußerungsgewinn:

Erlös	22.449 €
Anschaffungskosten	./. 25.162 €
Verlust	**./. 2.713 €**

Bezüglich eines Veräußerungsverlustes ist § 23 Abs. 3 Satz 8 EStG zu beachten.

Übungsfall 5:

Es liegt eine Realteilung von Mischnachlass mit Ausgleichszahlung vor.

Erbin T

Mit dem Erbfall wurde aus dem Einzelunternehmen eine Mitunternehmerschaft (vgl. BMF a.a.O., Rz. 3). Aufgrund der Ausgleichszahlung veräußert S seinen Mitunternehmeranteil an T. Unbekannt ist zunächst, wie viel Prozent der Mitunternehmerschaft dem S im Rahmen der Realteilung zustehen. Es sind auf keinen Fall 50 % (entsprechend der Erbquote), da S vereinbarungsgemäß das Mehrfamilienhaus, die Aktien und die Münzsammlung übernimmt. Insoweit ist sein Anteil am Unternehmen zu mindern.

Um auszurechnen, wieviel Prozent des Unternehmens von S an T veräußert werden, muss die Ausgleichszahlung ins Verhältnis zum Wert des Unternehmens gestellt werden (vgl. BMF a.a.O., Rz. 14). Da der Kaufpreis 580.000 € und der Wert des Unternehmens 2,1 Mio. € betragen, veräußert S an T 580/2100 des Betriebs. Diese Veräußerung hat letztlich mit einer Erbauseinandersetzung nichts (mehr) zu tun. Die Rechtsfolgen sind die gleichen wie bei einer Veräußerung eines Mitunternehmeranteils an einen fremden Dritten. Im Einzelnen ergeben sich folgende bilanziellen Schritte:

Bilanz vor Erbauseinandersetzung (das Kapital des Erblassers geht entsprechend der Erbquote zu je 50 % auf die Erben S und T über).

Grundstück	20.000	Verbindlichkeit	160.000
Gebäude	280.000	Kapital S	150.000
Maschinen	10.000	Kapital T	150.000
Vorräte	50.000		
Beteiligung	100.000		

Unter Berücksichtigung dessen, dass S das Mehrfamilienhaus, die Aktien und die Münzsammlung übernimmt, muss der Anteil des S (gewinnneutral) im Wege der Realteilung vermindert werden. Wenn – wie oben dargestellt – S 580/2100 des Betriebs veräußert, so muss ihm eine „juristische Sekunde" vor der Veräußerung ein Mitunternehmeranteil i.H.v. (300.000 € × 580/2.100 =) 82.857 € zugewiesen werden. Damit ergibt sich im nächsten Schritt folgende (vorläufige) Bilanz:

Grundstück	20.000	Verbindlichkeit	160.000
Gebäude	280.000	Kapital S	82.857 €
Maschinen	10.000	Kapital T	217.143 €
Vorräte	50.000		
Beteiligung	100.000		

Im nächsten Schritt veräußert nun S seinen Mitunternehmeranteil für 580.000 € an die Miterbin. Hierdurch realisiert S einen Veräußerungsgewinn i.H.v. (580.000 € ./. 82.857 € =) 497.143 €. Dieser Betrag entspricht den stillen Reserven, die durch die Veräußerung aufgedeckt werden.

Da T 580/2.100 der Wirtschaftsgüter erwirbt (vgl. § 6 Abs. 1 Nr. 7 EStG), muss sie die Anschaffungskosten aktivieren. Da die Buchwerte der Wirtschaftsgüter bereits aktiviert sind, müssen lediglich noch 580/2.100 der stillen Reserven aktiviert werden:

Wirtschaftsgut	Buchwert	Teilwert	Stille Reserven	580/2.100
Grundstück	20.000 €	100.000 €	80.000 €	22.095 €
Gebäude	280.000 €	500.000 €	220.000 €	60.762 €
Maschinen	10.000 €	10.000 €	0 €	0 €
Vorräte	50.000 €	50.000 €	0 €	0 €
Beteiligung	100.000 €	1 Mio. €	900.000 €	248.571 €
Firmenwert	0 €	600.000 €	600.000 €	165.715 €
Verbindlichkeiten	./. 160.000 €	./. 160.000 €	0 €	
Summe	**300.000 €**	**2.100.000 €**	**1.800.000 €**	**497.143 €**

Grundstück	42.095 €	Verbindlichkeit	160.000 €
Gebäude	340.762 €	Abfindung	580.000 €
Maschinen	10.000 €	Kapital T	217.143 €
Vorräte	50.000 €		
Beteiligung	348.571 €		
Firmenwert	165.715 €		
Summe	**957.143 €**		**957.143 €**

Für die AfA des Gebäudes ist zu beachten:

Soweit T den Betrieb geerbt hat, führt sie die AfA nach § 1922 BGB i.V.m. §§ 7 Abs. 4 Nr. 1 und 52 Abs. 21b) EStG weiter.

Ursprüngliche Anschaffungskosten	466.667 €
466.667 € × 1.520/2.100	337.778 €
337.778 € × 4 %	13.511 €

Insoweit die T den Betrieb erworben hat, hat sie Anschaffungskosten für das Gebäude (der Erwerb eines Betriebes bedeutet nichts anderes als Erwerb von Wirtschaftsgütern) abzuschreiben.

Anschaffungskosten (500.000 € × 580/2.100 =)	138.095 €

Da die Anschaffung in 14 erfolgt, ist die Neufassung des § 7 Abs. 4 Nr. 1 EStG zu beachten;

daher AfA 138.095 € × 3 %	4.143 €

Die gesamte AfA beträgt daher:

(13.511 € + 4.143 € =)	17.654 €

Erbe S:

S realisiert einen laufenden Veräußerungsgewinn, da er nach Ansicht der Verwaltung (BMF Rz. 36; Beispiel) lediglich einen Teil eines MU-Anteils veräußert (Lösung der Verwaltung fraglich).

Veräußerungserlös	580.000 €
Kapital (s.o.)	./. 82.857 €
Gewinn	**497.143 €**

Bezüglich der Veräußerung der Beteiligung ist der Gewinn noch außerbilanziell zu kürzen (§§ 3 Nr. 40a; 3c Abs. 2 EStG):

Gewinn Beteiligung (900.000 € × 580/2.100 =) 248.571 € × 40 % = 99.428 €. Der endgültige Gewinn beträgt damit (497.143 € ./. 99.428 € =) 397.715 €.

S könnte auch für den Gewinn aus Grundstück, Gebäude und Beteiligung eine Rücklage nach § 6b EStG bilden, wenn die Voraussetzungen des § 6b EStG jeweils erfüllt sind.

Übungsfall 6:

Der Erblasser verfügte eine **qualifizierte Nachfolgeklausel** (BMF vom 14.3.2006 a.a.O., Rz. 72 ff.). Somit wird nur die T Gesellschafterin der Import-OHG. Das Ausgleichsgeld stellt keine Anschaffungskosten auf den Gesellschaftsanteil dar. S realisiert keinen Veräußerungsgewinn (§ 16 EStG).

Die Zahlung ist der privaten Vermögensebene zuzuordnen. Damit kann die T auch die Finanzierungszinsen nicht als Sonderbetriebsausgabe geltend machen.

Problem: Sonderbetriebsvermögen

Soweit Erbe S nicht an der Gesellschaft beteiligt ist, muss das Grundstück entnommen werden. Den Entnahmegewinn (400.000 € ./. 100.000 € × ½ =) 150.000 € muss der Erblasser versteuern.

Übungsfall 7:

Es liegt hier eine Erbauseinandersetzung über mehrere Jahre vor (**Teilerbauseinandersetzung**). Nach BMF vom 14.3.2006, a.a.O. Rz. 56 ff. sind die Teilakte zunächst wie eine endgültige Erbauseinandersetzung zu beurteilen:

Damit erwirbt S in 02 das Einfamilienhaus zu (300.000 €/600.000 € =) ½ entgeltlich und zu ½ als Erbe (§ 1922 BGB).

Da eine weitere Auszahlung innerhalb von fünf Jahren erfolgt, sind die Ausgleichszahlungen zu saldieren. Saldiert zahlt damit S keine Ausgleichszahlung und die T (800.000 € ./. 300.000 € =) 500.000 €. Damit ändert sich für S rückwirkend der Erwerb des Einfamilienhauses. Dieses geht zu 100 % im Wege des Erbgangs (§ 1922 BGB) auf ihn über (dies kann z.B. von Bedeutung sein, wenn er das Gebäude später vermietet).

T erwirbt den Betrieb zu (500.000 €/1,6 Mio. € =) 31,25 % entgeltlich und im Übrigen im Wege des Erbgangs (§ 1922 BGB). Damit muss S einen Veräußerungsgewinn nach § 16 Abs. 1 Nr. 2 EStG bzw. § 15 EStG (Verwaltungsmeinung) versteuern:

Erlös	500.000 €
Kapital (200.000 € × 31,25 % =)	./. 62.500 €
Gewinn	**437.500 €**

T aktiviert die aufgedeckten stillen Reserven (= 437.500 €) in ihrer Bilanz.

Übungsfall 8:

Fraglich ist, wie die Übernahme der Hypotheken zu werten ist. Nach BMF vom 14.3.2006 a.a.O., Rz. 18 liegen keine Anschaffungskosten vor. Die Hypotheken sind lediglich als negatives Wirtschaftsgut im Rahmen der Realteilung zu sehen:

S: Einfamilienhaus (800.000 €) abzüglich Hypotheken (200.000 € + 300.000 € = 500.000 €); zusammen: 300.000 €

T1: Wertpapiere: 300.000 €

T2: ETW: 300.000 €

Es hat eine Realteilung **ohne** Ausgleichszahlungen stattgefunden.

Übungsfall 9:

Soweit K1 an K2 einen Ausgleich leistet liegt eine **Realteilung mit Ausgleichszahlung** vor. Die Finanzierung von Ausgleichszahlungen (= Anschaffungskosten) führt stets zu Werbungskosten. Die Finanzierung des Pflichtteilsanspruchs ist privater Natur; daher keine Werbungskosten.

28. Übungsklausuren

Käufer des Buchs erhalten auf Anforderung kostenlose Übungsklausuren zugesendet.

Gehen Sie dazu auf unsere Homepage:
http://www.hds-verlag.de/96-0-e-book-zugang.html
Ihr persönlicher Webcode: 6000x1955

Dort werden Ihnen nach Eingabe einiger Adressdaten sowie Ihres persönlichen Webcodes zwei Übungsklausuren mit Lösungen zugesendet.

Stichwortverzeichnis